Beatrice von Matt

Meinrad Inglin

Beatrice von Matt

Meinrad Inglin

Eine Biographie

Atlantis

HERAUSGEGEBEN MIT HILFE VON PRO HELVETIA,
DES REGIERUNGSRATES DES KANTONS SCHWYZ
UND DER MEINRAD-INGLIN-STIFTUNG

ATLANTIS VERLAG ZÜRICH UND FREIBURG IM BREISGAU

SATZ, DRUCK UND EINBAND PASSAVIA DRUCKEREI AG PASSAU
PHOTOLITHOS WETTER & CO., ZÜRICH
ISBN 3 7611 0492 8
PRINTED IN GERMANY

Inhaltsverzeichnis

III. TEIL: KONSTANZ

IV. TEIL: ANHANG

Vorwort

Meinrad Inglin zählt zu den bedeutendsten Schriftstellern der Schweiz in diesem Jahrhundert. Die Klarsichtigen seiner Zeitgenossen haben ihn erkannt und gewürdigt. Albin Zollinger nennt ihn den «stillen, gewaltigen Mann»; Max Frisch spricht vom «prachtvollen Mann und vortrefflichen Autor»; Werner Zemp preist ihn als Dichter von «heiliger Nüchternheit»; Hermann Hesse rühmt das «Unvergeßliche» in den «Güldramont»-Novellen; C. J. Burckhardt schreibt von der «Grauen March» als von einer «großen dichterischen Sache... das ganze Gebilde ist... vollendet»; Adrien Turel liest den «Schweizerspiegel» als ein «ausgezeichnetes Werk». Karl Schmid hat in seiner Rede zu Inglins 70. Geburtstag die Schweiz aufgerufen, dieses Werk endlich in Besitz zu nehmen; denn sie gehe, wenn sie solcher Dichter nicht bedürfe, zuletzt «vor die Hunde der Wohlfahrt».

Bei diesem Prozeß der Aneignung möchte die vorliegende Biographie mithelfen. Sie wurde 1969 begonnen, in einer Zeit also, da das Werk abgeschlossen vorlag, in der aber der Autor und viele seiner befreundeten Generationsgenossen noch lebten und Auskünfte geben konnten, die bald einmal nirgends mehr zu erhalten gewesen wären. Inglin selber fand sich zu eingehenden Gesprächen bereit.

Fünfzehn Monate vor seinem Tod rief er mich einmal unvermittelt zu sich; ich sollte mir die Standorte der wichtigsten Dokumente merken. Er wies auf die Gestelle hin, wo die verschiedensten Ausgaben seiner Bücher standen, und auf die Schubladen mit den Korrespondenzen und den vollzähligen Kopien der eigenen Briefe. Er unterrichtete mich, daß auch in den oberen Zimmern des dreistöckigen Hauses noch Material versorgt sei, und führte mich hinauf, ohne aber die Truhen und Schränke zu öffnen. Hier fanden sich nach seinem Tod unschätzbare Dokumente, u. a. alle ungedruckten Arbeiten und Entwürfe sowie die ersten handschriftlichen Fassungen der bekannten Werke. Sie liegen jetzt auf der Kantonsbibliothek Schwyz.

Die Biographie stützt sich ganz auf sorgfältig gesichtete und geprüfte Dokumente: Tagebücher, Briefe, Entwürfe, erste Niederschriften, Überarbeitungen, Gespräche mit Freunden, Bekannten und mit dem Autor selbst. Ziel war, alle erreichbaren Tatsachen festzuhalten, die mit dem schriftstellerischen Werk und dessen Entstehungsprozeß in Beziehung sind. Werkkommentar und Interpretation mußten sich dem biographischen Bericht unterordnen. Sie treten in der Gestalt knapper Akzentuierungen und kritischer Exkurse in Erscheinung. Meine Hoffnung ist, daß spätere Deutungen hier ihre gesicherte Grundlage finden.

Ein besonderes Problem bildet die Auswertung des Romans «Werner Amberg», der autobiographischen Jugendgeschichte bis zum 18. Altersjahr. Hier ließ sich fast jedes Geschehnis mit Beweisstücken (Tagebücher von Mutter und Tante, Photographien, Schulzeugnisse und Zertifikate, Zeitungsberichte usw.) belegen. Die

Versuchung war groß, die oft hinreißende Gestaltung des inneren Lebens zwischen Trotz und Ausgeliefertsein, zwischen «eigenrichtiger» Individualität und harter gesellschaftlicher Bedrängnis als vollgültiges Zeugnis der Jugendzeit Meinrad Inglins zu verwenden. Dies durfte indessen nur dort geschehen, wo zusätzliche Gründe dafür sprachen. Tatsächlich ist der Roman eine auswählende, pointiert deutende Gestaltung des Lebensgangs, unter das Stichwort eines «Freiheitskampfs» gestellt, und diese Deutung stimmt nicht durchwegs mit den historischen Tatsachen überein. So wichtig das Buch daher für mein Unternehmen wurde, so sehr hat es mich doch auch gezwungen, zusätzliche Sondierungen vorzunehmen. Die Differenz zwischen Inglins rückblickender Selbstinterpretation und der nachweisbaren Ereignisfolge erwies sich zuletzt als eines der Schlüsselphänomene für seine intellektuelle und künstlerische Entwicklung.

Allen Gesprächs-und Briefpartnern danke ich sehr herzlich für die Freundlichkeit, mit der sie auf meine Fragen eingegangen sind: Herrn und Frau a. Regierungsrat Dr. Alois ab Yberg, Schwyz; Herrn und Frau Karl Amgwerd, Schwyz; Herrn Willi Dünner (†), Winterthur; Frau Martha Farner-Gemsch, Thalwil; Fräulein Johanna Gemsch, Schwyz, Frau Margrit Gemsch, Schwyz; Herrn a. Ständerat Dr. Dominik Auf der Maur, Schwyz; Frau Marie-Louise Bodmer, Schwyz; Frau Marta Hebeisen-Zelger, Stäfa; Herrn und Frau Emil Holdener-von Reding, Schwyz; Herrn und Frau Dr. Martin und Bettina Hürlimann, Zürich; Frau Claire Inglin-Steinegger, Wolfhalden; Herrn Josef Inglin, dipl. ing. ETH (†), Wolfhalden; Herrn Dr. Paul Kamer, Pro Helvetia, Zürich; Herrn Dr. Willy Keller, Staatsarchivar, Schwyz; Herrn Hans von Matt, Bildhauer, Stans; Herrn Willy Messmer, Schwyz; Herrn Prof. Dr. Georg Schoeck, Zürich-Brunnen; Herrn und Frau Prof. Dr. Emil Staiger, Horgen; Herrn Dr. Gottfried Stiefel, Winterthur; Fräulein Helen Weber, Schwyz; Herrn Prof. Dr. Werner Weber, Zürich; Herrn Prof. Dr. Max Wehrli, Zürich; Herrn Dr. Theophil Wiget, Kantonsbibliothek Schwyz; Herrn Prof. Dr. Egon Wilhelm, Uster; Fräulein lic. phil. Ida Zweifel, Zürich. Ebenso gebührt herzlicher Dank meinem Schwager, Herrn Willi Slongo, dipl. ing. HTL für die Maschinen-Abschrift des Manuskripts, sowie meinem Schwiegervater, Herrn Franz von Matt, der das Register erstellte. Danken möchte ich vor allem auch Herrn Dr. Daniel Bodmer, dem Verleger Inglins, der meine Arbeit in Übereinkunft mit dem Dichter förderte und durch stetes Interesse unterstützte.

Mein Mann hat die Entstehung des Buches von den ersten Plänen an freundschaftlich mitverfolgt.

Beatrice von Matt

I. TEIL

Befreiung

Familie und Familienbewußtsein

Wer, wie Meinrad Inglin, in einem kleinstädtischen Innerschweizer Dorf aufwächst und dort einem der Geschlechter angehört, die man alteingesessen nennt, wird als Kind unausweichlich konfrontiert mit der hohen Bedeutung, welche Eltern und Großeltern dieser Herkunft beizumessen pflegen. Das eigene Abkunftsgefühl einer Familie und das Wissen der übrigen Bewohner darum sind für die Einstufung im sozialen Gefüge oft nicht weniger bestimmend als etwa der väterliche Beruf, solange dieser nur bürgerlich achtbar bleibt.

Daher ist ein Blick auf die Ahnentafel bei Inglin geboten. Er selber gibt Auskunft in einem Brief an eine ihm unbekannte Trägerin seines Namens (an Frl. Marianne Inglin, 20. 6. 66), die ihn um historische Aufklärung gebeten hatte. «Die Inglin gehören als Oberällmiger zu den ältesten Geschlechtern des sogenannten alten Landes Schwyz, des heutigen Bezirks. Sie stammen aus Steinen, Schwyz und Rothenthurm und sind an ihren Bürgerorten, aber auch anderswo, noch gut vertreten, am zahlreichsten in Rothenthurm. Die früheste bekannte Erwähnung des Geschlechts betrifft zwei Ingli aus Steinen, die in der Schlacht bei Marignano gefallen sind. Meine eigenen Vorfahren lassen sich bis ungefähr 1798 verfolgen und stammen aus Schwyz.»

«‹Oberällmiger› sind Oberallmeindgenossen, was als sicheres Zeichen dafür gilt, daß die Inglin zu den früh eingesessenen Familien des alten Landes Schwyz gehören.» (An H. Anliker, 12. 8. 56) Daß die Inglin, wie es im «Werner Amberg», der fast durchwegs autobiographisch genauen «Geschichte seiner Jugend» (WA 1) heißt, «schon in der Gründungszeit der Eidgenossenschaft hier gelebt hatten», ist nur anzunehmen, nicht aber mit Sicherheit nachzuweisen. In «Jugend eines Volkes» gesellt der Autor in der Figur des Ingo einen fiktiven Vorfahren schon dem einwandernden Swit bei. (JV 1, 36) Die ältesten nachweisbaren Träger des Namens bleiben die im «Historisch-Biographischen Lexikon der Schweiz» genannten «Heini und Ruedi» Inglin, gefallen bei Marignano. Bei den Vorarbeiten zum «Amberg» hat Inglin eine Zeitungsnotiz, eine Spalte «Geschichtskalender», ausgeschnitten und mit heftigen Rotstrichen den 8. Oktober 1668 angezeichnet, wo von der Rüge des Bischofs Ulrich von Chur am Landvogt Gilg Imling berichtet wird, der, indem er Sonntagsarbeit bewilligte, gegen die Kirchenrechte verstieß. Meinrad Inglin glaubte, einen Vorläufer entdeckt zu haben, der, wie er, auch nicht zu den Kirchentreuesten zählte. Erst später wurde er darüber aufgeklärt, daß der Name Imling mit Inglin nicht identisch sei. (Von H. Anliker 1959)

Daß ein Name wie Inglin an Rang und Geschichtsträchtigkeit jenen etwa der von Reding und ab Yberg keineswegs erreicht, steht auch im «Werner Amberg» fest.

Werner berichtet von seinen eigenen Familienforschungen und sagt: «Es waren nur dürftige Funde im Vergleich mit den Ahnenreihen noch heute lebender Geschlechter des Tales, auf die das Licht der Geschichte fällt.» (WA 1, 9) Diese Tatsache gehört noch heute zum sozialen Selbstverständnis jedes Schwyzers. Auf den einen ruht noch jetzt ein Abglanz früher Aristokratie, die anderen verstehen sich als gutbürgerlich.
Der alte Meinrad Inglin gab nicht mehr viel auf eigene Verwurzelung in den Anfängen der alten Eidgenossenschaft, und diesbezügliche Fragen pflegte er halb skeptisch, halb wegwerfend zu behandeln. Zur Zeit des Ersten Weltkriegs (ca. 1916/17), als ihn, den Nietzsche-Leser, die Lebensform der Auserwählten faszinierte, und dann vor allem in den späten zwanziger Jahren, als er «Lob der Heimat» und «Jugend eines Volkes» schrieb, war seine Einstellung anders. Inglin sagt es selber im «Werner Amberg»: «In einem gewissen Abschnitt meines Lebens aber war mir die Bestätigung wichtig, daß die Amberg nicht von irgendeinem Winde zufällig hierher geweht worden, sondern von Anfang an, soweit man einen Anfang kannte, eingeboren und in der Gemeinschaft ihrer Talgenossen mitten in einer Welt von Unfreiheit hier frei gewesen waren.» (WA 1, 9) Für das eigentliche Familienbewußtsein der Eltern Inglins mögen im übrigen die Leistungen der Großväter und Urgroßväter bestimmender gewesen sein als etwa die beiden in Marignano gefallenen Bauern. Eine nicht weniger wichtige Rolle spielte dabei die Familie der Mutter, die Eberle von «Axenstein».
Doch zuerst zu den Inglin. Der Urgroßvater schon hieß Meinrad. Der Vorname ist in dieser Region häufig anzutreffen, aus Verehrung des heiligen Eremiten von Einsiedeln. Dieser Meinrad Inglin lebte von 1793–1879. Er war Söldnerleutnant und dann Wirt in Schwyz, wo er sich das Bürgerrecht ersessen hat. Ob er aus Iberg oder Rothenthurm stammt, ist ungewiß. «Mein Urgroßvater Werner, der hundert Jahre vor mir geboren wurde, stand als Offizier noch in fremden Diensten und warb nach seiner Heimkehr Söldner an, die er jeweilen über die Landesgrenze begleitete, bis der Bundesrat dem Söldnerwesen ein Ende machte.» (WA 1, 10) Seine Frau hieß Anna Märchy und soll hier nur erwähnt werden, weil später, nach der «Welt in Ingoldau», eine ihrer Nachfahren, eine Tante Märchy, aus Empörung über das Buch den jungen Dichter enterbt hat. Mehr geachtet als dieser Urgroßvater scheint dessen dritter Sohn Melchior gewesen zu sein (1839–1896), Inglins Großvater. (Von den beiden anderen Söhnen heißt es in den Notizen zum «Werner Amberg»: «Die Welt der Väter...: Meinrad im Krimkrieg verschollen, Johann in Amerika.») Melchior gründete das Uhrmachergeschäft am Hauptplatz in Schwyz, das später Inglins Vater übernahm. Aus Melchiors «Wanderbuch und Reisepaß» kann man sehen, daß er als Uhrmachergeselle gereist ist; mit siebzehn Jahren arbeitete er in Lausanne, mit achtzehn in Neuchâtel, dann in Vevey und Mülhausen. Der Mülhauser Horloger Montagnoz schreibt am 25. Juli 1860, daß Melchior Inglin «s'est comporté à mon entière satisfaction». Zu Hause dann gewann er ein Ansehen, «das man mir häufig genug unter die Nase rieb». (WA 1, 10) Er war zudem Hauptmann und stand 1870/71 an der Grenze im Jura. «Sein Bild zeigt ein Gesicht mit gestutztem Bart und vollem Schnauz, mit scharfblickenden, offenen Augen und einer breiten Stirn, das Gesicht eines selbstbewußten, von Natur gewichtigen Mannes, dem gleich zu werden ich niemals hoffen konnte.»[1] Schon die-

ser Großvater also gehört zur Reihe jener repressiven Gestalten, an welchen der aufwachsende Inglin gemessen wird und unter deren mythisierter väterlicher Übermacht er in seinem sensiblen Selbstgefühl schon früh leidet. Das Gewicht, das den Vater-Gestalten innerhalb solcher Familien selbstverständlich beigemessen wird, bezeugt deutlich die hier noch intakte patriarchalische Gesellschaftsordnung. Meinrad Inglin war dreijährig, als dieser Großvater starb.
Seine Großmutter, für die der Kleine im «Werner Amberg» den holzgeschnitzten Engel aus der Kapelle stiehlt, starb, als er sieben Jahre zählte. Sie hieß Josephine Kündig und lebte von 1848–1900. Das Paar hatte in kurzer Abfolge zwei Söhne und zwei Töchter. Der Sohn Meinrad wurde der Vater des Schriftstellers. Die beiden Töchter Josepha Francisca (1867–1902) und Johanna (1868–1904) heirateten und starben beide früh in der Mitte ihrer Dreißigerjahre. Über den ungewöhnlichen Tod der letzteren berichtet ein Zeitungsausschnitt, den Meinrad Inglin selber aufgeklebt und in ein Kuvert gesteckt haben muß; in seiner Handschrift steht auf dem Umschlag «Tante Johanna †». «In tiefer Trauer vernehmen ihre Verwandten und Bekannten die Nachricht, daß Witwe Präsident Johanna Inderbitzin-Inglin Dienstags, den 14. in Göslikon, Kanton Aargau, wo sie ihre kranke Schwägerin pflegte, unerwartet rasch gestorben sei; in einem Anfalle von Schwermut und Schwäche zugleich fand sie den Tod in der Reuß.» Inglin war, als sie starb, elf Jahre alt und muß durch ihren Freitod tief beeindruckt gewesen sein. Auf einem der losen Zettel zur Vorbereitung des «Werner Amberg» steht: «Tante Johanna, die Schwermütige. Bei ihrem Tode seh ich den Vater weinen.» Suizid als Auswegmöglichkeit hat Inglin in der späteren peinvollen Pubertät gelegentlich beschäftigt. Jedenfalls hören alle wichtigen frühen Entwürfe («Joseph Strübin», «Rudolph von Markwald» und «Phantasus») mit dem Selbstmord des Helden auf; auch einer der Knaben der «Welt in Ingoldau» sieht nur mehr diesen Ausweg. Melchior, nach Aussage des alten Inglin zusammen mit dem Bruder Edi ein Abbild des Autors, spielt mit dem Gedanken, sich mit dem Revolver umzubringen.
Der Selbstmord der Tante wird im «Werner Amberg» nicht erwähnt. Er mag aus kompositorischen Gründen weggefallen sein. Dennoch bleibt die Tatsache merkwürdig, daß Inglin diese Figur von sich fernhalten muß.
Um so mehr kommt der Onkel zur Sprache, Melchior Franz Xaver (geb. 1866), im Roman Onkel Uli genannt. Er hatte Konditor gelernt, hielt es aber zu Hause nicht aus und verschwand auf Nimmerwiedersehen in Amerika. «Unbürgerliche Haltung», steht in den «Amberg»-Notizen. Wenn der letzte Versuch, Schriftsteller zu werden, nichts nützt, will auch Werner «drüben verduften». (WA 1, 354: «Wozu und wohin ich verduften würde, ließ ich noch unentschieden, ich rechnete nur damit, daß jener riesige Erdteil ganz andere, anziehendere Möglichkeiten bot, als unsere peinlich eingeteilte alte Welt der Zahlen und Vorurteile... Im schlimmsten Fall wollte ich in Kalifornien meinen entgleisten Onkel Uli aufsuchen, jenen unbändigen Mann, der als Teufel im Platzbrunnen den Nachtwächter erschreckt hatte.») Inglin, der seiner Generation gemäß an die Vererbung von Charaktereigenschaften glaubte, betonte an sich selber (besonders in früheren Notizen) immer wieder den Hang zum Unsoliden und sah das Erbteil wohl in diesem Onkel vorgeprägt. In den Notizen zum «Amberg» heißt es beispielsweise: «Verbummeln, versumpfen?...ich habe den Hang zur Unsolidität und gebe ihm manchmal nach...»

Der älteste Sohn des Uhrmachers und Hauptmanns Melchior war Meinrad Melchior, geboren am 14. 12. 1864, der Vater des Schriftstellers. Er wurde als Uhrmacher und Bijoutier ausgebildet und übernahm das Geschäft und das Haus des Vaters am oberen Ende des Hauptplatzes, das Eckhaus rechts der Kirche. Er heiratete mit siebenundzwanzig Jahren, nach kurzer Bekanntschaft, Josephine Eberle (geb. 21. 9. 1868). Die Braut führt ein Tagebuch, «Blätter aus meiner Jugendzeit». Darin schreibt sie einen Brief ab, den ihr ihr Bruder August (der sympathische, lebensfrohe Onkel Beat im «Amberg») kurz vor der Verlobung im Jahre 1890 geschrieben hat. Dort steht: «Du gehörst einem jungen Mann, den ich liebe, einem jungen Mann, wie's wohl wenige hat im Schwyzerland...» Schon in jungen Jahren also muß der Vater des Schriftstellers im Dorf eine außergewöhnliche Sympathie genossen haben. (Sie hat sich bei seinem tödlichen Absturz am Tödi eindrücklich manifestiert.) Der Bräutigam geht viel in die Berge, die ins Tagebuch eingelegten Edelweißsträußchen bezeugen es. Auch ist er schon damals Hochwildjäger. Josephine erwähnt einen Auerhahn, den er für sie schießt und den sie für ihn und seine Freunde kocht. Sie führt das ehemals behagliche Leben einer Tochter aus guter Familie. Sie spricht von Ausfahrten im eigenen Zweispänner, von Soiréen, Bällen, Maskeraden, oft von Einladungen zu einer «Nidel», vom Schlittschuhlaufen auf dem Lowerzersee in größerer gemischter Gesellschaft. Sie schreibt in einem rhythmisch bewegten Zug und preist Natur und Liebe. Man merkt dem Wortschatz, auch vielen mythologischen Anspielungen an, daß sie viel liest und, wie für bessere Innerschweizer Töchter üblich, im Welschland eine sorgfältige katholische Internatserziehung genossen hat. Sie scheint aber komplizierter veranlagt zu sein als etwa ihre Schwester Marguerite, von der sechs Tagebücher erhalten sind und die später im Leben Inglins eine große Rolle spielt. Josephine klagt gelegentlich über Langeweile, auch übt sie da und dort an ihrer Umwelt Kritik. Im Winter lebt sie in Schwyz, in der mittelalterlich städtisch angelegten Herrengasse (Nr. 21), in den Sommermonaten in Morschach, wo sie im väterlichen Betrieb, den «Grand- und Park-Hotels Axenstein», mithilft. Die Familie wohnt dort in einem kleinen efeuüberwachsenen Chalet abseits.

«Mein Vater war Uhrmacher, meine Mutter stammte aus den Hotelierkreisen der Eberle von Axenstein», so schreibt Meinrad Inglin 1948 ins Album der «Lebensläufe von Ehrendoktoren der Universität Zürich». Schon aus dieser Bemerkung, aber auch aus den Schilderungen im «Amberg» läßt sich erahnen, was der Hintergrund der mütterlichen Familie für Inglin bedeutet haben muß. In lokalhistorisch interessierten Kreisen in Schwyz ist man sich dessen noch immer bewußt. Das erfährt man in jedem Gespräch. Das Staatsarchiv Schwyz schreibt auf die Frage nach Inglins Ahnentafel: «Für Meinrad Inglin ist das mütterliche Erbe besonders zu beachten, war sein Urgroßvater mütterlicherseits doch der berühmte Ambros Eberle, gebürtig aus Einsiedeln, 1842 Kantonsschreiber in Schwyz, Buchdrucker und Zeitungsverleger, Dichter der ‹Schwyzer Japanesenspiele›, Gründer des Hotels ‹Axenstein› ob Morschach, Regierungsrat und Nationalrat.» In einer Kurzbiographie[2] steht überdies, daß er «bei der alten vor und bei der neuen Regierung nach 1848 beliebt war» und daß er «die Seele der schwyzerischen Anpassung an den neuen Bundesstaat» gewesen sei.

Auf seine Veranlassung wurde der Mythenstein im Vierwaldstättersee zum «Schil-

lerstein». Verschiedene eidgenössische Feste wurden durch seine Vermittlung in Schwyz abgehalten. In solchen freundeidgenössischen Festangelegenheiten korrespondierte er auch mit Gottfried Keller und sandte ihm ein selbstverfaßtes Gedicht. Inglin selber schreibt auf Anfrage von Dr. Carl Helbling, dem Herausgeber der Keller-Ausgabe, darüber: «Das Gedicht hat unter dem Titel ‹Die Hochwacht vom Vierwaldstättersee. Festgedicht und Einladung› fünfzehn siebenzeilige Strophen und beschwört die ‹Bergesrecken›, auf die Keller anspielt.» (4. 1. 54) Man vergleiche dazu auch die Gedichte, welche Eberle in seinem Hotelpark in Steinblöcke hauen ließ, und die Werner einen so nachhaltigen Eindruck machen. Die Steine liegen jetzt noch im verlassenen und verwilderten Park des einstigen Hotels.[3]
Ambros Eberle heißt im «Werner Amberg» Bartolome Bising («Den Namen des Gründers vernahm ich... so häufig, daß sein Träger in meiner Vorstellung allmächtig wurde») und gehört wie der Großvater Melchior Inglin zu den großartigen Gestalten, welche den empfindsamen, unbewußt schon auf ganz andere Weise ambitiösen Werner mit ihrem Gewicht fast erdrücken. Werner verwechselt einmal zum Entsetzen der Familie «diesen allmächtigen Stammvater» mit dem Großvater, der August Eberle hieß und den er Dominik Bising nennt. Noch der alte Inglin scheint in einen Verdrängungsmechanismus auszuweichen, wenn er, wie er mir den Schwyzer Friedhof zeigt, die Gräber des Großvaters und des Urgroßvaters längere Zeit nicht findet und dann erst noch mit anderen Trägern desselben Namens verwechselt, was ihn im Moment sehr ärgert. Beim gemeinsamen Betrachten der vielen alten Photobücher der Familie weist er auf das streng und klug dreinblickende Gesicht des Urgroßvaters hin und betont die Stirn, die willenskräftiger wirke als die höheren, vergeistigten Stirnen der Inglin-Seite.
Das Hotel von internationalem Rang, das Ambros Eberle 1865 auf dem «Brändli» in Morschach baut, ist die Tat, die für Inglins Leben besonders wichtig wird. Die Bilder zeigen im französischen Schloß- und Gartenstil einen neubarocken, in sich geschlossenen Bau mit einer ausgedehnten, symmetrisch bepflanzten Terrassenanlage. Auf anderen Ansichten ist der «Margaritha-Hain» zu sehen, ein scheinbar intakter Naturpark, welchen der Gründer zu Ehren seiner Frau herrichten ließ. «Der Name Axenstein ist nicht alt, sondern erst fixiert, als die Gebäude entstanden oder vielmehr das Hauptgebäude sich erhob, dessen Anschauen uns sogleich belehrt, daß wir hier ein Etablissement ersten Ranges vor uns haben... Der berühmte Landschaftsmaler Calame von Genf, welcher... den Leuten von Brunnen sagte: ‹Vous habitez le plus beau pays du monde›, hatte auch den richtigen Blick für die ausgezeichnete Lage des Brändli. Aber auf dem, wenn auch aussichtsreichen, so doch unkultivierten Brändli einen wohnlichen Anziehungspunkt für die Reisewelt zu machen, dazu bedurfte es eines praktischen Blickes und kühnen Unternehmungsgeistes. Diese fanden sich in der Person des Herrn Ambros Eberle von Schwyz.» So heißt es in einer Werbeschrift über «Axenstein», die der Sohn August, Inglins Großvater, herausgebracht hat.
1928 wird Inglin im Roman «Grand Hotel Excelsior» mit der Zivilisation abrechnen, die der «kühne Unternehmungsgeist» auf diese Alp gezwungen hat. Die Zivilisationsfeindlichkeit lebt in Inglins späterem Werk als Technikfeindlichkeit weiter, und einer ihrer Hauptantriebe ist im inneren Aufstand gegen die Welt dieser Gründerväter zu suchen.

Im «Werner Amberg» wirken sie ambivalent, als drückend autoritär und verehrungswürdig zugleich. Ihr Werk, das Hotel, aber wird dem Bereich der Mutter zugeteilt, und da sie, die sonst ernste, vor allem hier sich heiter zeigte[4], nannte der Autor es «Freudenberg». In den Notizen zum «Amberg» heißt es noch «Axenegg»: «Das Wort ‹Axenegg› mit Liebe und Freude gesprochen wie der Ruf aus einer andern Welt... Axenegg. Welt. Die Landschaft. Weite, Freiheit, Freude. Die Mutter.» Aus dem Tagebuch der Mutter konnte Inglin später ersehen, daß es hier in Morschach («auf unseren Axenhöhen», wie die Mutter sagt) Lieblingsorte seiner Eltern gab, so das «Schwyzerbödeli», das die Einsame aufsucht («um mein sehnsüchtiges Herz ein wenig zu stillen»), und das «Känzeli», wo es sie jeweils am Abend hinzieht und von wo sie auf den Flecken blickt, «um Ihm ein recht herzliches ‹Guet Nacht mein Lieb› zu bringen». Gelegentlich besucht sie auch der Bräutigam und steigt dann während der Nacht den langen Weg wieder nach Schwyz hinunter. – Immer wieder aber berichtet Josephine begeistert von Kurmusik und Sommerfeuerwerken, von großangelegten Namenstagsfesten und Geselligkeit.
Im folgenden Winter 1890/91, wie sie wieder in Schwyz ist («Addio mio bello Axenstein» schreibt sie im Herbst), berichtet sie, daß der Lowerzersee jetzt zugefroren sei, daß sie aber nicht mehr eislaufen möge, da es ihr Geliebter nicht tue. Sie entwickelt sich zur Frau, die um ihres Mannes willen vieles aufgibt. Sie tanzt gern, er nicht; dieser Verzicht fällt ihr besonders schwer.
Am 12. Mai 1891 wird Hochzeit gefeiert, die Reise geht anschließend über Bern und Genf nach Turin, Genua und Mailand. Der Übertritt in den Ehestand vollzieht sich nicht schmerzlos. «Frau! tönte es auf einmal an die Ohren, konnte mich fast gar nicht mit dieser neuen Titulierung befreunden, doch die Zeit bringt Gewohnheit.» – Auch «die Flitterwochen waren mir nicht edel gesinnt; denn kaum nach acht Tagen der Hochzeitsreise wurde ich... ins Bett gepackt und der Doktor erklärte: das Nervenfieber. Also war mein Los, drei Wochen das Bett zu hüten». Auffällig knapp schreibt sie dann am ersten Jahrestag ihrer Hochzeit über die Geburt eines Söhnchens am 10. April, das starb, kaum war es auf der Welt. Es hieß Meinrad. Der erste Hinweis dann auf den zweiten Meinrad Inglin folgt noch vor dessen Zeugung: «Doch wir wollen hoffen, der liebe Gott meine es am nächsten Mal besser mit uns...»

Die frühe Kindheit. Ambivalenz des Mütterlichen

Auf der nächsten Seite steht: «Am 28. Juli 1893 Geburt unseres lb. Bübchens ‹Meinradli›. Freude unbeschreiblich groß, er ist ein ‹lieber herziger Junge› mit großen blauen Augen, die schon so recht lebhaft in die Welt hinein gucken.»
Auch Inglins frühe Kinderzeit läßt sich am besten durch Tagebuchzitate erhellen. Es sollen also diese Dokumente sprechen, auch auf die Gefahr hin, daß sich keine zusammenhängende Geschichte ergibt, wie etwa in einer biographie romancée.
«Dezember. Die Buben [gemeint sind Meinrad und Franz, der Sohn der Schwester Margrit Abegg-Eberle, der fast gleichzeitig auf die Welt gekommen war] wachsen und wollen schon nicht mehr in den Kissen liegen... böse und liebe Ruhestörer»,

Der Vater Meinrad Melchior Inglin 1864–1906 (Photo ca. 1895)
Die Mutter Josephine Inglin-Eberle 1868–1910 (Photo ca. 1895)
Der Vater als Jäger (Zweiter von links)

Urgroßvater Ambros Eberle 1820–1883, gründet 1870 das Hotel «Axenstein»
Onkel August Eberle (Onkel Beat, der Narrentänzer im «Werner Amberg»)
Tante Margrit Abegg-Eberle in jungen Jahren (Tante Christine im «Werner Amberg») – Tante Margrit Abegg zu Zeit, da Inglin bei ihr wohnt und schreibt

lautet der nächste Eintrag. Und weiter heißt es: «Heute feiern wir das Geburtstägchen unseres liebsten Bübchens. Wir haben den 28. Juli 94, einen herrlichen warmen Sommertag.» Das zu diesem Anlaß aufgenommene Photo zeigt ein hübsches, wohlgenährtes Kind mit blonden Haaren, hoher, breiter Stirn und mit der schon stark ausgeprägten Unterlippe.

«28. Juli 1895. Unser liebstes einziges Bübchen feiert heute sein zweites Geburtstägchen. Es erhält sechs Stück feine Meringues... Meinradli ist schon ein recht lebhafter Junge und plaudert alles...»

Im Tagebuch von Frau Margrit Abegg-Eberle, die – wie im «Werner Amberg» geschildert – schon vor der Geburt ihres Sohnes Franz den Mann verloren hat, steht: «Josephine profitiert das schöne Wetter und stolziert mit seiner Kindschaise fleißig in den Grund. [«Der Grund» liegt außerhalb Schwyz, an der Straße nach Muotathal, es ist das Haus, wo Inglin fast sein ganzes Leben verbringen wird.] Der kleine Meinradli ist etwas schwerer als unser lb. Goldkäfer, aber dafür hat letzterer die Prämie beim Schlafen.» (Oktober 1893) Im Juli 1896 berichtet die Tante von Ringkämpfen zwischen den beiden: «Franzeli ist immer der stärkere, Meinradli liegt am Boden, schreit und ruft nach Hilfe...» Auch das im «Werner Amberg» beschriebene Photo ist in diesem Tagebuch aufgeklebt: Der dreijährige Meinrad steht erhöht und schlägt ernsthaft die Trommel. Im Februar 1897 wird berichtet, wie flott die Buben schon den Narrentanz, den alten Schwyzer Fasnachtstanz, stampfen und dazu auf den Trommeln den Takt schlagen. Der Narrentanz wird den «Werner Amberg» beinahe leitmotivartig durchziehen.

Als Fünfjährige sieht man die beiden in voller Soldatenuniform mit Tschako vor dem Gartentor stehen. Eine Tante hat ihnen die Monturen geschickt. «Liebs Vaterland magst ruhig sein», schreibt die Tante unter das Bild. Der folgende Abschnitt aus dem «Werner Amberg» bezeugt, wie genau Inglin Dokumenten wie diesem Tagebuch der Tante folgte. «Karl [d. i. Franz Abegg] und ich, sein gleichaltriger Vetter, spielten nun, wie das Tagebuch meldet, in der Altrüti [d. i. ‹Grund›] häufig miteinander und zankten als Dreijährige zum erstenmal, wobei sich der Sohn des Landwirts als der Stärkere erwies. Er warf mich hin, ich lag schreiend am Boden und rief um Hilfe. Da wir bald darauf wieder Arm in Arm singend über die Wiese spazierten, war der Zwischenfall wohl rasch erledigt, doch mußte die neue Erfahrung auf mich gewirkt haben wie auf einen empfindsamen jungen Hund, der nach seiner ersten Niederlage dem Streite künftig lieber ausweicht. Ein Jahr später bekamen wir beide eine Soldatenuniform mit der zugehörigen Ausrüstung geschenkt und wurden darin zusammen photographiert, diesmal nicht von Herrn Stoffel, sondern von einem Onkel, der weniger bedrohlich aussah. Als Soldaten gingen wir bald mit den Gewehren aufeinander los und mußten getrennt werden, doch dürfte ich kaum der Angreifer gewesen sein.» (WA 1, 36)

Im Mai 1898 wird Meinrads Bruder Josef geboren. Der um fünf Jahre Jüngere ist im «Werner Amberg» nur einige wenige Male genannt und spielt dort weiter keine Rolle. Den Andeutungen des alten Inglin war zu entnehmen, daß er sich eine Schwester gewünscht hatte. Das Verhältnis der beiden Brüder ist später durch distanziertes Wohlwollen gekennzeichnet. Inglin pflegte zu sagen, Josef vertrete durch seinen Beruf genau das, was er bekämpfe. Josef wurde Elektroingenieur (dipl. Ing. ETH) und reiste viel. Er arbeitete, nach einem langen Aufenthalt in Kanada und einem kürzeren in Neufundland bei Brown Boveri in Baden. 1974 ist er in Wolfhalden (AR), seinem letzten Wohnort, gestorben und im Inglin-Familiengrab in Schwyz begraben worden. In der «Welt in Ingoldau» gibt es verschiedene Mütter, welche über ihren Neugeborenen die älteren Söhne vergessen und dafür schwer büßen müssen. Wie weit da eine autobiographische Betroffenheit mitschwingt, ist ungewiß. Sicher ist, daß Inglins Verhältnis zur Mutter voller Spannung blieb, bis ins Alter. In der ersten Fassung des «Werner Amberg» wird sie als verschlossene Frau geschildert und sogar des Unverständnisses für ihren Sohn angeklagt. Sie straft nach seiner Meinung zu hart, hat im Gegensatz zum Vater zu wenig Humor und wohl auch zu wenig Zärtlichkeit für das liebebedürftige Kind. Man denke an die Erzählung «Mißbrauch eines schlafenden Sängers» (VW). Eine Szene in der ersten Fassung des «Werner Amberg» ist besonders aufschlußreich. Bezeichnenderweise hat sie der übervorsichtig gewordene Autor 1969 gestrichen: «Im Schulknabenalter wurde ich nach Übeltaten, für die mich mein Gewissen strafte, daheim noch von der Mutter gestraft. Mit einer dunkel zürnenden Miene, die den herzlichen Kummer über den leichtsinnigen Sohn kaum mehr verriet, stellte sie mich zur Rede und schickte mich in den Abtritt hinaus. Gleich darauf folgte sie mit der Rute, einem armlangen, rund gebündelten Besen aus festen, schwärzlich braunen Rütchen, und befahl mir: ‹D' Hosen abbe!› In einer Erschütterung, die mir leider nicht anzusehen war, ließ ich die Hosen hinuntergleiten und empfing schluchzend eine Reihe kräftiger Rutenstreiche auf den bloßen Hintern und blieb im Abtritt eingesperrt. Verzweifelt stand ich in dem kahlen, engen Gelaß, starrte durch ein hoch angebrachtes schmales Fensterchen zur Mauer des Kirchturms hinüber und hätte mich am liebsten dort vom Turm gestürzt. Ich war tief unglücklich, daß mich die Mutter geschlagen hatte, und lieber wollte ich sterben, als noch einmal so von ihr gestraft zu werden. Wenn sie mir endlich die Tür öffnete und ich starren Blickes an ihr vorbei ging, hörte ich aus ihren milderen Worten wohl den mütterlichen Ton heraus, aber ich blieb geschlagen.» (WA 1, 111f.)

Noch der alte Inglin spricht kaum je von der Mutter ohne einen gewissen Groll in der Stimme. Er und ich schauen beispielsweise zusammen alte Photos an, ich bemerke zum Bild seiner Mutter, daß diese aber eine sympathische hübsche Frau gewesen sei; er zuckt die Schultern: «gahd eso.»

Josef Inglin, den ich ebenfalls befrage, deutet die Beziehung der Mutter zum älteren Sohn wohl richtig. Nach seiner Aussage war sie häuslich und streng und hat stets gefürchtet, aus Meinrad werde nichts. Da der Vater sehr gesellig und neben seinem Beruf in Ämtern und Vereinen tätig war, war die Erziehung vor allem ihr überbunden. Offenbar hatte sie sich zu einer Frau entwickelt, die skrupelhaft darauf bedacht war, in keinem Punkt gegen die Normen ihrer Gesellschaft zu verstoßen.

Josef Inglin sieht allerdings seinen Bruder anders als dieser sich selbst im «Werner Amberg». Er habe stets viele Kameraden um sich gehabt, sei ein lebhafter Bub gewesen und habe immer etwas angestellt. Im Kreis der Schwyzer Dorfbuben habe er gegen die «Ibächler» und «Seewener» gekämpft, im Nietenbach Räuberlis gespielt und der Frau Holdener mit Heugabeln Birnen aus dem Kellerfenster gestohlen.[5] Auf der Hofmatt habe er Nüsse von einem Riesenbaum gerissen und sei als einziger vom Bauern verprügelt worden. (Vgl. die Szene im «Amberg») Da habe es verständlicherweise oft Konflikte mit der Mutter und im Dorf gegeben. Er, Josef,

sei viel stiller und schüchterner gewesen und viel häufiger zu Hause geblieben. Es ist wohl so, daß Josef keinen Anlaß zur Beunruhigung bot und es Meinrad erschien, jener sei allein lieb Kind. Trotz war sein Schutzmittel in dieser Not. In den «Amberg»-Notizen steht unter dem Titel «Psychologisches»: «Schon von früher Jugend an bildet meine Natur allmählich einen Panzer aus, den ich so nötig hatte wie ein Weichtier den seinen (Beim Verhältnis zur Mutter. Meine spröde Art.).» Aber auch Josef Inglin betont, daß die Mutter fast nur in Morschach auf «Axenstein» fröhlich erschienen sei. Daher führte für Meinrad «die Straße der Verheißung» dort hinauf nach Süden. (WA 1, 22) Das Glück des Sechsjährigen ist unbeschreiblich, wie er auf einem Ball im Hotel die Mutter unversehens lachen sieht («Das Gesicht der Mutter hat in meiner Erinnerung einen Ausdruck von Sorge und strafender Zurechtweisung, aber jetzt, in dieser Nacht, sah ich es freudig glühen. Dies steigerte mein Vergnügen zur Aufregung...»). (WA 1, 27)
Eine überstarke Bindung an die Mutter muß in Inglins Verhältnis zu ihr eine schmerzhafte Ambivalenz bewirkt haben: den Trotz einerseits, den Inglin im «Amberg» zeigt, anderseits die bedingungslose Hingabe wie beim Knaben in der «Furggel», der am Schluß bei der Mutter gleichsam die Stelle des Vaters einnimmt. Am greifbarsten gestaltet Inglin diese Ambivalenz, um die er genau Bescheid wußte, in der «Welt in Ingoldau». Wiederholt betont er mir gegenüber (immer begleitet von einem halb hilflosen, halb hintergründigen Lächeln), daß beide Söhne der Witwe Reichmuth Abbilder seiner selbst seien: der mürrische Melk, der sich vor ihr abschließt, und der liebessüchtige Edi, der für die Mutter nach deren Tod bei immer anderen Frauen Ersatz sucht. Auch der letztere Aspekt läßt sich durch die spätere Biographie Inglins bestätigen. Wegen der «Weibergeschichten» wollte Inglin ja auch den «Werner Amberg» nicht weiterführen (mündliche Äußerung). In den Materialien dazu fand sich ein Blatt folgenden Inhalts: «Das Rätsel: Edi *und* Melk, extravertiert und introvertiert... infolge dieses Pendelns sind die Ausschläge heftiger als bei Normalen.»
Sogar bei seiner Faszination vor der Natur weiß Inglin, der ja Psychologie studiert hat, um die heimliche Korrelanz zur Bindung an die Mutter. Oft genug stellt er Natur als Mutter- oder Uterusersatz dar. So heißt es von Edi: «Er floh aus dem Dorfe, weg von den Menschen, die ihn nicht verstanden, die ihm das Unaussprechliche nicht geben konnten, nach dem er so heiß verlangte, er floh in die Einsamkeit des Waldes zu Bäumen, Gebüschen und Tieren. Hier warf er sich hin und legte den Kopf in ein kühles Moospolster wie in einen mütterlichen Schoß.» (WI 3, 156) Oder er erzählt ähnlich, doch weniger ausdrücklich, von Werner: «An dieser Bergscheide bildeten niedere buschige Tanngrotzen, einzelne größere Tannen und Föhren, Riedgrasplätzchen, Heidekrautbuckel und üppige Mooshügel einen labyrinthischen Hain, in dem ich still beglückt herumschlich oder liegenblieb.» (WA 1, 123)
Daß sich die Natur bei Inglin oft abweisend verhält, entspricht der Ambivalenz in der Beziehung zum Mütterlichen. Der Mensch, der sich der Natur allzu vertrauensselig übergeben möchte, ist der Betrogene (vgl. «Schneesturm im Hochsommer», «Die Furggel», «Wanderer auf dem Heimweg» etc.). Sie ist kein Idyll, sondern eine oft tückische Gewalt, die, gerade weil sie als so übermächtig erfahren wird, fast persönliche Willenszüge erhält. Die Ursprungs- und Erdhaftigkeitsmystik, die Inglin später eine Zeitlang pflegt, von der er sich dann aber zu Beginn der

dreißiger Jahre entschieden abwendet, bezieht ihren seelischen Antrieb wohl auch aus dieser Erlebnissphäre.

Das «fragwürdige Paradies»

Das nächste nachhaltig wirkende Ereignis ist der Brand des Grand Hotels Axenstein am 29. Dezember 1900. Man vermutete Brandstiftung, was sich allerdings nicht nachweisen ließ. «Die rauchenden Trümmer sind verschwiegen und geben keinen Aufschluß über den fürchterlichen Verbrecher», schreibt die Tante im Tagebuch. In Inglins Roman «Grand Hotel Excelsior», der in der Szenerie von Morschach spielt, heißt dieser Peter Sigwart; er sucht die reine Natur und legt in einem anarchisch-zivilisationsfeindlichen Akt Feuer. Im «Werner Amberg» hat Inglin den Brand in die Silvesternacht der Jahrhundertwende vorverlegt und ihm das Gewicht unheimlicher Vorbedeutung verliehen: «Die Jahrhundertwende aber blieb mir als düsteres Unheil eingeprägt und tauchte immer wieder brandrot in mein Gedächtnis empor.» (WA 1, 33 f.)[6]

Im Februar 1900 gehen die Buben in «Bajazzokostümchen», welche die Großmutter Eberle, die bei Tante Margrit Abegg lebt, angefertigt hat, an die Fasnacht: Meinradli hat «ein rotes und Franzeli ein blaues». Im März darauf wird notiert, daß sie fleißig Vorunterricht hätten im Lesen, Schreiben und Rechnen, «damit sie, wenn es heißt ‹i d' Schuel›, wenigstens einen kleinen Anfang und Begriff haben vom Lernen und Stillsitzen». (Tagebuch von Margrit Abegg)

Inglins frühe Jugend war also von verschiedenen Seiten, von Vater und Mutter, Tante und Großmutter, umhegt, und trotzdem empfand der Kleine – nach der Interpretation im «Werner Amberg» – das Leben als heimtückisch und gefährlich. Der Erwachsene zeichnet aus dieser Epoche fast nur einschüchternde Geschehnisse auf. Sie lassen sich fast alle verifizieren: der alte Schlossermeister Daniel, dessen Heißluftballon in der Luft Feuer fängt, abstürzt und Werner erschreckt, hat wirklich gelebt und hieß Anton Gwerder. Die barocke Großveranstaltung an Fronleichnam, deren schauerliche kollektive Frömmigkeit den Kleinen bis zuinnerst aufwühlt, hat bis vor einigen Jahren auf dem Schwyzer Hauptplatz, genau wie es beschrieben wird, stattgefunden. (WA 1, 13) Im Arbeitszimmer des Schriftstellers hing die «bemalte alte Holzmaske» des «rotbraunen Dämons», bei dessen Anblick das Kind an der Fasnacht vor Entsetzen lange wie gelähmt war. Inglin hat die Maske, wie er sagte, als Erwachsener plötzlich bei einem Händler entdeckt und sofort erstanden. Die Erinnerung an den Schrecken habe ihn nur so durchzuckt. In den «Amberg»-Notizen steht noch dazu: «Die Dämonenmaske, die mich früh in Todesangst versetzte – und die ich jetzt sozusagen selber anziehe.»

Der fast fünfzigjährige Inglin, der den «Amberg» schreibt, mag die düsteren Episoden in seiner ganz frühen Kindheit absichtlich hervorgehoben haben. Es lag ihm daran, an der Geschichte seiner Jugend seinen Schicksals- und Künstlerbegriff zu verdeutlichen. Der Künstler ist, vornehmlich als Heranwachsender, der Welt schonungslos ausgesetzt. Er zieht die unheimlichen Ereignisse durch seine Wehrlosigkeit auf sich, kann sich aber, wenn seine Begabung stark genug ist, gerade durch diese Erfahrung aus der gesellschaftlichen Konventionalität lösen. Das seiner Umgebung so fern liegende Künstlertum ist für Meinrad Inglin lebensnotwendig, ja zuletzt einzige Überlebenschance.

Am 14. Mai 1900 ist Meinrads erster Schultag. Die Primarschule wird ihm weiter keine Probleme auferlegen. Seine Zeugnisse sind gut. Am Schluß des ersten Jahres steht im Tagebuch der Tante: «Juhe, Vakanz! hört man heute freudig ausrufen von unserer Schuljugend. Das erste Examen, an welchem meine Wenigkeit beiwohnte, haben unsere lb. Buben [Franz und Meinrad] mit bestem Erfolg bestanden... Jetzt haben wir schon Zweitkläßler und das will was heißen.»
Einige Monate später, am 8. Juli 1901, stirbt dieser Cousin und beste Freund Franz Abegg an Bauchfellentzündung. Das Kind soll unreife Stachelbeeren gegessen haben. Noch der alte Inglin zeigt mir im Garten den Strauch, der dem Knaben zum Verhängnis geworden sei. Der Tod hat den kleinen Meinrad gewaltig berührt, das Ereignis wird im «Amberg», wo der Knabe Karl genannt wird, ausführlich geschildert. Es ist der Anfang jener fürchterlichen Kette von Unheil, die den eher Extravertierten in die Introversion (und schließlich zum Künstlerberuf) treibt.[7]
Nach dem «Amberg» zu schließen, hat sich Inglin damals ähnlich gegen die Angst und das Unglück gewehrt wie später fast immer: Er weicht aus in eine wilde Ausgelassenheit. Das Ereignis aber lebt in ihm fort als Bestätigung der «Erfahrung, daß alles, auch wenn es noch so schön und lustig war, mit Trauer, Angst und Schrecken ende... Die Erfahrung wurde immer wieder von neuen, aber auch von untergetauchten Erlebnissen genährt, die ich damals schon verdrängt und vergessen haben mochte: Freudig gespannt hatte ich darauf gewartet, daß Meister Daniels großartiger Luftballon fliegen werde; statt dessen war er in Flammen aufgegangen. Meine erste Begegnung mit den fröhlichen Maskeraden hatte mit einem lähmenden Schrecken geendet. In meinem neuen Schlafzimmer war ich von einem Traumgespenst fast bis zur Ohnmacht geängstigt worden. Von meinem verheißungsvollen nächtlichen Ausflug auf Freudenberg hatte die Mutter mich schimpfend ins Bett zurückverbannt. Unser Grand Hotel hatte nicht länger wie ein erreichbares Märchenschloß auf uns gewartet, sondern uns alle mit der Brandröte seines Untergangs erschreckt. Dieses düstere Zeichen stand für mich auch über der Jahrhundertwende. Außerdem war bei uns im Laufe der Zeit noch zweimal etwas Trauriges geschehen: der Großvater, der mich trommeln gelehrt, und meine freundliche Großmutter waren verschwunden, und beidemal hatten meine Eltern geweint. Jetzt überwältigte mich der Schmerz meiner Angehörigen, der den Verlust meines Spielkameraden und das Ende meiner Freuden in der Altrüti bedeutete». (WA 1, 38f.)
Die sechs Primarschuljahre verlaufen äußerlich ruhig. In einem Notizbüchlein des Vaters findet sich ein kurzer Hinweis, daß der zehnjährige Sohn ihn gelegentlich schon ein Stück weit in die Berge begleitet: «Hochwildjagd 1903, 20. Sept. Eidgen. Bettag. Per Einspänner à fr. 8.– bei herrl. Wetter nach Bisisthal. Meinradli mit. In der Mettlen kam Führer Mettler mit mir nach Schwarzenbach... Abmarsch in Begleitung von Rinderhirt Hediger.» In Meinrad Inglins eigener Schrift steht darunter: «Aus einem Notizbüchli von Werner Ambergs Vater. Aufbruch zur Hochwildjagd. Wernerli darf mit, aber vermutlich nur bis ins Bisisthal.» Die paar knappen

Sätze des Vaters und die Erinnerung an dessen tödlichen Absturz, der im Jahre 1906 erfolgte, mögen Inglin später zur Novelle «Die Furggel» angeregt haben. Die Sommerferien verbringt er, nach seiner eigenen Aussage, ungefähr von dieser Zeit an immer allein bei befreundeten Wirtsleuten in den nahen Bergen: Auf Holzegg, Ibergeregg oder in Oberiberg.[8]

Das Betragen in der Schule ließ offenbar hie und da zu wünschen übrig. Tante Margrit bewahrt in ihrem Tagebuch einen Brief vom 31. Dez. 1903 auf, der auch im «Amberg» (WA 1,43) erwähnt wird. Es ist das erste erhaltene Schriftstück Inglins, in deutschen Buchstaben geschrieben (Originalorthographie): «Liebe Eltern! Es beginnt nun ein neues Jahr. Ich wünsche Euch viel Glück und Segen. Täglich will ich zum lieben Gott beten, daß er Euch noch recht viele Jahre gesund erhalte. Während des alten Jahres war ich oft ungehorsam und habe Euch viel Verdruß gemacht. Ich verspreche Euch von heute an recht brav und folgsam zu sein. Ich will in der Schule fleißig lernen und im Betragen mich bessern, damit ich Euch das nächste Mal mit einem guten Zeugnis erfreuen kann. Euer dankbarer Sohn Meinrad.» Sogar auf diesem in der Schule auf Geheiß verfaßten Brief liegt ein dunkler Schimmer jenes Schuldgefühls, welches das ganze Leben Werners im «Amberg» bestimmt. Dieses Schuldgefühls wegen nennt Inglin die Jugend «ein fragwürdiges Paradies»: «Das verletzliche Kind gerät im fragwürdigen Paradies der frühesten Jugend unter düstere Wolken, es ängstigt sich, als ob es daran schuld wäre und kennt doch seine eigenen Schritte nicht.» (WA 1, 69) In den Entwürfen fährt er dazu weiter: «Mir scheint, daß ich im Verhältnis zur Strenge der Strafe auch später nie viel mehr getan als einen Kürbis abgerissen habe.» Damit spielt er an auf das in den Materialien als «Schuldkapitel» bezeichnete dritte Kapitel des «Amberg». Um ein Beispiel zu geben von der Geringfügigkeit der kindlichen Vergehen und der unverhältnismäßigen Größe der Strafe schildert er dort, wie er für einen ahnungslos abgerissenen Kürbis von einem ihm fremden Onkel fürchterlich ausgescholten wurde.

Offenbar betrachtet der kleine Meinrad jeden Unglücksfall als Strafe und lebt demgemäß in einem ständigen Schuldgefühl. Nach dem Zeugnis des Bruders hat er sehr häufig geweint. Das Schuldgefühl ließe sich aus der überstarken Mutterbindung erklären. Unterstützt wird es in einem Innerschweizer Dorf der damaligen Zeit durch das Sündenregiment der katholischen Kirche. Inglin wird diese in der «Welt in Ingoldau» schwer genug anklagen und zeigen, wie ihm Jugendliche mit Leib und Leben zum Opfer fallen. Später, im «Amberg», will Inglin nicht mehr in diese heikle Kerbe hauen und äußert sich nur mehr behutsam über die Kirche. In den «Amberg»-Materialien findet sich aber doch ein Zettel mit der Bemerkung, wie das Inglinsche Wohnhaus sich ducke unter der autoritären Barockgröße der Pfarrkirche nebenan und wie diese mit ihrem Geläut unablässig ihre Präsenz bis in alle Wohnräume bekunde. Und auch im «Amberg» noch tadelt er die Sexualfeindlichkeit des Religionsunterrichts: «Eine der großen Mächte des Lebens wurde so... den Knaben nur von der trüben Kehrseite gezeigt, der Unkeuschheit, die als ekelerregende Schlange den Verführten auf den Weg zur Hölle dränge. Die Knaben vergaßen dieses Bild nicht mehr.» (WA 1, 94)

Auswegmöglichkeiten aus den lastenden Selbstbezichtigungen bieten die Geige, die Bücher und die unverstellte Natur. Vom zweiten Schuljahr an hat er Violinunter-

richt. Und das liebste der Bücher seiner Jugend sei ihm Kiplings «Dschungelbuch» gewesen, bekennt der alte Inglin. Er liest es wieder vor seinem Tod im Spital, fast verstohlen und vor jedem Besucher es schnell versteckend. Die Vermutung bestätigt er, daß die archaischen Zusammenkünfte und Kämpfe der «Jugend eines Volkes» sowie die freien Tierprotagonisten der «Grauen March» Beziehungen zur Welt Kiplings haben.
Die alpine Natur betrachtet er im «Amberg» als eigentliche Heimat, als ob er dort und nicht «in Bett und Stube» geboren und aufgezogen worden wäre. Auf einem Zettel skizziert er Formulierungen über die erste Naturerfahrung: «... (mir war zumute) wie einem Verbannten, der auf seiner öden Insel einen verborgenen süßen Quell entdeckte, nach dem ersten Trunk schon aus seinem Innern eine geheimnisvolle andere Welt aufblühen sähe und heimlich immer wieder hier zu trinken gedächte, auch wenn er dafür gestraft, ja mit dem Tode bedroht werden sollte.»
Ganz fraglos wird das «fragwürdige Paradies» der Kindheit nur hier.[9] Daß diesem Inglin später, wenigstens eine Zeitlang, Knut Hamsun, dessen Naturideologie und gelegentliche Menschenflucht, sehr eingeleuchtet haben, versteht sich leicht. Er dankt es seinem Realitätssinn, seinem ethisch-künstlerischen Wahrheitswillen, daß er in seinen eigenen Büchern die Natur nie unverbindlich absolut setzt, sondern immer in der Spannung hält zum Gesellschaftlichen.

Der Tod des Vaters

Am 7. August 1906 verunglückte der Vater, 42 Jahre alt, am Tödi – ein Ereignis, das Inglins Leben entscheidend verändert.
Der Dreizehnjährige weilt schon seit Beginn der Sommerferien auf «Haggenegg» (im «Amberg» «Egg» genannt) im Gasthaus bei befreundeten Wirtsleuten. Er lebt, so schildert er den Aufenthalt im «Amberg», vom Druck der Erziehung und Gesellschaft befreit, «unverstellt und ungeschützt» in paradiesischem Frieden. Der Schlag der fürchterlichen Nachricht muß ihn getroffen haben wie keiner zuvor. Er beschreibt den Hergang in unvergeßlichen Zeilen, wie sein «Vetter» (es war der Schwiegervater seiner Tante Margrit, Meinrad Abegg) kommt, um ihn heimzuholen; wie er in der Wirtstube nach Musik schreit und verzweifelt ein paar Tanztakte auf den Boden stampft, damit er das Schreckliche nicht vernehmen müsse. In der Novelle «Die Furggel» hat Inglin schon 1943, einige Jahre vor dem «Amberg» das Ereignis in einer erschütternden Umdichtung gestaltet und symbolhaft auf die Beziehung Vater–Sohn, Sohn–Mutter reduziert. In den «Amberg»-Materialien findet sich noch die folgende Ergänzung: «Im Abstieg verläßt mich die letzte Zuversicht, meine Beine werden schwach, ich hätte zusammensinken und weinen können, ich darf die ganze Wahrheit nicht hören, ich muß trotzen, schwächer und schwächer, je näher ich dem Haus komme... Eintritt nicht gefaßt, auf das Furchtbare gefaßt, sondern wie ein Verurteilter, der verzweifelt seinen Kopf unters Beil hält. Das Unheimliche, das immer enger um mich zusammenrückt, und noch denke ich nicht daran, in welcher Form, durch was für ein Geschehen es mich diesmal ersticken will. Ich wußte in meinem tiefsten Innern: Jetzt kommt, wie immer, das furchtbare

Ende – und es kam mit einer Wucht und Unerbittlichkeit...»
Was war geschehen?
«Sechs befreundete, in zwei Gruppen angeseilte tüchtige Bergsteiger waren mit ihrem Führer an derselben Stelle auf einer steilen Schneerunse ausgerutscht und in den offenen Gletscherschrund hinabgestürzt, aber nur einer von ihnen hatte dabei sein Leben verloren. Ich hätte selber fragen und mit dem Schicksal hadern können, warum es mein Vater sein mußte, aber ich fragte schon nicht mehr, ich wußte in meiner düster gärenden Tiefe, daß es kein anderer sein konnte.» (WA 1, 141 f.) Das ist der lakonische Bericht im «Werner Amberg». Da das Buch sich streng an die Erlebnisperspektiven des Heranwachsenden hält, und hier der Dreizehnjährige alles unzulänglich findet, was man über das Unglück sagt, läßt sich Inglin nicht auf lange Schilderungen ein.
Eingehend – beide im Leitartikel – erläuterten damals die beiden Lokalblätter, der liberale «Bote der Urschweiz» und die konservative «Schwyzer Zeitung», den Hergang des Unglücks. (Je 11. 8. 06) So schreibt der «Bote der Urschweiz»: «... die Reihenfolge der Touristen, alles junge Männer von kräftiger Konstitution, war beim Absteigen folgende. Voraus, erstes Seil: Führer Jakob Schiesser; Alb. Greithmann, Zürich; Paul Hochstrasser, Zürich, Zweites Seil: Führer Thomas Wichser, Linthal; Bankbeamter Patriz Nussbaumer, Schwyz; Kaufmann X. Schuler, Schwyz; Gemeinde-Säckelmeister Jos. M. Ulrich, Drogist, Schwyz. Drittes Seil: Stadlin Franz, Conditorei ‹Central›, Schwyz; Schmiedmeister Karl Weber, Schwyz; Oberlieutenant Meinrad Inglin, Uhrmacher, Schwyz. Der Rückmarsch ging ordnungsgemäß bis zu jener Stelle der gelben Wand, die auf der Karte des eidgen. topographischen Bureau mit ‹Schneerunse› bezeichnet ist. Die Partie Schiesser hatte die vom Steinschlag arg gefährdete Stelle bereits traversiert und war in Sicherheit. Das zweite Seil war nur noch zirka 10 Meter von der Stelle, die Sicherheit bot, entfernt. Da plötzlich – es mochte 11¼ Uhr sein – rief einer der Touristen aus vollem Halse ‹Achtung! Steinschlag!› und in selber Sekunde sauste unter nervenzerrüttendem Gepolter und scharfem Pfeifen eine Steinflut von der zirka 900 Meter hohen Wand hernieder. Einer der Touristen am zweiten Seil glitt ab und riß die übrigen mit sich in die Tiefe. Auch die zweite Kolonne stürzte nach. Einzig Führer Wichser, der seine Kaltblütigkeit auch während den schrecklichsten Momenten nicht verlor, konnte an der jähen Wand sich halten. Fünf der Touristen lagen in einer Bachrunse, deren Ufer von Eis und Schnee gebildet werden, während der sechste, Herr Nussbaumer, am Seil hängend, über ihnen baumelte. Da immerfort neue Steinschläge drohten, war jede Minute kostbar. Sofort wurde die Kolonne Schiesser zur Hilfe gerufen und an die Bergung geschritten, die dank der Tüchtigkeit der Führer und der wackern Hilfeleistung der beiden Zürcher Touristen... in ca. 30 Minuten vollzogen war. Die Arbeit, die das Schicksal hier in der Zeit von 2 Sekunden vollbracht, ist eine gräßliche. Der Anblick der Gestürzten, die Hilferufe der Unverletzten, das Stöhnen der Verwundeten und das Bild des bedauernswürdigen Toten – das waren nach Aussage der Beteiligten Momente, die geeignet waren, das Blut zum Stocken zu bringen. Und das Resultat des Unglücks? Es ist traurig genug. Herr Oberlieut. Meinrad Inglin, der auf die linke Seite fiel, zog sich, nebst zwei klaffenden Kopfwunden, einen Schädelbruch zu. Weber, der unmittelbar neben den tödlich Verletzten zu liegen kam, schob ihm einen Rucksack unter den Kopf; ein einziger, letz-

ter Atemzug und unser lieber, guter Herr Inglin weilte nicht mehr unter den Lebenden.»
Die «Schwyzer Zeitung» machte bei Redaktionen anderer Zeitungen und bei Augenzeugen Recherchen, und es blieb unklar, «ob ein Fehltritt des einen in der vorderen Gruppe, oder lediglich die Flucht vor dem Steinschlag der erste Anstoß war». (11. 8. 06) Am 15. August schreibt das Blatt von einem durch die Alpenclub-Sektion Tödi genau ermittelten Bericht, wonach das Unglück nicht wegen Steinschlags erfolgt sei; Steine und Eis hätten sich erst nach dem Unglück gelöst. Die Sektion Tödi des S.A.C. hatte allerdings besonderen Grund zu betonen, daß der Steinschlag nicht die Ursache gewesen sei: Man hätte an der Gelben Wand schon lange Sprengungen ausführen sollen, um solche Gefahr zu vermindern. Offenbar konnten die Beteiligten selber den Ablauf der Ereignisse nachher nicht mehr genau festhalten. 1972 hörte ich in Schwyz eine Erklärung, der man in den Zeitungsberichten nicht begegnet. Die Alpinisten seien zu spät zum Abstieg aufgebrochen, und ein Eissturz in der steigenden Hitze des späten Vormittags sei ihnen zum Verhängnis geworden. (a.-Ständerat Dominik Auf der Maur)
Weder in den Zeitungen noch im Tagebuch der Frau Margrit Abegg fehlt der Hinweis, daß fast alle Tödi-Besteiger Familienväter waren. Ein Vorwurf klingt mit, wird aber sogleich mit der Erklärung von der Magie der Berge entkräftet. «Das Verlangen nach herzstärkender Romantik, die Sehnsucht nach den prickelnden Pikanterien einer Hochgebirgstour und der damit zusammenhängende Genuß der Hoheit und Erhabenheit der eisichten, gottesnahen Gebirgswelt, mag unseren wackeren Alpinisten das große Ziel gesteckt haben.» («Bote der Urschweiz», 11. 8. 06)
Ein beherrschter, aber gelegentlich doch exzessiver Zug zur Leidenschaftlichkeit gehört wohl zum Bild des sonst besonnenen Mannes. Die schwelgerischen Berg- und Landschaftsschilderungen in winzigen Notizbüchlein (ein einziges ist erhalten), die er jeweils bei sich trug, bezeugen das; auch seine jährlich wiederkehrenden, nicht ungefährlichen Hochwildjagden. (Der Sohn, ebenfalls leidenschaftlicher Jäger, wird sich Zeit seines Lebens auf die Niederwildjagd beschränken.) In der deutenden Interpretation der «Furggel» stürzt der Vater von der abschüssigen, ungemähten Grasplanke in dem Moment ab, da er sich im Anblick der später zu jagenden Gemsen vergißt. Auch die hervorragende autobiographische kleine Geschichte «Mißbrauch eines schlafenden Sängers» (VW) zeigt den Vater als einen Mann, der, über das pädagogisch anerkannte, konventionelle Maß hinaus, an einer phantastisch-makabren Veranstaltung des Sohnes teilnehmen kann und von seiner Gattin entsprechend gescholten wird.
Frau Abegg schildert in ihrem Tagebuch, wie lange es dauerte, bis ihre Schwester Josephine Kenntnis vom Unglück hatte: «...daß die Herren in Verwirrung und Aufregung ganz die Köpfe verloren, beweist die Depesche, welche an Frau Nussbaumer geschickt wurde (am 7. August, Dienstag, nach dem Unglück) und lautete: ‹Sind glücklich vom Tödi abgestiegen.› Diese Anzeige machte die Runde und alles freute sich auf die baldige Rückkehr der lieben Abwesenden. Aber mein Gott, es sollte anders werden, unsere Freude verwandelte sich zum tiefsten Schmerz, als abends ca. 7.00 Uhr Herr Dr. Weber in sehr schonender Weise uns mitteilte, unsern Touristen sei auf dem Tödi ein Unfall begegnet, näheres sei noch unbekannt. Man

kann sich unsern Schrecken und unsere Lage denken. Was waren das für lange, bange Stunden für die Familien der Beteiligten. Herr Dr. Weber war so gütig und verreiste in der Morgenfrühe nach dem Linthal, um uns armen Verlassenen bald näheren Bericht und den Unglücklichen Hilfe zu bringen. Selbstverständlich weilte meine Wenigkeit bei der armen Schwester, die leider untröstlich war. Wie mancher Schmerzensschrei entwand sich da in schweren Stunden der beklemmten Brust und galt den Lieben, von uns so weit Entfernten. Mittwoch wurden die Berichte immer trauriger, der gute Meinrad sei am Kopfe schwer verletzt etc., weitern Bericht: macht euch auf das Schlimmste gefaßt. Auf diese fürchterliche Mitteilung konnten wir uns nicht mehr länger zu Hause verweilen. Schnell machten Josephine und ich uns reisefertig, um mit Begleitung von Onkel Heinrich nach dem Linthal zu verreisen. Zur Abfahrt bereit, kam, mein Gott, der letzte fürchterliche Bericht, – die Feder kann es beinahe nicht führen – daß lieb Meinrad sich nicht mehr unter den Lebenden befinde, sondern durch Steinschlag getötet wurde. Man kann sich unsere Lage denken. Ich finde keine Worte, den tiefsten Schmerz zu beschreiben, wenn der Schicksalsschlag mit solcher Wucht ein so schönes, friedliches Familienleben zerstört. Lieber Gott! Schick Kraft und Trost den so hart Geprüften.»

Über das weitere berichtet die «Schwyzer Zeitung»: «Die Leiche des Hrn. Mrd. Inglin, auf deren Sarg ein großer Kranz von Bergblumen lag, wurde Donnerstag abends $7^1/_2$ Uhr unter sehr großer Volksbeteiligung und allgemeiner und tiefer Ergriffenheit der Teilnehmer, auf dem hiesigen Bahnhof abgeholt und nach Schwyz begleitet zum Wohnhaus, das er vor wenigen Tagen so gesund verlassen hatte.» (11. 8. 06)

Von hier wird er zwei Tage später, am 11. August, zu Grabe getragen. Die Beerdigungsfeier wird «zu einer großen Sympathie-Kundgebung der Bevölkerung für den Verstorbenen wie für seine Familie. Viele Vereine mit ihren Bannern marschierten im Trauerzuge, und an die vierzig prachtvolle Kränze von Sektionen, Vereinen und Freunden wurden übermittelt. Ergreifend wirkte das Trauerlied des Männerchors und der Abschiedsgruß der uniformierten Feldmusik am offenen Grabe. Die Kirchenmusikgesellschaft gab das Requiem von Ett.» (ebd. 15. 8. 06)

Aus den Nachrufen, aus dem «Werner Amberg» und aus Inglins eigenen späteren Schilderungen entsteht ein deutliches Bild dieses Mannes: Er war beliebt, unangefochten und geachtet, wie nur wenige es sein können innerhalb eines Gemeinwesens von der Größe von Schwyz. Die Kirchen-Musikgesellschaft, die Feldmusik und der Schwyzer Orchesterverein heben den vorzüglichen Posaunisten hervor, der auch als Solist auftrat; der Männerchor rühmt den hervorragenden Baß-Sänger. Und sogleich rücken sie ihr Lob in das nach ihrer Meinung richtige Licht: «Doch all diese Anteilnahme an Musik und Gesang vermochten den ernsten Mann nicht abzuziehen von seiner Hauptbeschäftigung», der Berufsarbeit als Uhrmacher und Bijoutier. Der «Zentralschweizerische Uhrmacherverband», dessen Gründungsvorstand Inglin angehörte, betont denn auch besonders die berufliche Tüchtigkeit. Seine bürgerlichen Bestrebungen reichten noch viel weiter: er gehörte eine Zeitlang dem Gemeinderat an, weiter als aktives Mitglied dem Handwerker- und Gewerbeverein, dem Verkehrsverein, der Offiziers- und Schützengesellschaft, dem Scharfschützenverein, der Bürgergesellschaft, dem Schweizerischen Alpenclub, dem Turnverein und der Feuerwehr. Was er in all diesen Vereinen geleistet habe, davon sei bei ihm nie die Rede gewesen. Der «Urschweizer Bote» spricht von einer geradezu «naiven Bescheidenheit», die landauf und -ab bekannt gewesen sei. «Was aber noch zu tun wäre, davon sprach der opferwillige Mann oftmals, die größte und undankbarste Aufgabe sich immer selbst aufbehaltend.» («Urschweizer Bote», 11. 8. 06)

Wenn auch die Aussage von Inglins Freund Emil Holdener glaubhaft klingt, daß der Vater Inglin nach seinem Tod übertrieben verherrlicht worden sei, er sei zuletzt eine Art «Dorfmythos» gewesen –, zeigen doch die in den Zeitungen publizierten Jahresberichte der Vereine, daß er eine empfindliche Lücke im öffentlichen Leben zurückgelassen hat.[10]

Sobald die öffentliche Eintracht irgendwo gefährdet war, trat Vater Inglin als Vermittler auf, in der «Rolle des Friedensstifters Nikolaus». («Urschweizer Bote») Im «Werner Amberg» wird er als (historisch bezeugter) siegreicher Vermittler zwischen zwei gleich starken, hoffnungslos zerstrittenen Parteien an der Landsgemeinde im Mai 1906 gezeigt. (WA 1, 115 ff.) «Ich hörte dies alles, ohne viel von der Sache selber zu verstehen, und erfuhr damit zum ersten Mal etwas von der Haltung des Vaters im öffentlichen Leben. Er gehörte zur liberalen Partei, dachte skeptisch über den unbedingten Anspruch politischer Meinungen und verabscheute Unduldsamkeit und Rechthaberei. Diese Sinnesart bezeugte er freimütig auch dann, wenn sie ihm schadete, sie entsprang nicht der Schwäche, sondern der Einsicht in das Bedingte, Fragwürdige menschlichen Denkens und Treibens, und war mit jener gesunden Urteilsfähigkeit verbunden, die in einem demokratischen Gemeinwesen zwischen schwungvollen Hitzköpfen und eigensüchtigen Nutznießern immer wieder entscheidend ins Gewicht fallen muß.»

Dies schreibt der Sohn mit über fünfzig Jahren. Was er hier als politische und menschliche Wertung niederlegt, hat er seit der Arbeit am «Schweizerspiegel» in den dreißiger Jahren für sich errungen. Wenn das letztere Buch noch das Bürgertum in der Krise des Niedergangs zeigt, nicht nur vorübergehend während des Ersten Weltkriegs, sondern grundsätzlich, so bejahen Inglins Werke nach dem zweiten Aktivdienst ebenso grundsätzlich bürgerliches Denken. Es ist bezeichnend, daß er erst in dieser späten Zeit die Gestalt des Vaters, der sich in der Bürgerlichkeit seiner Gemeinde noch so fraglos erfüllen konnte, in sein Werk aufnimmt. Solange die Krise der Herkunftswelt bei Inglin thematisch bleibt, fehlt die Figur in seinem Werk, auch in der «Welt in Ingoldau», wo der Herkommensbereich doch beinahe in extenso aufgefächert, an mehreren jugendlichen Rollenträgern aufgezeigt und zur Diskussion gestellt ist.

Nur als ahistorische, ins Mythische sublimierte Gestalt mag man da und dort die Vaterfigur schon vor dem «Amberg» erkennen: im Großen der «Grauen March», im Tell von «Jugend eines Volkes».

Ganz feine Unterschiede zwischen der Denkweise des Vaters, der Bürger ist, und des Sohnes, der Künstler sein wird – zwei Welten, die der frühe Inglin prinzipiell gegeneinander ausspielt –, entdeckt der sorgfältige Leser aber sogar noch im «Werner Amberg». Der Vater verlangt von Werner, der sich von einer Prügelei mit seinem Widersacher Köbl drückt, daß er sich «rasch und tüchtig» wehre, damit dieser gleich erfahre, «mit wem er es zu tun hat». (WA 1, 102) Werner schlägt zu, mit einer Kraft, die die gewohnte übersteigt, und ist betroffen, als ob er selber der

Geschlagene wäre. Der Vater erfährt nichts von der Tat, die bei Werner Gewissensbisse auslöst: «In meinem Innersten... fühlte ich, daß ich auf eine mir unangemessene, meinem Wesen zuwiderlaufende Art eine Grenze überschritten hatte. Ich vergaß es nie mehr.» (WA 1, 103)
Jean-Paul Sartre preist in seiner Kindheitsgeschichte «Les mots» seine innere Unabhängigkeit dank dem frühen Tod des Vaters, den er nie gekannt hat, und vergleicht sich mit seinen Freunden, welche – jeder ein Aeneas – nur mit Anchises auf dem Rücken ihr Leben bestehen. Freilich, auch Inglin trug seinen Anchises mit; es fragt sich aber, ob er so eigenrichtig das ihm entsprechende Leben erkämpft hätte, wäre sein Vater als möglicher Gegner nicht zu Beginn der Pubertät ausgefallen. Da Inglin dessen Bild völlig unversehrt in sich bewahren und aufstilisieren kann, gelingt schon früh eine Identifikation mit dem Jäger, Schützen und Berggänger, auch mit dem Soldaten. Später – eben im «Werner Amberg» – entspringt dem die Identifikation mit dem Bürgerlichen. Erst jetzt betont er die handwerkliche Seite seines Berufs, versteht er sich, im krassen Gegensatz zu seinen Anfängen, als «bürgerlichen Schriftsteller». Kaum ein Kritiker, der nicht zitiert, was Werner beim Anblick der Goldkette, die sein Vater soeben vollendet hat, empfindet: «Ich sah es mit Bewunderung, bewahrte es in mir und wurde durch dieses Beispiel später in meiner Einsicht bestärkt, daß das Schöne, das dauern soll, nicht durch Zauberkunst und Flunkerei entsteht, sondern durch die unermüdliche Arbeit eines geschickten Mannes, dessen Beruf es ist.» (WA 1, 17)
Daß das Bild von Inglin in der Folge einseitig von Solidität und handwerklicher Redlichkeit her bestimmt wurde, liegt teilweise – neben den geistesgeschichtlichen Voraussetzungen in der Schweiz nach dem Zweiten Weltkrieg – in solchen Selbstdeutungen des Autors begründet. Die späte totale Identifikation mit dem Vater hat ihn, pointiert ausgedrückt, einen Teil seines künstlerischen Ruhms gekostet und vielleicht sogar davon abgehalten, wie früher formal weiterzusuchen.[11]
Drei Monate nach dem Tod, auf Allerheiligen, wurde das Grab des Vaters mit einem hohen granitenen Stein versehen, der jetzt noch, da Inglin selber darunter liegt, das Familiengrab überragt. Der alte Meinrad Inglin hat – von dem Monument noch immer beeindruckt – davon mit ähnlichen Worten gesprochen, wie er es im «Amberg» beschrieben hat: «Zu Häupten des Grabes stand jetzt das Denkmal, ein übermannshoch aus der Erde ragender mächtiger Granitblock mit dem wohlgelungenen, in eine Kupfertafel getriebenen Brustbild des Vaters und mit den Abzeichen der Leute vom Handwerk und Gewerbe, der Musikanten, Sänger, Offiziere, Schützen, Jäger und Bergsteiger. Dieses Denkmal hatten die Vereine gestiftet und ich konnte hören, daß eine derart hochherzige gemeinsame Tat hier noch nie vorgekommen sei und auch nicht bald wieder vorkommen dürfte, weil ein einfacher Dorfbürger sich nur ausnahmsweise ein so ungewöhnliches Ansehen, so viel Achtung und Symphatie erwerben könne wie der Verstorbene.» (WA 1, 156) Unter der Kupfertafel steht aus dem Psalm 120: «Der Berge Frieden war deines Herzens Sehnen, von dort hat Gott zum Ewigen Dich gerufen!»
Am 21. August 1970 stehe ich mit Meinrad Inglin vor seinem Familiengrab, das er mir von sich aus zeigen will. Er fragt, wo er wohl liegen solle, links oder rechts, oder in der Mitte. Nein, in der Mitte gehe es nicht, da sei der Stein seines Vaters, und den solle man nicht nach hinten versetzen müssen. Für ihn müsse dann eben

eine kleine liegende Granitplatte her wie für seine Mutter, seine Frau, die Großeltern und den Urgroßvater.
Nach Aussage Inglins hat die Mutter den Tod nie verwunden. Die vorher schon spärlichen persönlichen Eintragungen in ihrem Tagebuch hören ganz auf. Statt dessen legt sie Nachrufe auf ihren Mann ins Buch und schreibt, ohne Angabe der Daten, aus Zeitschriften Gedichte ab, die ihrem Leid entsprechen: «In Lebensbeschwerden», «Im Lebenskampfe», «Im Unglück», «Das Kreuz erhöht» und «Wo liegt das Glück?» Nach der Aussage eines beinahe gleichaltrigen Freundes von Inglin, Emil Holdeners, hat die Mutter auch im Dorf immer als schwierige Frau gegolten, im Gegensatz zu ihren Schwestern, die alle lebensfroh gewesen seien. Das mußte sich jetzt verstärken. Frau Holdener-von Reding erinnert sich, wie man bei ihr zu Hause entsetzt berichtet hat, es sei schrecklich, Frau Inglin habe solche Religionszweifel, daß sie nicht mehr in die Kirche gehen wolle. Ein toleranter Pfarrer habe aber angeordnet, man müsse die Frau gewähren lassen.[12]
Am 19. Oktober 1906 erscheint ein großes Inserat in der Lokalzeitung: «Anzeige und Empfehlung. Hiermit bringe ich zur allgemeinen Kenntnis, daß ich das von meinem lieben Mann, Meinrad Inglin sel. in Schwyz betriebene Uhrmacher- und Bijouterie-Geschäft in gleicher Weise fortführen werde. Ich bitte höfl., das meinem lieben verstorbenen Mann so reichlich bewiesene Zutrauen auch mir erhalten zu wollen, indem ich prompte und billige Ausführung aller Aufträge zusichere. Hochachtungsvoll Frau Jos. Inglin-Eberle»
Ein tüchtiger deutscher Facharbeiter namens Scholz ist ihr bei diesem Unternehmen zur Seite gestanden. Laut dem biographischen Material, das Inglin für den «Amberg» zusammengesucht und dann teilweise verwertet hat, hat sich dieser Scholz dem Knaben besonders eingeprägt, weil er im Garten eine Empfängeranlage baute und über den Beruf des freien Künstlers, den er selber einmal ergreifen wollte, verächtliche Aussagen machte. (Offenbar gibt Scholz das Vorbild ab für die unveröffentlichte Geschichte «Der Wille zum Leben», wo der aufstrebende Buchhändler Andreas Morf dem jungen Lehrling im Geschäft abrät, freier Schriftsteller zu werden und ihm den eigenen Verzicht vor Augen hält.)
Ein jüngerer Bruder der Mutter, der in Luzern wohnhafte Richard Eberle, wird Vormund der beiden Knaben Meinrad und Josef. Ich erhalte diese Auskunft nur vom letzteren. Noch der 76jährige Meinrad Inglin weigert sich, den Namen dieses Onkels in den Mund zu nehmen. Die in jedem Fall ambivalente Beziehung von Vater und Sohn gewinnt für den Heranwachsenden von jetzt an zwei konkrete Gesichter: das idealisierte gehört dem verstorbenen Vater, das gehaßte dem Vormund. Die Spannung wird sich auch in seinem Werk niederschlagen. Neben der Anerkennung einer legitimen, freiheitlich gesinnten Autorität zum Wohl des Individuums wird der Kampf gegen jede politische, kirchliche und familiäre Tyrannis als eines von Inglins Hauptthemen seine Bücher durchziehen: Von der «Welt in Ingoldau» über «Jugend eines Volkes» bis «Erlenbüel». (Der alte Meinrad Inglin kam wiederholt auf «Erlenbüel» zu sprechen. Noch immer könne er nicht verstehen, daß die Kritiker an diesem Buch, das ja verschiedene Arten von Zwangsausübung beschreibt, den Machtanspruch des Vaters so außer acht lassen konnten. Die ganze Lebens- und Handlungsweise des Helden Silvester sei ja nur aus der Rebellion gegen den Vater zu begreifen. Die provinziell erstarrte Bürgerlichkeit werde

in diesem Buch als übriggebliebene Welt des Vaters angegriffen. Die Energie zur Gestaltung von Haß, von innerer und später äußerer Flucht, bezieht der alternde Schriftsteller – «Erlenbüel» ist 1965 erschienen – vielleicht nicht zuletzt aus der nie überwundenen Auflehnung gegen den Vormund.) Dabei war dieser offenbar wohlmeinend und jovial und muß dem Fürsprech Gottfried Stutz, dem Vormund der beiden Knaben Melchior und Edi in der «Welt in Ingoldau», geglichen haben. Das genaue Porträt findet sich, nach Aussage Inglins, wie immer im «Werner Amberg». Er wird dort als aufgelegter Mann geschildert, der mit leicht autoritär vorgebrachter guter Laune die zweiflerische, trauervolle Umgebung seiner Schwester und Neffen zuversichtlich stimmen will. Im Gegensatz zum Fürsprech Stutz der «Welt in Ingoldau», «dem die akademische Bildung unentbehrlich schien» (WI 2, 155), soll Richard Eberle betont haben, daß ein Studium nur für jemand sei, der Geld und Zeit habe. Eberle alias Robert Bising im «Amberg» wollte aus dem ihm anvertrauten Meinrad Inglin einen tüchtigen Gewerbetreibenden machen, der später vielleicht das väterliche Geschäft hätte übernehmen können. Zu Beginn des dritten Teils im «Amberg» tritt er auf und preist «die bewährte, fleißige, solide Welt des Erwerbs..., diese mir wohlbekannte bürgerliche Welt, die... auch mir bevorstehen sollte, während ich heimlich schon mit ihr zerfallen war». (WA 1, 140) Wollte man den Sachverhalt, den Wechsel von der Autorität des Vaters zu jener des Vormunds, nach einem soziologischen Muster fassen, könnte man sagen, daß die «Wertorientierung» der Inhaber der elterlichen Gewalt geändert habe und daß die Differenz in einer gewissen Verschiebung in der Sozialschicht nach unten zu suchen sei. Die frühere Wertorientierung in der Erziehung von Meinrad Inglin innerhalb der Familie tendierte mehr auf Selbstbestimmung, die neue mehr auf «Konformität» gegenüber Vorschriften von außen.[13] Diese gewisse Verschiebung im Klassenbewußtsein ergab sich nicht nur aus der Haltung des Vormunds der zu leitenden Familie gegenüber, sondern auch aus jener der Mutter, welche sich – ohnehin etwas ängstlich veranlagt – den Forderungen des Bruders sofort unterwarf, als sie sich, plötzlich zu vorsichtiger Sparsamkeit genötigt, in neue ökonomische Verhältnisse versetzt fand.
Um das aufgegebene Ziel zu erreichen, sollte der Knabe am katholischen Internat in Schwyz, dem Kollegium «Maria Hilf», für zwei Jahre die Realabteilung besuchen – die Abteilung also, an der alle ihm verhaßten Fächer dominierten, im besonderen Algebra.

Schulverweigerungen und eidetische Erfahrung

Die Mittelschule wird Inglin lebenslang als Trauma anhaften. Noch der alte Schriftsteller weist im Gespräch öfters darauf hin und sagt, es hätte ihm gehen können wie Hanno Buddenbrook oder dem Helden von Emil Strauss' «Freund Hein», die beide an der Schule gestorben seien. Auf einem Zettel notiert er sich: «Gymnasium. Man war sich einig darüber, daß kein besonderes Talent nötig sei, um die mathematischen Aufgaben einer Mittelschule zu bewältigen, sondern eben nur der durchschnittliche Verstand eines Mittelschülers, und weder diese bloß Verständigen, noch die besonders Begabten schienen zu begreifen, daß man aus tieferen Gründen versagen konnte als aus Dummheit oder Bequemlichkeit. (Diese tieferen Gründe erfasse auch ich nicht, ich erfahre nur, daß ich nichts kann, und weiß nicht warum.)»

Die «tieferen Gründe», warum ihm Mathematik, dieses unanschauliche Fach, nicht liegt, scheint der gut Vierzehnjährige trotzdem bald zu ahnen. Es geschieht anläßlich des Todes seines verehrten Onkels aus Küßnacht, August Eberle, der am 23. Dezember 1907, einundvierzigjährig, an einem Herzschlag stirbt. Es ist jener hervorragend geschilderte lebensfrohe Onkel Beat im «Amberg». Am Morgen des 26. Dezembers wird er in Schwyz beerdigt, und am Nachmittag sucht Meinrad zusammen mit seinen Verwandten nochmals das Grab auf. Inmitten der weinenden Angehörigen widerfährt Inglin folgendes: «Ich konnte durch die Gebete weder mir noch dem Toten helfen, und ich wollte die schmerzliche Trauer nicht durch den Gräberbesuch immer wieder auffrischen und wie eine schwarze Schleppe hinter mir herziehen. Dagegen konnte ich mir jeden Verstorbenen, den ich gekannt hatte, vorstellen, als ob er lebte; ich sah dann seine Gestalt und die leiseste Veränderung seiner Miene, ich hörte ihn reden und lachen, ich konnte ihm zusehen, wie er ging und stand, wie er vor mich hintrat und mich anblickte, mich mit lebendigen Augen so anblickte, daß ich ihm erschrocken auswich, weil er ja ein Gestorbener war. Dieses Vorstellungsvermögen wandte ich da und dort vor einem Grabe an, wo ich hätte beten sollen, und hier begann ich mir dessen bewußt zu werden. Zugleich ahnte ich, daß dieses doch gewiß allgemein menschliche Vermögen, das immerhin etwas anderes sein mußte als ein bloßes gutes Gedächtnis, bei mir aus irgendeinem trüben Grunde das übliche Maß überstieg.» (WA 1, 156)

Was Inglin hier an sich selber überrascht erfährt und gleichzeitig klar reflektiert, ist die Vorstellungs- und Imaginationsstruktur eines Eidetikers.[14] Die eidetischen Anschauungsbilder, die sich im allgemeinen nach der frühen Kindheit verlieren und nur selten als dauerndes Vermögen Erwachsener zu finden sind, werden dadurch charakterisiert, daß sich in ihnen die Grenze zwischen Wahrnehmung und Vorstellung verwischt. Vorstellungen und Erinnerungen können den gleichen Grad von Plastizität und Farbigkeit erreichen wie die unmittelbare Wahrnehmung. «Für den Eidetiker wird postuliert, daß seine Vorstellungen praktisch Wahrnehmungsqualitäten aufweisen; er kann zuvor wahrgenommene Bilder und Ereignisse z. B. in voller Differenziertheit projizieren – und dann in allen Einzelheiten beschreiben». (Groeben a.a.O. S. 55) Nach Kroh lassen sich eidetische Anlagen bei Erzählern gelegentlich nachweisen. Diese Schriftsteller tendieren dann deutlich zu präzisem Realismus. Es ist auffällig, wie auch der spätere Inglin betont (vgl. dazu «Zur Arbeit am Schweizerspiegel»), daß er erst gestalten könne, wenn er vor dem inneren Auge gleichsam wie vor der Kamera einen Menschen oder ein Tier bis in seine spezifischen Gesten und Haltungen ganz genau sehe.

Aus dem «Amberg»-Zitat läßt sich erschließen, daß Inglin über diese gesteigerte Vorstellungskraft zunächst erschrickt und sie flieht; daß er aber auch weiß, daß er hier anders (d. h. verstärkt) reagiert als seine Umwelt. Zwischen der eidetischen Erfahrung in der Pubertät und der späteren Kunst Inglins scheint eine heimliche Verbindung zu bestehen. Sobald Inglin zu eidetischem Anschauen gelangt, zeigt sich die Neigung, das Bild aufzuzeichnen. Der Leser wird wenige Seiten nach der

Friedhofpassage in dieser Vermutung bestärkt. Wie von selber beginnt Werner eine Geschichte aufzuschreiben, die er sich so intensiv vor Augen führt, daß er darob die ganze Umgebung, den Studiensaal im Kollegi und die Mathematikaufgaben, vergißt. «Ich war nie glücklicher gewesen als in diesem Augenblick... Ich konnte also eine... Begebenheit, einen Menschen, eine Landschaft mir nicht nur lebendig vorstellen, sondern mit Worten auch festhalten, und es war eine Wonne, das zu tun. Mir wurde gewiß, daß ich schreiben müsse, um glücklich zu werden. Ich wollte es zu meiner Aufgabe machen und begehrte nichts anderes mehr, ahnungslos, was für Folgen das haben mußte.» (WA 1, 164ff.) Die Vermutung liegt nahe, daß für Inglin mit vierzehn Jahren tatsächlich der Lebensplan feststeht, für den er nach einigen Jahren des Suchens und Abirrens seine ganze Existenz einsetzen wird. Was mit dieser Aufgabe nichts zu tun hat, beginnt er immer hartnäckiger von sich zu weisen, so die Mathematik. «Die Zahlen und Formeln widerstrebten... verhehlten ihren Sinn und erstarrten unter meinem Blick zu leblosen Zeichen, die nichts bezeichneten, sie begannen mich anzuwidern...» (Mat. A.)
Der alte Inglin kommt von sich aus auf diese Stellen im «Amberg» zu sprechen und sagt, daß sich die Geburt des Schriftstellers in ihm genauso abgespielt habe. Ich sehe keinen Grund, daran zu zweifeln, auch unter Berücksichtigung der Tatsache, daß Inglin im Alter seine ganze Jugend nur mehr in der Perspektive sieht, die er sich als Fünfundvierzig- bis Fünfzigjähriger beim Schreiben des «Amberg» erarbeitet hat. Der kreative Schaffensprozess wird bei andern Schriftstellern auf ganz andere Weise in Gang kommen; bei Inglin ist das, was oben das «eidetische Anschauungsvermögen» genannt wurde, ein primärer Antrieb. Die fast körperlich greifbare Vision des verstorbenen Onkels hat ihm den ersten bewußten Aufschluß über sein Wiedererweckungsvermögen gegeben.[15]
Es bleiben zum Tod dieses Onkels einige biographische Fakten nachzutragen, die auch Inglin betreffen. Knapp drei Jahre zuvor, um 1905, hatte August Eberle in Küßnacht das Hotel «Adler» käuflich erworben und es, laut Nachruf, wieder auf die Höhe gebracht. Da hat Meinrad – im Sommer nach dem Absturz des Vaters – seine Ferien verbracht, in jenem Seedorf also, dem er im «Amberg» ein ganzes Kapitel widmet. Die schöne, tüchtige und von Werner (wie auch noch vom alten Inglin) bewunderte Tante Flora ist Eberles Frau Rosa, geborene Fassbind. Deren jüngerer Sohn Heinrich wird in wenigen Jahren zusammen mit den Brüdern Inglin bei Tante Margrit im «Grund» aufgezogen werden. August Eberle ist in den Zeitungen und im Tagebuch der Frau Abegg als ganz besonders nobler, liebenswürdiger und froher Mensch geschildert, und dem entspricht der befreiende Eindruck, den er bei verschiedenen Begegnungen auf Werner macht. Für Inglin bedeutete die Existenz dieses Onkels aber außerdem noch die Rechtfertigung eines Zuges, den er in der besorgten Bürgerlichkeit seiner nächsten Umgebung geheimhalten mußte. Er nennt diesen Zug «das von der kalendarischen Fasnacht unabhängige fasnächtliche Element in mir, das über das bloße Närrische weit hinausgeht – (der Ausdruck dafür: Narrentanz zur Trommel)». (Mat. A.) Dieses Element treibe bei ihm zum «Ausschweifenden, Auflösenden, Ordnung und Sitte Auflösenden, ja das Leben selber Auflösenden – dem Tod entgegen. Aber auch: Lebensdrang. Daseinsfreude. Erinnerung an den dionysischen Narrentänzer Onkel Beat, dem ich getrommelt habe, nah vor seinem Tod». (ebd.) Den eigenen als ambivalent erfahrenen Hang

Das Vaterhaus am Hauptplatz in Schwyz (rechts der Kirche)
Das Haus «im Grund», wo Meinrad Inglin von 1922 bis zu seinem Tode wohnt
Das Grandhotel «Axenstein» in Morschach vor dem Brand

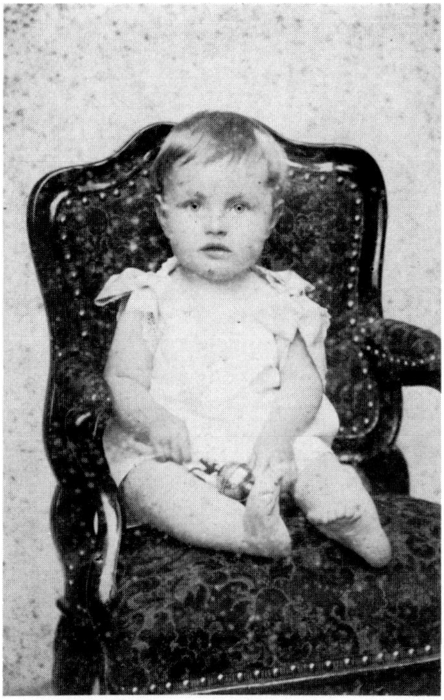

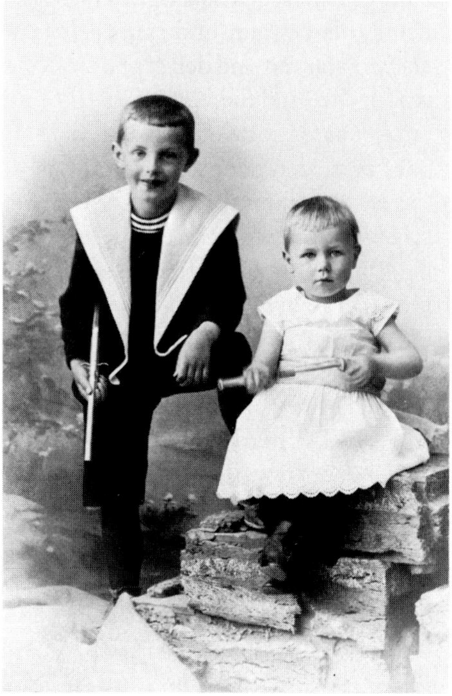

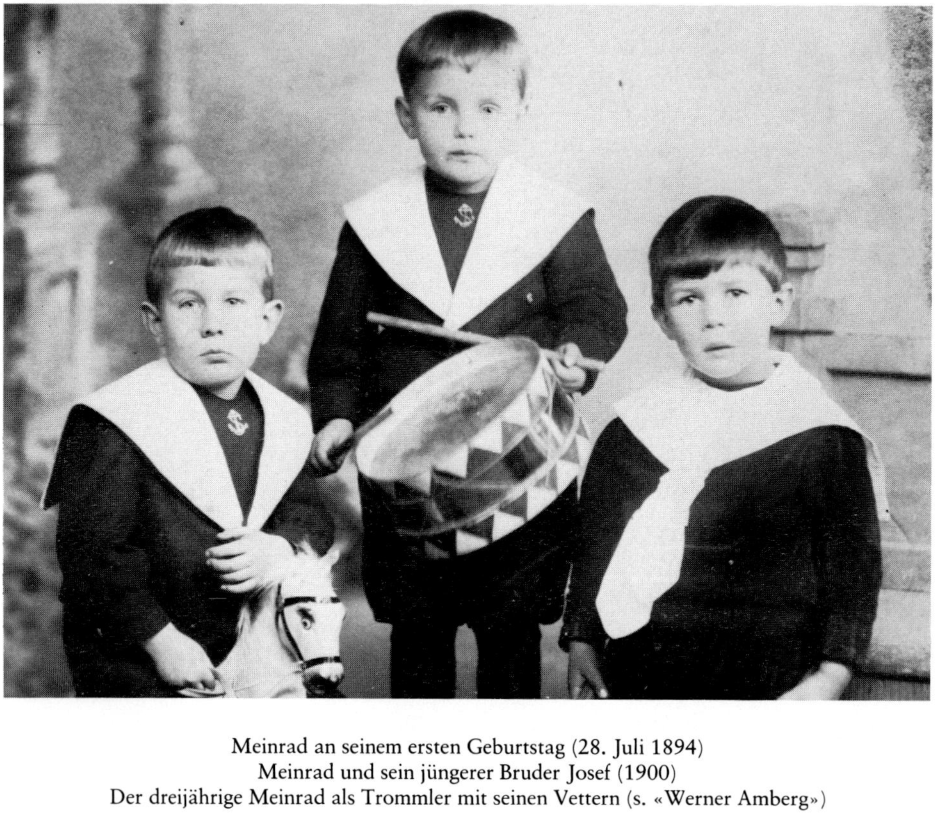

Meinrad an seinem ersten Geburtstag (28. Juli 1894)
Meinrad und sein jüngerer Bruder Josef (1900)
Der dreijährige Meinrad als Trommler mit seinen Vettern (s. «Werner Amberg»)

zum Dionysischen erkennt er in diesem Onkel, den er anderswo «unbürgerlich» nennt, als heilsam und reinigend. Im «Amberg» ist der Narrentänzer, der aus Schwyz stammt und der den Küßnachtern vortanzt, hervorragend geschildert: «Ich trommelte, und die verkleideten Männer, die unseren berühmten alten Fasnachtstanz kannten, obwohl er in diesem Dorfe nicht gebräuchlich war, begannen alsbald zu tanzen oder vielmehr willkürlich zu springen und zu hüpfen. Der Onkel stand neben mir und rief ihnen höhnisch lachend zu: ‹Kein einziger kann ihn. Frösche und Heustöffel seid ihr! Das ist gar nichts! Macht Platz da, paßt auf!› Und der Onkel sprang mitten unter sie, legte beide Hände auf den Rücken und tanzte mit federnden Sprüngen und genauen, straffen Ausschlägen der Füße den Narrentanz, so wie ihn bei uns daheim nur die besten Tänzer zustande brachten. Er trug ein gelbes Wams mit roten Ärmeln, eine grüne Schärpe um den Leib, Schulterkragen und Manschetten aus Spitzen, rote Hosen und hochschäftige braune Stiefel aus weichem Leder. Hut und Degen hatte er abgelegt. Sein Gesicht sprühte. Schützen, Musikanten und Söldner lärmten beifällig und versuchten, ihm den Tanz nachzumachen. Ich stand auf der Plattform, finster vor Verlegenheit, und das Haar, das mir der Onkel in Unordnung gebracht hatte, hing mir noch in die Stirn, doch rührte ich die Schlegel mit aller Kraft. Statt diesem närrischen nächtlichen Spuk den Rükken zu drehen, niedergeschlagen und trostlos wie mir zumute war, machte ich wunderlicherweise den Vortrommler, mit der mir selber nicht geheuren Empfindung, dies alles spiele sich in einem unheimlichen Zwielicht ab, in dem Schmerz und Narrengelächter, Tod und Leben nahe beisammen wohnten.» (WA 1, 147ff.)[16]

Inglin spricht es nicht aus, aber will unverkennbar zeigen, wie er beides diesem Onkel verdankt: die Rechtfertigung des eigenen «dionysischen» Triebes und das Bewußtwerden des eidetischen Erinnerungsvermögens, das ihn unwillkürlich zur Gestaltung bringt. Das «Dionysische» hängt nach Inglins Selbstdeutung mit dem Kreativen zusammen. Der Knabe sucht jetzt unablässig nach Vorbildern, die seinen eigenen und nicht den aufgezwungenen Maßstäben entsprechen. (Laut «Werner Amberg» hat er dem Vormund seine Schriftstellerpläne schon nach der zweiten Klasse im Kollegium unterbreitet und ist damit, wie zu erwarten war, auf taube Ohren gestoßen.) Solche Vorbilder findet er auffällig häufig in der Verwandtschaft. Nach August Eberle sind es Dr. Düggelin und Oberst Wyss, ein Onkel und ein Großonkel. Düggelin ist Dr. phil. II, Physiklehrer am Kollegium «Maria Hilf». Als Onkel Kern gibt er seinem Neffen Werner Nachhilfestunden in Mathematik; dieser setzt sich dafür nur um seinetwillen ein. Inglin notiert über ihn in den «Amberg»-Materialien: «Der ideale Schwung ohne die dumpfe Zweckhaftigkeit der bürgerlichen Erwerbstüchtigkeit, die Bildung gleichsam sich selber rechtfertigend, das Heitere, Spielerische, Geistvolle...» Was ihm weiter an Düggelin gefällt, ist die innere Unabhängigkeit von der sonst geistlichen Welt des Kollegiums. Nicht daß sich Inglin schon damals vom Katholizismus gelöst hätte; mehr und mehr aber kommt ihm dessen Macht, so wie sie gehandhabt wird, als Zwang vor. Das weitere über Düggelin muß man dem «Amberg» entnehmen: Kern spricht, wie sonst noch nie ein Erwachsener, mit Werner von einer Welt, die diesen im Innersten angeht: Von Büchern und Autoren, von Klassikern, Romantikern und deren bösem Schicksal. Werner erkennt, daß er ihn so indirekt von der Schriftstellerlaufbahn abhalten will,

kann aber darüber nicht böse werden, da er spürt, wie er in seinen heimlichen Wünschen ernst genommen wird. Ein Mann wird von den beiden besonders erörtert: der geistliche Verfasser des schwyzerischen Japanesenspiels von 1907. Werner, der erschüttert war über die dramatisierte Gründungsgeschichte um Swit und Swen, ist jetzt ergriffen vom Schicksal des Autors. Der – übrigens in Schwyz jetzt noch bekannte – Priester hat, ohne Verständnis zu finden, den Ort verlassen, um zu heiraten. «Wenn du seine Gedichte übrigens richtig gelesen hast, so kannst du ahnen, daß er nicht aus Laune und Leichtfertigkeit gehandelt hat... er ist, soviel ich weiß, über das große Wasser in die neue Welt hinüber verschwunden, und das Volk, dem er die frühesten Ahnen auf die Bühne gestellt hat, wird ihn nicht zurückrufen», sagt Onkel Kern, und Werner wittert bei ihm Verständnis für den verehrten Abtrünnigen. Dessen Schicksal nimmt Inglin, modifiziert, in der Hauptgestalt der «Welt in Ingoldau» auf, und auch jenes großangelegte historische Festspiel mag – in der «Jugend eines Volkes» – weiter gewirkt haben. Der geistliche Herr hieß Jakob Grüninger und war Direktor am schwyzerischen Lehrerseminar.
Einen anderen prägenden Mann trifft Inglin in den Sommerferien 1909 in Einsiedeln, den Oberstdivisionär und Landammann Heinrich Wyss-Eberle (im «Amberg» Onkel Benedikt). Er ist der Mann einer Tante der Mutter. Das erhaltene Brustbild des Politikers und Militärs (in Uniform) entspricht genau der Beschreibung, die Inglin im «Amberg» gibt: «Er war ein breitschulteriger Mann von zwanglos strammer Haltung, mit Brauen und Schnurrbart als dichten, dunklen Zeichen im vollen, doch straffen Gesicht, mit rund gewölbter Stirn und klaren, offenen Augen, die auch jetzt noch, da sie wohlwollend auf mich gerichtet waren, eine gewisse herrische Klugheit verrieten.» (WA 1, 192) «Das Klare, Intelligente und wuchtig Geschlossene des Onkels... verglich ich unwillkürlich mit der oft nur vorgetäuschten Gewichtigkeit mancher Bürger und bewunderte es.» (WA 1, 201) Er ist der Tätige, Souveräne, der Herr mit aristokratischem Einschlag, ein Typus, an dem Inglin zeitlebens Gefallen findet und den er, besonders auch in den späteren Novellen, nicht selten zu seinem Helden macht.
Der Musiklehrer des Kollegiums, Prof. Oelmann, ist eine für den Schüler wichtige Gestalt, die dieser später halb anerkennt, halb verachtet. Er mißbilligt das Schmierige («salbungsvolle Güte, Frömmigkeit. Schmeichler. Launisch») (Mat. A.) und muß doch loben, wie Oelmann die Pflege des Musischen dem Durchschnittsschulbetrieb voranstellt. «Er unterrichtet [Violine] aus dem Handgelenk, nachsichtig, ohne Methode. Anerkennt und fördert meine Musikalität, mein bescheidenes Vibrato, meinen Ton, mein Staccato – das was ich nötig gehabt und wozu er mich mit Strenge hätte anhalten sollen, zum Üben, zur Technik, das vernachlässigt er. Überspringt die zweite Lage. Er will rasch etwas aus mir machen. ‹Dein Herr Vater war ein musikalischer Mann.›» (Mat. A.) Weiter heißt es in den Notizen, die dann zum 6. Kapitel des «Werner Amberg» verarbeitet werden, daß Oelmann seine Sopranstimme entdeckt und ihn in den Kirchenchor steckt, daß er unter ihm bei den Tambouren mitwirkt, als Trompeter in der Kollegi-Blechmusik und als Violinist im Schulorchester. Das Zwiespältige prägt den ganzen Menschen, der Inglin ungewöhnlich nachhaltig beschäftigt. Er wechselt nie seinen Anzug und präsentiert sich schwarzhaarig, wobei die Schüler ab und zu graue Haare am Ansatz nachwachsen sehen. Er ist weltlicher Junggeselle und lebt mit den Geistlichen im Kollegium. «Er

hat an zwei Welten teil, ohne der einen oder andern anzugehören, er steht dazwischen.» (Mat. A.) Ein Streit mit Oelmann, der allem Anschein nach auch in Realität so hieß, ist in den Notizen angetönt, im «Amberg» aber nicht mehr beschrieben: «Mein Konflikt mit ihm und das Ultimatum. ‹Impertinenter Kerl!›»
An den Innerschweizer Kollegien besteht der Brauch, an der Fasnacht mit einer oder meistens zwei Theateraufführungen an die Öffentlichkeit zu treten, einem Trauer- und einem Lustspiel. Diese Ereignisse schaffen zwischen den sonst isolierten Schulen und der Dorfgemeinschaft einen nur für kurze Zeit gewünschten Kontakt. Im Februar 1909 wurde in Schwyz neben einer Komödie das Schauerdrama «Die stumme Waise und der Mörder» inszeniert und dem Drittkläßler Inglin die Hauptrolle des traurig schönen Knaben Viktorin überbunden. Der Protektor Oelmann hatte ihm den Vorzugspart verschafft. Noch der alte Inglin erzählte mit Vorliebe von dieser Episode. Er habe von Institutstöchtern, die während der Vorstellungen geweint hätten, mitleid- und liebesentflammte Briefe erhalten und sei für eine Weile im Dorf ganz anders dagestanden. Die unerwartete, leicht errungene Selbstbestätigung muß dem geplagten Schüler und zerquälten Pubertierenden einiges bedeutet haben. Das Photo des Viktorin schenkte mir Inglin in Abständen gleich zweimal. Es zeigt einen fragend und verhalten skeptisch blickenden, schmalen Knaben mit heller, langer Lockenperücke und dunklem Schlapphut, die vollen Lippen wie beim späteren Inglin trotzig verschoben. Auf einem Zettel, auf dem der etwa Zwanzigjährige biographische Fakten zusammenstellt, folgt unmittelbar nach dem «Todestag vom lb. Vater sel.» die Notiz: «stumme Waise, Kollegi». (In der Inglin-Korrespondenz findet sich ein Brief des Schriftstellers Hermann Ferdinand Schell, in dem dieser schildert, wie er, der Jüngere, die Aufführung besuchen durfte und erschüttert gewesen sei über das Schicksal des Waisenknaben auf der Bühne.)
So wie Inglin die Episode im «Amberg» darstellt, lehnt er sich als Viktorin gegen die rührselig falsche Theaterwelt auf, indem er während der Aufführung unvermittelt zu Verfremdungseffekten greift. Da es Inglin in diesem Buch stets auch um den Werdegang des ernsthaften Künstlers geht, mag er seine theatralischen Auftritte stärker ironisiert haben, als er es auf der Bühne tat. Allerdings paßt die Einschränkung insofern zu Inglin, als ihm im Verlauf seines Schaffens jegliche rein erfundene Fiktion, auch die dichterische, stets fragwürdiger wird und er immer mehr den Rückhalt im wirklich Geschehenen, Erlebten und Geträumten, sucht. In einer rasch hingeworfenen Notiz schreibt er, daß er sich «später immer wunderte, wenn einer das schon Vorgeschilderte, nie selber Durchgefühlte, sein eigenes Erleben Übersteigende schwungvoll zur Sprache brachte».

Fiasko beim Horloger breveté. Die ersten Texte

Der Bühnenerfolg hilft Inglin weder in der Schule noch beim Vormund weiter. Nach den beiden vorbereitenden Realklassen besucht er in der dritten vorerst die technische Abteilung. Trotz der Nachhilfestunden beim Physiker Onkel Düggelin versagt er in der Mathematik, so daß der Vormund und die Mutter beschließen, ihn früher als geplant in die vierjährige Uhrmacherlehre nach Luzern zu schicken. Er kommt am 13. Oktober 1909 – sechzehn Jahre alt – ins angesehene Geschäft von E. Donauer im Falkenhof am Grendel. «Horloger breveté» und «Horlogerie Soignée» stehen groß auf dem Briefkopf neben einem abgebildeten Medaillon des «Grand Diplôme d'Honneur, Paris-Liège».

Am frühen Morgen muß der Lehrling Schaufenster putzen. Inglin notiert sich dazu in den biographischen Materialien: «Bei Donauer, Luzern: man hat sich einen Jüngling vorzustellen, der glühend nach dem Höchsten trachtet und nun hier auf offener Straße Scheiben putzt.» Im «Amberg» schreibt er sogar: «Ich überlegte, ob ich nicht von der Leiter stürzen und mir das Genick brechen könnte, aber ich hatte versprochen, meine Sache recht zu machen und hier vier Jahre lang auszuharren.» (WA 1, 205) Schon die baumlose enge Stadtgegend läßt ihn fast ersticken, ihn, der eben noch im Garten Terrarien gebaut, täglich durch die Wiesenwege ob Schwyz gegangen und sogar schon mit der vom Vater geerbten Flinte auf die Jagd gezogen ist.[17]

«Wie eine unwiderrufliche Zeremonie» ist der Abschied von zu Hause ausgefallen: «Die Mutter selber und Tante Christine hatten mich in die Stadt begleitet, das Notwendige geordnet und mich in einer Bewegung verlassen, die nach all meinen übrigen Abschieden wie eine letzte, unantastbare Schranke hinter mir niedergegangen war.» (WA 1, 212) Die Lehre sei für ihn «die große Entscheidung». «Vertrau auf Gott und besuche an Sonntagen die hl. Messe, sei brav und fleißig!» (WA 1, 206) Nach dem Fensterputzen muß Inglin unter der Anleitung Donauers Metalle, Messing und Stahl, bearbeiten und am Abend die Werkstatt reinigen. Er wohnt auf der linken Reußseite an der Winkelriedstraße in einem Mietzimmer, in der Nachbarschaft seines Vormunds, bei dem er zu essen pflegt. Die Mutter schreibt ihm dorthin eine Postkarte, die erhalten ist (13. 11. 09). Sie äußert sich verblüfft – eher stolz als besorgt – über ein Feuilleton ihres Sohnes, das sie am Vorabend in der «Schwyzer Zeitung» entdeckt hat. Es handelt sich um die auch im «Amberg» so benannte Kurzgeschichte «Getäuschte Hoffnung». («Schwyzer Zeitung» Nr. 92, 44. Jg., 13. 11. 09) «Mein lb. Meinrad! Gestern brachte uns die «Schwyzer Zeitung» die große Überraschung deines Feuilleton's. Ich war ganz paff, als ich Dich in der Zeitung erblickte, und konnte es kaum glauben, daß Du ein solcher Schriftsteller wärst. Auch im ‹Grund› waren's überrascht und senden viele Grüße und dem jungen Feuilletonisten die besten Glückwünsche. Josefs Lehrer Mettler fragt ihn, ob du das gemacht habest... Was sagt wohl Onkel [gemeint ist der Vormund, der gegen Inglins Schriftstellerei ist]?»

Am gleichen Tag muß von der Zeitung ein Stoß Belegexemplare eingetroffen sein. Es ist das erste Mal, daß sich der angehende Schriftsteller gedruckt sieht und alle Welt in Schwyz entdecken kann, was hinter dem Jüngling, der in der Schule scheiterte, verborgen ist. Das ekstatische Glück läßt sich nicht besser beschreiben, als es im «Amberg» geschehen ist. «Ich nahm eine der Zeitungen aus dem Streifband und schlug das Titelblatt auf, während mir das Herz wie ein glühender Hammer durch die vernünftige Kühle pochte. Ich las ein wenig im Leitartikel, las ein paar Nachrichten, blätterte – und schon schwankte wie ein Lichtschein in der Nacht das ‹Feuilleton› heran; blendend sprang mir der großgedruckte Titel ‹Getäuschte Hoffnung› in die Augen, und darunter flimmerte mein Name. Mir stockte der

Atem, ich warf das Blatt hin und lief mit funkelnden Augen im Zimmer herum, ich kehrte vor das Blatt zurück, starrte Namen und Titel an, blickte weg, blickte wieder darauf hin und entschloß mich endlich, an die märchenhafte Tatsache zu glauben, daß meine Geschichte hier unter meinem vollen Namen vor aller Öffentlichkeit gedruckt in der Zeitung stand. Eine hemmungslose Freude erregte mich bis zum Grunde, ich tanzte, lachte und gestikulierte, ich setzte mich vor das aufgeschlagene Blatt und begann halblaut, mit erzwungener Ruhe, triumphierend meine Geschichte zu lesen... alle Welt konnte es lesen und konnte merken, wenn sie wollte, daß dieser Uhrmacherlehrling in Wirklichkeit ein Schriftsteller war.» (WA 1, 208ff.) Die schon sehr geschickt geschriebene (geschickter als verschiedene spätere Entwürfe), knappe Story ist im Untertitel als «Szene aus einer Erdbebenkatastrophe» bezeichnet. Wahrscheinlich wurde Inglin dazu angeregt durch die langen und öfter wiederkehrenden Berichte über die Erdbeben von Messina und Reggio am 28. Dezember 1908. Nach Zeitungsreportagen (auch in der «Schwyzer Zeitung») sind damals viele Überlebende durch das Unglück wahnsinnig geworden. Dasselbe widerfährt Inglins Kaufmann aus England, Mr. Henry Smith, der seine Gattin, zwei Töchter und den vielgeliebten Sohn in den Trümmern verloren hat. Er faßt neue Hoffnung durch einen Hinweis, sein Sohn sei verletzt, aber am Leben. Das stellt sich als Irrtum heraus, und Smith wird wahnsinnig: «Ein Opfer getäuschter Hoffnung!», wie der Schlußsatz lautet. Inglin notiert dazu: «Getäuschte Hoffnung. Ein Gleichnis meiner eigenen Nöte, wie ich denn von nun an unwillkürlich aus meinem eigenen Leben und Träumen heraus schrieb...» (Mat. A.) Es lag ihm später daran, solche Glaubensbekundungen an ein fürchterliches Schicksal der Zeit seiner Jugend zuzuordnen oder in einer Geschichte als singuläres Motiv zu relativieren. Dem entspricht der Satz aus einem Brief, den er mir am 21. Dezember 1969 schrieb, worin er betont: «Das Gefühl ständiger Bedrohung hat mich nur als Werner Amberg begleitet; später, besonders im Militärdienst und als Erwachsener überhaupt, hatte ich das überwunden.»

Inglin beginnt, nach seinem eigenen mündlichen Zeugnis, in Luzern nachts zu schreiben und die Lehre bei Donauer als bloße Nebenbeschäftigung zu betrachten. Die innere Beschwingtheit hält an bis zum 23. November, abends, da ein Brief des «Horloger breveté» beim Vormund eintrifft mit dem folgenden Wortlaut: «Herrn Rich. Eberle, Hier. Mein Werter! In der nun dreiwöchentlichen Probezeit bin ich durch eingehende Beobachtungen zur reiflichen Ansicht gelangt, daß Meinrad weder besonderes Talent noch Lust und Liebe zu unserm Berufe zeigt, indem er weder Fleiß noch irgendwelche Initiative im Lernen entwickelt. Es scheint ihm alles absolut gleichgültig und das Ganze ein ihm aufgezwungenes Etwas zu sein. Da es nun absolut keinen Sinn hat, einen jungen Mann zu etwas zu zwingen, zu dem er keine Lust hat, ebensowenig wie durch längeres Hinhalten die Zeit zu vergeuden, so bitte den Jüngling von morgen Mittwoch an nicht mehr zu schicken. Mein Entschluß ist fest und unabänderlich, da ich in diesen drei Wochen die volle Überzeugung gewonnen, daß hier weder Milde noch Strenge zum Ziele führen würde.»

Was nun folgt, ist die nach dem großen Abschiednehmen peinvolle Heimkehr. Das Motiv des Heimkehrers – eines der hervorstechendsten bei Inglin – wird im Werk immer wieder die traumatische Schwere dieses Erlebnisses dokumentieren; auch darin, daß sich die Ankünfte meistens ähnlich so abspielen wie damals beim Sechzehnjährigen. Dieser stieg, nach eigener Aussage, in Goldau aus und wartete den Anbruch der Dunkelheit ab, bis er zu Fuß den Heimweg antrat. So kommen, wenn auch nicht durchwegs als Gescheiterte, verschiedene Inglin-Helden heim: Diethelm in «Die Welt in Ingoldau», Wendel im «Wendel von Euw», der «schwarze Tanner», Werner im «Werner Amberg», Silvester in «Erlenbüel».

Wie schwer es damals war, vor die abermals enttäuschte Mutter zu treten, kann man sich vorstellen. Sie und der Vormund kommen überein, daß Meinrad im Kollegium weiterfahren soll und zwar, da er in der technischen Abteilung versagt hat, in der merkantilen, damals «Industrieschule» genannt. «Der kaufmännische Beruf, erklärte mein Onkel, biete so viele und große Möglichkeiten, daß auch ein durchschnittlich Begabter auf diesem Felde etwas ihm Zusagendes finden müsse. Ohne ein Wort darüber zu verlieren, stellte ich fest, daß mein vor aller Öffentlichkeit bezeugtes Schreibtalent überhaupt nicht ins Gewicht fiel, ja wie ein heimliches Gebrechen schonend übersehen wurde. Als wenige Wochen später die zweite Geschichte von mir erschien, sagte die Mutter zwar, sie gefalle ihr besser als die erste, doch sagte sie es nebenbei, nachsichtig, in einer spürbaren Verlegenheit und gewiß im Widerstreit, ob sie es erfreulich oder bedenklich finden sollte. Am Ende bat sie mich, darüber doch ja das Wichtigere nicht zu versäumen und in der Schule fleißig zu sein.» (WA 1, 213) Das ist Inglins Kommentar zu dem ihm aufgezwungenen Bildungsgang im «Amberg». Die von der Mutter erwähnte Geschichte findet sich unter dem Titel «Ein Weihnachtsabend» in der «Schwyzer Zeitung» (44. Jg., Nr. 104). Obwohl im Stil fast konventionell rührselig, sind Stimmung und Problematik darin deutlich autobiographisch. Ein widerspenstiger zwanzigjähriger Sohn weicht sogar an Weihnachten seiner Mutter aus und will, statt mit ihr zu feiern, ein Trinkgelage aufsuchen. Rechtzeitig noch entsagt er seinem wüsten Tun und kehrt reuig zur Mutter zurück.

Für Inglin bricht auf dem Höhepunkt der Pubertät, nach dem Versuch als Lehrling, eine der schwierigsten und gefährlichsten Epochen seines Lebens an. «Ende der Unbefangenheit, Durchbruch, Ausbruch des Selbstbewußtseins mit allen Untugenden der Unreife (Eitelkeit, Selbstgefälligkeit, Aussehen, Grübeleien, Ehrgeiz, Minderwertigkeitsgefühl – auch als Folge des Geschlagenseins durch die unbekannte Macht). Wie bei einem Hause, das in seinen Grundfesten erschüttert ist, manches scheinbar Unbeschädigte erst allmählich einstürzt, so auch bei mir», lauten die skizzenhaften Bemerkungen zu dieser Zeit. (Mat. A) In der Schule sieht er sich unter die «Dümmsten und Faulsten» eingereiht. Seine Schriftstellerei, die ihn eben noch beflügelt hat, findet weder materiellen noch moralischen Lohn. Er erhält kein Honorar von der Zeitung, und auch für sein Renommee tun die Artikel nichts. Das erhaltene Zeugnis jener dritten Handelsklasse zeigt die Noten: 6 in Deutsch, 5 und 4–5 in Französisch, 4 in Geschichte, 3–4 in Kaufmännisch Rechnen, 4 in Handelslehre, 4 in Handelskorrespondenz, 3–4 in Kalligraphie und 2 in Stenographie. Der Handelslehrer soll, da er bei Inglin andere und große Fähigkeiten vermutete, seine Zensuren sehr wohlwollend erteilt haben. Trotzdem leidet der Schüler, der nach eigenen Aussagen weiterhin Geschichten schreibt, an diesen Fächern und an seinen schwachen Leistungen, ohne sich für bessere einzusetzen. Er sucht Kompensation und soll sich überheblich gegeben haben. Er schließt sich einem studentischen Zirkel an, wo man sich nächtlich verbotenerweise trifft und sich ereifert über das philiströse Nest, in das man hineingezwungen ist. Diese heimlichen Zusammenkünfte werden sowohl im «Amberg» wie in der «Welt in Ingoldau» geschildert. «Ich mußte meinen Weg außerhalb der bürgerlichen Ordnung suchen, ich besaß das Recht zur Auflehnung wider alles Hemmende, Drückende, kleinlich Beschränkte, und mit diesem Recht saß ich hier bei Gleichgesinnten und lehnte mich auf.» (WA 1, 221) Unter den Freunden gibt es solche, die Künstler werden wollen und aus diesem Grund rebellieren, vor allem der um einige Jahre ältere Noldi, den er sowohl in den «Amberg»-Notizen, wie im Buch so nennt. (Der Freund hat wohl so geheißen, da Inglin in den Notizen meistens die wirklichen Namen hinsetzt.) Unter Noldis Einfluß entsteht die nächste Erzählung, «Das Glück. Eine Skizze». Ich habe sie in drei Fortsetzungen im «Boten der Urschweiz» gefunden. (52. Jg., 7. 5. 10, 11. 5. 10 und 14. 5. 10) Die Handlung ist eher dürftig; ein forciertes Gleichnis wird mit Geschick und Klugheit durchgehalten, wie es später noch in verschiedenen Stücken der «Verhexten Welt» geschieht. Auffällig ist aber neben der eindringlichen Naturbeschreibung die Vorwegnahme der später so oft gestalteten Figur des isolierten Jünglings, der sich auflehnt. Der Erfolg auch dieser neuen Publikation vor einem etwas anderen Publikum ist bescheiden. Jenen, für die er schreibt und die ihn nicht anerkennen wollen, sagt Inglin jetzt den Kampf an. Er notiert auf einem Blatt (solche Notizen bezieht er – nach eigener späterer Aussage – während den Vorbereitungen zum «Amberg» aus seinen Tagebüchern, die er dann als Fünfzigjähriger fast alle vernichtet, sobald er sie verwendet hat): «Mir fällt wieder ein, was mein Vormund gesagt hat auf mein Geständnis, Dichter werden zu wollen... Wohlan denn, wenn es so ist: Kampf dem Bürger!» Und anderswo: «Wer sind sie denn, daß sie den Künstler/Dichter verachten dürften? (Gemeine Geldverdiener!) Sind sie vielleicht schöne, freie, edle Herren, wie die Griechen waren, die wohl aus etwas tieferen Gründen auf den Künstler herabsahen?» (Mat. A.) Unter den Notizen finden sich aber auch die beruhigten, selbstkritischen Reflexionen des späteren Inglin.[18] Die Vorteile des eigenen inneren Aufruhrs, die er damals noch nicht erkannte, sieht er später darin, daß der Dichter «durch Leiden und Absonderlichkeiten» eine «innere Distanz zur Gesellschaftsklasse seines Herkommens» erringe und dadurch erst befähigt werde, «die Menschen seines Herkommens später zu schildern». (Mat. A) Inglin mag mit dieser Bemerkung vor allem die Gestaltung von Schwyz in der «Welt in Ingoldau» im Auge gehabt haben, auch die Figuren von Edi und Melk, die beide in einem denkbar kunstfeindlichen Milieu zum Künstlerberuf tendieren. Da Inglin zum Zeitpunkt solcher Leiden deren Sinn nicht erkennen kann, flüchtet er zeitweise in Defaitismus: «Als Dichter konnte ich allenfalls zugrundegehen, aber nicht leben... mochte mich also der Teufel holen! Und mochte diese verfluchte Welt zum Teufel gehen, ich hatte nichts mehr von ihr zu erwarten.» (WA 1, 225) Die verschiedenen Leitartikel zum bevorstehenden Auftreten des eventuell erdezerstörenden Halley'schen Kometen (am 18./19. Mai 1910) in den Schwyzer Zeitungen liest er mit Befriedigung. (Vgl. dazu z. B. «Schwyzer Zeitung» 12. 2. 1910 und 13. 4. 1910) Außer der Depression bleibt ihm nur ein anderer Ausweg, der sich allerdings selten genug eröffnet: der ekstatische Zerstörungs- und Auflösungsgenuß, den wir schon beim Tod des Narrentänzers Onkel August Eberle erwähnten. Dionysische Selbstvergessenheit wird Inglin zuteil am Sonntag, dem 3. April 1910, wie das Kollegium völlig ausbrennt.

Brand und eigene Reaktion sind im «Amberg» eingehend geschildert: «Mein Narrentanz vor dem brennendem Kollegium», notiert sich Inglin auf einem Zettel, und einige Zeilen weiter unten: «Spätere Parallele zum Kollegiumsbrand: der ausbrechende Weltkrieg. Ich tanze den Narrentanz.» (Der «Amberg» bricht allerdings vorher ab, im Jahre 1911, war aber ursprünglich länger geplant, bis zum Beginn der zwanziger Jahre.)
Nur wenig später tritt die Muota über die Ufer. Er erlebt auch die Überschwemmung «als dionysisches Element». «Ich ließ mich schon ausgelassen im hochgeschwollenen Fluß treiben, da wirft mich der Schlag eines gewaltigen Ruders ans Ufer zurück, wo ich elend liegenbleibe.» (Mat. A.) Das Kapitel über die Katastrophe im Muotatal gehört zu den gewaltigsten Passagen in der ganzen Prosa Inglins. Auch der Genuß der harmloseren, jedenfalls weniger gefühlsintensiven Form dieses Dionysischen, die er «Verbummeln, Versumpfen» nennt, ist ihm nur selten vergönnt, da ein strenges Korrektiv von klein an in ihm wach ist: «Ich habe den Hang zur Unsolidität – und gebe ihm manchmal nach – um sogleich dem borenden Schuldspruch des Gewissens zu verfallen. Dieses überempfindliche Gewissen, das sich später als künstlerisches Gewissen manifestiert, zwingt mich diktatorisch von allen unsoliden Anwandlungen und Abwegen immer wieder zurück in meine Bahn.» (Mat. A.)

Das Katastrophenjahr

Inglin leidet nicht nur an Künstlernöten und Unverstandensein; für ihn ist um 1910 ein Zeitabschnitt angebrochen, den er in seinen Notizen wiederholt als das «Katastrophenjahr» bezeichnet. Am 3. April (am gleichen Tag, an dem das Kollegium vernichtet wird) stirbt in Einsiedeln der als Vorbild eines hochherzigen Bürgers verehrte Onkel Heinrich Wyss-Eberle, Oberstdivisionär und Landammann, der Mann der jüngsten Tocher von Ambros Eberle. In den Nachrufen ist zu lesen, wie Wyss von einem Sonntagsspaziergang heimkam, in seinem Büro noch einige Briefe schrieb und von seiner Frau dort tot aufgefunden wurde, am Pult sitzend, den Kopf in die Hand gestützt. Oberstkorpskommandant Wille, der spätere General, hält eine lange, prägnante und beinahe herzlich klingende Grabrede. Oberst Wyss muß nach ihm trotz eigenwilliger Entscheide und Ansichten immer «ein unbegrenztes Wohlwollen» erweckt haben.
Im Mai 1910 erkrankt die Mutter; nach dem Tagebuch von Tante Margrit glaubt man zuerst, es handle sich um Venenentzündung. «Meine Wenigkeit übernimmt das kummervolle Amt einer Pflegerin. Josef habe ich in den ‹Grund› befördert. Meinrad wohnt weiterhin zuhause im Dorf.» Dieser Tante schreibt er eigenhändig vier selbstverfaßte Gedichte ins Tagebuch.[19]
Die nächsten Seiten ihrer Aufzeichnungen sind qualvoll zu lesen. Das langsame Sterben ihrer ältesten Schwester Josephine muß Margrit tief angegriffen haben. Nach vierzehntägiger Krankheit stirbt die Frau am Morgen des 13. Juni an einem Leiden, das «in hiesigen Ländern selten vorkommt. Skorbut oder Blutzersetzung war die Todesursache. Heftiges Nasenbluten, Zahnfleischbluten, Fieber bis auf

40° stellten sich ein. Zu den zwei hiesigen Doktoren Herrn Dr. Weber und Herrn Dr. Real wurde noch ein Professor aus Zürich berufen... Am Sonntag verfiel die liebe Kranke in einen ruhigen Schlaf, Todesschlaf; wenn Namen gerufen wurden, öffnete lb. Josephine immer noch die Augen und Montag 9¼ Uhr morgens hat ein gutes Mutterherz zu schlagen aufgehört. – Oh, welch ein Erwachen, dies Erwachen zur Seligkeit, welche Begrüßung und Wiederfindung mit Deinem so lieben Gatten und allen Vorangegangenen... Meine Wenigkeit ist jetzt selbstverständlich immer im Dorf, habe im Geschäft und Haushaltung viel zu tun, jedoch meine erste Pflicht wird sein, das Liebste, was die lb. Heimgegangene hinterlassen, die lb. armen Waisenkinder, mit mütterlicher Liebe zu erziehen. Oh Religion, milde Trösterin verzagender Herzen, verlaß mich nicht, wenn mein Mut bricht und die letzte Hoffnung ersterben will!»

Der Verlust und offensichtlich auch die neue Verantwortung lasten monatelang schwer auf der Schwester der Verstorbenen; bis ins Innerste ist der Sohn erschüttert. Im «Amberg» sagt er, wie ihm damals eben erst aufgegangen sei, was es heiße, «eine Mutter und ihr Sohn», und daß nichts ihn härter hätte treffen können. Aber es finden sich im Zusammenhang mit diesem Ereignis auch folgende Notizen: «Zwei Arten des Absturzes: der freie, hoffnungslose, ins Leere, bei dem man sich ergibt, weil man sich nicht mehr wehren kann, und keine Angst mehr empfindet – Der gehemmte, mit Aufschlägen, mit immer wieder nachgebenden Griffen, bei dem man sich wehrt, Angst empfindet, Todesangst – dieser als Bild meiner Abstürze aus der Höhe des Gefühls, mit dem ätzenden Weh, daß plötzlich alles aus sein soll –.» Daraus ist ersichtlich, wie der spätere Inglin die Verzweiflung des Jugendlichen auch als Auflehnung interpretiert, jedenfalls nicht als wehrloses Sichergeben. Sicher war es für den damals Siebzehnjährigen heilsam, daß, wenige Stunden nach dem Tod der Mutter, in der Nacht vom 13. Juni, die Muota über die Ufer trat und er, teilhabend an der Katastrophe, bei der das ganze Tal mitbangte, seinen eigenen Schmerz gleichsam nach außen tragen konnte. Fundamentales Ausgeliefertsein erkennt er nicht nur im persönlichen, sondern auch im allgemeinen Geschick, und diese momentane Integration – wenigstens in der Angst und in der Bedrohung – mag den sich sonst isoliert Fühlenden gerade zu seinem eigentlichen Kampf ums Überleben aufgestachelt haben. «Die ganze Geschichte als eine Art Freiheitskampf. Dämonischer Trieb, mich immer wieder zu befreien,» steht im Aufbauplan zum «Amberg», anschließend an die Aufzählung der Unglücksfälle im «Katastrophenjahr 1910». Die Bemerkung bestätigt die obige Vermutung. Und in diesem Sinn ist auch die Notiz abgefaßt, die den Titel «Nach 1910» trägt: «Zufall? Höhere Absicht? Ich war nicht so unbescheiden, anzunehmen, daß eine höhere Macht meinen Werdegang bestimme – aber wenn es ein Zufall war, so wollte ich aus diesem Zufall alles herausholen, was er an Möglichkeiten enthielt, er war tief und schmerzlich genug, um es wert zu sein. Ich wollte dies alles nicht umsonst erlitten haben – und ich hätte es umsonst erlitten, wenn ich mich nicht doch noch zum Blühen und Klingen brächte.» Es ist wohl nicht falsch anzunehmen, und es wird durch den Lebensgang bestätigt, daß sich der Siebzehnjährige in seinen Entscheiden – gerade durch den fürchterlichen Verlust – völlig auf sich selber zu stellen beginnt. Der Tod der Mutter hat ihm allen Grund zur Rücksicht und Selbsteinschränkung genommen. So gesehen, war das Ereignis auch eine Befreiung.

Interessant und im seelischen Bereich wohl auch für Inglin zutreffend ist die Umdeutung des Geschehens innerhalb der Fiktion der «Welt in Ingoldau».
Melk, der auch Dichter werden will, hat im Kollegium so deutlich versagt, daß er nicht steigen kann. Er glaubt, daß seine Mutter, die Witwe Reichmuth, ihn im Zorn darüber aufgegeben habe und flieht zum Fronbach (Muota). Da er auf die Nacht nicht zurückkommt, geht ihn die Mutter verzweifelt suchen und holt sich im nassen Tobel eine Lungenentzündung, an der sie stirbt, – mit dem Geständnis, sie habe ihren älteren Sohn zuwenig lieb gehabt. Indirekt trägt Melk am Tod der Mutter Schuld; aber auch sie hat gegen ihn gefehlt durch schmerzhaften Liebesentzug.

«Hotelgedanken»

Zehn Tage nach dem Tod der Mutter endet die mühselige Zeit an der Handelsabteilung des Kollegiums. Inglin skizziert die eigene Reaktion und jene des Vormunds: « ‹Der Esel am Berg› – du bist nichts, kannst nichts etc. nach dem schlechten Abgang von der Industrieschule... Förster oder Vogelausstopfer...» Der «Esel am Berg» zeigt deutlich, warum für den Roman der Geschlechtsname Amberg gewählt wird. Förster und Vogelausstopfer gehören zu den Berufen, die Inglin nun tatsächlich in die engere Wahl zieht. Die Vorschläge finden beim Vormund kein Gehör. Daß er die Industrieschule nicht weiter besuchen will, steht für Meinrad fest. Während Josef im «Grund» bei der Großmutter weilt (die Tante lebt immer noch im Inglinschen Dorfhaus), muß er seine Ferien in Luzern beim Vormund verbringen. Vorher macht er einen Besuch auf «Axenstein» in Morschach. «Kam mit Hotelgedanken nach Hause.» (Mat. A.) Im «Amberg» nennt Inglin den Grund, der ihm den Beruf eines Hoteliers verlockend erscheinen ließ. Die Grand-Hotel-Welt liegt außerhalb der beklemmenden Dorfbürgerlichkeit. Sie hat ihre scheinbar völlig eigenen Gesetze, die an jene einer um Erwerbs- und Berufsfragen nicht bekümmerten Feudalität erinnern. Von seinen Verwandten, die das Hotel führen, schreibt Inglin: «Alle diese Menschen entwürdigten sich nicht dienerisch vor den Gästen, sie waren der großen Welt gewachsen, die sie beherbergten, sie gehörten dazu. Diese Welt war unsentimental, ja gefühlsmäßig überhaupt nicht beschwert, frei von kleinbürgerlichen Zügen, vollendet in ihrer Form, duldsam, schön und heiter. Damit war hier wohl auch alles vorgekehrt, um dem allgemein menschlichen trüben Schicksal zu begegnen, hier ließ man sich kaum von ihm überwältigen, sondern hielt es sich als das Unfeine, Unvornehme so fern wie möglich oder unterwarf es der herrschenden Lebensform. Hier war mir wohl, hier würde ich gedeihen können, zu dieser Welt wollte ich gehören.» (WA 1, 276f.) Unter den Angestellten beobachtet Werner charmante Szenen und schließt daraus, auch jene hätten teil am schönen, gelassenen Leben. Denn daß er unten anfangen müsse, wenn er Hotelier werden wolle, das hat man Werner wohlwollend, aber bestimmt beigebracht.
Die spät gegebenen Motivationen zu dieser Berufswahl sind durchaus glaubwürdig, wenn man die Notizen von 1916 damit vergleicht. Auch aus ihnen spricht die Vorliebe des jungen Inglin für aristokratisches Denken und aristokratische Manieren. Junge Adlige macht er in dieser Zeit auch zu den Helden seiner Werke.

Die Verse, die der Siebzehnjährige auf «Axenstein» im Margarithenhain (Hain zu Ehren seiner Urgroßmutter Margaritha Eberle-Ruhstaller) in Stein gehauen findet und die der Urgroßvater geschrieben hat, bestätigen ihm, daß ein Hoteldirektor Zeit hat für künstlerische Betätigung. Und darauf kommt es an. (Im «Amberg» steht dazu: «Die Luft und Stimmung da oben war dieser Beschäftigung zuträglicher als die Enge des Dorfes, und es gelangen mir ein paar gute Strophen.») (WA 1, 274) Der neue Weg entspricht dem eigenen Willen und Entschluß.[20]

Dieser Weg läßt sich am Tagebuch der Tante und an den erhaltenen Briefen an sie genau verfolgen. Im September 1910 – zur Zeit, da das väterliche Geschäft an den langjährigen Mitarbeiter L. Meyer verkauft wird – arbeitet Meinrad schon im Luzerner Erstklaßhotel am Quai, «Beaurivage» («Grand Hotel Belvedere» in WA 1, 279 ff.). Auch dieses Hotel wird von Verwandten geführt. In seinem Brief vom 5. September beschwichtigt er gleich zu Beginn (er benutzt Papier mit dem feierlichen Briefkopf seines Vaters): «Mir gefällt's im Kellnerberufe.» Er arbeitet hart, von morgens um sieben bis nachts um halb elf. Eingehend wird über den genau festgesetzten Tageslauf berichtet. «Liebe Tante ... Ich muß servieren wie die andern auch, Teller waschen, Messer etc. Es ist aber etwas streng. Höre mal den ganzen Verlauf. Am Morgen 6 Uhr auf, 7 Uhr im Beaurivage. Dann bis 9 Uhr sämtliches Silberzeug putzen. Dann bis 10 Uhr die Messer. Um 10 Uhr kann ich mich und noch drei andere umkleiden bis ½11 Uhr. Dann werden das Besteck im Saal aufgelegt, die Service verteilt und jetzt kann's gleich losgehen! ½1 Uhr läutet's, da kommen die Gäste in den Speisesaal und diese hat man zu empfangen und placieren. Dann folgen die verschiedenen Gänge, da muß man nach jedem Gang die Teller wechseln (was ich bis jetzt meistens getan habe). Nach der Table d'hôte muß man die Tische abdecken, dann sämtliche Gläser waschen, den Saal aufkehren und manchmal auch blochen. Wenn man schnell macht, ist man um 3 Uhr fertig. Dann kann die eine Partie bis 5½ ausgehen, während die andere Wache hält, aber auch tun kann, was sie will. (Ich habe momentan Wache und drum schreibe ich den Brief.) Um 6 Uhr werden wieder die Bestecke aufgelegt etc. Um 8½ Uhr beginnt die Hauptmahlzeit bis 9 Uhr. Dann müssen wir wieder abdecken, Gläser putzen etc. bis 10 Uhr, wenn's schnell geht. Dann muß ich mich wieder umkleiden und bin dann etwa ¼–½11 Uhr zu Hause. Hier muß ich noch allerlei ordnen, Krägen, Brüste, Hemden etc. und dann um 6 Uhr wieder auf. Da bin ich allemal schon müde und am Morgen will mich das Bett fast nicht gehen lassen. Das geht alle Tage so, Sonntag wie Werktag. Samstagabend geht's manchmal noch länger und da muß ich doch ½ 6 Uhr schon auf in die Messe. Wenn man bei der Arbeit etwa sitzen könnte, aber immer, immer stehen. Nun, ich gewöhn' mich schon daran. Ein Franken Trinkgeld habe ich anfangs bekommen. Aber das geht so zu!: Da müssen alle Angestellten jedes Trinkgeld dem Oberkellner bringen. Da wird's eingeschrieben. Am Ende des Monats wird das Trinkgeld verteilt. Sind gewöhnlich etwa Fr. 1000.– drin. Waren schon Fr. 2000.–. Da bekommt der Ober 40%, der Chef de Restaurant 20% etc. und der Kellner je nach Verdienst etwa 3% oder 2, die meisten aber 1%. Es trifft auf einen manchmal mehr, manchmal weniger, als er eingegeben hat, je nachdem. Und nun nochmal den Zwicker. Der ist mir nämlich das allergrößte Hindernis, d. h. nur wenn ich ihn nicht tragen darf, im Speisesaal. Da seh ich nicht, ob die Gäste saubere oder schmutzige Teller haben, ob sie genug Besteck haben

etc. Am liebsten ist's mir, wenn's was dunkles, farbiges gibt, da kann ich doch sehen, ob sie schon gegessen haben. Den neuen Zwicker werde ich dann doch tragen. Wenn er nur bald käme. Sehr ungeschickt ist's auch mit dem Zimmer. Da muß ich alles einschließen, und kann nie recht auspacken, sonst nehmen's die Kinder. Die sind auch immer drin. Und dann das lästige Umkleiden immer in einer Bude zuoberst im Beaurivage! Jä nu! Die Manschetten kann ich nicht tragen, sie sind viel zu groß. Fallen mir beim Servieren heraus. Und nun zu was Interessantem! Da wollte ich gestern die Teller aus dem Wärmeherd herausnehmen. Dabei mußte ich mich bücken, da krachte es plötzlich, lang anhaltend. Wo denkst Du wohl, daß das war. Hinten an meinen Hosen am Podex. Die waren nämlich zerrissen und so jämmerlich, daß ich nicht mehr in den Saal hinein durfte. Etwa 2 dm weit (nicht die Naht). Ich habe sie jetzt der Tante am Morgen dort gelassen und habe in den schwarzen Sonntagshosen serviert (die ich alle Tage trage). Ich weiß jetzt nicht, was die Tante gemacht hat damit, aber es muß jedenfalls ein ganz neues ‹Hinder› hinein (‹äs schöns Luegä›). Ich sollte eben zwei Paar haben. Im Office sprechen wir sehr viel französisch. Freundliche Grüße an alle, besonders an Dich von Meinrad.»
Der Brief ist ergreifend. Aus allen Zeilen – vor allem auch aus den betroffenen Schilderungen seiner Mißgeschicke, die teilweise im «Amberg» wiederkehren – spricht der sensible junge Mensch, der hier einfach überfordert wird, aber tapfer durchzuhalten gewillt ist.
Im Oktober 1910 besucht Meinrad in Luzern die Hotelfachschule. Die Tante klebt ein Gedicht ins Tagebuch mit dem Vermerk: «Obiges Gedicht erschien heute im ‹Vaterland›, der junge Dichter besucht gegenwärtig die Hotelschule in der ‹Union helvetia› in Luzern.» Das Gedicht – in epigonalen, einfachen Volksliedstrophen – lautet:

In stiller Nacht

Mich zog's hinaus
In stiller Nacht,
Es schien der Mond,
Der Wind ging sacht.

Ich kam zum See;
Er schlief noch nicht.
Die Welle wiegt'
Ein Silberlicht.

Ich sah ihr zu
Beim süßen Spiel
Wie sie ihn küßt'
Den lieb' Gespiel.

Da kam ein Feind,
Der Schatten warb;
Die Welle floh,
Das Licht erstarb.

Offenbar hat Inglin die Strophen während seines Aufenthalts im «Beaurivage» an die Zeitung geschickt: «Hier blätterte ich zu meinem Trost im Hefte, das meine Verse enthielt, und entschloß mich plötzlich, das kleine lyrische Gedicht, das mir am besten gefiel, einer Tageszeitung zu schicken.» (WA 1, 284) Auch seine Reaktion, als er seine Dichtung im «Vaterland» gedruckt sah, hat er beschrieben: «Mitten in dieser kurzen herbstlichen Schulzeit erlebte ich eine ähnliche Überraschung wie einst als Uhrmacherlehrling. Ich faltete klopfenden Herzens eine gewisse Zeitung auseinander und entdeckte in einem freudigen Taumel jenes kleine lyrische Gedicht, das ich aus dem Belvedere an die Redaktion geschickt hatte. Die Zeilen tanzten mir vor den Augen, ich blickte weg und dachte argwöhnisch, daß ich einen Wunschtraum träume, denn jetzt hielt ich nicht mehr unser nachsichtiges Lokalblatt in der Hand, sondern eine anspruchsvolle Tageszeitung; das Gedicht stand aber wirklich da an der Spitze des Feuilletons, und darunter war mein Name gedruckt. In einem verzagten Augenblick hatte ich diese Rakete aus meiner Hotelmansarde abgeschossen, und da flammte nun ihre Leuchtkugel vor mir auf.» (WA 1, 298) An die Stelle der kurzen Prosaskizzen, die er noch vor einem Jahr mit Vorliebe schrieb, scheint in dieser Zeit nach dem Tod der Mutter eher Lyrik zu treten.

Zwischen «Grund» und «Caux Palace»

Im November vernimmt man, daß «lb. Meinrad schon wieder die Koffer packe» nach zehntägiger Vakanz im «Grund», wo die Gebrüder Inglin nun endgültig ihr neues Zuhause gefunden haben (die Wohnung im Vaterhaus ist aufgelöst worden). Jetzt müsse er, schreibt die Tante, «hinaus ins Gewühle des Lebens»; er tritt eine Stelle an als Saalkellner im Grandhotel Caux, über dem Genfer See, das nun nicht unter Leitung von Verwandten steht, die ihn kennen. In der Art von Hamlets Polonius, nur liebenswürdiger, gibt ihm die Tante eine ganze Seite voll Sprüche auf den Weg und schließt: «Nun mein Lieber, bleibe brav und gut, werde deines Hauses, deiner Verwandten Stolz, deines Vaterlandes Schmuck...» Keinen Augenblick scheint sie an Meinrad zu zweifeln. Sie läßt ihn photographieren und schmückt das Bild mit roten Seidenmäschchen. Darunter setzt sie ein beinahe dreiseitiges Gedicht, das so beginnt: «Nun komm, Meinrad, reich mir die Hände / Und schau mir offen ins Gesicht; / Wahr es gleich einem Testamente, / Was jetzt die Tante zu Dir spricht. / Nur wenig Worte will ich sagen / Zu Dir mein heißgeliebtes Kind...»

Es gehört zu den ganz großen, entscheidenden Glücksfügungen in Inglins Leben, daß er gerade in dieser Frau eine zweite Mutter gefunden hat. In ihr Haus wird er immer wieder zurückkehren, bis er sich endgültig bei ihr niederläßt im Jahre 1921. Im «Grund» wird er auch wohnen nach ihrem Tod im Jahre 1938 und bis zum eigenen 1971.

Das Haus ist ein fast herrschaftlich hohes, steilgiebliges Bauernhaus aus dem 16. Jahrhundert, eine der wenigen Fachwerkbauten der Gegend. Es repräsentiert die Architektur, welche vom 16./17. Jahrhundert an von reich gewordenen Schwyzer Bauern «den bereits entwickelten Junker- und Herrenhäusern»[21] angepaßt wurde. Inglin betont später, wie er im «Grund» zum bäuerlichen Leben in unmittelbare Beziehung trat durch den früheren Pächter Fischlin, der vom Schwiegervater der Tante, Meinrad Abegg, die ganze zum Haus gehörige Landwirtschaft später käuflich erworben hat.

Von dieser Heimat, die ihm im Innersten entspricht, reist Inglin also nach Caux. Reise und Aufenthalt sind im «Amberg» eingehend geschildert, und zwar, wie sich nachprüfen läßt, auf Grund seiner damaligen Briefe an die Tante. Die Feuersbrunst bei dem großen Bahnhof (es war Luzern), wo er umsteigen mußte und deretwegen er fast den Zug verpaßte, hat er in der ersten Fassung kurz beschrieben, in der zweiten aber gestrichen. Auch vermerkt er im «Amberg» wie in den Briefen, daß er in der Bahnhofbuchhandlung Reclam-Bändchen kaufte. Er muß sich seit etwa zwei Jahren auf Lesestoff geworfen haben wie ein geistig Halbverhungerter. Vorwiegend die Romantiker haben es ihm angetan: Lenau, Heine, Chateaubriand, über den er, der sonst so Schüchterne, an der Hotelfachschule – vom gleichnamigen Gericht angeregt – eine Rede gehalten hat. Die Lektüre gibt in der Korrespondenz mit der Tante von Caux aus einiges zu reden. Sie soll ihm beispielsweise die Zeitschrift «Dichterstimmen der Gegenwart» schicken, aber neutral verpackt, damit hier niemand etwas merke. Mit den Büchern, die man ihm zu Weihnachten schickt, ist er nicht zufrieden. Er erhält zu viel von Ibsen und zu wenig von Heine.[22] Die Tante hat wegen Heine offenbar moralische Bedenken. Er schreibt ihr aber (28. Dezember 1910): «Nun höre: als Heine sagte, daß er mit seinen Schriften das Volk vergiftet habe, meinte er seine sechs anderen Bände, aber nicht seine Gedichte, von denen jede Literaturgeschichte sagt, daß deren Verfasser der größte Lyriker war nach Goethe. Frage den Präfekt Ackermann, wenn er am Morgen herauskommt, ob nicht seine Gedichte grad das schönste und beste von dem sind, was er geschrieben hat.»

In einem anderen Brief schreibt er eine zornige Apologie Heines und seiner selbst. Sogar von seiner Tante fühlt er sich im Innersten, in seinen Dichterbemühungen, verkannt und unterschätzt. Die Reaktion ist eine fast biblisch klingende Empörung und Traurigkeit: «Aber etwas freute mich nicht recht, nämlich, daß Du mir die kleinen Büchlein nicht geschickt hast. Ich kann wirklich nicht begreifen, wie Ihr meinen könnt, daß das noch nicht für mich sei. Glaubst Du denn, daß ich diese Büchlein zum erstenmal lese. Ich habe doch den ganzen Heine gelesen, und seine Poesie gefällt mir auch fast am besten von allen deutschen Dichtern. Ich schaue doch nicht auf den Schmutz, der in einigen Gedichten vorkommt, sondern es ist eben die eigenartige Poesie, die mich anzieht. Ich bin doch bei Gott kein Kind mehr, dem man die Bücher erst durchblättert, ehe man sie ihm in die Hand gibt und besonders in diesem Fach, in der Literatur und Poesie, bin ich meinen Altersgenossen über, das darf ich kühn behaupten und habe solche Freude daran, daß ich mich viel damit beschäftige, und durch das bin ich auch reifer geworden als meine Alterkameraden, denen man vielleicht ein Buch, das ich unbedenklich lesen kann, mit Vorsicht in die Hände gibt. Schicke mir also sämtliche kleine Büchlein, ich könnte sie im andern Fall auch selber kommen lassen. Ich habe Zeit, sie zu lesen, und wenn Du mir schreibst, ich solle das Dichten lassen und meine Pflichten erfüllen, ist das so gut, als wenn Du einem berühmten Violinkünstler sagtest, er solle das Geigen lassen und seine Pflicht als Mensch erfüllen. Ich erwarte die Büchlein also!» (24. 12. 10) Welches seine eigentliche, stolz gefühlte Berufung sei, hat Inglin auch über den Hotelplänen nie vergessen. Letztere sollten nur Mittel zum Zweck sein. Wenig später erbittet er sich – wie jetzt immer auf dem Briefpapier seiner Mutter – «Des Knaben Wunderhorn».

In den ersten Tagen hat Inglin in Caux noch nicht viel zu tun, er besteigt die Rochers de Naye und geht einige Male nach Montreux mit seinen Kellnerkollegen. Besonders mit einem Italiener, der schon die drei Hauptsprachen spreche und auch erst siebzehn sei, versteht er sich gut. Von zuhause wünscht er sich immer wieder Süßigkeiten, Konfekt, Schokolade, «Nidläfürstei». «Ich habe in Schwyz gesagt, daß Ihr mir nicht viel zu Weihnachten schicken sollt, d. h. zum Essen. Ich nehme diese Worte zurück und schreibe hiermit, daß Ihr mir schicken könnt, was Ihr wollt.» Für die fromme Tante beschreibt er eingehend die neue katholische Kirche, in der jeder ein Kissen erhalte zum Knien. Mit der jetzt zunehmenden Arbeit bekommen die Kellner auch immer weniger zu essen. Das «Abservieren» von der Table d'hôte ist im «Amberg» vorzüglich gezeigt. (WA 1, 310f.) Werner, der lange Zeit Scheu vor dieser Art Diebstahl empfindet, gewöhnt sich daran, schon aus Selbsterhaltungstrieb. Auch solches mochte zu dem «Sich-hinaus-Zwingen» gehören, von dem Inglin später im «Amberg» sagt, daß es nötig gewesen sei: «... mein Hang nach innen war stärker als mein Drang nach außen, und ich brauchte meine ganze Willenskraft, um mich hinaus zu zwingen. Es war höchste Zeit.» (WA 1, 308)

Er muß im «Caux Palace» arbeiten bis an die Grenze seiner Leistungsfähigkeit. Nur wenige Stunden Schlaf bleiben ihm zwischen dem Aufwarten bei Bällen und dem Silberputzen am frühen Morgen. Seine Fehlleistungen sind bezeichnend: er zerschlägt den neuen Zwicker, später die neue Brille, und da er sonst nichts sieht, arbeitet er mit dem alten Zwicker, der ihm verboten worden ist. Er berichtet von unausgesetzter Arbeit von sechs Uhr morgens bis Mitternacht, oft bis drei Uhr nachts. Nachdem man ihn, wie er zu Recht empfindet, mehr und mehr aufreiben und ausnützen will, bricht er den alten Zwicker entzwei, so daß ihn seine Kurzsichtigkeit, eine kurze Zeit wenigstens, arbeitsunfähig macht.

Über die reiche große Gesellschaft geben die Briefe nüchterne, skeptische Berichte. Von aristokratischer Würde findet er nicht mehr viel, und sein soziales Empfinden ist verletzt. So schildert er etwa das Weihnachtsmahl, wie die Kellner mit bläulich brennenden Punsch-Puddings in den dunklen Saal befohlen wurden, «wo die Weiber kreischten und die Männer klatschten. Gegen die zehnte Platte, als genug Champagner geflossen war, fing im Saal ein heilloser Krawall an. Es gab alles mögliche... zum Pfeifen, ‹Klepfen› etc..., alles johlte, lachte, pfiff..., während wir im Saal herumsausten, daß uns fast der Schweiß in die Platten tropfte...» (Brief an die Tante, 27. 12. 10) Es folgen noch weitere Berichte über die enorme Schufterei. Gegen Februar wird fast täglich ein Fest arrangiert, um die Gäste noch länger hinzuhalten, Eisfest, Blumenfest und Maskenball folgen in kurzen Abständen. Da Inglin in der gar zu kurzen Freizeit beim Preiskegeln noch die Kegel aufstellen soll, beginnt er zu streiken, was ihm ein Ausgangsverbot einträgt. Er brauche, sagt er in seinem dezidierten Ton, mindestens drei Wochen Ferien. «Daß ich trotzdem immer noch gesund und wohl bin, beweist, daß ich nicht von so schwächlicher Konstitution bin, wie Ihr immer dachtet. Ein anderer Kellner, ein großer, fester, liegt heut den ganzen Tag im Bett, der hat's nicht aushalten können.» Weitere farbige Schilderungen über das Dasein der «befrackten leisen Diener» (WA 1, 332) sind im «Amberg» zu finden. Auf dem Angestelltenball hat er mit Hingabe getanzt, ein ganz besonderes Vergnügen für ihn, das er sich auch später gelegentlich gönnt. In Schwyz galt Inglin als vorzüglicher Walzertänzer. Er sagt auch, wie ihm ein Mißgeschick gelegentlich erspart bleibt, und wie es andere trifft: «Das lebensfrohe Gefühl des Verschonten verließ mich nicht mehr.» Bedenkt man den gefährlichen

und entscheidenden Wendepunkt, den er im Herbst dieses Jahres herbeizwingt und zu bestehen hat, so erscheint dieser Satz doch zu sehr vom gesicherten Standort des Zurückschauenden aus geschrieben. (WA 1, 325)
Am 22. Februar 1911 schreibt er, daß er kündigen wolle, wie seine Kollegen auch; die Wintersaison im «Caux Palace» geht zu Ende. Auf dem Heimweg will er sich Genf und Neuchâtel ansehen. «Der Umweg... macht höchstens mit Logis 10 frs. aus, und das kann ich mir schon gestatten, nachdem ich doch noch Fr. 200.– nach Hause bringe.» Obwohl er im Hotel in einer «Wesensfremde» lebt, die ihm «wie einem Gefangenen Licht und Luft des wahren Lebens entzog» (WA 1, 337), fragt er seinen Onkel Giger im Luzerner «Beaurivage» um eine Stelle, die ihm auch zugesichert wird. Seine Enttäuschung als Kellner kann er fast nicht mehr verbergen; sie quält ihn schon in Caux stündlich. Daß er sich noch einmal aufraffen will, geht wohl zum Teil auf den Rat eines «Mannes der Feder» zurück. (WA 1, 341) Inglin hat von Caux aus einem anerkannten Schriftsteller seine Verse und Prosaskizzen zur Beurteilung geschickt und ihn auch um Rat über seine weitere Laufbahn gefragt. Dieser hat ihm offenbar den Beruf eines freien Schriftstellers ausreden wollen und geraten, im Hotelgewerbe weiterzuarbeiten. (WA 1, 336f.) Soviel man aus der Inglin-Korrespondenz ersieht, muß dieser Dichter Felix Moeschlin gewesen sein, der an der Zeitschrift «Schweizerland» den literarischen Teil betreute. Es gibt einen Brief von Moeschlin aus dem Jahre 1917, worin er die Fortschritte Inglins gegenüber früher rühmt (über den Roman «Phantasus»).
Am 15. März entläßt ihn Direktor Eulenstein vom «Caux Palace» mit einem sehr guten Zeugnis, das vielleicht dazu beiträgt, daß er auf dem eingeschlagenen Weg weitergeht – trotz der Bitterkeit darüber, daß er im verhaßten Beruf Erfolg hat, während seine dichterischen Produkte vom angesprochenen Schriftsteller als nicht überdurchschnittlich bewertet wurden. Inglin hat mir das Zeugnis von Caux persönlich gezeigt. Wörtlich steht da: «Le soussigné atteste que le porteur du présent certificat Inglis Meinrath a servi en qualité de Sommelier de Salle dans notre établissement. Il a rempli ses fonctions à notre entière satisfaction, sous tous les rapports et nous le recommandons à Messieurs nos collègues.» Ein Vergleich mit dem «Amberg» (WA 1, 341) zeigt einmal mehr, mit welcher Akribie dieser Roman nach den Dokumenten der Realität geschrieben ist. Den mächtigsten Antrieb zur Fortführung der Arbeit als Saalkellner gab ihm indessen die Freude seiner Angehörigen über seinen beruflichen Erfolg.
Ab April 1911 arbeitet er also in Luzern bei seinem Onkel Giger-Theiler. Im Juli meldet er nichts als Katastrophen (10. 7. 11): «Vor ein paar Tagen ist hier ein Aeroplan in den See hineingefallen, jedoch ohne großen Schaden. Im Restaurant ‹Schweizergarten› war ein ziemlich starker Brand. Die Frau vom Besitzer vom Hotel ‹Europe›, Frau Matzig, hat sich erhängt. Gestern, um 11 Uhr, ist im Hotel ‹National› ein schweizerischer Oberst durch den Liftschacht gestürzt, und war sofort tot etc.» Wie weit er diese fürchterliche Aufzählung aus seiner damaligen Lebensstimmung heraus gibt, wie weit aus dem Bedürfnis, die Tante zu orientieren, ist schwer zu sagen. Im «Amberg» und später auch persönlich spricht Inglin von Selbstmordgedanken, die ihn heimsuchen – besonders stark nach dem Mißgeschick mit der heißen Sauce, die er der Mutter seiner von ferne Angebeteten ins Decolleté leert. Der Hotelierberuf ist ihm fremd geblieben. Er hält es nicht mehr

Meinrad als Protagonist Viktorin im Kollegitheater «Die stumme Waise und der Mörder» (1909)

Meinrad Inglin als Siebzehnjähriger
Meinrad Inglin (ca. 1912)
Inglin als Kellner in Caux 1911 (hinterste Reihe, Fünfter von links)

aus, sich nur scheinhaft nach außen zu produzieren: «Ich kann mich vorzüglich verwandeln und den Kellner schauspielern, nur darf es nicht zu lange dauern, sonst reklamiert und protestiert ein anderer in mir und quält mich solange, bis ich es nicht mehr glaube ertragen zu können.» (Mat. A.) Ein Mozart-Stück, gespielt vom Luzerner Kurorchester (Ouvertüre zu «Figaros Hochzeit»), und der schöne Morgen (1911 muß ein prächtiger heißer Sommer gewesen sein) hätten ihn damals, als er sich mit Gas oder durch Sturz vom Hoteldach umbringen wollte, gerettet. (Nach Inglins eigener Aussage; siehe auch WA 1, 350ff.) Wenig später wendet er sich, in extremer innerer Not, an seinen ehemaligen Deutschlehrer am Kollegium, Prof. Dr. Abury (Prof. Abstalden im «Amberg»); er ist dessen bester Schüler gewesen und darf den Brief wagen. Er fragt ihn nach den Möglichkeiten eines Abschlusses am Gymnasium und eines phil.I -Studiums an der Universität. Die Alternative ist die gleichzeitig betriebene Bewerbung um eine Hotelstelle in Nizza (Genua im «Amberg»), von wo er aber nach Übersee, wie einst sein Onkel, «verduften» will. Diese letzte Behauptung stützt sich nur auf den «Amberg». (WA 1, 354) Inglin selber hat darüber niemandem etwas gesagt. Beide Briefe soll er am gleichen Tag abgeschickt haben.

Die Wendung

Um die gleiche Zeit erscheint im «Vaterland» abermals ein Gedicht von Meinrad Inglin: «An meinen Vater». (Die Tante klebt es ins Tagebuch, geschmückt mit den Bildern von Vater und Sohn.)

An meinen Vater

Ich kenn' das heiße Sehnen
Das jäh dich oft erfaßt',
Ich trag's in meinem Busen
Wie's Du getragen hast.

Es zog mit mächtigem Zauber
Dein Herz zum Adlerflug,
Auf schwindlicht hohe Alpen,
Zum weißen Gletschertrug.

Den grauen, wilden Bergen
Gehörtest Du wohl an,
Fast warst Du selbst ein Felsen,
Du kühner, stolzer Mann.

Als Du durch Gletscher schrittest
Da hob's sich aus dem Eis
Die Gletschertöchter nahten,
Die Schleier wallten weiß –

Sie zogen Dich hinunter
In den Krystallpalast,
Wo Du gar süße Ruhe
Schon längst gefunden hast.

Das Motiv der personifizierten Gletschermächte wird später in der Erzählung «Die goldenen Ringe» (VW 106ff.) wiederkehren.
Mit dem 22. August 1911 ist der ausführliche Brief datiert, den Dr. Abury dem

jugendlichen Dichter schreibt. Die Antwort klingt so entschieden und so kühn in ihrem Vertrauen in den Ratsuchenden, daß sie dessen Leben eine entscheidende neue Wendung zu geben vermag. Meinrad sei zu Höherem berufen und der Kellnerberuf sowieso falsch für ihn. Abury schwebt eine halb literarische, halb journalistische Ausbildung vor. Vorbild solle ihm Dr. Eduard Korrodi, der weitbeachtete Literaturkritiker der «Neuen Zürcher Zeitung», sein. Dieser Brief ist im «Amberg» gebührend verewigt, zum Teil sogar wörtlich. Er hat am Schriftsteller Inglin wesentlichen Anteil, und dieser war sich dessen stets bewußt. Es rechtfertigt sich, das mutige und trotzdem verantwortungsbewußte Schreiben dieses Lehrers in extenso wiederzugeben: «Schwyz, den 22. August 1911. Lieber Meinrad! Wenn Du in Deiner Ratlosigkeit Dich mit Vertrauen mir erklärst, so gehst Du wenigstens insoweit nicht fehl, als ich mir Mühe geben werde, Dein Vertrauen zu rechtfertigen; ob Du aber den richtigen getroffen, der Dir definitiven Rat resp. Deinem Leben die beglückende Wegrichtung geben kann, das wage ich nur zu hoffen, aber nicht zu behaupten. Um Dir die Wahrheit zu sagen, will ich vorausschicken, daß ich mich stets etwas um Dich interessierte, was ich dann und wann indirekt bekundete, da ich direkt mich weder einmischen konnte noch wollte: Hattest Du doch früher den lb. Vater noch und hernach wenigstens die teure Mutter, die ich von der Primarschule her kannte. Warum ein herbes Geschick den Vater Dir so plötzlich entrissen und so unerwartet schnell des Todes kalte Hand auch die Mutter getroffen, schau, das weiß Gott allein, und der hat seine weise und gütige Absicht dabei, so schwer wir Menschen (deren Verstand von Aristoteles, dem größten Philosophen, mit dem Auge einer Nachteule verglichen wird) es auch fassen mögen. Vielleicht wird die Zukunft das Dunkel erhellen! – Du hast bisher, dem Rate Deiner sel. Eltern und des Vormundes folgend, mehr instinktiv als reflexiv, verschiedene Lebensrichtungen eingeschlagen, Deine wachsende Sehnsucht und Deinen inneren Drang fast gewaltsam niedergehalten, wider alle Hoffnung gehofft, – aber Dein Glück nicht gefunden. Kein Wunder, mein Lieber, da konntest und kannst Du es nimmer finden. Meine feste Überzeugung war's und ist's, daß Du zu Höherem geboren bist, und mehr als einmal wünschte ich mir eine günstige Gelegenheit, Dir das ans Herz zu legen wie ich s. Z. auch den Juristen Dominik Styger mit einer einzigen Frage zum monatelangen Nachdenken veranlaßte, und ohne weiteres Zutun herausriß aus dem Merkantilstudium. Daß Du je Kaufmann werden solltest oder wolltest, das wußte ich überhaupt nicht, und hätte ich's gewußt, so hätte ich es nie approbiert auf Befragen hin, das Uhrmacherstudium hätte ich in Anbetracht der Familienverhältnisse – von höherem Streben und Deinen Augen abgesehen – begriffen, aber das Hotelgewerbe nie! Das letztere erachtete und erachte ich bei Deiner Veranlagung als für Dich ganz unpassend, – in solcher Luft kann Dein edles Herz sich nie glücklich, Deine schöne Seele nie erhoben, Dein idealer Sinn sich nie befriedigt fühlen! – Darum zerreiße die Bande, die Dich an ein unbefriedigend Leben und an eine Deiner unwürdige Umgebung ketten, fasse Mut, scheue weder Zeit noch Opfer, schaue vor Dich, nicht hinter Dich: Es läßt sich alles noch gut machen, was etwa bisher versäumt worden, schneller und leichter als Du wohl meinst. Auch sind Deine Jugendjahre keineswegs verloren, Du hast unterdessen wertvolle Erfahrungen gemacht, die Welt etwas näher kennengelernt, des Lebens Ernst und Bedeutung besser erfaßt, Deinen Geist gebildet, Dein Urteil geschärft, in Deinen verschie-

denen Lebenslagen Freud und Leid und manche Ernüchterung und Enttäuschung erfahren und trotzdem Deinen Idealismus, – was viel heißt – bewahrt.
Was nun die Ausführung Deines Planes anbelangt, so wünschte ich Dir allerdings eine gewisse Ausbildung im Lateinischen und eine summarische Einführung ins Griechische (ohne eigentliches Studium), weil Dir das von großem Nutzen wäre. Indessen kannst Du auch ohne weitere Vorstudien direkt auf die Universität und könntest, glaube ich, nebenbei in ca. 2–3 Jahren ohne Schwierigkeit soweit das Gymnasium rekapitulieren – auf dem Wege von Privatstunden, ca. zwei bis drei per Woche – daß Du sogar die Fremden-Matura ganz ordentlich bestehen und diesbezüglich zu einem Abschluß kommen könntest. – Behufs Sicherung der Zukunft würde ich reges Studium der Literatur und Journalistik recht angelegentlich Dir empfehlen, solides zielbewußtes Streben, Hochhaltung des idealen Sinns ohne Abirrung und Erniedrigung, und hoffe unter dieser Voraussetzung bestes Gelingen. Als Beispiel führe ich Dir Dr. Korrodi, Zürich, vor Augen und schließe für heute mit freundlichen Grüßen, zu allen weiteren Aufschlüssen gern bereit Dein ergebener Dominicus.»
Der Brief führt die lange, böse Krise des jungen Inglin, die sich am Schluß gefährlich zugespitzt hat, zu Ende.
Ein anerkannter Mann glaubt endlich an seine künstlerischen und geistigen Fähigkeiten, und Inglin ist gerettet für das Leben und für den Beruf, den er als den ihm einzig angemessenen erkennt. Von jetzt an wird er diesem Plan sein ganzes Sein und Tun unterordnen; unverändert in allen Phasen seines Lebens. Inglin war einer, der äußerlich nüchtern, aber innerlich besessen ausschließlich an dieser einen Arbeit blieb – unbekümmert um den Erfolg, der lange auf sich warten ließ.
Er kündigt im «Beaurivage», reist nach wenigen Tagen nach Schwyz, verschlingt (wie er 1948 im biographischen Abriß der Ehrendoktoren der Universität Zürich bezeugt) in sechs Wochen den Stoff von drei Gymnasialjahren (unter der Leitung Aburys) und wird im Herbst in die vierte Klasse des Gymnasiums aufgenommen. Soweit reicht der «Werner Amberg», der ja ursprünglich länger, bis gegen 1920, sich erstrecken sollte. Doch dieser Werner («Esel am Berg») hat sein Ziel erreicht, und darum ging es Inglin allein in der minuziösen Darstellung der mühsamen Wegmarken. Andere Gründe sind später im Kapitel über den Roman selber dargelegt. Da Inglin den «Amberg» weiter ausführen wollte, ihn aber schon mit 1912 enden ließ, gibt es von jetzt an in meiner Darstellung nur mehr Hinweise auf die weiteren «Amberg»-Notizen, nicht mehr auf das Buch selber.

Krise des Kirchenglaubens

Die Tante scheint nicht weiter enttäuscht zu sein über den Abbruch der Hotelierlaufbahn. Sie vermerkt nur, daß jetzt beide Brüder Inglin «mit fröhlichem Humor und regem Eifer» alle Tage dem Kollegium zuwandern. «Letzterer hat nun seine Studien von neuem begonnen und besucht gegenwärtig die vierte Latein.» Im November kauft sie ihm ein Klavier, da er außer Geige, Trompete und Trommel auch dieses Instrument lernen will. Zum Geburtstag der Tante dichtet Meinrad ein charmantes Gedichtchen, welches der kleine Cousin «Heirely», der ebenfalls bei ihr wohnt, vorträgt. Es beginnt:

«Grüeß Gott, du liebi Tantä»
Was luegscht my au so fründli a
As wäri ä galantä,
ä jungä schönä Ma...»

Im Juli 1912 bricht Meinrad mit drei Mitschülern bei schlechtem Wetter auf zu einer fünftägigen Fußtour nach Göschenen, Andermatt, Furka, Gletsch, Leuk, Gemmipaß, Eggishorn, Berner Oberland. Die abenteuerliche Stimmung bei diesem Unternehmen hat später auf die Darstellung in der Novelle «Güldramont» (1943) gewirkt, wo Jugendliche allein ins Unbekannte hinaufsteigen, um der Schule und der bürgerlichen Ordnung zu entgehen. Im derzeitigen Zeugnis stehen neben vorzüglichen Deutsch-, Musik-, Französisch-, und Englischnoten noch immer zwei Dreier in Mathematik und Latein. Am Ende des nächsten Schuljahrs aber wird er für diese Fächer gar nicht mehr zensuriert, vielleicht auf Verwenden Aburys hin; wahrscheinlich aber liegt der Grund darin, daß er auf die Matura verzichten wird.
Inglins Deutschlehrer war ein Geistlicher, Joseph Scheuber. Er publizierte in kulturellen Zeitschriften und wurde von ihm sehr geschätzt. Meinrad legte ihm Gedichte, Aufsätze und Dialoge vor, die nach den Nachforschungen von Dr. Paul Kamer «gewöhnlich – unter gewundenen Lobpreisungen – als die besten taxiert wurden. Der lebenslang sehr zimperliche Herr Scheuber soll – laut Erinnerungen von Klassengenossen – jeweils vor allem die Form der Gedichte gerühmt haben, wogegen es ihm höchlich mißfiel, daß da immer Mädchen und Frauen eine beherrschende Rolle spielten!» (Brief vom 13. 9. 1973 von Dr. P. Kamer) Diese Schularbeiten hat Inglin sorgfältig aufbewahrt. Während die meist in vierzeiligen Strophen verfaßten Gedichte (u. a. «Triumphzug des Mai», «Nebel und Sonnenschein», «Die versunkene Glocke», «Taube mit Ölzweig», «Das Glöcklein der Waldkapelle») bei allem Geschick einen hergebracht romantischen Zug haben, deutet gelegentlich, durch die Schulbeflissenheit hindurch, die Prosa der Aufsätze schon auf den späteren Stil hin; die totale Hingabe an das schriftstellerische Tun und die Faszination vor den Möglichkeiten der Sprache machen da und dort die sorgfältig überlegten Sätze vibrieren.
Wann immer er kann – besonders in den vielen Dialogen – bringt Inglin auch seine literarische und philosophische Bildung ins Spiel: die noch immer geschätzten Romantiker, Schiller, Goethe und Nietzsche, der in den folgenden Jahren immer wichtiger wird. Eine gewisse Bildungsgläubigkeit oder doch Lehrhaftigkeit wird sich auch in späteren Texten, besonders in den philosophisch gemeinten Dialogpartien finden (man denke nur an die Auseinandersetzungen zwischen Arzt und Teufel in der Erzählung «Besuch aus dem Jenseits»).
Das Gespräch zwischen zwei Freunden nach einer «Parsifal»-Aufführung, ebenfalls ein Schulaufsatz («Ir ensult nicht vil gefragen»), weist beispielsweise schon die beiden gegensätzlichen Typen auf, die in den folgenden dichterischen Entwürfen Inglins wiederkehren werden: den Mann der Praxis, der Alltäglichkeit, und den Literaturstudenten, der die Herdenmenschen verachtet.

Nach den Sommerferien 1912 tritt Inglin in Schwyz an einem Männerchorkonzert mit der Geige als Solist auf. «Das Spiel dieses jungen Mannes hat uns sehr angesprochen, verrät gute Schulung und ein ererbtes Talent. Und ich wünschte nur, es wäre dem allzeit jovialen Meinrad sel. vergönnt gewesen, in unsern Reihen zu weilen und sich selbst zu überzeugen, daß die Musik in seinem Hause noch nicht erstorben», heißt es in der lokalen Kritik.
Im September 1912 ist (laut Tagebuch der Tante) Meinrad «mit den Jungens wohlgerüstet mit Rucksack und Stock gen Bütschwyl ausgewandert». Sie zogen aus, um den deutschen Kaiserbesuch an den Manövern mitzuerleben. Die Fußreise wird den Anfang des «Schweizerspiegels» hergeben. (In den Materialien zu diesem Roman sind denn auch genaueste Aufzeichnungen über den Hergang der Manöver, über das Gelände, das Aussehen der Gäste, der schweizerischen Bundesräte und Offiziere enthalten.)
Einen Monat später ist im Tagebuch der Tante zu lesen: «Heute Rekrutierung, zu unserem größten Leidwesen wurde Meinrad als tauglich befunden.» Nachdem Inglin im Frühjahr 1913 noch den Zawisch in Grillparzers «Ottokar» gespielt hat, erhält er im Sommer vor der Rekrutenschule das letzte Zeugnis am Kollegium. Die schlechteste ist diesmal die Note in Disziplin: eine Drei.
Am 26. Juni verreist er zusammen mit seinem Freund Conrad von Hettlingen nach Chur in die zehnwöchige Infanterie-Rekrutenschule. Am folgenden 9. September geht er in die Unteroffiziersschule nach Bellinzona. Die Strapazen der RS habe er gesund überstanden, schreibt die Tante.
Ende Oktober 1913 steht ein neuer Aufbruch bevor: «Unser Student Meinrad wird mit guten, ernsten Vorsätzen in Neuenburg einziehen, wo er für das Wintersemester in der dortigen Universität immatrikuliert wurde.» Daß ihm dies – ohne Matura – gelungen war, zählte Inglin stets, ganz ohne Skrupel, zu den Meisterstreichen seines Lebens. In den «Amberg»-Materialien wird andeutungsweise eine offizielle Maturandenliste erwähnt, die ihm zur Immatrikulation verholfen habe. – Er hört eine Vorlesung über Flaubert, der später wichtig für ihn wird, vor allem in Dingen wie der skeptischen Einschätzung der Dorftypen in «Madame Bovary» und in der rigoros verknappten Sprache. Sonst belegt Inglin auffällig viele Grammatik- und Stilübungen in Deutsch und Französisch.
Als geistig bedeutsam für diese Zeit um sein zwanzigstes Altersjahr erachtet Inglin später eine «skeptische Grundhaltung». Ausdrücklich bemerkt er, daß dies «vor Nietzsche» (Mat. A.) gewesen sei. Er notiert, was damals kennzeichnend für ihn war: «Mangelndes Traditionsgefühl: die Ahnen haben uns die Freiheit erkämpft, aber ich fühlte mich nicht verpflichtet.» Vor allem gerät sein katholischer Glaube in eine von ihm längst gefühlte, aber nicht eigentlich erkannte Krise. Schon früher konnte er sein «verhextes Dasein» mit dem «kostbaren», sorgfältig gehegten Erbe dieses Bekenntnisses nicht mehr in Einklang bringen. Aber noch 1913 erscheint von ihm ein Feuilleton über «Tagore und – katholische Kunst» im «Vaterland». In einem flammenden Appell ruft er die katholischen Dichter auf, sich in der Stoffwahl zu ihrer Konfession zu bekennen, wie der derzeitige Nobelpreisträger Tagore zu seiner indisch-mystischen. Inglin bemerkt zu diesem Artikel in einem Datenplan zum «Amberg»: «Die Krisis meines katholischen Glaubens wird durch diese krampfhafte Demonstration nicht mehr lange verschoben.» Inglin muß sich in die-

ser Zeit zu einer Weltanschauung durchgerungen haben, die er selber als «Aufklärungsphilosophie» bezeichnete und die humanistisch geprägt und stark auf die naturhafte Schöpfung bezogen war. Als stark bestimmend gibt er den letzten Weg Leo Tolstois an, des 1910 verstorbenen russischen Romanciers, der ihn auch literarisch am meisten beeinflußt hat. «Die fanatische Wahrheitsliebe des alten Tolstoi, der sich dem Kirchenglauben ernsthaft unterwirft, alle Gebote erfüllt und sich aus edelsten Gründen endgültig von der Kirche wieder lossagt.» (Mat. A.)
Wohl geht er am Sonntag in Schwyz noch immer zur Messe, aber schon mit dem Gefühl von Diskrepanz zwischen Tun und Denken: «Die religiöse Betätigung läuft als etwas Gewohntes, über das man sich keine unmittelbaren Gedanken macht, noch eine Weile neben der Aufklärungsphilosophie her – bis man entdeckt, daß sich nicht beides miteinander verträgt. Das Problem der persönlichen Haltung stellt sich: Ob man dieses nur unverbindlich denken könne, aber das Andere, Hergebrachte tun müsse, oder ob man so tun müsse, wie man denke, um zwischen Denken, Fühlen, Tun einen völligen Einklang herzustellen.» (Mat. A.) Der Konflikt scheint sich bis 1917 hinzuziehen, über die Jahre hinweg, in denen Inglin bei Nietzsche und seinem Lehrer Paul Häberlin neue Deutungen findet. In einem schmalen, schwarzen Wachstuchheft, einem Tagebuch aus jener Zeit zwischen 1913 und 1920 (es ist das einzige, das Inglin nicht verbrannt hat, weil er immer noch hoffte, einst den «Amberg» weiterzuführen), notiert er (wahrscheinlich erst 1917) unter dem Titel «Geistige Befreiung aus dem Katholizismus» drei wichtige Phasen: «Erstens: Er sucht im Glauben die Wahrheit und entdeckt seine Zweifel. Zweitens: Er wagt aber nicht, vom Katholizismus abzuschwenken und sucht den Ausweg der Indifferenz. Drittens: Sein Gewissen rüttelt ihn immer wieder wach und peitscht ihn solange, bis er sich wieder mit den Fragen befaßt. Dies geht in diesen drei sich immer wiederholenden Wellen fort wie in einem Fluß, der fließen muß, bis er endlich das Meer, die Freiheit, erreicht». Auf diese zähe, langsame und schmerzvolle Art wird sich der Pfarrhelfer Reichlin (in späteren Fassungen Diethelm genannt), die Hauptfigur von Inglins erstem publiziertem Roman «Die Welt in Ingoldau» (1922), von der Kirche lösen. Ein Vorläufer von Reichlin ist Joseph Strübin, der Held eines Dramas, das Inglin 1917 unter dem Titel «Der Abtrünnige» verfaßt. Der Entwurf sei vorerst um des Themas willen genannt. Inglin notiert nach Abschluß des Manuskripts, das erhalten ist, im Tagebuch: «Damit überwand ich endgültig den Katholizismus und riß ihn mit den tiefgreifenden Wurzeln aus, die immer wieder Sprößlinge zu treiben versuchten.» Aus solchen Bemerkungen läßt sich schließen, wie nicht nur der «Amberg», sondern auch die meisten anderen Werke einen eminent autobiographischen Hintergrund haben. Inglin gibt dies auch immer wieder selber zu und spricht im Tagebuch beispielsweise von dem Drama als von der «Gestaltung dieses innerlich Erlebten». Der Held hat sich schon zu Beginn der Handlung zu einem Natur- und Lebensmystizismus durchgerungen, hinter dem unerwähnt wohl Nietzsche steht: In der emphatischen Sprache, die Inglin um 1917 schreibt, bekennt Strübin: «Als ich noch katholisch war, da wurde ich von Gewissensbissen zerfressen, da habe ich mich gequält, da habe ich gestöhnt... heute? O heute! Ich bin aus kalter, eisiger Flut in den wärmsten Frühling aufgetaucht. Hinter mir liegt dumpfe Enge, graue Einöde, unbefreite Not, gefesselte Sehnsucht, heimlicher Zwang. Hier aber ist Erlösung, Urkraft, unbegrenzter Horizont, unendliche Fruchtbarkeit: Ich

bin wieder Mensch, ich fühle mich umflossen von allen Kräften des Lebens, ich darf wieder mitleben, mitfühlen, ich bin frei, frei, frei.» (S. 77 im Manuskript)
Noch nicht ganz so weit ist Inglin 1913 in seiner Neuenburger Zeit. Eine intensive Beschäftigung mit den Werken Nietzsches setzt aber in diesem Wintersemester ein, Inglin berichtet über seine Lektüre nur sporadisch, und nur zufällig sind Äußerungen erhalten geblieben. Jedenfalls betont er am 26. 2. 1914 seine «Verachtung des Herdenmenschen und Positionsjägers», sein «Einsamkeitsgefühl inmitten einer Menge seelenloser Maschinen».
Von der Nietzsche-Lektüre her wird der junge Inglin seinen zunehmenden Aristokratismus rechtfertigen, der ihm eine Zeitlang jegliche Anerkennung der demokratischen Staatsform verbot.

Die ungedruckten Werke. Spannung zur Bürgerwelt

Parallel zur Auseinandersetzung mit dem Katholizismus geht jene noch heftigere und weiter zurückgehende mit dem Bürgertum. Als Künstler fühlt er sich diesem überlegen, kann ihm aber sein Künstlertum nicht mit einem Werk vor Augen führen und legitimieren. Aus dieser täglichen Qual bezieht er den Stoff für seine ersten größeren Entwürfe, die alle ungedruckt, aber erhalten bleiben: So in der großangelegten Erzählung «Der Wille zum Leben», die (gemäß einer Tagebucheintragung) im Jahr 1913 begonnen wurde, und im noch umfangreicheren «Rudolf von Markwald» (1916).
Der Held von «Wille zum Leben» ist eine Antizipation Melks in der «Welt in Ingoldau» und vor allem des Werner Amberg. Das heißt: die Figur ist autobiographisch. Melchior leidet an seiner Lebensuntüchtigkeit, an der Absonderlichkeit, die ihn zum Schreiben drängt: «... alle kannten ihn, alle sahen ihn erstaunt und mitleidig an, wie man einen fremden Krüppel mit irgendeinem Gebrechen ansieht und dabei selbstzufrieden die eigenen gesunden Glieder fühlt... Melchior floh in die einsame Umgebung des Dorfes.» (Schwyz heißt hier noch nicht Maibach oder St. Ingobald, sondern Stegwil.) Dem Siebzehnjährigen ist eben die Mutter, Frau Lüönd, gestorben. Der Sohn «weicht dem Begräbnis aus, welches sich auf dem Gemeinplatz einer gespreizten Feierlichkeit, mit Weihwasser, Gebeten, schwarzen Kleidern, Blumen, trockenen Taschentüchern, rotgeriebenen Augen, mit einem fetten Mahle und einer seufzenden Seelenandacht» abwickelt. So erweckt er, obwohl er mehr leidet als alle, den Anschein von Frivolität und Herzlosigkeit. Nach halb grotesken Szenen (Dichterlesungen vor dem «Bund der Ledigen») will er den bürgerlichen Beruf eines Kellners ergreifen, aber im Grunde würde ihn nur die dichterische Betätigung vor der «Nacht endgültiger Verzweiflung» bewahren. Sein Scheitern ist bloß angetönt.[23] Wenn Inglin später den jungen Amberg beschließen läßt, ein «bürgerlicher Schriftsteller» zu werden, ist dies eine Errungenschaft und ein Kompromiß des Autors, der zurückschaut und der sich im Schwyzer und im schweizerischen Bürgertum integriert weiß. In den frühen Entwürfen gibt es nur ein Entweder–Oder: Kunst oder Leben in der Gemeinschaft.
Der Wille zum Leben hält Melchior von der Kunst ab, gegenteilig wird sich Rudolf

von Markwald entscheiden. Beide aber scheitern: Das Dilemma führt – zumindest in den Entwürfen – unausweichlich in die Aporie. Der elitäre Kunstbegriff seiner Zeit, Nietzsche und der sporadisch erwähnte Thomas Mann, aber vor allem auch die eigene frühe Erfahrung der inneren Isolation in seiner Gesellschaft haben Inglin zu dieser Denkweise gebracht.

«Der Wille zum Leben», dieses erste größere Werk Inglins, das er mit zwanzig Jahren begann, ist im übrigen geschickt geschrieben. Die kontrollierte Emphase neben der gelegentlich verblüffenden Konkretheit der schwyzerischen Details machen es auffälligerweise viel lesbarer als einige später entstandene Manuskripte, die verkrampft einfache, oft auch larmoyante Geschichte «Der Vater» etwa oder der pathetisch rührselige «Rudolf von Markwald». Trotzdem sind auch hier die Attacken einseitig nur aus der Sicht des Bürgerverächters formuliert und vor allem die Gegner so wenig gestaltet und so unverbindlich pauschal abgeurteilt, daß man froh sein mag, daß die Verlage diese ersten Versuche zurückweisen und Inglin eine fundierte und objektivere Kritik an den Grundformen gesellschaftlicher Unterdrückung in «Die Welt in Ingoldau» vorlegen konnte. Da hat er, der nie aus der Überfülle gestaltbaren Stoffs heraus schrieb, die früh verarbeiteten Themen wieder aufnehmen und als breitangelegtes, meisterhaftes Sittengemälde vorlegen können. Was bis heute als fulminanter Erstlingsroman gilt, ist in Wahrheit der reife Abschluß einer langen Reihe von Produktionen. Wieviel Mühsal und wieviel getäuschte Erwartung in jedem einzelnen der ungedruckten Erzeugnisse zwischen 1913 und 1922 steckt, deutet das Tagebuch an. Die Erzählung «Der Wille zum Leben» beispielsweise hat Inglin offenbar um 1916/17 überarbeitet oder auch erst fertiggestellt. Am 9. März 1918 schreibt er: «Heute hat mir der Verlag Huber & Co. zu meiner größten Enttäuschung den ‹Willen zum Leben› zurückgeschickt. Nach dreiviertel Jahren. Jetzt weiß ich nicht, soll ich die Geschichte begraben oder wieder auf die Reise schicken!» Und darunter steht mit Bleistift: «Begraben! 15. 3. 18.» So wurde ein Manuskript nach dem andern von einem oder mehreren Verlagen abgelehnt.

Mit welcher kompromißlosen Zähigkeit der Autor von Anfang an an der Arbeit war, bezeugt eine Notiz aus dem Jahr 1913, wo als gleichwertig neben das Talent der «wirkende Wille» gestellt und dazu – nach Augustinus – der heroische Vermerk gesetzt wird: «Transcende te ipsum.»

Als Korrektiv dazu steht lakonisch ganz in der Nähe als isolierte Tageseintragung: «Ich bin faul.» Die beiden Komponenten blieben ihm. Bis ins höhere Alter schämte sich Inglin zum Beispiel seines Hangs, lange auszuschlafen. Aber gerade deshalb war er auch so peinlich fleißig. Immer hatte er ein ausgeprägtes Gefühl für den ambivalenten Grund jeder Aktivität und jeder sogenannten Eigenschaft. Aus analogen Spannungen leben viele seiner Figuren. Man denke etwa an den vorzüglich beschriebenen Instruktor Waser im «Schweizerspiegel», dessen eisern autoritäres Regime Fred im Innern akzeptiert, nur weil er spürt, daß Waser selber gern ausgeschlafen und den Tag angenehm luxuriös verbracht hätte. – Inglins ganze Lebensauffassung ist von einem Gefühl fundamentaler Dialektik bestimmt. Oberstes und alleiniges Ziel bleibt dabei die künstlerische Betätigung. In ihrem Dienst («Muse! Muse! halte mich! halte mich!», Tagebuch 1. 3. 14) setzt er sich den Zerreißproben polarer Spannungen aus. Im «Leid», in der «Not», in der «Krankheit», (loses Blatt in den «Amberg»-Materialien, überschriftet «Der werdende Schriftsteller») treibt ihn der Drang zur Gesellschaft, zum «äußeren Leben», das er beobachten muß, um schreiben zu können. Aus dem gleichen Grund aber sucht er wieder den «Rückzug ins Turmgemach», den er mit nicht weniger schmerzvoller Konsequenz betreibt.

Dieselbe Bewegung erfüllt die Lektüre: «Aus einem immer noch latenten Hang zum Auflösenden, Unordentlichen, Romantischen die Erkenntnis des Gegenteils: Stefan George.»

Als völlig gegensätzliche Leitgestalten wird er sich binnen kurzem Nietzsche und Paul Häberlin aufstellen – «ahnungslos, wie inkonsequent ich war».

Der Einsamkeitssüchtige nimmt in Neuenburg die gesellschaftlichen Verpflichtungen einer Studentenverbindung auf sich. Die Aufnahmezeremonien in der Cave 12 plante er, als Kapitel in die «Amberg»-Fortsetzung zu bringen. Bezeichnend ist der Vermerk, den er an den Plan anfügt: «Dazu nachlesen: Tolstoi, ‹Jugend› S. 405 ‹Kommers›.»

Immer wieder verweist er so in den Vorarbeiten auf literarische Vorbilder und auf einschlägige Passagen in deren Werken. Inglin verfuhr stets sehr bewußt beim Schreiben, verwies sich selber in eine große Tradition von weltliterarischem Rang und verfügte doch über so viele eigene formale Gewalt und Souveränität, daß ihn dieses Vorbild nie – weder im Sprachton, noch in der Organisation des Stoffs – überwältigte, sondern nur Anregung und Bestätigung für das eigene Konzept brachte. Ohne tägliche Lektüre der großen modernen Autoren und der Klassiker hätte er überhaupt nicht schreiben können. Hier fand er auf höchster Ebene ein literarisches Zwiegespräch, das er mündlich selten in dieser Grundsätzlichkeit führte.

Schon in Neuenburg scheint er die primären geistigen Auseinandersetzungen weniger an der Universität und bei den Kommilitonen als vor dem eigenen Forum beim Fahnden nach Stoff und beim Lesen gesucht zu haben. Dazu gehören so hochgemute Äußerungen wie jene über den eigenen offenen Geist, der, wenn er sich anstrenge, immer auf den Grund der Dinge sehe. (Tagebuch 26. 2. 14) Aber auch: «Morgen der nagende Zweifel an seinen dichterischen Fähigkeiten, die Verzweiflung an der Unbegreiflichkeit des Seins, die unverstandene, quälende innere Unruhe und dazwischen hinein wieder das jähe, grelle Auflachen.» (Mat. A.)

Er skizziert Pläne, die er nie ausführt: Am 22. November 1913 jenen vom Dichter, der nie anerkannt wird und der sich, um den Erfolg zu erzwingen, totsagen läßt. Da er aber darauf «ganz entthront» wird, «kehrt er nicht mehr zurück und gibt sich wirklich den Tod.»

Am 14. Januar 1914 fragt er sich, ob ein Mensch seine hervorragende und für die Mitmenschen wichtige Existenz durch ein Verbrechen sichern könne. «Tragisch abgerundet: wenn er es tut, wird er später gerade dadurch doch zu Fall kommen. Und er wird es tun, wenn er eine Persönlichkeit ist, die sich durchsetzen kann.»

Am 1. Februar 1914 stellt er sich gar vor: «Wenn irgend ein genialer Dichter versuchte, das Tagebuch Gottes zu schreiben!»

Und mehrmals steht da der dringende Wunsch, die eigene «reiche Jugend» künstlerisch zu gestalten. Dies als Exempel dafür, wie lange dieser Autor mit seinen Plänen umgehen konnte, bis er sie ausführte, aber auch dafür, wie überaus wichtig bei ihm diese Zeit zwischen zwanzig und dreißig Jahren wurde als Basis für die gesamte spätere Arbeit. Damals also wird ein großer Teil des Werks schon gedanklich entworfen. Bei der ersten Konzeption der Jugendgeschichte weiß er nicht, soll er «naiv» vorgehen und einfach erzählen oder soll er die Geschichte «einer bestimmten Grundidee dienstbar machen». Und schon steht der geistige Entwurf des fast dreißig Jahre späteren «Amberg» da: Das Kind lebt unbewußt mit der Gesellschaft; die Eigenart seiner Individualität bedingt dann die Loslösung aus dieser Gesellschaft bis zur totalen Einsamkeit, wo es sich selber findet. Und erst jetzt ist die Reintegration in die Gesellschaft wieder möglich. (Tagebuch 7. 2. 14) Inglin weiß also schon 1914 um den ihm «bestimmten Platz in der Gesellschaft». Die Isolationserfahrungen können denn auch bei allen Selbstzweifeln nur für die gestalteten Helden, nicht aber für den Autor selber zum letzten Verhängnis werden.

Das Tagebuch bricht dann für knappe zwei Jahre ab.

Inglin fürchtet sich – wie er andernorts notiert (Mat. A.) – vor unfruchtbarer Selbstbespiegelung. Und eine gewisse Gefahr könnte man hier tatsächlich vermuten, wenn man die Bemerkung zur Kenntnis nimmt, mit welch gespannter Wachheit er unablässig das «Anwachsen eines Stoffes» in sich verfolge (3. 12. 13). Im Aktivdienst, der ihm bevorsteht, wird er sich deshalb – nach späterer eigener Aussage («Zur Arbeit am Schweizerspiegel») – bewußt ohne künstlerische Gestaltungsabsicht den Ereignissen stellen. Nur deshalb, glaubt er, habe der «Schweizerspiegel» entstehen können.

Nach kurzen Militärdienstwochen im Tessin (Roveredo) bezieht er im April 1914 die Universität Genf. Das «Certificat d'exmatriculation» der Neuenburger Hochschule verhilft ihm hier zur Immatrikulation. Und auf analoge Weise wird er im Herbst 1914 Zutritt in Bern erhalten.

In Genf belegt er nur elf Wochenstunden, darunter welche in Journalismus. Er liest viel – vor allem auch Rousseaus «Confessions», mit denen er sich seitenlang auseinandersetzt. (Mat. A.) Auch hier liest er «weniger aus literarhistorischen Gründen als aus geistigem Hunger nach der mich nährenden Kost». Als das ihn mit Rousseau Verbindende zählt er auf: «...Sohn eines Uhrmachers. Freiheitsdrang, Unabhängigkeitsbedürfnis. Sein zartes Gewissen, Überempfindlichkeit.» An Rousseaus Naturauffassung aber stören ihn «Sentimantalität» und eine Überbelastung mit sozialen und moralischen Ideen. Diese frühe Feststellung ist kennzeichnend für Inglins ganzes Verhältnis zur Natur, das schwankt zwischen Nüchternheit und ambivalenter Mythisierung zum Bergend-Mütterlichen oder zum Gefährlich-Dämonischen hin. Später – im Vorfeld des «Amberg», in den vierziger Jahren also – stellt er fest, daß in der Naturdeutung im «Lob der Heimat» (1928) gewisse Ähnlichkeiten zwischen Rousseau und ihm bestanden hätten. Auch er hat sich dort, ähnlich wie Rousseau, gegen die moderne Zivilisation gerichtet, aber «ich merkte, daß ich einem andern Jahrhundert angehörte, und jene verwandten Gedanken wurden von späteren Geistern (Klages etc.) genährt».

Damals in Genf aber, betont Inglin, habe er nicht eine Bestätigung seines Naturgefühls gesucht, sondern die französische Literatur und darin nicht «l'instinct et l'émotion», wovon er selber genug besessen habe, sondern «la raison et l'esprit». Darum habe er sich in jener Zeit oft auch an Voltaire und die Moralistes gehalten. Immer bedeutsamer erscheint ihm zu jener Zeit Gustave Flaubert, dessen «Madame Bovary» er zu übersetzen beginnt. Eine Reinschrift des Fragments mit Kor-

rekturen ist aus jener Zeit erhalten. Wie schon gesagt, schärft er sich hier den schonungslosen Blick für «Ingoldau». Zudem fasziniert ihn die bis ins letzte erhellte Sprache und Form.
Am 2. Juli 1914 erscheint in der «Neuen Zürcher Zeitung» ein kenntnisreicher, weltmännisch gewiegter Artikel über «Das geistige Leben Genfs vor hundert Jahren» – eine der Früchte seiner damals auf Luzidität hin angelegten Lektüre. Das Manuskript zu diesem Artikel ist stark überarbeitet, was seine Skrupelhaftigkeit auch in journalistischen Dingen beweist. Seine Schriftstellerlaufbahn sieht er ja in diesen Jahren immer noch mit dem Journalismus gekoppelt. Abgesehen von einer Besprechung von Handel-Mazettis «Stephana Schwertner» bereitet er zu dieser Zeit einen großen Aufsatz über Carl Spitteler vor, «zur Feier seines siebzigsten Geburtstags». Emphatisch setzt er sich ab von den vielen Philistern, die auch zu diesem Ereignis schreiben werden «und einen Dichter-Geburtstag einfach so unbefugt rühmen und eine Flut von Zuckerwasser über das Fest gießen». Er zeichnet Spittelers Weg nach von der Prometheus-Philosophie durch den verneinenden Geist Schopenhauers hindurch zum großartigen Pessimismus des «Olympischen Frühlings». Inglin betont das ablehnende Verhältnis Spittelers zur Gesellschaft und preist den Roman «Imago», wo Spitteler mit grellen Lichtern «den Gegenstand seiner Verachtung» zeige: «Das Philistertum der Kleinstadt, Aufgeblasenheit, innere Hohlheit, Unfähigkeit geistiger Genüsse, alle die schönen Tugenden der Herdenmenschen und Alltagsseelen.» Auch von «Imago» her wird Inglin wohl zur Abrechnung mit «Ingoldau» ermuntert. Er vergleicht Spitteler mit Gottfried Keller und vermerkt, das dieser das ganze Bürgertum in den «Wunderbronnen seiner Poesie» getaucht, Spitteler aber nur das wirklich Poetische als solches empfunden habe. Indirekt setzt sich Inglin hier schon ab von Keller, dessen Einfluß er als künstlerisch gefährlich empfindet. Wenn er bis heute oft als dessen direkter Erbe dargestellt wird, ist dies also zum mindesten eine schnellfertige Behauptung.

Liebschaften

Fast so dominant wie das Künstlertum sind in Inglins Leben damals die Liebe und die verschiedenen Liebschaften, die teilweise sogar parallel laufen. Schon in der Liste psychologischer Merkmale des Kindes Werner stehen die Hinweise «abnorm starke erotische Anlage» und «gewaltige Liebesbedürftigkeit». (Mat. A.) Mit Bezug auf «Die Welt in Ingoldau» stellt er fest: «Das Rätsel: Edi und Melk, extravertiert und introvertiert... die Extraversion (Liebe zu Mädchen) durch die ererbte Natur, die immer wieder durchbricht...» (Mat. A.) Edis maßlosen Liebesdurst führt er im Roman selber allerdings auf die Verzärtelung des Kleinkindes durch seine Mutter zurück, deren Mann schon lange tot ist.
Eine der Schlußvarianten des «Amberg» lautete: «Wägender Schlußausblick: eine Frau mit allen Bürgertugenden (hochanständig etc., wie mein Wesen sie offenbar begehrt, da ich mich in solche verliebe) und ein eigenes Haus, ein geregeltes Daheim. Oder: eine intelligente, reizbare Zigeunerin und ein Bohème-Leben.»
In der Erotik findet Inglin seinen Hang zum gefestigten bürgerlichen Leben einer-

seits und zu dionysischer Auflösung andererseits wieder. Zwischen entsprechenden Frauentypen schwankt auch Wendel in Inglins zweitem Roman «Wendel von Euw».

Inglin empfindet die Liebe unter diesem mehr soziologischen Aspekt als ambivalent; doppelgesichtig erscheint sie ihm auch unter einem rein psychologischen, wenn er von seiner raschen Entzündbarkeit und ebenso raschen Enttäuschung spricht. Er notiert sich: «Verlauf der Liebschaften. Wie ich Feuer fange, leidenschaftlich werbe, liebe, enttäuscht werde (in meiner Vorstellung war jedes Mädchen großartiger als in Wirklichkeit!) und mich unter Schuldgefühlen, Gewissensbissen, Mitleid, Reue abzuwenden beginne, abbreche... mein Verhältnis drückt sich darin aus. Ich lebe von Träumen... Meine rasche Entzündbarkeit, immer wieder, trotz allen Erfahrungen.» (Mat. A.)

Wie sehr er sich in sexuellen Dingen auch von der Erziehung her belastet fühlte, wurde früher schon angetönt. Die Sexualität, «die schöne junge Raubkatze» wird von einer «unzulänglichen Erziehung» als «ekelerregende Schlange» dargestellt. (Mat. A.) Mit dieser Pädagogik wird er in der «Welt in Ingoldau» abrechnen. Seine eigene Position skizziert er in den «Amberg»-Materialien so: «Ich habe im Umgang mit vielen Hunderten junger Männer, die Erfahrung gemacht, daß fast alle Normalen, Lebenstüchtigen, sie mögen eine noch so gute Erziehung hinter sich haben, dieses Erlebnis suchen... nicht über der Frage, ob einer das Erlebnis sucht oder vermeiden will, scheiden sich die Anständigen von den Lüstlingen, sondern erst in der Tat. Wie man es erlebt und was man in seinem Innern daraus macht, darauf kommt alles an.»

In Genf läßt sich Inglin offenbar zuerst mit einer Madame Marie ein. Er schreibt dazu nur: «Chez Mme. Marie. Angeekelt. Auf diese Art geht es nicht, und schon will ich überhaupt verzichten.» (Mat. A.)

Da begegnet er Mimi. Inglin hat ihre Briefe (wie auch die einiger anderer Mädchen) aufbewahrt. Sie schreibt spontan, herzlich und souverän in einem. Sie ist Schneiderin, arbeitet hart, teilweise auch nachts, und kommt für die ganze Familie, Mutter, Bruder und Schwester, auf. Inglin muß den Sommer mit ihr als eine der freiesten und glücklichsten Zeiten seines Lebens in Erinnerung behalten haben. Er gesteht mir einmal, die glücklichste Liebe seines Lebens habe er in Genf erlebt. Unter dem Titel «Rendez-Vous» ist in wilden freien Rhythmen die Skizze zu einem Gedicht aus der Mimi-Zeit erhalten. (Genf 18. Juni 1914, schwarzes Wachstuchheft) Seinem Freund, dem Stanser Bildhauer Hans von Matt, erzählt er noch einige Monate vor seinem Tod von Mimi und von den stundenlangen Nachtspaziergängen mit ihr in den Rebbergen.[24] In den Briefen redet sie ihn mit «cher petit gosse», «mon gamin» an und endet: «Je t'embrasse follement», «ce soir... je t'aimerai follement», «je t'embrasse surtout tes yeux – coleur du ciel». Immer ist nur von der Liebe, nie von Heirat die Rede. Inglin wollte, daß sie in Luzern eine Stelle antrete, sie findet aber nichts Passendes, und so fährt sie, da auch er von Genf weggeht, nach Rom und arbeitet als Angestellte in der Familie eines Grafen. Inglin erhält neben Betrachtungen über die Weltlage (Herbst 1914) halb empörte, halb belustigte Schilderungen der Herrschaft, der «vieille», welche einundzwanzig, und des «vieux», der fünfundzwanzig Jahre alt sei und immer vor dem Spiegel stehe. Mit der Zeit hört die Korrespondenz auf, und die beiden haben sich wahrscheinlich auch nicht

mehr getroffen. In den «Amberg»-Materialien steht über sie: «Mimi... Jauchzendes Heimweh.» Sie scheint ihm eine humane Art der Liebe beigebracht zu haben. Das läßt sich aus ihren Briefen, aber auch aus seiner eigenen Bemerkung erschließen: «Genf. Versuchte, die Festung wortlos im Sturm zu nehmen. Aber sie wunderte sich nur über dies blinde Ungestüm, sprach mir freundlich beruhigend zu und meinte, wir seien doch gesittete Menschen, die nicht wie Wilde drauflos gehen müßten, sondern auf menschliche Art in Verhandlungen eintreten könnten. Da merkte ich, daß ich im Welschland war. Bei uns öffneten sich auf Verhandlungen hin keine Festungstore, höchstens Saustalltüren.» (Mat. A.)
Ängstlich verteidigte Festungen hatte er in Schwyz zurückgelassen.[25] In Genf jedenfalls erhält er vorsichtige Briefe von einem Mädchen aus Steinen, welches mit A.D. unterzeichnet. Die Unterschrift lautet gelegentlich auch Anny oder bloß A. In einer Personenliste zu «Welt in Ingoldau» schreibt Inglin: «Anny Dettling: Therese.» Im klugen, warmherzigen, aber auch spröden Ton der fehlerfreien Briefe von A. spiegelt sich offenbar ein Vorbild zu einer von Inglins schönsten Frauenfiguren. – Die Briefe vermitteln, von ihr aus, den Eindruck einer ernsthaften, tiefgehenden Beziehung, der sie selber aber immer etwas mißtraut. Sie scheint von seiner Seite einen ständigen Vorbehalt zu spüren, und so reagiert sie selber zögernd und vorsichtig. Denselben Eindruck geben etwas spätere Korrespondenzen mit anderen bürgerlichen Frauen, Alice Keller in Bern und Marthel Maurer in Zürich. Inglin kann oder will zu dieser Zeit nicht heiraten, woraus sich die reservierte Haltung der Geliebten ergibt. Er selber gestand, daß wie hinter den meisten Jünglingsfiguren der «Welt in Ingoldau», seine Person auch hinter dem treulosen Benedikt stecke, der Therese Hoffnungen macht und sie dann stehen läßt.
Es wirkt jedoch bei der Lektüre all dieser Briefe auch beklemmend, wie fraglos die bürgerlich erzogenen Frauen ihre besten Beziehungen einer drückenden Reinheits- und Eheideologie opferten.
Im Militärdienst hat Inglin verschiedene kleine Liebschaften. Die Damen gebärden sich dabei meist gleich schon zu Beginn sehr herrisch; so etwa eine B.S. von Langenbruck, die schreibt: «...ich liebe Dich so stramm, daß ich am liebsten jetzt schon heiraten möchte. Und das möchte ich voraussetzen, daß Du mich nicht am Narrenseil hältst...» Nachdem sie ihm mitgeteilt hat: «Du mußt doch Mutter erst kennen – sie ist so weit nun einverstanden», hat er ihr – wie sie sagt – einen «tief enttäuschten Abschiedsbrief» geschrieben.

Kriegsausbruch

Nach Abschluß des Genfer Semesters im Juli 1914 fährt Meinrad Inglin (laut Tagebuch der Tante) nach Hause in die Ferien. Sein Lebensgefühl scheint sich gegenüber früher noch in keiner Weise beruhigt zu haben. Seine Geliebte, Mimi, ist in Rom. Die Genfer Universität hat ihn enttäuscht; er entschließt sich, im Herbst nach Bern zu gehen.
Unmittelbar vor dem Ausbruch des Ersten Weltkriegs lebt er so in einem Zustand verzweifelter Verlorenheit. Er schreibt – rückblickend – die Notiz: «1914. Parallele

zu meinem Zustand vor dem Kollegiumsbrand: Es muß etwas geschehen, etwas Großes, Abenteuerliches... und es geschieht.» Er teilt den anfänglichen Kriegstaumel mit den europäischen Jugendlichen seines Alters. (Vgl. Thomas Mann) In einer Aufzeichnung vom Januar 1916 betont er, wie «mächtig erregt» er damals von der Tatsache des Krieges und der «Größe der Zeit» gewesen sei. Eine «Steigerung des Bewußtseins» habe er dadurch erfahren. Er reagiert auf das Ereignis wie Fred im «Schweizerspiegel», aber, seiner impulsiveren Art gemäß, eher heftiger. Wie jener fühlt er sich durch den Krieg von allen privaten Nöten erlöst. Und wie Severin im «Schweizerspiegel» war er vorerst deutschfreundlich eingestellt. Erst im Lauf des Krieges habe sich in ihm ein «Wandel von der deutschen zur westlichen Haltung» vollzogen.

Für das Nationale, das Schweizerische hatte er 1914 noch wenig Sinn. Die Stimmung, die er mit vielen Schweizern teilt, begründet er nachträglich in den «Amberg»-Materialien mit einer deutschtümlichen Erziehung. «Unser Lehrbuch der Geschichte. Nachdem es in der Geschichte des Mittelalters die Geschichte Deutschlands eingehend behandelt hatte, wurde nebenbei noch ‹einiges aus der Geschichte außerdeutscher Staaten› gestreift. Auch die Geographie ist deutsch orientiert (Atlas). Deutsche Sprache, Literatur. Deutsche Lehrbücher. Korrektiv: Kirchengeschichte. Kein Wunder, daß man 1914 deutsch fühlte. Entstehung der Eidgenossenschaft und weitere Schweizer Geschichte nur mit wenigen Worten erwähnt, in andern Zusammenhängen.»

Dem preußischen Junkertum war er damals schwärmerisch zugetan. Schon 1916 aber rechnet er – obwohl noch immer überzeugter Aristokrat – mit dieser Vorliebe ab: «Meine anfängliche Vorliebe für preußischen Adel erkläre ich mir daraus, daß ich den Gegenstand meiner allgemeinen Sympathie für den Adel eben in jenen Kreisen suchte, die am meisten in die Augen stachen; ich hatte noch nicht die Kraft, mir ein eigenes Bild von Aristokratie zu machen, wie ich es jetzt tue, d. h. meine Sympathie war ohne die nötige Urteilskraft.» (Tagebuch, 20. 2. 16)

Schon bald leidet er schwer unter der im «Schweizerspiegel» so meisterhaft beschriebenen Frustration im neutralen schweizerischen Militärdienst. Es war anfangs August 1914 mit dem Schwyzer Gebirgsinfanteriebataillon 72 als Korporal eingerückt. 1915 wird er ins Zürcher Stadtbataillon III/68 umgeteilt. Der alte Inglin erzählt (Mai 71), wie er zuerst gemurrt habe darüber, wie er aber nachträglich froh sein müsse, denn den «Schweizerspiegel» hätte er sonst nie schreiben können. Er leistet fast ununterbrochen Dienst bis ins Frühjahr 1915. Aus dieser Zeit sind einige sachliche, stichwortartige Aufzeichnungen erhalten, die Inglin mit den «Schweizerspiegel»-Materialien aufbewahrt hat. Er hat sie auch größtenteils beim Schreiben dieses Romans verwendet. Einige lose Blätter stammen aus einem Tagebuch, das der Autor selber mit der Signatur III/68 versehen hatte. Bewußt hält sich Inglin in dieser Zeit an die bloßen Fakten, um von seinen Grübeleien loszukommen. Zwischen diese mit Bleistift geschriebenen Notizen sind immer wieder mit Tinte Bemerkungen eingefügt, die Paul, Albin, Fred und andere Protagonisten des «Schweizerspiegels» betreffen. Sie stammen aus den frühen dreißiger Jahren, der Zeit, in der Inglin an seinem großen Roman arbeitete. Man erfährt die Etappenorte des Bataillons 68 (Kanton Zürich, später Jura, Baselland, Basel), die Tagesprogramme, die genauen Tages- und Stundendaten des Rückmarsches nach Zürich im

Februar 1915 zum großen, im «Schweizerspiegel» so hervorragend geschilderten Défilé am 10. März in der Stadt Zürich.
Beispiele: «18. Februar. Abmarsch zur Übernahme der Brückenwachen in Augst – Rheinfelden – Stein – Laufenburg. 8./9. März Marsch... Besuch großer Tiere... erst am 19. März wird Kompagnie in Posten aufgeteilt... Schildwachbefehle: Beobachten der Gegend, Strafe etc. Ausfragen der Passanten. Fremde Militärpersonen nicht durchlassen. Zivilisten nur mit roter oder weißer Karte. ‹Halt! Wer da? – Halt! Qui vive? – Hier Schweizerboden – Ici la Suisse! – Die Waffen nieder! A bas les armes!› – Widrigenfalls wird geschossen...»
«Baden. 10. März nach Zürich. 10.30 Uhr Marsch durch die Stadt. Aufstellung des Bat. 68 auf dem Alfred-Escher-Platz. Défilée... Vor dem General... Der Marsch durch die Straßen der beflaggten Stadt Zürich glich einem Triumphzug... 13. März Entlassung... Der Urlaub ist vorbei und vergessen, er hat die lange Dienstzeit nicht eigentlich unterbrochen...»
Auf einigen Zetteln mit aufnotierten Kriegsreportagen (so etwa über die Marne-Schlacht vom September 1914) findet man gelegentlich Notizen über die Lektüre: zu Wassermann, Borchardt und den zeitlebens verehrten Hofmannsthal.
Ganz bewußt hat Inglin damals im Militär sein eigenes Reich verleugnet, es auf Distanz verwiesen und sich der Realität gestellt, viel bewußter und konsequenter als früher im Kellnerberuf, den er immer nur als Ausweichmöglichkeit vor sich gelten ließ. Was er zum Lyriker Albin Pfister im «Schweizerspiegel» notiert (Mat. S.), galt abgewandelt auch für ihn: entweder werde er im selbstgebauten, schmerzlich seligen Garten seines Innern und seines Dichtertums verkümmern, oder er werde «hinausschreiten und sich unter das Volk mischen, auch schweigend, wenn es sein müßte... verstummend.»
Mit welch gewaltigen seelischen Anstrengungen, Skrupeln und Zerrissenheiten zwischen Künstlertum und «äußerem Leben» dies geschah, bezeugt das Manuskript «Rudolf von Markwald», das in die ersten Kriegsjahre zurückreichen muß. Wir werden darauf zurückkommen. Die psychische Leistung, die er in den ersten Kriegsmonaten erbrachte, war enorm, und was er in der nachfolgenden Berner Zeit als «Gesundung und Auftrieb» bezeichnete, verdankte er zweifellos dem Entschluß zu Anfang des Krieges, sich diesmal innerlich nicht von der Wirklichkeit zu dispensieren.

Journalist in Bern. Frühe Prosa

Im Frühjahr 1915 wird er vorerst entlassen. Er sucht sogleich eine halbtägige Volontärstelle an einer Tageszeitung und findet sie am freisinnigen «Berner Intelligenzblatt». Die übrige Zeit will er studieren und schreiben. Diese Berner Zeit wird zu einer entscheidenden Phase seines Lebens. Hetze und Druck des Zeitungsschreibers liegen ihm zwar nicht, trotzdem scheint er sich durch das viel und schnell Geforderte freigeschrieben zu haben. Am 12. April ist er von Schwyz abgereist, und schon vom 20. April an finden sich M.I.-Kritiken. Poetisch gefühlvoll bespricht er Cherubinis Requiem. «Wie aus unbekannten Tiefen kommend, hebt es an, leise klagend, betend, löst langsam die erdgebundenen Schwingen und schwebt, feierlich flehend, aufwärts: ‹Exaudi orationem meam!› »

Am 24. April folgt eine etwas mokante, gewiegt formulierte Theaterkritik über Fuldas «Jugendfreunde». Am 29. setzt er sich fürs Dialekttheater ein. Mit wirklicher Sachkenntnis und einer Sprache, die auch heute noch präsent und frisch klingt, rezensiert er am 5. Mai Hebbels «Gyges und sein Ring». Er schreibt häufig Rezensionen von Liederabenden (preist Hugo Wolf), von Operetten, über das schweizerische Tonkünstlerfest in Thun, und dies alles in einem leichten, sicheren Duktus. Kinobesprechungen liefert er ohne Initialien. Da sie so oft negativ ausfallen, muß er auf diese Sparte verzichten. Die Lichtspieltheater weigern sich sonst, im «Intelligenzblatt» zu inserieren. Unter dem Zeichen + arbeitet er auch im Ressort «Ausland» mit. 1916 geht er dann fast nur noch politische und militärische Themen an, zeichnet sie aber nicht, oder nur selten mit i.

Als Schriftsteller tritt er in den «Alpenrosen», der Sonntagsbeilage zum «Berner Intelligenzblatt», auf und zwar in fünf qualitativ unterschiedlichen kleinen Prosawerken. So erscheint in fünf Folgen die Erzählung «Trud» (ab 28. Mai 1915, Nrn. 22 ff., 45. Jg.). Sie liegt im Bereich der Thematik des späteren «Vorspiels auf dem Berg». Zwei bäuerliche Freier schwingen öffentlich um das Mädchen Trud. «Es ist nicht recht zu schwingen um die Trud wie um ein Stück Ware», lautet gegen Schluß der Einwand, und die Geschichte endet denn auch tragisch. Der ungeliebte Freier erleidet im Kampf den Tod, aber das allein zurückgebliebene Paar trennt sich, da es sein «Glück nicht aufbauen will auf dem Grabe eines Opfers». Die Landschaften sind kosmisch aufgerissen, die bäuerlichen Interieurs unheimlich verzerrt. Mit diesen Sätzen hebt er an: «In der niedern, rauchgeschwärzten Bauernstube saßen drei Menschen am schweren Eichentisch. Auf der schiefen Tischplatte standen zwei Schüsseln, und daraus stieg ein feiner, blauer Rauch an die braunen Balken der Decke hinauf. Klirrend klangen die Löffel auf den rissigen Tellern. Sie waren schweigsam, die drei, nur ab und zu fiel ein Wort. Erst als sie die Teller von sich schoben, begannen sie zu reden, langsam und schwer. Am meisten sprach der Alte. Der saß unten am Tisch. Es war der Fluhhofbauer Christian Schilter. Rechts saß sein Sohn, der auch Christian hieß, links die Pflegetochter, die Trud Rast. Und oben hatte früher auch jemand gesessen, des Fluhhofers Weib. Jetzt war der Platz leer, und des Bauern stechende Augen konnten nicht mehr die Sorgen ablesen von der Furchenstirn seines Weibes. Jetzt glitten sie über die Tischkante hinaus zum großen, grünen Kachelofen. Der stand breit in der Sommersonne, die eine leuchtende Strahlengarbe durch die engen Fenster ins Zimmer hineingoß...» Später ziehen Wolken auf, sie sind «schwarze Recken», wollen das Himmelsgewölbe erdrücken und «schauchen [sic!] einen stoßweisen Atem».

Inglin verfolgt hier, wie in der kurz darauf erscheinenden eindrücklichen Wilderergeschichte «Die junge Gret» («Alpenrosen» Nrn. 27ff., 45. Jg. ab 2. 7. 15), zum ersten Mal einen expressionistischen Sprachhabitus, den er – wie etwa Edouard Vallet in der bildenden Kunst – ins bäuerlich Grobklotzige wendet. Entsprechend blockhaft aufgereckt, ganz ohne Personalpronomina, steht der knappe Dialog da. Derselbe rustikale Expressionismus kennzeichnet die erwähnte «Junge Gret»: «Die gletscherkalte, schwarze Hochlandsnacht dunkelte über den Firnen, und der Sturm sang in den Felsen. Auf den Hochweiden zerzauste er die Bergföhren, riß

Kriegsmobilmachung 1914 (Korporal Meinrad Inglin vor dem Schwyzer Rathaus, zweitunterste Reihe, Dritter von links)
Offiziersschule 1915
1917 am Hauenstein – «Schweizerspiegel»-Atmosphäre

Mit Freunden in den Schwyzer Voralpen (S. 103 der «Biographie»)

die morsche Tür einer Alphütte aus den Angeln und warf mit einem sturmschweren Stoß das flackernde Öllicht um. Drinnen in der sonngebräunten Hütte, stand der Toni und lachte.» Die Geschichte ist balladenartig komprimiert, und geschickt sind schauerliche Spannungseffekte eingebaut.

Auffällig ist, daß Inglin diesen Stil in anderen Entwürfen derselben Zeit meidet. In «Der Wille zum Leben», «Der Vater», «Rudolf von Markwald», in den beiden anderen Erzählungen aus den «Alpenrosen», «Onkel Melk und der glückhafte Fischfang» und «Melchior Lob», schreibt er einen gedämpften oder doch behutsamen Realismus. Der Roman «Phantasus» (1917) aber ist wieder expressionistisch, nicht rustikal, sondern urban, mit höchstem literarischem Anspruch. Es ist der Stil, den Inglin bald darauf als bloße Mode verachten und sogar in einem Feuilleton der «Neuen Zürcher Zeitung» (1918) brandmarken wird. Daß er durch ihn hindurchgegangen ist, wird sich in der Sprache der späteren Werke noch nachweisen lassen.

Zwischen den Stilextremen steht die sprachmächtige Skizze «Nachtgefecht», welche die aufgestauten Kampftriebe der Schweizer Truppen während der Grenzbesetzung, hier im Tessin, zum Thema hat. Da wird geschildert, wie es endlich zum Gefecht zu kommen scheint und dieses dann – mitten in der aufbrechenden Hochstimmung – abgeblasen wird. Eines der Hauptthemen des «Schweizerspiegels», der vorzeitige Gefechtsabbruch, wird hier, noch von einem Enttäuschten, mit Gewalt zum Frieden Gezwungenen, knapp beleuchtet, von einem, dem sich «ein wildes Jauchzen in die Kehle drängt», weil das längst Erwartete endlich stattzufinden scheint.[26] Die Schilderung des Kampfbeginns zeigt Inglin im vollen Besitz bedeutender sprachlicher Mittel. «Ein Schuß! Die Stille reißt jäh: ein zweiter, ein dritter. Die Vorposten feuern auf unsere Kompagnie. Noch ist alles Nacht. Ein paar Gestalten huschen an uns vorbei mit keuchendem Atem; ich erhasche ein Wort: Vengono, vengono! Kaum sind sie verschwunden, da fahren wie mächtige Säbelklingen zwei lange Strahlen durch die Nacht und tasten und fingern und suchen am Hügel und finden den Schützengraben. Und es ist, als ob sie da oben alles in Brand setzten; eine blendende Lichtfülle fließt über den Abhang hinunter, und in die blaugoldne Luft fahren rotfeurige Schlangen und speien oben leuchtende Kugeln aus, die langsam über uns sinken und die Linie unserer anrückenden Kompagnie einen Schlag lang beleuchten. In diesem Augenblick kracht ein Kanonenschuß, in diesem Augenblick knattern wie harte Peitschenhiebe Maschinengewehre, in diesem Augenblick verschwindet unsere Kompagnie in weiten Reihen mit blinkendem Bajonett in der Erdfalte, die den Vorposten diente.» («Alpenrosen», 45. Jg. Nr. 30, 23. 7. 15)

Aber die Regimentsmusik bläst Gefechtsabbruch, «eben als ein junger Bauer aus meiner Truppe mit hocherhobenem Kolben auf dem Wall des Schützengrabens steht und mit wildem Fluch einen brennenden Reflektor zusammenschmettert». Inglin macht sich schon hier Gedanken über den heimlichen Widersinn «dieser unergründlichen Lust am Krieg».[27] Er setzt etwa einen neben ihm raspelnden Käfer auf die Hecke: «Er könnte da zerdrückt werden am Boden, er könnte unter mein Gewehr geraten, das, dicht an meinen Körper geschmiegt, hart aufliegt; mein gutes, neues Gewehr, in dem sechs Kugeln für sechs Menschen stecken!» – Sogar das Thema des «Schwarzen Tanners», jenes vom nur aus seiner Welt urteilenden Bauern, klingt schon an: Er, Inglin, weiß, daß der Bauer neben ihm dem Hauptmann flucht, «der die frischen Furchen von tausend harten Schuhen zerstampfen läßt». Und er äußert lapidar seine Kritik: «Du denkst nicht weit, Bauer; aber es ist recht so, halte du die Erde heilig!»

Die vielleicht erstaunlichste Erzählung dieser frühen Zeit ist «Onkel Melk und der glückhafte Fischfang. Eine Bubengeschichte». («Alpenrosen», Nrn. 41–43, Oktober 15) Wenn Inglins Werke sonst in dieser Zeit eine stilistische Selbstsuche dokumentieren, scheint er hier über eine Sicherheit in der Kunst knapper Charakterisierung zu verfügen, die man sonst erst im «Amberg» erreicht glaubt. Die Erzählung stammt denn auch ganz aus jenem Bereich der eigenen Jugend. Mit früher Könnerschaft trifft er die Mentalität der Bubenzeit, die er immer besonders geliebt hat. Sprachlich wirkt er im «Onkel Melk» insofern noch freizügiger, als er Dialekteinschlüsse unbehelligter stehen läßt als später. So dürfen die Buben von den Wurmködern als von «Metteln» reden und ihren Streich als «chaibe guet, chaibe guet» taxieren. Die Figurenkonstellation ist dieselbe wie später im «Amberg», wo er die Vergehen seiner ersten Primarschulzeit schildert. Dem Starken, Frechen, Protzigen (Otto in «Amberg», hier Kari) entspricht als Kooperateur der Blasse, körperlich Schwächere, der dafür gewitzt und einfallsreich ist (später Werner, hier noch aufgeteilt in ein Ich und den Freund, den Patriziersohn Konrädel). Das Vergehen entspricht jenen im «Amberg», dem abgerissenen Kürbis, den geraubten Nüssen und der gestohlenen Patisserie, und wird mit der gleichen unverhältnismäßig starken Gewissensqual gebüßt. (Im Roman wird diese zum dominierenden Lebensgefühl des Knaben.) Die Buben angeln – auf dem Weg zum verbotenen Fischen – mit den Ruten eine saftige Birne aus dem Keller des Onkel Melk. Dieser überrascht sie und verhängt dem Ich-Erzähler eine grausame Strafe. Er muß alle von den Knaben gefangenen Fische lebend in des Onkels Teich bringen. Der Fang läßt sich gut an, und die Freunde überlassen die Fische, darunter auch kleine Hechte, widerwillig dem besonders Bestraften. Dieser trägt sie aber – statt in den Teich – nach Hause, um der strengen Mutter Eindruck zu machen. Sie legt sie, nur halbwegs erfreut, zu bereits gekauften Zuger Röteln und sagt, nun müsse man Onkel Melk zum Essen einladen. Der Knabe ist wie vom Schlag gerührt und simuliert eine Erkältung, was ihm, der geglaubt hat, die ganze Familie fortan mit seinen Fischen zu ernähren, ein totales Angelverbot einträgt. Auch diese «Bubengeschichte» zielt also schon, wie später «Die Welt in Ingoldau», «Die Furggel» oder eben «Werner Amberg», mitten hinein in eine ambivalente Eltern-Kind-Beziehung. Wenn der Knabe der «Furggel» das Gebirge, das eigentliche Reich des Vaters, erobert und nach dessen Tod verzweifelt, aber doch in neuem Selbstgefühl allein zur Mutter zurückkehrt, so möchte dieser Bub, in nur geahnter Vaterrolle, die Familie mit Fischen erhalten. Die Mutter aber nimmt einen solchen Ernährer nicht an, sondern steckt das Kind ins Bett, und ihm bleibt nichts anderes übrig, als verlassen «tief, tief» ins Dunkle zu fallen. Der nächtliche Angsttraum nimmt die existentielle Bangnis Werners vorweg: «Ich brütete mit verbissenen Lippen und verweinten Augen in mich hinein und grübelte allerlei wilde Gedanken und Meinungen hervor, während mein Herz einen ungeheuren Groll gebar.» Bald verfällt er in einen «traumvollen Halbschlaf»: «Und da geschah etwas Seltsames. Ich stand bis an die Schenkel im Wasser und fischte. Mutterseelenallein. Die Rute aber bog sich in meinen Händen, und ich konnte sie nicht heben. Ich zog und zog und geriet nur tiefer ins Wasser hinein. Es ging mir schon bis an den Hals. Ich wollte schreien und die Rute loslassen, aber ich konnte nicht, sie zog mich mit entsetzlicher Sicherheit hinab. Als das Wasser über meinem Kopf zusammenflutete, sah ich, daß es der Onkel Melk war, der in den Wurm hineingebissen hatte und mich unaufhaltsam in die Tiefe riß. Seine weiße Glatze glänzte wie eine große Schaumblase, und seine runden, mächtigen Fischaugen glotzten mich grinsend an. Immer dunkler wurde es, immer dunkler. Und seltsam! Dazwischen war es mir, als ob eine Hand durchs Wasser hinunterlangte. Eine weiche, liebe Hand, die mir leise, leise über die Stirne fuhr. Und dann wieder glaubte ich Stimmen zu hören, hoch, hoch über mir, auf der Erde vielleicht. Und die Stimmen lachten leise und lustig. Wie der Vater und die Mutter lachten, genau so. Oder gar wie der Onkel Melk, wahrhaftig so spaßig baßhaft. Ich aber sank unaufhaltsam tief, tief ins Dunkle.»

Noch ein zweites Zitat soll zeigen, mit welch glücklicher Hand Inglin das scheinhafte Idyll der Bubenwelt bereits in den Griff bekommt: «Wir kauerten alle drei um das Kesselchen herum, ergriffen die wilden, verschüchterten Fische abwechslungsweise und wendeten sie dutzendmal auf alle Seiten, um das silberschimmernde Geschuppe, die gelbroten Bauchflossen und die großen runden Glotzaugen ja recht in der Nähe zu sehen. Während wir so in seltsamer Seligkeit in den Kessel hineinschwatzten, kam der Fischer zu uns herüber, guckte über unsere Köpfe weg auf die Gefangenen und lachte lustig auf. Er fragte, ob wir noch Metteln hätten, und wir zeigten ihm das Büchslein. Darauf machte er uns den Vorschlag, ihm alle Metteln zu überlassen, wofür er uns noch zwei solche Fische geben werde, wie wir eben gefangen hätten. Der Vorteil schien uns dabei so ungeheuer groß, daß wir sofort mit freudiger Miene zustimmten und den Konrädel mit dem Manne zurückschickten, um die Fische zu holen. Wir fischten indessen mit Brot weiter, bis er zurückkam, und knieten dann wieder ans Kesselchen, um die neuen Gefangenen zu bewundern. Gegen Mittag, als ein Regenwind über den erwachenden See und ein Riesenhunger durch unsere offenen Mäuler fuhr, packten wir zusammen und machten uns auf den Weg nach Maibach. Obwohl uns das Zwirbeln und Zwarbeln im Kessel drin beglückend bis aufs Herz hinabkitzelte, stieg doch langsam das dicke Gespenst des Onkels auf, und am Ende schaute jedem ein richtiger Ärger aus den Augen. ‹Pfeifendeckel!› platzte der Kari plötzlich heraus, ‹dem bringen wir die Fische einmal nicht!›»

Gefischt hat Inglin nach eigenem Zeugnis als Halbwüchsiger im Lowerzersee. Das erste in der Erzählung geschilderte Delikt variiert jene Episode, von welcher Josef Inglin, der Bruder des Schriftstellers, mir berichtet hat: Meinrad habe mit einer Heugabel aus dem Kellerfenster von Frau Holdener Birnen gestohlen und sei, wie immer, erwischt worden. So unerheblich diese Verwertung von Erlebtem hier scheint, sie ist doch symptomatisch für die Arbeitsweise dieses Autors überhaupt: wann immer er kann, nützt er sein Leben aus als Material für die Kunst, da er allem bloß Erfundenen mißtraut. Man könnte, pointiert formuliert, behaupten: sein Dasein galt ihm genau soviel, als es Stoff abwarf für die dichterische Gestaltung. «Leben und Werk hängen bei ihm enger zusammen als sein vermutlich immer noch bürgerliches Gewissen es jeweilen zugeben will und im Grunde genommen ist ihm nichts selbstverständlicher als sein Leben und damit freilich auch das seiner Um-

welt und Erfahrung bedingungslos für sein Werk einzusetzen...», schreibt Inglin selber in einer unveröffentlichten frühen «Biographischen Notitz».
Auch formal weist die kleine Erzählung Kennzeichen des späteren Werks auf. Zwar mag Inglin hier noch dann und wann einen etwas putzig volkstümlichen Ton erzwingen, den man etwa von Spittelers «Mädchenfeinden» oder auch von Heinrich Federer her im Ohr hat, doch zieht den Leser bereits der agile, frische Zug mit, den er am «Wendel von Euw» oder am «Grand Hotel Excelsior» schätzt. Die knappen Porträts deuten voraus auf das hervorragende physiognomische Geschick des späteren Inglin, den seine Figuren nicht ruhen lassen, bis er sie vor seinem inneren Auge reduziert hat auf ihren wesentlichen Ausdruck, ihre ganz eigene charakteristische Geste. Man sucht das Muster der Komposition herauszulösen und sieht, wie die Geschichte übersichtlich sich fügt von einem fast szenisch erfaßten Bild zum andern, und wie sie sich erst am Schluß verdichtet und zugleich ausweitet zu einer neuen Dimension: Da erkennt man die Grundgebärde späterer Romankapitel und Erzählungen.
Daß Inglin Spitteler zu jener Zeit sehr geschätzt hat, beweist der Aufsatz zu dessen 70. Geburtstag, sowie eine kleine Sammlung von Spitteler-Anekdoten, die er wenige Monate zuvor in den «Alpenrosen» vorlegt und – wie die Schreibweise vermuten läßt – selber formuliert hat. («Alpenrosen», 45. Jg., Nr. 18, 29. 4. 15)
Das fünfte und letzte rein schriftstellerische Erzeugnis, das Inglin in diesem Blatt veröffentlicht (alle im Jahr 1915) ist die anklägerische Novelle «Melchior Lob». (Nrn. 49ff., 45. Jg. 3.–17. 12. 15) Das Tagebuch (6. April 1916) sieht den jugendlichen Helden Melchior Lob als den «geborenen Künstler, der das Leben nicht liebt, sich der Kunst ergeben möchte und sich dennoch zum Leben entschließt». Lob wäre der Gegensatz zu «Rudolf von Markwald», dem «geborenen» Künstler, der gern das Leben einfangen möchte, am Versuche scheitert und sich zur Kunst entschließt. Wir kommen auf ihn zurück. «Rudolf von Markwald» wird als These, Melchior Lob als Antithese und als «Synthese: Ich» genannt. Soweit «Melchior Lob» publiziert ist, kann man dessen Künstlertum höchstens ahnen: an seinem introvertierten Wesen und seinem Lesefanatismus. Inglin muß die Erzählung einige Monate nach der Veröffentlichung im Dezember 1915 noch ausgebaut haben im Sinn solcher Künstler-Bürger-Problematik. So wie sie uns vorliegt, bietet sie aber vielleicht mehr: eine Abrechnung nämlich mit dem rigorosen und bigotten Erziehungssystem in einem damaligen katholischen Internat und ein Erlebnis, das jenes der «Furggel» und des «Amberg» vorgestaltet: Verlust des Vaters und leidenschaftliche Suche nach der Mutter.
Die Vorwürfe an die Erzieher, die Kollegiprofessoren und den Rektor, klingen hier jugendlicher und gehässiger als später. Die Herren, alle voll «kalter Gleichgültigkeit», empfinden es als höchst «unangenehm», in Melchior Lob den Sohn eines Selbstmörders in ihren Mauern zu wissen. Sie haben eben eine diesbezügliche Nachricht von Lobs Mutter erhalten, welche wünscht, daß man den Tatbestand vor ihrem Sohn verheimliche. Er soll auch nicht am Begräbnis teilnehmen, da die Kirche dabei ihren Segen verweigert.
In der überspitzten Art der Porträtierung, die Inglin später meidet, sind die Personen geschildert. Der Lateinlehrer «besteht aus Haut, Knochen und Gelehrsamkeit». Sein Gefühl hat er «begraben unter den kalten Steinquadern des Wissens».

Er erwischt Lob, wie er in der Stunde Kellers Seldwylergeschichten liest. Man beschlagnahmt den Band, den man sich in einer katholischen Anstalt verbeten haben will. Lob hat auch herausgefunden, daß «die winzigen Badehöschen» der griechischen Götter auf der Mosaikabbildung im Lateinbuch überall mit Bleistift eingezeichnet sind. Er sagt es weiter, die Badehöschen werden von den Schülern radiert, Lob aber wird vorgeladen und von da an als Mensch mit niederen Trieben behandelt. Sein bester Freund wird ihm von oben unter Karzerandrohung abspenstig gemacht. Lob bekommt den Tod seines Vaters doch zu Gehör. Er flüchtet aus dem Kollegium, nachdem man ihm die Erlaubnis zur Heimfahrt nach Stegwil verweigert hat: «Ich muß heim.»
«Mit jäh hervorbrechendem Schmerz hatte ihn die Mutter empfangen. Sie war kaum eines Wortes mächtig gewesen und hatte nur immer wiederholt: ‹Du hast keinen Vater mehr.›» Das sind auch die Worte im autobiographischen «Werner Amberg».
Um der Mutter willen möchte sich Melchior jetzt ganz dem Studium widmen. Im Kollegium aber ist er schon endgültig entlassen. Rektor Husy verabschiedet ihn mit den Worten: «‹Vielleicht werden Sie ja etwas finden, wo ein junger, verirrter Sinn besser auf rechte Wege geleitet werden kann. Vielleicht, sage ich; denn wenn das eine katholische Erziehungsanstalt nicht mehr kann, dann –› und Lobs Wille war geknickt, in den Staub gedrückt.» Wie fast alle späteren Heimkehrer Inglins steigt auch dieser Melchior eine Station vor dem Wohnort aus. Er betrinkt sich und wird in der Nacht von zwei Kumpanen in den elterlichen Garten geschleppt. Die Mutter öffnet nicht. Sie hat das Schreiben des Rektors schon erhalten und sich in sinnlosem Schmerz eingeschlossen. Während der Nacht geht dann das Fenster auf, die Mutter erscheint mit irren Zügen, ihre Arme greifen in die Luft. Daß schon ihre Mutter in Wahnsinn gestorben war, ist früher angetönt worden. Melchior will sich wegstehlen. «Aber der Kies knirschte, und die Gartentüre sang, daß oben die Frau erstaunt die Augen aufriß und einen seltsam angstvollen und erregten Schrei ausstieß, der dem Schleicher wie eine Feuerlohe ins Blut schoß und ihn zwang umzukehren. Alles, was ihn mit der Mutter verband, und das war seine ganze Seele, sein ganzer Körper, alles wallte taumelnd auf, schüttelte Rausch und Traum von sich und zwang ihn zu einem gellenden Ruf: ‹Mutter!› Im selben Augenblick hing er wie toll an der Haustüre.» Sie begrüßt ihn als ihren schönen Prinzen, und erschreckt zündet Melchior das Licht an und sinkt «wild aufschluchzend auf die Schwelle. Die Mutter aber, durch die plötzliche Lichtfülle erschreckt, faßte die Türe und warf sie, wie gepackt von tiefer Angst, hastig zu. Sie stieß hart an Melchiors bebenden Körper.»
Das Hauptdrama von Inglins Leben, die überstarke und in der angestrebten Totalität nicht mögliche Bindung an die Mutter, wird hier unverhohlen gestaltet. Ein nicht weniger schmerzliches Geschehen um Sohn und Mutter, die nicht zueinanderkommen, gibt es in den Romanen «Die Welt in Ingoldau» und «Werner Amberg». Die «Furggel» dagegen gestaltet im Bild vom Bergbach als dem wilden Schmerz des Sohnes, welcher in den trüben Strom einer unaufhörlichen Trauer der Mutter mündet, eine utopische Vereinigung.
Trotz der Könnerschaft des Autors trägt diese Novelle jugendlichere Züge als «Onkel Melk und der glückhafte Fischfang». Aber auch sie ist, vom späteren Werk her gesehen, eines der zukunftsträchtigsten Erzeugnisse der frühen Zeit.

Beachtlich erscheinen Inglins literarkritische und redaktionelle Leistungen in dieser Sonntagsbeilage.[28] Er selber schreibt mit Vorliebe über Schweizer Schriftsteller wie Spitteler, Karl Stamm, Paul Ilg, Meinrad Lienert. Im Tagebuch wird vermerkt (17. 4. 16): «Ich hätte Lust zu: Albert Steffen, Paul Ilg, Jakob Schaffner etc. Ein Beitrag zur Literaturgeschichte der Schweiz als eine kritische Würdigung unserer Schweizerkünstler.» Oft druckt er Gedichte ab von Heinrich Leuthold und Hofmannsthal. Unter den 1916 und 1917 am häufigsten auftretenden Autoren der Beilage sind Jakob Bührer mit «Die Steinhauer Marie», «Elsbeth», «Roselis Weihnachten im Kriegsjahr», «Jonathan Gizzitanner» und Jakob Bosshart mit einer Erzählung in zahlreichen Folgen: «Der Stadtfuchs». Auch Felix Moeschlin, Isabella Kaiser und Josef Reinhardt sind vertreten.
An der Universität belegt er dieses Semester nur literar- und kunsthistorische Fächer, deren er laut späteren Tagebuchausführungen bald überdrüssig wird. Das formalistische Gerede über Stile interessiere ihn zu wenig. Unter seinen Lehrern ist der Germanist Harry Maync von einiger Bedeutung. Den lebenslang verehrten Dozenten Paul Häberlin, der auch sein Werk beeinflussen wird, wird er erst in zwei Semestern kennenlernen. Inglin berichtet zudem, daß er hier in Bern die Bekanntschaft eines «dekadenten Dichterlings» gemacht habe, «von dem ich mich impulsiv distanziere – eher will ich einem robusten Bürger gleichen als dem». Inglin bezeichnet dieses Ausweichen als «Auftakt der inneren Wende». (Mat. A.) Für uns geht der Vorgang in eins mit der bewußten Aufgabe seines Subjektivismus im frühen Aktivdienst.

Alice Keller

Ungleich bestimmender als Zeitung und Hochschule wurde für ihn in diesem Sommer die Liebe zu Alice Keller, einem dunkelhaarigen, grazilen Mädchen von einundzwanzig Jahren. Auf den Photos erscheint sie auffallend ernst, fast vorwurfsvoll; die ganze Beziehung muß – aus den Briefen zu schließen – sich mehr belastend als befreiend ausgewirkt haben. Die Gabe der Genferin Mimi, eine tapfere und fröhliche Sinnlichkeit, teilt sie nicht. Die Briefe dokumentieren eine eher schwierige Natur. Ihr Bräutigam ist anfangs 1915 in Frankreich gefallen. Sie bedeutet Inglin, er könne diesen niemals ersetzen, und schon kurz nach der ersten Begegnung betont sie, daß sie nie mehr seine Geliebte sein wolle. Was sie denn dafür bekomme? Nichts. «Lebe dein freies Leben!» (29. 9. 1915) Sobald er aber nicht schreibt, verfährt sie ungeduldig, fast streng mit ihm. Und so wirkt sie oft, zwiespältig, halb ergreifend, halb pedantisch. Sie spricht von seinem «blonden Germanenkopf», seiner «Trotzlippe», seiner «Vorliebe für den Norden». Sie kritisiert seine Zeitungsartikel und bittet ihn zugleich, eine Skizze von ihr zusammen mit einer seiner Arbeiten abzudrucken. Alice, die nicht höher geschult ist (sie arbeitet im Büro der Depeschenagentur), ist auch sonst literarisch interessiert: endlich also ein Mädchen, mit dem Inglin auf der gleichen geistigen Ebene verkehren kann. Und er hat sich ihr in allen seinen Gedanken rückhaltlos mitgeteilt. Seine Briefe sind erhalten und bilden ein unschätzbares Dokument. Er schreibt von Schwyz aus, gleich nach

Semesterschluß, und gesteht, daß er außer seiner Mutter noch nie «ein Weib so geachtet und zugleich so geliebt» habe. (20. 7. 15) Er ist glücklich über die örtliche Trennung, da er nun endlich schriftlich seine «ganze Seele ausbreiten» könne. Schon hier äußert er die von ihm später oft wiederholte Ansicht, daß er im persönlichen Verkehr nicht überzeugend sei, daß er sich nie restlos geben könne. Es ist die Rede von glücklichen Stunden in diesem Sommer, von warmen Nächten und oft – in den Briefen beider – von der Ecke der Geborgenheit hinter dem Tisch beim Ofen. Inglin betont seine Enttäuschung über die früheren Freundinnen: «Es waren Alltagsmenschen, und ich sah erstaunt, daß hinter jener Phrase von dem Geheimnis einer Mädchenseele etwas sehr, sehr Menschliches stecke.» Wenn man sich den lieblos fordernden und oft lauernden Ton der Korrespondenzen verschiedener Freundinnen vergegenwärtigt, wird man diese Behauptung nicht als bloße Schmeichelei betrachten. – Im Nietzsche-Vokabular schreibt er über seine Schwermut und seinen Willen zu eigenen Zielen: «Man hat mich oft so in mich selbst hineingetrieben, daß ich melancholisch und grüblerisch wurde; ich hatte einmal in einer meiner schlimmsten Stunden einen geladenen Revolver in der Hand und hätte mich erschossen, wenn ich den Mut gehabt hätte. Ich habe aber bald gelernt, gegen alles Hindernde, Gewöhnliche rücksichtslos zu sein, den Willen hervorzukehren und jene Wege unter meine Füße zu nehmen, die dorthin führten, wo ich meine Ziele sah.»

Das Selbstmord-Motiv verwendet er in der hier erwähnten Art für Melk in der «Welt in Ingoldau»; fast alle frühen Entwürfe, so «Josef Strübin», «Rudolf von Markwald» und auch «Phantasus», enden ja mit dem Freitod des Helden.

Der Trotz und der Wille, sich gegen alles durchzusetzen, was seinen Plänen zuwiderläuft, ist ihm bis ins Alter geblieben. Es gibt wenige Schriftsteller der Schweiz, die so kompromißlos ausschließlich für ihren Beruf gelebt haben. Zeitlebens hat er aus diesen Gründen immer wieder Menschen vor den Kopf gestoßen. Der fast wilde Trotz und unerbittliche Wille zur Selbstbehauptung ergaben sich aus einem jahrelangen «qualvollen Kampf» nicht nur gegen das Unverständnis der «höhnisch lachenden Spießbürger», wie er in einem Brief sagt, sondern mindestens so sehr gegen die eigenen Zweifel. «Alle Künstler, aber auch alle Nicht-Künstler haben diese Zweifel an der eigenen Berufung durchgefühlt.» Zweifel sind keine Garantie, daß einer ein Künstler ist: Das ist Inglins eigener und auch der schwierige Konflikt seines Helden Rudolf von Markwald, den er wohl in dieser Zeit – gemäß eigenen Hinweisen in den Briefen – konzipiert. Rudolf geht daran zugrunde, daß er sich für sein Dichtertum nicht mit einem Werk ausweisen kann. «Auch ich stehe noch immer auf dem Scheidewege; aber ich habe doch den höhern und steilern Weg, den Höhenweg der echten Kunst mit meinen Blicken verschlungen, ich glaube und will glauben, daß ich ihn schreiten kann und ich habe schon entschlossen die ersten Schritte getan. Nenne mich meinetwegen alle Welt ein Schwärmer; ich weiß doch, was ich tue.» (Undatierter Brief an Alice Keller)

Darüber hinaus erfährt man aus diesen Briefen viele Details, etwa wie er sich beim Schreiben immer mit Teetrinken und Rauchen stimuliere, solche künstlichen Mittel brauche er vor allem in Schwyz, da er hier weniger als anderswo in die richtige Stimmung komme. Die Korrespondenz geht weiter und wird von jetzt an helfen, die Zeit der Offiziersschule zu erhellen, wohin Inglin am 27. Juli 1915 einrückt.

Inglin hat diese Zeit in der düsteren Stadtkaserne im Zürcher Kreis 4 und in den Verlegungen im Tessin immer als besonders wesentlich betrachtet. Sie ist im «Schweizerspiegel» so konkret geschildert, daß ich hier nichts wiederholen möchte. Inglins eigene Beurteilung der Phase schwankt, je nach der Periode, aus der seine Äußerungen stammen. Entscheidend scheint für ihn damals gewesen zu sein: das vor aller Welt bezeugte Durchhaltevermögen, die Kollegialität mit einigen wenigen Gleichgesinnten und unmittelbar nach der Schule: der Offiziersstand als Adelsersatz. Im Vorfeld des «Schweizerspiegels» stehen Notizen, wo er den regressiven Aspekt der mit preußischer Zucht geführten Schule betont: «...eine (unterindividuelle) Bereitschaft des Menschenmaterials d. h. der Aspiranten, wie sie in der zivilisatorisch fortgeschrittenen, besonders aber demokratisch freiheitlichen, das Individium in seiner Freiheit schützenden (westlichen) Welt nur noch beschränkt vorhanden ist». Er zieht die Parallele zu Preußen und Sparta und bemerkt: «Preußen und Sparta sind Rückfälle! Die Lust und Zustimmung zur Zucht entspringen ältern Gefühlen.» Ähnlich lautet im «Schweizerspiegel» die Ansicht Pauls, und so kritisch hat Inglin bald selber gedacht, etwa 1919, nach seiner ersten demokratischen Wende, zum Zeitpunkt, da er dem Entwurf einer «Neuen Schweiz» von Leonhard Ragaz zustimmte.[29] Der Aspirant aber ist zwischen Ablehnung und Zustimmung hin- und hergerissen. Die Selbstüberwindung, die er aufzubringen hat, kostet ihn jedenfalls viel. Einen Tag nach dem Einrücken (28. 7. 15) betont er auf einer Karte an Alice Keller den Unterschied «zum Journalistentreiben in Bern. Der starke Kontrast zwischen geistiger und körperlicher Arbeit macht sich nicht sehr angenehm fühlbar.» Eine Tagebuchnotiz, die Reitstunden betreffend, lautet: «Zuviel vornübergebeugt (Säckelreiten). Muskelkater am Oberschenkel. Kreuzweh. Aufgeritten (wunde Stellen). Reitlehrer mit Geißel... Luder mit Mukken. Bösartig. Schläger.» Er exerziert, ficht, schwimmt in der eiskalten Limmat. (Photos von der «Letten»-Badeanstalt sind erhalten.)

Im Herbst verschiebt sich die Truppe ins Tessin. Er notiert dazu (und verwendet später die Eintragungen teilweise zur Illustration der Stimmung Freds): «Oktober 1915. Tessin. Zuerst erfreut über Sonne und südliche Landschaft. Dann: der Dienst als Fessel. Überdrüssig. Ich will nicht mehr Nationalist sein, sondern Weltbürger. Das Vaterland? Hm, jeje. Aber jeder Mensch ist mein Bruder.»

Aus einem Brief an Alice Keller (9. 9. 15) ist zu ersehen, wie sehr der Überdruß auch auf die Sehnsucht nach seiner eigentlichen, der schriftstellerischen Arbeit zurückzuführen war: «...ich möchte wieder einmal ein paar ungetrübte Stunden lang schaffen und die ganze Stimmung stiller, produktiver Arbeit auskosten. Aber wie lange geht das noch, bis ich wieder dazu komme!» Ihn stört auch der Tessiner Herbst. «Der Herbst im Tessin ist schön; immer Sonne und blauer Himmel. Aber mir gefällt er nicht. Ich würde hundertmal lieber hier bleiben im nordischen Herbst, wo die Nebel über alle Berge ins Tal hangen und am Boden die goldenen Blätter leuchten; das ist mein Herbst.»

Zudem hat er Angst, die Berner Freundin zu erzürnen, weil er am Sonntag vom Tessin nicht einfach heimfahren könne: «Ich kenne Deine Empfindlichkeit und habe immer Angst, Dich zu verletzen.» Die Beziehung gerät denn auch alsbald in eine böse Krise. Fast umgehend schreibt das Mädchen, daß sie ihn nicht mehr lieben könne. Er ist getroffen: «...da sitze ich nun mutterseelenallein in einer italienischen Weinstube, hoch über Bellinzona und schreibe doch wieder. Über mir ist unendlicher, blauer Himmel... aber ich habe die Seele voll Sehnsucht nach den schweren Nebeln und den einsamen, verlassenen Wegen... denke von mir, ich sei ein Schwärmer, denke, was Du willst; nur eines: Laß mich hie und da zu Dir reden, Du brauchst nicht einmal zu antworten, wenn Du nicht willst; ich muß doch irgendwo den Schmerz meiner Seele ausgießen...» (27. 9. 15)

Den folgenden Sonntag schon reist Inglin nach Bern und schildert nachher gequält das Zusammensein: «Wir sind zusammen gewesen wie zwei, die sich nichts zu sagen haben. Und wir hatten doch beide die Seele voll. Aber keines sprach das erlösende Wort, es war, als ob plötzlich eine seltsame Scheu zwischen uns gekommen wäre. Ich habe mich gewaltsam gezwungen, äußerlich ruhig und gleichgültig zu sein, während mein ganzes Inneres wie im glühenden Fieber brannte. Als ich stumm neben Dir im Theater saß, quälte mich die Lust, Dir beide Hände zu ergreifen. Einmal hast Du Dich leise an meine Schulter gelehnt, und das ist wie ein Schauer durch meinen Körper gefahren. Bin ich nicht ein Narr? Oder ein Kind? Und dabei Schnitzlers Komödie auf der Bühne, die wie eine ironische Parodie auf unsere Freundschaft war!» Im gleichen Brief spricht er davon, wie jetzt der Nebel gekommen sei und das Arbeitsklima somit günstig wäre. Er fange mit einer neuen Novelle an. Es handelt sich mit großer Wahrscheinlichkeit um «Der Vater», denn ein Hinweis auf diese Erzählung ist weder im Tagebuch vor 1914 noch im späteren nach 1916 zu finden.

Da die Geschichte im Jura spielt, zur Zeit der Grenzverteidigung, die Inglin dort in den ersten Monaten des Jahres 1915 erlebt hat, schränkt sich die Entstehungszeit auf die Sommer- und Herbstmonate 1915 ein. Zudem berichtet Inglin an Alice Keller: «Das Motiv trage ich schon lange im Kopfe herum; ich habe nur immer auf Stimmung und Sammlung gewartet.» (Oktober 1915) Das fertige handschriftliche Manuskript ist mit der Adresse versehen: Meinrad Inglin, Lieutenant, III. Kp/Bat. 68.

Die Grundthematik variiert jene des «Schwarzen Tanner», der Novelle vom unnachgiebigen Bauern, welcher im Zweiten Weltkrieg den staatlichen Vorschriften nicht stattgibt und dafür eingesperrt wird. Ein jurassischer Bauer, Michel Haas mit Namen, wehrt sich, in seinem Haus und Stall – dem einzigen Gehöft auf der Höhe – Offiziere und Soldaten aufzunehmen. Gegen seinen Willen – sich auf entsprechende Gesetze berufend – richten sich diese bei ihm ein. «Michel Haas aber hatte einen zu harten Bauernschädel und fühlte zu eigensinnig seinen Grund und Boden unter den Füßen, als daß er sich von diesem fremden Offizier in seinem eigenen Hause verschüchtern ließ.» Seine Tochter ist von einem früher hier einquartierten Soldaten geschwängert worden und ihr Bett, das sie nicht mehr verlassen will, steht, mit einem großen, bunten Tuch verhängt, in der Stube. «Was für einen Zorn aber mußte die Seele dieses Bauern gebären, was für einen Fluch mußte er dem Feigling nachschicken», reflektiert der verständnisvolle Antagonist des Helden, Leutnant Stark. Dieser ist einmal mehr ein Abbild des Autors: «Er ist ohne zielsicheres Studium, aber mit starken, geistigen Interessen auf den Bänken zweier Fakultäten gesessen. Der lange Grenzdienst aber hatte Bücherstaub und körperliche Mattigkeit von ihm abgeschüttelt, sein Denken auf eine einfache, klare Linie eingestellt... er lernte... seine feinnervige Empfindsamkeit langsam überwinden.»

Auch die Landschaft erlebt der Leutnant wie der Verfasser selber: «Ein warmer, leiser Föhn rückte die fernen Berge enger und näher und strich den dunkelnden, blauen Himmel, der am Westrand einen weichen, roten Saum trug, rein und tiefklar... Er genoß mit offener Seele und bannte alles Störende mit ängstlicher Hut aus dem Erinnerungskreis. Zukünftiges ging wie eine tastende Hoffnung durch sein Schauen. Das alles geschah bei Stark mit großer Bewußtheit, da er auch jetzt noch, in dieser Schule geistiger und körperlicher Einfachheit, zu viel Grübler und Selbstbeobachter war, um unbefangen zu genießen...»

Nach weiteren Verflechtungen stirbt die Tochter des Bauern an der Geburt; den Namen des schuldigen Soldaten hat sie nicht preisgegeben. Der Vater verzweifelt und geht, nur halbwegs seiner selbst bewußt, vom Totenbett. Er «öffnete mechanisch die Haustür und stapfte wie ein schlaftrunkener Stier mit hängendem Körper langsam in die Nacht hinaus». So lautet der Schlußsatz.

Die Komposition ist offener als später in den Novellen der vierziger und fünfziger Jahre, da Inglin klassischen Modellen folgt. Hier wendet er eine dem Film angenäherte Technik an, gibt – als Vorspann gleichsam – ein Telefongespräch wieder, das mitten in den Konflikt führt und blendet später zurück, um dann der Reihe nach zu erzählen. Es gibt viele vorzügliche Beschreibungen, etwa jene des Marsches auf die Jurahöhe, des Gehöfts oder der entspannten Stimmung im Salon der Offiziere im Hauptquartier. Hier begegnet man bereits jenen in sich ruhenden, souveränen, gebildeten Herren in den besten Jahren, die im ganzen Werk Inglins wiederkehren. – Die jurassischen Mädchen führen den Dialog naiv und reizvoll; daneben wirkt die Sprache noch pedantisch in den peinlich genauen Angaben. Da und dort ist sie sperrig und voller Widerständigkeiten. – Das Motiv des tyrannischen und gerade dadurch tragisch verletzbaren Vaters wollte Inglin auch später wieder aufnehmen: So in einem Plan vom 24. Januar 1918: «Ein Vater, der sein Kind tyrannisiert; das Kind erlebt Angst und Schmerz... mit derselben Eindringlichkeit wie ein Großer. Strafe für den Vater: Er wird genau in derselben Weise behandelt wie das Kind; er wird grundlos geschlagen, für Kleinigkeiten auf den nackten Hintern geprügelt, er muß für das Geringste Abbitte leisten und sich endlos demütigen; er darf nie widerreden, darf nichts aufklären, er hat schweigend alles zu erdulden. Resultat: Der Vater wird irrsinnig.» Der formidable Entwurf bleibt unausgeführt, die Problematik der unterdrückten Jugend aber wird «Die Welt in Ingoldau» bestimmen.

Nach einer eingehenden Analyse der Schwierigkeiten in der Beziehung zu Alice (Inglin glaubt, das konsequente Liebesverhältnis zu ihm hätte ihr den toten Bräutigam wieder so unmittelbar vor Augen geführt, daß sie sich schuldig fühlte und sich von ihm abwandte) und einem langen nebelschweren Gedicht an die Geliebte finden sich in der Korrespondenz noch etliche bemerkenswerte Hinweise. Am 16. Oktober hat er in Bellinzona die Offiziersschule abgeschlossen und «die Schlußprüfungen gut bestanden». Aber «mit dem langersehnten Urlaub ist's leider nichts geworden. Wir mußten alle sofort als Zugführer zur Truppe einrücken. Ich bin dem Zürcher Stadtbataillon zugeteilt worden und befinde mich jetzt in Vira, einem ganz elenden Nest mit ein paar alten Steinbaracken. Ärgerlich! Ich habe mich so gefreut auf den Winter in Bern. Alle Verlangen um Urlaub für den Winter sind rundweg abgeschlagen worden.» (20. 10. 15)

Der folgende Brief gibt den Ablauf von Traum, einsamer Konzentration und Produktionsdrang bei Inglin so genau wieder, daß ich ihn umfänglich zitieren möchte: «Vira 12. 11. 15. Liebe Alice, Es ist wieder einer dieser grauen Tage, die ich liebe. Die Kompagnie ist heute infolge des Wetters in den Kantonnementen geblieben und ich habe die Gelegenheit benützt, mir eine schöne Stunde zu machen. Und die Stunde war schön. Ich habe da einen kleinen, unbewohnten Raum entdeckt mit einem mächtigen Kamin; den habe ich seit ein paar Tagen mit Beschlag belegt und heute anfeuern lassen. Dann saß ich ganz allein und ungestört an dem prasselnden Kaminfeuer, las Nietzsches Zarathustra und sang und träumte viel. Ich dachte so an Dich und fand gar nicht so viel Fremdes an Dir. Vielleicht bin ich Dir fremder als Du mir. Du wirst das natürlich finden und auf meine Liebe zurückführen und umgekehrt. Aber ich suche auch in Deiner Seele nach Dingen, die mich Dir verbinden, ohne daß uns das rote Band zusammenhält. Willst Du es nicht auch tun? Oder hast Du gesucht und nichts gefunden? Es ist eigentümlich, wie ich mich in dieser kurzen Stunde innerlich wieder sammeln konnte. Ich fühle die Fülle meiner Seele und will jetzt arbeiten. Dichterische Arbeit und Versuche, das ist der Blitzableiter, wenn ich ein volles und ganzes Gefühl mit Bewußtsein erfasse. Sonst würde ich bald wieder innerlich gestört sein. Wie ich vom Feuer wegging, hatte ich das starke Bedürfnis, Dir zu sagen, daß ich eine schöne Stunde gehabt habe. Meinrad»
Anfang Dezember bessert sich vorübergehend das Leben im Militär. Die Truppe ist bei Lugano stationiert. Die Offiziere bewohnen eine leerstehende Villa. «Da heizen wir nun jeden Abend tüchtig ein, setzen uns rund ums Feuer, braten Kastanien oder machen Musik. Ich habe mir meine Violine kommen lassen und musiziere oft mit unserem Bataillonsarzt, der ausgezeichnet Klavier spielt.» Bei diesem Arzt handelt es sich wahrscheinlich um Hugo Remund, das direkte Vorbild für Dr. Junod im «Schweizerspiegel».

Aussicht auf Entlassung hat er noch immer nicht und rechnet, daß er bis zum März 1916 im Dienst bleiben muß. Nach einer scheußlichen Manöverwoche bei Regen, ohne Schlaf, schreibt er am 23. Dezember 1915 von Locarno aus. Er sitzt auf offener Terrasse neben einem blühenden Rosenstrauch. Abends besucht er meistens ein Konzert im Kursaal und nützt daneben jede freie Minute für die Arbeit. Soeben hat er «eine neue Novelle beendet», die er «während der ganzen Dienstzeit bearbeitete». Mit größter Wahrscheinlichkeit ist dies «Der Vater».

Zwei Tage nach Weihnachten berichtet er, wie er das Fest verbracht hat: «Vorgestern, als wir Weihnachten feierten, bin ich auf eine halbe Stunde mit meiner Geige und mit Dir allein gewesen. Ich habe Deine Briefe gelesen und die ‹Berceuse›, unser Stück, gespielt. Ich habe sie so gespielt, als ob Du sie jetzt wirklich hören würdest und aus dem Klang der Töne meine Liebe fühlen könntest... ich habe mir selbst noch neue Musik von Mozart, Liszt und Brahms für meine Violine gekauft. Einen Weihnachtsbaum habe ich auch gehabt. Aber etwas hat mir doch gefehlt dabei: die Liebe, die meine Freude teilte. Ich habe tiefe Sehnsucht nach einem Vater und einer Mutter gehabt.» Er erwähnt die bevorstehende Beförderung zum Leutnant. «Klingt das nicht lustig: Leutnant Inglin. Als ich als Bub daran dachte, kam mir das ganz ungeheuer vor. Und jetzt? Eine Episode, die für mein inneres Leben keine große Bedeutung hat. Meine Adresse wird sein: ‹Leutnant –, IV. Komp. Bat. 68›.»
Kurz vor Weihnachten schreibt Alice von ihrer beider Liebe als von einem Som-

mertraum: «Und Dein Spiel, die warmen Nächte. Und dann die Wirklichkeit. Deine Lage, meine Lage. Und deine Jugend... daran ist es wieder zerschellt.»
Den letzten Brief an Alice schreibt er am 1. Januar 1916. Er fragt sie bestürzt, ob sie krank sei. Er hatte an Silvester den «herrlichen Befehl», nach Bern zu fahren, und konnte sie dort nirgends treffen. Er ist unverzüglich zurückgereist, nach Wassen diesmal, und hat dort «mutterseelenallein» ein kleines Fest gemacht. «Ich habe immer an Dich gedacht, von Deiner Weihnachtskiste genascht, von Deinem Wein getrunken und unser Stück gespielt.» Im übrigen freut er sich am nördlichen Winter, «an den Tannen, am Schnee und den lustigen Nebeljagden».
Am 20. Februar 1916 stirbt Alice Keller, zweiundzwanzigjährig. Wie stark dieser Tod Inglin erschüttert hat, erfährt man erst sechs Jahre später, in einem Brief aus Berlin vom 22. Juni 1922. Inglin schreibt an Bettina Zweifel, seine spätere Frau (in den vorangegangenen Wochen hat er gefürchtet, Bettina sei ihm untreu geworden): «...aber wenn Du mir so ganz unerwartet abtrünnig geworden wärest, ich hätte dem Schicksal noch ganz anders geflucht als auch schon einmal, da es mich umwarf. Weißt Du wann? Das sollst Du auch wissen, da ich es grad antöne: Vor Jahren lernte ich in Bern ein Mädchen kennen. Alice hieß sie. Ich hätte mir früher nie zugetraut, daß ich einen Menschen so lieb haben könnte. Mir schien, sie sei ein Teil von meinem Selbst geworden. Als ich dann in den Tessin auf die Grenzwache mußte, schrieben wir uns, ich war froh und glücklich und ertrug die größten Anstrengungen lachend. Nach jedem längeren Ausmarsch war ich sicher, bei der Rückkehr einen Brief zu finden. Einmal dauerte es etwas länger und bevor einer kam, wurden wir nachts plötzlich alarmiert zu einer Gefechtsübung. Es war ein besonders strenger und unangenehmer Tag, aber ich erwartete auf den Abend zuversichtlich den Brief. Spät kehrten wir zurück. Ich, durchnäßt, hungernd und erschöpft wie alle, aber freudig durchdrungen von der Aussicht auf die lieben Zeilen, rannte geradewegs auf mein Zimmer – es war in der ‹Villa Muralto› in Locarno, ich habe alles noch deutlich vor mir – da sah ich enttäuscht, daß auf meinem Tisch nur eine Todesanzeige lag. Ich falte sie gleichgültig auf: ‹Wir machen Ihnen die schmerzliche Mitteilung, daß es Gott dem Allmächtigen gefallen hat, unsere innigstgeliebte Tochter Alice –› Bettina, Du kannst mir glauben, das war grauenhaft. Ich will nicht beschreiben, was ich tat und empfand, ich könnte es auch nicht. Die folgenden Tage und Wochen waren entsetzlich. Ich hatte fünfzig Leute zu kommandieren und mich im Zügel zu halten – und dabei war mir so todelend zumute, daß ich mich am liebsten gleich zum Sterben hingelegt hätte. –»
Aus den Monaten nach Alices Tod ist ein kleines Bündel von Zeitungsausschnitten erhalten: Ihre etwas forcierten, aber keineswegs unbegabt geschriebenen Skizzen, die Inglin – versehen mit einem Vorwort – als Gedenkbändchen herausgeben wollte. Es wurde nie gedruckt. Im Vorwort heißt es: «...die Eigenart ihres Wesen hat sie aus den Reihen der Durchschnittsmenschen herausgehoben, obwohl sie das in ihrer Bescheidenheit nicht selbst zugeben wollte. Sie besaß ein ungewöhnliches Bewußtsein sowohl ihres eigenen Tuns, als vom Werte des Daseins überhaupt; dieses Bewußtsein war es, das sie verhinderte, jemals etwas zu tun, das abseits von ihrem Ziele lag...» Inglin betont ihren Glücks- und Arbeitsdrang, ihre Kultur und Liebenswürdigkeit und zitiert zudem, um sie besser zu charakterisieren, verschiedene Passagen aus ihren Briefen. Im Juni 1916 erhält er von Alices Mutter seine

eigenen Briefe zurück, so sind sie als unschätzbares Dokument erhalten geblieben. Sie spiegeln eine so subtile und ergreifende Erotik und zeigen eine Fähigkeit, diese in behutsamsten Tönen zu formulieren, daß man ahnt, wie ihn der Vorwurf der Derbheit treffen mußte, den ihm spätere Kritiker gemacht haben.
Keine Frau außer Bettina scheint Inglin je in dem Maße geliebt zu haben. Als alter Mann zeigte er mir mit Trauer in der Stimme ihre Bilder, auch das erschreckende, auf dem das junge Mädchen umkränzt im Sarg liegt.

Aristokratismus – «Rudolf von Markwald»

Ab 1. Januar 1916 führt er also sein Tagebuch weiter, nicht als Protokoll des äußeren Zeitverlaufs im Tessiner Militärdienst, sondern als Rechenschaftsbericht «über jeden bedeutungsvollen inneren Seelenzustand». Das spätere Gestalten seelischer Zustände werde dadurch außerordentlich erleichtert. Über die Aufzeichnungen bis 1914 müsse er allerdings jetzt schon lächeln, er mache einen dicken Strich darunter. Er liest eben Josef Viktor Widmanns Erzählungen «Der Redakteur» und «Amor als Kind». Daneben erscheint ihm seine im Dezember 1915 vollendete Novelle «Der Vater» «plump und ungeschickt».
«Aristokratie» ist eines der Hauptthemen in dieser Lebensepoche Inglins, auch im Tagebuch. «Gewiß, ich möchte Aristokrat sein; ich schätze Aristokratie hoch ein.» (20. 2. 16) Oder am 25. 1. 16: «Ich kann mich in aristokratischer Gesellschaft von wirklicher Vornehmheit sehr wohl bewegen und verrate durch kein Wort und durch keine Gebärde die beschränkte Einfachheit, in der ich aufgewachsen bin; ich fühle mich geistig in diesen Kreisen immer allen gewachsen und meistens überlegen – und trotzdem trifft in diesen Umständen oft plötzlich wider meinen Willen wie ein geheimer, peinlicher Stich das Bewußtsein: Du bist halt trotzdem ein ganz gewöhnlicher Bürger, etwas wie Neid empfinde ich dann.» Er schreibt das seiner «großen Empfindsamkeit» zu und tröstet sich damit, daß *er* den Adel des Geistes und der Seele habe.
Er vermerkt am 20. Februar in Locarno, wie er die Bekanntschaft zweier Gräfinnen gemacht habe, der Marchesa und Marchesina Paolucci-Heinemann. «Sehr liebenswürdige und interessante Menschen. Wohnen im Grand Hotel. Werde oft eingeladen.» Dann – nach dem Tod von Alice Keller, der nicht vermerkt ist – verstummt das Tagebuch wieder für Monate.
Von Kind auf muß Inglin für die Strahlkraft des Aristokratismus besonders aufnahmefähig gewesen sein. Die damals feudale Lebenshaltung der von Reding und einiger anderer Schwyzer Geschlechter stand ihm täglich vor Augen. Als junger Mann ist er häufiger Gast in ihren Häusern. Er nimmt teil an dem für frühere Verhältnisse wenig eingeschränkten Leben ihrer Söhne und Töchter, an ihren gemeinsamen Bergwanderungen, nächtlichen Schlittenfahrten, an den Schlittschuhpartien auf dem Lowerzersee und anschließendem Tanz auf der Schwanau. Inglin hat wohl diese Gesellschaften im Auge, wenn er im «Herr Leutnant Rudolf von Markwald», einem Erzählungsentwurf vom Jahre 1916, den «ungezwungenen, freien Verkehr zwischen jungen und alten Familienvertretern beiderlei Geschlechtes» rühmt, «der

in diesen... befreundeten Häusern traditionell war, bewußt gepflegt wurde, von den Gepflogenheiten der übrigen Mitbürger des Städtchens auffallend abwich und nicht selten den Gegenstand schlimmen Verdachtes bildete.» Inglin rügt dabei «die täppischen Befleckungsversuche... bürgerlicher Moralisten».

Inglin galt unter den Gleichaltrigen als einer der elegantesten. Tadellose raffinierte Kleidung entsprach seinem Adelsideal. Seinen Stand wenigstens im Militär zu verbessern, mag nicht wenig zu seinem Entschluß beigetragen haben, Offizier zu werden. Die Photos aus dem Tessin zeigen denn auch einen verfeinerten, schlanken Leutnant mit Zwicker und gepflegtem kleinem Schnurrbart.

Der Hang zur Feudalität wird durch die unablässige Nietzsche-Lektüre immer neu ideologisch untermauert. Jedenfalls ist Inglin hier noch weit entfernt von der Deutung, die er dieser Zeit des Ersten Weltkriegs und den darin agierenden Figuren im «Schweizerspiegel» gibt. Und selbst wenn man gerade von diesem Roman her den Verfasser als Inbild des Demokraten preist, darf man die verbleibenden Reste aristokratischer Neigungen bei Inglin nicht unterschätzen. Zu den bevorzugten Autoren gehören bis zuletzt Hofmannsthal, George und Borchardt. Kurz vor seinem Tod höre ich ihn die erlesenen Jahrgänge der «Corona» rühmen.

Auffällig viele seiner Helden sind nicht werktätige Bürger, sondern halb gelassene, halb skeptische Herren mit patrizischem Einschlag, wie etwa der Major in «Urwang», die Revierjäger vom Riedauer Paradies, Silvester Vonbüel in «Erlenbüel» oder der alte Hotelier in «Wanderer auf dem Heimweg». In «Der Herr von Birkenau» und im Spätwerk «Erlenbüel» wird unter anderem die Krise des unangepaßten Aristokraten in dieser veränderten Zeit thematisch.

Inglins lebenslange Vorliebe für den unabhängigen Bauern fügt sich sehr wohl in dieses Bild, und auch seine gelegentlich hart konservative Haltung in politischen Dingen – vor allem in den späten Jahren – ergänzt diesen Befund.

Die halb märchenhaften Gestalten, die scheinbar außerhalb von Raum und Zeit in die Geschichte der Kleinen eingreifen, wie der Große in der «Grauen March» und der Tell der «Jugend eines Volkes», mag man als mythisierte, ins Überwirkliche gesteigerte Bilder deuten, welche sich unter anderem aus dem erwähnten frühen Kontext (Nietzsche und Feudalismus) herleiten lassen.

Die großangelegte, beinahe romanartige Erzählung «Herr Leutnant Rudolf von Markwald», an der Inglin in den ersten Monaten des Jahres 1916 schreibt, setzt sich mit den möglichen Formen von Aristokratie auseinander, und zwar unter dem spezifischen Aspekt der Gegenüberstellung zwischen Kunst und Leben. Die von Markwald gehören zu den wenigen adligen Geschlechtern eines «Städtchens». Wolfgang von Markwald, der Vater, vertritt das alte Herrenideal. «Seines Wesens Schlüssel war: der Herr.» Man hätte in ihm «eher den Angehörigen einer Monarchie vermutet als einen Bürger jenes Staates, der von der ganzen Welt den größten Stolz auf seine republikanische Verfassung besitzt.» (Ähnliche kritische Hinweise auf den spezifisch schweizerischen Eigendünkel finden sich beim jungen Inglin genug: vgl. etwa den 1917 entstandenen Roman «Phantasus».) Obwohl der alte Markwald «pflichtgetreu dem demokratischen Prinzip huldigte, hielt er es doch als eine dringende Notwendigkeit für die Entwicklung seines Landes, mehr Standesbewußtsein und ritterliche Vornehmheit, kurz mehr Aristokratie zu pflanzen und zu fördern.» Als geeignetes Mittel hierzu erachtet er «eine äußerst strenge Offizierserziehung... Diese Ansicht empfing durch seine Beziehungen zu deutschen Adelskreisen fortwährend lebendige Nahrung».

Der Antagonist des Obersten ist sein Sohn Rudolf, der fast knabenhaft zarte, träumerische junge Künstler von zweiundzwanzig Jahren. Durch die peinliche Korrektheit seiner Kleidung erregt er Aufsehen. «Ein enganliegender, schwarzer Anzug nach dem neuesten Schnitt umschloß die wohlgebildete Gestalt seines Körpers...» Das Gymnasium liegt hinter ihm. Er hat die Zeit dort auf eine ähnlich qualvolle Weise zugebracht wie Melk in der «Welt in Ingoldau» und Werner Amberg. Er ist offenbar ein leicht geadeltes Selbstporträt. Rudolf haßte die Mathematik und «fühlte sich anders geartet als seine Kameraden», die Bürgersöhne. Erst spät hat er erkannt, daß die von den andern mißbilligte «Begeisterung für Kunst, Literatur und Musik... der Ausfluß seines tiefsten Kerns war.» Rudolf verfolgt ein Kunstideal, das er «Aristokratie des Geistes» (Ms RM 21) nennt und im Gespräch mit einem ahnungslosen Bürger, dem Kantonsrat Tschümperlin, der «Heimatkunst» entgegensetzt.[30]

Rudolf liebt Helena von Arx, «die jüngste Tochter der Familie, einem seit langen Jahren mit Markwalds eng befreundeten Geschlecht, über dessen Noblesse sich alle bürgerlichen Nasen des Städtchens rümpften.» (Ms RM 11) Als von Rickenbach und von Schönenbuch leben diese beiden tonangebenden Familien in der «Welt in Ingoldau» fort.

Oberst Markwald wünscht, daß sein Sohn Offizier wird; erwartungsgemäß stellt er sich dessen Künstlerplänen entgegen: «...Das überlassen wir den Narren und Abenteurern, denen die nichts anderes zu tun haben als Krawatten binden und Mähnen kämmen, den kranken Sonderlingen, die infolge ihrer Unbrauchbarkeit zu lebendiger Arbeit... sich Künstler schimpfen...» Und Rudolf versucht – halbwegs aus Eitelkeit und Neid auf die vitale Energie des Vaters – einen Kompromiß: Er will im Militär Karriere machen und doch Künstler werden. «Warum sollte er das nicht versuchen? Konnte er nicht seinen ganzen Willen einsetzen, um sich selbst zu beweisen, daß er trotz aller Künstlerflausen so lebensfroh und sonnengläubig, so seelenklar und ungeschminkt war, wie die andern?» Der Versuch scheitert. Er wird vorzeitig aus der Aspirantenschule entlassen, nicht zuletzt wegen des für die Instruktoren anstößigen Mangels an Kameradschaftsgeist an freien Abenden, an denen er gern Einsamkeit und Lektüre pflegt. Wieder ist ein Held Inglins den gleichschalterischen Ansprüchen der Umwelt nicht gewachsen. Bis «Erlenbüel» (1965) wird diese Problematik die Schaffenskraft des Autors antreiben.

Die fristlose Entlassung aus der Kaserne, die man als die zürcherische erkennt, beschleunigt in Rudolf die Selbstbesinnung. Er setzt sich vom Willen des Vaters ab und löst sich zugleich von der Musik zugunsten der Dichtkunst. «Nur die Dichtkunst vermag den ganzen geistigen und symbolischen Gehalt aus der Tiefe eines Stoffes restlos auszuschöpfen...» (Ms RM 62)

Als Bestätigung dieser Erkenntnis setzt er einen kühnen Prosaentwurf in sein Tagebuch, das, wie bei Inglin selber, ein schwarzes Wachstuchheft ist.

Auffällig ist dabei die Brechung: Der Schriftsteller Markwald schreibt den Stil eines abstrakten, weitausgreifenden Expressionismus, während der Schriftsteller Inglin hier – im Gegensatz zum wenig späteren Roman «Phantasus» – bei allen Aufschwüngen realistisch bleibt.

In Markwalds Entwurf wird die Wahrheitssehnsucht einer «tausendköpfigen dunklen Menge», «der Menschheit», beschworen. «Und siehe da! Diese Sehnsucht gebiert einen Gott, der plötzlich aus schwarzen Wolken tritt, herrlich gewandet in feuergoldene Mäntel...» (Ms RM 61) Die Menge will dem Gott aber bald die hochgehobene Fackel der Wahrheit entreißen. «Zornig geht das Gotteswort: ‹Undankbare! Glaubt!› » Die Menschen hören nicht, der Gott lischt die Fackel im Weltenmeer aus, und «die Menge bebt lichtlos, gottlos in die Nacht zurück –». Erst jetzt, mit diesem Projekt, fühlt Markwald in sich die Kraft zur bedingungslosen Hingabe ans Künstlertum, und damit ist er gleichsam zum Priester geweiht. Inglin spricht denn auch vom Eingehen «in ein tiefes, mächtiges Reich. Auf die Schwelle schreibe ich das Wort: Arbeit, auf den Torbogen aber den Spruch: Ich will —» (Ms RM 63) Damit fühlt sich Rudolf und ähnlich wohl auch der Verfasser auf einsame Weise geadelt. Erfüllt von stürmischer Daseinsfreude wendet sich der Held – auf dem Ütliberg stehend – bei Sonnenaufgang von der Stadt ab und geht zurück in die Richtung der Berge. So schließt – überraschend positiv für diese Phase Inglins – eine erste Fassung der Erzählung.

Handschriftlich, wohl in der ersten Niederschrift, existiert noch eine zweite, wesentlich längere. Rudolf, dem vorzeitig entlassenen Aspiranten, macht im Städtchen die Ächtung durch Freundin und Bewohner schwer zu schaffen, und er fährt zurück in die Stadt, um ein Werk zu schaffen, das denen zu Hause seinen Wert als Künstler beweisen soll. Er kämpft um die Form und bleibt doch unbefriedigt von allen seinen Versuchen. Nachdem er, der sexualfeindlich Erzogene, das Dienstmädchen seiner Zimmervermieterin vergewaltigt hat, gibt er sich mit dem Revolver den Tod. Als Anmerkung zu den Vorgängen am Schluß steht der Hinweis: «Rudolfs sittenstrenge Entscheidungen. Darum am Schluß die Explosion.»

Das tragische Schicksal Heinrich Leutholds, dessen Gedichte Rudolf preist, mag hier unter anderem Vorbild geworden sein.

Der Dichter – und daß Rudolf das ist, betont Inglin sehr – wird hier zum Opfer einer auf bürgerliches Leistungsdenken ausgerichteten Umwelt, welche der Kunst keine Zeit und Chance läßt, sich zu entwickeln.[31] Der Titel «Herr Leutnant Rudolf von Markwald» ist bitter ironisch gemeint. Er spielt auf die maliziöse Idee Helenas an, ihrem Freund vor Abschluß der Offiziersschule Visitenkärtchen mit dem Aufdruck «Rudolf von Markwald, Lieutenant» zu schicken. Er erhält sie am Tag seiner vorzeitigen Entlassung. Diese zweite Fassung des «Rudolf von Markwald» geht wesentlich über die zurückhaltend kleinen Formen der bisherigen Arbeiten hinaus. In den Jahren 1916 und 1917 sieht man die gestalterischen Kräfte förmlich wachsen. Die Sprache wird biegsam und wirkt viel sicherer als noch vor einem Jahr (in «Der Wille zum Leben» etwa). Inglin wagt sich an eine großangelegte Komposition, die er souverän, wenn auch mit pathetischen Überakzentuierungen, zu Ende führt. Merkwürdigerweise hat er dieses Manuskript liegen gelassen, weder überarbeitet, noch einem Verleger geschickt.

In verschiedenen Hinweisen tönt er hier schon das Thema des Romans «Phantasus» an, den er wenig später zu schreiben beginnt: eine scharfe Kritik an der Schweiz und ihren faden Bürgern, den «Bureauphilistern und offiziellen Bierbäuchen» (Ms RM 36), in deren Adern statt Blut «demokratisches Sodawasser» fließe. Es fallen aber auch bissige Bemerkungen gegen das geschraubte Helden-Ideal der

Militärs, die Rudolf in Arrest stecken, weil er, ohne sich zu wehren, Beleidigungen von Zivilisten angenommen hat. (Ms RM 48) Zudem wollte Inglin, getarnt als Rudolf (laut einem dem Manuskript beiliegenden Zettel), «die ganze heroische Schweizergeschichte» entlarven und «im Sinne des Willens zur Macht umdeuten». Ekstatisch setzt Inglin die damals von ihm bevorzugte Musik in Sprache um: Stücke von Wagner und Brahms – eine Vorliebe, die später ganz jener für Mozart und Haydn weichen wird.

Auffallend ist, wie sehr sich die Landschaftsschilderungen, die bei diesem Autor einen so wichtigen Platz einnehmen, hier noch von den späteren unterscheiden. Wenn er die Gegenden später – seinem Stil eines konstruktivistischen Realismus gemäß – ganz von den Geländeformen her erfaßt (man denke an den Anfang der «Grauen March») und nur spärlich Farbflecken einsetzt (vgl. die Maiwiese in «Ehrenhafter Untergang»), so gibt er da noch vorwiegend den Eindruck des Farblichen wieder: «...irgendwoher aus der ungeheuren Weite des Raumes fiel Hellröte auf den blanken Firnensaum, rieselte über die weißen Felder hinab und wurde langsam zu flüssiger Goldfarbe, bis sie auf dem Kamm der Vorberge ganz in Licht gewandelt wurde.» (Ms RM 64)

In diesen Jahren verhält sich Inglin stilistisch offener als später, aber auch ungefestigter. Er schwankt genau wie Rudolf – das läßt sich an der sprachlichen und thematischen Divergenz der Entwürfe dieser Zeit ablesen – zwischen zwei Weltaspekten, dem Universalen und dem eingeschränkt Konkreten, und damit zwischen zwei Stilen: «Bei der Wahl des Stoffes hatte er wieder lange zwischen der visionären Gottgestalt mit der Fackel und einem allgemein-menschlichen Vorwurf aus der Gegenwart geschwankt.» (MS RM 100) Das Zitat bezeugt Inglins Unentschiedenheit zwischen dem Expressionismus, zu dem er sich im «Phantasus» bekennt[32], und einem Realismus mit gelegentlich expressionistischen Ausformungen.[33]

Wenn sich Inglin in wenigen Jahren mit einem beinahe moralistischen Engagement für den Realismus entscheidet, führt er die Linie «Der Wille zum Leben», «Der Vater», «Rudolf von Markwald» weiter. «Phantasus» wird unter diesem Gesichtspunkt in der Sackgasse enden.[34] In den meisten seiner frühen Entwürfe tendiert er also schon auf den Stil der «Neuen Sachlichkeit» zu, jener Art von Realismus, welche durch den Expressionismus hindurchgegangen ist, ihn spurenweise beibehält, aber in den Extremen bewußt ausmerzt. Inglins spätere Animosität gegen alles Verstiegene, Unwahrscheinliche und bloß Abstrakte, gegen jedes pauschale Weltveränderungssystem muß sich heimlich aus dieser Phase der eigenen Unschlüssigkeit genährt haben. Im übrigen wird es nicht schwerfallen, auch in späteren Werken, vor allem im «Wendel von Euw», «Grand Hotel Excelsior» und «Güldramont», die frühere Affinität zum Expressionismus nachzuweisen.

Auch das reine Kunstreich, in das Rudolf in der ersten Fassung endgültig eingeht, ist ein utopisches Gebilde, das Inglin später in dieser Ausschließlichkeit als pure Ideologisierung abtut. Den tragischen Konflikt zwischen Kunst und Leben wird er schon in wenigen Jahren entschärfen und das Dilemma nicht mehr als solches statuieren.[35] Man denke nur an die Menschlichkeit Thereses und Reichlins (Diethelms) in «Die Welt in Ingoldau», welche den angehenden Künstler Melchior in eine lebendige Gemeinschaft zurückführen. Die Helden Inglins werden immer seltener Künstler und ihre Antagonisten nicht mehr bloße vitale Protzen sein. Be-

trachtet man allerdings den Fall des Lyrikers Albin Pfister im «Schweizerspiegel», welcher an den Forderungen des Lebens (verkörpert im Militär und in Gertrud, der Freundin) zerbricht, so ist offensichtlich, daß längst ausgefochtene Auseinandersetzungen plötzlich wieder aktualisiert werden können.
1916 aber ist das Problem Kunst–Leben für Inglin noch höchst bedrängend. Als Variation des «Mann'schen Grundproblems» (Tagebuch) erkennt er es in einem nicht weiter erläuterten Erlebnis auf der Rigi (Mai 1916), wo er, der Künstler, vor einem Mädchen aus Wollerau mit einem Bauernbuben («Bürger resp. unkünstlerischer Mensch») konfrontiert wurde.
Zur gleichen Zeit plant er eine Novelle mit einem Künstler als Hauptfigur, der sich im Dienst als Leutnant «einmal für ein halbes Jahr von allen Sehnsüchten, Quälereien und Zweifeln und Einsamkeiten befreien will...(Meine Erlebnisse in Locarno etc.). Er tollt sich aus und denkt nicht mehr an die Kunst, findet das Leben zu schön und bleibt dabei und geht daran zugrunde.» (20. 6. 16) Das soll dem Autor selber nicht passieren. Am 23. August 1916 bekennt er: «Oh, die Seligkeit geistiger Genüsse, geistigen Schaffens! Was ist mir alle Wirklichkeit dagegen! Wie ich erfüllt bin, berauscht bin. Das Leben wird mich nicht mehr überwältigen... Ich habe zu tief hineingeschaut in die unermeßliche Tiefe des Geistes...»
Unter «Geist» versteht er dabei nicht seine Studien und nicht den Journalismus, die er beide im Sommersemester 1916 wieder aufnimmt. «...Kunstgeschichte, literarische Arbeiten, Kritik, Journalistik, das alles vermag meine Anteilnahme nicht zur Leidenschaft und Hingebung zu steigern. Kunstgeschichte! Da bringe ich kein tieferes Interesse auf für Stilarten, malerische Probleme etc.»[36] «Mich interessiert höchstens der Schöpfer eines Bildes.» «Literatur! Mein Gott! Es widert mich an, etwas über ein Werk zu schreiben, da für mich das Werk selbst deutlich genug redet; ich habe entschieden kein Talent zum Literaten. Journalistik wird mir mehr und mehr ein Ekel. Das stecke ich auf, sobald mein Vertrag abgelaufen ist.» (13. 8. 16) Inglin schreibt aber noch mindestens ein Jahr lang am «Berner Intelligenzblatt», wenn auch, was den kulturellen Teil betrifft, weniger häufig als im Sommer 1915. Sein Nietzschetum zeigt sich um 1916 außer in den literarischen Produkten, auf die wir zurückkommen werden, besonders ausgeprägt in den militärischen Artikeln, die mit i- oder gar nicht bezeichnet sind. Am 7. April 1916 stellt er unter dem Titel «Unsere Offiziere» Betrachtungen an über die positiv beurteilte «monarchische Institution» des modernen Heers, das «seinem Wesen nach undemokratisch» sei. Der Weltkrieg ist nach ihm für die dekadenten Intellektuellen seiner Generation «der erste Schritt» hin zur Gesundung, die im unbewußten Handhaben des «Willens zur Macht» besteht. (Tagebuch, 27. 4. 16)[37] Nicht so weit von hier entfernt liegen Thomas Manns «Betrachtungen eines Unpolitischen» von 1918. In den «Schweizerspiegel»-Materialien liegt ein Hinweis Inglins auf einen Artikel aus seiner Hand: «Wozu haben wir eine Armee?», den ich im «Berner Intelligenzblatt» (Nr. 239, 31. 8. 16) fand; er war als Brief an die Redaktion getarnt. Abgesehen von Ansichten, die uns und wenig später Inglin selber ganz fremd geworden sind, spürt man doch, wie schwer den damaligen Grenztruppen die aufgezwungene Inaktivität wurde, wie richtig die Stimmung im «Schweizerspiegel» dann umschrieben ist. Erst von hier aus kann man ermessen, welche geistige und moralische Errungenschaft der bewußte Verzicht auf alles Heldentum im «Schweizerspiegel» bedeutet.

Denn Inglin ruft im erwähnten Artikel indirekt beinahe zum Krieg auf. Das Wort von unserer Unabhängigkeit sei zur Phrase geworden. Jeder wisse, daß er mit uns machen könne, was er wolle: «Unsere Vertreter, die mit mitleiderregenden Worten die Sache wieder einfädeln sollten, schickt man mit einem höflichen Fußtritt dorthin, woher sie gekommen sind... Man zwingt uns langsam in die Knie! (Mit der wirtschaftlichen Blockade). Wir haben ja gezeigt, daß wir knien können.» Das «dichte... Mäntelchen» der «sogenannten Neutralität» und das feige Mitleid für andere möchte er zerreißen. «Vielleicht machen wir es nächstens wie die alten Märtyrer, bringen Dankopfer dar, nehmen die Lilie der Unschuld in die Hand, und warten mit geschlossenen Augen, bis – wir so weit sind wie Griechenland und über uns die Tafel Schillers aufhängen können: ‹Nichtswürdig ist die Nation, die nicht ihr Alles freudig setzt an ihre Ehre.›...» Am Schluß dämpft er allerdings wieder, wenn er sagt: «Krieg will in der Schweiz kein Mensch, aber mehr Festigkeit und Energie, weniger sich ducken vor fremden Potentaten. Im andern Falle nehme man uns die Mobilisationslast von den Schultern.»

«Phantasus»

Wenn Inglin 1916, in den Monaten vor dem Berner Semester, noch der mehr oder weniger unangefochtene Nietzscheaner war, zu dem er sich in der Aspirantenschule und dann als Leutnant immer deutlicher entwickelt hatte, so unterliegt er in Bern bald gegensätzlichen Einflüssen, ohne sie zunächst als solche zu erkennen. An der Universität hört er erstmals zwei Vorlesungen des Philosophen, Psychologen und Pädagogen Paul Häberlin – eine Begegnung, die für ihn entscheidend werden soll. Er sagt später sogar, daß das ethisch hochstehende, welt- und menschengläubige, kulturbewußte Weltbild dieses Lehrers ihn gerettet habe. Er gehörte auch bald – übrigens zusammen mit dem Lyriker Hermann Hiltbrunner, der ebenfalls in Bern studierte – zum engeren Kreis von Häberlins Schülern. Anfänglich aber ist in den schriftlichen Zeugnissen jener Monate noch wenig vom Einfluß Häberlins zu spüren. Inglin bemerkt in den «Amberg»-Materialien: «Nietzsche: ich verfiel ihm und wollte nach seiner Lehre leben und denken, ahnungslos, wie inkonsequent ich war, wenn ich mich gleichzeitig Häberlin unterwarf.» Selbstrausch und die von keiner Moral belastete Verherrlichung des großen Einzelnen und des singulären «Lebens» reizen ihn vorderhand noch ungemein stärker.[38] Der konsequenteste künstlerische Beleg dafür ist der Roman «Phantasus».[39 40] Inglin errichtet darin eine fiktive Republik Tralien. Der Leser erkennt bald verborgen die Schweiz. «Die Tralgenossen waren nur zersprengte Teile mächtiger Stämme, die rings um Tralien große und stolze Reiche gegründet hatten.» Der Name Tralien dokumentiert die innere Zerrissenheit, denn er setzt sich aus Abbreviaturen von «*T*eutschland», «F*ra*nkreich» und «Ita*lien*» zusammen. Das Land, dessen «Kitt brüchig war», zeigt sich in der Sicht eines edlen Jünglings, Wolf, der später den Spottnamen «Phantasus» erhält.

Aus Empörung über sein Volk wandert er zunächst aus («in das benachbarte, große Reich des Nordens»). «Ein Trale zu bleiben wie es tausend andere waren..., ein geduldetes Stück Vieh in der Herde, die sich selber Hirte war? Oh, seine Sinne sträubten sich dagegen, sein Blut widerschrie, sein Wesen bäumte sich wie Edelwild vor Stalltüren.» Aus dieser Not erlöst ihn der Krieg. Er kehrt in die Heimat zurück, die ihn «muttermächtig» wieder an sich zieht. Aber seine Enttäuschung wächst. Denn die Tralier präsentieren sich als «Duckmäuser unter dem Mantel der Parteilosigkeit». Wie er über die Höhen steigt und die Hauptstadt aufsucht, weht ihn «ein fauler Wind aus sonnenmüden, schläfrigen Niederungen» an. «Völker rangen um höchste Ziele; dieses Volk aber war ängstlich bedacht, keine Ziele zu haben...» «Die Kräfte ermangeln des freien Spiels und die Säfte sind verschimmelt.» Er erkennt, daß hier die «zweiten Ahnen Helden des Geldsacks» waren (er meint die Reisläufer) und «die ersten Vorväter» abgenutzt sind «wie die allzuoft gezeigten Schaustücke eines armen Sammlers».

Später sieht er, wie der personifizierte Hunger sich hier wegschleicht, weil man für Ungeschorenheit den hohen Preis der Ehre bezahlt hat.

Durch all diese Auseinandersetzungen mit der neutralen schweizerischen Demokratie und ihrer mangelnden Größe ist Inglin hindurchgegangen, bevor er das Land und seine Politik – gut fünfzehn Jahre später – im «Schweizerspiegel» verteidigt.[41] Um es auszuhalten, richtet «Phantasus» zunächst noch eine rein innerliche Utopie dagegen auf. Er will statt eines Landes, wo jeder eigensüchtig seine eigene Kammer verteidigt und die Interessen aller auseinanderstreben, eine «weihevolle Halle da, wo sich jeder wohlfühlte und die Feiertage seines Lebens verbrachte».

Die unausgesprochene Forderung nach Veränderungen stellen insgeheim auch die vielen späteren Helden Inglins[42], die sich an die verhärtete Gesellschaft nicht anpassen wollen. Noch Silvester Vonbüel, der Hauptgestalt von «Erlenbüel», welche der Autor als gut Siebzigjähriger schuf, bleibt nichts anderes übrig als auszuwandern, so wenig Freiheit ist ihm hier gegönnt. Jedenfalls gilt es, die «fable convenue» von Inglin als dem vaterländischen Dichter und Bewahrer konsequent einzuschränken und über dem zeitbedingten Hymnus auf die Schweiz am Schluß des «Schweizerspiegels» den Kritiker nicht zu übersehen. Der Autor gibt die nietzscheanische Begründung seiner Kritik schon bald auf und klagt darüber, daß er mit dem «Phantasus» «noch zu jenen Abseitigen gehöre, die Hofmannsthal in der Münchner Rede nennt und zeichnet (wie Pannwitz, Mombert etc., nur in nuce).»[43] (Mat. A. unter dem Titel «Der werdende Schriftsteller») Entsprechend scharf wird im «Schweizerspiegel» auch die Abrechnung mit dem rechtsextremen Severin ausfallen.

Doch der bloße Traum von einem besseren Land genügt Wolf auf die Dauer nicht. Er will sich mit sechs «kleinen Waffengefährten der Kindheit» zusammentun. Er sammelt sie um sich und legt seine Gedanken dar, worauf drei sich zurückziehen: der Marxist, der Bauer und der bürgerliche Vertreter des Mittelstands. Der erste schreit: «Kennst du die Sklaven der Arbeit, die ihren Schweiß für fettgewordene Überflüssige vergießen?» Der zweite: «...Die Milch meiner Kühe ist mehr wert als deine Begeisterung... mir ist zumute wie damals, als mir der junge, gärende Most das Faß sprengte.» Und den dritten, den Bürger, der Wolf einen «Verführer» schimpft, mag der Autor am wenigsten: «Der dritte, der nun das Wort ergriff, gehörte zu jenen Kreisen der Stadt, die nach oben und nach unten ein gutes Gewissen bewahren, weil sie von den irdischen Wünschbarkeiten weder zuwenig noch zuviel besitzen.» Es bleiben zurück: Eberhard, ein junger Offizier aus alter Familie, und Ulrich, der Historiker und Geisteswissenschaftler. («Der andere, Ulrich, stand vor dem Abschluß seiner Studien, die ihn durch die ganze Geschichte der Menschheit geführt und für die Größe der Völker begeistert hatten.») Sie schließen einen Dreierbund, ohne daß der Leser genaue Pläne erfährt außer dem «Willen zur Größe des Vaterlandes». Auch solches gehört noch zum Wesen späterer Inglin-Helden, daß sie sich gegen die herrschenden Verhältnisse stellen, ohne einen Gegenentwurf anzubieten: man denke an Wendel von Euw, Peter Sigwart im «Grand Hotel Excelsior«, Paul im «Schweizerspiegel», Silvester in «Erlenbüel». Der Bund wackelt bald. Ulrich verdächtigt Wolf einer unmäßigen Phantasie, die ihn aus fremden Gauen angeweht habe. Wolf sei wohl eher ein verhinderter Künstler als ein politischer Reformator. Wolf spricht indessen vor den Arbeitern, die ihm von allen im Land den besten Eindruck machen, nur seien ihre Ziele, die sich auf den Magen richteten, zu niedrig. Darauf tritt er in einer Studentenverbindung auf, die den Redner mit Wein und unter Gelächter «Phantasus» tauft. Und «der Getaufte verließ, einen Vulkan im Innern, glühende Lava im Gesicht, wortlos das Stammlokal.» Auch von seinen beiden Freunden wird Wolf bald verlassen, weil er nur zerstören, nicht aufbauen wolle. Nun geht es bergab; er wird seiner ungeheuren Träume und Qualen nicht mehr Herr.[44] Inglins eigener Zwiespalt in der Beurteilung der Figur wird offensichtlich. Es ist ein Schwanken, das sich bei diesem Autor immer dann einstellt, wenn er eine intensiv geschaute Figur oder einen Tatbestand moralisch oder politisch deutlich bewerten soll.

Wild reitend gelangt Wolf zu einem Freilichttheater, wo die Geschichte seines Volkes und dessen jetzige Zerrissenheit als Tragikomödie aufgeführt werden. Er will sich in die Vorstellung einschalten mit flammenden Ausrufen, wird aber von der Menge verjagt. Nun unternimmt er eine Flucht nach Norden, ein «tralisches Weib» hält ihn auf, und er harrt aus in einer tralischen Grenzstadt, wo er einen Klub gründet mit gleichgesinnten jungen Offizieren. Seine Ziele formulieren sich klarer in einer Rede an diese: Man dürfe die Masse nicht wählen lassen «zwischen opferschwerer Größe und behaglicher Mittelmäßigkeit». Dafür seien ganz wenige Steuerleute erforderlich, denn der Geist des Volkes, der «Demos», sei gefallen wie Luzifer. Die wenigen Mächtigen aber werden «den Geist uralter Herrschergeschlechter neu verkörpern»... «und der Jubel des erlösten Volkes braust gewaltig im Urgesang der neugeborenen Welt». «Schwarze Ruhe» unter den rauchenden Zuhörern im Salon ist die Antwort. «Nur rotglühende Punkte starrten wie einäugige Schlangen ratlos durch die Finsternis...» Eine kühne, straff geführte Oligarchie soll den «bürgerlichen Sicherheits- und Regenschirmstaat» (Thomas Mann «Betrachtungen eines Unpolitischen», in «Politische Schriften und Reden» 1968, Frankfurt am Main, S. 346) an die Hand nehmen. Was Nietzsche von der Demokratie für Europa befürchtet, «Verdummung... und Verkleinerung des europäischen Menschen» (Thomas Mann, a.a.O., S. 178/79), glaubt Inglin-Phantasus, sei in der Schweiz schon eingetreten.[45] Auf die Rede folgt eine wilde Traumnacht, wo er die wenigen Herrschenden sieht vor einem großen Gremium von Räten, von denen man über den Zeitungsrändern nur die Glatzen «wie junge Kohlköpfe in einem Riesentreibhaus» erkennt, während ein Redner unaufhörlich und gleichtönig schnattert. «Die Worte sind hart und dürr und hageln unbarmherzig über das

Kohlfeld hin.»[46] Am anderen Morgen wird Wolf in der Presse angegriffen, man spricht von einem Skandal, einem «imperialistischen Umsturzversuch». Er soll vor ein Sondergericht gestellt werden und flieht durch die Straßen. «Oh du verfluchtes Land!« schrie er auf. «Man darf nichts tun, man darf gar nichts tun... nichts darf man sagen, was nicht Gesetz und Brauch ist und in allen Mäulern lebt... Keine unbekannte Tiefe darf aufbrechen, sonst wirft man Steine hinein ehe man weiß, was ihr entsteigen wird.» Er wird in einer Gasse von der Menge erkannt und angegriffen, wehrt sich an einer Mauer, wie einst Uli Rotach, bis er das Bewußtsein verliert. Ähnlich geht es dem «Rufer in der Wüste» von Jakob Bosshart, der sein Land allerdings mit entgegengesetzten, sozialistischen Reformplänen heilen will. Wolf erwacht im Spital, die Polizei hat ihn halb tot dem wütenden Pöbel entrissen. In den «Glutschächten des Wundfiebers» liegend, beschließt er sich zu opfern, damit die Tralier an ihn glauben. Am Vorabend des tralischen «Erneuerungsfestes» entweicht er, hält wankend eine Rede, worin er «Demos» anprangert: «Das Volk war zur Größe bestimmt, und es blieb klein; seine Kräfte verlangten nach Licht und Raum, die Säfte drängten zur Blüte, aber in deinem Atem erstarben sie, und das geistige Abbild seines Wesens, das Zeugnis seiner Größe wurde nicht geboren.» Der Redner verheißt am Schluß die Erlösung vom «Demos» durch ihn, durch das Opfer seiner selbst, und er fällt sterbend zu Boden.[47 48]
Der «Phantasus» verkörpert eine von Inglins damaligen Möglichkeiten, mit der er sich aber nicht völlig identifiziert, was sich schon darin zeigt, daß er die Gestalt in den Irrsinn führt. Er kritisiert im Roman selber auch die «Wollust der maßlosen Phantasie». Immerhin bemerkt er im Tagebuch (19. 7. 17), daß er sich mit dem Roman «Phantasus» «ein schönes Stück Erlebnis vom Leibe geschrieben» habe.[49] Er dürfte damit nicht zuletzt auf die inneren und äußeren Spannungen um den erwähnten Artikel «Wozu haben wir eine Armee?» anspielen. Das heißt freilich nicht, daß er mit dem Roman zufrieden war, im Gegenteil, er hat selten so geringschätzig über ein eben abgeschlossenes Werk gesprochen: «Heute... habe ich den Roman ‹Phantasus› beendet. Er ist bei weitem nicht das geworden, was ich mir vorgestellt hatte. Pläne schmieden, das kann ich! Ich sah bald genug, daß sie nicht verwirklicht wurden. Mußte mich zwingen und immer wieder anfeuern, um durchzuhalten.» (19. 7. 17)
Wäre der «Phantasus» veröffentlicht, man könnte ihn als Gegenstück zu Paul Ilgs «Der starke Mann» bezeichnen, wo die Konspirationspläne in schweizerischen Offizierskreisen mit einer gewichtigen Stimme angeprangert wurden. Meinrad Inglin hat diesen Autor im übrigen von der Redaktionsarbeit in Bern her als gelegentlichen Mitarbeiter gekannt und als Schriftsteller sehr geschätzt.
Grundsätzlich steht der Phantasus Wolf innerhalb der spezifischen Inglinschen Typologie an einer bekannten Stelle; deshalb deuten einige Züge des für Inglin absonderlichen Werks auf später. Wolf gehört – von seinem politischen Extremismus abgesehen – zu den einsamen Jünglingen, die abseits stehen und als solche Einsame gelegentlich auch später noch leicht mythisiert erscheinen. Man denke nur an die Novelle «Über den Wassern» (1925). Mit der Gebirgsnatur pflegen sie Umgang wie sehnsüchtige Liebhaber: «Er badete sich in den Quellen mächtiger Ströme, er atmete, der Niederungen müde, die reinere Luft gewaltiger Höhen, er schritt über sonnenglütige Felsen und kühlte seine Stirn in den Fluten blauer Gewässer.» (Ms

PH) Eindeutiger und direkter, konkret, wenn auch nicht weniger hymnisch wird es der junge Mann von «Über den Wassern» formulieren: «Mein Blick befühlt die Hügel am See [auf der Alp], ist von jedem anders beglückt und kennt von jedem noch viele Versprechen; er läuft zwischen Felsinseln über die flache Weide und schwankt, wo er anschauend ruhen soll; er schweift hinüber zu den Hängen, hinauf ins Geklüft und irrt durch hundert Verlockungen.»[50]
Auch das wird so bleiben: daß, sobald einer dieser Einsamen, Naturtrunkenen sich an die Gesellschaft hält, er an seinem Vorhaben scheitert. Man denke wiederum an Peter Sigwart, an Wendel von Euw, an Paul bis hin zu Silvester Vonbüel.
Eine andere später wiederkehrende Gestalt ist jene des «gewaltigen Großen», hier ein «nackter, roter Riese» (Ms PH 42), der an die Sagenfigur des wilden Mannes erinnert. Er ist – psychoanalytisch gesehen – in Beziehung zum Jüngling die Vaterfigur, welcher die mütterliche Natur, die der Sohn inbrünstig sucht, längst im vertrauten Umgang besitzt. Ganz analog sind in der «Jugend eines Volkes» der alte Hunn, in «Über den Wassern» der Hirt Balz und in der «Grauen March» der Große konzipiert.[51]
Gegenüber dem ersten größeren Entwurf dieser Zeit, «Rudolf von Markwald», ist die Komposition im «Phantasus» viel transparenter geworden, was sich vor allem auch im Verfahren äußert, für ganze Bevölkerungsklassen und -gruppen einzelne Vertreter zu wählen und sprechen zu lassen, etwas, das Inglin in «Grand Hotel Excelsior» und vor allem im «Schweizerspiegel» wieder aufnehmen wird. Felix Moeschlin[52], dem Inglin seine Entwürfe zur Beurteilung damals zu schicken pflegte, schrieb zum «Phantasus» (7. 12. 17): «Sehr geehrter Herr, es war mir eine angenehme Überraschung zu sehen, wie gut Sie sich seit einem Jahre entwickelt haben. Ihr ‹Phantasus› bedeutet einen großen Schritt nach vorwärts. Ihre Dichtung ist durchgehend von einem starken, echten Rhythmus durchflutet. Es ist die kraftvolle Gestaltung eines Schweizer Willens, – leider deckt er sich nicht mit dem unseren, mit dem Sinne unserer Zeitschrift. Immerhin habe ich große Freude gehabt an der Kraft Ihrer Vision, die ein grelles Licht auf die Schäden unserer Demokratie wirft...»
Zur Zeit des «Phantasus» schwebt Inglin ein «Roman der Zukunft» vor: Die Hauptgestalt, ein Leutnant X., gleicht ganz jener des «Phantasus», X. denkt ebenso unpatriotisch wie Wolf. Er ist Nietzscheaner, «sehnt den Krieg herbei; er kommt; Frankreich erklärt der Schweiz den Krieg; Bürgerkrieg: Welsche und Deutschschweizer gegeneinander, die Schweiz fällt auseinander; Anschluß an die Großmächte; Leutnant X. hat als Ideal: die Herrenrechte; er verachtet die Demokratie; er wird zuletzt, kurz vor dem Frieden, von Deutschland geadelt, dann wird er wahnsinnig.» (Tagebuch, 28. 5. 16)[53] Dann fügt Inglin noch an, welcher Gesamteindruck vorherrschen soll: «Großartig, freskenhaft, psychologisch tief, logisch, konsequent realistisch. Soll ich beginnen? Soll ich?»
Daß Inglin im Roman «Phantasus» die Skizze eines ganzen Dramas einfügt, kommt nicht von ungefähr. Kurz nach Abschluß des «Phantasus» wird er sich um die Form des Dramas bemühen und schreiben: «Ich habe doch ein viel tieferes Verhältnis zum Drama, als ich ahnte... ich setze große Hoffnungen auf das Drama.» (Tagebuch) Bis etwa 1918/19 wird er diese Hoffnung aufrechterhalten. Zunächst sucht er bloß eine verstärkt dialogische Form. Ihm scheint, gerade diese sei seinem Den-

ken adäquat, weil sein Wesen «voll Widersprüche» stecke. Der Dialog scheint ihm ein vorzügliches Mittel, seine Persönlichkeit restlos zum Ausdruck zu bringen und zugleich durch diese Präzisierung der Widersprüche in sich selber Klarheit zu schaffen. (Tagebuch, 10. 11. 17) Die widerspruchsvolle Persönlichkeit würde in solchen Dialogen als ein «mit reichen und ungewöhnlichen Erkenntnissen gesättigter Mensch» erscheinen. (Inglin streicht später diese Eintragungen vom 10. 11. 17 und schreibt darunter: «O Vanitas! Vanitatum Vanitas!»)[54]

«Der Abtrünnige»

In diesen Monaten arbeitet er schon an seinem ersten großen Drama «Der Abtrünnige», dessen Abschluß er am 29. November 1917 im Tagebuch vermerkt.
Der Held heißt Josef Strübin: der Name gibt zuerst den Stücktitel ab. «Der Abtrünnige» gehört neben «Der Wille zum Leben» und «Phantasus» zu den drei Werken, die Inglin laut Tagebuch aus seiner Entwicklung nicht wegdenken kann. Wenn «Der Wille zum Leben» die Überwindung der «weltschmerzlichen Stimmungen» und Selbstzweifel bedeutet hat und «Phantasus» einen «Fall ins Extrem und den ungeheuren Einfluß Nietzsches auf mich», so ist «Der Abtrünnige» die endgültige Lossage vom Katholizismus. «Ich riß ihn mit den tiefgreifenden Wurzeln aus, die immer wieder Sprößlinge zu treiben versuchten.» (Tagebuch) Schon zwei Jahre zuvor, im «Melchior Lob», hatte er mit dem Ausreißen der Wurzeln begonnen.
In einem gewissen Sinn ist die Figur des Josef Strübin eine jugendlich einseitige Antizipation des Pfarrhelfers Reichlin/Diethelm, der nach langen inneren Kämpfen sein Priesteramt aufgibt. Im Aussehen und Verhalten ist er ein typischer Inglin-Held, mit dem sensiblen, schmalen Gesicht und den hohen geistigen Ansprüchen. Er hat eben doktoriert und kommt zurück in die stockkonservative Familie in einem «katholischen Landstädtchen». Der Vater ist Regierungsrat und gleicht den später immer wiederkehrenden Figuren der gesetzten Herren: Er ist ein «großer, fester Mann von imponierendem Aussehen», gepflegt und selbstbewußt. Der andere Sohn der Strübins ist Geistlicher, unduldsam gegen allen «modernen Unglauben». Er bereitet mit seinen Predigten den Boden für die Politik des Vaters vor. Josef entwickelt sich immer mehr zum Apostaten. Auch seine Liebe scheitert wegen des Abfalls vom katholischen Glauben. Die ersten Szenen sind geschickt gemacht, der Dialog spannungsreicher, als man aus gewissen etwas starren Romangesprächen Inglins erwarten könnte. Und doch muß der Leser mit Strübin ausrufen (S. 71): «Um die ganze Entwicklung klarzulegen, müßte ich ein Buch schreiben.» Zuvieles wird eben, statt gezeigt, nur wortreich behauptet.
Es ist ein Drama nach dem alten Schema von Pflicht und widerstreitender Neigung, aber insofern neu variiert, als die Pflicht erstarrt und völlig abstrus und letztlich unverpflichtend ist. Der Gegenpol des ideologisierten Katholizismus ist eine warme Lebensphilosophie, in der die «Urkraft» und die «unendliche Fruchtbarkeit» gepriesen werden. Auf dem Weg zu einem maßlosen und melodramatischen Schluß mit Toten, Lebensmüden und Wahnsinnigen werden noch einige Themen aufgeworfen, die später wiederkehren: So etwa die Unterdrückung der Frau in einer ver-

klemmten Ehe. Die Mutter emanzipiert sich unter dem Einfluß des Sohnes, und der Vater ärgert sich über «so ein Weib, mit Weiberhirn».
Am 29. November 1917 ist «Der Abtrünnige» laut Tagebuch fertig. «Ich habe mit größter Hingabe gearbeitet. Ich glaube, es ist gelungen. Bin eigentlich selber erstaunt, wie glatt das alles ging. Ich habe doch ein viel tieferes Verhältnis zum Drama, als ich ahnte. ‹Der Abtrünnige› ist mir nicht als ein Stoff eingefallen, der ebenso gut hätte episch behandelt werden können; der erste Einfall war schon dramatisch bestimmt; das heißt, der Einfall, der mich zur Gestaltung dieses innerlich Erlebten reizte. Ich setze große Hoffnungen auf das Drama.»
Schon wenige Tage danach beschäftigt ihn ein neuer Dramenplan, der aber nicht ausgeführt wird: «Aus dem Tiefsten dieser Zeit heraus; der Kampf der Demokratie gegen die Monarchie.»
Der Sohn einer adeligen Familie ist innerlich zerrissen, weil er seinem Wesen nach «von Adel» und also monarchistisch ist. Immer mehr aber wird er von der Erkenntnis bedrängt, daß er sich der Demokratie zuwenden müsse. «Als Hintergrund ist der Kampf in seiner Umwelt dramatisch lebendig zu gestalten.» Zur Gestaltung fühlt Inglin sich berechtigt wegen seines Werdegangs als Nietzscheaner und Offizier. Von daher sei er noch ganz mit Standpunkten gegen die Demokratie durchdrungen. Langsam und zögernd gebe er selber den gegen ihn anstürmenden Erkenntnissen von der Notwendigkeit der Demokratie nach. Er müsse also nur in die eigene Brust greifen, um dem Helden Wahrheit zu verleihen. Um aber diesen geistigen Kampf in reale Geschehnisse übertragen zu können, müsse er noch mehr zum Thema lesen und vor allem auch sich «am politischen Kampf» beteiligen.
Inglin steht 1917 an einer demokratischen Wende, seiner ersten. Bald wird ihn die Lektüre von Leonhard Ragaz (1919) in seinen neuen Anschauungen bestätigen. Mit dem «Phantasus» und der einseitigen Formulierung von nietzscheanisch-aristokratischem Gedankengut hat er dieses gleichzeitig überwunden. Ähnlich wird er sich später gerade durch den einseitigen Essay «Lob der Heimat» (1928) vom Zivilisationshaß und forcierten Naturmystizismus distanzieren und innerlich frei machen für jene zweite demokratische Wende, welche dann der «Schweizerspiegel» (1937) dokumentiert, an dem er von 1930 an arbeitet.
So zeigt sich an jedem Entwurf, wie später an jedem publizierten Werk, der hohe Anteil des Selbsterlebten: «Wofür man vom Erlebnisse her keinen Zugang hat, dafür hat man kein Ohr.» Diese im Tagebuch zitierte Stelle aus Nietzsches «Ecce Homo» streicht er später, wie er die frühen Eintragungen neu durchgeht, rot und blau an. Entsprechend ist die Faszination, welche die Erlebnistheorie Diltheys auf ihn ausübt, die Forderung, daß wahre Dichtung nur aus dem «unausdeutbaren Leben» schöpfe. Von hier aus kann er auch keinen anderen Stil mehr wollen als jenen eines genauen Realismus. Der menschliche Kopf bietet mit all seinen Phantasien nicht, was das konkrete Leben. So spricht er sich im Tagebuch auch bald gegen einen körperlosen Expressionismus aus.(7. 3. 19) Er möchte sogar seine Dramen in Dialekt schreiben und hilft sich dann so, daß er den Dialog in der Mundart konzipiert und ins Hochdeutsche übersetzt. (Ein entsprechender Entwurf ist nicht erhalten.) So schaffe er doch «aus dem Leben heraus, das ihn umgibt». Daß Inglin später ganz dorthin zurückgeht, wo er die Umwelt am besten kennt, scheint von hier aus völlig konsequent.

Ein dramatischer Entwurf, den Inglin am 2. Dezember 1917 erwähnt, kommt erst als Episode im Roman «Die Welt in Ingoldau» zur Ausführung: «Der tragische Selbstmord eines Knaben ist dramatisch zu gestalten und die Schuld der Erzieher an seinem Tod mit scharfen Lichtern aufzudecken.»

Paul Häberlin

Das psychologisch-pädagogische Interesse Inglins, seine Vorliebe für Bubengeschichten, fühlt sich einerseits durch die zeitgenössische Literatur (Spitteler, Heinrich und Thomas Mann, Heinrich Federer, Wedekind, Tolstoi) legitimiert; von seinem hervorragenden Lehrer an der Universität Bern, Paul Häberlin, aber dürfte dieses Interesse vor allem gestärkt worden sein. Häberlins Psychologie und Philosophie standen schon damals stark unter dem Aspekt der Ethik und der Erziehung. Er war 1914 in Bern zum Ordinarius für Philosophie «mit besonderer Berücksichtigung der Psychologie und Pädagogik» gewählt worden. «Er war genau der Mann, den ich jetzt nötiger hatte als alle übrigen Lehrer, Paul Häberlin, und was ich in der Folge von ihm hörte, war genau das, was ich brauchte», so schreibt Inglin 1958.[55] 1916 nahm er bei ihm unter anderem an folgenden Vorlesungen und Seminarien teil: «Psychologie einiger Kinderfehler», «Einführung in die Philosophie», «Grundtatsachen des menschlichen Seelenlebens». «Wir fanden mehr als den Dozenten, der notwendiges Wissen vermittelte, wir fanden einen Erzieher, der klärend, befreiend, fördernd auf unser Wesentliches wirkte.» Der extreme Nietzscheaner Inglin ließ sich von Häberlin immer mehr zu einer «praktischen Weisheit» und zu einem «tiefgründigen Weltvertrauen» zurückholen. Dabei interessierte ihn weniger Häberlins Philosophie, die ihn gelangweilt habe, als eben seine Pädagogik und Psychologie. Daß er nachträglich die Berner Zeit mit «Gesundung und Auftrieb» kennzeichnen kann (Mat. A.), verdankt er wohl nicht zuletzt diesem Lehrer, der über die Universität hinaus mit den Schülern verbunden war. Inglin, der zu jeder Zeit schwer unter den autoritären Normierungen des Einzelnen durch die Gesellschaft litt, war besonders empfänglich für die stark auf das Individuum ausgerichtete Ethik und die Kulturphilosophie Häberlins. Verstand man dessen Idee der Gemeinschaft weitsichtig genug, so war auch die «Eigenrichtigkeit» des werdenden Schriftstellers legitim. Von Häberlins Prinzipien aus wollte sich Inglin, welcher wie der von ihm verehrte Hamsun-Held im «Pan» allzugern in eine selbsterfüllende Unabhängigkeit flüchtete, auch wieder einordnen lassen. Und andererseits durfte er sich gerade unter den gleichen Voraussetzungen eine befristete Flucht auch gestatten. Denn Häberlin verstand die erotischen Kräfte des Menschen als einen «Zug nach dem Einssein mit dem All». Von diesem neuen, umfassenden Selbst- und Menschenverständnis her konnte er sich stufenweise jenem Begriff eines «bürgerlichen Schriftstellers» nähern, mit dem er sich später selber bezeichnet. Und von dem neuen Gemeinschaftgefühl her warnte er dann mit fast lehrhaftem Interesse in der «Welt in Ingoldau» die Erzieher, die Mütter und Väter, vor ihren geistigen und seelischen Vergewaltigungen der Jugend. Häberlin, der die Angst als einen der gefährlichsten Feinde der gesunden sittlichen Entwicklung bezeichnet, schärft

wohl auch Inglins Sinn für die Schuldgefühle, die den Jugendlichen von klein auf eingeimpft werden.
Von Freud hatte Häberlin die Erkenntnis der ersten Pubertät vor dem fünften, sechsten Lebensjahr und damit die Einsicht in die kindliche Sexualität übernommen: dies wiederum bestimmt Inglins Blick auf die Nöte der Kinder und der Jugendlichen, deren zweite Pubertät wesentlich vom Gelingen oder Nicht-Gelingen der ersten abhängt. Ohne Häberlin hätte der Ingoldau-Roman und wohl auch das ganze übrige Werk Inglins anders ausgesehen.
Nicht wenige sittliche Entscheide, die darin getroffen werden, dürften auf Häberlins Ethik zurückgehen. So etwa in «Drei Männer im Schneesturm», wo sich einer entscheiden muß, welchen seiner beiden Kameraden er retten soll, und wo er den rettet, der ihm wertvoller erscheint. Er entscheidet so, weil seine Vernunft es ihm gebietet. Häberlin hat in der Gewissensbildung immer eine Erziehung zur Freiheit, zur «Nicht-Gebundenheit» an äußere Autoritäten, gesehen. Jede «Fixierung» des Gewissens sei eine bloß «sentimentale Identifikation mit dem Erzieher», auch wenn dieser als Institution, als Kirche beispielsweise, auftrete.[56]
Häberlin sieht die Gesamtheit des Seienden, die Welt, als etwas Ewiges, Unendliches, das sich ständig (letztlich harmonisch) verändert. Jedes einzelne (unersetzliche) Individuum kann innerhalb einer begrenzten Freiheit zu der Veränderung beitragen. Diese Weltgläubigkeit hat Inglin im Innersten bestärkt, wenn er auch weniger optimistisch das «ewige Sich-Neuvollenden» beurteilte, wie sein Haß gegen technische Umweltzerstörungen zeigt. Auch die gläubige Auffassung von der menschlichen Gemeinschaft, die jedem Einzelnen zur Erfüllung verhelfe, kann Inglin mehr als Utopie, denn als Realität annehmen. Wie sehr seine Helden sie wünschen, zeigen ihre leidenschaftlichen, aber meistens aussichtslosen Versuche zur Integration.
Auch Häberlins positives Bild von der Geschichte als einem sinnvollen Geschehen kann Inglin nicht übernehmen, er, der gerade durch das Erlebnis des Ersten Weltkriegs Geschichte als ein übermenschliches Fatum betrachten lernt, in dem die Staaten und der Einzelne machtlos ganz oder halbwegs zugrunde gehen.
Häberlins hohe Auffassung von der Form, die auch den an sich unschönen Stoff hebe, hat Inglin in seinen von Hofmannsthal, George und Borchardt übernommenen Idealen nur bestärkt.
Und schließlich mag ihn Häberlins Glaube an die Psychologie zur Form des Romans bewogen und ihm geholfen haben, in seinem vertrautesten Raum, in Schwyz, eine darstellbare Welt von Menschen mit exemplarischen Konflikten zu entdecken. Entsprechend lautet eine Tagebuchstelle: «Bisher war mein Verhältnis meiner ausgedehnten Verwandtschaft gegenüber immer noch mit triebmäßigen Motiven gespickt, wie Verachtung des Bürgerlichen, Abneigung gegen die sogenannte Familienschinderei, Scheu, Mißtrauen usw. – Jetzt aber beginne ich mich für meine Verwandtschaft und ihre Stammbäume zu interessieren und erkenne mit Staunen, was für eine Fülle von Studienobjekten mir da entgegentritt. Die Ketten der Geschlechter, die Folgen der Generationen stehen vor mir, und eine Menge von Gestalten beginnen sich zu enthüllen. Viele leben noch und die werde ich besuchen und beobachten; andere leben in Tagebüchern weiter. – Da stehe ich dem Leben gegenüber und das ist mehr wert als alle Literatur, die ich verschlinge.» (1. 1. 18)

Die Hinwendung zur Psychologie und zu Häberlin geht zusammen mit dem Entscheid für den Realismus und der endgültigen Ablösung von Nietzsche und dem Expressionismus.
Auch eine andere Tagebuchstelle dokumentiert Inglins Faszination vor der Psychologie: «Die Wissenschaft hat für mich nur einen Wert, wenn sie lebendig ist; ich habe deshalb zur Psychologie (nicht zur transzendentalen) und zur Psychoanalyse ein tieferes Verhältnis und versenke mich auch mit Lust in die Kunst- und Literaturgeschichte, wenn sie vom psychologischen Standpunkt aus betrieben wird.» (28. 11. 17)

Pläne und Entwürfe

Laut dem Berner Testatheft bleibt Inglin bis Ende Wintersemester 1918/19 an der Universität immatrikuliert; fast das ganze Jahr 1918 aber leistet er Militärdienst. Die Zeit von 1915 – 1918/19 zeugt von einem Ausbruch von schöpferischen Ideen und Entwürfen, den man später nicht mehr in diesem Maß dokumentieren kann. Ein Plan scheint den anderen zu verscheuchen. Einzelne seien aus dem Tagebuch zitiert oder kurz umrissen: «12. Mai 1916: Vorwurf zu einer Novelle: ein Knabe als Opfer des Buches. Er liest Indianergeschichten, Buffalo Bill etc., kommt in eine Welt von Illusionen, wird zum Verbrecher und geht zugrunde. Ganz psychologische Darstellung. Perspektive aus der Phantasie des Knaben heraus. Buffalo Bill. Erste Wirkung: Stiehlt... mit seinen Kameraden dem Waldbruder die Eier. Zweite Wirkung: Tötet dem Waldbruder die Hühner...» Hier fällt zugleich der erste Hinweis auf ein bis in die vierziger Jahre wiederkehrendes, aber nie ausgeführtes Projekt: die «Waldbrudergeschichten».
Als historische Novelle ist eine psychologische Darstellung des Fra Bartolomeo geplant: dessen Hinwendung zur religiösen Malerei, sein Ersticken dann in den Mauern von San Marco.
Als «Don Juan»-Stoff sieht er folgende leicht skurrile Begebenheit: «Die gestorbene Geliebte, deren Körper er noch nie gesehen hat. Er hält die Nacht allein Totenwache, enthüllt den Leib und macht eine photographische Blitzlichtaufnahme.»
Am 22. Dezember 1917 erfolgt der erste Hinweis auf den Stoff des »Schweizerspiegels». Er will *den* schweizerischen Soldatenroman verfassen und nimmt sich vor, daß nicht er, der Künstler und erlebende Schriftsteller, Held sein dürfe, sondern «der Durchschnittssoldat, der typische Korpus und Leutnant». Trotzdem soll der Roman in der Ich-Form (in «ganz einfacher Sprache») geschrieben werden. «Keine bloße Erzählung, sondern Gestaltung, Kunstwerk. Aber sehr schlicht.»
Zwischen solchen Plänen finden sich immer Bemerkungen darüber, wie ihm das künstlerische Schaffen weit über alles andere gehe. Er beginnt sogar die Universität und alle Wissenschaft zu fürchten. Er will nichts «von der Reinheit und Ursprünglichkeit» seines Schaffens einbüßen. «Der Einzigartige», Nietzsche, kann ihn auch jetzt noch bestätigen. Er unterliege ihm bei der Lektüre der Nietzsche-Briefe aufs neue und lerne hier, alles nur durch dessen eigenes Glas, «durch das Mikroskop seiner Verachtung, durch das Teleskop seiner Hoffnungen und Wünsche in der

Morgenbeleuchtung seines Zieles» zu sehen. Das «Einsam-auf-einem-Felsen-Stehen», das Inglin sich hier beibringt und einübt, hat er bis zuletzt in seinem Lebensgestus bewahrt. Die Haltung zeigt sich sogar in der Wahl des Wohnorts. Einsam stand er in Schwyz und schaute auf die Schweiz, die Welt; einsam stand er im Schwyzer Bereich außerhalb im «Grund» und schaute auf Schwyz.[57]

Um einsam auf dem Felsen zu stehen, braucht es allerdings nicht nur Geist, den hatten auch die Décadents der Jahrhundertwende. Inglin fühlt sich ganz in einer neuen Zeit und Generation, indem er immer wieder, alle paar Seiten im Tagebuch, körperliche Tüchtigkeit fordert. Solche Ideale gehen wohl auch auf den Militärdienst zurück. Noch der alte Inglin pries den Aktivdienst während des Ersten Weltkriegs als seine eigentliche Lebensschule. «Neues Ideal: aus unserer auf einer degenerierten Körperlichkeit ruhenden geistigen Atmosphäre heraus bewußt nach körperlicher Tüchtigkeit streben. Tiefste Geistigkeit, verbunden mit größter, körperlicher Tüchtigkeit.» (April 1916) Es ist das Ideal eines Ernst Jünger und Thomas Mann, welche ihrerseits stark auf Nietzsche basieren.

Immer wieder betrachtet Inglin denn auch zu dieser Zeit solche, die ihm als «große Männer der Tat» erscheinen: Bismarck, Luther... Er will nicht «die Helden des Geistes», denn «es gibt auch heute Menschen wie Luther, Bismarck etc., nur im geringeren Format und mir nicht zugänglich». Dabei kommt für ihn nicht in Betracht, was sie taten, sondern wie sie beschaffen waren: «Das ist meine Geschichtsbetrachtung», der es im übrigen – wie er betont – nur um die Erkenntnis der Gegenwart gehe. (12. 2. 18) Und diese Auffassung wird ihn bestimmen, wenn er bedeutendere Figuren wie Bosshart (SP), Christof von Esch («Erlenbüel»), den Major von Euw (UR), die von Schönenbuch und von Rickenbach (WI) beschreibt. Nicht was sie tun, erfährt man, sondern wie sie sind. Charakter- und Temperamentsstrukturen pflegt Inglin im ganzen Werk immer erst prägnant und unglaublich sicher hinzuzeichnen, bevor er zum eigentlichen Erzählen kommt. Jegliche Aktion einer Figur ist erst von dieser gegebenen Grundlage her zu verstehen.

1917 und 1918 sind auch die Jahre der ersten heftigen Enttäuschungen bei Verlagen und Theatern. Ein Manuskript ums andere kommt zurück, was Inglin lakonisch, oft sogar fast witzig vermerkt, z.B. am 10. Oktober 1918: «Todesanzeige einer Hoffnung: Heute hat mir das Zürcher Stadttheater den ‹Abtrünnigen› zurückgeschickt!»[58]

Am 28. August 1918 erwähnt er zum ersten Mal «St. Ingobald», das Romanprojekt, aus dem dann die «Welt in Ingoldau» wurde. Am 8. Februar 1919 endet dieses Tagebuchheft (einige spätere Seiten sind der Schere zum Opfer gefallen) mit dem Vermerk: «Erster Teil ‹St. Ingobald› fertig.» Am 28. Oktober 1918 fällt schon der erste Hinweis auf den Roman «Grand Hotel Excelsior», der erst 1928 erscheinen wird. Der Titel heißt noch – autobiographisch – «Grand Hotel Axenstein». Anfangs will er nur «die Sonnenseite des Lebens» und «einfache... menschliche Schicksale» darstellen «ohne leitende Grundidee». Dieser Mangel haftet dem Buch vom ersten gedanklichen Entwurf bis zum Erscheinen an: Unentschiedenheit in der Grundkonzeption. Inglin wollte offenbar zuerst nur das gelassene Leben der großen Gesellschaft zeigen, die ihn lange ebenso fasziniert hat wie die unberührte Natur. Das spürt man noch dem Buch von 1928 an. Allzu interessiert sind die Details hier ausgeschildert. Der spätere Gegenpol zum Grand-Hotel-Leben, das ganz einfache bäuerliche Dasein in der Natur, fehlt in der ersten Konzeption. Die Polarisierung ist bei Inglin auch erst von der Mitte der zwanziger Jahre an möglich, zu spät wohl, als daß das so früh geplante Werk noch ganz hätte umgebaut werden können.

Es sieht fast aus, als hätte Inglin in dieser hektisch produktiven Zeit zwischen zwanzig und etwa siebenundzwanzig Jahren sein ganzes künftiges Werk projektiert und dann sein ganzes Leben der Ausführung gewidmet.

Kritiker in Zürich

Am 11. November 1918 fragt er angesichts des drohenden Generalstreiks: «Droht Europa der Zusammenbruch? Oder winkt schon eine neue Auferstehung?» Die Frage wird hinter allen Ereignissen des «Schweizerspiegels» stehen: sollte, um einer neuen Zeit willen, nicht das Alte zerstört werden? Das scheint er in der «Jugend eines Volkes» für die Schweiz zu bejahen. Er zeigt ein sich stetig Veränderndes, welches durch Zusammenbrüche zu immer neuen Formen vordringt. In dieser Richtung liegen auch frühe politische Bemerkungen über den Widerstreit zwischen Bürgertum und Sozialismus in ihm oder über den linken Flügel des Freisinns, auf dessen Standpunkt er sich stelle. «Die natürliche Entwicklung der europäischen Mentalität» habe ihn zu dieser Position geführt. «Wenn sich dieser Ausweg nicht geboten hätte, würde ich nach meinen Überzeugungen vielleicht bald für die Politik unserer gemäßigteren Sozialdemokraten eintreten müssen.» (8. 2. 19) Als autobiographisch wichtigstes Ereignis im Jahr 1919 vermerkt er in den Materialien zum «Amberg»: «1919 mein Ja zur ‹neuen Schweiz› von Ragaz.»

Aber schon in den Tagen des Generalstreiks rückt er die erregenden Tagesfragen unter einen kosmischen Aspekt: «Ich bin zu jeder geistigen Arbeit unfähig und ganz aufgerüttelt. Aber trotzdem! Die Sterne leuchten in der alten Weise und die Erde rollt ruhig durch den Raum.» Ähnlich alles Menschenwesen relativierend schließt im «Schweizerspiegel» das «Vorspiel».

Das Kriegsende vermerkt Inglin im Tagebuch nicht. Den November 1918, die Zeit des Generalstreiks, scheint er meistens zu Hause in Schwyz verbracht zu haben; die Tante erwähnt die heftige Grippe Josefs, vor der Meinrad samt dem Bett in sein Studierzimmer geflüchtet sei. Den 5. November, den eigentlichen Tag des Generalstreiks, verbringt Inglin aber – wie Paul im «Schweizerspiegel» – als beobachtender Zivilist in Zürich. Er muß dann doch auch erkrankt sein, denn er bejahte meine diesbezügliche Frage und betonte, es hätte vielleicht auch sein Gutes gehabt, wenn er damals gestorben wäre: «Dann hätte ich den ‹Schweizerspiegel› nicht schreiben müssen.»

Inglin verläßt Bern nach dem Wintersemester 1918/19 endgültig. Das «Berner Intelligenzblatt» läßt ihn nur ungern ziehen, obwohl er die letzte Zeit über fast immer im Militär war. Der Chefredaktor Dr. Baumgartner stellt ihm ein vorzügliches Zeugnis aus und hofft dringend, «er sei wieder einmal disponibel» für seine Zeitung. Im März 1919 tritt er an der neugegründeten «Zürcher Volkszeitung» eine Redaktorenstelle an. Die Zeitung verstand sich als «Freisinniges Organ für Politik,

Volkswirtschaft und soziales Leben in Stadt und Bezirk Zürich». Es scheint, eine neue Liebe habe ihn in diese Stadt gelockt: die Liebe zu Bettina Zweifel, der Frau, die er zwanzig Jahre später heiraten wird. Eine unglücklich endende Beziehung zu einer anderen Zürcherin, Marthel Maurer, hat er eben überwunden. Ein Rückblick darauf sei gestattet. Die Korrespondenz Marthel Maurers ist vom 2. Mai 1917 bis zum 8. Oktober 1918 bezeugt. Aus den Briefen spricht eine geistreiche, gebildete Person. Sie steckt am Zürcher Konservatorium mitten in den Prüfungen (Klavier); sie ist Schülerin von Volkmar Andreae und kennt auch den Komponisten und Pianisten Ferruccio Busoni gut. Sie malt in den Ferien und macht Inglin gegenüber, den sie sehr liebt, immer wieder kritische Bemerkungen: auf den Photos mache er gelangweilte Aristokratengesichter, und er kapsle sich überhaupt zu stark ab. Für seine Schriftstellerei aber hat sie nur gute, bestärkende Worte. Aus ihren Briefen kann man entnehmen, daß er am «Phantasus» feilt. Dann fragt sie gelegentlich, wie es in St. Ingobald gehe. 1918 also muß Inglin schon intensiv an diesem Roman gearbeitet haben. Ein gewisser Vorbehalt ist dem Verhältnis auf beiden Seiten anzumerken. Erst wie sie gesteht, daß sie mehr Liebe zu geben vermöchte als sie wirklich tue, schreibt Inglin einen flammenden Brief, von dem der Entwurf erhalten ist: «Was ich unterdrückte und eng auf ein Mittelmaß herabschraubte, und nach welchem Du Dich doch gerade sehntest, das, Liebstes, besitze ich noch in vollem Maße, und ich möchte Dich damit überfluten und in einem Wirbelsturm zu den Sternen tragen...» Sie soll «alle Scham und Scheu in den Wind schlagen und geben, was sie zu geben habe». Danach verstummt die Korrespondenz.
Seine spätere Frau Bettina hat Inglin im darauffolgenden Winter kennengelernt, wohl anläßlich einer Einladung bei seinem Freund Walter Mertens, der denselben Geigenlehrer wie Bettina am Konservatorium hatte: Alexander Schaichet. Die neue Beziehung scheint ihn wie kaum eine zuvor ergriffen zu haben. Er betonte später, er habe die Redaktionsstelle bei der «Zürcher Volkszeitung» nur auf Wunsch der Familie Zweifel, vor allem des Vaters der Freundin, angetreten. Da er schon so stark mit der «Welt in Ingoldau» beschäftigt ist, wird er jede Rezension, die er schreiben muß, als Störung empfinden. Auch hat er gemäß Vertrag seine «volle Zeit und Kraft» diesem Blatt zu widmen. Dafür erhält er ein festes Salär von Fr. 500.– und drei Wochen Ferien. Die Tante klagt an Pfingsten, daß Meinrad in der kurzen Zeit in der Stadt elf Pfund abgenommen habe.
Er arbeitet in einem von der Offiziersschule her vertrauten Bezirk; die Redaktion liegt in der Kasernenstraße 3 im Kreis 4. Häufig schreibt er im Feuilletonteil: zuerst über einen Auftritt Gerhart Hauptmanns in der Tonhalle (28. 3. 19). Wie in seinen Romanen skizziert er ein Porträt: «Er schritt, vom Beifall des ganzen Hauses empfangen, ruhig über die Bühne, ließ sich an der Seite des Tisches nieder, setzte die Brille auf, schlug die Beine übereinander und begann. Seine Linke hielt das Buch, sein Antlitz, das mit den geistigen Arbeitsspuren und der hochgewölbten Stirne weit aus dem Kranz der grauen Haare vorspringt, hing sich leidenschaftlich an die Zeilen des Werkes, und die Rechte begleitete in scharfen Gesten seine Worte. Er durchschnitt mit der flachen Hand die Luft, um zu verneinen, er hob sie lässig um hervorzuheben, er schüttelte sie zur Faust geballt, um zu bekräftigen, er holte mit dem ganzen Arme nach hinten aus, um sie beschwörend empor zu schleudern. Diese Gesten verwehrten dem Worte zuerst seine reine Wirkung; allmählich aber

wurden sie selbstverständlich, weil sie den natürlichen Impulsen folgten und sinnfällig gestalteten.» Und dann, nachdem er Hauptmanns Verdienste dargelegt hat, folgt eine Verteidigung, die einmal mehr Inglins entschiedene Hinwendung zum Realismus in diesen Jahren bezeugt. «Hauptmann ist gewiß nicht mehr ein Vertreter unserer Zeit, da Gott in den besten Seelen lebendig wird. In seine Feder floß dieses Wort nicht ohne heimlich zurückbehaltene Anführungszeichen; er begnügte sich mit dem Menschen. Aber ist das so wenig? Ist das nicht viel mehr als die Gott- und Menschlichkeitsbegeisterung vieler Heutigen, die leer dastehen würden, wenn sie sich mit dem wirklichen Menschen begnügen müßten?... Jedenfalls hat dieser Glockengießer seine Glocken gegossen, und unsere Zeit wird ihnen vorläufig die Klöppel nicht aushängen. Ehren wir ihn, seine Glocken läuten!» (28. 3. 19)
In hervorragenden knappen Kritiken schreibt er über eine Paul-Ilg-Uraufführung am Pfauentheater, über ein Schnitzler-Gastspiel und über die Uraufführung eines Lustspiels von Robert Faesi, «Die Fassade» (31. 3. 19). Daß er hier mit Faesi ziemlich spöttisch verfuhr, hat er sich sein ganzes Leben lang nicht verziehen. Er sagte mir, er schäme sich heute noch, das sei schon die Deformation des Journalisten gewesen. Ein Verriß sei unmenschlich. Faesi habe nobel reagiert und sich nie gerächt, und das habe ihn um so mehr beschämt.

«Über das dichterische Schaffen»

Am 7. Juni erscheint ein ausgezeichnet geschriebenes Feuilleton über «Dada»[59], das allerdings der Kunstrichtung wenig Verständnis entgegenbringt. Dada erscheint ihm blutleer wie der Expressionismus, den er überwunden hat. In diesem Zusammenhang ist ein zweites Feuilleton noch bedeutender, das er am 1. Oktober 1918 in der «Neuen Zürcher Zeitung» (Nr. 1290) unter dem Titel «Über das dichterische Schaffen. Brief an einen Literaten» veröffentlicht, und das ihm viel begeisterte Zustimmung einträgt, unter anderem von Eduard Korrodi, dann von Ferruccio Busoni, der ihm «als Künstler» für den «trefflichen Aufsatz» dankt (2. 10. 18) und vom jungen Walter Mertens[60], der selber unsichere schriftstellerische Pläne hegt, Inglin deswegen anfragt und bald einer seiner besten Freunde sein wird. In seinem Haus findet Inglin einige Jahre später Zuflucht vor dem handgreiflichen Skandal, den «Die Welt in Ingoldau» in Schwyz auslöst. Inglin unterscheidet im Aufsatz den Künstler vom bloßen Literaten; man darf den Brief als eine Standorterklärung betrachten, die er nie mehr aufgeben wird. Noch die im Nachlaßband «Notizen des Jägers» publizierten Aufzeichnungen zur Literatur sind von hier aus zu verstehen. Der Brief fängt so an und zeigt den bedeutenden polemischen Zug, den seine Feder haben kann: «Die Öffentlichkeit hält Sie für einen Dichter, und Sie lassen es gelten. Erlauben Sie mir, anderer Ansicht zu sein? Vor dem Kriege haben Sie Bürger und Gläubige verspottet und den Niedergang der Menschheit festgestellt. Heute bekennen Sie sich zur Liebe, zum Mitleid, und huldigen mit Pathos dem Menschen. Es ist Ihnen ernst mit dieser Wandlung...» Dann stellt er den Künstler dar, der weniger gescheit und witzig sein mag und dafür «das Entscheidende besitzt»: das Erlebnis. «Was soll denn Erlebnis sein? Eine gewisse Art künstlerischer Einfälle, die den Dichter ebenso stark bewegen, erschüttern, berauschen, wie es wirkliche Vorfälle zu tun vermöchten. Diese Einfälle verdanken ihre Wirkung dem Umstand, daß sie nicht als Begriffe oder Erinnerungen, sondern bereits gestaltet und von einem geheimen, unbegreiflichen Leben erfüllt in das Bewußtsein des Dichters treten. Es ist die unmittelbare, innere Anschauung eines Menschen, einer Situation, es ist das, was man einzig und allein unter dem künstlerischen Erlebnis zu verstehen hat. Jedes andere, äußere Erlebnis muß erst in dieser entscheidenden Weise nacherlebt werden, ehe es für das Kunstwerk in Betracht kommt.» Das ist genau jenes eidetische Prinzip, nach dessen fast erschreckender Erfahrung Inglin überhaupt erst zu schreiben angefangen hat. Auf diese Weise sieht er unmittelbar gestaltbare Träume oder Menschen. Man erinnert sich, wie er als Knabe auf dem Friedhof seinen toten Onkel so leibhaftig vor sich sah, daß er ihn eigentlich nur im Beschreiben hätte wieder aus sich heraus bannen können. Diese plötzliche Anschauung nennt er hier «entscheidenden Einfall», «der plötzlich in den unproduktiven Alltagszustand des Künstlers einbricht». Zeitlebens hat Inglin das Künstlertum als einen plötzlich einsetzenden kreativen Schub verstanden, dem man nicht entgehen könne. So habe er – sagte er im Alter – sich eine Zeitlang gegen den «Schweizerspiegel» gewehrt, ahnend, welchen Aufwand an inneren Energien ihm dieser kosten würde, aber umsonst.

Inglin geht in diesem Brief so weit, Beispiele von bloßem Literatentum und wahrer Kunst zu liefern. Erkünstelte Sätze stellt er gegen gedichtete von Dostojewski. Ein Literat schriebe nach der Rede des Großinquisitors («Brüder Karamasow»): «Liebe aber schlägt inbrünstig ihm entgegen und erschüttert mit ihrer verzeihenden Kraft Bewußtsein überlegener Wichtigkeit; zur Ruhe sich zwingend fühlt den Wunsch er aufstürzen, dieses furchtbaren Menschen in Ewigkeit ledig zu sein, und dem zum Willen geballten Wunsche gehorchend, schickt er, trennende Abgründe schon aufreißend, ihn fort.» Dostojewski schreibt aber: «Doch er steht plötzlich auf, tritt an den Greis heran und küßt ihn sanft auf dessen blutlose Lippen. Das war seine Antwort. Der Greis erbebt. Seine Mundwinkel bewegen sich. Er geht zur Tür, öffnet sie und spricht zu ihm: ‹Gehe hinaus und kehre nicht wieder – kehre nie wieder – – nie, nie!›» Inglin erklärt dazu, daß «aller Aufwand an plastischen, malerischen und symbolischen Mitteln, an sprachlichen Derwischtänzen und ekstatischen Bekenntnissen» keinen Pfifferling nütze. Wieder also wird ein abstrakter expressionistischer Stil gegen den Realismus ausgespielt, für den Inglin selber sich entschlossen hat.

II. TEIL

Verwirklichung

Der Weg nach St. Ingobald

Schon damals, 1918, erwägt er die Möglichkeit, sich aus der Stadt in den «Grund» zurückzuziehen. Auch kann man dem Tagebuch der Tante entnehmen, daß er ab Oktober 1919 in Schwyz lebt. Am 1. September hatte er bei der «Zürcher Volkszeitung» ein Urlaubsgesuch eingereicht und sich vorzeitig zurückgezogen. Bis Ende Jahr erhält er das halbe Salär (Fr. 250.—), muß sich aber für allfällige Vertretungen zur Verfügung halten.[12] Gemäß einem späteren Schreiben an Bettina Zweifel (Februar 1925) sollen ihn krankheitsähnliche psychische Spannungen und eine unüberwindliche körperliche Erschöpfung zu diesem Schritt bewogen haben. Seine ehemalige Freundin Marthel Maurer habe ihn in einem solchen Zustand gesehen und ihm geraten, endlich nur mehr das zu tun, was er tun müsse: dichten. Ob er mit dem scheinbaren Rückzug das Richtige unternommen hatte, dessen war er sich in dieser früheren Zeit wohl nicht immer gewiß. Jedenfalls notiert er rückblickend im Vorfeld des «Werner Amberg»: «Erst später erkannte ich, daß die Distanz zum äußeren Leben, die mich keineswegs am Beobachten gehindert hatte, das Ergebnis des Rückzugs ins Turmgemach, für den Schriftsteller ein unschätzbarer Vorteil ist, auf keine andere Art zu erlangen als durch die meine, durch Leid, Not oder Krankheit –.» Damit ist auch angetönt, was ihn dieser Entschluß gekostet hat.

Die wichtigen Verbindungen zu Zürich läßt er allerdings nicht abreißen. Die Manuskripte schickt er noch eine Zeitlang an Eduard Korrodi[3], den Inglin vor allem als möglicher Dramatiker zu interessieren scheint. Korrodi ist es ja, den der verständnisvolle Deutschlehrer Abury in jenem rettenden Brief dem verzweifelten Kellner in Luzern als Vorbild hingestellt hat. Ein Brief Korrodis vom Oktober/November 1918 zeigt, daß ihm «Phantasus» trotz «aufrichtig schöner» Stellen nicht liege. Und er bittet um eine umgehende Zusendung «des Dramas». «Wir fiebern brennend nach dem Drama eines Schweizers. Ich bin im Vorstand der Kammerspiele und werde es sofort weiterleiten.» Korrodi erhält «Josef Strübin» («Der Abtrünnige»). Am 5. März 1919 formuliert Korrodi seinen Eindruck. Er fürchtet, daß der «konfessionelle Realismus» dem «inneren Menschentum» Abbruch tue. Im übrigen sei er überzeugt, daß «Sie die dramatischen Energien besäßen, um die Bühne zu erobern». Korrodi aber rühmt Inglin auch zu Recht als Kritiker, als «gütigen und klugen Rezensenten». «Hätten wir nur mehr solche kritische Grundgesinnung in der Schweiz.» Merkwürdigerweise hört die eigentliche private Korrespondenz – wenn auch nicht Korrodis Inglin-Rezensionen – schon gegen 1920 auf. Sind die Briefe verlorengegangen? Hat Inglin Korrodi auf dem Gebiet des Dramas doch zu sehr enttäuscht? Oder waren persönliche Gründe im Spiel? Auch Dr. Werner Weber, Korrodis späterer Nachfolger, konnte sich nicht erinnern, daß dieser

je den Namen Inglin erwähnt hätte. Einem knappen Schreiben vom 31. 7. 36 ist allerdings zu entnehmen, daß Korrodi Inglin in Schwyz besucht hat.[4]
Weitere Verbindungen zu Zürich sind durch Bettina und Mertens garantiert. Inglin besucht mit ihr hin und wieder ein Fest bei Mertens, der Gartenarchitekt ist und offenbar ein offenes Haus führt; oft sind es Maskenfeste, etwa indisch aufgemachte Veranstaltungen, oder Travestien mit einem anderen Thema. Da Inglin die frühe Korrespondenz mit Bettina, wie er selber sagte, größtenteils verbrannt hat, ist über diese Zeit von 1919 bis 1922 wenig zu erfahren. Er scheint sich ausschließlich seinem neuen Roman zu widmen. Einigen Aufschluß über das langsame, mühselige Wachstum des Romans geben ein paar lose Blätter vom August 1920, die offenbar aus einem anderen, privateren Tagebuch stammen als das erste, bisher genannte, welches fast nur die druckreif formulierten Resultate langer Überlegungen wiedergab. Die Klagen über zu spätes Aufstehen, zuviel Rauchen, über Kindergeschrei und lärmende Zurechtweisungen häufen sich. Um Geld zu verdienen, hat die Tante Pensionäre, oft Kinder, im Haus. Gelegentlich steht: «Morgens. Nur ein paar Zeilen weiter gekommen.» Die Zerstreuungen sind Schwimmen (meistens mit einer als * bezeichneten Dame, vor der er mit der Zeit Angst bekommt, weil er glaubt, sie erwarte einen Antrag), dann Übungsschießen im «Grund» oder Billardspielen am Abend in der Wirtschaft. Am Sonntag, dem 8. August 1920, nimmt er an einem Feldsektions-Wettschießen teil. Er vermerkt «Ehrenmeldung». Inglin galt in seiner engeren Heimat als vortrefflicher Schütze.
Dann wieder (10. August): «Die zwei letzten Kapitel durchgelesen, einiges korrigiert. Zweifel am Ganzen. Ins Bad.» Und am 11. August: «Es wird gut. Bin sehr zufrieden. Absichtlich nicht ins Bad. Es scheint, daß es mir nun endlich wieder gelingt, wie früher den ganzen Tag ohne wesentliche Zerstreuung in der Illusion meines Werkes zu leben. Ursache: die beginnende Herbststimmung. Die Sommersonne lenkt mich hinaus statt hinein. Violine geübt.»
Er komponiert auch und arbeitet zur Zeit an einem Duett. Einige wenige Kompositionen Inglins sind erhalten, jene, die er seiner Freundin Bettina zum Geburtstag schenkte.
Den einen Tag schreibt er vom Morgen an durch bis nachmittags um drei Uhr, dann wieder nur bis halb zwei. Es gehörte zu den großen Vorzügen der Tante, daß sie ihn gewähren ließ und ihn zum Beispiel nicht zu einem pünktlichen Mittagessen nötigte. Frau Martha Farner-Gemsch kann sich erinnern, wie Frau Abegg gesagt habe, Meinrad müsse man eben «la mache». «Herr Meinrad» – so wurde er von der treuen Köchin genannt, die seit zwanzig Jahren schon im Hause war – durfte essen, wann er wollte. Der Teller sei immer im Ofenloch an der Wärme gestanden. Viel Geld habe die Tante allerdings nicht gehabt. Inglin habe immer dieselbe stark taillierte Kleidung getragen. Überhaupt erfährt man, was diese Zeit betrifft, von den Schwyzer Einheimischen Genaues über Inglins Tageslauf, der sich in den folgenden langen Jahren nicht mehr wesentlich änderte, nicht einmal durch seine Heirat 1939.
Sein Tag scheint mit der Zeit eher noch regelmäßiger verlaufen zu sein: Schreiben am verlängerten Vormittag und Lektüre am Nachmittag, letztere später jahrzehntelang in der Stube von Jeannette Haug, der Besitzerin des Cafés Haug. (Seine vormalige Caféecke war ihm zu lärmig geworden.) Oft ist er bei von Redings zu Soi-

réen eingeladen, oder er verbringt den Abend im «Maihof» bei seinem Freund Albert Gemsch, im offenen Haus von dessen Eltern und Schwestern. Wie ich von Frau Martha Farner-Gemsch erfahre, sei Meinrad oft gekommen, um ein Konzert am Radio zu hören, denn ihre Familie habe eines der ersten Geräte im Dorf besessen. Meinrad habe beim Zuhören immer für sich dirigiert, und man habe kein Wort reden dürfen. Auch viele Gespräche seien geführt worden, besonders viel über Musik, auch über Literatur; Meinrad habe einfach zum Abend gehört. Die Schwestern Gemsch (Martha und Johanna) hätten dazu Teppiche geknüpft. Nach dem Urteil von Frau Farner war Inglin sehr gewandt im Gespräch, er habe sich sogar als eigentlichen Causeur geben können. Aber im Grunde sei er sehr verschlossen gewesen. Im Herbst sei er mit ihrem Bruder Albert immer auf die Patentjagd gezogen. Im größeren Kreis habe er nie über sein Werk und seine Arbeit gesprochen. Am ehesten noch mit ihrem Bruder Albert, der sehr interessiert und selber belesen gewesen sei und auch das Französische, Italienische und Lateinische gepflegt habe. Dieser Albert Gemsch wird als gebildeter, unbürgerlicher Mann, der absichtlich wenige berufliche Verpflichtungen auf sich nimmt und lebt wie ein Landadliger, im Werk und Leben Inglins eine große Rolle spielen. So sagt man, der Major in «Urwang» sei teilweise sein Porträt.

Meinrad habe aber öfters gesagt, wenn sie so erzählt hätten: «Ich wett, ich hätt üi Phantasie». Er sei ganz erpicht gewesen auf Anekdoten und Berichte über kleine Geschehnisse im Dorf und außerhalb bei den Bauern. Viel auch sei über die Kirche und ihre Geistlichen gelästert worden. Inglin habe sich damals als Atheist gegeben. Persönlich habe sie, Martha, Inglin oft im Zigarrenladen von Josy Triner getroffen. Er habe dort jeweils eine genau abgezählte Tagesration von Zigaretten («Players» oder «Virginia») gekauft. Es war auch die Zeit der gemeinsamen Schlittel- und Bergtouren. Von der Haggenegg sei man manches Mal in den Nebel hineingeschlittelt, und im Sommer habe man Berge wie den Ober- und Niederbauen, den Urirotstock bestiegen. Im «Zimmerstalden», auf der Ibergeregg, wurde bei Baßgeige und Handorgel getanzt, dazwischen «Nidle» gegessen. Im Glattalpsee habe man gebadet und bei den Älplern «im Chueteili» übernachtet. «Wie waren wir brav», sagt Frau Farner. Und wie seien sie verdächtigt worden. An der Fasnacht hätten sie sich immer göttlich amüsiert, auch Meinrad, der vortreffliche Tänzer. Frau Farner erzählt eine Episode: Inglin, der im Smoking gewesen sei, habe sie in ihrem Kostüm erkannt und sei sehr froh darüber gewesen. Ihm sei etwas Dummes passiert. Er habe zu einem Bären gesagt: «Du gsesch nur mit eim Aug, söttisch acht gä.» Der Bär habe sich als Frau Dr. Kälin entpuppt, und er habe doch gar nicht gewußt, daß jene wirklich ein Glasauge habe. Eine bezeichnende Anekdote für Inglin, der sich lange Zeit quälen konnte, wenn er einem Unschuldigen zu nahe trat – er, der sehr barsch war, wenn einer Ansprüche an ihn stellte.[5] Frau Farner erinnert sich zudem an eine Einladung, kurz vor der Publikation der «Welt in Ingoldau». Die Eltern Gemsch hätten ihre silberne Hochzeit gefeiert und auch Freunde der Söhne und Töchter zu Tanz und Glace eingeladen, und Meinrad habe damals bemerkt: «Es kommt eine Zeit, da ihr mich nicht mehr einladet.» Inglin war sich offenbar bewußt, daß die vielen Porträts in der «Welt in Ingoldau» Anstoß erregen würden. Eine ähnliche Anekdote erzählten Herr und Frau Emil Holdener-von Reding. «Die Welt in Ingoldau» sei eben ein paar Tage gedruckt vorgelegen. An einer Abendge-

sellschaft bei sich zu Hause habe der autoritäre Papa Reding ihm zu seinem ersten Buch gratuliert, worauf Inglin gefragt habe, wie weit er schon gelesen habe. «Bis Seite 5». Inglins Antwort lautete: «Du hörst dann schon noch auf zu gratulieren.»
Noch einmal, 1922, scheint die Beziehung zu Bettina gefährdet. Inglin hat in Schwyz ein Mädchen namens Jeannette getroffen, von welchem die ergreifendsten Liebesbriefe stammen, die sich im Nachlaß finden (von Bettina sind keine aus der frühen Zeit erhalten). Gelegentlich schreibt Jeannette französisch oder streut französische Wörter in den deutschen Text. In Schwyz glaubt man, es handle sich bei ihr um ein Mädchen aus Genf, welches nur vorübergehend in Schwyz gelebt habe. Sie wirkt rücksichtsvoll, gescheit und liebesfähig. Höchst interessiert liest sie Inglins Manuskripte und fragt öfters, wie Walter Mertens in Zürich über die bisherigen «St. Ingobald»-Kapitel geurteilt habe. Aus den Sommermonaten 1921 ist der Entwurf eines Briefes an sie erhalten. Er meldet den bevorstehenden Abschluß seines Romans, da er endlich die Schießschule Walenstadt, die er als Oberleutnant absolvierte, hinter sich hat. «St. Ingobald»: «Es wird mich einmal sehr wundern, wie Du das Werk aufnehmen wirst; es ist nicht nur die Frucht eines dreijährigen angespannten Schaffens, sondern sozusagen die Bilanz meiner ganzen bisherigen Existenz.»
Ende 1921 ist das Manuskript fertiggestellt, und Mertens hat es – nach früheren Beanstandungen – jetzt offenbar als Meisterwerk bezeichnet. Jeannette ist glücklich darüber, wie überhaupt über ihre Liebe. Oft betont sie, daß sie kein «solides Glück» brauche. In der Familie, in der sie lebt, hat sie «hoch und heilig versprechen» müssen, daß sie sich nicht «zu einer Verbindung mit ihm hergeben werde». Inglin galt offenbar ganz als Schriftsteller ohne Zukunft. Wie Maria Flüeler und Annie D., zwei andere frühere Schwyzer Freundinnen Inglins, muß sie jedes Rendezvous vertuschen. Wegen der Angst ihrer Verwandten vor dieser Beziehung muß sie schließlich Schwyz verlassen und nach Deutschland fahren, wo sie bei anderen Verwandten ein nicht weniger luxuriöses Leben führt, mit Abendgesellschaften und viel Musik, sich aber im Exil fühlt. Von hier aus fragt sie, ob Hermann Hesse geantwortet habe. Offenbar nicht, denn die Hesse-Briefe in Inglins Nachlaß sind später datiert. Auch erfährt man von einem Plan Inglins, nach Frankfurt zu fahren. Offenbar wollte er zuerst da einen Verlag suchen. Im zurückhaltenden und doch spontan gescheiten Ton ihrer Briefe glaubt man immer wieder, das Wesen Madeleines aus der «Welt in Ingoldau» zu erkennen. Ein wohl von Inglin zerrissener Abschiedsbrief Jeannettes auf französisch (er hat dann die Fetzen aufbewahrt) kündet wenig später das Ende dieser Beziehung an. Der Brief klingt auffallend ähnlich wie das letzte Schreiben von Therese an Benedikt. (WI)

Der Roman

Eine Kleinstadt soll bis in die letzten Züge ihrer Physiognomie dargestellt werden. Die Hauptgestalt, Pfarrhelfer Anton Reichlin (in den späteren beiden Fassungen von 1943 und 1964 Anton Diethelm geheißen), nennt eines der Hauptthemen des Buches im Gespräch mit einer Mutter, deren achtjähriger Sohn aus Gewissensnö-

ten eben Selbstmord begangen hat: «Wer aber weiß etwas von der Zahl jener jungen Menschen, welche, ohne selbst die Ursachen zu kennen, innerlich gebrochen oder verpfuscht aus diesem Erziehungswirrsal von Familie, Staat und Kirche hervorgehen?» (WI 1, 321)
Die psychoanalytische Schulung, das Wissen um die Erkenntnisse Sigmund Freuds, zurückhaltend, aber doch zustimmend vermittelt durch Paul Häberlin, prägt die Interpretation der Erziehungsfehler. Diese sind vor allem bedingt durch völlige Ahnungslosigkeit der frühkindlichen Sexualität gegenüber.
Zuerst werden die falschen Methoden eher isoliert in einzelnen Familien gezeigt: bei wohlmeinenden, aber triebhaft und blind erziehenden Müttern.[6] Durch Verzärtelung stacheln sie die Sinnlichkeit ihrer kleinen Söhne auf und stehen den offenen oder versteckten Auswirkungen ohnmächtig gegenüber.
Nachdem die Repression der Kirche schon über die Mütter auf die Kinder eingewirkt hat, kommt sie erst recht durch die Primarschule ins Spiel. In der Pubertät tritt die des Staates und der dominierenden bürgerlichen Parteien dazu, die etwa den Sozialismus, auch einen christlich geprägten, wie er im Buch oft erörtert wird, ablehnen.
Entsprechend der zunehmenden Dominanz der anonymen Mächte Kirche und Staat beim fortschreitenden Alter der Jugendlichen, werden diese auch immer mehr als kohärente Gesellschaft begriffen, nicht mehr wie im früheren Kindesalter als reine Einzelfälle. Allerdings sind schon diese Einzelfälle mit ihren Familien je repräsentativ für eine bestimmte Schicht, für die halb spätfeudalistischen, halb großbürgerlichen führenden Geschlechter und das bessere Bürgertum. Daß das Handwerkermilieu zu kurz komme, hat sich Inglin später zum Vorwurf gemacht.
Es ergibt sich ein Kompositionsprinzip, bei dem die aus einer allgemeinen Vision des Dorfes zunächst herausgelösten, parallel laufenden Fäden immer komplizierter sich verflechten. Unverkennbar allerdings tritt von Anfang an die Handlung um den Pfarrhelfer am stärksten hervor. Inglin umschreibt das Vorgehen selber in einer flüchtigen Notiz (Mat. I.): «Was bis zum zweiten, dritten Teil geschieht, hat alles nur individuelle, für jede einzelne Gestalt gültige Geltung, erst im dritten und vierten Teil kommt das Verbindende über dem zur individuellen Befreiung etc. notwendig Gewesenen, die Liebe, zum Ausdruck. Damit Kampfstellung aufgegeben.»
Die Erziehungsfehler und das Mißverstehen der Kinder sind also deutlich mit dem Blick Häberlins aufgewiesen, auch im Betonen, daß jedes seine eigene individuelle Entwicklung brauche, nicht zuletzt aber im heimlichen Optimismus, im Hoffen auf eine harmonischere Menschheit bei bewußteren pädagogischen Maßnahmen. Das Buch sei «die Summe seiner ganzen Existenz», hatte Inglin an Jeannette geschrieben. Das stimmt auch in schriftstellerischer Hinsicht. Alles früher Entworfene, auch die publizierten Geschichten in den «Alpenrosen» gehen in diesen Roman ein; einzelnes allerdings deutlicher als anderes, so das Drama «Der Abtrünnige», welches die Auseinandersetzungen des Pfarrhelfers mit dem Katholizismus vorwegnimmt. In der Utopie einer freien, idealen, nicht unbedingt staatsgebundenen Gemeinschaft, in der Wunschvorstellung der «Harmonie aller Lebenskräfte» (WI 1, 473 f.), wie sie in der ersten Fassung noch aufgestellt wird, sind alte Träume des «Phantasus» gestaltet. Hier zeigt sich auch, daß es Inglin nicht nur um Gesellschaftskritik geht, sondern um die Darstellung einer schöneren Welt, die immer

dann aufleuchtet, wenn Liebe möglich wird. Das höchste Dasein ergebe sich aus dem Zusammenklang von Sinnlichkeit und Geistigkeit in der Liebe. Diese Liebe sei das Hauptthema des Buches, das hätten eben viel zuwenige gemerkt, klagte noch der alte Inglin. «Die Liebe als Letztes, Tiefstes... muß... am Ganzen des Werkes erlebt werden», schreibt Inglin in den «Ingoldau»-Notizen.[7]

Inglin hat eine Schachtel voll solcher Aufzeichnungen auf verschiedenen, ungleich großen Zetteln aufbewahrt. Reflexionen, Hinweise auf Vorbilder, Gestaltungs-, Stil- und Kompositionsprinzipien sind da notiert, Einzelheiten wie Pläne für Tischordnungen, eine Fronleichnamsreportage, daneben Figuren und deren namentlich genannte Vorbilder in Schwyz, Schwyz selber, das zuerst St. Ingobald hieß und erst später – auf Wunsch des Verlags – zu Ingoldau umgeändert wurde. Sehr oft klingen die kurzen Notizen wie Selbstermahnungen. Die seitenlangen Diskussionen über Religion, Kirche, Politik, Wahrheit, die Inglin später eher meidet, sind bewußt eingesetzt, denn er schreibt: «Nicht zu vergessen: die Menschen charakterisieren sich durch ihre Ansichten ebenso gut, wenn nicht oft noch besser, als durch ihre unmittelbaren Handlungen...» Man müsse sich in jede Figur hineinversetzen und aus ihr heraus deren Anschauungskreis entwickeln. Da dürfe man eben in einem Buch auch nicht nur eine Grundidee verfolgen, sondern müsse die immer wieder anders gearteten Menschen ansehen. «Immer so beschreiben, als ob es sich tatsächlich um eine lebende Persönlichkeit handle.» Das tat er dann so genau, daß sich viele Leute im Dorf porträtiert sahen und empört reagierten. Der Autor warnt sich vor jeder Parteinahme: «Am Schluß darf ich mich nicht auf die Seite der Revolutionäre stellen... sondern der Schluß soll beiden Gruppen gegenüber objektiv sein: der alten Welt, die an der Fronleichnamsprozession paradiert, und der neuen gegenüber, die sie hinter den Vorhängen kritisch betrachtet – vollkommen objektiv sein.» Es ist jene Objektivität, die Inglin im «Schweizerspiegel» auf eine maßgebliche Höhe führt. Daß er sie hier so entschieden erstrebt, markiert seine neue Position gegenüber den früheren Entwürfen, die meistens bewußt einseitig sind. Die Parteiungen, zwischen denen halb vermittelnd, halb selber anklagend der Autor steht, sind freilich nicht immer so deutlich gestaltet, wie es laut den Notizen geplant war. Offenbar sollte die Auseinandersetzung zwischen Kapitalismus und Sozialismus zuerst mehr im Mittelpunkt stehen. Die Jugendlichen, auch der Pfarrhelfer Reichlin und seine Schwester Therese, die den liberalen Regierungsvertreter von Schönenbuch geheiratet hat, stehen gemäß Plan auf der sozialistischen, die ältere Generation allein auf der bürgerlichen Seite. Gemäß den Notizen ist es Therese, welche die beste und dauerhafteste Form von Sozialismus verkörpert: einen undogmatischen, der rein auf das «einfache, gesunde Gefühl» abstellt. «Zum Erstaunen aller» sagt sie, die Unverbildete, daß der Boden allen gehöre und die Besitzverhältnisse nach dem alten hiesigen System der Ober- und Unterallmeindsgenossenschaften geregelt werden müßten. Das sei «die ideale wirtschaftliche Form der Demokratie in bezug auf den Boden», und Inglin setzt dazu: «siehe Ragaz S. 130.» Sie verhindert auch, daß ihr Mann einen Arbeiter seiner sozialistischen Gesinnung wegen entläßt, und lädt zudem einen bekannten Sozialdemokraten zum Mittagessen ein, um das Gespräch zwischen den Parteien zu fördern. Dabei geht sie weiterhin zur Kirche und huldigt so dem christlichen Sozialismus, den Ragaz vertritt und dem (laut den «Amberg»-Notizen) Inglin seine Hinwendung zur Demokratie verdankt.

Ein «sturer Nationalrat», dessen Vater die erste Bank der Stadt besessen hat, sollte den unmenschlichen Kapitalismus im Roman vertreten. Er fehlt schon in der ersten Fassung. Auch gegenteilige Gestalten, «kleine Leute in Seewen, welche den Zins zahlen», sind weggefallen. Pointiert ist die politische Auseinandersetzung stehengeblieben im Konflikt zwischen Vater und Sohn von Schönenbuch, dem liberalen Regierungsrat und dem sozialistischen Studenten, zwischen denen Therese als Frau und Stiefmutter vermittelt.
Vielleicht fürchtet Inglin eine gar zu eindeutige und einspurige Polarisierung im Roman. Er will eine «geistige Revolution» und nicht eine bloß materielle, genau wie später der linksstehende Paul im «Schweizerspiegel». Darum äußert er im Plan auch sehr skeptische Gedanken zum Generalstreik. Diese werden dann gestrichen; der Roman soll zeitlich offenbar nicht genau fixiert erscheinen. Dem entspricht der christliche, mit Gerechtigkeitsgefühl erstrebte Sozialismus Thereses mehr als der reflektierte und geschichtlich orientierte der männlichen Jugend.
Das neue objektive Menschenideal Inglins, «die Klassik des 20. Jahrhunderts», wie Reichlin im Plan noch sagt, läßt auch nicht mehr in dem Maß Verzerrungen zu wie bei früheren Figuren. Wohl sind Sympathien des Autors spürbar, aber jeder ist im Grunde ein individuell unverwechselbarer Mensch, dem Gerechtigkeit widerfahren soll. Jeder vertritt in seiner Einmaligkeit dauerndes Menschenwesen. Und alle zusammen ergäben eine erstrebenswerte Gemeinschaft. Darum soll der Roman auch zur Veränderung von Zuständen und Auffassungen aufrufen, welche dieser idealen Vorstellung im Wege stehen: gegen falsche Erziehungsmethoden und einen formalistisch erstarrten und deshalb um so autoritäreren Katholizismus. Das Buch, das dann gerade den primär Angesprochenen so empörend revolutionär erschien, ist Inglins menschengläubigstes Werk geblieben – menschengläubiger als der im Grunde skeptische «Schweizerspiegel».[8]
Es geschieht hier also die Hinwendung zu einer neuen Klassizität in einem aktuellen Gewand, wie man sie nach dem Ersten Weltkrieg oft, in der Literatur und in der Malerei des «Neuen Realismus» oder der «Neuen Sachlichkeit», nachweisen kann.[9][10] Man darf sie als Gegenbewegung zum Expressionismus ansehen, auch in Inglins Weg vom erst verworfenen und dann total umgekrempelten, großartigen Tralien im «Phantasus» zum kritisch angestrahlten, nahen Lebensraum Ingoldau. In der Revolte gegen die patriarchalische Strenge ist dabei die eben durchgemachte Phase noch spürbar. Inglin verschreibt sich also nicht dem neutraleren Realismus des 19. Jahrhunderts, sondern ist getragen vom engagierten der zwanziger Jahre, der allerdings die Errungenschaften gerade der kämpferischen Autoren der vergangenen Epoche, Flauberts[11], Tolstois und Gotthelfs, sich aneignet.
Der junge Inglin gehört auch mit den Vorbildern Tolstoi und «Madame Bovary» ganz in seine eigene Zeit und nicht – wie er selber gelegentlich glauben machte – in ein anachronistisch ungebrochenes 19. Jahrhundert.[12] Er teilt die stilistischen Merkmale des neuen Realismus. Das Bürgertum von Ingoldau wird nicht als organisches Ganzes gezeigt und mit einem Schmelz von Poesie umgeben, wie das bei Keller noch möglich ist. «Abstraktion und Einfühlung»: in dieses Begriffspaar Wilhelm Worringers[13] ist auch «Die Welt in Ingoldau» gespannt. Gemäß Franz Roh geschieht zu dieser Zeit «die Durchdringung beider Möglichkeiten... nicht als Nivellierung oder gar Verwischung beider Gegensätze, sondern als zarte, aber

stetige Spannung zwischen Hingabe an die vorgefundene Welt und klarem Bauwillen ihr gegenüber». Der geometrisierenden Vereinfachung, welche man auf zeitgenössischen Porträts feststellt, entspricht manches in den Figuren Inglins. Wohl sind es immer Einzelwesen, die auftreten, aber sie stehen auf der Mitte zwischen Individuum und Typus.

Die bewußte Konstruktion dominiert über das scheinbar naturhaft Gestaltete, wie es im 19. Jahrhundert angestrebt wurde. Die Konturen von Personen, Gegenständen und Begebnissen sind scharf und klar, mit rationalistischer, gelegentlich bissiger Kühle gezogen, kein poetischer Mantel faßt sie zusammen zu einem beruhigenden Ganzen. Weder die Innerschweizer Landschaft noch ihre Bewohner sind mit der Atmosphäre eines kleinen bejahten Lebensuniversums umgeben, sondern im Gegenteil daraus herauspräpariert und sorgfältig betrachtet, oft wie in einem luftleeren Raum. «Konzentrierte, aber überschärfte Einfachheit», so lautet die Umschreibung, welche Kurt Pinthus von der Neuen Sachlichkeit gab.[14] Diese angestrebte Einfachheit hatte Sprengkraft und sollte das Innere nach außen kehren, aber nur das Äußere zeigen in ganz spezifischer, einmaliger und daher für das Innere sprechender Gebärde und Haltung. Um das an den Personen zu erreichen, wollte Inglin diese nicht «im Ruhezustand» schildern, «sondern stets aus irgendeinem Anlasse der inneren Bewegung heraus, wie es sich verzieht, glättet und innere Vorgänge widerspiegelt». (Mat. I.)

Reduktion auf die konzentrierteste und daher vielsagendste Geste war die Losung. Inglin schreibt in den «Ingoldau-Notizen»: «... immer auf der Jagd nach dem anschaulichsten Wort, dem schlagendsten Lakonismus der Geste, in der der Seelenzustand des Heldes aufgeht in restloser Plastik, ohne noch eine erklärende Gratiszugabe notwendig zu machen.» Diese Kunst bewundert Inglin, der mit seinen Vorbildern in stetiger Auseinandersetzung lebt, bei einem C. F. Meyer. Er setzt zum Namen hinzu: «Mach's nach!!!!»

Inglin versucht's, und es gelingen ihm vorzügliche Porträts, bei denen spezifische Details scharf betont sind; auch dies ein Merkmal des neuen realistischen Stils, der nur scheinbar wie mit der Kamera arbeitet, tatsächlich aber souverän akzentuierende Lichter setzt, wo er will. Die Beschreibung des aristokratischen Oberst Benedikt von Rickenbach diene als Beispiel: «Wenn er sich in seiner bequemen, mit Hirschhornknöpfen bis zum Halse geschlossenen Jacke hinter einem Stuhl breit aufpflanzte, die Arme straff auf die Lehne stellte und, den grauen geschorenen Kopf zwischen den vorgeschobenen Achseln, mit halb argwöhnisch, halb listig zusammengekniffenen Augen einen fremden Menschen musterte, machte er den Eindruck eines noch äußerst spannkräftigen Alten...» (WI 1, 20) «Unpathetisch... knapp», «mit kurzem, scharfem Blick und Wort» werden die Objekte, Personen, gesellschaftliche Verhältnisse und Naturdinge «beim rechten Namen» genannt. Ganz ähnlich charakterisiert Pinthus den neusachlichen Stil eines Joseph Roth, Ernst Glaeser, Arnold Zweig, einer Anna Seghers und Marieluise Fleisser.[15]

Inglins schriftstellerisches Verfahren der Isolierung, der Analyse und schließlich der interpretierenden Komposition ordnet ihn genau dem seit Ende des Ersten Weltkriegs aufkommenden Zeitstil zu.[16][17]

Einen der Leitsätze dieser Epoche: «Der Mensch muß aus seiner gesellschaftlichen Abhängigkeit befreit werden», befolgt schließlich auch «Die Welt in Ingoldau»,

obgleich mit deutlichen, von Ludwig Hohl anderweitig als spezifisch schweizerisch bezeichneten Gesten «vorzeitiger Versöhnung».
Das Betonen des Handwerklichen, das Vermeiden jeglicher nicht sachgerechten Pathetik, teilt Inglin gleichermaßen mit den Verfechtern des Realismus der zwanziger Jahre.
Nicht weniger ist rationale, präzis angewandte Psychologie epochen- und stilspezifisch. Die wissenschaftlichen Erkenntnisse werden hier nicht als solche vertuscht. Eine wichtige Differenz zwischen Inglin und der Neuen Sachlichkeit darf allerdings nicht übersehen werden. Sie besteht in seiner Hochschätzung der Form, und insbesondere in seinem von jeher fast absoluten Glauben an das Kunstwerk an sich. Dieses Formbewußtsein leitet er seit der Überwindung der Nietzsche- und «Phantasus»-Zeit von Hugo von Hofmannsthal und Stefan George her, die ihm beide geholfen hätten, das Chaos in ihm zu disziplinieren.
Anders als Schriftsteller, welche die Neue Sachlichkeit bewußt als Programm durchführen, schult er sich denn auch an der sanktionierten Literatur und nicht – wie etwa Döblin das damals von sich behauptet – an der Zeitungslektüre und dem «Leben» der Tagesaktualität.[18] Inglin, der seit je nicht viel von programmatisch durchgeführten literarischen Theorien hielt, hat sich denn auch kaum als Vertreter einer damals kampfbewußt links sich gebenden Neuen Sachlichkeit verstanden. Gewisse neuklassische Züge zeigen indessen sowohl schriftstellerische wie bildnerische Werke aus dieser Zeit.
Solche Nachweise eines Inglinschen Zeitstils aber machen die gelegentlich erhobenen Verdächtigungen von Epigonentum hinfällig. Sie konnten nur deshalb aufkommen, weil diese Epoche eines neuen Realismus, des «Realismus der zwanziger Jahre», literaturwissenschaftlich noch höchst mangelhaft aufgearbeitet ist.[19]
Der oben erwähnte Oberst von Rickenbach soll das unverkennbare Abbild eines von Reding gewesen sein, und ähnlich tritt in diesem Buch das halbe Dorf in Aktion: der Knabe, der sich das Leben nimmt, der Wirt, der das arme Mädchen schändet, die adlige Dame Victoria, Therese, die Familie von Schönenbuch, welche den ab Ybergs entsprechen soll: alle haben ihre realen Vorbilder und werden noch heute von Schwyzern mit dem Namen genannt. Die nach dem Expressionismus erfolgte Zuwendung zu einer sachlichen, fast versessenen Ehrlichkeit hat Inglin voll mitgemacht. Zeitlebens hat er danach das bloß Erfundene verachtet; die Phantasie bezeichnet er einmal als Dirne. Träume und Märchen werden von jetzt an fast überängstlich als solche gekennzeichnet. Hier gründet schließlich Inglins Hang zum Dokumentarischen, wie es sich im «Schweizerspiegel», in «Ehrenhafter Untergang» und in «Urwang» zeigt.
Personen und Naturdinge mögen in dem hellen Licht dieser Kunst gelegentlich überzeichnet erscheinen[20], was sie – wie in der ersten Fassung von «Welt in Ingoldau» einige Nebenfiguren – gegen die Karikatur hin verschiebt. Wenn Inglin sie allerdings dem gesellschaftlichen Kontext enthebt, wächst ihnen gerade deshalb eine Dimension von Zeitlosigkeit zu. Man denke an Lydia, das Weib in «Wendel von Euw», an den Jüngling von «Über den Wassern», an den Tell von «Jugend eines Volkes», an den Großen der «Grauen March». Das dunkel Mythische wird beim Inglin der Jahre nach «Ingoldau» das Korrelat zur Helle des Tages. Ein Begriff wie «magischer Realismus» (erstmals angewandt von Franz Roh in seinem Buch

«Nach-Expressionismus. Magischer Realismus.», 1929), der ebenfalls für die Stilrichtung dieser Zeit im Gebrauch ist, zeigt, daß auch dieser Inglin der zwanziger und der dreißiger Jahre nicht abseits steht von den Tendenzen der eigenen Zeit.

Rekonstruktion der Urfassung

«Die Welt in Ingoldau», die bei ihrem Erscheinen die Gemüter der engeren Heimat erregt, hat allerdings noch Metamorphosen zu durchlaufen, bis sie gedruckt vorliegt. Da Inglin in der erwähnten Schachtel nicht nur Arbeitsnotizen, sondern auch Gestrichenes (auf zerschnittenem Schreibmaschinenpapier) aufbewahrt hat, läßt sich das allererste Romanmanuskript rekonstruieren. Massive Streichungen von zweihundert Seiten gehen auf den Wunsch des S. Fischer-Verlags zurück, dem Inglin noch vor seiner Reise nach Berlin das Manuskript zugestellt hat. Mit dem beschnittenen Exemplar reiste er dann nach Berlin. Der erste Bericht, den Inglin von «L.» (wahrscheinlich Oskar Loerke, der bei Fischer als Lektor arbeitet) am 9. März 1922 erhielt, lautete ermutigend: «Die Klarheit, Sicherheit und Übersichtlichkeit Ihrer Gestaltung hat uns von vornherein gewonnen, die bodenständige Einfachheit Ihrer Erzählungsweise ist uns von vornherein sympathisch gewesen.» In wirtschaftlich normalen Zeiten hätte der Verlag das Werk ohne Bedenken gedruckt, so aber will er erst entscheiden, wenn der Autor sich entschließt, erheblich zu kürzen. Inglin hatte ursprünglich zwei Bände geplant.
Der Titel heißt zuerst noch «Die Welt in Ingobald», das «St.» ist schon gefallen. Der Dialog der Vornehmen von Rickenbach wird – wie damals bei den von Reding beispielsweise üblich – noch viel häufiger auf französisch geführt als dann in der ersten Druckfassung. Auch der Schwyzer Dialekt ist öfters anzutreffen, den Inglin recht unbekümmert verwendet nach seinem wichtigsten damaligen Vorbild (außer der «Madame Bovary»), nach Gotthelfs Dorfanalyse in «Die Käserei in der Vehfreude».
Der wichtigste Eingriff, den sich das Manuskript in Berlin gefallen lassen mußte, war die Streichung der Partien über die Bauernfamilie Lüönd. Das bäuerliche Element, das zur «Welt in Ingoldau» doch auch gehört hätte, fehlt dann in sämtlichen Fassungen. Die Lüönds sind Pächter, die bei einer der im Dorf anerkannten Familien, bei Reichmuths, eingemietet sind. Die Konflikte, die sich daraus ergeben, hätten die soziologische Struktur des dargestellten Schwyz noch farbiger gemacht. Vorbild soll die Pächterfamilie Fischlin im «Grund» gewesen sein.
Schon am Anfang, vor dem Beichtstuhl des sterbenden Pfarrers Bolfing, wo die wichtigsten Frauenfiguren versammelt sind, kniet auch Frau Lüönd: «Die Bäuerin war eine mittelgroße, kräftige Frau mit einem gelblich blassen Gesicht und einer niedern Stirne. Sie hatte ihren breitkrempigen Sonntagshut aufgesetzt, obwohl sie schon vorher hätte wissen können, daß er ihr beim Beichten hinderlich sein würde...» Ihr ambitiöses Wesen, das durch die Konfrontation mit einer «Besseren» vom Dorf, Frau Reichmuth (später Frau Ambüel genannt), noch gefördert wird, tut sich schon hier kund. Auch Frau Lüönd gehört zu den Müttern, welche falsch erziehen; sie verwöhnt ihre Buben, vor allem den Seppli, und stiftet sie zu

gehässigem Trotz gegen alle Nicht-Bauern auf. Der Wunsch, aus ihrem Stand auszubrechen, nimmt bei ihr immer groteskere Formen an. Nach einem Streit mit ihrem Mann, der den ältesten, für die Schule unbegabten Sohn Balz während des Heuens und dann während des Kalberns vom Kollegibesuch abhalten will, läuft sie ihm und den beiden älteren Söhnen davon, steigt hinauf auf den Froneggpaß, wo ihre Schwester eine Wirtschaft betreibt, und nimmt nur den «verblödeten Seppli» mit. Dieser erkältet sich, wird schwer krank und stirbt. Am Abend seines Todes steigt sie mit dem Sarg zu Tal, besinnt sich und kehrt zur Familie zurück. Da diese Bauernfamilie und früher auch die paar wenigen Episoden aus dem Handwerkermilieu (unter anderem Stammtischgespräche) wegfallen, verliert «Die Welt in Ingoldau» etwas an «Welt». Anderseits wirkt gerade die bäuerliche Geschichte forciert und da und dort melodramatisch in einem sonst ausgewogenen Fresko.

Weiter sind unverkennbar autobiographische Partien weggefallen, die Inglin streicht, um sie dann in der Geschichte seiner Jugend, die von 1913 an geplant ist, zu verwenden: Edi reagiert beispielsweise auf den Tod der Mutter genau gleich wie Werner auf jenen des Vaters. Er ist auf der Höhe in den Ferien, vernimmt die Botschaft und tanzt auf Fronegg mit dem etwas älteren, insgeheim geliebten Bauernmädchen Anni, um den Schmerz zu verstampfen. Auch gleicht Melchior Werner zuerst viel stärker, in seinem Verhältnis zum Vormund und in seinen Schriftstellerplänen.

Ein Vergleich des ungedruckten Materials mit der ersten Druckfassung macht auch deutlich, wie stark diese die heiklen Themen schon gedämpft hat: die Religion und Schwyz.

Der Heimkehrer Anton Reichlin geht mit gemischten Gefühlen der Langeweile in Ingoldau entgegen: «Und nun ging er, halb glücklich, halb enttäuscht, als Pfarrhelfer nach Ingobald. Eine schöne Welt, das, und eine schöne Menschheit! Er sah die Häuser vor sich, die ihm trotz ihrer altertümlichen Giebel und Steintreppen unsäglich nüchtern erschienen. Die Straßen waren schlecht gepflastert, langweilige Fuhrwerke knarrten an langweiligen Spezereihandlungen, Metzgerläden und Schusterbutiken vorbei, der «Ingobalderhof» sah mit seinen kleinen Fenstern wie mit blöden Augen auf den verlassenen Hauptplatz herab, und unter der Rathaustüre stand steif und unzufrieden der Genossenschreiber. Stündlich zeigte der eintönige Schlag im Kirchturm von neuem das ewige Einerlei an, und dieselben Glocken läuteten täglich den Alltag ein. Manchmal wandelten ein paar alte Weiblein mit Rosenkranz und Gebetbuch nach der Kirche, der Doktor Betschart hastete mit eingesunkenen Schultern vorüber, der Fürsprech Stutz verließ breitspurig das Haus, und im zweiten Stock erschien das verrunzelte, mißtrauisch lächelnde Gesicht des Fräuleins Tschümperlin. Und das war nun seine Welt! Wie wenig entsprach sie der Welt, die er hatte erleben wollen!» Von dieser Stelle her drängt es sich auf, im Titel «Die Welt in Ingoldau» auch eine Spur von Ironie zu sehen. Was für eine Welt ist das, die Welt von Ingoldau! Bald nimmt Reichlin Anstoß an der Religion, wie sie hier geübt wird, – die gar zu kritischen Passagen sind gestrichen: Reflexionen über den Katechismus-Drill, über den Formalismus der Glaubensregeln. «Eigentlich... verdammt unverantwortlich, diese religiöse Erziehung», kommt er bei sich zum Schluß. Und am folgenden Sonntag wird es ihm schwindlig vor allen sich öffnenden

Mundhöhlen beim Kommunionausteilen, worauf er an einem andern Sonntag eine zornige Predigt hält gegen die Bigotterie und die Lieblosigkeit: «Keinen Wert hat dann eure Religion, gar keinen! Es ist dann ganz belanglos, ob ihr in die Kirche kommt oder nicht...» Herr Ehrler, der Pfarrer, rennt hernach «mächtig erregt» auf ihn zu, worauf das Typoskript wieder abreißt.
Auch eine respektlose Fasnachtsszene fällt schon in der ersten Druckfassung weg. Der als Teufel verkleidete Edi bleibt zwar, muß sich aber weniger blasphemisch gebärden und darf den neuen Pfarrhelfer nicht mehr belästigen, indem er sich bei ihm einhakt und ihm wiederholt den Schwanz in die Tasche der Soutane steckt.[21]

Berlin

Im Frühherbst 1921 war das auf zwei Bände geplante Manuskript erstmals fertiggestellt (wohl noch ohne Streichungen), und Inglin schickte es dem Rascher-Verlag, wo es monatelang liegenblieb und erst auf Drängen mit abschlägiger Antwort zurückkam (gemäß einer Auskunft Inglins vom Februar 1971). Im Frühling 1922 beschließt er, nach Berlin zu reisen, um die Verhandlungen mit dem S. Fischer-Verlag, die er schon in Schwyz aufgenommen hat, nicht abreißen zu lassen. Berlin drängt sich aus verschiedenen Gründen auf, zunächst einmal aus verwandtschaftlichen: der Bruder Josef arbeitet zu dieser Zeit als junger Ingenieur bei der Siemens AG. Zudem leben da Verwandte mütterlicherseits. Man wird aber auch an Eduard Korrodis Lobpreisung der Stadt in den «Aufsätzen zur Schweizer Literatur» (a.a.O., 98 ff.) denken: Das Klima sei da dem Schweizer Schriftsteller günstig. Robert Walser, Albert Steffen und Jakob Schaffner gehörten lange schon zu den «Kerntruppen» von S. Fischers «Neuer Rundschau». Jacob Burckhardt und Gottfried Keller hätten nie die Berliner Lehrjahre bedauert. Pestalozzis «Lienhard und Gertrud», das kein Zürcher Buchhändler wollte, wurde zuerst in Berlin gedruckt, und fünfzig Jahre später ist die Stadt empfänglich gewesen für die «gewalttätige Sprache» von Jeremias Gotthelf. Auch hier hat erst ein Berliner Verleger den Versuch gewagt, «diesen Autor in Deutschland durchzukeilen».
Inglin wohnt zunächst an der Duisburgstraße mit Blick auf die Kaiser-Wilhelm-Gedächtniskirche, dann hütet er «mit einem Hund und einem Revolver» das Haus seiner entfernten Verwandten, der Familie Kälin-Eberle, in Waidmannslust, einem kleinen Dorf bei Berlin. Er nimmt persönliche Beziehungen zu Samuel Fischer und dessen Lektor Dr. Oskar Loerke auf. Loerke hat sich ja sehr lobend über «Die Welt in Ingoldau» ausgesprochen. Fischer wollte, daß er kürze, was in Schwyz schon geschehen ist.
Aber am 22. Juni schreibt er an Bettina Zweifel: «....Fischer hat abgesagt, ohne daß er sich meine gekürzte Fassung auch nur angesehen hätte. Er bekommt kaum mehr so viel Papier, um die laufenden Gesamtausgaben Gerhart Hauptmanns, Thomas Manns und Schnitzlers rechtzeitig fertigzustellen, und außerdem hat er andern Autoren gegenüber seit Jahren Vertrags-Verpflichtungen, die er jetzt noch nicht erfüllt hat; nun will er grundsätzlich keine neuen Verpflichtungen mehr eingehen. Diese Gründe mußte ich freilich begreifen, aber ich war trotzdem elend ent-

Alice Keller 1915
Inglin in Berlin 1922 (mit seiner Cousine)
Meinrad Inglin mit Freunden (ca. 1918)

Meinrad Inglin, gezeichnet von Leo Leuppi (1922)
Meinrad Inglin, Holzschnitt von Leo Leuppi (1927)
Inglin mit seinem Hund, «auf dem Kamm des Plenggstocks, Gemsen witternd» (ca. 1925)
Inglin 1929

täuscht, als ich mich mit meinem Schmerzenskind wieder auf die Straße gestellt sah... so gab es denn einen Sonntag, wie ich ihn schon lang nicht mehr erlebt habe. Ich war innerlich wie umgeworfen. Immerhin lief mir nicht alle Besinnung davon, und aus dem Untergrunde heraus tönte es so: ‹Ach zum Teufel mit dem Jammer! Schäm dich doch, das bringt dich nicht weiter. Du hast schon Traurigeres erlebt und bist auch darüber hinweg gekommen. Vorwärts!›... Was mich betrifft, ich werd es schon zwingen, und wenn's noch dreimal durch die Hölle ginge. Ich geh jetzt sogleich auf die Suche nach einem andern Verlag. Davon wirst Du später hören. Leb wohl! Verlier den Glauben nicht!»

Meinrad Inglin verfolgt sein Ziel mit einer Zähigkeit und Ausschließlichkeit, welche zeigen, daß er sich bewußt ist, am entscheidenden Punkt seiner langen Entwicklung zu stehen. Gegen die zehn Manuskripte hat er von verschiedenen Verlegern wieder zurückerhalten und sie mit der Zeit auch nicht mehr weiter verschickt. Jetzt, da er nichts anderes mehr sein will und kann als Schriftsteller, setzt er sich erst mit seiner vollen Energie dafür ein. Zudem wird er, der inzwischen neunundzwanzig Jahre alt geworden ist, auch um die Qualität dieses Romans wissen und sehen, wie weit dieser die früheren Entwürfe übertrifft. Er wendet sich jetzt an den Berliner Vertreter der Deutschen Verlagsanstalt Stuttgart. Es sei der Mann gewesen von Klara Viebig, einer damals viel gelesenen Schriftstellerin. Dieser habe positiv reagiert, aber «mehr erotische Würze» verlangt, die vorhandene genüge nicht – eine Anekdote, die ich vom alten Inglin sehr oft gehört habe. Inglin erklärte damals, er könne in dieser Hinsicht nichts ändern, der Roman habe ohnehin die Liebe zum Hauptthema. Das Buch kommt noch 1922 bei der Deutschen Verlagsanstalt heraus; lediglich so gekürzt, wie es der Fischer-Verlag verlangt hatte.

Die wenigen Briefe aus der Berliner Zeit sind noch in anderer Hinsicht ergiebig. Sie beleuchten Inglins Verhältnis zur Musik, vor allem zur klassischen. Wie er sich ausdrückt, «frißt» er Musik fast jeden Abend und verläßt beseligt die Konzerte. Sein letztes Geld gibt er aus für Bücher und vor allem auch für Partituren. Ihm scheint, er müsse sich «für die Zukunft beizeiten solche Freudenquellen anlegen, solche Ewigkeitswertpapiere, damit ich eine lachende Zukunft hätte, wenn mich das Leben etwa einmal bankrott erklären sollte». (19. 7. 22 an Bettina Zweifel) Die Mozart-Konzerte hat er schon alle zu Hause und ergänzt jetzt mit Haydn, Beethoven, Schubert. Am 29. Mai 1922 gibt er Bericht über eben Gehörtes (die 5. Symphonie von Beethoven), das ihm zur Wirklichkeit wird und den städtischen Verkehr vor der Philharmonie am Potsdamer Platz in seiner Unwirklichkeit zeigt. Er gestattet sich, sobald er über Musik schreibt, schwärmerische Töne, wie er sie sonst gern unterdrückt.

Mit einem jungen rumänischen Pianisten, der im gleichen Haus wohnt, spielt er gelegentlich zusammen, aber es schaue nicht viel dabei heraus, da jener «die Bruckner, Mahler und Strauss den großen Meistern» vorziehe. (30. 5. 22) Für Inglin gehört diese ausschließliche Hinwendung zur Klassik in den eigenen Entwicklungszusammenhang, in den von ihm so benannten «Gesundungsprozeß» in der späteren Zeit. Bis etwa 1916/17 (zur Zeit der Niederschrift des «Phantasus» und des «Rudolf von Markwald») hat er «düstere Musik», Wagner und Liszt, allem anderen vorgezogen.

Allein übt er täglich auf seiner Geige und hofft, das a-Moll-Konzert von Bach «an-

ständig zu bewältigen». In diesem Zusammenhang erfährt man auch von einem Schwyzer Freund, der mit Meinrad um 1920 herum jede Woche zweimal musiziert habe. «Mit der größten Hingabe» hätten sie «fast sämtliche klassischen Sonaten» gespielt. Er sei dann plötzlich gestorben, und er vermisse ihn heute noch schwer. «Nie, weder vorher noch nachher, habe ich auf dem Gesichte eines Mitspielenden oder Zuhörers den Widerschein meines eigenen Entzückens so deutlich aufleuchten gesehen.»
Die Briefe geben auch einigen Aufschluß über die Liebe zu Bettina, die in ihren ersten (glücklichen) Zeiten steht. Bettina verhält sich offenbar sehr zurückhaltend und läßt ihn öfters im Ungewissen, wenn sich auch die beiden über ihre Zuneigung klar zu sein scheinen. Sie kennen einander noch nicht sehr gut, haben sich noch selten allein getroffen und wissen nicht, ob sie in ihrem Wesen wirklich zusammenpassen. Inglin äußert sich öfters dahin, daß sie das endlich erproben müßten. Einige Details: Sie schickt ihm eine Reihe von Photos, und der Empfänger ist glücklich: «Ich habe Dich mir im Geiste ungezählte Male vorgestellt, so wie Du mir da und dort erschienen bist, und die Camera meiner plastischen Vorstellungskraft ist ziemlich scharf; aber diese neuen Muster gäbe ich nicht mehr her.» Und in Klammer setzt er hinzu: «(Sehr geehrte Firma! Bestätige dankend den Empfang Ihrer Musterkarte; sie ist zu meiner vollsten Zufriedenheit ausgefallen. Senden Sie mir umgehend das Original!)» Die Photogalerie wird zu seinem Talisman und schützt ihn vor allen «verlockenden Zufällen», denen er, «ein alleinstehender junger Mann» hier ausgesetzt sei, wie er mit Offenheit bemerkt – eine Offenheit, die wohl Bettina einerseits provozieren soll, anderseits von ihrer Toleranz zeugen mag. «Da taucht etwa so ein norddeutsches Blondköpfchen auf und äugt mich an mit einer himmelblauen Zutraulichkeit und möcht auch mal gern was haben, ach du mein Gott, und das Leben ist ja sonst so bitter... Na, denke ich, nicht übel, ja, das wär ein Schleck, Donnerwetter, und ich bin doch auch ein Kerl aus Fleisch und Blut mit menschlichen Gelüsten, ha, was soll ich denn da noch lange hungern, verflixt nochmal, wenn's einem der liebe Herrgott doch à la carte und soigné serviert... Aber das ist nur so der erste unkontrollierbare Gedanke, übrigens in nebelhafterer Form, als er hier ausgedrückt ist – dann stellt sich sogleich die Besinnung ein, die heißt Bettina, und dazu kommt nun in schwierigen Fällen noch ein Blick in den Talisman: Damit schlägt man auf der Stelle jede Versuchung hohnlachend in den Wind. Übrigens bin ich in diesem Kapitel nie von einer leichtsinnigen Auffassung gewesen. Aber Du bist glaub ich im Vergleich zu mir halt doch ein Engel. Wart nur, ich werde Dir schon noch die Flügel stutzen! (sonst fliegst Du mir wieder davon.)» (6.6.22) Zum Flügelstutzen ist die Distanz zwischen Berlin und Zürich etwas groß, und so kommt es auch immer wieder zu verzweifelten Verdächtigungen, sie könnte ihn nicht mehr lieben oder gar einen Ersatz finden. Nachher aber schreibt er stets eine Begütigung, wie etwa die folgende: «Übrigens glaube ja nicht, daß ich so ein Jammerbold sei, dem jeder Windstoß das Herz zum Schlottern bringt. Es geht bei mir nur ein bißchen tiefer als bei andern. Und, dann scheint mir manchmal, ich hätte schon soviel erlebt, daß es damit endlich einmal aufhören könnte.» Er lädt sie ein in die Villa seines Onkels nach Waidmannslust «zum Versuch, wie man mit mir als Hausfrau lebt. Nur platonisch natürlich». In der ersten Juliwoche plant er eine Strandwanderung von Köslin der Ostsee entlang gegen Westen: «Ich bade,

schwimme, ruhe, denke an Dich, übernachte in Fischerdörfern und wandere wieder, bis ich so recht müde bin. Dann schiffe ich mich ein (wenn möglich auf einem Segler) und fahre über das Meer hinüber zur Insel Rügen. Von dort wandere ich südwärts, besteige endlich auf dem Festland einen D-Zug und kehre wieder nach Berlin zurück... Kommst Du?... Ha. Uns würde die Welt zum Paradies... Begleite mich wenigstens in Gedanken, wenn's anders nicht geht...» Daß sie nicht mitkommen wird, ahnt er. Die Reise aber führt er aus, bis auf die Meerfahrt nach Rügen, die unterbleibt, weil die Seeleute streiken. Da fast alle diese Ostsee-Erlebnisse im «Wendel von Euw», dem «Opus II», wie ihn Inglin nannte, verarbeitet sind, sollen sie im Kapitel über diesen Roman erwähnt werden. Er fängt ihn übrigens in Waidmannslust im August an (gemäß einem Brief an Bettina) und wird ihn 1923 in der Schweiz vollenden.

Im September 1922 reist er nach Hause, Bettina sei der Hauptgrund, das Militär lediglich ein Vorwand. Es ist anzunehmen, daß Inglin auf jeden Fall heimgereist wäre. Das Ziel war erreicht, das Manuskript unter Dach. Was soll er an einem fremden Ort? Das Meer und der Strand haben ihm zwar einen Eindruck von Großräumigkeit und Gewalt wie das Hochgebirge gemacht, das Landesinnere aber war für ihn ohne seelische Spannungen und Erlösungsverheißungen: «Die Landschaft hat keine Geheimnisse wie bei uns, sie liegt offen da, übersichtlich bis zum Dünengelände...» (3. 7. 22 an Bettina) Auf Städte war Inglin nie erpicht; Wien, Paris oder London hat er nie besucht. In späten Jahren war er in Rom und fühlte sich abgestoßen, sowohl von den Touristen wie von den Einheimischen. Auf der Deutschlandreise, die er während des Zweiten Weltkriegs unternimmt, wird er krank, so wenig ist er der Selbstentfremdung, die er durch die Reise und die Diktatur erfährt, gewachsen. Sein Leben lang war er sich der Zeiten der Abwesenheit von Schwyz (in Neuenburg, Genf, Bern, Zürich und Berlin) zwar als eines Werts, vor allem aber als einer Leistung bewußt: «Wer sich nie gelöst hat, bleibt befangen und wird zu seiner heimischen Erbschaft kaum das freie schöpferische Verhältnis finden, das einem wachen Geist und kritischen Sinn entspricht», schreibt er 1949 im Vorwort zu einer Monographie über Hans von Matt. (NJ 168) Die Distanz war gewonnen, wohl schon in Bern, und so blieb ihm nichts übrig, als da sich niederzulassen, wo er die Leute und Verhältnisse so kannte, daß er es verantworten konnte, darüber zu schreiben.

Der Skandal

Drei Monate nach seiner Rückkehr, im Dezemer 1922, kommt «Die Welt in Ingoldau» heraus. Trotz der Dämpfungen ist noch genug Zündstoff geblieben, um eine mächtige Empörung zu entfachen. Inglin muß sie erahnt haben, dennoch traf sie ihn tief.

Im abtrünnigen Pfarrhelfer erkannte jedermann den Sohn eines Schwyzer Lehrers. Ein Wirt, der ein armes Mädchen schwängerte, wollte öffentlich klagen. Inglin betonte allerdings, daß er dessen Schicksal darstellte, ohne davon etwas gewußt zu haben. Jener habe sich ihm erst durch seine Reaktion verraten. Im säuerlichen

Fräulein Tschümperlin erkannte man ein mit dem Autor verwandtes Fräulein Elisabeth Märchy, die denn auch am 2. März 1923 ihr Testament änderte und alle Träger des Namens Inglin, die Brüder Meinrad und Josef sowie Melchior in Amerika, enterbte. Sie hatte den hinteren Teil des Inglinschen Vaterhauses im Dorf besessen. (Mat. A.) Inglin erfährt von der Enterbung erst bei ihrem Tod 1930 und schreibt darüber an Bettina (am 15. 7. 30) halb belustigt, halb im Zorn.
Der eigentliche Dorfskandal wurde ausgelöst durch einen bösen, nicht gezeichneten Angriff im «Vaterland» (30. 12. 22, Nr. 309) seitens des konservativen Verhörrichters Amgwerd aus Schwyz. Empört wollte dieser eine lobende Rezension in der gleichen Zeitung korrigieren. (20. 12. 22, Nr. 301) Diese hatte – stark vom Waschzettel ausgehend – den Namen Meinrad Inglin als «Verheißung» gepriesen. «Nicht einen einzelnen ‹Helden› hat sein Roman, mehrere Menschen- und Familienschicksale laufen nebeneinander her, oft einander berührend und bedingend, dann wieder auseinanderstrebend, immer aber nach außen zusammengehalten durch den gemeinsamen Rahmen der ‹Welt in Ingoldau›, der Welt eines deutschschweizerischen Stadtdorfes mit seiner eigenartigen gesellschaftlichen Struktur und Kultur, die überaus anschaulich sich vor den Augen des Lesers ausbreitet.»
«Nicht bald ist uns ein so freches und zynisches Buch in die Hände geraten», heißt es dann zehn Tage später. «Es ist das Buch ein zusammengeleimtes Stückwerk, episodisch verarbeitet... Ingoldau ist so genau beschrieben, daß man nicht lange suchen muß, auch wenn nur von einem ‹Rothorn› die Rede ist. Und wie führt der Autor diese Welt vor? Man hat den Eindruck, er habe seine Mitbürger in den Grund hinein verlästern und ärgern wollen. Er streckt ihnen die Zunge heraus und hält ihnen einen Spiegel vor. Was für einen Spiegel: Einen verzerrten, der mit wenigen Ausnahmen auch nur Zerrbilder zurückwirft. Inglin hat sich eine zynische Freude daraus gemacht, mit der Feder den Schlamm und den Bodensatz aufzuwühlen – und wo gäbe es denn in der Gesellschaft keine Hefe! Und in diesem Schlamm soll die ‹Welt in Ingoldau› dargestellt werden! Einige Beispiele: Ein scheusäliger Wirt und Verführer; Mütter mit blinden Augen; Weiber, die ihre Knie vor den Beichtstühlen abrutschen und daneben ihre Söhne verhätscheln, überhaupt von Pädagogik keine blasse Ahnung haben; Knaben, die in jugendlichen Verirrungen verstrickt sind – ein Kapitel, auf dem der Autor mit sonderbarer Vorliebe herumreitet; ein freigeistiger Arzt, der mit einem jungen Pfarrhelfer philosophiert und wie! Der Geistliche unterliegt mit seinen theologischen Waffen, der Autor hat ihm keine bessern geben wollen oder können. Später allerdings wissen wir, warum der Sieg dem Freigeist so leicht wird: Pfarrhelfer Reichlin sagt Seite 184/185, daß der geistliche Beruf zu ihm passe wie ‹eine Drehorgel zu einem Schafbock›... Wird man es verstehen, daß dieses Buch von der Bürgerschaft von ‹Ingoldau› mit besonderer Entrüstung und mit Ekel von der Hand gewiesen wird? Daß man den sogenannten Roman als zynische Karikatur und Verleumdung bestimmter Personen empfindet?... Man wird das am bewußten Orte noch besser beurteilen können als außer dieser Ortschaft.»
Der zweite Anlaß zur Verfemung des Autors war die zornige Sonntagspredigt eines Kapuziners in der Dorfkirche, die sich ausschließlich mit dem Werk und seinem Autor befaßte. Das Buch fand im Ort reißenden Absatz, wurde aber auf Veranlassung des Kollegiums in Schwyz aus dem Verkauf zurückgezogen.

Inglin war mit einem Schlag in seiner Region bekannt geworden. Viele der jüngeren dortigen Intellektuellen, besonders Halbwüchsige vom Typ Edis und Melks, hätten ihn bewundert, schreibt der Redaktor und Schriftsteller Fritz Flüeler aus dem Tessin. Sie hätten den Angegriffenen hinter den Vorhängen auf seinen täglichen Dorfgängen beobachtet. Bald allerdings waren solche Spaziergänge nicht mehr möglich; Inglin sei jeweils erst in der Dunkelheit zu Albert Gemsch in den «Maihof» geschlichen. Einmal wurde ihm der Heimweg verwehrt, und er soll aus dem Hinterhalt mit Steinen beworfen worden sein. Er flüchtete zunächst zu einer verständnisvollen, klugen Verwandten, zur Musik- und Sprachlehrerin Marie Schönbächler, die ihm schon früher vor dem Vormund geholfen hatte. Da aber auch hinter dem Kapellchen seinem Haus gegenüber Leute – diesmal Muotathaler Bauern – mit Steinen lauerten, beschloß er die Flucht nach Zürich zu seinem Freund Walter Mertens, wo er sich dann etwa drei Monate lang aufhielt. Das Tagebuch der Tante vermeldet das Ereignis erstaunlicherweise mit keinem Wort. Nur Briefe, die sie Meinrad nach Zürich an die Rieterstraße schickt, sind erhalten. Den ersten schreibt sie am Tage seiner Flucht. Morgens um fünf hört sie die Haustür klirren, geht aber nicht gleich nachschauen. Erst als sie zur Kirche gehen will, findet sie die Türen offen vor und von Meinrad «weder Rock noch Hut». Den erklärenden Brief in seinem Zimmer sieht sie in der ersten Aufregung nicht. Und ihre Loyalität zeigt diese in Schwyz doch völlig integrierte, geachtete und kirchentreue Frau von der besten Seite: «Ja, mein Lieber, hast recht, daß Du abgedampft bist, mögen noch so viel Schimpfereien und Verleumdungen in den Hetzblättern erscheinen, ich stehe fest zu Dir, auch im heißen Lebenskampf will ich all das Schwere mit Dir teilen. Ich weiß ja, daß es nicht Deine Absicht ist, schlechte Bücher zu verbreiten, im Gegenteil, wie ich Dich kenne, suchst Du das Gute. Also mein Lieber, den Mut nicht verlieren, die Lebensstürme fangen bei Dir erst an... Damit mir die Leute nicht den Kopf voll schwatzen, bleibe ich schön zu Hause...»

Am 3. Januar 1923 meldet sie, daß die katholische «Schwyzer Zeitung» den «Vaterland»-Verriß nachgedruckt habe und daß die Schulbuben das Buch im Munde führten. Er müsse noch fernbleiben. Auch höre man gegenteilige Gerüchte über sie, die Tante: Man habe sie im Kloster schluchzen hören, sagten die einen, und sie sei ganz entzückt vom Buch, sagten die andern.

Später beginnt sie dann doch zu klagen, wie sie am liebsten «auf Nimmerwiedersehen» aus Schwyz verschwinden würde, und sie stößt sich an vielem im Buch, das sie erst jetzt liest. Er dürfe auf keinen Fall heimkommen, er würde sonst überfallen. «In hier werden... die Bücher ein Raub der Flammen.» (4. 1. 23) Am 10. Januar heißt es, die Herren und Damen Verwandten seien so empört, daß sie das schmutzige Buch nicht mehr anrührten, und auf Verfügung des Kollegis sei der Weiterverkauf verboten worden. «Bitte tue mir jetzt auch einmal einen winzigen Gefallen. Schreibe nicht mehr so realistisch, so sinnlich, als ob Du der schlechteste Mensch wärest, lasse doch unsere Geistlichen und die katholische Religion beiseite... Zeige doch den Leuten, wie auch Du Sonn' im Herzen hast und ein Freund von Gottes Natur bist... Ja, mein Lieber, Du hast keine Ahnung, wie Du die Achtung hier verloren hast, sogar ich muß gewaltig einbüßen, viele Leute grüßen mich kaum mehr.» Von Mitte Januar an legen sich die «Sturmwellen», Meinrad darf aber nur Tante ab Yberg und Tante Dr. Weber anrufen, wenn er etwas ausrichten lassen will. Er solle keine Rechtfertigung im (liberalen) «Boten der Urschweiz» erscheinen lassen, sonst gehe es wieder los. Diese Rechtfertigung ist erhalten, abdrucken wollte sie der «Bote» aber nicht, weil auf «Ihrem Gemälde aus ‹Ingoldau› nur garstige Sumpfkäfer aufleuchten» und weil es von «sehr kränkelnder Moral durchsetzt ist».[22] (Brief vom 9. 1. 23 an Meinrad Inglin) Inglins Rechtfertigung unter dem Titel «Die Welt in Ingoldau», hat so gelautet:[23]

«Es ist nicht üblich, daß der Verfasser eines angegriffenen Buches sich verteidigt, aber im engeren Kreise, wo die Kritik gern einen allzu persönlichen Ton annimmt, mag dies geschehen. Die Redaktion des ‹Boten› braucht diese Ausführung nicht zu decken, ich bin ihr schon dankbar genug, wenn sie mir zu ein paar Worten verhilft. Ich habe mir nie eingebildet, daß mein erstes Buch in Schwyz besondere Anerkennung finden werde, und mir war ein wenig bange bei der wohlwollenden Neugier, mit der es erwartet wurde. Ich hätte aber nie geglaubt, daß man es so gänzlich verkennen und sich ein Urteil aneignen würde, das für einen literarisch einigermaßen gebildeten Menschen einfach eine Blamage ist.[24 25] Wenn mich anderswo bekannte und unbekannte Leser beglückwünschen, zeige ich ihnen gern die Besprechung des ‹Vaterland›, die eben keine Besprechung ist, sondern eine verständnislose Beschimpfung von der übelsten Art; und regelmäßig begegne ich demselben erstaunten Kopfschütteln. Ich kann mir die Mühe sparen, näher darauf einzugehen. Dem Buche wird durch eine unbefangene Kritik ohnehin sein Recht werden. Nur einen Punkt will ich berühren, der hier wohl am meisten böses Blut geschaffen hat, (während er anderswo überhaupt nicht in Betracht fällt). Man fühlt sich beleidigt, weil man hinter manchen Gestalten des Romans die sogenannten Urbilder allzu deutlich zu erkennen glaubt, und weil man den Schauplatz des Geschehens, welches übrigens ohne Nebenabsichten das rein Menschliche sucht, nach Schwyz verlegt, statt das eingebildete ‹Ingoldau› gelten zu lassen. Eine Frage! Wäre es für einen Schriftsteller, der sein Leben lang der Kunst zu dienen gewillt und auf einen guten Namen bedacht ist, von irgendwelchem Vorteil, in seinem ersten Werke ‹seine Mitbürger in den Grund hinein zu verlästern und zu ärgern›, als verheißungsvollen Anfang ‹eine zynische Karikatur und Verleumdung bestimmter Personen› zu veröffentlichen? Wäre das wirklich vorteilhaft? Würde es einem vernünftigen Zweck entsprechen? Und hätte ich im besonderen einen Grund dazu? Nein, wahrhaftig nicht! Es wäre dumm, sinnlos und sehr unklug, so etwas mit meinem Namen zu decken, es würde mich als Schriftsteller auch anderswo endgültig erledigen. Aber, wird man sagen, die Ähnlichkeit jener Gestalten mit diesen sogenannten Urbildern ist doch nicht zu leugnen? Nun, mag es sein oder nicht, jedenfalls kann ich niemals zugeben, daß dies die Absicht war. Hätte ich den Schauplatz, der eben keine wesentliche Rolle spielt, etwa nach Chur verlegt und den Roman unter einem Pseudonym veröffentlicht, dann würde sich hier vermutlich niemand betroffen gefühlt haben. Daß dies nicht geschah, ändert wenig. Ingoldau besitzt wohl Merkmale von Schwyz, aber es hat auch noch andere Merkmale und deshalb kann es mit Schwyz nicht identisch sein. Ich könnte berühmte Beispiele großer Schriftsteller anführen, die genau denselben Vorwürfen ausgesetzt waren und deren Werke heute zum wertvollsten geistigen Besitz gerechnet werden, ohne daß man sich noch um die Urbilder kümmert. Was in meinem Roman geschildert wird, könnte auch im Leben so oder ähnlich geschehen, es ist aber in Schwyz nie geschehen, und die Gestalten

mögen an wirkliche Menschen erinnern, sie haben aber in Schwyz so nicht gelebt, und keine ihrer Haupthandlungen deckt sich nach meinem Wissen mit tatsächlichen Begebenheiten. Wenn sie auch ihr Aussehen, die Art ihres Auftretens, ihr äußeres Gebaren oft mit diesem oder jenem Menschen gemeinsam haben, so kann doch kein Einsichtiger ernsthaft behaupten, das seien nun wirklich getreue Bilder ganz bestimmter Menschen, denn dieses Aussehen, Gebaren oder Auftreten haben sie noch mit hundert anderen lebenden Menschen gemeinsam. Ich könnte auch so fragen: wenn die Gestalten getreue Abbilder bestimmter Menschen wären, dann hätte ich doch nichts getan als die Wahrheit dargestellt? Wenn sie es aber nicht sind, warum entrüstet man sich dann? Und sie sind es nicht, die Gestalten meines Romans sind andere Menschen als jene, die man hinter ihnen sucht. Ich hätte nicht übel Lust, die mir bezeichneten scheinbaren Opfer selber in Schutz zu nehmen gegen Vergleiche, die ihnen unrecht tun. Ich nehme es keinem Menschen übel, wenn er aus Gesinnungsgründen meinen Roman ablehnt; ich darf aber von jedem Anständigen verlangen, daß er die Reinheit meiner Absicht gelten läßt und mir nicht eine Mißachtung oder Geringschätzung der eigenen Mitbürger unterschiebt, die mir fern liegt – Meinrad Inglin.»
Auf einem Notizblatt stellt Inglin die Vorkommnisse zusammen: «Hug im Kollegium liest es. Urteil: Unerhört! Wühlt im Schmutz. Seit Zola ... etc. – Einer der Professoren spricht in der Buchhandlung vor; das Buch dürfe nicht mehr verkauft werden. – Der Wirt eines angesehenen Gasthofes, wo ich viel verkehrte, will mich nicht mehr in seiner Wirtsstube sehen. Eine Mutter verbietet ihren Töchtern, mit denen ich in harmloser Freundschaft auf Du stand, meine Gesellschaft. Einer meiner besten Kameraden meidet mich. – Dutzende von Bürgern, die mir sonst sehr wohlgesinnt waren, entrüsten sich öffentlich. Man entdeckt nur Anrüchiges, das sittlich Gute wird gänzlich ignoriert. Von der Kanzel: ein Buch von einem Menschen, der offenbar bis zum Hals im Schmutze steckt.»
Endlich erscheinen in der «Neuen Zürcher Zeitung» von Walter Muschg (28. 1. 23, Nr. 125) und im Berner «Bund» (74. Jg., 21. 1. 23) von Redaktor Hugo Marti eingehende Würdigungen. Beide finden fast nur Rühmendes und Verheißungsvolles, Marti noch vorbehaltloser als Muschg, und beide melden nur den gelegentlich überlangen Abhandlungen des Pfarrhelfers gegenüber Bedenken an. In Schwyz atmen die wenigen Getreuen etwas auf: «Tante Schönbächler macht nun die Runde mit dem ‹Bund›. Onkel Theiler will, daß die Nummer dieser Zeitung im ‹Ratskeller› aufgelegt wird.» Inglin erhält von Schwyz auch sehr aufmunternde und lobende Worte und Briefe. So vom Schriftsteller Meinrad Lienert, von Albert Gemsch, von Walter Schoeck, Paul und Othmars Bruder, der versichert, daß es außer ihm noch eine Anzahl Leute gäbe, die sein Werk voll zu würdigen wissen, «und zwar nicht nur in künstlerischer Beziehung». Auch «mitten auf dem Hauptplatz von Schwyz» wolle er mit dem Autor darüber reden.[26] 1922 wird Inglin auch in den «Schweizerischen Schriftsteller-Verband» aufgenommen.
Die Verfolgung und die Aussperrung aus der Heimat trafen Inglin aber schwer und müssen das von früher her schon zwiespältige Verhältnis zum Ort seines Herkommens erneut stark belastet haben. Eben die Leute, die er direkt anzusprechen und zu einer Wandlung aufzurufen hoffte, weisen ihm kleinlich beleidigt die Tür. Das erste Buch, welches mir der alte Inglin leiht, nachdem ich ihn kennengelernt habe,

ist «Rede und Antwort» von Thomas Mann mit dem Aufsatz «Bilse und ich» (Berlin 1922). Dieser sei für ihn immer überaus wichtig gewesen. Ich müsse es unbedingt kennen. Es ist die Rechtfertigung Manns gegen den Vorwurf aus Lübeck, er habe mit «Buddenbrooks» als «ein trauriger Vogel... sein eigenes Nest beschmutzt». Thomas Mann betont – von Inglin am Rand angestrichen –, daß die «Gabe der Erfindung... bei weitem nicht als Kriterium für den Beruf des Dichters gelten» könne und daß die größten Namen sich darböten, wenn man nach jenen forsche, die sich auf die Wirklichkeit stützten.
Freilich, Inglin ist zu dieser Zeit nicht mehr wie in der Pubertät bis zur Berner Periode, anfechtbar oder gar zerstörbar. Ihn erfüllt eine früher nicht gekannte Lust am Dasein und am Arbeiten. Das bezeugt er oft in den Briefen, und auch in «Ingoldau» gehört die oft maß- und sinnlose Freude an der puren Existenz, am «Leben», wie es hier heißt, zu den immer wiederkehrenden Motiven. In den Notizen zu «Ingoldau» verherrlicht er sein Seinsgefühl, das ihn oft wie im Rausch empfinden lasse, was es heiße, auf der Erdkugel durch die Räume zu fliegen. Die Bemerkung entspricht den da und dort gestalteten Träumen: Wendels Flug durch den Kathedralenraum oder der Erzählung «Morgentraum eines heiteren Mannes». Seine seelische Gestimmtheit wird wohl ambivalent bleiben, aber die Nadel rückt nun häufiger von der Befangenheit und Gedrücktheit des Werner Amberg weg hin zur Heiterkeit und Freiheit.[27]
Viele, gerade jene, auf deren Urteil er abstellte, rühmten den Roman, so Hermann Hesse, dem er, ohne ihn persönlich zu kennen, den Roman nach Montagnola geschickt hatte. Hesse antwortete am 4. Februar 1923: «Lieber Herr, Sie hatten die Freundlichkeit, mir Ihr Buch zusenden zu lassen. Ich möchte Ihnen dafür danken und Ihnen sagen, daß ich es in diesen Tagen gelesen habe und daß ich viel Freude daran habe. Nicht weil Ihr Buch viel Talent zeigt – ich habe für das rein Literarische wenig Interesse mehr, und Talent ist ja auch nichts Seltenes. Sondern das Buch ist mir lieb wegen seines Geistes, weil Sie darin nicht bloß etwas Hübsches und Gekonntes machen wollten, sondern das Gefühl der Berufung und Verantwortung haben. Schwyz liegt an der Gotthard-Linie. Vielleicht fahren sie irgendeinmal gegen Süden, dann machen Sie mir eine Freude, wenn Sie mich einmal aufsuchen. Mit Grüßen und guten Wünschen Ihr Hermann Hesse.» (Erst zwanzig Jahre später, als der Dichter des «Schweizerspiegel», wird Inglin Hesse in Montagnola aufsuchen.) Auch Eduard Korrodi lobt, der Mann, dem er schon 1919 auf dieses Werk hin ein beherztes Versprechen abgegeben hat: in einer Rezension der «Schweizer Literaturbriefe» Korrodis in der «Zürcher Volkszeitung». Das schmale Buch des bekannten Kritikers mit den zweiundzwanzig Briefen hatte damals großes Aufsehen erregt, weil es die Autoren aufforderte, endlich vom Erbe Gottfried Kellers loszukommen und die eigene Zeit mit neueren Mitteln zu gestalten, wie es einst Pestalozzi mit «Lienhard und Gertrud» getan habe. Korrodi richtet die verdeckte Frage, ob sie das wohl leisten könnten, an Federer, Huggenberger und Lienert. Inglin nun vermutet in seiner damaligen Rezension, daß der neue Pestalozzi einen anderen Namen tragen werde. «Warum ist der Brief nicht an jüngere Namen gerichtet?» Und er faltet das Programm von «Ingoldau» auseinander, so, daß man unschwer errät, was er sich von seinem Werk damals erhofft. Wie Korrodi es sage, soll es «vom Bauerntum und Seldwylas traditioneller Gemütlichkeit wegführen in eine

neue Welt, in unsere Welt». Und dem «großen, kommenden Dichter» werde nichts anderes übrigbleiben «als der unmittelbare Weg zum Menschen der Gegenwart». Inglin vermißt in der schweizerischen Gegenwartsliteratur ein Buch, das erröten macht, «weil es Dinge erzählt, die uns tief angehen. Wie mancher von uns hat im Werke eines Schweizers von heute oder gestern sich selber gefunden? Oder auch nur den Freund, den Nachbar, den Bekannten? So, daß er unmittelbar berührt wurde durch die Erkenntnis: das bin ich, das ist mein Wesentliches, das Gute oder das Schlechte in mir... Wie mancher Mutter sind beim Lesen die Augen aufgegangen, weil sie sah und miterlebte, worauf es in der Erziehung ankommt? Gibt es in unserer Literatur einen Roman oder ein Kunstwerk anderer Gattung, in dem ein Beamter von heute, ein Bürofräulein, ein Arbeiter, ein Advokat, eine Kellnerin, ein Kaufmann oder ein Regierungsrat sich, seinen Umkreis und seine typischen Erlebnisse erkennt und durch die künstlerische Art der Darstellung irgendwie vom Wert oder Unwert seines Daseins überzeugt wird?» Was Inglin hier 1919 als Forderung erhebt, löst er 1922 mit seinem ersten Roman ein, und es ist unverkennbar, daß er in den Zitaten auf dieses Werk anspielt, das er seit seiner letzten Berner Zeit um 1917 in Arbeit hat. Von hier aus wird nun aber wiederum besonders deutlich, wie ihn die Ablehnung durch genau die Bürger, Mütter, Beamten, Regierungsräte und so fort treffen mußte, die er direkt ansprechen wollte. Und vielleicht noch deutlicher wird dies durch die Konsequenzen: kein Werk Inglins wird mehr in dem Maß zeit- und gegenwartsbezogen sein wie «Ingoldau». «Wendel von Euw» (1924) flüchtet in einen engeren, privateren Konflikt, der dem damals noch immer drängenden Künstler-Bürger-Problem entspricht, «Über den Wassern» (1925) in ein überzeitlich Mythisches, und «Grand Hotel Excelsior» (1928) greift eine Vorkriegs-Hotelaristokratie und überspitzte Zivilisation an, ohne ihr eine andere Gegenwart entgegenzusetzen als Natur und bäuerlich einfaches Leben. Der Essay «Lob der Heimat» (1928) glaubt nur an den innersten Kern des angestammten Volkes und im Grunde nur des bäuerlichen. Der Glaube an eine innere Renovation der Bürgerlichkeit ist Inglin abhanden gekommen. «Jugend eines Volkes» ist nach seiner eigenen Aussage eine Flucht aus der Gegenwart in die «vorgeschichtliche Dämmerung» und setzt das gleich mit dem Aufbruch anderer ins Exotische (Aufsatz «Vom Umarbeiten», NJ 55) «Was mich damals... zunächst bewegte, war der Überdruß am Realismus, an Gegenwartsproblemen, am bürgerlichen Lebensstil, und die Lust, der Zeit davonzulaufen...» Im «Schweizerspiegel» baut er diesen «bürgerlichen Lebensstil» nur notdürftig wieder auf, das Schlußbekenntnis zur Schweiz klingt nach all den aufgewiesenen Brüchen eher wie eine Utopie als wie eine gegenwärtige Realität, und auch der Protagonist Fred zieht sich schließlich landjunkerhaft auf ein Heimwesen zurück. Noch in «Erlenbüel» (1965), von dem viele Kritiker gesagt haben, daß es an «Ingoldau» anschließe, bleibt dem freiheitlich gesinnten Paar Silvester und Karoline im Grunde nur die Flucht, nicht aber ein Leben inmitten dieser autoritären, selbstzufriedenen Gesellschaft. – Inglin hatte wohl mit «Ingoldau» trotz aller von ihm angebrachten Kritik in seiner eigenen Welt auf positive, regenerative Wirkung gehofft und erkennt nun plötzlich, daß die Menschen, über die er schreibt, nicht ansprechbar sind. Er sieht sich wieder so allein dastehen wie vor dem Roman. Politisches Engagement, Leonhard Ragaz, der christliche Sozialismus, der Linksliberalismus, Strömungen, zu denen er sich um

1920 herum bekannte, scheinen nach «Ingoldau» fast keine Rolle mehr zu spielen. Es ist schwierig zu sagen, wie die Entwicklung Inglins verlaufen wäre, hätte man seinen ersten Roman als das «Volksbuch» zum Nachdenken und Sichändern aufgenommen, welches er 1919 versteckt in der Korrodi-Rezension verheißen hatte. Auffällig ist auch, daß Inglin nie mehr – wie in den ganz frühen zwanziger Jahren – vom Leben auf Kosten der Literatur und Kunst spricht. Er betont immer auch stärker die Form gegenüber dem Stoff und der Fülle. Fünfzehn Jahre nach dem Erscheinen des ersten Romans kann er die Neuausgabe nicht mehr verantworten, die der Staackmann Verlag anregt. Aufschlußreich ist, was er dann über die Entstehung der zweiten Fassung von 1943 schreibt (NJ 53): «...mir wurde klar, daß der Roman nicht einfach in diesem Zustand liegen bleiben oder so mitgeschleppt werden könnte; entweder mußte ich ihn ändern oder verwerfen und verschwinden lassen. Bei der nächsten Gelegenheit begann ich ihn umzuarbeiten, und 1943 erschien er in einer neuen, kürzeren Fassung, die nach meiner Überzeugung besser ist als die ursprüngliche. Was er an Fülle verloren haben mag, hat er an Form gewonnen. Fülle scheint mir im Roman leicht zu erreichen, aber ohne genügende Form verbürgt sie nur in großen Ausnahmefällen einige Dauer.» Die zweite Fassung bedeutet gegenüber der ersten vor allem Reduktion, Straffung von sechshundert Seiten auf dreihundertsechzig (bei etwas kleinerem Druck). Vor allem die ausgedehnten inneren Monologe (wie etwa jener von Therese vor Ankunft des Bruders, WI 1, 57 f.) und teilweise überlange Gespräche sind zusammengestrichen. Die gar zu mokanten Spitzen sind abgebrochen und geglättet. Viele Sätze haben dafür mehr Fluß erhalten: gedrängte substantivische Konstruktionen sind Relativsätzen gewichen. Provokante Namen wurden ausgetauscht; heikle Themen vielfach gedämpft, denn nicht zuletzt durch die Freiheit, mit der Inglin Sexuelles behandelte, hat er 1922 seine Mitbürger schockiert. So wird der rein erotische Aspekt der Geschwisterliebe zurückgenommen. Anton spürt, wenn er Therese umarmt, die «weiche Wölbung ihrer Brust und den schlanken Verlauf ihres Beines». (WI 1, 64) Nachher fällt die Bemerkung weg. So wurde auch Melchiors latente Homosexualität (WI 1, 317) später ganz gestrichen. Desgleichen verfuhr Inglin in religiös gefährlichen Bereichen. In der ersten Fassung schändet Frau Betschart verzweifelt das Kruzifix (WI 1, 378 f.) Nachher nicht mehr. Die gestisch-physiognomische Darstellung einer Figur ist meistens stehengeblieben, außer den Details, die vom umfassenden und konzentrierten Blick ablenken. Der übergenaue neusachliche Stil, wie er sich hervorragend in der Fronleichnamsschilderung mit ihren Gesamtansichten und immer neuen Einzelausschnitten zeigt, wird ebenfalls zurückgenommen zugunsten eines eher klassizistischen, logischen mit dem Ideal der Klarheit und Einfachheit, was mehr noch als die zweite Fassung die nochmals beschnittene von 1964 bezeugen wird. Das ist der Weg, den Inglin später einschlägt und den die «Ingoldau»-Fassungen dokumentieren, hin zur Versöhnlichkeit und zur verhaltenen Form.[28] Daß bis dahin ein langer Prozeß vonnöten war, zeigen die nächsten Stationen: «Wendel von Euw» und «Über den Wassern».

«Wendel von Euw»

In der Erzählung «Über den Wassern» sinkt die Gegenwart zur bloßen Folie hinab, vor der sich um so paradiesischer entrückt eine zeitlos mythische Alpenlandschaft abhebt. Im «Wendel», an dem Inglin 1922 im Juli in Berlin zu arbeiten beginnt (gemäß Brief an Bettina, 25. 6. 22), geht Inglin in seinem Verhältnis zur gesellschaftlichen Umwelt, die er verachtungsvoll behandelt, gleichsam auf eine frühere, eine jugendlichere, Stufe zurück. Freiheit gewinnt Wendel nicht, wie er hofft, in der größeren Gemeinschaft seiner Heimat, sondern in der Natureinsamkeit zusammen mit einer gleichgestimmten Freundin. Wie die erste Fassung von «Ingoldau» ist auch «Wendel von Euw» nur mehr antiquarisch aufzutreiben. «Das Buch war schlecht und soll nie wieder aufgelegt werden», schreibt Inglin am 18. Mai 1948 an Eduard Korrodi. Seine «grüne Autoreneitelkeit» sei damals durch Korrodis doch eher «glimpflichen» Verriß verletzt gewesen, gesteht er.
Am 5. Dezemer 1924 (NZZ Nr. 1835) hatte E. K. nämlich geschrieben: «Nach der ersten imponierenden epischen Kraftansammlung ist dieser zweite romantische Roman wohl etwas hurtig der Feder entronnen. Was ist er denn? Beichte eines Toren? Chronik eines Vagabunden? Ein Mixtum Compositum aus Eulenspiegelei und verspätetem Sturm und Drang der Wedekind-Zeit? Das Eulenspieglerische ist die witzigere Partie des Buches.» Der Darstellung der sich läuternden Dirne fehle «jene heilige Ernsthaftigkeit, mit der zum Beispiel Albert Steffen [damals ein Favorit Korrodis] sich der «Erniedrigten und Beleidigten» annehme. Überhaupt rügt Korrodi ein Zuviel an «Literatur» und nimmt von diesem Vorwurf nur die originelle Zeichnung der Mutter aus. «Die originellste Figur ist nur nebenamtlich da, die Mutter Wendels. Einmal sagt sie – geborgen und gelähmt im Lehnstuhl, nachdem sie das Zimmer verriegeln ließ, damit ihr der lockere Zeisig nicht entfliehe – ihrem Sohne ganz gründlich die Meinung. Das andere Mal, da Wendel sie besucht, liegt sie in ihrem Kissen, seltsam. Ihr ehrfurchtsloser Geist in das Gegenteil verwandelt. Ihre bewegliche Zunge erstarrt. Ihr Blick verschleiert. Dem Zeitlichen entrückt und lebend doch, dem Sohne die Hand entziehend, von dauerndem Wahnsinn geschlagen. – In solchen Augenblicken der Schilderung zeigt Meinrad Inglin die Stärke seines epischen Naturells.» Soweit Korrodi, der damals für Inglin der maßgebende Kritiker ist. Noch 1945 schreibt Carl Helbling, der an der Volkshochschule eine Vorlesung über Inglin hält, dem Autor (25. Februar), er habe seinen «Wendel» gelesen, «der eine seltsame Stufe Ihrer Entwicklung darstellt, deren Wesen ich nicht so recht begriffen habe». Daß Josef Nadler dieses Werk gerühmt habe (in seiner «Literaturgeschichte der deutschen Schweiz»), sei ein befremdendes Zeugnis mehr von seiner Urteilslosigkeit, antwortet Inglin.
Ein anderes Verdikt des Autors über dieses Buch stammt ebenfalls aus den vierziger Jahren, einer für ihn schwierigen Epoche, wo sich in formaler und moralischer Hinsicht gewisse Verhärtungen bemerkbar machen. Er schreibt auf einem losen Blatt, das sich bei den «Unerledigten Notizen» aus der Zeit des zweiten Aktivdienstes gefunden hat: «Ich habe meinen ‹Wendel von Euw› von 1925 wieder gelesen, mit der Absicht, aus dem Roman eine halb so lange Erzählung zu machen. Das Thema würde mich heute noch locken: Rückkehr des bürgerlich Entgleisten, unstet Schweifenden in ein geordnetes, erhöhtes Dasein, das er in seinem Heimatstädt-

chen aber umsonst zu verwirklichen sucht und erst nach bedenklichen Rückfällen auf eine wiederum unbürgerliche Art dadurch zu erleben beginnt, daß er (mit Lydia) sozusagen die gereinigten Elemente des Chaotischen in die Rechnung einbezieht. Die Lektüre hat mich aber so enttäuscht und beschämt, daß ich verzichte... Einzelne Episoden sind wohl nicht übel, aber im ganzen ist es ein unreifes Produkt. Der Verlag hätte mir durch eine entschiedene Ablehnung einen größeren Dienst erwiesen als durch die rasche, bedingungslose Annahme.»

Wenn Korrodi die «hurtige Feder» glaubte rügen zu müssen und dem, zumindest damals, bestimmbaren Inglin durch den Vergleich mit Steffen eine gewisse Schwere und Feierlichkeit aufdrängte, so rühmte der Verlag gerade den raschen «großen Fluß» und die «fabelhafte Frische». (Brief des Verlagschefs der Deutschen Verlagsanstalt Stuttgart, Dr. Kilpper, 8. 9. 24) – In seinen letzten Jahren beschwört mich Inglin oft, den «Wendel von Euw» einfach zu verschweigen. Man dürfe ihn doch nicht jetzt noch dafür strafen.

Abgeschreckt wurde er wohl auch von einigen expressionistischen Reminiszenzen in der Gesamtform, im Sprachgestus und in der Figurenzeichnung. Mit dem stellenweisen Rückfall auf die Stufe des «Phantasus», den Inglin überwunden zu haben glaubte, bezeugt er, daß er, wie verschiedene andere Vertreter des neuen Realismus, die Epoche als eine «Zeit zwischen den Zeiten»[29] erfährt.[30] Die geistige Umbruchsituation der frühen zwanziger Jahre dokumentiert er inhaltlich im wilden Protest und formal im schwankenden Stil. Auch Döblin beklagt sich damals über die Stilzwitter seiner Zeit und spricht von einem Hin- und Hergerissensein zwischen «alter und neuer Energie». Die Dichter empfanden den Expressionismus als eben erst überwunden, das heißt, daß er, wenn auch oft als «Schreckbild und Gegenpol,... dauernd mitbedacht und mitbewältigt werden» mußte.[31] Der Roman bezeugt eine gewisse Willkür in der Gesamtkomposition, welche im Gegensatz steht zum diszipliniert konstruktivistischen Element späterer Werke Inglins, ja schon der «Welt in Ingoldau».[32] Der Handlungsfaden orientiert sich, abgesehen vom kunstvollen Rückblick am Anfang, bloß an der sprunghaften seelischen Entwicklung Wendels. Dem polaren Denken des Expressionismus entsteigt die Dirne Lydia – sowohl in ihrem Zug zum Niedrig-Chaotischen wie zum gegenteiligen Erhabenen eine Wahlverwandte Wendels[33] – welche sich zu einem freien, hellen Wesen läutert, das antikisch einer Naturgöttin ähnelt: «Aus Dirnen wurden Heilige...» Auch die Liebe zwischen Wendel und Lydia hat einen stark expressionistischen Aspekt und entspricht dem Hinweis von Heinz Kindermann, daß in dieser Epoche «die Bindung von Mensch zu Mensch... nur als Symbol der Allvereinigung, als Drang nach dem Universum» erscheint.[34] Es ist wichtig zu sehen, wie in den frühen Inglin-Büchern Natur und Sozietät in solchen begünstigten menschlichen Verbindungen zu einem trunkenen Einheitsempfinden sich zusammenschließen. Die beiden Dominanten sind erst später konsequent polar gegeneinander gesetzt. Im übrigen fallen die Urteile über Zeit und Geschichte oft pauschal ablehnend aus. Die Zeit ist wüst, und Rettung gibt es in der menschlichen Gesellschaft nicht: «Die Zivilisation hat ganz und gar die Fäden in der Hand und schreibt die Gesetze vor, die Zivilisation..., die Riesenpuppe mit der Maschine im Leib, die Göttin der neuen Zeit.» Die Bürger seiner kleinen Vaterstadt («dieses uralte Gemeinwesen mit seiner vornehmen, lebendig gebliebenen Überlieferung»), wohin sich Wendel vor seinem ungeordneten

Leben in Berlin retten will, zeigen sich als «Larven» und ihre schönste Vertreterin als kleinmütige Person, die dem glühenden Liebeswerben Wendels nachts auf dem Eisfeld unter dem «uranfänglichen Lichte» des Monds entgeht, mit der bürgerlichen Begründung, sie sei eine verheiratete Frau.[35] Spittelers kleiner Roman «Imago», den Inglin damals hochschätzt, mag auf die Bürgerkritik Inglins nicht ohne Einfluß geblieben sein.

Und doch, so hart das Verdikt seines Schöpfers ausfiel, der kleine Roman (215 Seiten) mit den schwebenden Sätzen und inhaltlichen Sprüngen hat einen unglaublichen Charme, eine tänzerische und zugleich etwas spöttische Leichtigkeit, Eigenschaften, die sehr wohl auch zu Inglin gehören, die er aber im Lauf der Jahre immer strenger unterdrückt. Ein Sinn für Travestie, Ironie und verrückte Einfälle offenbart sich, den er später leugnet. In den grotesken Reden und Veranstaltungen Wendels tut sich so viel Phantasie kund, daß man gelegentlich bedauert, daß der Autor dieses dichterische Element an sich mißachtete und, zugunsten einer durchsichtigen Konstruktion, der Wahrscheinlichkeit und der Plastizität ganz ausmerzen wollte, mit der Begründung, die Phantasie sei eine Hure, die jedem Schreiberling zu Diensten stehe.

Schon der Anfang, der das bei Inglin immer wieder auftretende Heimkehrer-Motiv variiert, steckt voller Einfälle. Die Heimat setzt mangels Papieren den Ungebundenen, der sich endlich binden will, – vorbedeutend genug – hinter Schloß und Riegel. Seitenlang weigert sich Wendel, seinen Namen bekanntzugeben, «weil er über meine Person leider gar nichts aussagt...». In grotesker Häufung werden Namen und Titel in «Erlenbüel» (einer späten Variation des «Wendel von Euw») den freiheitlichen Helden netzartig immer enger umfassen, bis er hinausflieht in eine Welt, wo diese Namen und Titel ihre Macht verlieren. Wendel macht dem Polizisten gegenüber längere Ausführungen über die Sinnlosigkeit eines bloßen Namens. Hut, Stock und Anzug bezeichneten sein persönliches Wesen sogar näher. «Bis hierher hatte er mit drohend gespannter Miene zugehört, nun aber fuhr er auf und sagte, ohne auf meine Ausführung, die noch ganz interessant geworden wäre, Bezug zu nehmen: ‹Legen Sie alles, was Sie bei sich haben, hier auf den Tisch.› Er sagte das durchaus nicht heftig, sondern im Gegenteil sehr ruhig, aber es war eine theatralische Ruhe, die seiner Entschlossenheit etwas Unheimliches verleihen sollte. Ha, wie ich diesen albernen Kerl durchschaute!» (WE 7) Wendel wird in eine Zelle geworfen, zieht wie einst Eichendorffs «Taugenichts» die Geige hervor, stellt sich «vor die vergitterte Luke und spielte ein Dankgebet». (WE 10) Das eigene Geschick erscheint ihm «lachhaft unwesentlich» im Vergleich zur Erhabenheit der Nacht. Er übermannt und fesselt dann den dumpfen Hauswart, bricht aus, kehrt aber, sobald er das freie Land eingeatmet hat, von Mitleid gepeinigt wieder in das Gefängnis zurück, führt den noch immer gebundenen Spießbürger hinaus unter einen blühenden Apfelbaum und erzählt dem Wehrlosen seinen Lebensgang: von seiner Abkehr von der Universität und deren Überfütterungen, von den Jahren in Berlin als Kaffeehausgeiger, seinem Dasein im Formlosen, Dunkeln, bei brennenden Begierden und immer neu zerfallenden Erfüllungen. So läßt er sich treiben, aber die Zeit «trug mir nichts ans Ufer als eine große Sehnsucht». In einem feierlichen Akt bindet er die Hände des gefesselten Zuhörers los und redet zum ersten Mal «zu einem befreiten Menschen» über den göttlichen Drang seines Wesens, den er «beim

letzten Mondwechsel auf einer großen Wanderung am Meer begriffen» hat. (WE 21 f.) Es folgen teilweise genau die Schilderungen, die Inglin selber in den Briefen an Bettina (1. – 7. Juli 1922) von seiner Ostseewanderung gibt.
Wie im Hochgebirge findet er auch hier am Strand das Elementare, die Einsamkeit des Raums. An Bettina schreibt Inglin: «Stunden um Stunden weit habe ich weder Menschen noch menschliche Wohnungen gesehen, in einer ungeheuren Monotonie lag mir zur Rechten immer das Meer, und zur Linken immer die Düne. Nur einmal geschah folgendes: Ich hielt Mittagsrast, und zwar oben auf dem bewaldeten Rand der steil abfallenden Düne im Schatten der Kiefern. Als ich wieder aufbrechen wollte, den Rucksack bereits aufgeschnallt hatte und hinuntersah, wanderte wahrhaftig da unten ein Mensch vorüber; den Rucksack auf dem Buckel wanderte er wie ich, nur in der entgegengesetzten Richtung dicht an der Brandung entlang auf dem noch feuchten und darum festeren Sande ein wenig gebückt, eilig und allein zwischen Dünen und Meer verloren dahin. Wir sahen uns fast gleichzeitig und ich bin überzeugt, daß wir beide dasselbe dachten: Sieh da, ein Mensch! Bruder Mensch, Wanderer wie ich. Wir winkten uns mehrmals, ohne daß er sich aufhalten ließ; aber er drehte sich noch ein paarmal zurück und erwiderte mein Hutschwenken... dann zogen wir auseinander, er nach Osten, ich nach Westen, jeder für sich. Mich hat das ganz eigentümlich berührt.» Im «Wendel» heißt es dann: «Ich wanderte, ohne einem Menschen zu begegnen, tagelang barfuß dicht am Wasser hin, auf dem Sande, den die Wellen beständig feuchten und festigen, und der so den Füßen mehr Halt bietet als der trockene, schneeweiche Dünensand. Zu meiner Linken lag, verlassen, grenzenlos, immer das Meer, zu meiner Rechten immer der einförmige Wall der Düne. Am dritten Tage, als die Sonne brennend über mir stand, watete ich den Sandhang hinauf und legte mich oben in den Schatten der Kiefern. Tiefe Einsamkeit umgab mich, aber ich freute mich darüber, ich hatte sie gesucht und für das Wünschenswerteste gehalten, sie galt mir noch als das einzig erreichbare Abbild der zeitlosen Freiheit. Allein da geschah mir etwas Seltsames. In dem Kreis meines ruhigen Blickes, der nur eine begrenzte Strecke des weithin übersehbaren Strandes umfaßte, trat plötzlich ein Mensch. Ich erschrak auf eine so freudige, erregte, staunende, auf eine so unbeschreibliche Art, als ob ich mein Leben von der Geburt an in vollkommener Einsamkeit verbracht hätte und jetzt zum ersten Mal ein Wesen meinesgleichen erblickte. Der Mensch kam von Osten und wanderte dem Wasser entlang nach Westen. In meiner Erregung vergaß ich zuerst, ihn anzurufen, und als ich es endlich tat, war er schon um gute hundert Schritte weitergekommen. Er drehte sich um und schaute aufmerksam und wohl ebenso erstaunt wie ich zu mir hinauf. Ich winkte ihm mit dem Hut und sogleich schwenkte er auch den seinen. ‹Wohin?› rief er. ‹Nach Osten›, schrie ich hinunter und deutete in östlicher Richtung. ‹Nach Westen›, sagte er und nahm damit auch seine Wanderung in dieser Richtung wieder auf, als ob er keine Zeit zu verlieren hätte. Allein er wandte sich wohl noch fünfmal nach mir um, und wir wiederholten beide alle Zeichen des Abschiedes. Ich folgte ihm mit den Augen und sah, wie er immer kleiner und kleiner wurde und zuletzt nur mehr als schwarzer Punkt dem Strand entlang schlich, aber meine Blicke saugten sich noch an diesem Punkte so krampfhaft und ängstlich fest, als ob dies der letzte Mensch gewesen wäre, der mir auf dieser Erde zu sehen vergönnt war. Endlich verschwand er im goldenen Dunst

der Mittagssonne.» (WE 22 f.) In diesem Augenblick überfällt Wendel «das Gefühl einer so grenzenlosen Verlassenheit», daß er die Rückkehr in eine lebendige Gemeinschaft beschließt. «Von meiner Höhe blickte ich noch einmal zwiespältig auf das Meer hinaus, auf diese gestaltlose, bewegte Leere, dieses rätselvoll Befremdende, das allen Gesetzen, denen wir gehorchen, entzogen scheint, und das uns dennoch seltsam erhebt und reinigt.» (WE 24) Das Meer hat hier dieselbe ambivalente Kraft, wie sie sonst die Gebirgsnatur besitzt: Zerstörung und Macht der Erlösung. Diese unberührte Natur ist der gefährlich-großartige Gegenpol zur Gesellschaft, die Inglin nur von dieser Rückzugsmöglichkeit her erträgt. Auch seine Werke pendeln zwischen diesen Polen, in sich selber (etwa in «Grand Hotel Excelsior», in «Über den Wassern» oder im «Werner Amberg») oder dann untereinander, wie «Schweizerspiegel» und «Die graue March», welche gleichzeitig entstehen.
Die Stelle zeigt einmal mehr, wieviel autobiographisches Material in Inglins Bücher eingeht. Wendel ist, wenn auch verschiedene Erlebnisse erfunden sein mögen, ein Abbild seines Autors, und zwar seiner karnevalistischen, festlich dionysischen Möglichkeit, wie Edi in «Die Welt in Ingoldau».[36] Edis düsterer Bruder Melk, der auch zu Inglin gehört, findet sich unschwer ebenfalls im zweiten Buch: Er ist der Dichter Selbrich, der sich erhängt: «Unerkannt, zerbrochen, geopfert... die brutale, götter- und würdelose Zeit hatte ihm Luft und Licht entzogen.» Er war Wendels «einziger wahrer Freund, mein verwandter Gefährte...» (WE 136) In einer maßlosen, verrückten, aber ergreifenden nächtlichen Veranstaltung mit Glockengeläut und Reden auf dem Münsterplatz bereitet ihm Wendel eine Totenklage, welche die ganze Stadt in Aufruhr bringt. Wendel gleicht jenem Inglin, der in diesen Jahren (wie er in einem Brief beschreibt) sich mitten auf dem Schwyzer Hauptplatz auf einen für die Tante bestimmten Teppich, den er transportieren soll, setzt und darauf ißt und trinkt. Dieses Närrische schließt ein deutliches Bekenntnis zum ungenormten, unverdinglichten Dasein ein, wie es den vernünftigeren Helden nur gelegentlich in einem kurz befristeten Ausbruch in die Natur gewährt wird. Und die im ganzen Buch, sogar in feierlichen und zornigen Passagen, spürbare Ironie bei der Behandlung der Menschen zeigt zudem, über das Leiden am Unverstandensein hinaus, ebenso sehr auch dessen Reiz, den er sogar sucht. Der Autor hat stets beteuert, daß er die gefährliche Schwere und Düsternis, wie er sie im «Werner Amberg» gestaltet, selber überwunden habe, ansatzweise in seiner letzten Berner Zeit und endgültig dann mit seinem Entschluß von 1919, sich in Schwyz niederzulassen und nichts als Schriftsteller zu sein. Zuhause als Einheimischer, aber zugleich mit dem inneren Vorbehalt eines Fremden zu leben, muß ihn stets stimuliert haben. Die Ausführungen über den beschwingt-karnevalistischen, jüngeren Inglin sollen nicht sagen, daß dieser später in Ernst und Sachlichkeit erstarre. Im Gegenteil: seine Meisterwerke, «Die graue March» und «Schweizerspiegel», schafft er erst mit vierzig. Die Phantasie, die er früher noch in Stoff und Aussage drängt, die «Fülle», wie er im Aufsatz «Vom Umarbeiten» sagt, versteht er dann ebenso kräftig ins Formale zu lenken. Kein Element schiebt sich da vor, eine unauffällige, großartige Kreativität bringt Materie und Gestaltung in eine volle Gleichung. Die konstruktivistische Durchorganisation der Sätze, der Einzelabschnitte und des Ganzen wird ihm zur ästhetischen Leitidee. Werke, in denen er später ein solches Formprinzip nur ungenügend vorfindet, wird er fallenlassen, wie den «Wendel von Euw» und

schwereren Herzens dann «Grand Hotel Excelsior»; wo er jenes retten kann, arbeitet er weiter, wie eben an der «Welt in Ingoldau», deren drei Fassungen im Abstand von je zwanzig Jahren entstanden sind.
1939 wurde «Wendel von Euw» antiquarisch abgestoßen.

«Über den Wassern»

Am 28. Juni 1924 schreibt Inglin an Bettina: «Gegenwärtig lese ich in goldener Stille unter blauem Himmel Platon und andere Griechen, was der Luft ‹Über den Wassern› zuträglicher ist als alles später Entstandene, besonders als alles Zeitliche, Heutige.» Demgemäß arbeitet er zu dieser Zeit an «Über den Wassern. Erzählung und Aufzeichnungen», dem kleinen Werk, das Ende 1925 bei Grethlein erscheinen wird. Der Untertitel meint mit «Erzählung» den Rahmen: Beata, ein heiteres Mädchen, das aber um mögliche innere Abgründe weiß, liest in einem Kreis von nervösen, pessimistischen, mit ihrer Zeit zerfallenen Künstlern Blätter vor, die sie vor sieben Jahren von einem jungen Mann, ihrer bisher einzigen großen Liebe, erhalten hat. Diese Aufzeichnungen handeln vom entrückten Sommer auf einer Alp «über den Wassern» und bilden den Hauptteil des kleinen, hundertseitigen Bandes.
Gegenwart und Gesellschaft geben also für den einunddreißigjährigen Inglin bloß mehr eine Folie ab. Der Reformglaube der «Welt in Ingoldau» ist geschwunden, und sogar die leidenschaftliche Auseinandersetzung Wendels mit der Bürgerlichkeit ist vermieden. Nach «Werken des Widerstands» (Inglin über seine eigene Entwicklung im Heft «Unerledigte Notizen», zwischen 1939 und 1945 entstanden), sucht der Autor, gemäß der eigenen Deutung, jetzt «Anschluß an tiefere Schichten». Die totale Ablehnung der eigenen Epoche entspricht dem damaligen Lebensgefühl Inglins. Eine Briefstelle an Bettina kann dies nur bestätigen (28. 5. 25). Er stellt den Unterschied zwischen ihr und ihm fest: «Du hast Freude an gesellschaftlichen Anlässen, an fröhlichen Plaudereien und guten Gesprächen, an Ausflügen, neuen Bekanntschaften, Einladungen, an hübsch eingerichteten Wohnungen, schönen Kleidern, guten Manieren, gepflegten Formen, etc. etc. Mir dagegen ist das alles mehr oder weniger gleichgültig, ich suche es nicht, ja ich meide es sogar lieber. (Hätte ich im 17. Jahrhundert gelebt, wäre das anders gewesen; meine Art ist von der Zeit bedingt, von unserer Zeit des Verfalls, zu der ich mich nur kritisch verhalten kann, wenn ich mich nicht absondern will, wie in ‹Über den Wassern›.)»
Die Gründe für die Absonderung werden in einer klassizistisch polierten Sprache, deren etwas forcierte Distanznahme an Stifter erinnert, in der knappen Rahmenerzählung genannt. Jeder der Anwesenden bei Beatas Abendgesellschaft vertritt die herrschende Degeneration auf eine andere Weise. Da ist der pessimistische junge Arzt, der – an Nietzsche geschult – bei allen produktiven Menschen körperliche und seelische Gesundheit vermißt und infolge des Mangels an «kindhafter Frische» nirgends mehr Regeneration erwartet. Die «krampfhaft Gutgläubigen von heute», welche «die große Erneuerung» herbeiführen wollen, sind vertreten durch eine kurzhaarige, bleiche, nervöse Intellektuelle, die der Arzt zum Schweigen bringt mit der Bemerkung, sie sei zu ihrem Unterfangen «viel zu wenig gesund».

Inglins Braut und spätere Frau, Bettina Zweifel

Inglin, Herbst 1935, zur Zeit der Arbeit am «Schweizerspiegel»
(Photo Martin Hesse)

Dieses «unbürgerliche, künstlerisch begabte Wesen», welches aufgestört und halbwegs gebrochen das Urwort sucht, erinnert deutlich an jene Dadaistin, welche Inglin 1919 (7. Juni) in der «Zürcher Volkszeitung» befremdet geschildert hat. Als Offizier hatte er eine Dada-Ausstellung besucht, deren «erstaunliche Unverständlichkeit» er feststellt.[37] Er schrieb damals: «Wir kehrten zur Kasse zurück und baten die Dame um einige Aufklärungen. Es stellte sich heraus, daß auch sie zum Kreise der Dadaisten gehörte und eine Wand mit Werken belegt hatte. Sie war mager und sehr bleich. Ihre Augen besaßen einen starken, fiebrigen Glanz und auf ihrem Gesichte lag ein schmerzlicher Zug langer, seelischer Leiden. Das Haar trug sie kurz geschnitten, wie ein Knabe...» – dieselbe also, die in «Über den Wassern» wieder auftritt.

Ein anderer Protagonist der Gegenwart ist der bedeutende Kunstmaler, der mit großem Können produziert, ohne zu wissen wozu. Es sind Leute, welche Beata, die Unanfechtbare, Gefestigte, aber Einsame, künftig meiden will. Ähnliche Degenerationsthesen sind damals weithin aktuell. Thomas Mann hat solche kurz zuvor mit Nachdruck vertreten. Knut Hamsun ist in aller Mund; seine Verurteilung der Moderne und Flucht in die Natur sind den «Aufzeichnungen» des jungen Mannes verwandt.

Inglin schätzt gerade diesen Autor in diesen Jahren sehr und wünscht, daß Bettina «dem irrationalen Element in Hamsun etwas zugänglich» (28. 5. 24) würde. Er rügt auch seine eigene Ratio, die immer wieder zum Mißverstehen des nordischen Dichters führe. Romane Hamsuns wie «Pan» und «Segen der Erde» (1918 geschrieben, deutsch 1920) hatten eine überaus starke Wirkung auf Inglins Freunde. Als Beispiel sei nur der Lyriker Hermann Hiltbrunner erwähnt, der Kommilitone von Bern, mit dem er zeitlebens brieflich verkehrte. Hiltbrunner, erzählte Inglin, habe Hamsun einmal besuchen wollen. Wie er nicht vorgelassen worden sei, hätte er sich vor den Garten gesetzt und geweint, bis man ihn aufgefordert habe, ins Haus zu treten. Hamsun hat kein Werk Inglins so direkt beeinflußt wie «Über den Wassern» mit seiner Mythisierung von Mensch, Tier und Landschaft. Nur ist bei Inglin das Ursprungspathos durch den Rahmen gebrochen und als Utopie bewußt gemacht, nicht – wie zeitenweise bei Hamsun – als Realität wiedergegeben. Auch den Blick für großangelegte Landschaftsbilder, die sich unversehens in einem Detail verdichten und dann wieder bis zum Horizont hin weiten, hat Inglin bei Hamsun geschärft.[38]

Die Ich-Erzählung des jungen Mannes in einem teils homerischen, teils hölderlinisch rhythmisierten Duktus macht den Hauptteil aus. Im antikisch Zeitlosen kann der Jüngling für eine Weile die Geschichte aufheben; dann wird er aus dem Idyll vertrieben, weil er selber dem Ewigen nicht gewachsen ist. Der Jüngling wird von der zivilisierten Welt als ein Sonderling beurteilt, als ein Dichter ohne rechte bürgerliche Arbeit, als einer zudem, der sich nicht binden kann. Er bedeutet eine Wiederaufnahme von Helden früherer Entwürfe, Rudolf von Markwalds etwa. Auch hier nährt sich Inglin heimlich von seinen frühen Nietzsche-Quellen. Wenn man seine mühsame und erfolglose Stellensuche – um Bettinas willen – von 1923 an verfolgt, wenn man seine angstvollen Bemerkungen über die Ehe (in den Briefen an Bettina) liest, über das Zusammengezwungensein Tag für Tag, rückt die Verwandtschaft des Autors mit dem Ich-Erzähler deutlich nah. Sogar die antikisch literarischen Feiern nackt im Gebirge hat er sich selber bereitet. Er berichtet von einer einsamen Pfingsttour: «Im Klingenstockgebiet, wo ich weit und breit der einzige Mensch war, zog ich mich aus und las laut den Prometheus von Äschylos.» (Juni 24 an Bettina) Inglin hat hier zum ersten Mal den Versuch unternommen, das Lokale, die vertraute Landschaft der Schwyzer Voralpen, ins Zeitlose, ewig Schöne zu heben.[39] Die Idee der göttlich durchwalteten Natur, die ihn zeitlebens berückt hat, preist er hier in den Lebewesen auf einer Innerschweizer Alp, im Rind «Winuschabärde», im Hengst «Cholder», in den Hirten Balz und Christine, im fremden Jüngling aus der Stadt und dem von allen «Gast» genannten nackten Mann, der wie ein Berggeist über die Höhen zieht. Der uranfängliche und zugleich regionale Charakter dieser Welt ist in einem Namen wie «Winuschabärde» eingefangen; da raunt einerseits ewig Mythisches mit wie in einem beschwörenden Urwort, anderseits ist der Name gemischt aus einem romanischen (Winuscha) und einem alemannischen Element (...bärde). Typische innerschweizerische Namengebung (besonders Ortsnamen) klingt demgemäß mit, welche entweder romanisches Substrat oder alemannische Herkunft verrät. Das kleine Werk fasziniert auch heute dort, wo all die Wohlgefälligen – Tiere, Menschen, Pflanzen, Landschaft – ganz konkret erfaßt sind: die Kuh «Hellbrun», die Pflanze Männertreu, von der «kleine schweifende Säulen von Vanilleduft» aufsteigen, der See, der vom Ufer zurückweicht und einen dunkelgrauen Lehmstreif entblößt, das «stetig regnende Gewölk», das «mit grauen Bäuchen in die Alp hineinhängt».[40] («Über den Wassern», S. 63) Anderes aber, etwa der grausam erstarrte, rein auf das Idyllische gerichtete Schönheitsbegriff, der alle Wesen ablehnt, die von der «Mühsal des Lebens» geschändet sind, mag den heutigen Leser befremden oder gar empören. Ausrufe wie «oh, ihr verunstalteten Zeugen der Arbeit» beweisen, daß hier Inglins einstiger Aristokratismus wieder aufsteht, und sei es auch nur auf der Gefühlsbasis eines jugendlichen Rollenichs, das seinerseits Kritik erfährt.[41] Im Grunde ist «Über den Wassern» als Verherrlichung der Natur eine Negation der gesellschaftlichen Verhältnisse, welche sich in der Ablehnung von «Ingoldau» als nicht veränderbar erwiesen haben.

Die Erzählung liegt auf dem Weg zur «Grauen March». Was in «Über den Wassern» als Wunschtraum übersteigert erscheinen mag, ist dort als eine ins Realistische zurückgenommene innere Spannkraft vorhanden. Der gefeierte Bezirk bringt da nicht nur Freiheit, sondern auch Unfreiheit, und sowohl Mensch wie Tier haben sich ihrer Haut zu wehren. Die Verankerung in einer mythisch prächtigen, kraftvollen Welt ist nur mehr im fast märchenhaften Großen faßbar, der wohl außerhalb der Gemeinschaft lebt, aber nicht narzißtisch sich selbst zur Genüge, sondern als einer, der aus Distanz zum Rechten sieht.

In «Über den Wassern» verschiebt sich die neusachliche, aufs Gegenwärtige gerichtete Prägnanz der «Welt in Ingoldau» in einen nicht weniger präzisen, aber zeitloseren Stil, den man mit einem Begriff von damals «magischen Realismus» nennen könnte. Die Komprimation zu überscharfen, fast statischen Einzelbildern lädt diese gleichsam auf und läßt sie wie verwunschen, «magisch» erscheinen.[42]

Das erste Typoskript von 1924 ist erhalten, mit einigen allerdings nicht sehr einschneidenden Korrekturen. Wenn er in späteren Jahren bei seinen öfteren Überarbeitungen alle «Fülle» streng reduziert und die Konstruktion schärfer herausge-

stellt hat, so korrigiert er hier oft so, daß er einen präzis wiedergegebenen Gegenstand womöglich noch um eine Nuance detaillierter faßt.
1943 wird «Über den Wassern» im Band «Güldramont» «mit einigen Änderungen neu vorgelegt». Diese betreffen aber nur wenige Wörter; der Untertitel lautet nun «Erzählung» statt «Erzählung und Aufzeichnungen». In die beiden letzten Erzählungsbände von 1968 und 1970 hat Inglin die Geschichte als zu zeitgebunden nicht mehr aufnehmen wollen.
Bei der Verlagssuche um 1925 gerät er in Schwierigkeiten. Der bisherige Verlag, die Deutsche Verlagsanstalt, schickt das Manuskript zurück mit der Begründung, das Gegeneinander von Naturreligion und Menschengemeinschaft sei ja schon von Hauptmann im «Ketzer von Soana» behandelt worden. «Nachdem Ihr ‹Wendel› fast allenthalben auf eine uns überraschende Ablehnung gestoßen ist (wie töricht einzelne Besprechungen im einzelnen waren, wissen wir natürlich wohl), scheint es uns notwendig, daß Ihr neues Buch den Weg aufzeigt, den Sie zu gehen gewillt sind. Soll nicht das Interesse der Buchhändler und auch des Publikums, das durch die ‹Welt in Ingoldau› so freudig erwacht war, erlöschen, so müssen Sie alle Kraft zusammennehmen zu einem starken Schlag, zu einem Werk, das alle Bedenken niederreißt.» (13. 7. 25, Brief an Meinrad Inglin) Unter Bedingungen, die der Autor in einem Brief als für ihn ungünstig bezeichnet (er erhält 12,5% des Laden-Broschur-Preises), kommt die Erzählung Ende 1925 im Zürcher Grethlein-Verlag heraus.
Einem Briefentwurf an Inglins Berner Kommilitonen Nicolo Giamara ist zu entnehmen, daß «Über den Wassern» im Gegensatz zum «Wendel» «überall hoch gelobt» wurde. Inglin hat rühmende Rezensionen aus Deutschland, aber auch aus Holland aufbewahrt. Man attestiert ihm «mitreißende Kühnheit», «meisterliche Gestaltungskraft». Den einflußreichen Eduard Korrodi stören allerdings die Nacktheiten: «Was Natur sein soll, wirkt als gewollte Nacktkultur». (NZZ Nr. 1926, 4. 12. 25) Im übrigen schätzt Korrodi sowohl die Rahmenerzählung wie die grandiosen «Alpenmetaphern» sehr hoch ein. Hugo Marti schreibt im «Bund» (Nr. 517, 4. 12. 25): «Kein Roman des Hirtenlebens, kaum eine Andeutung innerer Empfindungen, aber Anschauung und gewaltiges Erlebnis... bukolische Idylle mit faunischem Scherzo, ein von Stifter und Böcklin gemeinsam gestaltetes Bild. Erstaunlich, was Inglin gelingt: er darf einen Adler beschreiben – und wir glauben ihm, vermuten nicht im leisen Unterbewußtsein die herbeizitierte Attrappe.» Kein Wunder, daß das Prosastück auch den auf klassisch Gültiges gerichteten Geist Max Rychners ergriffen hat. «Über das Detail hinausblickend entwirft Meinrad Inglin in seinem Prosastück ‹Über den Wassern› einen Dithyrambus auf die Natur, in panischer Frömmigkeit ergriffen von den einfachen und mächtigsten Gewalten, die an der Grenze von Himmel und Erde gegeneinander in Wirkung treten. Inglin gibt uns ein paar Szenen auf einer Hochalp, welche nicht mit Touristenaugen erschaut ist, sondern mit antikisierender Freude an der großen Form; eine behutsam als Rahmen um das Kernstück gelegte Gesellschaftsschilderung soll den Gegensatz spürbar werden lassen zu der teilweise ganz auf Bildeindrücke gestellten poetischen Evokation, mit deren Prägung Inglin der Sprache die Schönheiten wiedergibt, die er von der Natur empfing.» (Neue Schweizer Rundschau, XIX. Jg. von «Wissen und Leben», Februar 1926) Inglin selber fand in Zeitungen und Zeitschriften (ge-

mäß Brief an Giamara) «nur eine einzige Besprechung, die von einem rechten Verständnis zeugt... sie ist von einer Dame». Er nennt sie nicht mit Namen. Es ist Elisabeth Sulzer (in den «Schweizer Monatsheften für Politik und Kultur», VI. Jg., Mai 1926), die später als E. Brock-Sulzer bekannte Kritikerin. Sie nimmt den hymnisch-getragenen Ton des Jünglings auf, rühmt den apollinischen Lobpreis des Seins und hält den nüchternen, kritischen Rahmen nicht für notwendig. Inglins Freund, der Dichter Paul Schoeck, schickt einen ergriffenen Brief, doch findet auch er, die Nackten träten zu gehäuft auf, nackt badenden Sennerinnen sei er in Büchern, und leider nur da, schon zu oft begegnet. (Brief von 10. 12. 25)

Phasen der Liebe

1925, nach der Veröffentlichung von «Über den Wassern», im Vorfeld von «Grand Hotel Excelsior», gerät die Beziehung zwischen Meinrad und Bettina in eine tiefgehende, lange währende Krise – dokumentiert durch Briefe, welche in diesem Jahr von beiden erhalten sind.[43] Sonst, von 1922 bis 1939, dem Jahr ihrer Hochzeit, sind – mit spärlichen Ausnahmen – nur noch Bettinas Briefe faßbar: von ihm sorgfältig nach Jahrgängen gebündelt und datiert. Die seinigen wurden von Bettina sicherlich aufbewahrt, aber er hat sie mit wenigen Ausnahmen (die er mir als seiner Biographin noch persönlich zustellte) später vernichtet. Von 1922 bis Ende 1924 zeugen die vielen Briefe Bettinas und auch die wenigen Meinrads von einer glücklichen Liebe, wenn auch mit den unabdingbaren kurzen Ängsten und Spannungen. Bettina zeigt sich hier als vorzügliche Partnerin Inglins. Sie schreibt spontan, einfallsreich und – wichtig für ihn – befreiend eigenständig. Sie lebt in ihrer eigenen Welt mit ihren Violinschülern in Zürich und Oetwil, mit dem Kammerorchester und dessen öfteren Auftritten, mit der stetigen Weiterbildung beim Violinisten Alexander Schaichet. Sie unternimmt Bergtouren, kleinere Tagesmärsche nicht selten allein. Sie hat einen Kreis von Freundinnen, mit denen sie alles bespricht. Herzlich ist auch ihr Verhältnis zu den beiden älteren Schwestern, Margrit und Ida, welche beide ein Phil. I-Studium hinter sich haben und an Mittelschulen unterrichten. Oft verkehrt sie im gastfreundlichen Haus von Walter Mertens. Sie liebt es, in ihrem alltäglichen Bereich ästhetische Zeichen zu setzen, wenn auch im übrigen «Natur und Leben» ihre Devise seien (21. 2. 21). In ihrem Zimmer steht ein sogenannter «Freudentisch», auf dem abwechselnd nur Schönes, Neues gefeiert wird: Blumen, eine Buchausgabe (von Tagore oder Rilke beispielsweise), ein attraktiv geformter Gegenstand, ein Schälchen, eine Vase. Alljährlich im Juni feiert sie in einem rosenübersäten Zimmer ihren geistigen Geburtstag zum Gedenken an den Tag, an dem sie bewußt erwachsen geworden sei. An Inglins Schaffen nimmt sie regen, wenn auch noch nicht übergroßen Anteil. Sie rühmt weitgehend und glaubt, die Leser würden durch seine Bücher besser; sie bringt aber immer auch gescheite, ganz aus unmittelbarem Empfinden begründete Einwände an. «Glauben Sie, daß es unter jungen Menschen solch glückmäßige Engel gibt, wie Therese?» fragt sie in bezug auf die leicht idealisierte Frauengestalt in «Die Welt in Ingoldau». (6. 3. 22) (Erst vom Mai 1922 an schreibt sie «Du».) Reichlin ist ihr, der jetzt

Sechsundzwanzigjährigen, etwas zu altklug, «nicht jung und nicht alt». («Er sagt gern: ‹Jaa, früher dachte ich auch so, aber jetzt!› Was so viel heißen will wie: ‹Früher war ich so dumm wie du bist, aber jetzt stehe ich auf einer viel höhern Stufe!!›») (6. 3. 22) Der genialisch spontane Wendel ist ihr viel lieber als der ernsthafte Vikar der «Welt in Ingoldau». Sehr angemessen und mit einem Mut, der von der Qualität der Beziehung zeugt, schreibt sie über das Dramen-Manuskript «Josef Strübin»: «Ein Drama sollte doch eigentlich keiner langen Einleitung bedürfen wie zum Beispiel ein Roman. Das Publikum sollte gleich mit einem Stupf mitten in die Handlung hineinkommen. Die fortwährend wieder abgeschnittenen Diskussionen zwischen Vater, Mutter und Sohn in den zwei ersten Auftritten (besonders im zweiten) wirken langweilig, wenn man noch nicht recht weiß, was eigentlich los ist. Und das Schlimmste: man wird nicht einmal besonders neugierig! Der Schluß ist sehr billig, und zwar nicht nur billig, sondern auch feig. Vor Menschen, die sich in schweren Situationen das Leben nehmen, hatte ich nie eine besondere Achtung.» (Brief undatiert)

Schwierigkeiten bereitet jetzt und später seine körperliche Leidenschaftlichkeit, er könne nicht unterscheiden zwischen Sinnlichkeit und dem, was sie suche: Eros. Dann wieder ist sie sich der Tantalusqualen, die er in ihrer Gegenwart leide, bewußt, und sie kann ihn bitten, doch nicht nur in seinen Büchern, auf dem Papier, «schön» zu sein, sondern auch als Mensch. Oft kommt die Tante Abegg zur Sprache, von der Bettina «heillosen Respekt», fast ein wenig Angst habe, als ob jene Inglins Abfall vom Katholizismus ihr, der Reformierten, zuschiebe. Inglin ist schon vor der Veröffentlichung der «Welt in Ingoldau» aus der Kirche ausgetreten, wahrscheinlich um 1921. Den letzten äußeren Anlaß hat mir der alte Autor selber erzählt: Ein Pater habe Beichte gehört und ihm mit lauter Stimme aus dem Beichtstuhl nachgerufen: «Jetz müend er üch halt bessere», worauf alle Anwesenden gekichert hätten und ihn eine solche Wut erfaßt habe, daß er aus der Kirche ausgetreten sei. Der inneren Gründe für diesen Schritt sind oben schon viele genannt worden.

Am 13. Mai 1922 nimmt Bettina zum erstenmal das Thema auf, das den beiden lange Jahre zu schaffen macht: den Vorbehalt der gutbürgerlichen Eltern Bettinas, des Bankiers Zweifel und seiner liebenswürdigen, aber resoluten Gattin Mathilde (des späteren Vorbilds für Frau Barbara im «Schweizerspiegel»). «Ich saß am Abend mit Mama auf dem Balkon und erzählte ihr ein wenig von Dir. Ja, was Du denn eigentlich tuest, ob Du Redaktor oder so etwas werden wollest? Redaktor wollest Du nicht werden, weil Du dann nicht mehr schreiben könnest etc. Dann erzählte ich ein wenig, wie sehr es Dich immer zu Deinem Beruf getrieben habe, wie Du immer von allem losgestürmt seiest usw. Dann habest Du also nichts fertig gemacht? Nnnein, nicht direkt. Also eine herumirrende Seele?! Sprach's, stand auf und ging hinein. Eine Fortsetzung des Gesprächs war rein unmöglich! ... es hat mich so niedergedrückt, es tat mir so weh, daß ich im Bett noch zwei Stunden lang weinte, und gestern dann den ganzen Tag geschwollene ‹Säuäugli› hatte.»

Zwischen den beiden scheint es in den ersten zwei Jahren ihrer Bekanntschaft festzustehen, daß sie bald heiraten wollen. Das große Hindernis ist der brotlose Beruf Inglins, das «Sssäugeld», wie Bettina schreibt. Am 14. Dezember 1923 läßt Inglin in der «Neuen Zürcher Zeitung» (Nr. 1748) folgendes Inserat einrücken: «Redaktor mit gründlicher Praxis, Schweizer (Offizier), dreißig Jahre, Akademiker, sprachenkundig, von hoher, literarischer Bildung, sucht Stelle in Redaktion oder Verlag.» 1924 finden Verhandlungen mit dem Grethlein-Verlag statt, wo Inglin hofft, Lektoratsarbeit leisten zu können. Neujahr 1925 aber trifft bei Bettina sein verzweifelter Brief ein, in dem er sie freigibt, obwohl er sie liebe. Nach «Über den Wassern» hatte er die Stellensuche vorangetrieben – umsonst. Andere wurden angestellt, obwohl «sie nicht besser qualifiziert waren». Jetzt aber hat ein neuer Stoff von ihm Besitz ergriffen: «Grand Hotel Excelsior». Der Brief zeigt, mit welcher Ausschließlichkeit, ja mit welchem Ausgeliefertsein er seiner Kunst nachgeht.[44]

«Inzwischen aber geschah etwas Neues, und ich schwöre Dir, Bettina, daß ich es weder vorausgesehen noch gewollt habe. Der Stoff zu einem neuen Werke überfiel mich – ja, er überfiel mich geradezu. Ich habe Dir schon einmal von einem großen zukünftigen Roman gesprochen, der mir vorschwebe. Dieses ‹Vorschweben› war bis vor kurzem nur etwas sehr Vages, Unbestimmtes, das mich niemals zu verleiten vermocht hätte, eine so große Arbeit in Angriff zu nehmen, und dabei ließ ich es bewenden. Ich dachte die größte Zeit gar nicht daran, es war für mich nur eine Möglichkeit, die sich vielleicht einmal, allenfalls auch nebenbei, in freien Stunden, verwirklichen ließe. Aber auf einmal nahm es, ohne mein Dazutun, vor mir Gestalt an, es wurde lebendig, drängte sich mir auf, überfiel mich. Ich zweifelte zuerst absichtlich daran, ich fürchtete mich fast davor, weil ich die Folgen ahnte, ich sperrte mich dagegen, ich wollte vorläufig lieber nichts davon wissen. Aber es verfolgte mich mit der Gewalt einer Zwangsvorstellung, und heute weiß ich, daß mir nichts übrig bleibt als Ja zu sagen und es in Gottes oder in Teufels Namen anzunehmen. Es will geboren werden, ob ich damit einverstanden bin oder nicht. Ich weiß nicht, ob Du die ganze Realität, den Ernst und die Schwere dieses Vorganges einsehen wirst, Bettina. Aber ich versichere Dich, es ist für mich etwas ebenso Wirkliches und unentrinnbar Notwendiges wie für eine gesegnete Frau, ihr Kind zu gebären. Unter anderen Umständen nun, hätte mich das in einen Freudenrausch versetzt, ich hätte gejauchzt dazu – aber jetzt machen mich die Folgen wahrhaft traurig. Dieses Werk kann ich nicht ‹nebenbei› neben einer Stelle, in freien Stunden schreiben, wenn ich es auch möchte, so wenig wie ich die ‹W. i. I.› ‹nebenbei› schreiben konnte. Dieser Roman, der dem ersten an Umfang gleichkommen, an Tiefe und innerer Mächtigkeit ihn aber übertreffen wird, verlangt meine ganze, ungeschwächte Kraft und meine volle Zeit und Unabhängigkeit, und zwar leider nicht nur Monate lang, sondern zwei bis drei Jahre lang. Ich weiß nur allzugut, daß, wenn ich in dieser Zeit trotzdem eine Stelle annähme und heiratete, wir kein Glück, sondern nur Unglück finden würden. Du hättest einen immerfort gequälten, nach der Freiheit des Schaffens dürstenden Mann an Deiner Seite, von dem Du nie wüßtest, wann er es nicht mehr aushielte und aus Not die Fesseln zerrisse, und ich würde an meinem Werk endlos zu arbeiten haben, mich dabei aufreiben und schließlich doch nur eine Mißgeburt zu Tage fördern. Können wir beide das wollen? Ich schwöre Dir noch einmal, Bettina, das habe ich nicht vorausgesehen und habe es nicht gewollt. Und nun bin ich am Ende meiner Weisheit und weiß mir nicht mehr zu helfen. Alles Kopfzerbrechen nützt hier nichts. Ich kann Dich nur lieben und unendlich bedauern. Es ist für Dich unmöglich, noch drei weitere Jahre auf mich zu warten, ich will es nicht, obgleich ich Dich nicht weniger liebe. Wer weiß, wie es in drei Jahren mit mir steht! Sicher aber würde die Möglichkeit eines bürgerlichen Einkommens für mich dann noch geringer sein als jetzt. Außerdem – weiß ich denn, ob es mir in drei Jahren nicht wieder ähnlich ergehen kann, wie es mir jetzt ergangen ist? Ich darf Dich schon aus diesem Grunde unter keinen Umständen mehr warten lassen. Was bleibt mir da übrig? Bettina, ich liebe Dich, ich habe nie jemand mehr geliebt als Dich, und ich bin auch jetzt noch fest überzeugt, daß ich keine bessere Lebensgefährtin finden könnte. Ich zittere beim Gedanken, Dich zu verlieren, ich weiß, daß ich während meiner langen Arbeit mich immer und immer wieder nach Dir sehnen werde, und der flehentliche Wunsch liegt mir ganz zuvorderst auf der Zunge, daß Du meine Freundin bleiben mögest. Aber das ist für Dich unmöglich, Du darfst es nicht und ich will es Deinetwegen nicht. Du bist noch jung genug und hast immer noch eine Zukunft, und ich hoffe in tiefstem Herzen, daß Du schließlich auch ohne mich Dein Glück finden und Deine Bestimmung erfüllen wirst. Du mußt versuchen, mich allmählich zu vergessen. Es wird möglich sein, wenn wir uns nicht mehr sehen. Bettina, verzeih mir, wenn Du es kannst, ich bin allein an allem schuldig. Laß mich nicht mit dem Gedanken zurück, daß ich Deine Zukunft zerstört habe! Dein Meinrad. P.S. Zeige diesen Brief Deiner Mama, ich bitte Dich herzlich darum! Du bist es ihr unbedingt schuldig, und sie wird Dir sicher beistehen. Sie möge bitte Papa davon verständigen. Ich werde ihnen auch selber noch schreiben. Meine Tante muß ich ebenfalls aufklären; sie wird mich nicht begreifen und sehr böse werden. Dies alles ist unvollkommen ausgedrückt, ich hätte noch viel mehr zu sagen!»

Auf einem braunen Kartonstück trifft Bettinas Notiz ein: «Ich habe soeben Deinen Brief erhalten. Es ist mir, als ob ich am Ertrinken wäre, Meinrad!!» Am 3. Januar 1925 schreibt sie in ihr Tagebuch: «Am Silvester erhielt ich beinah kein Wort, kein ganz warmes, liebes und heute nun diesen Brief! Dann ein dreifaches Telefongespräch Zürich/Schwyz! aber nein!! Gar keinen Trost, kein Stäbchen, kein Hälmchen, nichts, nichts!! Denkst Du eigentlich ein wenig an mich? Ahnst Du, wie weh Du mir tust? Hast Du mich lieb? Herrgott, ist dies das ‹Leben›?» Wenige Tage später schickt sie – eine momentane Ausflucht ins Erhabene – eine nietzscheanisch-georgehafte Hymne auf das Licht und die Sonne ab und wie sie den «dunkeln Weg den Müden, den Stumpfen, den schlaffen Seelen» überlassen wolle. Erst am 12. Januar ist sie zu einer realistischen Reaktion fähig. Sie legt ihm den Plan vor, den sie erst in vierzehn Jahren wird ausführen können. Sie sollten heiraten und im «Grund» bei der Tante in drei bis vier Zimmern leben. Drei Tage in der Woche würde sie in Zürich Stunden erteilen. Meinrad reagiert voller Zweifel, möchte eine völlig freie Verbindung vorschlagen und nimmt die Idee nachher wieder zurück aus Angst, «schließlich doch im bürgerlichen Hafen» zu landen, bei den «Pflichten des broterwerbenden Ehemannes». Auch seien Zweifel «an der Stärke unserer gegenseitigen Liebe... durchaus gerechtfertigt». Er wird sie später mit der völligen Gegensätzlichkeit ihrer Naturen, seiner introvertierten und ihrer extravertierten, begründen. Seine Ehe-Utopie sah so aus: «Kurzweg und unbedenklich heiraten, aber keine Möbel kaufen, keinen eigenen Haushalt gründen. Du führst Dein altes Leben in Zürich weiter, so oft und so lang Du willst, ich das meine in Schwyz. Aber wir treffen uns nach Belieben, besonders hier in Schwyz, wo Du Dein eigenes Zimmer besäßest. Die Mahlzeiten nehmen wir hier mit den andern ein, es sitzt dann einfach jemand mehr am Tisch. Kochen, putzen, etc. etc. bleibt Dir erspart. Vorläufig Verzicht auf Nachkommenschaft. Gegenseitig jede Rücksicht, aber die größte Freiheit. So wären die Ausgaben minim. Es wäre keine bürgerliche Musterehe, aber immerhin eine sanktionierte, erlaubte und dabei wahrhaft freie Ehe. Der grauenhafte Zwang, der zwei Gatten Tag für Tag aneinander fesselt, bis sie gegenseitig abgestumpft sind, wäre aufgehoben, wir würden immer nur aus innerem Bedürfnis zusammen sein und immer wahr, neu und frisch erscheinen. – Wie gesagt, das scheint mir manchmal alles sehr einfach und glückverheißend, aber vielleicht ist es doch nur ein Unsinn und für Dich unmöglich. Wahrscheinlich werde ich schon morgen nicht mehr glauben, daß dies sehr einfach sei. Vielleicht aber glaube ich übermorgen wieder daran.» (21. 1. 25) Nebenbei bemerkt er, er habe sich schon völlig in seinen Stoff verbissen. Am 21. Februar 1925 schreibt sie einen langen, ergreifend bitteren Brief, wie sie nicht die Kraft habe, ihren ersten Plan durchzuführen. Sie stellt sich vor, wie es in zwei, drei Jahren nach Vollendung seines Romans sein werde, wie sie dank einer Stelle «endlich, endlich... ein Kindchen haben könnten... um dann nach neuen zwei Jahren von Deiner strengen Herrin wiederum zu Sorge und Armut verurteilt zu werden... Du ahnst nicht einmal, was Du mir angetan hast. Denn, Meinrad, Du kennst die Frauen wirklich nicht! (Margi sagte mir bei der Kritik über Wendel: Es ist schade, daß er bei all seiner guten Psychologie so miserable Frauencharaktere bildet!) Du fragst mich, ob ich Dich hasse? Nein! Manchmal taucht aber eine große Bitterkeit in mir auf, denn das, was ich als Schönstes und Größtes im Leben einer Frau immer angesehen habe und immer ansehen werde: Die Ehe und das Wunder des Kindchens, das hast Du mir zerstört! Vollständig zerstört! Das ist bitter, das ist sehr bitter! Ich frage mich: welch einen Zweck hat denn mein Leben noch? Gar keinen. Ich sehe nur ein ödes, fruchtloses Vegetieren vor mir. Oft wünsche ich mir, Dich nie gekannt zu haben! Warum hast Du so lange, so heftig um mich geworben. Hätte ich Deiner Stimme nie Gehör geschenkt! Und in anderen Stunden bin ich wiederum dankbar für all das Schöne, das ich durch Dich erlebt habe. Mein Verstand spricht Dich nie schuldig, denn Du fühlst eine höhere Macht, der Du gehorchen willst. Aber von meinem Gefühl wirst Du nie vollständig freigesprochen werden!» Was sie dann vorschlägt, ist bloße Freundschaft und kein Wiedersehen für ein Jahr.

Nach weiteren Unterredungen wollen die beiden schließlich doch heiraten, die wohlmeinende Tante fügt sich dem Plan, nur wünscht sie eine katholische Trauung. Meinrad wäre einverstanden, da für ihn jede offizielle Heirat, die katholische, protestantische und zivile, eine bloße Formalität bedeute. Er neige keiner Religion mehr zu als der anderen. Bettina wehrt sich aber entschieden gegen den Wunsch der Tante. Meinrad schlägt einen Kompromiß vor: «...uns in Zürich protestantisch trauen zu lassen und darauf im Grund-Kapellchen in Schwyz [gegenüber dem Haus der Tante] ohne Teilnehmer in aller Stille auch die kurze katholische Zeremonie noch zu dulden, mit der nötigen inneren reservatio natürlich.» (Es ist der gleiche Kompromiß, den er 1971 für sein Begräbnis verfügen wird: ein katholischer und ein protestantischer Pfarrer werden ihn einsegnen, ohne daß er seine religiöse Einstellung geändert haben wird. – Man mag darin eine letzte Reverenz vor den beiden wichtigsten Frauen seines Lebens sehen: Bettina und der Tante.) Wegen Schwierigkeiten mit der Tante und Bettinas Eltern wird die Hochzeit aufgescho-

ben. Er soll doch eine Stelle suchen. Er schreibt am 28. Mai 1925: «Gestern bin ich in meiner Arbeit über einen toten Punkt hinweggekommen, der mir ein paar Tage lang schwer zu schaffen machte und mich abscheulich herabstimmte, so daß ich schon am Wert der ganzen Geschichte zu zweifeln begann. Da plötzlich fand ich die Lösung, die einen gewissen Bereich meines Stoffes natürlich und mühelos bewältigt, und nun bin ich auf einmal wieder hochgestimmt und siegesgewiß. Mein gesamtes Wohl- oder Übelbefinden hängt in einem so bedenklichen Grade vom Stand meiner Arbeit ab, daß ich sicher langsam dahinsiechen und sterben würde, wenn meine schaffende Kraft versiegte oder unterdrückt würde. Mir fällt ein, wie ich als Redaktor der ‹Volkszeitung› schon im sechsten Monat ohne sichtbaren Grund erkrankte, unbestimmt an was, und heute noch sehe ich d's Marteli Murer erschrocken mit den Worten vor mich hintreten: ›Mein Gott, Du bist ja krank, Du siehst furchtbar schlecht aus, steck doch diese Tätigkeit auf und tue, was Du mußt!› Etwas später, als ich ausschließlich wieder meine Arbeit aufgenommen hatte, mit mindestens ebensoviel Energie wie die fremde der Redaktion, fühlte ich mich wieder kerngesund. – Wenn ich das nur Deinen Eltern begreiflich machen könnte! –»
Die eigentlich leidvollen, weil alltäglichen und lange währenden Kämpfe folgen erst. Sie ist des ewigen Schreibens müde und sagt es von nun an in fast jedem Brief – glückliche Ehen beginnt sie zu beneiden. Sie betont, daß auch sie einmal Schmuck erhalten möchte oder ein schönes Kleid. Wenn Ehepaare beisammensitzen und von ihren Kindern reden, komme sie sich vor «wie ein Waisenkind». Immer wieder spricht sie von der «Trennungsschicht», die sich nicht schriftlich abtragen lasse. Neue Verhandlungen Inglins mit Grethlein scheitern. Im Herbst (28. 9. 25) fleht Meinrad sie um Verständnis an für seine Jagdleidenschaft, der er seit dem Tod des Vaters, seinem dreizehnten Altersjahr also, verfallen ist: «Du, am ersten Oktober geht die Jagd auf, und ich habe das Patent gelöst. Ich freue mich furchtbar darauf. Bitte, Liebes, sei in Deinem Herzen nicht dagegen, gelt! Weißt Du, ganz abgesehen von meiner Freude an der Jagd, ist das für mein Wohlbefinden geradezu eine Notwendigkeit. Es leistet mir denselben Dienst wie ein Wiederholungskurs, es peitscht mich körperlich auf, es stellt Anforderungen, es lenkt mich nach außen und schafft ein gewisses Gleichgewicht, dessen Mangel Du bei mir immer rasch empfindest. Außerdem hättest Du, Liebste, Braut und künftige Gattin noch einen anderen Grund, damit einverstanden zu sein. Wenn nämlich Dein künftiger Mann sich immer nur satt ißt, raucht, Kaffee trinkt und am Schreibtisch sitzt, dann wird seine Sinnlichkeit wach und reizbar wie ein gefangener Tiger, der immer auf dem Sprung ist, begierig, wen er verschlingen könne; wenn er sich jedoch wenigstens einmal in der Woche richtig austoben kann, nicht in einem einseitigen Sport, sondern von morgens vier bis abends acht Uhr mit dem ganzen Körper, mit allen Sinnen und, was das Wichtigste ist, mit leidenschaftlicher Freude, dann bleibt das reißende Tier zufrieden in seinem Schlupfwinkel, es vergeudet seine Kraft nicht, sondern hält sie gesund und stark beisammen.» (29. 9. 25) In ihrem Antwortkuvert vom 10. Oktober 1925 steckt kein Brief von ihr, sondern Inglins Bemerkung, er habe die gereizte Predigt zurückgeschickt. Daß er an den «Schützenfestli» teilnehme, kann sie vorerst ebenso wenig verstehen, sie tut diese als spießig ab.[45,46]
Die Beziehung macht eine langwierige Zerreißprobe durch. Sie schilt seine Worte «Eisnadeln», oft wirft sie ihm «Hitze» vor, oft «harziges Wesen», und er antwortet

vor Weihnachten (am 18. 12. 25): «Na Du, geradezu Eisnadeln waren das denn doch nicht! Und Dein Eisbär hat immerhin einen warmen Pelz und legt sich auch gern in die Sonne. Manchmal warst Du eine Schneemöve und dann sah ich Dir mit traurig treuen Seehundsaugen nach. Weißt Du das noch? Aber man kann nichts dafür. Ich weiß nicht, was für polaren Einflüssen man zu gewissen Zeiten unterliegt.» Die qualvollen Briefe Bettinas voller heftiger Anklagen, Mißverständnisse und Schilderungen von kaum erträglichem Leid halten dann das ganze Jahr 1926 über an. Erst ihr Neujahrsschreiben von 1927 zeugt von einer gewissen Fassung, welche sich von jetzt an, auch in den folgenden Jahren, immer mehr durchsetzt. Sie scheint erkauft zu sein mit Resignation, dem Verzicht auf eine Ehe in absehbarer Zeit. Daß Bettina, die Meinrads Kunst erst von der «Grauen March» und vom «Schweizerspiegel» an mit ungeteilter Hingabe zu verfolgen vermag, die Schreibbesessenheit ihres Geliebten respektiert und sich ihr, wenn auch mit Widerstreben, unterwirft, ist für das Leben dieses Autors nicht hoch genug einzuschätzen. Diese Liebe mußte sich fern von allen beruhigenden Konventionen entwickeln; sie erregte Anstoß, sowohl in Schwyz wie in Zürich. Bettina wünschte sich nichts sehnlicher als ein Kind, und doch mußte sie jetzt in ständiger Angst davor leben, sie, von der Inglin in einem Brief sagt: «Dich kann ich mir gut vorstellen als Urmutter, Erzieherin von Generationen und steinalte Göttin, die Erde selber bedeutend, und über Dir schwebend Dein ungeheurer Befruchter, Gottvater und heiliger Geist, ehmals Dein dich liebender Adam.» (30. 5. 27) Der Brief, den sie an ihrem dreißigsten Geburtstag (15. 3. 26) schreibt, ist ein einziger Notschrei. Die Eltern drängen mit Fragen, er fordert nur Verzicht auf die Ehe. «Ach Gott, es ist mir, als läge ich zwischen zwei Walzen». Dementsprechend nimmt sie oft Anstoß an seiner «Hitze» und Triebhaftigkeit, die Inglin zu dieser Zeit nicht selten als naturhafte, von der Zivilisation nicht unterjochte Kraft lobt. Am 18. Juni 1927 schreibt er: «Hast Du von der vergangenen Nacht etwas gespürt? Der Sommerföhn drückte, aber ohne die Luft zu bewegen, eine tropisch brütende Wärme füllte den Talkessel, die Berge standen nah und schwarz in der bleichen Dämmerung, dann schlich der Vollmond hinauf, müde, überreif, honiggelb oder dunstig verschleiert, und so ungefähr schlich auch ich die halbe Nacht herum, nur mit Hemd und Hose bekleidet, durchglüht, willenlos, in die Fülle des dumpfen Lebens versunken, aber auch bedrängt von diesem Leben, so bedrängt, daß ich Dich nackt auf jedem Heuhaufen wünschte, dem ich begegnete. Du hättest den ‹Eiszapfen› zurückgenommen! Ich dachte, daß man unbekümmerter leben und vor allem weniger wollen sollte, weil ja das Leben selber genug will. Immer zwingen wir die Lebensregungen in die Kanäle äußerlicher Ordnungen, Sitten, Konventionen, immer leiten wir sie auf die Schienen unseres Willens. Der Wille sei verflucht, wo er vorherrscht, er hat die moderne Zivilisation geschaffen, gegen die Absicht des Lebens. –»

All das Warten und das Leid, von dem die Korrespondenz zeugt, haben später eine Ehe ergeben, die mir von verschiedenen Seiten als gut und glücklich geschildert wurde – ein Urteil, das vom Briefwechsel nach 1939, dem Jahr der Eheschließung, bestätigt wird.

Ein Roman gegen die Zivilisation («Grand Hotel Excelsior»)

Der Stoff also, der von Ende 1924 an den Autor mit derselben Notwendigkeit bedrängt wie das ungeborene Kind eine Frau vor der Niederkunft, ist die Darstellung des «Lebens der Zeit» (GH 48), seiner eigenen verkommenen Gegenwart, anhand eines luxuriösen Hotelbetriebs in Brunnen am Vierwaldstätter See. Solche Unternehmen hat er als Kellner in Luzern und Caux sowie im Morschacher «Grand Hotel Axenstein» kennengelernt, wo seine Mutter herkam und das er einst als Direktor hätte übernehmen sollen.[47] An Ostern 1927 liegt das Manuskript «Grand Hotel Excelsior» bereinigt vor.

Es fällt auf, daß das Projekt Inglin gerade damals, kurz nach Erscheinen des «Zauberbergs» von Thomas Mann, «mit der Gewalt einer Zwangsvorstellung» (an Bettina 1. 1. 25) bedingungslos in die Krallen nimmt. Manns Roman muß nach allgemeinem Urteil «wie ein Blitz» aufgeleuchtet haben.[48] Man habe ihn nicht nur als Abschiedsgesang an die Vorkriegswelt empfunden, sondern ebensosehr als die Zeichnung der Landschaft der zwanziger Jahre: Das Empfinden, zwischen divergenten Weltanschauungen zu stehen, «das Ungenügen am zivilisatorischen Sein... Das Erlebnis des Todes in einer der Dichtung des Barock verwandten Weise». Wie Thomas Manns Sanatorium steht Inglins Hotel als Symbolträger da, und das Leben darin, «das fortgeschrittene, freie Leben», dem Sterbende höchstens peinlich sind, «giert» nach immer neuen Genüssen. «...Das Leben des Riesenhauses gehorcht weder der Nacht noch der Sonne; im hellen Schein des künstlichen Lichtes, von hundert Reizen berührt und gesteigert, entgleitet es der natürlichen Ordnung und versprüht überwach, sinnlos, ohne Zusammenhang wie ein schönes Feuerwerk.» (GH 85) Doch was mit einem solchen Kapitel-Schlußsatz nur pauschal erfaßt ist, wird in hervorragenden Einzelschilderungen erhärtet: Vom Leben der Angestellten, der Besitzer und der Gäste her. Die geordneten, aber so gegensätzlichen Tagesläufe, das Konglomerat der verschiedensten privaten Beziehungen, die sich fast ausschließlich innerhalb des gegebenen Standes entwickeln, fügen sich zu einem an Gestalten fast überreichen, spannungserfüllten Fresko. Tolstois «Krieg und Frieden» muß – wie auch für den Thomas Mann der «Buddenbrooks» und des «Zauberbergs» – bei der Anordnung der vielerlei Charaktere und Zustände vor Inglins Augen gestanden haben. In den Briefen Bettinas aus dieser Zeit wird öfters erwähnt, daß ihr Geliebter sie zur Lektüre dieses Romans auffordere, der für sein «Opus IV», eben «Grand Hotel Excelsior», so wichtig sei.

Der Herr der eitlen, profitbedachten Scheinordnung im Betrieb ist Eugen Sigwart, einer von zwei gegensätzlichen Brüdern. Wie später im «Schweizerspiegel» sind auch hier die Söhne derselben Familie die Hauptvertreter der dargestellten verschiedenen Weltanschauungen und der entsprechenden Verhaltensweisen. Inglin kommt immer mehr dazu, den Kunstcharakter solcher Komposition ersichtlich zu machen, die Konstruktion als Konstruktion zu zeigen. Im «Wendel von Euw» hat er sich beim Erzählen noch stärker der äußeren Handlung und der sprunghaften Entwicklung des Helden überlassen. In «Über den Wassern» und «Grand Hotel Excelsior» wird die Kunst strenger in der Komposition und erhält auch immer mehr einen kategorialen, normativen Zug. Inwiefern dieser Roman konstruktiv dann doch nicht ganz gemeistert ist, wird sich noch erweisen.

Die Alternative zu Eugen vertritt Peter, der eigentliche Protagonist. Er wird die sinnentleerte, prahlerische Schöpfung des Bruders zerstören, freilich ohne ihr etwas anderes entgegenzusetzen als die rein persönliche und zudem bloß momentane Utopie eines beseligenden Selbstverlusts in der unberührten Natur. In Josef, dem Historiker, einem Vetter der Brüder, ist noch eine dritte Möglichkeit verkörpert, jene der Pflege und Bewahrung traditioneller, kultureller Werte, die er als ewig und gültig betrachtet. Es ist eine Perspektive, die Inglin jetzt noch zweiflerisch als steril, später aber – nach dem Ende des Zweiten Weltkriegs – mehr und mehr als durchaus menschenwürdigen Ausweg betrachtet. Hier aber – bezeichnend für die pessimistische und doch ziellos aufrührerische Phase in Inglins Entwicklung – vertritt Peter den Autor. Wie die meisten Helden des jüngeren Inglin hat auch er keinen Beruf. Übernähme er innerhalb dieser mechanistisch organisierten Karrierewelt eine Funktion, er würde zur Schrumpfexistenz wie die von ihm Angeklagten, und er würde die abgelehnte Zivilisation seinerseits weitertreiben helfen. Er aber hat genug zu tun – wie in einem russischen Roman als «personnage superflu» – «das Leben der Zeit» zu beobachten, das sich im Hotel wie in einer Blüte sammelt. Da er nur als Einzelrädchen der Maschinerie dienen könnte, muß er außerhalb bleiben. Peter ist ein Ausgeflippter. Indem er keine Funktion übernehmen will, hat er mehr revolutionäre Brisanz als der Leser zunächst annehmen mag. Der Antagonist Eugen wittert sie wohl und will seinen Bruder darum auch als geistig unzurechnungsfähig erklären lassen, und zwar gerade weil er nichts tut und nur da ist als kritikträchtiger Betrachter. Sobald Peter sich im Chaos verliert, das Hotel anzündet, hat er für Eugen die Gefährlichkeit verloren. Das Hotel kann Eugen noch prächtiger wieder aufbauen. Es ist versichert, es wird sein Werk sein und nicht mehr halbwegs jenes seines Vaters, womit Peter auch das Recht verliert, sich hier jemals wieder zu zeigen.

Erst jetzt hat die von Peter negierte Gesellschaft ihn ausscheiden können, und hier liegt der tief pessimistische Zug dieses Buchs, daß dem Helden als Tat nichts bleibt als Zerstörung, die sich zuletzt gegen ihn selber richtet.[49] Trotzdem der Roman letztlich auf diese verborgene Aporie zugeht, zeigen der meisterhaft dargestellte Brand und die vielfachen enthemmten, im Detail großartig erfaßten Reaktionen der Gäste und Angestellten immerhin, wie nur das Chaos einer vorübergehenden totalen Auflösung die Scheinhaftigkeit der Gesellschaftsordnung aufweist.[50] Es gibt hier Szenen von einer kalten anklägerischen Wucht, wie sie sonst nur einem Luis Buñuel in seinen bürgerkritischen Filmen gelingen. Man denke an den Herrn Pietersen, der im Rauch an den Schnepfen erstickt, die er in der brennenden Küche in sich hineinstopft. Eine von Inglins zwiespältigen, triebhaft sturen Mutterfiguren geistert auch hier durch die Katastrophe. Peter erreicht äußerlich nichts. Daß er als einer der wenigen wahrhaftigen Menschen an dieser vaterrechtlichen Bruderwelt zerbricht und sich am Schluß (wie Wendel übrigens auch) nur für einen kurzen emphatischen Morgen in die Arme der Natur retten kann, zeigt das qualvolle Krisenbewußtsein des Autors. Inglin ist so gar nicht der biedermeierliche Dichter, als der er oft genommen wurde. Er gewahrt denn auch für sich selber eine Erlösung nur im eigenen künstlerischen Schaffen, das er fanatisch gegen jedwelche Ansprüche von außen verteidigt. Für seine Person entspricht nur die Kunst jenem abgezirkten Alpenkessel des Jünglings von «Über den Wassern» oder den Morgenfeiern Wendels und Peters.[51] Daß Peter mit seiner Aktion so wenig erreicht, mag auch in einer dem Autor selber peinvoll bewußten Unentschiedenheit begründet sein. Sobald er denkt oder sich Tagträumen überläßt, «zerfällt er aus dem einigen Peter in kleine Peterchen, die miteinander streiten. Je schärfer und weiter er denkt, desto zahlreicher werden sie, und zuletzt gehört ihm nicht viel mehr als auch dem Dümmsten oder Unwürdigsten noch». (GH 86) Man erinnert sich, wie Inglin sich laut eigener Aussage sowohl im spröden introvertierten Melk, wie im liebeshungrigen extravertierten Edi abgebildet wußte. Nicht selten betonte er auch, daß alle drei so verschiedenen Brüder im «Schweizerspiegel» ihn selber verkörperten. Eine für den Dichter erlösende Einheit ergab nur die Bewältigung der Divergenzen in der Kunst.

Die rein seelische Wirklichkeit des Helden Peter steht im Leeren, in einem Zustand ständiger Selbstaufhebung, in der bloßen Negation. Gegen die detaillierte, konkrete Realität des großbürgerlichen Hotelbetriebs kommt er damit nicht an. Das ist einer der Gründe für die letztlich glücklose Komposition des Romans, der im einzelnen so meisterhaft gestaltet ist. So verwundert es nicht, daß die Hotelpassagen jene des Gegners Peter überwuchern. Dieser gerät von der Romanmitte an immer mehr an den Rand, seine Entwicklung steht still. Die beiden Helfer beim Brand, ehemalige Freunde, die sich im Hotel verdingen lassen, sind zudem mangelhaft eingeführt und motiviert. Überhaupt kommt schließlich die Katastrophe zu unvermittelt. Die Naturwirklichkeit ist erstaunlicherweise nicht – wie später in «Urwang» oder im «Amberg» – als polarer Bezirk ausgearbeitet. Sie geistert nur als Traum oder als kurz aufscheinende Regressionsmöglichkeit für ganz einfache Menschen durch das Buch. «Urgal», die mythische Verkörperung dieser Voralpennatur, hat die Gegend verlassen. Peter ist zu skeptisch und zu glaubenslos angelegt, als daß der Autor von ihm her die angestrebte Lösung hätte erreichen können. Hätte Inglin beide bedeutsamen Bereiche, Zivilisation und Natur, konstruktiv gültiger geltend machen können, dann hätte er später – in den vierziger und nochmals in den sechziger Jahren – das Werk, das ihn viel schwerer freigab als «Wendel», auch nicht fallen lassen. Im «Wendel» wie auch im «Grand Hotel Excelsior», hat Inglins konstruktive Phantasie die im Werk angelegte bestmögliche Lösung nicht gefunden. Deshalb scheiterten später die Überarbeitungsversuche: Mit dem Abtragen von Einzelmaterial wären die Romane in sich zusammengefallen.

Dennoch liegen hier faszinierende schriftstellerische Dokumente vor. In der Art, wie die Hotel-Kunstwelt immer wieder aufgebrochen wird, hin zum Magisch-Naturhaften einerseits und zu einer geisterhaften Religiosität anderseits, entsteht eine flackernde Atmosphäre, wie sie Inglin später kaum mehr gelingt, und wie er sie auch in dieser seelischen Nacktheit nicht mehr anzugehen wagt. Zudem beherrscht er in diesem Buch eine psychologische Beobachtungskunst, wie er sie später in dem Maß – wohl aus Angst vor Zerfaserung des Stoffs – bewußt nicht mehr anwendet. «Grand Hotel Excelsior» verrät den leidenschaftlichen Leser der Russen und Marcel Prousts, von dem er sich in den zwanziger und dann in den fünfziger Jahren wieder dermaßen angesprochen fühlte, daß er ihn (laut eigener Aussage) fliehen mußte, um eigenständig weiterarbeiten zu können.

«Grand Hotel Excelsior» brachte Inglin den bisher größten Erfolg.[52] Es wurde vor allem auch in Deutschland stark beachtet und lobend rezensiert. – Die Verlage, die Inglin vergeblich angefragt hatte, hatten die Absatzmöglichkeiten des Buches, von dem nach wenigen Monaten eine zweite Auflage herauskam, nicht gewittert. Die Deutsche Verlagsanstalt hatte sich nach dem Mißerfolg des «Wendel» zurückgehalten, der Zürcher Grethlein-Verlag, der das Manuskript darauf bekam, die Entscheidung lange hinausgezögert und dann abgelehnt. Am 10. September 1927 hatte Inglin an Bettina, in dem für ihn bezeichnenden, unwehleidigen Ton geschrieben: «Als ich heimkam, lag ein Brief von Grethlein da. Er lehnt ab; das Manuskript hat er mir zurückgeschickt. Zweimal ist der Aufsatz [‹Lob der Heimat›] abgelehnt worden, und zweimal nun auch der Roman. Jetzt sitze ich da und wundere mich, was eigentlich mit mir geschehen soll, übrigens ganz ruhig und wach und gar nicht verstimmt oder traurig, nur im Schatten.» Orell Füssli hat das Buch schließlich eher reserviert angenommen, mit allen möglichen vertraglichen Einschränkungen, besonders auch, was das Honorar betraf. Der fünfunddreißigjährige Inglin gab dem Verlag gegenüber unwillig zu bedenken, daß er schließlich kein «homo novus» mehr sei.
In der Schweiz hing ein literarischer Erfolg damals stark von der Reaktion Eduard Korrodis in der «Neuen Zürcher Zeitung» ab. Sein «Wendel von Euw»-Verriß mag den mageren Absatz jenes Buches verursacht haben. Am 22. November 1928 nun erscheint in dem Blatt ein Lobpreis auf «Grand Hotel Excelsior»: «Mir scheint, Meinrad Inglin habe in den ungleichen Brüdern tatsächlich seelische Divergenzen unserer Epoche mit ungewöhnlicher Reife ausgedrückt.» Korrodi vergleicht Inglins Hotel-Roman mit dem Sanatorium-Roman Hamsuns. Allerdings geht es ohne einen knappen Hieb auch hier nicht ab. Es gebe Hotels von einer Distinguiertheit und einer Kultur, «die Marcel Proust besser hätte schildern können als Inglin, der sie hie und da aus der Kellner-Perspektive beäugt». Der ständisch bewußte Inglin, der als Direktor das «Grand- und Parkhotel Axenstein» hätte übernehmen können, muß diese Bemerkung nicht wenig empfunden haben. Andere sehr positive Urteile stammen von Meinrad Lienert, von Walter Muschg, C. A. Bernoulli und Hermann Weilenmann. Die Schweizerische Schillerstiftung nimmt das Buch in ihr Geschenkprogramm auf und versieht es mit einem Preis. Das Luzerner «Vaterland» bespricht den Roman lobend, was für Inglins Anerkennung in Schwyz eine nicht unbedeutende Rolle spielt. Damit steht es nämlich noch immer bedenklich. (Er teilt beispielsweise in einem Brief an Bettina, datiert «Ende September 27», mit, «daß die Schwyzer Regierung eine Unterstützung der ‹Gesellschaft für innerschweizerische Theaterkultur› mit der Begründung ablehnte, das Vorstandsmitglied Oskar Eberle habe ja unerhörterweise öffentlich und mit allem Lob über mich geschrieben». Zwar: «Die Jungen, auch die Katholischen, lachen darüber und verfluchen die alten Leimsieder.»)
Eine Basler Hotelangestellte, die im «Grand Hotel Excelsior» ihren Berufsstand verunglimpft sieht, erhält von Inglin – gegen seine Gepflogenheiten – einen umfangreichen Brief, in dem er sich und seine Figuren rechtfertigt. (12. 2. 30 an Valérie Frey) Aufschlußreich ist die Stelle, wo Inglin sagt, daß «gute Frauen die Menschen immer für besser halten als sie sind. Das tun auch Sie; es ist kein Fehler, bleiben Sie dabei! Die Frau hilft, bessert und siegt am Ende durch Güte und Liebe; der

Mann nur durch die nackte Wahrheit». Diese Feststellung entspricht einer Lieblingsidee Inglins zu dieser Zeit. Er sieht in seiner eigenen Epoche das letzte Aufflakkern und den Untergang einer jahrhundertealten patriarchalischen Welt. Wichtiges darüber ist mit Johanna, der weiblichen Hauptfigur des «Grand Hotel Excelsior», ausgesagt. «Eine neuartige Zuversicht» erfüllt sie nach dem Brand, als Bewacherin von zwei sterbenden Männern, eines erfolgreichen amerikanischen Managers und ihres eigenen Onkels. «Sie hatte entdeckt, daß für sie das Entscheidende weder die Beziehungen zum elterlichen Hause, noch die zu einem Ehemann oder einem Kinde sein konnten, sondern allein ein Wesentliches, das über allen Beziehungen stand, nämlich das eigene Selbst... Deutlich erhob sich in ihr das Gefühl, daß diese Welt, die da rings um sie zugrundeging, eine Welt und Wirkung des Mannes gewesen sei. Sie saß im Schein der Brandröte zwischen den Sterbenden. Ihre ruhige Gegenwart erfüllte das ganze Zimmer.» (GH 313) Ähnlich empfinden und verhalten sich Therese in der «Welt in Ingoldau», Beata in «Über den Wassern» und, am einprägsamsten vielleicht, Anna in der «Grauen March», welche gegen allen äußeren Anschein Vertrauen faßt, sich und die Ihren rettet und so die Gunst des Großen erringt.

Als lose Tagebucheintragung vom Sommer 1947 ist folgende Bemerkung des Autors erhalten: «Ich habe mit steigender Enttäuschung meinen Roman ‹Grand Hotel Excelsior› wieder gelesen. Dieser Roman hat einen Preis der Schiller-Stiftung bekommen, wurde überall sehr gut besprochen und war mein erster sichtbarer Erfolg. Er ist als Zeitdokument, als ein für die Zeit seines Entstehens bezeichnendes, sprachlich gewandtes Werk allenfalls noch zu verantworten, als Kunstwerk leider nicht. Ich habe mich damit verstiegen. Manches darin ist unwahrscheinlich, anderes übersteigert. Er genügt meinen heutigen Ansprüchen nicht mehr, eine unveränderte Neuauflage wäre kaum zu rechtfertigen. Ich hatte die Absicht, es umzuarbeiten, bin aber zurückgeschreckt – immerhin mit Bedauern und ohne die Hoffnung ganz aufzugeben, es vielleicht doch noch retten zu können.» Auf einigen Notizblättern hat er sich Verbesserungsvorschläge aufgezeichnet. Sie nehmen teilweise auf Anregungen des Altphilologen Dr. Georg Schoeck Bezug, der sich lange für eine Neuauflage dieses Werks eingesetzt hat. Georg Schoeck, ein Neffe Pauls und Othmars, zählte in späteren Jahren zu Inglins wenigen engen Freunden.

Die Hauptdirektive, die er sich für die Umarbeitung geben möchte, heißt vermehrte Diskretion: Eugen soll «weniger starr... weniger herausfordernd – wirken...»: die großartige «Schädelscene ist zu absichtlich»; «Frau Müller und Töchter müssen gedämpfter sein». Der Irrenarzt darf von Eugen nicht geholt werden, er ist zufällig da; «Pietersen mit Suprême de bécasse übersteigert». Peter soll auch einen Beruf bekommen: Zeitschriftenredaktor. Die Gäste sollen gerechter behandelt werden, da sie ja zu Hause arbeiten und ihre Ferien verdient haben. «Gute und glückliche Gäste einführen». All diese Punkte zeigen deutlich die spätere Zuwendung Inglins zu einer betont bürgerlich liberalen Denkart, die aus den Gefährdungen und Bedingtheiten der Kriegs- und Nachkriegszeit zu verstehen ist.

1961 weiß Inglin noch immer nicht, ob er den Roman wird umarbeiten können (gemäß einem Brief an Dr. Zeno Inderbitzin, der ihn für die «Schweizer Volks-Buchgemeinde» herausbringen will). Erst im Testament wird er zusammen mit «Wendel von Euw» als nicht mehr zu seinem Werk gehörig bezeichnet.

Das Doppelgesicht der Natur

Zwei kleine Schriftstücke im Umkreis von «Grand Hotel Excelsior» zeigen deutlich Inglins ambivalentes Empfinden im Bereich der Natur. «Schneesturm im Hochsommer» beschreibt die tückische Naturgewalt, «Lob der Heimat» eine von alters her mütterlich bergende Macht.

Am 1. Oktober 1926 erscheint unauffällig auf der Seite «Reise–Verkehr» der «Neuen Zürcher Zeitung» (Nr. 1573) unter dem Titel «Schneesturm im Hochsommer» ein glänzend abgefaßter Bericht Inglins über einen lebensgefährlichen Abstieg zusammen mit Gebirgsoffizieren, einen Abstieg ins Leere, bei völligem Fehlen der Sicht. Der ganze Artikel kreist um die Pole: ausgelieferter, aber doch vernunft- und vertrauensbegabter Mensch und gegnerische Natur, hier «vernunftloses Element» genannt. Der alte Inglin hat mir (Mai 1970) erzählt, daß er auf jener Tour in einem fürchterlichen Dilemma gewesen sei. Er sei, wie die andern, der Überzeugung gewesen, nur eine Hand vor dem Erfrieren retten zu können. Die rechte aber hätte er doch zum Schreiben, die linke zum Geigen gebraucht. «Auf dem Felsband harrte man, an die Wand gelehnt, mit Schnee bedeckt und von der Kälte geschüttelt, auf das Seil, in einem inneren Wellengang von Ungeduld, Gleichgültigkeit, flüchtiger Selbstbesinnung, Bangnis und Trotz. Das Verhängnisvollste war hier das Nächste und Wahrscheinlichste. Man hatte sich hier wahrscheinlich verstiegen; die Hände waren geschwollen und unempfindlich, sie erfroren wohl jetzt; das Felsband mündete in eine Lücke und durch diese Lücke stürzten wir wohl endlich ab; kamen wir aber noch hinunter, dann blieb vermutlich einer nach dem andern mit erschöpften Kräften zurück. Sonderbar schwankender Zustand, der jedem sich anders einprägt, der noch in der Erinnerung bald tödlich beängstigend, bald harmlos erscheint, den man bald zu unterschätzen, bald zu übertreiben fürchtet, während man in Wirklichkeit gewiß weder ein Held noch ein Angstmeier war. Die geheime Schwungkraft des Lebens erhält den bedrohten Menschen so lange im Gleichgewicht, bis er sich selber preisgibt, sie macht ihn blind oder sehend und zeigt oder verhüllt die Gefahren nach dem Maße seines inneren Widerstandes.» (Diese Stelle ist in der stark überarbeiteten Fassung in «Notizen des Jägers» gestrichen.) Dasselbe Thema wird die Erzählung «Drei Männer im Schneesturm» wieder aufnehmen.

Im Gegensatz dazu aber empfängt das verschneite Hochgebirge Männer wie Jakob Leuenberger in «Wanderer auf dem Heimweg» und, unter etwas anderen Voraussetzungen, auch den betrunkenen Josef der «Grauen March» wie eine Mutter ihre verlorenen Kinder, die nach vielen Verirrungen zu ihr zurückgefunden haben. Beide sterben wie Erlöste.

«Lob der Heimat» erscheint fast gleichzeitig mit «Grand Hotel Excelsior». Am 10. Juni 1927 meldet er den Abschluß des Manuskripts: «Das ‹Lob der Heimat› ist so ziemlich zu Ende gesungen, aber bevor ich die Reinschrift mache, möchte ich den Hymnus doch noch etwas lagern, weil ich nachträglich doch fast immer noch feile, die letzte Abschrift aber nicht mehr gern flicke.» Auf die schriftliche Frage eines Lesers, ob der Essay wohl separat ausführe, was Peter Sigwart am Schluß des Romans nur andeutungsweise anstrebe, antwortet Inglin mit einem etwas unwilligen Ja. Es ist die Verherrlichung des «ursprunghaften», «angestammten» Wesens seines Volkes, das er in dessen «unverfälschtem bäuerlichem Kern» wiederfindet. Was Inglin in dem stark psychologisch und sozialkritisch ausgerichteten Hotel-Roman wie einen stilistischen Fremdkörper meidet, kann er hier ungehemmt preisen: das einfache, ahistorische Dasein von Mensch und Natur. Mit dem zunehmenden Haß gegen die Zivilisationswelt ebbt auch sein psychologisches Interesse ab. Er sucht das urtümlich naturhaft Typische in «Lob der Heimat», in «Jugend eines Volkes» und sogar noch in der «Grauen March», wenn hier auch mit Vorbehalten. In «Lob der Heimat» wendet er ein Vokabular an, das später, zur Zeit des Nationalsozialismus, verdreht und anrüchig wird. Seine besten Kritiker stimmten damals zu. Walter Muschg (in einem Brief) und Eduard Korrodi (NZZ, 149. Jg., 23. 2. 28) lobten den Aufsatz begeistert. Einzig Max Rychner bringt in einem Brief zum Manuskript gewisse Bedenken an und verteidigt den Intellekt gegen den Anspruch der bloßen Natur. (8. 8. 27) Den Essay findet er sonst «sehr schön geschrieben». «...Die beiläufigen Polemiken gegen die Sandwüsten des Intellekts empfinde ich als Schönheitsfehler und nicht durchaus haltbar. Der Mensch, auch der mit Naturgefühl, stellt, als seine eigenste Macht, der Natur den Intellekt gegenüber, das Ordnungsprinzip... Ich habe das Kügelchenschmeißen gegen den Intellekt nicht gern, da damit die größten Künstler-Leistungen mitgetroffen wurden, an denen jenes ‹rote Tuch› I. [Intellekt] großen Anteil hat.» Inglin antwortet, er sei auch gegen die «mystischen Dunkelmänner», unterscheide aber zwischen Geist und einem bloß spielerischen Intellekt. Der knappe Briefwechsel wirkt auf beiden Seiten gereizt. Inglin etwa setzt hinzu, jemand habe in seiner Gegenwart Rychner des «Hochmuts des Geists» bezichtigt. Er, Inglin, habe ihn verteidigt, nun sei er schon bestraft. Rychner und Inglin werden sich später in einem der bedeutendsten Zürcher Intellektuellenzirkel, an Erwin Jaeckles und Walther Meiers «Freitag-Abenden», noch gelegentlich begegnen. Gefunden haben sie sich nie.

Eine eigentliche rationale und demokratische Wende (Inglins zweite, die erste war 1918/19 unter dem Einfluß von Leonhard Ragaz) aber bereitet sich innert kurzem in ihm vor. Es scheint, als hätte Inglin mit dem «Lob der Heimat» ein ihm allzulieb gewordenes Ideal auf die Spitze getrieben und diese im Schreiben – gerade durch die forcierte Einseitigkeit – abgebrochen. Ähnlich war es ihm zur Zeit seines extremen Nietzschetums um 1916 ergangen. Erst über die radikale Gestaltung von aristokratischem Gedankengut im Romanentwurf «Phantasus» war es ihm damals gelungen, dieses zu überwinden. Von 1930 an finden sich in der Korrespondenz Hinweise auf den geplanten «Schweizerspiegel». Dieser Roman aber bedeutet rein thematisch gegenüber «Lob der Heimat» einen gewaltigen Schritt, indem sich Inglin zum ersten Mal wieder einer bestimmten menschlichen Gemeinschaft an einem bestimmten historischen Ort zuwendet, sich gegen links, aber vor allem gegen rechts eindeutig verwahrt und sich, was ihn von Haus aus eine moralische Anstrengung sondergleichen kostet, zur Glanzlosigkeit der kleinen schweizerischen Demokratie bekennt. Der alte Inglin wies im Gespräch nach der Fertigstellung des Nachlaßbands «Notizen des Jägers» wiederholt auf diesen Fragenkomplex hin und sagte, daß man ihm «Lob der Heimat» doch nicht mehr ankreiden könne, nachdem er in der Figur des Severin mit allen rechtsextremen Auffassungen so hart ins Gericht gegangen sei und jeglichen Verdacht von Blut- und Bodenideologie entschärft habe. Er äußert im Alter aber gelegentlich auch qualitative Bedenken.

«Mein ‹Lob der Heimat› ist mir stellenweise zu schwülstig und, wie mir scheint, nicht überall genügend durchdacht.» (28. 5. 61 an Prof. Emil Egli) Zudem wird er später auch stark von Zweifeln an dieser besungenen Heimat selber heimgesucht. So schreibt er in einem Brief an Dr. Albert Bettex, der Stellen aus «Lob der Heimat» im «Du» veröffentlichen will (21. 10. 56): «Einem Nachdruck ausgewählter Stellen aus ‹Lob der Heimat› steh ich zwiespältig gegenüber. Es fällt mir heute schwer, ein von geschäftstüchtigen Ausbeutern beherrschtes, von rücksichtslosem Lärm erfülltes und immer ärger verunstaltetes Land als Heimat zu preisen.» Daß er die Schrift dann aber doch in seinen Nachlaßband aufnahm, versehen mit dem Datum der ersten Publikation, entschied er im Vertrauen darauf, daß das Publikum wohl auch historisch zu lesen vermöge.
Doch zurück zur Publikationsgeschichte des Aufsatzes. Walter Muschg will ihn in seine «Annalen» aufnehmen, aus terminlichen Gründen geht das nicht, weil er auch dem «Kalender der Waldstätte» versprochen ist, wo ein kleiner Teil 1928 als einer von vielen Beiträgen erscheint. (4. Jg., 1928) Wie wenig sich Inglin aber sogar damit die Anerkennung und die Rehabilitation in der Heimat erwerben konnte, zeigt seine Bemerkung an Bettina (Ende 1927 über den «berühmten Kalender»): «Ich erfuhr bereits, daß der Verleger Hess aus der katholischen Urschweiz, wohin die ersten Nummern verschickt wurden, zahlreiche Proteste erhält wegen meiner Mitwirkung und Oskars Aufsatz.» Der spätere Volkstheater-Fachmann Eberle hatte sich darin eingehend und tapfer positiv mit dem Werk Inglins auseinandergesetzt. Eberle ist es auch, der auf diesen Aufsatz im «Kalender» hin von Bettina, der «verzweifelten Zweiflerin» (wie Eberle sie nennt) angefragt wird, ob er sich nicht für den Essay einsetzen könnte. Einen Privat-Verlag hat sie bereits gefunden. Eberle übernimmt bereitwillig alle weiteren, in diesem Fall überaus langwierigen Verlagsverhandlungen und bemerkt bloß, Inglin sei ein Jäger, der alles aufzuspüren verstehe, nur keinen Verlag. Der Autor selber schreibt am 31. Dezember 1927, nachdem er eben von Bettina die sehr schön gedruckte kleine Ausgabe erhalten hat: «Bettina, mir graut vor Dir! Wenn Du nun mit ein paar hundert Franken sitzen bleibst? Ich biete mich als Bürge und Loskäufer an, im Fall Du in den Schuldenturm kommst, ich habe noch 1500.– Frk. Natürlich macht mir die Ausgabe eine große und dauernde Freude. Von mir aus wäre das ‹Lob› noch zwei Jahre in der Schublade geblieben. Privatdruck! Wenn mich nächstens ein paar arme Schriftsteller anpumpen, schicke ich sie zu meinem Schutzengel.» Die Auflage von 500 Exemplaren, deren Vertrieb Eberle übernimmt, läßt sich gut an, da die Schillerstiftung allein hundert zu Geschenkzwecken erwirbt. Der Widerhall, den die Schrift findet, ist erstaunlich groß. C. G. Jung sagt über das Buch, das Inglin ihm zustellte, weil er danken wollte für dessen Besprechung von Keyserlings «Spektrum Europa»: «...Ich wollte aber nicht verfehlen, Ihnen persönlich für Ihr schönes Buch, das ich mit innerstem Verständnis lesen konnte, zu danken. Ich unterstreiche das *Können*, denn etwas heutzutägiges Literarisches, besonders Deutsches – ist mir ein Inbegriff von Langeweile und entsprechender seelischer Qual. Bei Ihrem Buch wußte ich, wovon Sie reden – Sie sprechen um das große Geheimnis der schweizerischen Seen und Berge herum, in dem ich auch zeitweise selig ertrinke. Sie sind der *einzige Schweizer*, der persönlich und aus eigenem Antrieb auf meinen Artikel reagiert hat! Diesem Unikum muß ich schreiben. Wenn Sie nicht Meinrad Inglin hießen und wenn

dieser echt klingende Name ein Pseudonym wäre, dann würde ich beinah daran zweifeln, daß Sie Schweizer sind. Da ich aber an Ihrer Authentizität nicht zweifle, so sage ich: Gott sei Dank, wenigstens einer, dem der Kopf aus der Erde herausgewachsen ist, und der infolgedessen die Erde sehen kann.» (Bollingen, 2. 8. 28) Der gleiche Brief an Bettina, der den Abschluß von «Lob der Heimat» meldet, kündet auch ein Gedicht «Rilke» in der «Neuen Zürcher Zeitung» an. Es erscheint am 31. Dezember 1927. Die beiden Arbeiten liegen weniger weit auseinander als man glauben möchte, was in einem größeren literarischen Zusammenhang erläutert werden muß. Korrodi sagt es in seiner Rezension von «Lob der Heimat», wenn er das Abendländische an diesem Essay betont, das Sehen «mit dem entzückten Auge Hölderlins», den Schluß in seiner «fast Borchardtschen Tönung». Er stellt Inglin in pointierten Gegensatz zu Meinrad Lienert, der das «Mark der Heimatkunst» nähre und «die Seele seines Völkleins in seinen Lauten tonhaft» mache. «Der andere, Sprecher einer jungen Generation, sieht, wie die sogenannte Heimatkunst, wenn sie nicht von einer starken Natur wie Lienert gemeistert wird, zu Enge und Ungeist entartet...» Er setze sich, «der ungeheuren Kluft zwischen der angestammten und der allgemein gültigen Rede bewußt ...für ‹Wert und Ehre› der deutschen Sprache ein». (NZZ, Nr. 334, Abendausgabe, 23. 2. 28) Mit dieser Anspielung auf die Anthologie Hugo von Hofmannsthals fällt implizit auch der Name des Dichters, den – außer Flaubert und Tolstoi und zusammen mit George und Rilke – Meinrad Inglin am höchsten schätzt, und damit ist auch angedeutet, in welchen Bereichen der Literatur sich Inglin selber angesiedelt sieht. Er will nur im Stoff, nicht aber in Form und Sprache regional sein. Zitate Hofmannsthals schreibt er sich als Leitsätze auf (erhalten im Heft «Unerledigte Notizen»). Meistens sind es Gedanken darüber, wie der Geist «seine größte Kraft corps à corps mit dem Sinnlichen» entfalte. Da «Geist überwundene Wirklichkeit» ist und weil, «was sich von der Wirklichkeit absentiert, nicht Geist ist», bleibt Inglin thematisch im Bereich des Bekannten, Heimatlichen. Im Formalen, wo das oft «furchtbare Wüten der Materie» (Hofmannsthal) bezwungen werden muß, richtet er sich aber nach den höchsten literarischen Autoritäten. Soviel zur Erklärung, wie wenig ein Gedicht «Rilke» bei Inglin den Leser erstaunen muß.[53]

Rilke

Ob uns noch Kraft verbliebe,
Wenn wir uns fühlend so ins Feinste verästelten,
So im Äußersten heimisch würden wie er?
Ob uns dann Blitz und Donner
Und brüllende Tiere nicht schreckten?

Aber die Fülle der Welt,
Die er doch bändigte,
Wenn auch in behutsam entfernten Spiegeln,
Und die Engel, die er zuletzt noch ertrug,
Wenn auch erschrocken,

Würden sie den mutiger Nahenden
Nicht gestaltlos ganz überwuchern,
Daß er mit dröhnendem Ohre
Furchtlos entwiche?

Und wo stehen wir denn?
Wir gehen noch hin und zurück,
Unwissend, ob wir das Wegstück finden,
Auf dem wir endlich mit gültigem Maße
Dauernd zu wandeln vermöchten,
Während er alles schon leise und sicher umschritt,
Das Ende aber groß umschwingend,
Säumen entlang des kaum mehr Faßlichen,
Hochher näher zur Erde rückbog,
Als ihn die Erde wieder verlangte.

Das Gedicht ist «leicht abgeändert, auf Korrodis Verlangen», der «die kräftig Genäherten» in «kräftig Genährte» umkorrigierte, «und dann das Folgende nicht mehr verstand». (31. 12. 27 an Bettina) Offenbar ist dann aber diese Passage weggefallen.

In normativer Denkweise, die auch sonst in den zwanziger Jahren immer mehr an Terrain gewinnt und bis in die fünfziger Jahre weiterwirkt, sucht Inglin – Rilke nicht unbedingt gemäß – nach dem endlichen gültigen Maß, wo er dauernd zu wandeln vermöchte. Man könnte sagen, daß er Maß in diesem Sinn erst später in der gefestigten Novellenform seiner Erzählungen finden wird. Bis dahin – bis zum Ausbruch des Zweiten Weltkriegs – bleibt er offen für immer neue, aus dem jeweiligen Stoff sich kristallisierende Strukturen.

In seiner psychischen Fragilität inmitten einer brutal durchorganisierten Welt fühlt er sich Dichtern wie Rilke brüderlich verbunden. Bettina will diese Dichter zuerst nicht verstehen, und Meinrad schreibt voll Eifer zurück: «... Jedoch Du schreibst: ‹Diese ewige Unschlüssigkeit und Unbeholfenheit. Und ungeschickt ist er etc.› Aber zum Teufel, er ist doch ein Dichter und kein Geschäftsreisender oder Operettendirigent; diese und andere nämlich sind schlüssig, beholfen und geschickt, aber Dichter sind doch in diesem überorganisierten Europa göttliche Kinder und Fremdlinge. ‹Nei, so en Ma!› Was? Das hat mit seiner Männlichkeit gar nichts zu tun! Ich gehöre auch zu den Unbeholfenen, weltlichen Dingen gegenüber ewig Unschlüssigen, aber lieber stolpern und zögern (den Blick auf die Sterne gerichtet) als dem sichern Füdlibürger nachstreben oder den andern, die nie zu zagen brauchen, weil kein Wink aus Himmel oder Hölle sie von ihrer verfluchten Asphaltpromenade ablenkt. –» (6. 1. 33)

Sogar konkrete Mißgeschicke und Gefährdungen, welche ihm zu dieser Zeit widerfahren, kann er mit den Augen Rilkes betrachten, so etwa, wenn er seinen makabren Unfall mit dem Leichenwagen schildert, den er auf ein Versprechen hin nie mehr erwähnt – er, der sonst jedes Ereignis seiner Dichtung dienstbar gemacht hat: «Und nun die Engel! Ja, sie sind! Du wirst auch noch lesen und glauben, was Rilke von ihnen singt. Sollte jetzt einer über mir sein, so wäre es ein dunkler, wenn ich ihn nicht mißdeute. Mir ist, als ob ich jetzt durch einen nächtlichen See watete, obwohl ich doch die Sterne nicht aus den Augen verloren habe. Am Mittwoch bin ich auf einer Autofahrt mit Freunden nach Luzern wahrscheinlich knapp dem Tod oder doch ernstlicher Verwundung entgangen. Unser Auto sauste in voller Fahrt in einen Leichenwagen hinein, warf die zwei Pferde über den Haufen und stellte den zusammenbrechenden Wagen mit samt dem Fuhrmann und dem besetzten Sarg auf den Kopf, während es rings um uns so krachte, splitterte und vor den Augen flimmerte, daß wir ein paar Herzschläge lang durchaus nicht mehr wußten, was eigentlich geschah. Nachher standen wir ziemlich bleich und schweigend inmitten einer rasch anwachsenden Zuschauermenge vor einem fürchterlichen Bilde, das ich jetzt lieber nicht näher beschreiben will. Ich selber befand mich im Augenblick des ersten Aufpralls unter dem Bauch eines aufspringenden Pferdes, während zugleich ein Stück der schweren Schutzscheibe an meiner Nase vorbeipfiff. Nun, wir kamen alle heil davon, aber ein ganz dunkles Unbehagen ist mir geblieben. Bitte schweig völlig darüber, wir haben ausgemacht, kein Wort zu sagen, sonst entsteht nur Klatsch.» (10. 9. 27)

Jagd und Freunde

Der Brief vermittelt zugleich ein konkretes Detail aus Inglins Leben zu dieser Zeit. Der Umgang mit den wenigen Freunden scheint außerhalb der Spannung zu stehen, welche Inglins Leben prägt, seit er wieder in Schwyz lebt, der Spannung zwischen zeitweiliger Verbundenheit mit den Bauern und Jägern und aristokratisch-landherrenmäßiger Distanz zum dörflichen Leben. In Schwyz und Umgebung gehören zu seinen Freunden zu dieser Zeit Albert Gemsch, Emil Holdener und die Gebrüder Schoeck (vor allem Paul, der Architekt und Schriftsteller, und Walter, der kunstliebende Hotelier. Othmar kennt er wohl, sieht ihn aber eher selten, da dieser in Zürich lebt). Bald wird sich auch der Jurist Hermann Stieger hinzugesellen. Zu Luzern ist Inglins Kontakt eher gering. Der Historiker und Jurist Dr. h.c. Kuno Müller wird ihm in den vierziger Jahren seine Vorliebe für Zürich einmal vorhalten. Der Kunstmaler Leo Leuppi und der Gartenarchitekt Walter Mertens gehören dort zu den Freunden, mit denen er am meisten Umgang pflegt und die auch oft nach Schwyz kommen. Auch mit dem Literarhistoriker Walter Muschg pflegt er in diesen Jahren einen geistigen Austausch, der beide bei der Arbeit bestärkt; «wir jüngeren Schweizer sind unser nicht so viele, daß wir nicht die, mit denen wir uns verwandt fühlen, von Zeit zu Zeit in uns zitierten. Dieser schöne reale Zusammenhang dokumentiert sich mir in Ihren Zeilen», schreibt Muschg an Inglin. (25. 8. 32) Inglins Blick richtet sich von 1927/28 an – wie er sagt – nicht selten gegen Stans, wo er dem Bildhauer Hans von Matt begegnet ist, und ihn als wesensverwandt erkannt habe. Von Matts Atelierfeste gehören neben den Abenden bei Mertens zu den wenigen rein gesellschaftlichen Zusammenkünften, die er zu dieser Zeit nicht meidet. Auf Gesellschaften fühlt er sich nie eigentlich wohl, und bis gegen sein Lebensende wird er sich mit mangelnder Begabung in dieser Hinsicht entschuldigen.

Er wirke spröd und sei ohne Schlagfertigkeit. Ihn befiel bei solchen Anlässen, wo der Mensch ein offiziell verbindliches Gesicht und Gehaben vorzuweisen hat, eine lähmende Schüchternheit. Vor der ersten Einladung bei Hans von Matt glaubt er, diesen warnen zu müssen: «... Aber mit meinem spiritus societatis steht es schlecht, ich habe nie viel besessen und schließlich auch auf den Rest noch verzichtet, so daß ich mich umsonst bemühen würde, etwas derartiges von mir zu geben.» (Juli 1927) Das peinvolle Entfremdungsgefühl blieb ihm erspart an den Schützenfesten, auf den Patentjagden, an den Jaßabenden im «Schäfli» oder «National». Auf der Jagd sind die Kameraden nur ein Teil der großen Natur, der sich Inglin für einige Tage begeistert hingibt. Hier zwei seiner Schilderungen an Bettina: «Ich bin soeben von einem größeren Jagdzug heimgekommen, wir haben in zwei Tagen acht Hasen und ein Schneehuhn erlegt, was in dieser wildarmen Zeit und Gegend viel heißen will, und jetzt bin ich todmüde, meine Hasenmörderhand schreibt nur noch widerstrebend, mein Kopf ist noch voll Hundegekläff, Schüssen und Hornstößen. Es war herrlich auf den Höhen, früh in der grimmigen Kälte, tagsüber in Sonne und knietiefem Schnee, hinauf und hinab und hin und her, bis man abends halb tot und heimlich begeistert auf irgend einer Egg im kalten rosigen Abendschein stand. Vermutlich ziehen wir auch am Samstagmorgen wieder aus, doch hoffe ich auf Mittag zurück zu sein, um Dich abzuholen. Sollte ich aber wider Erwarten nicht weglaufen können, so nimm mir's nicht übel...» (18. 11. 27) Und am 4. Dezember 1934 schreibt er: «Liebste! Wir haben noch zwei herrliche letzte Jagdtage erlebt und dabei vier Füchse und noch etwas geschossen. Am Freitag stieg ich in der Morgendämmerung vom Unteriberg zum Gschwendstock hinauf, wo ich in eine chaotische Urwelt hinein geriet. Stubengroße bemooste Blöcke, tiefe Spalten, die man umgehen mußte, passierbare winzige Tälchen, kreuz und quer stehende Wände, Kämme, immer wieder Schründe, eins am andern, ohne Aussicht und Übersicht, und alles mit mächtigem Wald überwachsen. Mitten drin ein totenstiller Weiher. Zuletzt hört die Vegetation auf, das großblockige Felsgeriegel tritt nackt hervor. Hier liegen die Trümmer des halben Berges. Die Abbrüche darüber, an der Fluh, scheinen noch ganz frisch. Auf einem der größten Blöcke, vor einer Fuchshub, saß ich zwei Stunden lang und konnte dabei einem Vogel zusehen, nach dem ich bis jetzt immer erfolglos Ausschau gehalten hatte, dem Alpenmauerläufer, der leider selten geworden ist. Du siehst ein perlgraues bis milchweißes Vögelchen von der Form des Kleibers einen Herzschlag lang an der Felswand kleben, dann plötzlich mit halb geöffneten, hochrot aufleuchtenden Flügeln steil die Wand herauflaufen oder schweben und unversehens auffliegen, zu einem derart weichen, spielerischen Fluge, wie man ihn bei keinem andern Vogel sieht. Bald ist er da, bald dort, zweimal sah ich ihn keine drei Meter vor mir. Brehm, den ich zuhause nachschlug, nennt ihn ‹einen der wundersamsten Vögel der Erde›. Der Bauernjäger, der mich begleitet hatte, wollte natürlich auf ihn schießen, wovon ich ihm sehr energisch abriet, unter Androhung lebenslänglicher Feindschaft.» Eine andere mehr übermütige Jagdstimmung spricht aus dem folgenden Brief: «Liebste! Heute den ganzen Tag in Oberiberg gejagt. Ich habe zwei Füchse geschossen, davon ist der eine siebzehn Pfund schwer, d.h. vier bis fünf Pfund schwerer als der von Mama und zirka sieben Pfund über das normale Gewicht, ein gottlos großer Fuchs, über den unsere ganze Kompagnie in begeisterte Flüche ausbrach. Beide Füchse schoß ich aus demselben Stand inner-

halb fünf Minuten, und beide waren beim ersten Schuß sofort mausetot. Außerdem haben wir noch einen Hasen. Morgen jagen wir hier in Unteriberg. Ich schreibe in einem großen Trubel, rings um mich wird Jägerlatein verzapft und hinter mir läuft der Radio, ich bin ganz sturm. Aber Du mußt Deinen Sonntagsbrief haben, wenn er auch mager ausfällt und hiemit mit herzlichem Gruß und Kuß zu Ende ist.» (12. 10. 34) Von 1927 an hält er auch selber einen Jagdhund, den er stets eigenhändig pflegt. Der erste heißt Rabauz, ein Schweizer Vorstehhund; er verunfallt sieben Jahre später so, daß er nach seiner Heilung auf der Jagd versagt. «Geliebte! Rabauz hat am letzten Samstag einen schweren Unfall erlitten. Er begleitete mich wie gewohnt nachmittags auf dem Heimweg vom Dorfe und rannte, dem ‹Großhus› gegenüber um eine Ecke biegend, im vollen Lauf in ein Auto hinein. Ich sah zu und konnte es nicht verhindern, ich seh es noch immer, wenn ich daran denke. Das Auto hielt an, Bauz arbeitete sich fürchterlich heulend darunter hervor und blieb dann liegen, immerfort heulend, während die Leute zusammenliefen und ringsum alle Fenster geöffnet wurden. Meine Gefühle dabei will ich Dir nicht schildern. – Inzwischen war der Wagenführer, A. Schriber, Direktor der Schweizerischen Kreditanstalt Luzern, ausgestiegen, um mir auf meine Frage zu erklären, daß ich auf irgendwelche Vergütung von ihm oder der Versicherung keinen Anspruch habe, weil nicht er, sondern der Hund schuld sei. – Ich trug den armen Bauz, der beißen wollte, als ich ihn anfaßte, mit der Hilfe eines Mannes ins Großhus-Höfli hinein und stellte eine erste flüchtige Untersuchung an, nachher holte ich ihn mit Nachbar Inderbitzins Auto heim und führte den Tierarzt zu ihm, den ich sofort nach dem Vorfall hatte anrufen lassen. Bauz war nur noch vorn lebendig, hinten schien alles lahm, doch ließ sich nicht genau sagen, worin die Verletzungen bestanden. Ich schwankte zwischen Revolver und Pflege, entschied mich für das letztere und habe den Patienten nun bereits eine Woche im Haus. Er kann jetzt notgedrungen auf drei Beinen stehen und frißt ein wenig, doch ist der Ausgang noch ungewiß. Er dauert mich sehr, Dich auch, gelt, Liebste! –» (12. 5. 34)
Während andere, gelegentlich auch Bettina, ins Ausland fahren, findet Inglin: «Die Heimat stirbt auf Reisen» (Zitat eines chinesischen Sprichworts, das er bei Hofmannsthal liest). Inglin macht Ferien auf der Jagd und begegnet in den Voralpen der nächsten Schwyzer Umgebung einer Heimatlichkeit, die ihn die sonstige Isolation ertragen, ja sogar als einen gewissen «Reiz der inneren Reserve» auskosten läßt. Denn zu Hause, am Fuß der Berge, in der dörflichen Gemeinschaft von Schwyz, lebt er wohl ebensosehr als Beheimateter, wie mit dem Gefühl eines Entfremdeten, in einem gewissen attraktiven inneren Protest, den auch viele seiner Helden suchen: Indem sie ins Bekannte zurückgehen, wohl wissend, daß sie es im Grunde ebenso ablehnen wie lieben. In einer Großstadt müßte er den Protest vielleicht formulieren, hier kann er ihn unauffällig leben und heimlich so oft aufgeben, wie er will. Die Selbstbestätigung durch die gewollte Distanznahme, wie sie auch Thomas Mann preist, erfährt er doch: «Auf jeden Fall hat es seinen Reiz und Nutzen, im Protest (und in Ironie) gegen seine Umgebung zu leben: Das erhöht das Lebensgefühl, man lebt eigentümlicher und selbstbewußter unter diesen Umständen.» (Thomas Mann «Betrachtungen eines Unpolitischen», a.a.O. S. 105)
Gründe zu Leiden und Zorn findet er noch immer mehr als genug. Am 15. Januar 1931 beschreibt er in verzweifelt sarkastischem Ton sein Verhältnis zu Schwyz (an

den Sekretär der Werbekommission der Schweizerischen Schillerstiftung, welche bei den Kantonsregierungen um Beiträge bittet): «Ich selber wollte und konnte in dieser Sache beim besten Willen nicht öffentlich hervortreten, sonst hätte sich die katholisch-konservative Partei, die hier alle Macht in Händen hat, und auf die mein Name wirkt wie das rote Tuch auf den Stier, vor der ganzen Aktion bekreuzigt... Ein Schriftsteller gilt in Schwyz als ein merkwürdiger, höchst verdächtiger und unnützer Geselle, das habe ich hundertmal erfahren. In unserem ganzen Kanton gibt es keine hundert Menschen, die sich für ‹unsere kulturell so wichtige Sache› interessieren, und keine fünfzig, die mit Überzeugung etwas dafür auf den Tisch legen. Das Leben im trotzdem gelobten Schwyzertal spielt sich dreitausend Kilometer von aller Literatur entfernt ab. Dafür sind wir die treuesten Bürger mit der ältesten Tradition, wir bewohnen ein prachtvolles Land und besitzen das schönste Vieh, bitte sehr!» Einen ähnlichen Klang haben oft die Briefe und Aufsätze Albin Zollingers, wenn sie das Ungeistige, bloß auf den wirtschaftlichen Nutzen ausgerichtete Denken in der schweizerischen Öffentlichkeit anklagen. Nicht nur als Schwyzer, auch als Schweizer Schriftsteller hat Inglin Grund zum Klagen. Von allen Seiten, auch öffentlichen, wird er um seine Bücher angegangen. Er nimmt bitter dazu Stellung und legt dar, wie der Schriftsteller in der Schweiz öffentlich ausgenützt wird (an das Auslandschweizer-Sekretariat der Neuen Helvetischen Gesellschaft, 20. Mai 1935). «...Was die Legation of Switzerland in Washington als ‹geistige Propaganda› bezeichnet, ist allerdings eine Frage, die auch mich nicht gleichgültig läßt. Ich bin überzeugt, daß diese Propaganda notwendig ist, und wundere mich, daß dafür nicht einmal soviel Mittel vorhanden sind, um einer unserer Gesandtschaften zu Geschenkzwecken das Buch eines Schweizer Schriftstellers zu verschaffen. Der Schriftsteller selber ist im allgemeinen nicht in der Lage, mit seinen Büchern aus eigenen Mitteln im Ausland geistige Propaganda zu treiben, man wird zufrieden sein müssen, daß er unter freiwilligem Verzicht auf ein genügendes Einkommen diese Bücher überhaupt schreibt. Das ist sein Beitrag zur geistigen Propaganda, und er ist im Verhältnis bedeutend höher als derjenige, den man von einem Kulturstaat auch nur zu erwarten berechtigt wäre...»

Inglin, der das Ausüben von Ämtern jeglicher Art scheut, weil er sie beim konzentrierten Schreiben als Störung empfindet, arbeitet vom Beginn der dreißiger Jahre an bei der Werkbeleihungskasse des Schweizerischen Schriftstellerverbands mit, um solchen Mißständen wenigstens innerhalb seiner eigenen Möglichkeiten zu begegnen. Immer wieder aber finden Freunde, Inglin sollte der Schweizer Engnis überhaupt entgehen und ins Ausland reisen. So etwa möchte ihn der Zürcher Kunstmaler Leo Leuppi, den Inglin vom ersten Aktivdienst her kennt, dazu ermuntern, mit der Gabe der Schweizerischen Schillerstifung (für «Grand Hotel Excelsior») abzufahren «und nicht nur in Schwyz seiner Bequemlichkeit zu leben». (Leo Leuppi an Bettina Zweifel, 5. 6. 29) Leuppi, der sich später ganz der abstrakten Kunst zuwendet, hat von Inglin in diesen Jahren (1927) ein Holzschnitt-Porträt geschaffen, das ihn als zwar gefaßten, aber düsteren Intellektuellen zeigt. Wohl sind Inglin Fluchtgedanken nicht fremd. Er erwähnt gelegentlich Sehnsüchte, nach Ägypten oder nach «Rom und Sizilien»: «Heute schneit's hier wieder ganze Wieselpelze, ich wachträume von Rom und Sizilien –». (23. 12. 35, an Bettina)

Geschichte als Exotik: «Jugend eines Volkes»

Seinem Wesen entsprechend aber ist es der eigene und der Ursprung seines Volkes, wohin er der leidigen Gegenwart entflieht: mit den «alten Geschichten» von «Jugend eines Volkes». Inglin schätzt später die Art seines Aufbruchs richtig ein; er berichtet darüber im Aufsatz «Vom Umarbeiten», der 1948 im Atlantis-Almanach erschien: «Ich habe, nebenbei bemerkt, diese alten Geschichten nicht zu erbaulichen Zwecken neu erzählt. Was mich damals... zunächst bewegte, war der Überdruß am Realismus, an Gegenwartsproblemen, am bürgerlichen Lebensstil, und die Lust, der Zeit davonzulaufen, um im Unbekannten mit aller dichterischen Freiheit neu anzufangen. Auf dieser Flucht konnte man früher im Namen der kommenden Kunst noch ungestraft stammeln, schreien, Primitive nachahmen, nach Südseeinseln aufbrechen, oder man konnte sich einem der äußersten politischen Flügel anschließen, rechts oder links, wo man nach einem radikalen Schnitt durch unsere arme Gegenwart nichts mehr sah als Verfall und Verheißung. Ich meinerseits tauchte da, wo ich stand und lebte, so weit in die vorgeschichtliche Dämmerung hinab, bis mich nur noch sagenhafte Ansätze umgaben. Hier war mir frisch und anfänglich zumute, ich atmete eine unverbrauchte Luft, ich ging, wo noch niemand gegangen war, und sah bis zum örtlichen Geschichtsanfang hinauf die schönsten Möglichkeiten. Keineswegs dachte ich daran, mich zuletzt dort oben noch auf die Gründungssagen oder gar auf die Schlacht am Morgarten einzulassen. Warum es zu meiner eigenen Verwunderung trotzdem dazu kam, ist eine Geschichte für sich. Lehrhafte, patriotische oder andere undichterische Absichten waren dabei nicht im Spiel. Ich wollte in meiner Tiefe bleiben, und nach dem Abschluß der ‹Jugend eines Volkes› trieb ich mich erst noch im zeitlos Ursprünglichen der ‹Grauen March› herum, bevor ich in die realistische Gegenwart des ‹Schweizerspiegels› aufzutauchen wagte.» (NJ 55 f.)

Nach den «Werken des Widerstandes gegen die Umwelt» gehört «Jugend eines Volkes» zu jenen der «Rückkehr» und bedeutet «Anschluß an tiefere Schichten», wie Inglin in den «Unerledigten Notizen» (zwischen 1939 und 1945 entstanden) bemerkt. C. F. Ramuz hat einen ähnlichen Weg beschritten, und Inglin holt zur eigenen Rechtfertigung während des Zweiten Weltkriegs auch Flaubert herbei, der vom Realismus, dem Ekel vor der Prosa des bourgeoisen Lebens, mit «Salammbô» weggehe zur glanzvollen Geschichte.[54] Daß historische Stoffe in den zwanziger Jahren faszinieren, zeigt sich in der deutschsprachigen Literatur deutlich. Man denke nur an die Romane von Franz Werfel, Lion Feuchtwanger, Werner Bergengruen, Alfred Neumann, René Schickele, Hermann Broch, Joseph Roth, Heinrich Mann. Der eigentlichen Rechtfertigung bedarf «Jugend eines Volkes», welches um 1930 abgeschlossen wird, erst in den folgenden Jahren, wo Inglin die «Problematik dieser Haltung», die Rückkehr zu den Ursprüngen, bewußt wird. «Im Hinblick auf den entstehenden Nationalsozialismus» erringt er sich dann den «Durchbruch zur Gegenwart mit positiven Vorzeichen: ‹Schweizerspiegel›» – eine Bemerkung, die sich unter seinen tagebuchartigen Aufzeichnungen findet, die er unter dem Titel «Unerledigte Notizen» aufbewahrt hat. 1930 aber sind «nationale Mythologien» (Meinrad Inglin) noch erlaubt. In einer «Umfrage bei Schweizer Dichtern» über ihre schriftstellerischen Pläne («National-Zeitung», Sonntagsbeilage, Nr. 20, Basel

18.5.30) antwortet Inglin hochgemut: «Ich habe schon früher eine zusammenfassende epische Darstellung des großartigen Stoffes immer vermißt, trotz Joh. v. Müllers Schweizergeschichten. Der Gedanke, daß ich sie selber schreiben müsse, ließ mich schließlich nicht mehr los, und Bilder stellten sich ungerufen ein, soviel ich wollte. Zwar verlangt dieser Stoff zur Verewigung im Epos den Vers. Trotzdem ging ich nun mit meiner gespanntesten Prosa drauf los, und ich habe getan was ich konnte. Die Befreiungssagen selber sind in ihrem äußeren Verlauf so dargestellt, wie sie die älteste Urkunde, das Weiße Buch von Sarnen, erzählt. Man kann damit keine willkürlichen Experimente unternehmen, wie es schon geschehen ist, aber man kann sie wieder in ihrem eigenen ursprünglichen Lichte zeigen. Jetzt arbeite ich an einem Roman aus der Gegenwart, worin Menschen und Tiere vorkommen, die Gegenwart aber keine Rolle spielt. Mehr davon auszuplaudern hat keinen Wert, bevor die ganze Geschichte einigermaßen unter Dach ist.»
Was Inglin fasziniert, ist der «großartige Stoff» und nicht das vaterländische Unternehmen, als welches das Buch dann in der Kritik dastand.[55] Er selber hat erstaunt bemerkt, daß er beim Arbeiten nie an ein patriotisches Werk dachte, daß er erst am Schluß gesehen habe, daß es eines sei. («Unerledigte Notizen») (Auch den «Schweizerspiegel» will Inglin später ja nicht primär als ethisch staatspolitisches Werk verstanden wissen.) Ihn, der sich in seinem Künstlertum vorwiegend als Former und Gestalter sieht, interessiert die Organisation der in vielen Teilen amorph überlieferten Stoffmasse. Er beruft sich auf das «ehrwürdige Weiße Buch von Sarnen» und den «Bericht des Johannes von Winterthur, das Gelände mit seinen taktischen Möglichkeiten, Schlachtverlauf, Bewaffnung, Zahl und Art der Gegner», welche «die schweifende Phantasie an kurze Zügel» nahmen, «um dafür an andere Fähigkeiten beträchtliche Anforderungen zu stellen». (NJ 56) In fünf Kapiteln, die er «Erzählungen» nennt, bindet er die einzelnen Epochen zu einem Entwicklungsgang, eben einer Jugend mit symptomatischen Phasen zusammen, wobei immer prägnante Einzelschicksale das Ganze erhellen und das Unternehmen der Abstraktion purer Geschichtsschreibung entheben sollen. Die Details und Figuren gerinnen dabei zu klaren, runden Historienbildern, im Gegensatz etwa zum viel moderneren Verfahren in «Ehrenhafter Untergang», wo dann, dem nur halb sinnvollen, oft wirren Geschehen gemäß, die Details faserig, weniger übersichtlich sich übereinanderschieben.[56] In «Jugend eines Volkes» steht den in sich geschlossenen Episoden ein ständiger Prozeß im Ganzen gegenüber. So wird die immanente Spannung eines jeden gezeigten Zustandes aufgewiesen. Der bewegende Rhythmus des Buchs ist gekennzeichnet durch wiederholtes Sicheinpendeln des Volks auf bestimmte Lebensgesetze und ein wiederholtes Daraushinausgeworfenwerden. Das heimatliche Volk wird – wie in anderen Werken Inglins der Einzelmensch – in seinen lebensimmanenten Krisen gezeigt, welche in der Jugend heftiger sind als im späteren Alter. In diesem Sinn zeigt Inglin Geschichte hier noch weniger als dann im «Schweizerspiegel» als Raum des Willens, sondern als Schauplatz des Widerstreits von fatalen, vom Menschen nicht kontrollierbaren Mächten. Die frühe Eidgenossenschaft findet langsam ihre Form, verliert sie und muß sie wieder neu finden. Die innerlich angespannte Antithetik wird gelegentlich in den erwähnten Einzeldarstellungen aufgehoben, sobald die Ruhe aber in sich erstarrt, bringt sie Inglin auch schon zum Zerbrechen. Ähnlich ist auch der «Schweizerspiegel» kein

immobiles, staatstreues Buch, sondern sucht durch die Krisen der verschiedenen Exponenten hindurch neue schweizerische Möglichkeiten. Die Bewertung freilich der Pendelausschläge innerhalb des geschichtlichen Prozesses fällt verschieden aus. Inglin kann kaum verleugnen, daß ihn die heidnische Atmosphäre voll Grauen und Festlichkeit bei und nach der Landnahme durch Swit und Swen in der ersten Erzählung «Ursprung» mehr anspricht als die Christianisierung mit Opfer und Entsagung (in der zweiten und dritten Erzählung, «Unholde Mächte» und «Das Heil der Welt»), und das wird bei der Beurteilung der späteren Entwicklung so bleiben: Das Volk schwankt im wesentlichen zwischen dem stets wachen vitalen heidnischen Substrat und dem aufoktroyierten christlichen Maß. Inglin kann also nicht ganz umhin, den allmählichen Kulturanstieg unter Triebverzicht zu bedauern und jeden Rückfall in wildere Ursprünglichkeit insgeheim zu feiern. Bewußt sind hier die Termini Sigmund Freuds (aus «Das Unbehagen in der Kultur») gewählt, dessen Werk Inglin aus eigener Lektüre und durch die Vermittlung Paul Häberlins kennt. Der frühe Kulturgewinn bedeutet eben auch den Anfang der von Inglin in den mittleren und späten zwanziger Jahren gehaßten entseelten Zivilisation. Im Grunde begrüßt der einstige Bewunderer Nietzsches und Verfasser des «Phantasus» die Herrschaft der wenigen Starken im Volk (von Swit beispielsweise oder auch Swen), die in kindhaftem Einklang stehen mit der Natur der selbstgewählten Landschaft. Diese erfahren sie als die Außenwelt ihrer Innenwelt, sie müssen sie nicht christlich überspringen und in ein Metaphysisches verschieben: so etwa in der ersten großartigen Vision des Schwyzer Talbodens, wie sie Swit und sein Sohn Wernher von der Höhe der Holzegg erfahren (die beiden wirken im übrigen wie eine urtümlich festliche Antizipation des bergsteigenden und mit Jagdsinn begabten Amberg und seines Sohnes). Auffällig ist auch, daß der Blick von oben auf die heimatliche Talmulde ganz ähnlich ist wie schon im nietzscheanisch-ungebärdigen «Phantasus». «Hier war kein Abgrund und starrte kein Eis. Mit blumigen braunen Halden sank die Woge der Erde hier wieder gelassen hinab, mit silbernen Rinnsalen, Riedern, Erlengebüschen und Kiefern hinab in grünlich schwarze Wälderbreiten, auf immer sanfteren Hängen hinab in den weiten Talgrund und zu freundlicher Ruhe in zwei Seen; aber gegen Untergang und gewaltiger noch gegen Aufgang schäumte sie mit verschneiten Kämmen über Gipfel und Kerben weiter mittagwärts und schloß sich hinter der Mulde hoch aufstürmend wieder zusammen». (JV 1, 11)

Der Kampf von Swit und Swen erinnert in der Darstellungsart, in der ahistorischen, animalischen Gesetzlichkeit (der Stärkere und Mächtigere herrscht rechtermaßen) an eines der Lieblingsbücher Inglins, an Kiplings «Dschungelbuch». In der Figur des rohen und gewalttätigen «Ruochen» Schilti freilich korrigiert er den Eindruck von einseitiger Verherrlichung dämonischer Kraft. Zum ersten Mal bezeugt sich wieder der gerechte und humane Sinn des reiferen Schriftstellers. Schilti entspricht der Kehrseite der Natur, ihrer bloß elementaren sinnentbundenen Wut, die den Menschen völlig ausser Acht läßt. Doch liest man das Buch genau, pendelt es dann wieder zu den Anfangsgestalten zurück in der Beschreibung des Tell. Er ist «Mensch gewordene Naturkraft» (Karl Schmid an einem Kulturabend der Freisinnigen Partei, Januar 1939 in Zürich). Tell ist der Widerstand selber; er birgt in sich die Kraft der Lawine, die «lange drohend oben hängt in Flühen und Schlüchten und die einmal nur in jedem Zeitraum niederfährt und die Wälder bricht». Wie sehr die Tell-Fabel im ersten Drittel dieses Jahrhunderts zum nationalen, spezifisch schweizerischen Stoff geworden ist, hat Fritz Müller-Guggenbühl in seiner vorzüglichen Dissertation nachgewiesen: «Die Gestalt Wilhelm Tells in der modernen Schweizer Dichtung» (Aarau 1950). Eine bloße Aufzählung der authentischen Werke (die übrigen sind oft epische Umarbeitungen von Schillers Tell für die Jugend) genügt, um zu zeigen, wie hinter der Gestalt Inglins, welche die vierte Erzählung «Die Sendung» dominiert, schon eine ganze schweizerische Tradition steht: 1914 René Morax «Tell», 1915 Carl Albrecht Bernoulli «Meisterschütze», 1916 Fernand Chavannes «Guillaume le Fou», 1920 Paul Schoeck «Tell», 1923 Jakob Bührer «Neues Tellenspiel». Im letzteren tritt Tell als imponierender, kosmopolitisch orientierter Pazifist auf. Aber auch bei Gotthelf (1845) im Epos «Der Knabe des Tell» und in Kellers «Grünem Heinrich» ist die Figur vorgebildet. Schon bei Gotthelf fragt Gessler «wie vom Sturm erfaßt»: «... War's der Tell, war's der Berggeist, der da oben seiner geharrt, der ihn jetzt hatte da oben alleine in einsamer Weide...?» Und bei Keller ist Tell vollends als Mythos seines Landes aufgefaßt. Indem ihn der Leuenwirt darstellt, verbindet er Fortschritt und Tradition und bezeugt in sich die «Identität der Nation». Inglin ist – auch nach Karl Schmids und Müller-Guggenbühls Meinung – die weitaus beachtlichste Neuschöpfung gelungen in diesem Jahrhundert. Und wirklich, der Nebelbehangene erscheint als die Verdichtung dessen, was Inglin unter Freiheit, Ungebundenheit und wohltuendem, weil innerlich gelassenem Außenseitertum versteht. Er ist die mythische Erhöhung, die vergrößerte Dimension von Helden wie Wendel, Peter, Paul, Werner, Silvester. Diese alle tragen dasselbe Ideal in sich, sind aber in den Netzen der gesellschaftlichen Realität gefangen.

Aus einem anfänglich nicht unähnlichen Weltbild ist der Tell Paul Schoecks entstanden. Auch ihn muß wie den jungen Inglin Nietzsches Herrenmenschentum fasziniert haben, das er hier bewußt auf das Bäurische überträgt. Aus dem «Zarathustra» (4. Teil, Gespräch mit den Königen) setzt er das Motto über das Stück: «Der Beste und Liebste ist mir heute noch ein gesunder Bauer, groblistig, hartnäckig, langhaltig: das ist heute die vornehmste Art.» (Paul Schoeck «Tell», Schauspiel in drei Akten in Schwyzer Mundart, Aarau 1923, zweite Auflage.) Schoeck hat den Tell in seinem Schauspiel beklemmender und grimmiger heroisiert, in «Jugend eines Volkes» erscheint er naiver und lichtvoller. Beide Innerschweizer aber, die sich im übrigen freundschaftlich gut verstanden und in Briefen gegenseitig die Werke besprochen haben, hat Tell beschäftigt, nicht zuletzt auch darum, weil er eigenrichtig auch in seinem eigenen Land ist; weil er sein Land liebt und sich trotzdem auf Distanz von den Bewohnern hält. Nicht unähnlich stehen sie und andere Intellektuelle der Region da im Verhältnis zu ihrer Umwelt. Inglin hat Schoeck im übrigen eine deutliche Reverenz erwiesen in der Ähnlichkeit von Tells Auftritten aus Nebelhöhen: «Da stieg ein Mann von den Urner Bergen herab. Er trat aus dem Nebel heraus, ein Jäger von gewaltigem Wuchs, sein Fellgewand schimmerte, sein mächtiges Haupt strahlte vor Heiterkeit! Er kam vom besonnten Rücken der Erde herab, der aus dem Meer des Nebels in die himmlische Bläue ragt. Er schritt dem Tale zu, der Nebel blieb hinter ihm aufgerissen, ein warmer Wind begleitete ihn, der heimliche Glanz verließ ihn nicht; singende Winde und blaue Himmelsscheine fielen in den engen Erdraum, den er durchschritt.» (JV 1, 158) So erscheint er bei

Inglin. Ganz analog läßt ihn Schoeck unverhofft weggehen, «dure Reistzug duruf»: «Är sig sattli, sattli duruf gstige und baldane im Näfel obe uf und ewägg gsi.» Bei Inglin heißt es: «Beim nächsten Tagesgrauen sah man ihn von der obersten Hütte aus mit dampfendem Atem auf der frischen Spur eines Wildes durch die kalte Frühe steigen und über eine Kuppe im matten Gold des Morgenhimmels verschwinden.» (JV 1,168)

Aus der gleichsam vorchristlichen Eigenständigkeit entsteht dann bei Inglin die frühe Demokratie beim Treffen auf dem Rütli: «In den Tälern aber schwang sich das angestammte Wesen des Volkes, das in Tell zu Tag getreten und durch ihn gehandelt hatte, aus dem christlichen Widerstreit, aus Sündenängsten, Gewissenszweifeln und unwilliger Demut mit der alten ungebrochenen Kraft empor und ging daran, das Notwendige so grad und einfach zu tun, wie er es getan.» (JV 1, 168) Das Notwendige ist eben die Gründung der Eidgenossenschaft, welche Inglin entsprechend einer christlichen Deutung entzieht. In einer Demokratie soll der unabhängige, freiheitliche Mensch das Maß der Dinge sein und nicht Staat und Kirche. (Anders als bei Gottfried Keller etwa erscheint im ganzen Werk Inglins der Staat als wohl notwendige, aber doch nur in beschränktem Maß geduldete Ordnung, welche schlecht wird, sobald sie sich hypertroph über den Einzelnen stellt. Das Märchen «Hohrugg und die Zwerge» zeigt, wie eine staatliche Überorganisation den einzelnen erdrückt. Nur in Krisenzeiten darf der Staat über den einzelnen verfügen: so über die Soldaten des «Schweizerspiegels» und zur Zeit des Zweiten Weltkriegs über den Rebellen in «Der schwarze Tanner».) Staat und Kirche verpflichtet ist bei Inglin der christliche Gessler. Er vertritt das vom Höfischen und Kirchlichen bestimmte Denken in Hierarchien und ein entsprechendes autoritäres Verhalten kraft der verliehenen Position. Indem er so als Vertreter einer sittlichen Idee und Welt auftritt, wird er im Gegensatz zum bisher üblichen schweizerischen Geschichtsbild aufgewertet, wie in der letzten Erzählung «Die Schlacht» dann auch die kämpfenden Ritter von Morgarten, welche als gebildete und mächtige «Herren der Zeit» abdanken müssen.[57] Obwohl Gewicht und Deutung anders gesetzt sind und der Tonfall völlig verschieden ist, tendiert dieser Gessler und diese höfische Kultur zum einigermaßen kultivierten Mann in Max Frischs «Wilhelm Tell für die Schule». Nur gebärdet sich dann dort der eidgenössische Gegenpol nur mehr barbarisch und borniert.

Wie hat Inglin sich den Stoff angeeignet? Seine Phantasie, die hier in wilder Ursprünglichkeit schwelgen wollte, wurde, wie er später sagt, bald genug an kurze Zügel genommen. («Vom Umarbeiten», NJ 56) Er mußte dem ehrwürdigen Weißen Buch von Sarnen seine Ehre geben, er verarbeitete die Berichte des Johannes von Winterthur über die Schlacht von Morgarten. Wie man beiläufig aus Briefen erfährt, forschte er auch in alten zeitgenössischen Schwyzer und Einsiedler Rodeln. Bei der Bearbeitung der Ausgabe von 1948 (Atlantis Verlag) berücksichtigte er in der vierten Erzählung, der Gründungsgeschichte, neue Forschungsergebnisse Karl Meyers. Dieser für die Epoche führende Historiker kam insofern Inglins epischer Darstellung entgegen, als er seinerseits gegen eine radikal positivistische Haltung auftrat (die vor allem seit Eutych Kopp herrschte) und Traditionen und mündliche Überlieferung behutsam wieder in die Forschung einbezog. Die Versuchung, sich ganz der Phantasie zu überlassen, hielt also bei Inglin nur so lange vor, bis er den

Stoff wirklich in Angriff nahm; dann fand er – seinem Stilwillen gemäß – eine formal glückliche Mischung von historischer Genauigkeit und Romanfiktion. Eines der Vorbilder war dabei Stendhals «La chartreuse de Parme», dessen Kampfschilderungen sowohl auf die Darstellung der Schlacht am Morgarten wie später des Aktivdiensts im «Schweizerspiegel» gewirkt haben. Inglin verfolgte das gleiche Prinzip der Detailillustration an Einzelfiguren wie Stendhal und später Tolstoi, um das große historische Geschehen zu vermitteln.
Zwei Jahre mußte er einen Verlag suchen. 1930 war das Manuskript fertiggestellt. Im September schreibt er aus dem Dienst an Bettina: «Eugen Rentsch hat die ‹Jugend eines Volkes› wieder zurückgeschickt. Es sei ein großartiges Werk, aber er habe zu wenig Geld, um etwas zu wagen.» Später erstellt er eine Liste der ablehnenden Verlage: Orell Füssli, Eugen Rentsch, Grethlein, Rascher, Corona. Auch deutsche Verlage versucht Inglin anzugehen, die das Werk als «rechtschaffenes Schweizer Buch, das nicht mitreiße» ablehnen. Nur der Schweizer Chauvinismus könne darauf verfallen, ein solches Buch zu verlegen. (Meinung eines deutschen Lektors, den der Grethlein-Verlag zitiert.) Aber auch die Werkbeleihungskasse des Schweizerischen Schriftstellerverbands hat für «Jugend eines Volkes» kein Gehör. Inglin schreib an Bettina (Dezember 1930) «Kürzlich habe ich vom Sekretariat des S.S.V. folgende Mitteilung bekommen: ‹Ich bedauere, Ihnen mitteilen zu müssen, daß der Prüfungsausschuß Ihr Gesuch um Beleihung des Werkes ‹Jugend eines Volkes› abgewiesen hat.› Und ich Esel hatte, nachdem kein Verlag das Buch nehmen wollte, mit Sicherheit wenigstens die moralische und materielle Anerkennung dieses wohlweisen Ausschusses erwartet! Hols der Teufel, da glaubt man sein Bestes zu geben, und erfährt nichts als ein Achselzucken! Außerdem werde ich nun infolgedessen nächstens für längere Zeit auf den Hund kommen. Du siehst, es geht mir, von außen gesehen, nicht eben ersprießlich, aber von innen her erscheint mir das alles unwesentlich, und ich habe mich bereits wieder mit Lust und Überzeugung auf meine laufende Arbeit gestürzt. – Oskar ist bereits in Wien, vor acht Tagen fuhr er plötzlich ab. [Gemeint ist Oskar Eberle.] Er fehlt mir ein wenig. Außerdem fehlt mir wieder eine Frau. Fehlt Dir nichts? Ich küsse Dich! Dein Meinrad.» Das Selbstvertrauen Inglins bleibt gegenwärtig ungebrochen, was schon die Briefe an die Verleger dokumentieren. So hat er etwa am 12. Juli 1930 an den Direktor des Orell Füssli-Verlags geschrieben: «Auf meinen Namen dürfen Sie etwas wagen, ich weiß, daß er eine steigende Geltung erlangen wird, ich habe noch viel Werg an der Kunkel, und der Atem wird manchem andern ausgehen, bevor er mir ausgeht. Im Vertrauen gesagt!»
1933 endlich wird das Buch gedruckt beim Montana Verlag Horw, als erster Band einer Schweizer Buchgemeinde. Infolgedessen wurde das Werk von den Buchhändlern boykottiert, und der Absatz war entsprechend gering. Nachdem der Montana-Verleger de Haas das Verlagsrecht ohne Wissen des Autors an den Albert-Müller-Verlag verkauft hatte, brach der Autor seine Beziehungen ab. Er konnte das Buch noch vor dem Krieg bei Staackmann, seinem «endlich sicheren Dach», wieder unterbringen. Nachdem das Buch im Montana Verlag erschienen war, erwies sich die Schweizerische Schillerstiftung insofern als generös, als sie zweihundert Exemplare kaufte und dem Autor Fr. 1000.– überwies.
Auch das wieder ein Beispiel für die widrigen Umstände, unter denen dieser

Schriftsteller seine Bücher herauskommen sieht. Die Produktion selber ist nach wie vor mühsam und nur in der Einsamkeit möglich, wie man aus einem Brief (1929) an den Hotelier Walter Schoeck sieht. «Meine Abende hier sind fürchterlich öde, aber wenn ich den ganzen Tag stumm und allein gearbeitet habe, muß ich am Abend irgendeine gesellige Entspannung haben, sonst laufen mir die Gespenster noch in die Nacht hinein nach; dabei darf ich es mir nicht mehr als durchschnittlich etwa fünfzig Rappen kosten lassen. Das Problem ist also schwierig genug.»
Das Buch wird in der Folge ins Italienische und Französische übersetzt. «Giovinezza di un popolo» stößt im Tessin auf Widerstand; sie wird in einigen Zeitungen als unchristlich bezeichnet (vor allem in «Scuola» Nr. 20, Oktober 1938). Inglin richtet darauf eine vorzügliche Replik an das «Istituto Editoriale Ticinese», Bellinzona. Er zählt alle die Verstöße der «Urschweizer, vor allem der Schwyzer» gegen Vatikan und Kloster auf und schließt: «...Es waren leider keine mustergültigen Vorbilder für die katholische Schweizer Jugend, sondern unkirchlich gesinnte, naturhaft rauhe Leute. Dennoch haben sie die Eidgenossenschaft gegründet! Man dürfte daher auch im Tessin großmütig sein und ihnen um dieser Tat willen ihren schlimmen Lebenswandel nicht allzu stark ankreiden!» (28. 12. 38) «La jeunesse d'un peuple» (1941) wird dem Autor Ärger bringen, weil Paul de Vallière, der Übersetzer, sich Änderungen erlaubt.[58]
Nach dem Zweiten Weltkrieg bereitet Inglin selber in monatelanger Arbeit eine Neufassung vor und gibt am 28. April 1948 seinem neuen Verleger Martin Hürlimann einen Bericht über das Ausmaß der Änderungen: In den ersten drei Erzählungen wurde viel gestrichen und «besser» gemacht.[59 60] Die vierte teilte er auf und nannte sie «Das Joch» und «Die Befreiung». «Die Schlacht» konnte er mehr oder weniger stehenlassen. Der Untertitel heißt jetzt neu: «Erzählungen vom Ursprung der Eidgenossenschaft». Der Fiktionscharakter bleibt demgemäß bewußt gewahrt, trotzdem Inglin in der vierten Erzählung versucht hat, die Ergebnisse Karl Meyers zu berücksichtigen. Eine weitere Fassung datiert von 1966, hier sind aber nur mehr wenige Abschnitte und einige Sätze gestrichen oder gekürzt. Die empfindlichste Beschneidung mußte sich die Erzählung «Das Joch» gefallen lassen, in der die Seiten 85 bis 90 der Ausgabe von 1948 wegfallen und deren Inhalt in einem Absatz von einer knappen halben Seite wiedergegeben wird. Daß die Zeit für «Jugend eines Volkes» kurz vor bis kurz nach dem Krieg, zur Zeit der geistigen Landesverteidigung, die empfänglichste ist, zeigen verschiedene Filmprojekte, eines von 1939 und eines von 1948, welche Inglin aber immer mit der Begründung ablehnt, daß man Nationalepen nicht verfilmen könne.
Ein verwandtes, aber viel kleineres und weniger anspruchsvolles Werk aus dieser Zeit ist der Aufsatz «Aus dem Jahr des Volkes», wo Inglin Bräuche seiner engsten Heimat kurz und prägnant beschreibt. Der Verleger Rentsch hatte ihn um diesen Beitrag zum Sammelband «Schweizer Volksleben» (herausgegeben von Brockmann-Jerosch) gebeten. Inglin hatte freudig zugesagt, da ihm schwyzerisch Volkskundliches seit je am Herzen lag. Hierher und in diese Zeit gehören auch die Greiflersprüche für das Greifeln am Dreikönigstag in meist vierzeiligen Strophen, die er gern – eigenhändig auf schönes Papier geschrieben – seiner Freundin Bettina zum Geburtstag schenkt (so zum 15. März 1932 und 1933). 1931 erhält sie in «handschriftlicher Sonderausgabe in einem Exemplar» die vorzüglich nacherzählte «Le-

gende vom heiligen Meinrad». Die Empfängerin, die gegenwärtig, wie man aus den Briefen schließen kann, fast nur mit Rilke-Gedichten lebt, wird durch die vergleichsweise rauheren Gaben Inglins nicht eben tief getroffen. Auch auf «Jahr des Volkes» reagiert sie eher negativ: «...Bist mir nicht bös, wenn ich Dir die Wahrheit meines Empfindens sage? Es gefällt mir nämlich nicht. Es ist ein Schüleraufsatz geworden, ein Herzählen aller Sonntage ohne eine innere Bindung...» (24. 8. 29) Auch «Jugend eines Volkes» stößt bei ihr nicht auf Begeisterung. Ihr Inglinsches «Trostbuch» bleibt für lange Zeit das mehr emotionelle «Grand Hotel Excelsior» und das poetischere «Lob der Heimat». Erst mit dem «Schweizerspiegel» wird sie sich zu einer vorbehaltlosen Anerkennung durchringen. Die vorerst überwache Kritik an den dichterischen Erzeugnissen ihres Freundes mag nicht zuletzt durch eine gewisse, im übrigen begreifliche Eifersucht bedingt gewesen sein. Dieser Werke wegen konnte sie nicht heiraten, konnte sie keine Kinder haben. Daran änderte auch im Grunde die mündliche Übereinkunft (von 1929) zwischen den beiden nichts, sich künftig als Mann und Frau zu betrachten und in den Briefen auch so anzusprechen. Sie beklagt sich immer wieder darüber, daß er so selten mit ihr ausgehe. Auf eine Aufforderung von Linus Birchler, an einer «Tanzete» teilzunehmen, hatte Inglin zu ihrem Leidwesen nicht einmal geantwortet. Er gönnt sich fast nur mehr Konzertbesuche in Zürich, wie überhaupt die Musik gerade in dieser Zeit in Inglins Leben eine bedeutende Rolle spielt. Nicht selten erhält Bettina Kompositionen, so etwa ein «Duett für zwei Violinen» unter dem Pseudonym Meginrat Amselrich Imgrund, «seiner lieben Amsel gewidmet», dann ein «Jägerlied» und ein «Andante in d-moll für zwei Violinen», opus 12 a. Nach wie vor wird Quartett gespielt: mit Bettina, Walter und Paul Schoeck. «Sonntag nachmittags um zwei Uhr Quartett bei uns, in Deiner Wohnung, die ich mit aller Absicht bis jetzt hartnäckig belagert habe. Wir spielen außer Beethoven op. 18 Nr. 5 und Haydns Reiter auf Schoecks Wunsch noch Mozart Nr. XVIII. Ich mache Dich darauf aufmerksam, daß ich vom ersten Band Haydns die erste Violinstimme nicht hier habe. Wenn Du sie hast, vergiß sie nicht mitzunehmen! Vom Anfang bis zum Schluß die herrlichste Frühlingsmusik, wir werden rings ums Haus den Schnee zum Schmelzen bringen. Auf die Schneeglöggliwiesen freue Dich aber nicht zu sehr, es ist alles wieder verschneit... Daß Du zu mir kommst, statt mit den Brettern auszurücken, rechne ich Dir hoch an, liebe Frau. Ich erwarte Dich sehnlichst! Dein Meinrad.» (1. 3. 34 an Bettina) Die Woche durch aber will er die öden Abende, über die er sich bei Paul Schoeck beklagt, offenbar nicht aufgelockert haben, da er sich nur so für den nächsten Schreibtag erholt. Immerhin scheint er seine Schwyzer Freunde sehr zu vermissen, sobald sie verreisen, so den Theater- und Mythenforscher Oskar Eberle oder Linus Birchler, der aber dank seiner Arbeit an den «Kunstdenkmälern» noch lange in Schwyz festgehalten ist. Die ständige Präsenz von Albert Gemsch, mit dem er Bücher bespricht und der Inglins Schreibbesessenheit anerkennt und versteht, macht ihm das Leben hier einigermaßen erträglich. Die Schwyzer Freunde wissen auch, daß er dankbar ist für jede Anekdote, besonders wenn sie einfache Leute, vor allem Bauern, betrifft. Die Realität sei erfindungsreicher als er selber, pflegt er jedem zu verstehen zu geben. Doch seltener als früher gönnt sich Inglin mit seinen Freunden ein Fest: «Vor einiger Zeit haben wir zu Ehren von Thusneldas Geburtstag ein Schaf im Freien am Spieß gebraten, es war ausgezeichnet und unge-

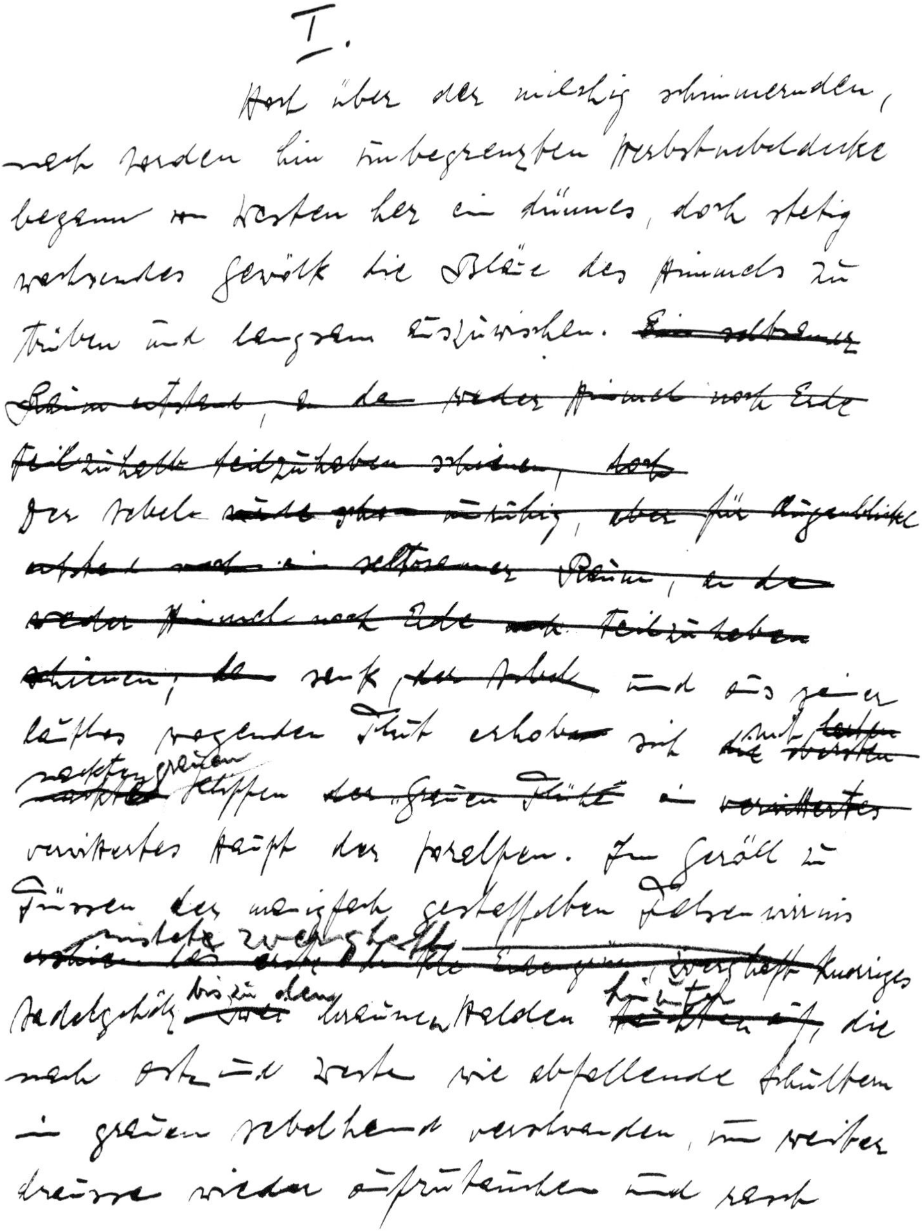

I.

Hoch über der milchig schimmernden, nach Norden hin unbegrenzten Herbstnebeldecke begann von Westen her ein dünnes, doch stetig wachsendes Gewölk die Bläue des Himmels zu trüben und langsam auszuwischen. [illegible]
Der Nebel [illegible] sank [illegible] und aus seiner lautlos wogenden Flut erhoben sich [illegible] Kuppen [illegible] verwittertes Haupt der [illegible]. Im Geröll zu Füssen der [illegible] Felsenwirrnis [illegible] Nadelgehölz bis zu den braunen Halden [illegible], die nach Osten und Westen wie abfallende Schultern in grauen Nebelhauch verschwanden, um weiter draussen wieder aufzutauchen und sanft

Manuskriptblatt (Anfang der «Grauen March»)

ansteigend in neue höhen hinauf zu wachsen. da
dort drüben ~~gruppe~~ ~~war~~ im osten der eine zerklüftete gruppe
reiner (?) stärke erschienen, und im westen hob ein
kahler kopf eine schmutzig weisse wand empor.

[gegen abend entblößte ~~gegen abend~~ wich der nebel
~~[illegible]~~ tiefer ~~[illegible]~~ hinab und entblößte die
hinteren oberen säume der wälder. Streifen in
der verblassenden flut tauchten ~~[illegible]~~ fichten (?)
und weisse striche dunkler tannenwipfel auf,
während die immer dichter bewaldeten hänge

das reissende gebräu ~~entblösste nach und~~ die
nördlich vorgelagerten wälder; in ihrer mitte sind
sie zu einem breiten kamm gegiebelt, der sich
mit ~~sätteln~~ und höckern von ~~[illegible]~~ der grauen
fläche, der mittleren kliffen, gegen mitternacht
bis zur hügelkuppe hinzieht, rechts und links
davon bedecken sie, von schluchten durchfurcht,
alle hänge. ~~die breite~~ der breite ~~[illegible]~~ kamm, der giebelfirst,
bildet die schranke zwischen zwei hochtälern, die
in weitem abstand gleichmässig nach norden ~~[illegible]~~

wöhnlich kräftig, nur ein wenig trocken, was aber zur glücklichen Folge hatte, daß uns ein ebenfalls ausgezeichneter Rotwein in größeren Mengen wie Öl durch die Gurgel rann. Rümpf die Nase nicht, das sind auch Freuden des Lebens, die Du schätzen würdest, wenn Du bei Wasser und Brot leben müßtest wie ich – es ja freilich nicht muß.» (18. 2. 30 an Bettina)

Gelegentlich verreist Inglin zu eigenen Vorleseabenden. Er liest erstmals in Basel (aus «Jugend eines Volkes» und «Grand Hotel Excelsior»), wo es ihm gemäß Briefen ausnehmend wohl ist, dann in Zürich im «Literarischen Club» (auf Einladung von Walter Muschg), in Luzern, Zug und in privatem Kreis in Stans. Ein Bericht über die Zürcher Lesung im Literarischen Club sei nicht vorenthalten. «Liebe Frau! Meine Vorlesung ist leidlich abgelaufen. Einige Herren, die man scheint's noch nie oder nur sehr selten im Club erblickt, gaben mir die Ehre, u. a. Huggenberger und Lienert. Am Schluß fragte mich Muschg diskret nach den Spesen; ich antwortete laut, daß ich in Basel Fr. 100.– bekommen habe. Da gab es eine kurze Diskussion; Hiltbrunner rief, als er letztes Jahr im Club gelesen habe, ‹händ mer die Cheibe nüd emol d's Tram zahlt›. Muschg steckte mir schließlich Fr. 20.– hin, die ich dankend einsteckte. Korrodi will ‹Die Schlacht› für die ‹N.Z.Z.› Ich las übrigens aus dem ‹Heil der Welt› und bekam auch so noch einen roten Grind.» (8. 3. 30 an Bettina)

Immer mehr verläuft dieses Leben nun mit einer Konstanz, die es dem Biographen nahelegt, fast nur noch auf die Geschichte der Werke zu achten.

Die Schaffensintensität nimmt in den dreißiger Jahren, während der Arbeit an der «Grauen March» und vor allem am «Schweizerspiegel», womöglich noch zu. Die kleinste Störung beunruhigt ihn, auch jede Grippe, für die er «jämmerlich anfällig» ist: «Am letzten Dienstagmorgen erwachte ich mit einem Husten, der mir bis zum Bauchnabel hinunter donnerte. Dabei wüßte ich durchaus nicht, wann und wie ich mich erkältet haben sollte. Nach Deiner Abfahrt fuhr ich wohl noch nach Brunnen, saß aber nur mit Schoecks zusammen, tanzte nicht mehr und kam mit Schwyzern im geschlossenen Auto nach Hause zurück. Trotzdem habe ich seither einen Grippe-Anflug in zweiter Auflage erlebt. Ins Bett stieg ich deswegen so wenig wie Du in solchen Fällen, ich kurierte mich mit Honig, Trotz und Schnaps, aber ich war voller Mißmut über diese jämmerliche Anfälligkeit. Mein seismographisch reagierendes Arbeitsorgan erlitt unter diesen Umständen eine Störung nach der andern, ich kam bis Freitag überhaupt nicht weiter und war darüber wieder einmal tief beunruhigt. Wenn ich nicht mehr mit der vollen geistigen Kraft und Freiheit schaffen könnte, würde ich wie ein Frosch im Spätherbst, wenn er nicht mehr quaken und lieben kann, melancholisch dahindämmern und verdorren.» (An Bettina 5. 4. 37)

«So hat noch keiner die Berge gesehen»: «Die graue March»

Sechs Schweizer Verlage werden das Manuskript ablehnen, welches Inglin 1930 in Angriff genommen hat: «Die graue March». Mit ihm aber findet er dann in Deutschland den Verlag, der ihm nicht weniger bedeuten wird als sein abgeschirm-

tes Zuhause in Schwyz. Inglin schreibt mit einem Vergnügen wie noch nie und meldet 1931 schon den Abschluß des Buches. Die Schreibfreude muß auf das Gehaben abgefärbt haben; Bettina betont zu dieser Zeit oft, wieviel harmonischer er geworden sei gegenüber früher. Erst viel später gestand er, wie die hochgemute Entstehung dieses – künstlerisch vielleicht vollendetsten – Werks von einem ständigen schlechten Gewissen begleitet gewesen sei. Unmittelbar nach Abschluß von «Jugend eines Volkes» nämlich habe sich ihm immer deutlicher der Auftrag gestellt, den Roman von der Schweiz im Ersten Weltkrieg zu schreiben. Dem monströsen Unternehmen, dessen Arbeitsaufwand er genau vorausgesehen habe, wollte er mit der «Grauen March» ausweichen. Nie habe er so ganz ohne Rücksicht einen Stoff aufgegriffen wie hier. Und vielleicht trägt dieses Buch wie keines von Inglin die Zeichen einer äußersten stilistischen und gedanklichen Konsequenz. Das schlechte Gewissen aber mag Inglin rückblickend aus politischer Sicht verstärkt haben. Denn noch einmal sei er hier geflohen vor der Verantwortung für die Gegenwart, in eine abgeschiedene, zeitlose Welt, obwohl er etwas anderes als das Gebot der Stunde erahnt habe. Daraus ergibt sich einerseits, wie sehr Inglin dann den «Schweizerspiegel» auch als moralische Verpflichtung in einer Epoche nationaler Krisen auffaßte und wie sehr er sich bewußt war, daß die ungestörte Natur der «Grauen March» von historischen Gesichtspunkten aus einen reinen Reservatscharakter besaß.
Dieses Bewußtsein gibt dem Buch vielleicht gerade soviel kritische Distanz, daß die Natur und ihre Bewohner nicht pathetisch aufgehöht und aufgereckt erscheinen, wie in «Über den Wassern». Die beseligend unverstellte und oft befreiende Schöpfung zeigt sich ebenso häufig als erbärmliche und triste Lebensbasis, die höchstens der Gattung, nicht aber dem Einzelwesen einigermaßen förderlich ist. Und der Gattung auch bloß insofern, als sie überleben kann. Verschiedene der geschilderten Menschen und Tiere, deren Differenz betont als geringfügig behandelt ist, krepieren an den grausamen Bedingtheiten.[61] Insofern ist auch dieses Buch nicht bloß affirmativ, sowenig wie «Die Welt in Ingoldau»; die aufgezeigte Misere dieser Bauern ruft unauffällig und unausgesprochen nach einer humanen Veränderung. Kaum je in der Schweiz, nicht einmal von Ramuz, scheint mir, ist das Leben auf dieser Kulturstufe so bedrängend dargestellt worden wie hier. «Erst was der Natur als Schicksal entronnen wäre, hülfe zu ihrer Restitution», sagt Adorno. («Ästhetische Theorie», S. 105) Dieser Behauptung genau entsprechend, geistert als Utopie der mitleidvollen Menschlichkeit nur die Gestalt über die Matten und an den Heimwesen vorbei, welche aus eigenem Entschluß der Welt und den Städten entsagt hat: Herr Inderhalten, genannt «der Große». Wie Tell in «Jugend eines Volkes» ist er ein Mensch, der sich aus der bäuerlichen Gesellschaft und ihren ökonomischen Bedingtheiten heraushalten kann und gerade deshalb fähig ist einzugreifen, wo es nottut. Er ist ein außergesellschaftliches Wesen der Versöhnung, ein ins Positive gewendeter «wilder Mann». «Halb bäurisch, halb herrisch» (GM 2, 196) aber bleibt er auch durchaus realistisch und entspricht genau Inglins Vorliebe für einen bescheidenen, aber völlig souveränen Landfeudalismus. Die Tendenz zu einer leichten Mythisierung inmitten der Realität legitimiert Inglin mit Verfahrensweisen Thomas Manns, auch Emil Strauss', den er stets geschätzt hat (besonders den Roman «Der nackte Mann»). Im übrigen gleicht der Große verblüf-

fend genau Heinrich Danioths «Gemsjäger» von 1946, der als hohe Gestalt im Gebirge über dem blauen Leeren steht. Der Große ist gleichsam der wiedererstandene Urgal, der hier ins Menschlichere gewendete Naturgeist, der im viel pessimistischeren «Grand Hotel Excelsior» aus der Gegend vertrieben wurde und verschwunden blieb. Die andern Protagonisten – Bergbauern und Füchse und Hasen – leben hier mehr oder weniger dumpf oder magisch befangen, da sie weder eine Wahl haben, noch sie suchen. Einzig Anni, die in der Not mit einem plötzlichen Vertrauen die kargen Umstände übersteigt, reicht in freiheitlich humane Sphären und wird vom Großen denn auch wie von einem Märchengott mit Haus, Hof und Familie beschenkt. Mißmutig sitzt sie etwa im Hühnerhof. «Sie hatte überhaupt dies alles schon tausendmal gesehen, es wiederholte sich täglich, und es mußte sich auch in Zukunft täglich wiederholen, vielleicht noch Jahrtausende lang, solang es eben Haushühner gab. Anna fand dies unerträglich langweilig, sie spürte einen ihr ungewohnten Widerwillen gegen dies Treiben, ja sie haßte dies ganze blöde Federvieh, das da wie mit Gottes besonderer Gunst in den Tag hinein lebte, Eier legte und sich fortpflanzte. Sie fuhr auf und tat, was sie noch nie getan hatte, sie schmiß die Abfallschüssel in die erschrocken auseinanderstiebende Hühnerschar und kehrte erbittert ins Haus zurück.» (GM 2, 132) Der Überdruß ist erschütternd und wahrhaftig erfaßt. Zusammen mit Marieli in «Urwang» und den Mädchen im «Werner Amberg» gehört Anna zu Inglins ganz vortrefflich gelungenen, scheinbar so «gewöhnlichen» Mädchenfiguren. Die Gnade, die ihr später zuteil wird und die alles wendet, macht dann ein glückliches Idyll aus ihrer Welt, ein Idyll, das vom Willen und der Sittlichkeit des Menschen und nicht vom beängstigenden wechselhaften Zufall geschaffen ist. Inglins Äußerung im Alter, er habe sich letztlich doch immer als Christ verstanden, dürfte in dieser knappen Episode inmitten des sonst magisch heidnischen Buches einen Beweis finden. Die Erlösung paßt für das Mädchen, welches vielleicht als einziges dieses ewige Einerlei von etwas Lust, Mühseligkeit und Tod erkannt und an Veränderung zu denken gewagt hat.
Der Große findet allerdings eine gewisse Entsprechung bei den Tieren, im vielgejagten alten Rammler, einem «sagenhaften Zwölfpfünder, dem Stammvater ungezählter Nachkommen, deren größere Hälfte den Leidensweg schon hinter sich hatte». (GM 2, 45) Er ist nicht «wie irgend ein Hase» sondern eine Art Überhase, wie der Große ein verkappter Übermensch. Er verhält sich beim Gejagtwerden anders als sein berechenbarer Instinkt erwarten ließe, weshalb er solange überlebt: «Sein ganzes Geheimnis bestand darin, manchmal gegen seine eigenen Instinkte zu handeln...» (GM 2, 47) Der Hase soll übrigens historisch und sowohl von Inglin wie von seinen Schwyzer Jagdkameraden Albert und August Gemsch, Alois Imhof und Wilhelm Messmer – wie dieser letztere mir mitteilte – jeden Herbst verfolgt worden sein. Daß er dann – wie übrigens auch in der «Grauen March» – seinen Jägern doch zum Opfer fällt, berichtet ein Brief an Bettina: «Gestern haben wir bis Mittag gejagt und einen sagenhaften alten Hasen geschossen, der erwiesenermaßen seit fünf Jahren alle Jäger narrte und sich tatsächlich nicht wie ein anderer Hase benahm.» (21. 11. 30)
Alle die übrigen armseligen Kreaturen aber, die in ihrem Tun letztlich unfreien Hirten und Bauern und die Tiere, die nichts im Leben haben als «etwas Gras und Liebeslust» (GM 2, 43) sind in diesem Buch mit einer geradezu genialen, unauffäl-

ligen Menschlichkeit behandelt.[62] Es ließen sich viele Beispiele aufzählen, vom erfrierenden Josef bis zum kranken Reh, das vor den Jägern über Hänge und durch Wälder hetzt, um versteckt «endlich Zeit zu finden zu sterben». (GM 2, 29)
Die Grundspannung von «Jugend eines Volkes» zwischen archaischem Naturglauben und Christentum zeigt sich hier in konkreten, weiter nicht erörterten Details, und zwar so, daß christliche Äußerungen meistens die im Grunde heidnische Welt unterstreichen, indem sie zu bloßen magischen Zeichen geworden sind, wie etwa im Bild der sich paarenden Hunde unmittelbar neben den Jägern, die sich vor der Suppe bekreuzigen.
Oft ist Inglin das «Unanschauliche» seiner Naturbeschreibungen zum Vorwurf gemacht worden. Es gehört aber zur Authentizität der Darstellung, gerade in der «Grauen March», daß die Strukturen und Gesetze der Natur erkannt sein wollen und nicht ein zufälliges momentanes Abbild. Von hier etwa ist die fast kartographisch genaue, betont nicht stimmungsvolle Anfangsschilderung des Ricken- und Teuftals, der Schauplätze der «Grauen March», zu verstehen. Wenn Inglin die Natur als glücklichen Raum abbildet, geschieht das jeweils nur auf dem Hintergrund gesellschaftlichen Eingespanntseins: etwa zu Beginn der Erzählung «Das Riedauer Paradies», wo großbürgerliche Herren sich auf der Revierjagd von ihren lastenden Geschäften erholen, oder in «Erlenbüel», wo eine löwenzahngelbe Wiese an einem Sonntag im Mittelland zum Symbol der kurzen Freiheit Silvesters wird. Das herrliche grüne Tobel in «Ein einfacher kleiner Schritt» ist ganz analog zu verstehen. In «Ehrenhafter Untergang» leuchtet die Landschaft erst gegen Ende des Buchs unversehens festlich farbig auf, aber nur in den brechenden Augen eines Sterbenden. Sonst überwiegen auch hier, wie in der «Grauen March», Strukturen und Formen. «Die graue March» ist also auch von da her – nicht nur in der unausgesprochenen Sozialkritik – ein völlig antiillusionistisches Buch. Noch nie war bei Inglin ein Werk so hartnäckig und zugleich so visionär durchgeformt. Das, was Adorno den «Refus der Form» dem Lebendigen gegenüber nennt, das ist hier geschehen, um dem Lebendigen zur Sprache zu verhelfen. Gerade diese äußerste Konsequenz zeigt, daß Inglin auf der Höhe seiner Meisterschaft angelangt ist.
Die erste Niederschrift der «Grauen March» in neun blauen Heften ist erhalten. Obwohl auch hier vieles gestrichen und verbessert ist, wirkt dieses Manuskript viel ruhiger und geschlossener als etwa jenes der «Welt in Ingoldau» oder von «Grand Hotel Excelsior». Inglin scheint im Lauf der Jahre immer behutsamer zu arbeiten und einen Satz erst niederzuschreiben, wenn er ihm genau vor Augen steht. Aufschlußreich für sein planmäßiges Vorgehen sind da und dort die knapp gehaltenen, aber genauen inhaltlichen Gliederungen zu Beginn der Kapitel. So etwa steht über dem Kapitel XIII: «1. Allgemeines [womit Inglin meistens eine Naturschilderung meint], 2. Ulminer-Rehe-Berta, 3. Berta auf der Lauimatt, 4. Berta und Bälzeli, 5. Berta und der Große.» Gelegentlich lesen sich diese Einteilungsprinzipien wie Regieanmerkungen. Betrachtet man die Streichungen näher, sieht man, daß Inglin viel mehr als früher (etwa im thematisch nicht allzufern liegenden «Über den Wassern») alles Unanschauliche und zugleich zu Detaillierte ausmerzt. So wurde etwa auf der ersten Seite die Passage: «Der Nebel wurde schon unruhig, aber für Augenblicke entstand noch ein seltsamer Raum, an dem weder Himmel noch Erde teilzuhaben schienen; dann sank der Nebel und...» zum Satz: «Der Nebel sank».

Wenn bis jetzt das, was Inglin selber immer «Fülle» nennt, da und dort zu überwuchern drohte, wie in «Welt in Ingoldau», «Wendel von Euw», in «Grand Hotel Excelsior» und nach seinem eigenen Urteil auch in den ersten drei Erzählungen von «Jugend eines Volkes», und wenn in Alterswerken wie «Erlenbüel» und einigen Erzählungen das Dringen auf transparente Handlungsführung, die strenge Reduktion da und dort zu sehr die «Fülle» tilgt und skeletthaft wirkt, so hat er mit der «Grauen March» ein unvergleichliches Gleichgewicht gefunden.[63]
Das großartige Buch aber wird in eine Krisenzeit hineingeboren. Der Gründe für die Ablehnung bei Verlagen und Zeitungen werden viele genannt. Man ist ängstlich, oft kleinlich. Rascher etwa hat selber keine Beziehung zur Jagd, Orell Füssli fürchtet, daß sowohl die Jäger wie auch die Jagdgegner mit dem Buch nicht einverstanden seien. Eduard Korrodi schreibt in einem Brief, daß «die erzählerischen Qualitäten evident, aber nur von einem kleineren gewählten Publikum bemerkbar» seien, er könne daher den Roman nicht abdrucken. (19. 10. 31)
1934 tritt Inglin in Verhandlungen mit dem Montana Verlag, wo er nicht nur «Jugend eines Volkes», sondern auch die übrigen Werke, die früheren und «Die graue March», unterbringen möchte. Aus diesem Grund kann er erst im Herbst desselben Jahres auf die Bitte des Staackmann-Verlags Leipzig vom 10. Juli eintreten, er möge doch ein fertiges Manuskript senden. Herr Dr. Max Rychner hätte ihn als den außerordentlichen Schweizer Schriftsteller gepriesen, den sie zu verlegen suchten. Inglin schickt anfangs Oktober einen ersten Teil der «Grauen March», die damals noch «Menschen und Tiere» heißt. Wenige Tage später erhält er ein begeistertes Telegramm: «Von der Lektüre aufs tiefste bewegt erbitten wir herzlichst so rasch wie möglich Zusendung der zweiten Hälfte des außerordentlichen Werkes. Dank und Glückwunsch, Staackmann-Verlag.» Und kurz darauf trifft ein Brief ein, in dem steht: «Dieses Werk gehört seinem ganzen Charakter nach jener Art der Dichtung an, der unsere Verlagsarbeit, wenn es möglich wäre, ausschließlich dienen möchte.» (29. 10. 34) Man spricht vom Manuskript, «das uns als ganzes mit Bewunderung erfüllt und als sprachliche Schöpfung unsere rückhaltlose Zustimmung findet...»
Kleine Einwände will man nicht schreiben, da sie sonst viel gravierender aussähen. Inglin wird dringend gebeten, nach Leipzig zu kommen. Die Verlagsleiter und Lektoren dieses Verlags, die Herren Baessler, Dr. Köster und Dr. Greiner, betreuen ihren neuen Autor zuvorkommender und freundschaftlicher, als dieser es je zu hoffen wagte. Ihm, dem jetzt Einundvierzigjährigen, wird endlich seinem Rang gemäß begegnet, endlich wird er weder verlegen noch knapp abgespiesen. Erst jetzt findet er die Heimstatt, die er sich für seine Bücher schon so lange gewünscht hat. Er schiebt alle Reiseängste beiseite – seit dem Berliner Aufenthalt von 1922 ist er nie mehr im Ausland gewesen – und fährt über München nach Leipzig. Schon aus München allerdings erhält Bettina eine Karte, die halb begeistert, halb verzweifelt die immense Undurchschaubarkeit der großen Stadt zum Thema hat. In Leipzig aber findet er beim neuen Verlag Freunde, mit denen er mehrere Nächte lang zusammensitzt, trinkt und diskutiert. Sofort auch ist er bereit, einige kleine Änderungen vorzunehmen, auch beim Titel «Menschen und Tiere», der den Herausgebern mit Recht als konventionell erscheint. «Menschen und Tiere» ist als Überschrift ein beredtes Zeugnis für Inglins schroff unaktuelles Verhältnis zur Sprache. Diese

soll «das Richtige» ausdrücken. Um Fragen stilistischer Aktualität oder gar modischer Brisanz mag er sich immer weniger kümmern. Er schickt einen Hilferuf nach Zürich und klagt Bettina, daß schon ein halbes Dutzend Bücher diesen Titel trügen. «... Mir fällt in Teufels Namen nichts ein, was den Inhalt besser decken würde als ‹Menschen und Tiere›. Hilf mir!» Ende November macht er von Schwyz aus einen neuen Vorschlag: «Der Titel ‹Die graue March› Ihr Einverständnis vorausgesetzt. Ich bin gespannt, was Sie dazu sagen werden. March ist die alte alemannische Bezeichnung für ein abgegrenztes Gebiet. Marchen heißt eine Grenze ziehen. Das Wort ist auf der Schweizer Karte auch heute noch zu finden.» Zudem hat er vor, noch folgendes auf Wunsch zu ändern: 1. Die Szene der durch den Zeugungsakt verbundenen Hunde will er «Herrn Staackmann zuliebe» etwas abschwächen «allerdings auf Kosten der Anschaulichkeit». (Ein Vergleich mit dem ersten handschriftlichen Entwurf zeigt dann allerdings keine Änderung, Verminderte Anschaulichkeit war für den Verlag wohl Grund genug, die Meinung des Autors gelten zu lassen.) 2. «Berta und der Große. Das Geständnis der Vaterschaft unterbleibt nun, sowohl Berta wie dem alten Scheckli gegenüber. Für die Anregung dazu bin ich dankbar, es ist in der Tat viel besser so.» (Brief Inglins vom 27. 11. 34) Dieser Ratschlag war zweifellos gut; so ist wohl die einzige dünne und melodramatische Stelle, der einzige unbeholfene Dialog im Manuskript weggefallen. Es zeigt sich daraus, wie sorgfältig diese Lektoren gearbeitet haben. Ein Vergleich mit dem Manuskript ergibt, daß Inglin alle Geständnisse des Großen in dieser Hinsicht gestrichen hat. Vor allem im Gespräch Inderhalten–Berta sind gut drei handschriftliche Seiten weggefallen, auf denen er gesteht, ihr Vater zu sein. (Kapitel XVI) Dort will er die Tochter, vor der er auch sein Jägertum zu rechtfertigen sucht, zu sich nehmen, während sie gar nicht ernstlich daran dachte, «daß dieser unheimliche Herr da ihr Vater sein könnte». Hier schon, wie dann in der ersten Fassung, endet das Kapitel so, daß sie in einem unbewachten Augenblick verschwindet. Inglins Absicht ist klar: mit dem Geständnis wollte er dem Großen menschlichere Züge verleihen und ihn enger an die geschilderte bäuerliche Gesellschaft binden. Das Schutzgeisthafte, eine betonte Außenseiterstellung sowie ein von den andern nicht erreichtes hochherziges Wesen sind aber in der Figur deutlich angelegt, und sie hätte viel an Glaubwürdigkeit eingebüßt, wenn der Leser erfahren hätte, daß Inderhalten die eigene Tochter so lange bewußt den mißlichsten Zuständen bei den Feckern überlassen habe.

In anderen Fällen aber wehrt sich Inglin mit seinem ästhetischen Instinkt. Die Verleger wünschten eine «genauere Unterscheidung der Jäger am Anfang des Romans». Inglin antwortet mit der einzig richtigen Begründung: «Hoffentlich bestehen Sie nicht darauf. Da der Roman weniger auf durchgehende menschliche Handlungen als auf ein dicht verwobenes, Natur und Mensch umfassendes Ganzes zielt, hängt nach meinem Gefühl nicht sehr viel davon ab, ob man am Anfang schon alle Gestalten mehr oder weniger genau auseinanderhält.» (27. 11. 34) Im Gegenteil, sieht man genau hin, sind die Individualitäten sogar bewußt verwischt.[64]

Schon am 23. Februar 1935 schreibt Inglin an Bettina: «Hurra, die graue March ist da, Geliebte! Das Buch sieht hübsch aus, ich bin recht zufrieden damit, es ist jedenfalls geschmackvoller als das Montanaprodukt [‹Jugend eines Volkes›].» Dann spricht er über Korrodis Besprechung (NZZ, 21. 2. 35, Nr. 307), die etwas viel zitiere, deren «allgemeines Urteil» aber «doch höchst erquickend» sei. «Hoffentlich labst Du Dich mit mir zusammen an meinem wachsenden Ruhm. Man ist schon stolz auf uns, zum Donner!» Und wirklich: das Echo auf das Buch ist groß. Es findet Absatz nicht nur in der Schweiz; sowohl in Deutschland wie in Österreich wird es endlich eingehend rezensiert und gelobt. Immer wieder erhält der Autor vom Verlag Zwischenberichte, deren höflich urbaner Ton ihn stets neu gefreut haben muß. Am 9. Juli 1935 erfährt er: «Auch in den ruhigeren Sommermonaten hat sich Ihr Werk einer ständigen Gangbarkeit erfreut. Die Besprechungen haben ja bewiesen, daß es auch in Deutschland viel freudige Zustimmung gefunden hat.» Eine der Schweizer Äußerungen, jene des Malers Heinrich Danioth, sei zitiert, obwohl er das Buch erst später liest (27. 10. 43) «... Und nun ist es ... dieses mythisch Mystische aus unserer Landschaft, hinter dem ich als Maler seit Jahren selber-her-jage ... Ihr Buch hat mir wirklich an die Rippen gegriffen und läßt mich kaum sobald wieder los. Wenigstens solange nicht, als diese Herbstnebel an den Tannen hängen. Die Sinne sind alle in Aufruhr, ich rieche das Milieu noch mit der Nase.»[65]

Opus magnum: die Arbeit am «Schweizerspiegel»

«Die graue March» tritt zu einem Zeitpunkt an die Öffentlichkeit, da Inglin schon seit vier Jahren, also seit Dezember 1931, in der Arbeit am «Schweizerspiegel» steckt. Ich fand einen Briefumschlag vom 12. Dezember 1931, in dem auf der Rückseite einer Todesanzeige vom 28. Oktober 1969 der Vermerk stand: «»Verloren gegangener kurzer Bericht über die angefangene Arbeit am neuen Roman, der sich zum ‹Schweizerspiegel› auswachsen wird.» (Inglin hat die Briefe offenbar nach dem Tod seiner Frau geordnet.) Im Alter erzählte er mir (14. 5. 70), daß er den «Schweizerspiegel», den er schon lange als «Auftrag» empfunden habe, erst habe anfangen können, nachdem er erneut Tolstois «Krieg und Frieden» gelesen habe. Da sei ihm plötzlich die Form vor Augen gestanden.

Im September 1935 kommt einer der Verlagsleiter, Dr. Hellmut Köster, bei ihm in Schwyz zu Besuch, wird – wie er sagt – von der Frau Tante sehr gastlich aufgenommen und erfährt Genaues über das entstehende Werk. Er berichtet darüber in Leipzig und versichert den unter großen Mühen Schreibenden ihrer aller Vorfreude: «Wir alle bringen ihm [dem neuen Roman] die stärkste Anteilnahme entgegen und freuen uns schon sehr auf die Lektüre dieses großen Manuskripts.» (8. 10. 35) Ferner bemüht sich der Verlag um die Übername sämtlicher Werke Inglins und tritt in entsprechende Verhandlungen. 1936 kommt im Verlags-Almanach «Lob der Heimat» heraus, andere Nachdrucke folgen.

Am 4. Dezember 1936 meldet Inglin auf Anfrage, es sei ihm noch immer nicht möglich zu sagen, wann sein neuer Roman fertig vorliegen werde. «Ich habe die beste Absicht und einige Hoffnung, im nächsten Sommer fertig zu werden, doch wird es inzwischen vielleicht auch Herbst.» Am 14. April 1938 fragt man vorsichtig aus Leipzig wieder an, und am 26. April schreibt Inglin zurück, der große Roman sei fertig. Am 24. Juni 1938 ist das ganze Werk in den Händen des Verlags. Inglin fügt einen einzigen Satz bei: «Im Falle der Ablehnung schicken Sie das

Manuskript vorläufig bitte nicht an mich zurück.» Das sagt viel aus, wenn man spätere Aussprüche Inglins bedenkt, wie etwa den erwähnten: «Hätte ich nur im ersten Weltkrieg die Grippe gehabt, dann hätte ich nie den ‹Schweizerspiegel› schreiben müssen.» Unmittelbar nach Abschluß des Manuskripts wird er krank und liegt in einer Art Erschöpfung zu Bett.

Die einzigen Unterbrechungen der fast siebenjährigen Arbeit waren außer der Jagd und einigen Schützenfesten öffentliche Lesungen aus dem Manuskript in verschiedenen Schweizer Städten, schon ab 1933. So in Glarus, Genf, Bern, Winterthur und Zürich. Die Kritiken lauten dabei im allgemeinen positiv, wenn auch einzelne den Schwung und die Farbigkeit früherer Werke vermissen. In Genf fand man, er, der immer behauptete, er lese schlecht vor, wirke überaus präsent und lebendig beim Vortragen. Er beeindruckt aber auch als «schmale, hagere, wohlproportionierte Dichtergestalt mit durchgeistigtem Antlitz.» («Die Ostschweiz», 63. Jg., Nr. 48, 29. 1. 36)

Wie konsequent verläuft, was er als den «mehrjährigen täglichen Dienst am selben Stoffe» bezeichnet (an Oberst Rickenbacher, 22. 1. 38), davon sollen einige wenige Briefstellen zeugen. Am 14. Februar 1934 schickt er an Bettina eine Konzerteintrittskarte zurück mit der Begründung: «Vielen Dank, Liebste, aber es geht wahrscheinlich nicht, bitte verwende die Karte, ohne auf mich Rücksicht zu nehmen. Ich stecke mitten zwischen drei halbwegs fertigen Kapiteln, in einer Art von weitgespannter Fuge, die wieder einmal innere Kontinuität und große Behutsamkeit verlangt, wenn sie gelingen soll. Ich darf jetzt wirklich nicht davonlaufen.» Oder am 14. Juli 1934: «Liebste! Ich war in starker Versuchung, heute, Freitags, zu Dir zu kommen..., aber da ich bei den äquatorialen Anwandlungen der letzten Tage immer wieder umsonst über meinem Manuskript geschwitzt habe und ausgerechnet heute nach der gewittrigen Abkühlung wieder Schreibelust verspüre, will ich mich doch beherrschen.» Er möchte sogar, um Zeit zu gewinnen, sich seiner Kurzsichtigkeit wegen vom Militärdienst dispensieren lassen. Auf einen patriotisch aufrüttelnden Brief von Bettina hin aber läßt er den Plan fallen. An Hermann Weilenmann, der ihn zu einem Vortrag an der Zürcher Volkshochschule einlädt, schreibt er: «Ich will mich nicht lange entschuldigen. Nur soviel, daß ich täglich und hartnäckig an einem zweibändigen Roman arbeite, einem Schweizerspiegel, der die Problematik unseres nationalen und zeitlichen Daseins zu gestalten sucht, und daß ich diese Arbeit nicht unterbrechen mag, um durch direkte Formulierungen Dinge vorwegzunehmen, die mir jetzt (und erst jetzt) allmählich und gleichsam organisch aus der Dämmerung treten. Mit anderen Worten: Warum sollte ich befruchtete Eier aufbrechen und servieren, bevor die Hühnchen ausgeschlüpft sind? Ich bin ein armer Teufel, ich muß haushalten, wo andere verschwenden können.» (28. 2. 35)

Ein paar andere Zitate (an Bettina) mögen weitern Aufschluß geben über die Entstehung eines der wichtigsten Bücher in der schweizerischen Literatur dieses Jahrhunderts. «Es ist kühl und regnet in Strömen; ausgesprochenes Romanwetter. – ‹Schweizerspiegel› als Titel versucht mich immer stärker.» (16. 9. 33) Oder am 12. November 1935: «Ich habe mich fest in meine Arbeit verbissen und schreibe täglich mindestens eine Buchseite.» 16. Februar 1935: «Heute winkt der Frühling schon mit Föhnwolken. Gelobt sei die wärmere Luft! Mir sind unter diesem Einfluß plötzlich und unversehens ein paar künftige Schweizerspiegel-Situationen klar geworden, nach denen ich in der verflossenen Winterkälte manchmal umsonst Ausschau gehalten habe.» Im Juni 1936 muß er in der Zürcher Zentralbibliothek «neues Material durchmustern». Wie stark Inglin gerade hier von historischen Dokumenten ausgeht, wird noch zu zeigen sein. Am 19. Juli 1936 meldet er den baldigen Abschluß des Hoffmann-Kapitels. «Das Hoffmann-Kapitel dürfte ganz ordentlich werden. Die Hauptstellung ist erobert und was noch folgt, macht mir nicht mehr soviel Sorge. –» Und zur Veranschaulichung der Arbeitsweise folgt noch eine Bemerkung über seinen Freund Othmar Schoeck, den er zwar nicht häufig sieht, dem er sich aber durch die Ähnlichkeit der Arbeitsweise und der künstlerischen Ziele verbunden fühlt: «Kürzlich habe ich bei Othmar Schoeck die noch unfertige Partitur der Massimilla durchblättert. Er hat bei der Arbeit ähnliche Freuden und Qualen wie ich, auch stinkt es in seiner Bude genau so nach Rauch wie in meiner und außerdem steht er noch später auf als ich. Aber wieviel Schönes kommt dabei heraus! Er skizziert am Klavier mit Bleistift und schreibt nachher am Tisch sehr sauber ins Reine. Eben hatte er das ‹vierte Bild› abgeschlossen und war sehr froh. Jetzt fehlen ihm noch zwei Bilder und ein Zwischenspiel. Die Oper hat sechs Bilder in vier Akten. –» Am 10. Mai 1937 hat er mit dem Tippen des noch nicht abgeschlossenen Romans begonnen «aus Angst vor dem Berg blauer Hefte, der mich nach dem Abschluß anstarren wird und dem ich jedes Wort seiner hunderttausende von Worten bedachtsam grüßend sozusagen mit der Maschinenklappe aus der Flanke klopfen muß». Gegen Ende der Schwerarbeit scheint er zunächst zuversichtlich, ja hochgemut gestimmt. «Das verlegene Schweigen auf die Frage nach einem, Ramuz ebenbürtigen, bedeutenden Deutschschweizer betraf Schaffner, den man also den Schwaben überlassen will. Der repräsentative Nachfolger ist noch nicht ernannt und wird von den Mitkonkurrenten auch nicht so rasch ernannt werden. Einen Mann, den man als seinesgleichen betrachtet, krönt man nicht, auch wenn man seine Werke anerkennt. Das Dauernde in diesen Werken zu erkennen, ist sehr schwer, auch für wohlwollende Mitbewerber, weil es nicht im Außerordentlichen liegt und nicht in die Augen springt; es liegt, wenn es sich wirklich als Dauerndes erweisen sollte, im Richtigen, im Lebenswahren und in gewissen schwierig zu erklärenden, nur für die feinsten Nasen spürbaren Elementen, die sowohl mit der Kunst wie mit dem Leben zu tun haben und nicht gewollt werden können, sondern organische Ergebnisse sind. Das Interregnum ist also da. Heil Dir, daß Du den heimlichen Kaiser schon kennst! Ich bin noch nicht so sicher, wo er sitzt, wenn ich ihn an Gotthelf und Keller messen soll; wenn er jedoch nur ein paar andere erzählende Eidgenossen zu überflügeln hätte, wüßte ich schließlich denn doch auch einen, dem dies allenfalls gelingen könnte.» (10. 5. 37 an Bettina) Am 19. Juni 1937 heißt es besonders aufschlußreich: «Liebste! Ich habe von der Landesbibliothek zu meinem Entsetzen mindestens zehn Kilo Grippe-Literatur bekommen und sofort zu studieren begonnen, zu einer Zeit, da zu meinem Entzücken der überhitzte Vorsommer sich aprilhaft abkühlte und meine Schreiblust aufflammte. Gleichzeitig spürte ich zu meinem Ärger selber einen Grippe-Anflug mit Angina, der zum Teil auf die Abkühlung, zum Teil auf mein intensives Grippe-Nacherleben zurückgeführt werden kann. (Was ich gestalte, wird für mich wirklich, und wenn ich es im Roman regnen lasse, werde ich beinahe naß.)» Und am 1. August 1937 schreibt er nach Saas-Fee, wo Bettina in den Ferien ist: «Dieser erste August, heute, war ein prächtiger Regentag, zur Arbeit wie geschaffen. Das Vaterland braucht vielleicht meinen Roman so gut wie die Bundesfeier. Zur Zeit hat die Kompagnie Honegger die Grippe, Paul und Albin sind schwerkrank, Albin wird bald sterben. –» Gegen Schluß harzt das Unterfangen, das ihn jetzt noch ein halbes Jahr kostet. «Liebste! Mir war in der letzten Zeit mißerabel zumut, und darum hast Du keinen Sonntagsbrief bekommen. Ich habe auch sonst noch, sozusagen aus jähzorniger Gleichgültigkeit, manches nicht getan, was ich hätte tun sollen. Dafür träumte mir, ich sei der Teufel oder doch vom Teufel besessen[66], ich konnte Blitze schleudern, silberne Zickzacke, die neben mir bereitlagen und, wenn ich sie warf, einzelne blutrot lohende Höllenbrände entfachten, ich lärmte und tobte, erwachte darob, hatte den Traum sofort wieder gegenwärtig und wunderte mich im Grunde nicht darüber. Die Ursache dieser ganzen Miserabilität liegt in einem mehrtägigen Versagen meines inneren Produktionsmotors. Ich bereitete mich wohl vor und setzte mich täglich vor das Manuskript, aber ich hatte keine Schaffenslust und keine Schreibfreude, nichts wollte sich vor meinem inneren Auge gestalten und deshalb kam ich auch gar nicht vorwärts. Dafür wurde ich immer ungeduldiger, ich will und muß doch jetzt fertig werden, ich empfand eine wachsende Hast und wurde also recht hässig, denn die Hast ist genau das Gegenteil dessen, was ich nötig habe. Dies alles sehe ich jetzt ein und bin also schon halb geheilt. Immerhin scheint mir, als ob der Teufel im letzten Augenblick noch versuchte, mir die Krone meines organisch langsam gewachsenen großen Baumes zu verhunzen. Vielleicht hängt dies alles auch mit der herrschenden Kälte zusammen, die mich nicht heftig aber fortwährend plagt, und mit dem augenblicklichen Stillstand des vegetativen Lebens überhaupt, dem meine Schaffenskraft unterworfen ist. Ähnliches ist mir zu dieser Zeit schon früher passiert, wenn ich mich recht erinnere, und darin liegt schon ein gewisser Trost. Übrigens ist es heute etwas wärmer, die Sonne hat vorgestern den tiefsten Stand erreicht und beginnt sich wieder zu nähern, wir werden leben. Ich bin zur Zuversicht entschlossen und möchte auch Dich dazu überreden, obwohl es nun merkwürdigerweise auch Du ausgerechnet jetzt schwerer hast als je. Es tut mir herzlich leid, daß wir uns heute nur schreiben können, statt uns zu sprechen und zu fühlen, und daß Dir Dein Fest versauert wird. Aber unsereiner klappt in solchen Lagen nicht zusammen, sondern widersteht und bewährt sich, und so wünsche ich Dir trotz allem gesegnete Weihnacht, allseitige rasche Genesung und ein sehr baldiges Wiedersehen mit Deinem sehnlichst auf Dich hoffenden Meinrad!» (23. 12. 37)

Insgesamt hat Inglin sechseinhalb Jahre am «Schweizerspiegel» gearbeitet. Der Plan dazu aber geht – in einer einfacheren Form – auf die Zeit des Aktivdiensts selber zurück. Am 22. Dezember 1917 steht im Tagebuch: «Ein Soldatenroman. Ich-Form. Ganz einfache Sprache. Meine Erlebnisse in der Grenzbesetzung. Keine bloße Erzählung, sondern Gestaltung, Kunstwerk. Aber sehr schlicht. *Der* schweizerische Soldatenroman. Nicht ich, der Schriftsteller und erlebende Künstler als Held, sondern der Durchschnittssoldat, der typische Korpus und Leutnant.» Abgesehen davon, daß der Roman dann mit mehreren Helden und Handlungssträngen viel komplexer konzipiert wird, ist doch eine der Hauptfiguren hier ansatzweise schon vorhanden: Fred, der liebenswürdige, unentschiedene, betont durchschnittliche Vertreter der jungen Generation. – Allerdings war der Anspruch

schon 1917 nicht klein, als Inglin *den* schweizerischen Soldatenroman schreiben wollte.
Die frühe, von Inglin nie publizierte Erzählung «Der Vater», sowie einige Skizzen in Zeitungen visieren die Epoche damals schon an, so «Nachtgefecht» («Alpenrosen», Nr. 30, 45. Jg., 23. 7. 15) und «Schmuggel» (in «Zürcher Morgen-Zeitung», 13. 7. 16, Nr. 185).
Keine hat Inglin direkt in den Roman verarbeitet; das «Nachtgefecht» aber ist – abgesehen von der expressiven Sprache – interessant, weil das im «Schweizerspiegel» so nachhaltig gestaltete Thema des vorzeitigen Gefechtsabbruchs schon hier – anläßlich eines fast ernsten Zusammenstoßes mit den italienischen Truppen im Tessin – beschrieben wird.[67] Und die Kurzerzählung «Schmuggel» zeigt schon die spezifische Humanität des großen Romans, indem der Ich-Erzähler bedauert, als Offizier in einem tessinischen Grenzdorf Schmuggler stellen zu müssen, und «an die friedlichen Zeiten der Zukunft» denkt, «wo kein Vogel mehr danach pfeifen würde, wenn die Schmuggler täglich und nächtlich zu Dutzenden ihren Zucker und Kaffee über die Grenze schleppten».
Eingehende Quellenstudien laufen vor und neben der künstlerischen Arbeit her. Inglin will dokumentarisch genau vorgehen, ohne ein bloßes Geschichtsbuch zu schreiben. Historisches Material und Dichtung treten in ein fruchtbares episches Spannungsverhältnis und fügen sich im Werk bruchlos ineinander. Nie ist es so, daß – wie etwa bei Döblin – das Historische als betont nackter Stoff, als bloße Montage, in Erscheinung träte. Es verhält sich im «Schweizerspiegel» aber auch nicht so wie bei Thomas Mann, der den letzten faktischen Rest gestalterisch einebnet und aufgehen läßt. Inglin steht unter dem Gesichtspunkt von Dokumentation und Fiktion gleichsam zwischen diesen beiden großen Vertretern der Zeit.
Daß Inglin aus den Ursprüngen und aus der Zeitlosigkeit zur definierten geschichtlichen Zeit vorgedrungen ist, bezeugt auf eigene Art seine neue Erkenntnis einer Notwendigkeit der Demokratie. Es ist ein Bekenntnis zum individuellen Geschick seines Volkes. Die Skepsis aller Historie gegenüber ist jeweils nur in knappen Hinweisen noch faßbar: Wenn er die ganze mühsame Geschichtlichkeit schnell (nur in einem Kapitelschluß etwa) in eine tückische Leere hängt, in der die Sonne unbeteiligt in den Himmel steigt. Oder dann positiv, wenn er als Lösung aller zeitbedingten Probleme das ewig bergende Mütterliche hinstellt. (Vgl. Paul am Schluß)
Von Inglins eingehenden Vorarbeiten zeugt ein Kuvert, etikettiert mit «Verwendete Notizen 1914–1918» und «Tagebuch III/68». Unter den Notizen finden sich etwa zum «Vorspiel» (wie immer auf losen Blättern) genaueste Aufzeichnungen über den Hergang der Kaisermanöver bei Kirchberg im Toggenburg, über die Uniformen der deutschen Gäste und der schweizerischen Offiziere, über die Physiognomie der schweizerischen Bundesräte. So ergänzt und erhärtet Inglin seine eigenen Erinnerungen. Er hatte die Manöver kurz vor der Rekrutenschule mit einigen Kameraden besucht, wie er ja überhaupt die ganze Zeit aus direktester Anschauung kennt: Den Militärdienst in verschiedenen Landesteilen, die festlichen Rückmärsche nach Zürich, den Verlauf des Generalstreiks, den er auf dem Fraumünsterplatz in Zivil beobachtet. Ohne Daten und bibliographische Angaben nennt er verschiedene Artikel der «Neuen Zürcher Zeitung», des Blattes, das er – seiner liberalen, demokratischen Haltung in den dreißiger Jahren gemäß – als historische

Hauptquelle für die ganze Epoche verwendet. Er konsultierte die deutschfreundliche Zeitung «Stimmen im Sturm» zur Gestaltung des rechts stehenden Severin, sowie «Die Freie Zeitung» und «Das Freie Wort». Für Paul und seine Welt liest er das sozialdemokratische «Volksrecht». Weiter nennt er die zweibändige «Geschichte der Schweiz während des Weltkrieges 1914–1919» von Jakob Ruchti und aus der Sammlung «Schweizerköpfe» (Orell Füssli Verlag, Zürich) Heft 6/7: Eduard Scherrer «Bundesrat Arthur Hoffmann». Außerdem notiert er folgende Stichworte: «Spitteler, Bücher von Spionen, Soldatenmüttern etc.» Für den Kaiser Wilhelm notiert er sich eine Briefstelle von 1895 (an Nikolaus Ludwig). Sie soll den im Buch unausgesprochenen Hintergrund geben für den Vorbehalt, den er im ganzen «Vorspiel» der gefeierten Person gegenüber diskret anbringt. Recherchen über das Wetter mit entsprechenden Korrespondenzen liegen bei. Für die Geländebeschreibung der Thuroperationen (bei Wil) verwendet Inglin selbstverständlich eine Landkarte, wie er ja überhaupt immer mit umfassendem Kartenmaterial in Griffnähe schrieb.

Für den Aktivdienst selber kann er die eigenen Tagebücher brauchen. Es sind jene von Inglin später halbwegs zerstörten Aufzeichnungen, welche ich auf den Seiten 62ff. zur Erhellung des Lebensgangs während des Ersten Weltkriegs beizog. Er greift auch auf die Rapporte seiner eigenen Truppe zwischen 1916 und 1918 zurück, des Zürcher Stadtbataillons III/68. Bei diesen beiden Dokumenten versah er die geschilderten Episoden stets mit den Namen seiner Helden: Fred, Paul, Albin. Einschlägige Vergleiche zeigen, wie genau gewisse Militärbeschreibungen der Tagebücher in den «Schweizerspiegel» eingegangen sind. Daß dabei kaum je Bemerkungen über das Wetter fehlen, ist für Inglin, den Wetterfühligen, bezeichnend, gibt es doch auch selten einen persönlichen Brief von ihm, der sich über das jeweilige Klima ausschweigen würde. Man erinnert sich, daß Inglin gemurrt hat, als er ins Zürcher Bataillon wechseln mußte. Aber – so sagte er später im Alter – er müsse froh sein darüber, sonst hätte er den «Schweizerspiegel» nicht schreiben können. Hier habe er die Mentalität der Städter besser kennengelernt als in Bern und Zürich selber, und er habe auch viele Freundschaften geschlossen, unter anderen mit dem Kunstmaler Leo Leuppi und dem Arzt Dr. Hugo Remund.

Ferner liegen beim Material medizinische Ausführungen über die Grippe und ihre unterschiedlichen Verläufe, sowie eine Anzahl gegensätzlicher Reflektionen über das Prinzip der Neutralität. Wann immer es geht, notiert sich Inglin genaue Zahlen, nicht immer aber gibt er die Herkunft der Quellen an. Das Vorbereitungsmaterial scheint, was die Anzahl der Einzelthemen betrifft, breit angelegt, wenn auch hier schon – seiner sonstiger Arbeitsweise entsprechend – eine gewisse straffende Beschränkung auf das Wesentliche auffällt. Aus dem Gespräch mit dem alten Inglin ergibt sich, daß er selber findet, er habe wenig Material benützt und sich vor allem auf die Wiedererweckung des Selbsterlebten verlassen. Daß er mit seinen historischen Forschungen vor allem den eigenen Erinnerungen nachhelfen wollte, hat er auch im Vortrag «Zur Arbeit am Schweizerspiegel» deutlich betont: «Ich hatte gar nichts wirklich vergessen. Als ich später am ‹Schweizerspiegel› zu arbeiten begann, stand mir sowohl das Ganze wie jede beliebige Einzelheit so anschaulich zur Verfügung, wie ich es nur haben wollte.» (NJ 45) Das eidetische Wiedererweckungsvermögen, das wir als einen der frühesten Impulse zu Inglins Schriftstellertum erkannt

haben, steht ihm auch jetzt zur Verfügung. Inglin selber nennt es in «Zur Arbeit am Schweizerspiegel» «innere Anschauung», welche sogar mehr zur Verfügung stelle als der Schreibende «darstellen kann und will». Bezeichnenderweise hat er folgendes Zitat aus «Meerfahrt mit Don Quijote» von Thomas Mann notiert: «Man muß seine Zeit ganz in ihrer Komplexheit und Widersprüchlichkeit in sich haben, denn Vielfaches, nicht Eines nur, bildet die Zukunft vor.» («Unerledigte Notizen», zwischen 1939 und 1945 geschrieben)
Man erinnert sich: Inglin hat als Schlachtenbummler die Kaisermanöver besucht und dann wie Fred im «Schweizerspiegel» die Rekrutenschule absolviert. Von 1914 bis 1915 war er Unteroffizier bei den Schwyzer Truppen im Regiment 29 (Bat. I/72), und 1915–1918 im Zürcher Stadtbataillon 68, wo er – wiederum wie Fred – die sehr preußische Offiziersschule, «die Schule seines Lebens», nach dem Urteil des alten Inglin, durchmacht. Wie Paul war er in dienstfreien Wochen journalistisch tätig und wie jener hat er selber am Journalismus gezweifelt und gelitten. Gerade in diese beiden Figuren ist – besonders auch in allen Militärkapiteln – sehr viel Autobiographisches eingeflossen. Sogar am wohl freisinnigen, aber doch rechtsextremen Severin hat Inglin persönlich seinen Teil. Man denke an den «Phantasus» von 1916 und seinen Artikel «Wozu haben wir eine Armee?» im «Berner Intelligenzblatt», wo er eher zum Heldenkampf als zum vorzeitigen Gefechtsabbruch aufruft. Auch aus den übrigen politischen Artikeln jener Zeit (besonders im Jahr 1916) spricht eine deutliche Deutschfreundlichkeit. Man vergleiche die Artikelfolge «Die Friedensinsel. Bei den deutschen Verwundeten am Vierwaldstättersee» («Berner Intelligenzblatt», 6. 5. 16) oder «Zur Haltung Norwegens» (6. 8. 16), wo er eine männlichere Haltung erkennt als in der Schweiz, die glaube, für die ganze Welt «vor Mitleid übertriefen» zu müssen. Ein weiteres Beispiel ist «Friedensaussichten». (30. 5. 16) In Severin rechnet er also auch mit einer früheren Stufe seiner selbst ab. Der Inglin der dreißiger Jahre, der Verfasser des «Schweizerspiegels», ist zu anderen politischen Meinungen gelangt. Wir haben gesehen, daß er erst unmittelbar nach dem Krieg – unter dem Einfluß von Leonhard Ragaz – eine Demokratie wieder statuiert hat, daß er erst dann eine erste demokratische Wende vollzogen hat, nachdem er während des Kriegs – antibürgerlich und aristokratisch – eine Herrschaft von wenigen anstrebte und 1916 sogar an ein Regime von Offizieren dachte. Es wird sich erweisen, daß für Inglins geistige Biographie der «Schweizerspiegel» die zweite, diesmal dauerhafte demokratische Wende bedeutet nach der unpolitischen oder sogar betont antipolitischen Zeit der mittleren und späten zwanziger Jahre. Pauls sozialistische Gedankenwelt kennt Inglin aus der eigenen Erfahrung der ersten Nachkriegsjahre.
Für die meisten Figuren im «Schweizerspiegel» konnte der alte Inglin ein Urbild anführen (mir gegenüber in einem Gespräch in der «Öpfelchammer» vom 27. 3. 70): Fred gleiche im Aussehen und Gehaben seinem damaligen Dienstkameraden Robert Bodmer (später zeigt er auch dessen Photographie, auf der das gewinnende, offene, fast arglose Gesicht auffällt, welches in der Tat mit dem Wesen Freds übereinstimmt). Paul sieht so aus wie er selber: schmales, intellektuelles Gesicht, volle Lippen, Brille. Severin gleiche einem Bruder seines Freundes Walter Mertens; René Junod, der Militärarzt, der zum Vermittler zwischen deutsch und welsch wird, habe sein genaues Vorbild in Hugo Remund, der in Inglins Truppe Arzt war und

später in Zürich lebte (das Photo zeigt eine breite große Gestalt mit einem sympathischen Gesicht). Stockmeier junior, der Sohn des Verkäufers und Kriegsgewinnlers, basiere auf «einem gewissen Müller». Seinen eigenen Klassenlehrer während der Offiziersschule von 1915 habe er zeitlebens sehr geschätzt; es war Oberst Fritz Rieter, der spätere Herausgeber der «Schweizer Monatshefte», den er als Waser porträtiert. Im Album zeigt er das Photo von Oberstdivisionär Georg Züblin beim Schießen. Das sei ein großartiger Offizier und Jurist gewesen: das Vorbild des souveränen Bosshart im «Schweizerspiegel». Hartmann trage Züge von Oberstkorpskommandant Ulrich Wille. Oberst Fenner sei zum Obersten Otter geworden, dem Meisterschützen der Aspirantenschule. Bei historisch überragenden Figuren, wie etwa bei General Wille, habe er nicht gewagt, einfach ein Konterfei zu erstellen und dann den Namen zu ändern. So habe er eben deren Namen belassen. (Immer wieder merkt man im Gespräch, daß Inglin in erster Linie einen Roman gestalten und erst in zweiter ein Zeitdokument liefern wollte.) Auch die würdige Frau Barbara Ammann habe in gewissen Zügen ein Vorbild in seiner späteren Schwiegermutter Frau Mathilde Zweifel-Dieth. Über andere Figuren, insbesondere über Ammann selber, aber auch über Albin Pfister und Gertrud, schwieg er sich aus. In einem Brief (an den Obmann des Deutschschweizerischen Sprachvereins, Küsnacht) spricht er von der «erfundenen Rede des erfundenen Obersten Ammann». Er erwähnt auch, daß er sogar mit historischen Nationalratssitzungen dichterisch frei umgegangen sei, und nennt die Versammlung vom März 1916, die bei ihm nur kurz, in Wirklichkeit aber zehn Tage gedauert habe.

Opus magnum: das Werk

Der «Schweizerspiegel» ist ein ebenso rationales unsinnliches wie sinnlich anschauliches Gefüge. Eine Zeitepoche in einem sozialen und politischen Lebensganzen (Schweiz im Ersten Weltkrieg) soll Gestalt werden und nicht zufällige Einzelschicksale. Inglin will analysieren und nicht bloß abbilden. Darum wird hier mehr als bisher bei ihm die Konstruktion als solche ersichtlich und der Formcharakter bewußt vorgeführt, damit der didaktische, aber ebenso sehr der künstlerische Aspekt des Buchs nicht von Stoff, von «Fülle», überdeckt werde.[68] Um ein möglichst totales Bild zu vermitteln, soll jede Person nicht nur für sich, sondern für eine ganze Volksgruppe stehen.[69 70] Vorwiegend historische Gestalten, wie etwa General Wille oder wichtige Bundesräte, agieren dabei bewußt nur am Rande mit. Eine sehr achtbare Zürcher Familie mit drei Söhnen und einer Tochter steht im Mittelpunkt. Ihre Mitglieder bewegen sich als Repräsentanten innerhalb eines bestimmten helvetischen Durchschnitts. Die Eltern und deren Verwandte in der gleichen Generation, Brüder, Schwester, Schwäger und Schwägerinnen vertreten das schweizerische Establishment, wobei der Bogen einerseits ins Welschland, zurück zum bäuerlichen Herkommen andererseits gezogen ist. Die Jungen – seit wenigen Jahren erwachsen – vorab die Söhne Ammann und die schon verheiratete Tochter Gertrud, deren Cousins, Freunde und Dienstkameraden markieren die spezifischen Verhaltensweisen der damaligen jungen Generation in der Schweiz. Der verheira-

tete, älteste Sohn Severin ist deutschfreundlich, undemokratisch und autoritär. Paul, der zweite Sohn, Dr. phil., vertritt die schweizerische Intelligenz, welche neue Impulse vom Sozialismus erhofft, und Fred, der Jüngste, schwankt unentschieden zwischen den brüderlichen Positionen, bis er – seiner regressiven, aber von Inglin insgeheim gepriesenen Neigung gemäß – im Rusgrund, dem angestammten Heimwesen der Ammann, eine neue geistige und seelische Heimat findet.
Alle Söhne aber stehen im heimlichen oder offenen Kampf mit dem Vater, der als Nationalrat und Oberst die Geschicke der Schweiz nach den Normen einer Zeit mitbestimmen will, die untergegangen ist, ohne daß er dessen gewahr geworden wäre. Nicht einmal der – betont symbolische – Verkauf seiner großbürgerlichen Villa und der Umzug in eine Mietwohnung an der Dufourstraße haben ihm die Krise seiner Klasse, der schweizerischen Bourgeoisie, wirklich ins Bewußtsein bringen können. Seine Frau Barbara ist sowohl gegen geistige Erstarrung wie gegen innere Unsicherheiten besser gefeit, denn sie soll – so will es Inglin – das zeitlos Mütterliche vertreten. Im Konflikt aber mit ihrer Tochter, der die Ehe, der Mann und dessen Stellung nicht mehr oberstes Lebensprinzip bedeuten, gerät auch ihre Hausherrinnenideologie in eine Phase des Zweifels und zu einer nur noch krampfhaft hochgehaltenen Würde.
So ließe sich die Symbolhaltigkeit und auch zugleich das individuelle Gesicht jeder einzelnen Figur in diesem Buch nachweisen. – Gerade weil das Werk nicht nur abbildend irgendwelche Soldaten- und Familiengeschichten erzählt, sondern alle die Elemente des dargestellten Wirklichen aus ihrem primären Zusammenhang löst und isoliert scharf betrachtet, fügt es sie zu einer neuen künstlerischen Einheit, in welcher die krisenhafte Schweiz wie kaum je – außer im «Martin Salander» – verbindlich erfaßt wird.
Auch hier also zeigt die transparente Komposition und das hell angeleuchtete Einzelne, daß Inglin seine stilistische Eigenständigkeit in den zwanziger Jahren zur Zeit der «Neuen Sachlichkeit» und des Bauhauses mit seinem «Primat des Machens» gewonnen hat.[71] Rein inhaltlich mag Inglin das Elementare, die reine Natur und für kurze Dauer auch das Chaos immer wieder suchen und ausdrücken: man denke an die im «Schweizerspiegel» kaum verheimlichte Faszination vor dem Zerbrechen aller Bürgerordnungen und -pflichten bei der Kriegsmobilmachung oder an die wilde Freude angesichts von Bränden und Zerstörungen in «Grand Hotel Excelsior» und «Werner Amberg». Indem er dieses Elementare aber rigoros unter seinen Formwillen zwingt, erreicht er in Meisterwerken wie dem «Schweizerspiegel» eine Spannung ohnegleichen – eine Spannung, die ihm abhanden kommt, sobald sich die innere Ambivalenz von Spontaneität und Konstruktion verliert und zu normativer Abstraktion verschiebt (wie dann etwa in gewissen lehrhaften, allegorischen Geschichten der «Verhexten Welt» oder in einzelnen Prinzipien späterer Bearbeitungen, wo Inglin oft erbarmungslos sinnlich Konkretes gestrichen hat). Vielleicht aber hat er das Stoffliche später nicht zuletzt darum gern zurückgebunden, weil Leser und Kritiker in seinen historisch abgestützten Werken – besonders beim «Schweizerspiegel» – zu oft bloße Zeitdokumente und zu wenig die künstlerisch kompositorische Leistung gesehen haben. So schreibt er beispielsweise 1960 an einen Leser, der wie er 1914/15 im Regiment 29 (Bat. I/72) war: «Veteranen, die selber alles miterlebt haben, sind und waren naturgemäß vom Stoff am stärk-

sten beeindruckt, aber wenn nun einer von ihnen, wie Sie, auch noch erkennt, daß nicht vor allem der Stoff, sondern die Kunst ein Werk am Leben erhält, ist meine Genugtuung besonders lebhaft.» (An den Basler Hotelier Robert Hess 20. 11. 60) Verwirklichung aller Objekte im Medium der Kunst, darauf hatte es Inglin seit je angelegt. Damit schafft er sich über allen Ansprüchen der von ihm bezweifelten Gesellschaft und der Zivilisation den Bereich der Freiheit analog etwa zum Jüngling von «Über den Wassern» in seinem abgeschiedenen Alpbezirk. So betont er auch im Aufsatz «Zur Arbeit am Schweizerspiegel»: «Es sollte kein großer Bericht, keine Chronik, es sollte ein Roman werden.» (NJ 46) Ganz ähnlich äußerte sich Tolstoi über «Krieg und Frieden», sein Hauptwerk, welches «Roman, Poem und historische Chronik» (Korrodi) in einem war und das Inglin wohl wie kein anderes Werk als Vorbild ständig vor Augen stand. In der Art, wie der Blick auf Militär und Zivilleben alterniert, hat er von «Krieg und Frieden» viel gelernt, nur wird das epische Spektrum samt der großen Zahl von Figuren gegenüber dem russischen Werk, einem der «menschenreichsten Romane der Weltliteratur», gleichsam auf das Schweizerische hin verengt und verkleinert. Auch in der Darstellung des Militärs übernimmt Inglin viel von Tolstoi und über diesen auch von Stendhals «La Chartreuse de Parme». Er entwirft keine Großansichten von Manövern und anderen Truppenübungen, wie auch Tolstoi nur ganz selten gewaltige Schlachtenbilder liefert. Krieg und Militär werden in bestimmten Situationen von den einzelnen erlebt, die man schon vorher, vom Frieden her, kennt und die auch immer wieder im Zivilleben des Urlaubs auftreten. Die Idee, den «Schweizerspiegel» zwei Jahre vor Ausbruch des Weltkriegs beginnen zu lassen, mag gleichfalls auf Tolstoi basieren. Auch für die Gestaltung des Wartens gerade im Militär wird Tolstoi wichtig, für die langen unmerklichen Entwicklungen, bei denen äußerlich kaum etwas geschieht. Wie der Fürst Andrej, der müde und snobistisch sein Zivilleben pflegt und dann jugendlich und gespannt in die Schlacht aufbricht, empfinden sowohl Paul wie Fred den Kriegsausbruch als eine Erlösung von allen komplexen Privatnöten. Eine Legitimation für Freds Rückzug aufs Land mochte Inglin in dem von ihm tief verehrten Ljewin aus «Anna Karenina» finden; wie er überhaupt die bei Tolstoi ständig spürbare Ambivalenz von Gesellschaft und Natur im Innersten verstanden haben muß. Wenn ihm die großartige psychologische Raffinesse abgeht, welche Tolstoi mit Figuren wie Pierre Besuchow erreicht, so mag er mit einer strafferen Komposition und einer wirksamen Knappheit der Dialoge einiges wettmachen. Auf dieses Ideal der Reduktion, des Herausarbeitens einer unverwechselbaren Plastizität in wenigen typischen Merkmalen, hat Flauberts «Madame Bovary» gewirkt.

Lukács stellt in seinem Aufsatz «Der russische Realismus in der Weltliteratur» (Aufbau-Verlag, Berlin 1949) die These auf, daß Tolstoi in jedem Volk immer neu adaptiert worden sei (S. 289), daß er so jedem Volk helfe, «seine fortschrittlichen Überlieferungen zu bewahren, zu vertiefen und zu erneuern». Durch Inglin – könnte man sagen – hat Tolstoi so auch auf die Schweiz gewirkt. Ein Brief von Adrien Turel an Inglin zieht genaue Vergleiche zwischen «Krieg und Frieden» und dem «Schweizerspiegel» (16. Juli 1939): «Ich habe soeben die 1066 Seiten Ihres ‹Schweizerspiegels› mit größtem Nutzen gelesen. Für den Auslandschweizer, der, wie ich selbst, den Weltkrieg vom Auslande, aus einer Fremdperspektive heraus

(müden)
~~Hunden~~ fernher kommenden Rinderherde durch das Dorf,
schwenkte aus dem Regimentsverband nach links auf den *Do., Dörfchen,*
Talboden hinaus und erreichte in der düster einfallenden *in dem es*
Abenddämmerung ~~Boécourt. Hier sollte es nächtigen.~~ Die *nächtigen sollte.*
Kompagnie Zollinger hielt auf einem ~~unregelmäßigen~~ klei-
nen Platz zwischen ärmlichen Häusern an, ~~Der Hauptmann~~ *fand die*
~~ging mit den Zugführern auf die Suche nach den Kantonne-~~ *Kantonne-*
~~menten, fand sie~~ aber zum größten Teil von Mannschaften *mente*
einer Haubitz-Abteilung belegt. Nach ärgerlichen Auseinandersetzungen mit einem Batteriechef und dem Abteilungs-
Kommandanten brachte ~~er~~ zur Not die halbe Kompagnie *H der Hauptmann*
unter. Beim Anblick der zwei Züge, die noch ohne Aussicht
auf ein Obdach erschöpft im strömenden Regen standen,
~~griff~~ er, voller Wut auf die verantwortlichen Quartier- *H befahl*
meister, ~~entschlossen zum ordnungswidrigsten Mittel.~~ »Jede
Gruppe und wenn nötig jeder einzelne Mann sucht sich sein
Quartier selber! ~~« befahl er »~~ Hier ist der Kompagnie-Sam-
melplatz. In einer Stunde kann gefaßt werden. Wer bis
dahin ~~noch~~ keine Unterkunft gefunden hat, meldet sich hier
bei mir. Abtreten!« Die Gruppen zerstreuten sich eilig.

Fred half seinen Leuten, bis der letzte Mann unter-
~~geschlüpft~~ war, dann betrat er das sogenannte Kompagnie- *H gebracht*
Büro, eine enge, kleinbäuerliche Wohnstube, um zu er-
fahren, daß die fünf Offiziere weder ein Bett, noch ein
Strohlager zu erwarten hatten, sondern auf diesen dürfti-
gen Raum angewiesen waren. ~~Eher belustigt als verdrossen~~
~~über diese Aussicht, mit~~ einer Art von Galgenhumor, zog *H In*
er trockene Wäsche an, schlüpfte in den Kaput und wand
draußen den vollgesogenen schweren Waffenrock aus, dann
aß er Suppe und Spatz aus der Kompagnieküche und sah
sich nach einem Schlafplatz um. Frei und Enderle richteten

sich an der Rückwand ein. »Ach was, der Kommandant von Belfort!« brummte Frei auf eine Bemerkung Enderles schläfrig, während er für seinen Kopf die bequemste Lage suchte. »Aufgelegter Schwindel... alles nur supponiert... Überhaupt ist ~~die ganze Soße~~ ein bloßes Manöver...«

»Möglich, aber dann ein Manöver mit verdammt ernstem Hintergrund«, erwiderte Enderle, während er sorgfältig seine Brille im Tornister versorgte. »Wir schleppen nicht umsonst die scharfe Munition mit uns herum; das ist in einem Manöver noch nie vorgekommen... Übrigens können Manöver auch über die Grenze hinaus ihre Wirkung haben...«

Fred streckte sich an der gegenüberliegenden Wand ~~rücklings~~ auf dem nackten Fußboden aus, ~~»Mir kann jetzt die ganze Schweiz gestohlen werden!« erklärte er fröhlich gruchsend,~~ legte den Kopf auf den Tornister und schlief ~~mit heiterer Miene~~ sofort ein.

Im ~~frühen~~ Morgengrauen des nächsten Tages wurde die Truppe ~~abermals~~ alarmiert, und wer im Hinblick auf die gestrige Leistung von diesem Morgen etwas anderes erwartet hatte, sah sich mit ernster Verwunderung noch immer in derselben gespannten Lage. Den Bataillonen waren Eilmärsche zur Sammlung des Regiments vor Delsberg befohlen. Die Leute der Kompagnie Zollinger kamen einzeln oder gruppenweise von allen Seiten her auf den Sammelplatz. Zur Verpflegung blieb keine Zeit, die Kompagnie brach auf und marschierte im Bataillonsverband ~~alsbald wieder dem Unbekannten entgegen.~~ ab.

In der Nacht hatte der Regen aufgehört. Erschöpftes Gewölk rauchte noch in bleichen Schwaden aus den Bergen, aber hoch darüber erschien blaß und zögernd endlich der

erlebt hat (inwiefern er es vermochte, trotzdem seinem Zufallsmilieu gegenüber selbständig zu bleiben, tut zunächst nichts zur Sache) hat das Buch geradezu dokumentarischen Wert. Mehr noch, es enthält die klare Skizzierung unserer wahren Verfassung. Was in USA etwa ein säkulares Zweiparteiensystem sein mag, das bewirkt offensichtlich bei uns der ‹Gegensatz› alemannisch-welsch. Statt über den ‹Graben› zu erschrecken, der zuweilen aufklafft, wird man diese Grundtatsache später systematisch auswerten. Gestatten Sie mir aber noch einige Bemerkungen: Bei der Lektüre Ihres ausgezeichneten Werkes mußte ich fortlaufend an Tolstois ‹Woina y Mir› denken. Auch Tolstoi war ja Offizier. Er interessierte sich leidenschaftlich für die strategischen Fragen des großen Kampfes der slawischen Vormacht gegen den ‹Westler› Napoleon. Das kontrapunktiert großartig mit dem sogenannten ‹Frieden› des Hinterlandes, mit der puschkinschen Duelltragödie Pierres, mit dem Geschlechterkampf um Helene, dem bitter bösen Erbschaftsstreit und alledem sonst.
Wie Ihr Oberstdivisionär Bosshart es auf den letzten Seiten zusammendfassend ausdrückt, hatten Sie im Schicksal der Schweiz keine so primitiv zwischen Extremen spannende Großwelt zu schildern. Das fast musikalische Grundmotiv des ‹Gefechtsabbruchs› wiederholt sich mehrmals: 1. im Gefechtsabbruch gegen mögliche aber unterbleibende Angriffe der Deutschen und Franzosen (später haben dann Foch und Cadorna sogar eine ‹Zange› erwogen, wenn ich nicht irre). 2. Im Gefechtsabbruch der Manöverübung, die dem armen Ammann seine Oberstenuniform kostet. 3. Im Gefechtsabbruch der am ‹Graben› gegeneinander aufmarschierenden Alemannen und Welschen, 4. Im Gefechtsabbruch der im Generalstreik gegeneinander aufmarschierenden Klassen. 5. Im Gefechtsabbruch der aus erotischen Konflikten gegeneinander antretenden Männer Hartmann und Albin um Gertrud, zwischen Fred und dem anderen Offizier wegen Maria.»
Gottfried Keller hat auf den «Schweizerspiegel» – auch nach Inglins eigenem Ermessen im Aufsatz «Zur Arbeit am Schweizerspiegel» – weniger gewirkt, als man in der Kritik gemeinhin annahm. In einem Kommentar zur Schützenfestrede Ammanns, den er in der zweiten Fassung streicht, bestreitet er indirekt eine Abhängigkeit von Keller: Ammann gehört noch in jene Zeit «unseres Altmeisters Gottfried Kellers», heißt es da kritisch, er atme noch «Luft aus dem vergangenen Jahrhundert, das seine geistige Heimat war». (Sp 1, 233) Allerdings lebt in der Skepsis, mit der die Schweiz im «Schweizerspiegel» im Grunde beurteilt wird, in einem gewissen Sinn der Pessimismus von «Martin Salander» neu auf. Und in der schwärmerischen Schlußapotheose der Vielfalt der Schweiz, wo die grundlegende Vorsicht in deren Beurteilung momentweise von der nationalen Begeisterung jener Zeit überflutet wird, mag man sehr wohl an die Rede Karl Hedigers aus dem «Fähnlein der sieben Aufrechten» erinnert werden.
Ein anderes schweizerisches Werk aber hat dem «Schweizerspiegel» in seiner ganzen Anlage und seinem Geist gleichsam vorgespurt, wenn es auch in vielem unfertiger geblieben ist: Jakob Bossharts «Ein Rufer in der Wüste», dessen 7. Kapitel sogar «Der Schweizerspiegel» heißt, und der die gleiche Zeit in den Griff zu bekommen sucht. Schon Bossharts absinkende städtische Bürgerlichkeit steht in der Spannung zu ihrem ländlichen Herkommen. Der Golsterhof entspricht deutlich dem Rusgrund. Auch hier gibt es ein Schützenfest und eine Rede, die ihre im-

manente Kritik selber liefert. Reinhart, der von der Linken enttäuschte Bürgersohn, der eine bessere Welt sucht, wirkt wie ein Vorläufer von Paul.[72] Beide treiben beim Generalstreik in Zürich ähnlich einsam und letztlich ratlos durch die Straßen. Weitere schweizerische Formulierungen desselben Stoffs sind[73] Jakob Schaffners «Das Schweizer Kreuz» und die «Die Schweizer Reise», Paul Ilgs Drama «Führer» (1918), Felix Mœschlins «Die Revolution des Herzens» (1917) und Jakob Bührers «Marignano» (1918).[74] Obwohl Inglin alle diese Autoren – besonders in den zehner und zwanziger Jahren – geschätzt hat, wie die kulturelle Beilage der «Alpenrosen» am «Berner Intelligenzblatt» (wo insbesondere viele Erzählungen von Bührer aufgenommen sind) und sein Tagebuch (das besonders oft den Namen Ilgs erwähnt) beweisen, sind sie für den «Schweizerspiegel» nicht in dem Maß wichtig geworden wie Bossharts Hauptwerk.[75] Wie stark dieses im allgemeinen Bewußtsein gelebt hat, beweisen erste Kritikerstimmen, welche den «Schweizerspiegel» als «neuen ‹Rufer in der Wüste›» begrüßen.

Wenn Inglin immer sagt, der «Schweizerspiegel» sei kein Quellenwerk, sondern ein Roman, so gibt er doch auch zu, er habe es als «Auftrag» empfunden, die «große Prüfung» der Schweiz, «den wichtigsten Abschnitt ihrer jüngsten Geschichte» zu schildern. (NJ 46) Das Gefühl des «Auftrags» mag sich um 1929/30 aus zwei Gründen verstärkt haben. In einer neuen Besinnung auf die gegenwärtige, gefährdete und zu wahrende Demokratie wollte er den Rückzug in archaische oder zeitlose Urgründe jetzt entschlossen abbrechen. Und zudem empfanden er und viele andere die Jahre vor dem Zweiten Weltkrieg, die Zeit also der Entstehung des Romans, als sehr ähnlich mit jener des ersten Kriegs, analog in der Polarisierung der Parteien und im Wiederaufflackern der Neutralitäts-Diskussionen. Die Darstellung der damaligen Schweiz sollte zur Klärung der unmittelbaren Gegenwart beitragen. «Nie war die neuere Schweiz in ihrem Dasein, ihrer Problematik, ihren Lebensäußerungen so deutlich gewesen, so bloßgelegt worden wie in jenen vier Jahren.» (NJ 46) Was sich während des Kriegs deutlich gezeigt hatte: Die Schweiz als «Ort der Zwietracht ihrer eigenen Kinder» (Leonhard Ragaz «Die neue Schweiz», S. 29) wird in den dreißiger Jahren wieder virulent, und Inglin hat es in den Söhnen Ammann unmittelbar gezeigt. Hellhörige Zeitgenossen wie Karl Schmid sahen sich sofort von der unmittelbaren Aktualität des «Schweizerspiegels» getroffen.[76]

Auch in der Darstellung des Establishments folgt Inglin, vielleicht ohne daß er sich dessen klar ist, Leonhard Ragaz. Dieser sagt von den Liberalen, daß sie im Glauben lebten, immer noch fortschrittlich zu sein, während sie im Grunde reaktionär geworden oder doch stillgestanden seien. Ammann bietet ein deutliches Beispiel dafür, und in der Korrespondenz Inglins, der an sich den Liberalen am nächsten stand, ist mehrmals zwischen 1933 und 1939 seine Enttäuschung gerade über diese Partei erwähnt. Ragaz hatte der deutschsprachigen die welsche Schweiz als Vorbild hingestellt, man finde dort «mehr republikanisches, sittliches, schweizerisches Denken». Auch dieser Befund lebt im «Schweizerspiegel» fort: Die Söhne Ammann sind gefährdeter und schwankender als der humane Demokrat Junod, der Fred davor bewahrt, seinem Bruder Severin nachzufolgen.[77] Ähnliches scheint sich in den dreißiger Jahren zu wiederholen, wo die Deutschschweiz sich anfälliger zeigt für das Nazitum als etwa die anderssprachigen Teile. Inglin wollte also seinem inneren

Auftrag gemäß auch warnen, die Schweiz durch die Analyse ihrer jüngsten Geschichte zur Besinnung bringen.
Und doch hat das Buch einen unübersehbaren skeptischen Grundzug. Alle jüngeren Figuren – außer vielleicht der in sich geschlossene René Junod – sind erfaßt von einem sehr modernen Gefühl der Ohnmacht, im Sinn etwa von Karl Jaspers' in den ersten dreißiger Jahren so wichtigen Buch «Die geistige Situation der Zeit» (1931): «Der Mensch weiß sich gefesselt an den Gang der Dinge, die zu lenken er für möglich hielt.» (Berlin[5] 1971, S. 6/7)
Im «Schweizerspiegel» glauben nur die Älteren noch, etwas bewirken zu können. Sonst herrscht da ein undurchschaubares Fatum, welches die Geschicke der Völker und Menschen immer wieder an sich reißt und verändert. Schon «Jugend eines Volkes» betonte sehr stark die unablässige Geschichtlichkeit der Entwicklung. Die Eidgenossenschaft findet und verliert stetsfort ihre Form. Ewige Werte gibt es nicht mehr, und auch die irdischen sind nur sehr bedingt machbar. All das Streben und Tun der Menschen ist kaum mehr als ein «ernstes Spiel», über welchem «heiter und unbeteiligt die Sonne in den Mittag steigt». (Sp 1, 19) Es ist jenes Gefühl der Fatalität über jeder menschlichen Existenz, das dann deutlicher noch Werner Amberg formuliert. Der in der Zeit der geistigen Landesverteidigung kühne Gedanke wird angetönt, daß «die Schweiz kein zufälliges, ein für allemal abgeschlossenes Ergebnis ist. Sie weist über sich hinaus.» (Sp 2, 658) Sie nimmt einen europäischen Staatenbund vorweg, in dem sie vielleicht einmal aufgehen könnte. Das beruhigende Gefühl einer durch und durch gesicherten und ein für allemal zu sichernden schweizerischen Staatsform kann Inglin nicht vermitteln.
Dem entspricht, daß er am Schluß für seine Helden keine Lösungen bereithält. Weder kommt Severin mit seinen nationalistischen Unternehmungen an ein Ziel, noch findet Paul einen eindeutigen Ausweg aus den Verwirrungen, in welche ihn der Glaube an den Sozialismus und dann die Zweifel daran gestürzt haben. Eine Beruhigung wird ihm allerdings nur zuteil, indem er vom Generalstreik weg direkt zu seiner Mutter heimgeht. Durch diese Aktion wird er in einer parteiunabhängigen, toleranten Humanität bestärkt, die ihn vielleicht doch weiterführen könnte: « ‹Der Mensch soll gerecht, human und frei sein. Das wäre in der Schweiz möglich, und das lasse ich mir durch keine Realität abmarkten... Mit diesem Grundsatz›, dachte er, ‹darf ich jetzt wohl zur Mutter heimkehren, ohne mich schämen zu müssen› ». (Sp 2, 622) Und Fred fragt sich am Ende des Krieges, vom Tod Christians besonders schwer getroffen, tief verunsichert und seinerseits von der Versuchung durch die extreme Rechte heimgesucht: «Stürzte dieser Strom der Geschichte nun hinab in das breite Bett des Alltags und kam dort zu Ruhe oder schäumte er weiter? Und worin lag sein Sinn für die abendländische Menschheit? Fred wußte es nicht.» (Sp 2, 652) Und er zweifelt bis zum Schluß daran, daß es in der Schweiz eine politische Partei gebe, «die nach versöhnlichen, maßvollen, menschlichen Grundsätzen handelt». (Sp 2, 557) Diese Bedenken meldet er bei seinem Vater, dem liberalen Politiker, an, der sich entsprechend darüber empört. «Wenn man aber den Liberalismus angreift, so greift man die neuere Zeit und ihre Entwicklung überhaupt an. Denn im Liberalismus hatten ja die wesentlichen Eingenschaften dieser Zeit ihren Hauptträger gefunden», schreibt Inglin in den «Schweizerspiegel»-Materialien (ob er das zitiert oder nicht, konnte ich nicht ausmachen). Bis zur Zeit der Entstehung

des «Schweizerspiegels» hat Inglin die Gegenwart überhaupt abgelehnt, daß er sie jetzt noch mit Zweifeln bedenkt, versteht sich. Das Korrelat aber zu dieser unübersehbaren Skepsis ist immer wieder die Einsicht, die Inglin in den (unveröffentlichten) Materialien zum «Schweizerspiegel» formuliert, die Einsicht, die auch aus den vorzüglichen Ausführungen von Oberstdivisionär Bosshart spricht, daß die Schweiz «ein Land für reife Leute» sei und daß der vorzeitige Gefechtsabbruch ihre Freiheit verbürge.[78] «Wir können nichts besseres erringen als was wir besitzen, wir können höchstens sittlicher und sozialer denken lernen, womit denn unsere nationalen Mängel von selber abnehmen würden.» Als Frage allerdings fügt er hinzu: «Dem politisch Berufenen, auch den Jungen, bietet unser Staatswesen Spielraum genug?» Und dann wieder die Skepsis, die den «Schweizerspiegel» so erträglich macht, weil die Veränderungsmöglichkeit immer «sous entendu» mitverstanden ist: «Es gibt für kein Volk eine absolut gültige, allein richtige Lösung, jede Staatsform ist relativ und jede Politik... Die Gründe dieser Anschauung sind nicht Bequemlichkeit, Angst, Verknöcherung, sondern Erfahrung, Erkenntnis der menschlichen Unzulänglichkeit, Skepsis gegenüber dem Glauben an absolut gültige, allein richtige Lösungen – also wohl geistige Gründe. (Darin beruht auch meine langjährige politische Unentschiedenheit, die Unmöglichkeit, mich einer Partei anzuschließen – in dieser tief begründeten Einsicht in die Relativität aller politischen Lösungen.) Das hat mich nie gehindert, mich über soziale Ungerechtigkeiten zu entrüsten und die egoistisch ausbeutenden Nutznießer unserer Freiheit zu verabscheuen.» Diese Einsicht ist vielleicht gerade das, was Junod den «Heroismus der Mitte, des Gleichgewichts» nennt. Fred erreicht ihn auf seine Weise, weshalb er wohl als zentrale Figur des Romans anzusprechen ist – zentral von der Konstruktion her, wie auch moralisch als der Held dieser erreichten Mitte; «Nach rechts und links, oben und unten, menschlich, politisch, konfessionell» (Mat. S): Unter diesen Gesichtspunkten sind um Fred herum die Polaritäten ausgespannt, zwischen Stockmeier und Albin Pfister etwa, die Inglin als die «zwei äußersten Pole der geschilderten Welt» bezeichnet; dann zwischen Christian und Dr. Junod, wo Fred dann auch wieder vermittelt wie von Anfang an zwischen den Brüdern. Dazu soll zitiert sein, was sich Fred in Inglins Notizen überlegt: «‹Ach, das ist wieder eine dieser überspannten Fragen›, dachte Fred. ‹Diese Propheten und Auserwählten des Geistes treiben alles auf die Spitze, und dann heißt es immer gleich entweder – oder – entweder müssen wir ein auserwähltes Volk sein oder dann wird uns der Teufel holen! Die Schweiz wird weder zum Angelpunkt der Zukunft werden, noch wird sie von dieser Zukunft ausgeschlossen sein. Wir werden vermutlich mit den andern Völkern schlecht und recht weitermarschieren, vielleicht in der vordern Reihe, vielleicht auch nicht, aber es wird schon gehen, wenn's auch durch dick und dünn geht, und wenn wir so nicht mehr weiter leben können, werden wir eben anders leben, aber wir werden leben.›» Inglin hat sich immer geärgert, wenn man den «Schweizerspiegel» ausschließlich als Hymnus auf die Schweiz angesehen hat. Einen Hymnus hätte er in keiner Weise angemessen gefunden, denn den Krieg verstand er auch zur Zeit, da er den «Schweizerspiegel» schrieb, noch immer als Prüfung für ein Land, das – wie er in seinen losen Tagebuch-Zetteln (zwischen 1914 und 1918) notiert hatte – in einem Zustand des Niedergangs war bei Kriegsausbruch: «Das nationale Leben hatte seinen Sättigungsgrad schon längst erreicht, und was davon zwangsläufig immer wieder zutage trat, war so schal und abgestanden, daß kein geistig lebendiger Mensch mehr ohne Selbstverleugnung daran teilzunehmen vermochte.»

Inglin wollte ja, wie er selber betont, in erster Linie «Leben» gestalten und nicht bloß eine Staatsform verherrlichen: «Eine stoffliche, eine epische Fülle, wie sie mich noch nie bedrängt hatte, eine Fülle des Lebens, worauf es zuletzt allerdings ankam.» (NJ 46) Freds Resignation also bezieht sich höchstens auf die Politik, nicht aber auf das, was Inglin und er «Leben» nennen. Gebändigt, rationalisiert und humanisiert dauert hier der Vitalismus fort, der den Inglin des Ersten Weltkriegs als Philosophie überzeugt und erfüllt hatte.

Ein «Nachspiel» um Fred – innerhalb der im ganzen streng symmetrischen Komposition dem «Vorspiel» entsprechend – sollte ursprünglich den Roman beschließen. Inglin umreißt es skizzenweise in Varianten: Einmal erwägt er, Freds Hochzeit zu schildern. Paul trage ein scherzhaftes Gedicht vor, sei aber «persönlich resigniert»; für Fred bleibe «Landwirtschaft und Liebe». Oder: «Fred zuletzt... keine großen Worte. Er will in Ruhe sein Gras mähen, sein Vieh hirten und etwas daran verdienen, und manchmal will er ein Bild sehen, ein Buch lesen und Musik hören, er verlangt nicht viel, scheint es, er verlangt nur zu leben, in Frieden zu leben und er besitzt keinen Ehrgeiz außer etwa dem geringen, daß alle andern Menschen ebenso wie er auch in Frieden leben sollen. Das sind keine Ideale, er will nicht hoch hinaus, und Paul wird ihm das immer sehr verübeln.» In der definitiven Fassung ist Paul dann viel zu skeptisch geworden, als daß er seinem Bruder solches nachtragen könnte.

Eine spätere Skizze des Nachspiels lautet so: «Fred, als Landwirt im Rusgrund, reist nach Zürich zurück, erstens um einen Vortrag Pauls anzuhören (über ‹Die Schweiz als Angelpunkt oder – nichts›), zweitens den Peter (Rechtsanwalt Peter, der in der zweiten Fassung gestrichen ist), den er schlafend im Restaurant findet, nach seiner Meinung über den Völkerbund zu fragen, drittens ein Schützenfest zu besuchen, viertens ein Konzert zu hören. Kommt mit dem Entschluß heim, für den Völkerbund zu stimmen, ein guter Schweizer und ein guter Europäer zu sein.» Und der Schluß hätte so ausgesehen: «Fred bummelt mit seiner künftigen Frau in den Rusgrund. Erinnerungen an Christian. Mit dem Blick in den grünen Mutterschoß des Rusgrunds von der Höhe aus abbrechen.» Die Rückkehr Freds in den Rusgrund am Schluß will er nach einem Artikel über C. G. Jung gestalten: « ‹Die komplexe Psychologie Jungs› (‹Neue Schweizer Rundschau›).»

Als Korrelat zur Flucht Freds in die Natur, in den «grünen Mutterschoß», soll also der Völkerbund im Nachspiel thematisch werden, wozu er sich notiert: «Versuch, die organisatorische Vernunft in die Geschichte einzuführen und den irrationalen (dämonischen?, naturhaften?) Kräften entgegenzustellen.» Damit hätte Inglin für Fred denn doch eine zwischen Ratio und Gefühl ausgewogene Lösung gefunden.[79]

Nationalrat Ammann wäre am 26. Oktober 1919 nicht mehr in den Nationalrat gewählt worden (Proporz). Und um die übrigen Familienmitglieder Ammanns nochmals zu konfrontieren, erwägt Inglin, ob er bei Fred im Rusgrund nicht das Quartett mit Paul, Severin und Gertrud spielen lassen könnte.

Bettina aber, die das ganze Manuskript als erste zu lesen bekommt, rät – mit subtilem Kunstverstand, wie mir scheint, und mit Recht – von einem Nachspiel ab:

«Nein, ich würde kein Nachspiel schreiben. Das ganze ist so abgerundet, so heimgeführt, daß der Leser bereits an einem Ruhepunkt steht. Das ist mein Eindruck.» (Brief undatiert) Sonst ist sie vom Werk sehr angetan: «Meinrad! Meinrad! Das ist ein Werk! Meinrad! Solch eines schreibst du nicht sobald wieder. Ich liebe die ‹Jugend eines Volkes›, ‹Die graue March› – von dort bis hier ist aber ein gewaltiger Schritt, ein so gewaltiger, daß ich mit Staunen davor stehe – Du wirst viele Feinde erhalten, die Roten und die Nazi. Wenn sie aber großangelegte Menschen sind, dann müssen sie Dich achten, hoch achten.»

Aus den «Schweizerspiegel»-Materialien haben wir bis jetzt die Vorstudien zum Liebespaar Albin und Gertrud außer acht gelassen. Sie sind umfassender als bei den anderen Figuren. Gertrud hat, besonders in diesen Vorentwürfen, betont außerbürgerliche Züge. Es heißt etwa: «Gertrud etwa 1917 einmal auf die Höhe führen, in die Wälder führen, trunken dahinschreitend. Mänaden-Anwandlung.» Sie gleicht da noch der leidenschaftlichen Ita aus «Jugend eines Volkes», die zweimal außerhalb des Gesetzes liebt. Auch Karoline Sommerhalder in «Erlenbüel», die mit Silvester davonläuft, wird eine von Inglins Mädchen-Figuren sein, welche in den spezifischen Grundkonflikt geraten zwischen Chaos und Ordnung. Zu Gertrud betont Inglin in den Notizen: Anna Karenina zerbreche an diesem Problem, Tolstoi, der reaktionäre, wolle es so. «Meine löst das Problem.» Man könne freilich auch sagen, daß es durch Albins Tod für sie gelöst werde. Anderseits kehrt sie wirklich nicht zum ungeliebten Mann zurück, auch nicht nach Albins Tod. Sie findet ihr Gleichgewicht wieder, und hat doch den Mut gehabt, zu dem – wie Albin ihr 1914 schreibt – vor dem Krieg überall «negierten Dunklen, Chaotischen» durchzubrechen. Bei der Konzeption der «Schweizerspiegel»-Figuren scheint Inglin häufig C. G. Jung zu lesen. Für Gertrud notiert er sich eine Jung-Stelle ohne weitere Angabe: «Die Frau weiß, daß Liebe jenseits des Gesetzes ist. Dies Wissen siegt gegen ihren heftigen Respektabilitätsanspruch.» Und so wird Gertrud im «Schweizerspiegel» beurteilt: Daß sie der Liebe nachgibt, ist die größere sittliche Tat, als wenn sie auf sie verzichtet hätte: denn ihre Natur verlangt im Grunde nach der Sekurität und der Achtung der andern. Sie überwindet also die eigene Natur und das anerzogene Verhalten. Es fällt auf, daß Inglin immer wieder fasziniert Menschen gestaltet, die über die Grenzen des gegebenen Naturells und des Milieus hinausdringen: So den erwähnten Instruktionsoffizier Waser, in dessen Strenge die Offiziersschüler spüren, daß er am Morgen selber gern lange schlafen würde. Oder etwa «Werner Amberg», der trotz seiner Abenteurerveranlagung sich am Schluß dazu durchringt, ein «bürgerlicher Schriftsteller» zu werden.

Gertrud sollte ursprünglich noch durch eine andere weibliche Gestalt ergänzt werden: durch «das dämonisch-hysterisch-verwandlungsfähige Weib», das an Albin zwar abprallt, bei Fred einen kurzen, zweifelhaften Erfolg hat, aber Paul und Severin betört. (Es ist interessant, daß sowohl der Vertreter der Linken wie jener der Rechten dem gleichen verkörperten Chaos erliegen sollten.) Das Weib ist «nirgends zuhause, hat keinen Hintergrund, braucht kein Geld, schafft sich die Mittel immer vom Augenblick. Unfaßlich. Gegensatz zu Gertrud, die sie haßt». Es sollte eine «nicht sehr schöne, aber dämonische Frau von großer Anziehungskraft» sein, «die auf außerordentlicher, fast hysterischer Wandlungsfähigkeit beruht. Sie kommt mit wunderbarem Instinkt jedem Manne genau so entgegen, wie er es haben will, d. h. mit den bestimmten, von ihm geschätzten Eigenschaften. Die Frauen hassen sie, weil sie sie instinktiv durchschauen. Sie trägt Masken, aber notwendige, sie spielt, aber leidenschaftlich und wahr, sie ist nie sie selbst, sondern immer die Gesuchte.» Auch hier bei diesem scharfsinnigen Entwurf, von dem man bedauert, daß er nicht ausgeführt wurde, muß C. G. Jung – vor allem mit seiner Anima-Theorie – beteiligt sein.

An Albin prallt das Weib ab. Er ist nicht verführbar. Inglin notiert: «Unbedingte und reine Seele inmitten der kompromißlichen [sic!], befleckten Umwelt, deshalb einsam, aber mit der Sehnsucht nach Grund, Welt, Leben, die sich ihm schließlich zu Gertrud verkörpern.» Zuerst sollten – wie in Inglins eigener Biographie – beide Eltern früh sterben, dann aber lebt der erwachsene Albin bei der alten Mutter. Zuerst sollte Albin sehr religiös sein, dann aber sucht er, Inglins Vorliebe entsprechend, mehr nur das Transzendentale, die Vergeistigung. Gertrud hätte nach seinem Tod zuerst erkennen sollen, daß sie Albin nicht für sich haben durfte, sondern Gott lassen mußte.

Aus der Not, sich nicht in die Welt zu wagen, bezieht Albin auch den Stolz auf seine Reinheit. «Er befand sich noch auf der Insel seiner Jugend», sagt Inglin zuerst. (Man denkt bei dieser Metapher sofort an die «Entzauberte Insel».) Dann ersetzt er die Insel durch «den selbstgebauten, schmerzlich seligen Garten seiner Jugend». Verschiedene Dialoge mit Gertrud sind weggefallen (so auch derjenige vor dem Tod Albins, wo dieser erklären will, wie wenig sie an ihm verliere). Ursprünglich sollte offenbar das Verhältnis im Roman eine noch größere Rolle spielen. – Bei den Notizen findet sich ein loser Hinweis: «Biographie Karl Stamms und Briefe Stamms.» Dieser Lyriker, der früh stirbt, dürfte eines von Albins Vorbildern sein.

Bei der Gestaltung von Margrit Mäder, Freds Braut, wird Bettina Patin gestanden haben. Sowohl Margrits «rätselhafte Müdigkeit» wie ihre glückliche Energie und Einsatzfreude wiederholen sich phasenweise in den Briefen Bettinas.

Den Abschluß der Erörterungen der «Schweizerspiegel»-Materialien soll folgendes Zitat bilden: «Fred 1920. Von der höhern Warte eines kulturellen Menschheitszieles aus gesehen, habe ich den Krieg persönlich auf einer völlig falschen Stufe miterlebt, nämlich auf der unreifen eines barbarischen Interesses, ja anfänglich sogar der Begeisterung. Würde ich einer neuen Kriegspsychose wieder verfallen? Nein, inzwischen bin ich reif geworden.» (Wahrscheinlich handelt es sich um eine Tagebuch-Stelle, die er dann für Fred reserviert.)

Am Ende der monströsen, fast siebenjährigen Arbeit hatte Inglin wegen der Wahl seines Buchtitels noch eine leidige Affäre – mit viel Korrespondenz und Rechtsanwälten – zu bestehen. Die Zeitschrift «Schweizer Spiegel» droht mit Prozeß, wenn er auf seinem «Schweizerspiegel» beharren würde. Mit der ihm eigenen Hartnäkkigkeit und mit Hilfe seines Verlags verteidigt Inglin den Titel, da keiner «auch nur annähernd Inhalt und Charakter seines Werkes so gut wiedergeben würde».[80 81 82] (Zitiert von Direktor Baessler vom Staackmann Verlag 10. 10. 38) Unter der Bedingung, daß Inglin die Anwaltskosten von Dr. Adolf Guggenbühl und Dr. Fortunat Huber vom »Schweizer-Spiegel-Verlag» übernimmt und zusätzlich Fr. 100.– an eine «von den Herren Dres. Guggenbühl und Huber zu bestimmende schweizerische kulturelle Vereinigung» (es wird die «Neue Helvetische Gesellschaft» sein) stiftet, wird das Recht eingeräumt, den Titel «Schweizerspiegel» in dieser Schreibweise zu brauchen, wenn das Buch in der Werbung immer auch als Roman bezeichnet werde. So verfahren schweizerische Kulturträger mit ihren Schriftstellern, nachdem diese viele Jahre ohne Verdienst über einem Manuskript verbracht haben!

Opus magnum: die Aufnahme

Der Staackmann Verlag schreibt nach Erhalt des Manuskripts beinahe umgehend zurück. «Unmittelbar nach der Lektüre können wir alle Ihnen zunächst nur unsere Ergriffenheit bekennen. Wir sind so ausschließlich von der Bewunderung dieses Werkes erfüllt, daß es uns im Augenblick schwer fällt, ja, fast unmöglich erscheint, über die persönliche Anteilnahme hinaus zu einer endgültigen sachlichen Würdigung zu kommen, in der sich das eigentliche Verständnis erst legitimiert und in der zugleich der Verleger eine schöne Verpflichtung zur Mitarbeit erfüllen darf. Ein Werk von dieser Intensität und Bedeutung wirft eine solche Fülle von Problemen und Gedanken auf, daß einhellig in uns allen der Wunsch nach einem unmittelbaren persönlichen Austausch entstanden ist. Es mag Sie darum nicht verwundern, wenn wir Sie herzlich bitten, zu uns nach Leipzig zu kommen. Wir werden uns inzwischen in aller Sorgsamkeit dem Manuskript widmen und den Roman in seinen einzelnen Partien noch einmal auf uns wirken lassen, denn wir bekennen Ihnen gern, daß es gegenwärtig für uns kein schöneres und dringlicheres Anliegen gibt...» (2. 7. 38) Und so lautet Inglins Antwort: «Vielen Dank für Ihren Brief vom 2. Juli! Ich bin bereit, Ende dieser Woche nach Leipzig zu kommen, um die Angelegenheit rasch abzuklären, doch kann ich es nicht ganz sicher versprechen. (Meine Tante ist ernstlich erkrankt. Herr Dr. Köster kennt sie. Sie hat an mir Mutterstelle vertreten und mich von Jugend auf beherbergt, ich könnte sie nicht alleinlassen, wenn eine Wendung zum Schlimmern einträte.)... Ich habe mich entschlossen, den Roman ‹Schweizerspiegel› zu nennen, das ist knapp und umfassend. Bei uns wird der Titel vertraut anklingen, Gotthelfs erster großer Roman heißt ‹Bauernspiegel›. Mühen Sie sich nicht mit einer sachlichen Würdigung des Romans ab, ich weiß, wie schwer das ist. Ihre freundlichen Mitteilungen über den starken Eindruck, den er auf Sie gemacht hat, genügen mir. Vorbeugend möchte ich bemerken, daß an der Gestalt des Werkes nichts wesentliches mehr zu ändern ist. Die Korrekturen betreffen Stil und Ausdruck im Einzelnen, stellenweise auch Kürzungen.» (4. 7. 38) Inglin reist dann mit Bettina zusammen nach Leipzig, wo das Paar sehr herzlich aufgenommen wird. Auf der Rückfahrt besuchen sie Naumburg, Weimar, Bamberg und Nürnberg und «empfangen starke Eindrücke». (Brief an den Verlag 20. 7. 38) Inglin macht sich nach der Rückkehr an die Korrekturen, welche ihm der Verlag vorgeschlagen hat. Am 26. August 1938 schickt er das Manuskript ab und schreibt: «... Sie werden sich überzeugen können, daß die notwendigen Änderungen durchgeführt sind. Beim beständigen Blick auf das Ganze fielen sie mir weniger schwer, als ich in Leipzig bei unserer Streckenkontrolle fürchtete; ich kann sie übrigens in jeder Beziehung verantworten. Einzelnen künstlerischen Mängeln (Hoffmann-Kap. etc.) habe ich abgeholfen, so gut es noch möglich war. Ihre Hinweise waren dafür entscheidend: Ich hätte sonst manches stehen lassen, was mir selber nicht ganz geheuer vorkam. Man weiß oder ahnt zwar jeweilen rechtzeitig, wo man gefehlt hat oder schwach wurde, aber bei mangelnder Distanz täuscht man sich noch gern darüber hinweg.» Schon am 11. Oktober 1938 kann Inglin den Verlagsvertrag zurücksenden mit der Bemerkung: «Hier folgt der unterzeichnete Vertrag. Ihr Entgegenkommen verrät mehr Vertrauen und Großzügigkeit, als ich bei Verlegern bisher gewohnt war. Ich danke Ihnen.» Daß die Herausgabe des «Schweizerspiegels» für den Verlag schon damals ein Risiko aus politischen Gründen bedeutet, erfährt Inglin wohl nur mündlich (im Oktober 1938 besucht ihn einer der Leiter, Dr. Köster). Erst in einem Brief vom 11. 2. 1966 vernimmt man (Inglin an Dr. Hans Graeser, der dem Staackmann Verlag einst nahestand): «Der Absatz in Deutschland war verhältnismäßig gut, jedenfalls besser, als wenn das Buch in der Schweiz herausgekommen wäre. Das Propagandaministerium in Berlin war nicht erbaut darüber, und für den Staackmann Verlag bedeutete die Herausgabe ein Wagnis...» Graeser hatte Inglin berichtet, wie die Leiter des Verlags während des Krieges immer mit einem Bein im Konzentrationslager gestanden hätten.

Immerhin interessierte sich damals endlich ein Schweizer Verleger spontan für ein Manuskript Inglins: Dr. Martin Hürlimann vom Atlantis Verlag, den er in Berlin führte, wollte 1936 den «Schweizerspiegel» in sein Programm aufnehmen. Er wird es sein, der nach dem Krieg in Zürich Inglins Bücher herausbringt – ein Verleger also, der sich auch sonst, mit Albin Zollinger oder dem jungen Max Frisch etwa, große Verdienste um die Schweizer Literatur erworben hat.

Schon im Dezember 1938 kommt der «Schweizerspiegel» heraus. Die Schweizer Leser reagieren schnell, das Buch findet sofort Absatz. Etwas zögernder setzt der Verkauf in Deutschland ein, da erst vom Januar 1939 an – durchwegs lobende und umfangreiche – Besprechungen in größeren deutschen Zeitungen erscheinen.

Staackmann übernimmt in diesen Monaten «Jugend eines Volkes», und zwar nicht in der Aufmachung eines Jugendbuchs, was Inglin besonders freut. Ein Angebot der Praesens-Film AG, «Die Sendung» zu verfilmen, lehnt er ab. (Es wäre «Verrat an der Poesie» meint er an Staackmann.) An der schweizerischen Landesausstellung in Zürich wird der «Schweizerspiegel» im Manuskript ausgestellt, und die Schillerstiftung bedenkt ihn mit Fr. 2000.– («Halleluja», lautet Inglins Reaktion im Bericht darüber an Staackmann). Aus der ganzen Schweiz treffen – wie noch nie nach einer Publikation Inglins – begeisterte Briefe ein. Felix Moeschlin nennt das Buch eine «erleuchtete Chronik», Traugott Vogel bewundert das «beglükkende Übereinstimmen von Visionen und Realität.» (7. 3. 39) Martin Hürlimann schreibt (damals noch in Berlin): «Ich habe nie ein Buch zu Gesicht bekommen, das in annähernd so bedeutender Weise das Schweizertum des zwanzigsten Jahrhunderts schildert und das zugleich den besten Teil von ihm in einer eigenen zuchtvollen männlichen Sprache repräsentiert.» (22. 12. 38) Auch der Rezensent der «New York Times» (17. 3. 40) meint: «‹Schweizerspiegel› is perhaps more typically Swiss than any other book of recent years.» Albin Zollinger, der über dem Buch «Schlaf und Essen» vergißt, schreibt einen ergreifend ergriffenen Brief: Inglin habe «für uns alle eine siegreiche Schlacht» geschlagen und durch dieses Werk «das Schweizer Schrifttum international legitimiert».[83] «Sie beschreiben darin beispielsweise ein Schützenfest so, daß mir altem Spötter aus dem Geschlecht der Paul Ammann buchstäblich die Tränen kamen... Ich habe den Drang, Sie stillen gewaltigen Mann einmal in Ihrer Abgeschiedenheit zu besuchen – nicht um gescheite Reden mit Ihnen zu führen, nur in der Nötigung des Wallfahrers, auf eine Stunde beim Gegenstand seiner Verehrung zu weilen. Darf ich?» (31. 12. 38) Die beiden vielleicht bedeutendsten deutschschweizerischen Schriftsteller jener Generation haben sich aber nie mehr als flüchtig getroffen. Bei Inglin war eine gewisse Skepsis dem spontaneren und nervöseren Zollinger gegenüber vorhanden, obwohl er dessen Gedichtband «Sternfrühe» in einem für den Autor wichtigen Moment gepriesen hatte. Zollinger aber hat sich für das bewunderte Werk noch ganz anders bedankt: Mit der vorzüglichsten Rezension, die je darüber erschienen ist, was auch Inglin stets betont hat. (In «Neue Schweizer Rundschau», Neue Folge 6, Zürich 1939, S. 628 ff. Nachgedruckt in «Gesammelte Werke», Band I «Prosa», Zürich 1961) Zollinger hebt als wichtigste Punkte hervor: Die Notation des Mythus des Schweizer Volkes (mit «Jugend eines Volkes» und «Schweizerspiegel») und die Stärkung des schweizerischen Selbstvertrauens durch ein nationales Werk. Kein Volk wolle namenlos sein, oder nur ein Volk von «Gletscherflöhen». (Es fragt sich allerdings, ob dieses Volk den «Schweizerspiegel» wirklich so in sein Bewußtsein integriert hat.) Weiter nennt Zollinger die Ablösung der liberalistischen Ära durch die «Neuzeit Stockmeier». Er spricht davon, daß für viele Leser der «Schweizerspiegel» zuviel Kritik enthalten habe. Zollinger sieht in dieser «Befähigung zur Rückseite durchzudringen, ein Kriterium geradezu seines Dichtertums». (a.a.O. Bd. I, S. 435) Inglin wehrte sich dann einzig gegen die Insinuation, daß er mit dem «Schweizerspiegel» den «Mythus seines Volks» habe schreiben wollen.[84] Solches geschah – wie Max Wehrli (im Aufsatz «Die Geschichte im Roman», «Neue Schweizer Rundschau», Heft 4, September 1940, S. 299) festgehalten hat – wohl in «Jugend eines Volkes», dieser «visionären Neugestaltung der urschweizerischen Befreiungssage» mit einem unaufgelösten «Rest von Romantik», aber nicht im modernen «noch nicht genug gelobten Roman der Schweizer Neutralität, der die seelisch-politische Situation des Schweizers meisterhaft» darlegt.

Die Fama (die auch Zollinger erwähnt), daß viele Leser den «Schweizerspiegel» als zu kritisch empfunden hätten, geht zurück auf die Reaktion der «Neuen Zürcher Zeitung». Nicht einmal der damalige Waffenchef der Infanterie, Oberstkorpskommandant Ulrich Wille, der Sohn des Generals und ehemalige Instruktor des Aspiranten Inglin, ist in seinem begeisterten Gratulationsschreiben auf diesen skrupelhaften Gedanken gekommen. (6. 1. 39) Von überall her erhielt der «Schweizerspiegel» lobende Zustimmung, außer von dem Blatt, auf das alle Welt (auch der Staackmann Verlag) zur Beurteilung der deutschschweizerischen Bücherproduktion schaute. Eduard Korrodi hätte wohl – wie immer bei Inglin-Publikationen – die Rezension übernommen, aber die Redaktion war verunsichert durch ein Gesprächsvotum von Fritz Ernst, welcher das Schweizer Bild des Romans als «grau» empfand und die «Herztöne» vermißte. (Korrodi an Inglin, 8. 12. 38) So sehr waren selbst Leute wie Fritz Ernst damals vom Gedanken der geistigen Landesverteidigung erfüllt, daß sie nicht mehr unvoreingenommen zu lesen vermochten. Korrodi wagte es darauf nicht, selber zu schreiben, und delegierte die Aufgabe an den Mitarbeiter Dr. Carl Helbling, der in der Besprechung zwischen der eigenen positiven Einstellung und den Vorbehalten Fritz Ernsts vermitteln

sollte. Die Zurückhaltung in Helblings Kritik hat Inglin – wie ein Brief an den Rezensenten beweist – sehr getroffen. (10. 1. 39)[85]
Dankbar für seriöse Kritik mitten im bloß noch affirmativen Schweizer Geist von 1939 war Hermann Hesse. Er schreibt an Inglin (die beiden lernen sich erst während des Zweiten Weltkriegs im Tessin persönlich kennen): «Ich bin Ihnen dankbar dafür und möchte wünschen, man könnte jeden zweiten Besucher der Landesausstellung zu seiner Lektüre zwingen, Schweizer wie Ausländer, am meisten freilich die Miteidgenossen.» Daß auch für Hesse Kritik sehr wohl bestehen kann neben Liebe zu diesem Land, beweist der folgende Abschnitt: «Ich sagte, ich habe Ihr Buch nicht als Dichtung gelesen. Aber schließlich bleibt doch ein Gesamteindruck, der eigentlich dichterisch ist. Wie mitten in der Hölle des Kriegs, des Hungers, der Seuche, der Revolutionsnähe das zarte, edle Gebilde des Bundes schwankt und mitleidet, und endlich doch besteht und seiner selbst bewußt bleibt, das ist ein schönes, unvergeßliches Bild.» Da das Buch ein «eher trübes Stück» seines eigenen Lebens rekapituliert, hat es Hesse weniger als Dichtung betrachtet, sondern als «Zeitspiegel und Mahnruf»: «Ich kam gerade während jenes Kaiserbesuchs von 1912 in die Schweiz zurück, nach Bern, habe dort den Krieg erlebt und mußte 1919, nachdem mir alles, was ich gewesen war und besessen hatte, in die Brüche gegangen war, von vorn wieder anfangen. So war ich Ihrem Buch ein aufmerksamer Leser.» (2. 5. 39) Inglin dankt bewegt für den Brief. Sein Schreiben soll zitiert sein, da es verschiedene bedeutende Aufschlüsse gibt: über seine Möglichkeit, noch jetzt, 1939, wie früher die «Fremde», die «Welt der anderen», vom Dichterberuf, der wahren «Heimat», zu trennen. Seine innere Reservation, die ihn immer gekennzeichnet hat, kann also plötzlich wieder manifest werden und gehört vielleicht sogar als spannungsvolle Kehrseite zur sonstigen demokratischen Haltung der Zeit nach dem «Schweizerspiegel».

Schwyz, den 17. Mai 1939

Sehr verehrter Meister!

Ihr Brief traf mich im Militärdienst, nachdem ich gerade mit der Gasmaske am Maschinengewehr geübt hatte, in einer mir fremden Welt, in die ich wieder einmal aufgeboten wurde; um sie mannhaft zu bestehen, mußte ich auch diesmal alles vergessen, was nicht dazugehörte, besonders meinen Beruf. Da waren Ihr Brief und die großartig tröstlichen «Nachtgedanken», die Sie beigelegt hatten, wie ein mahnender Gruß aus der Heimat, oder wie eine winkende Hand, der ich jetzt, nach der Entlassung, noch etwas stolpernd folge. Nach solchen befohlenen Ausflügen, kopfüber hinein in die Welt der andern, ist mir jedesmal, als ob ich das Schreiben neu erlernen müßte. Um wieder auf meinen Weg zu kommen, habe ich zuerst Ihre «Gedenkblätter» aufgeschlagen, die ich zu meiner Freude vor einiger Zeit aus Ihrer Hand empfangen durfte. Die «Erinnerung an Hans», die ich schon aus der Corona kannte, ist ganz besonders ergreifend und schön. Heute las ich die Erinnerungen an Othmar Schoeck, die mich sehr vertraut anmuteten, und jetzt sitze ich also da und beginne meine Arbeit mit diesem Plauderbrief, der Sie aber nota bene zu keiner Antwort verpflichten möchte.

Mit den Brüdern Schoeck bin ich befreundet (Ralph war eben mit mir im Dienst, der gute Mensch!), und mit Othmar habe ich auch schon halbe Nächte durchgesessen; wir waren immer einig in der Begeisterung für Mörike, Eichendorff, Lenau, und wenn wir uns nach Heutigen umsahen, drückte er sich sehr mißtrauisch an George und Rilke vorbei, um regelmäßig geradenwegs auf Hesse zuzusteuern. «Hesse!» rief er mit gehobenen Brauen und großen Augen. Er hat die denkbar feinste Nase für Gedichte, die nicht gemacht, gemeißelt, erdacht, sondern gewachsen und aufgeblüht sind. Ich konnte mit Überzeugung zustimmen und begann meinerseits den «Kurgast» zu rühmen, den «Steppenwolf», die «Nürnbergerreise». Wie oft schon hat mich Ihre melodiöse Prosa bezaubert und wie häufig bin ich als Leser mit dem innigsten Einverständnis Ihre Wege gegangen!
Im Weltkrieg saß ich einmal nach Ihrer Vorlesung in Bern am gleichen Tisch mit Ihnen, namenlos und ehrfurchtsvoll, aber ich war viel zu blöde, um mich Ihnen bemerkbar zu machen. Etwas später haben Sie mein erstes Buch an S. Fischer empfohlen, ohne es gelesen zu haben, aus lauter Wohlwollen für einen Unbekannten. Die Empfehlung ebnete mir den Weg zwar nicht zu S. Fischer, aber zur Deutschen Verlagsanstalt. Aus jenen Jahren bewahre ich eine Karte auf, mit der Sie mich zu einem Besuch einladen. Ich habe Sie nie besucht, mehr aus Scheu als aus Nachlässigkeit, und bedauere es heute. Als ich Ihnen mein drittes Buch schickte, ließen Sie mich wissen, daß Ihre Augen schonungsbedürftig seien. Da gab ich es auf und schickte Ihnen nichts mehr bis zum «Schweizerspiegel». Ich nahm an, daß Sie mit mir nicht eben viel anzufangen wüßten. Ich erwartete auch gar nicht, daß Sie sich ernstlich mit diesem «Schweizerspiegel» befassen könnten oder möchten, und nun bin ich doppelt erfreut über Ihre Anteilnahme. –
Vor einiger Zeit schickte mir die Radio-Zeitung einen Bildreporter ins Haus, was ich mir ausdrücklich verbeten hatte. Ich wollte ihn abweisen, aber da war es Ihr Sohn Martin, er entschuldigte sich verlegen, und da ließ ich ihn gern gewähren. Er hat mir sehr gut gefallen.[86]
Wenn Sie jemals wieder in Brunnen bei Schoecks vorbeikommen und einige Stunden Zeit haben sollten, möchte ich gern dabeisein. –
Mit herzlichen Grüßen Ihr *Meinrad Inglin*

Ein Brief (Januar 1939) des Stanser Bildhauers Hans von Matt, der von einer Plastik, dem Kopf einer Unterwaldnerin, begleitet war, muß es Inglin besonders angetan haben und ergab die eigentliche Basis zur lebenslangen Freundschaft zwischen den beiden, die sich ja schon über zehn Jahre kannten. Von Matt hob besonders den erregenden Wahrheitsgehalt der in unauffälligem Realismus gehaltenen Details hervor. Und das gehört wirklich zu Inglins Stärken, kleine Sachverhalte scheinbar spröde, aber so präzis zu benennen, daß sie im Leser weiterwirken und nach der Lektüre dessen Weltsicht und Denken bestimmen mögen.
Max Rychner möchte «unsere Laufbahn» an der «Tat» (Herbst 1939) mit dem Abdruck des «Schweizerspiegels» beginnen: «Die Gegenüberstellung 1914 bis 20 mit 1939 bis ?? hat jetzt eine ganz besondere Sinnfärbung erlangt.» Das Vorhaben wird scheitern, da Inglin im Militärdienst ist und die nötigen Kürzungen nicht vornehmen kann. Er war sich übrigens der Parallelen der Zeiten wohl bewußt. In einem Gespräch (14. 5. 70) verriet er, daß man ihm oft gesagt habe, er solle den

«Schweizerspiegel» weiterführen (das bemerkt auch Zollinger in seiner Rezension). Er habe sich das genau überlegt und sei zum Schluß gekommen, daß er die Typen und die Situation zu sehr wiederholen müßte, und so sei er bald davon abgekommen. Er habe eben nicht zweimal das gleiche machen wollen.
Es folgt der genannte aufschlußreiche Vortrag «Zur Arbeit am Schweizerspiegel», den Inglin auf die Bitte Carl Helblings und Emil Staigers (den Inglin noch nicht persönlich kennt) im angesehenen Lesezirkel Hottingen hält.[87] (Gekürzt in NJ) Erst jetzt – durch den «Schweizerspiegel», wo Zürich zum schweizerischen Paradigma schlechthin wird, – ist Inglin von der von ihm am meisten geliebten Stadt, zum mindesten von ihren Intellektuellen, ganz als einer der Ihren aufgenommen worden. – In diesem Zürcher Vortrag nennt Inglin Thomas Mann als eines seiner Vorbilder. Er sieht diesen persönlich an einem PEN-Club-Abend. Einige Jahre später, als Thomas Mann aus politischen Gründen zum Teil heftig angegriffen wird, schickt er ihm den «Schweizerspiegel» mit folgendem Schreiben (Thomas Mann antwortet nur mit einer vorgedruckten Dankeskarte): «Hochverehrter Meister, als Sie noch in Zürich wohnten, wurde ich an einem für Sie veranstalteten PEN-Club-Abend von Freunden an Ihren Tisch gezogen und geschoben, vorgestellt und von Ihnen angesprochen. Ich war dem Augenblick nicht gewachsen, er verlief so flüchtig und fruchtlos, wie ich es vernünftigerweise vorausgesehen hatte. Die Freunde lächeln erheitert und bedauernd noch heute darüber; sie wissen, wieviel ich Thomas Mann verdanke, wie vorbehaltlos ich ihn verehre, mit welchem entzückten Einverständnis ich Buch um Buch von ihm lese und wie entschieden ich in einem öffentlichen Vortrag, als ich meine Lehrmeister zu nennen hatte, auf ihn hinwies. ‹Komm, sag es ihm, er ist wieder in Zürich!› raten sie mir jetzt maliziös. Ich werde mich hüten. Dennoch mag ich mich bei dieser Gelegenheit nicht völlig verleugnen, ich sag es Ihnen wenigstens so, hinter der Hecke hervor, und strecke Ihnen, doch nun recht unbescheiden, auch gleich noch mein dickstes Buch hinüber. Ich mache mir keine Hoffnung, daß Sie es lesen werden, ich bin zufrieden, wenn Sie es mit schweigendem Wohlwollen als ein Zeichen der tiefen und uneigennützigen Sympathie hinnehmen, in der man heute in der Schweiz gewiß noch hinter mancher Hecke an Sie denkt. Ihr Meinrad Inglin». (Schwyz, 5. Juni 1947) Auch der alte Inglin erwähnte in Gesprächen den Namen und die Bücher Thomas Manns auffällig häufig, als hätte er ihn täglich noch als Maßstab vor Augen. Er bemerkte oft, wie Thomas Mann in den «Buddenbrooks» von «Krieg und Frieden» beeinflußt gewesen sei und wie Mann betont habe, daß er Tolstoi nicht das Wasser reiche. Ihm gehe es ähnlich mit dem «Schweizerspiegel». Aber eben, Tolstoi habe Weltgeschichte zu gestalten gehabt, «und ich äbe nur d'Schwiz». Der Verzicht auf Größe, das Bekenntnis zur schweizerischen Demokratie, was dem jungen Leutnant Inglin so schwer zu schaffen machte und wozu sich der Autor des «Schweizerspiegels» durchrang, ist ihm noch im Alter bewußt und wird so pointiert: Wer dieses kleine Land porträtiere, müsse mit der Kleinheit des Stoffs auch eine gewisse Beschränktheit im Formalen in Kauf nehmen.
Trotzdem gilt der «Schweizerspiegel» als einer der hervorragendsten und welthaltigsten Zeitromane der schweizerischen Literatur.[88] Vor nicht langer Zeit ist eine besonders angemessene Würdigung des Buchs aus der DDR gekommen. Diese nennt schon «Die Welt in Ingoldau», das «detailreiche, sorgfältig ausgemalte Bild

der Lebensformen einer Kleinstadt vor dem Weltkrieg», «eines der interessantesten Dokumente der liberalen Anschauung» (Reclam-Literaturgeschichte, Leipzig 1971, S. 340). Der «Schweizerspiegel» wird in die Reihe der bedeutenden antifaschistischen Versuche der dreißiger Jahre gestellt; während die Abwehr der nazistischen Bedrohung in der Schweiz sonst ins bewußt Provinzielle gehe in Gehalt und Form. «Über dem Grundriß eines Familienromans wird ein Totalbild des Weltkrieges und der durch ihn ausgelösten Klassenkämpfe aufgebaut; dabei gibt Inglin nicht nur ein bemerkenswert redliches Abbild der Revolution, sondern erfaßt auch den beginnenden Faschismus an seinen Wurzeln.» Gerade diese letzte Bemerkung würde Inglins besonderen Beifall finden.
Von seiten der Politik (anläßlich einer Rede von Nationalrat Leo Schürmann an einer Tagung des SSV im Frühling 1974) wurden die schweizerischen Schriftsteller dazu aufgerufen, wieder einmal unser öffentliches Leben künstlerisch zu gestalten, um der Entfremdung zwischen Politik und Kunst in der Schweiz zu begegnen. Als Vorbild nannte Schürmann den «Schweizerspiegel».

III. TEIL

Konstanz

Privates

Ins Jahr 1938 fallen zwei Todesfälle besonderer Art. Am 4. Januar stirbt im Haus von Frau Abegg Tante Marie Schönbächler, bei der der angehende Schriftsteller lange die einzige Unterstützung gefunden hatte und bei der er sich auch nach dem Skandal der «Welt in Ingoldau» eine Zeitlang versteckt halten konnte, bevor er nach Zürich floh. Wie ungelegen ihm der Tod jetzt mitten in den Abschlußarbeiten zum «Schweizerspiegel» kommt, bezeugt sein Brief an Bettina: «...Sie starb schmerzlos, aber schrecklich langsam, Tage und Nächte lang, und alles wartete hier darauf und ging auf den Fußspitzen und flüsterte nur noch. Vergleiche, Sterbegeschichten und Voraussagen der Todesstunde waren im Umlauf, trübselige Mienen wurden aufgesetzt und Nachtwachen organisiert, während die Sterbende allmählich ein anderes Gesicht bekam, die Augen halbwegs schloß, den zahnlosen Mund öffnete und zu röcheln begann, stundenlang. Prrr! Als epischer Vorwurf verlockend, in Wirklichkeit höchst peinlich. Jetzt sind wir mitten im nächsten Kapitel. Aufbahrung, Todesanzeigen, Leidbesuche, Trauergeflüster und immer noch trübe Gesichter. Und dazu diese Kälte! Ich möchte gern davonlaufen. Hoch lebe die Freude! Hoch die Sonne und Wärme! Hoch die Liebe!...P.S. Wollen wir nicht zusammen nach Ägypten durchbrennen?» (4. 1. 38)
Ungleich näher aber geht ihm der Tod von Tante Margrit Abegg, die er wie seine Mutter betrachtet hatte (am 4. November 1938). Am 3. November schreibt er an Bettina: «...Ich halte mich an meine gewohnte Tagesordnung, aber im Bewußtsein, daß Tante stirbt, und in der beständigen Erwartung, daß man mich ruft, kommt dabei natürlich nichts Ersprießliches heraus. Dieses Warten ist schrecklich. Wenn ich mich nicht in meinen Schildkrötenpanzer zurückziehen könnte, der mir nach den vielen schweren Verletzungen der Kindheit und Jugend zum Schutz erwachsen ist, und wenn ich mir ferner der unabänderlichen Gesetzmäßigkeit des Todes jetzt nicht ständig mit einem sozusagen heitern Einverständnis bewußt wäre, könnte ich dieses Warten kaum ohne Verstörung ertragen. Natürlich aber lasse ich mir von den andern Wartenden immer wieder Bericht geben und manchmal geh ich denn doch auch ins Sterbezimmer. Sie liegt ruhig da und erkennt wohl niemanden mehr; fast immer hat sie die Augen geschlossen. Alle Anwesenden sind der Meinung, daß sie keine Schmerzen spürt und unmerklich einschlummern wird...»
Er wirkt gepeinigt, wie sonst nur beim Tod seiner Eltern. Dieser klugen und selber schreibgewandten Frau hat er sein jahrelanges ungestörtes Schaffen zu verdanken. Überaus fair auch hat sie sich zu Bettina verhalten. Die Wohnung im dritten Stock stand immer wieder zu deren Verfügung. Das einzige, was er von ihr als Störung in Kauf nehmen mußte, galt dem Broterwerb: die Pension Abegg im «Grund». Da-

von hatte er Kinderlärm, es gab aber auch verschiedene merkwürdige Episoden. So etwa berichtet die Tante selber im Tagebuch (1934) von einer Brienzer Pensionärin, die immer wieder, besonders an Feiertagen, glaubte, sie müsse sterben. Dazu wünschte sie sich partout Musikbegleitung von Meinrad Inglin. Viele Male legte sie sich so zu Bett, und «Meinrad stund mit der Geige bereit». Eine andere, eine sechzigjährige Pensionärin, lud im Haus wiederholt zu Verlobungsfesten ohne Bräutigam. Da die Tante selber ironisch von solchen Vorkommnissen berichtet, waren sie wohl auch für den schreibenden Neffen erträglich.
Ihm, seinem Bruder und deren Cousin, Heinrich Eberle in Brasilien, vermacht sie das Haus, den Brüdern Inglin allein den Hausrat. «Wenn die Literarhistoriker sich eines Tages fragen werden, wie dieses Werk (Meinrad Inglins) im herrlichen, alten Lande Schwyz möglich wurde, dann müssen sie jener stillen, aufopfernden und verständnisvollen Frau gedenken, deren unvergänglicher Ruhm es ist, einem wirklichen Dichter ein Heim und damit die Möglichkeit gegeben zu haben, in der Stille seine Werke zu schaffen», schreibt Oskar Eberle, der Theaterforscher und -praktiker in seinem Nachruf. («Bote der Urschweiz» Nr. 88, 8. 11. 38) Sogar ihm, Eberle selber, hatte diese Frau – vielleicht entscheidende – Impulse gegeben: «Der Schreiber dieser Zeilen selber durfte als Bub in ihrer eigenen Stube als Inspizient und Regisseur eines kleinen Spieles, in dem Hindenburg die Hauptrolle spielte, mitwirken.» Außer ihren Tagebüchern und Gelegenheitsgedichten hatte sie auch Stücke geschrieben zu lokalen Anlässen.
Der Tod der Tante und wohl auch der Abschluß des «Schweizerspiegels» mögen Inglin zur Heirat bewogen haben. Die religiösen Rücksichten fallen jetzt dahin; eine bloß zivile Trauung wird möglich. Gemäß den Auskünften von Josef Inglin (21. 5. 71), dem Bruder Meinrads, hätte dieser aus dem «Grund» wegziehen müssen, wenn er Bettina zu Lebzeiten der Tante nur zivil geheiratet hätte. Im Februar 1939 steht die Eheankündigung im Schwyzer Amtsblatt. Sogleich trifft vom Pfarramt (Pfarrer Odermatt) ein Brief ein, der Inglin beschwört,«Ihre Ehe einzugehen als heiliges Sakrament der Familien- und Gattenweihe». Umgehend schreibt Inglin zurück: «Hochwürdiger Herr Pfarrer! Ihre Bitte kann ich leider nicht erfüllen. Meine künftige Frau und ich werden uns zivil trauen lassen. Ich bin mir vollkommen klar darüber, was wir tun, und darf es mit gutem Gewissen verantworten. Eine kirchliche Trauung, zu der mir jede innere Berechtigung fehlt, würde für mich zu einer Unwahrhaftigkeit, die ich immer verabscheut habe. Ich bin voller Achtung für die katholische Kirche, aber ich gehöre nicht mehr dazu. Ich weiß, wie Sie darüber denken und begreife Ihre Sorge, aber ich kann es nicht ändern. Bitte glauben Sie, daß das alles andere eher denn Leichtfertigkeit ist.» (22. 2. 39)
Er erhofft sich aus Bettinas Anwesenheit Erleichterungen. Nach dem Erscheinen des «Schweizerspiegels» treffen jetzt von überall her Vorlesungseinladungen ein, Journalisten kommen nach Schwyz zu Interviews: «Ich bin froh, daß ich mich in solchen Fällen bald hinter Dir verstecken kann.» (7. 1. 39 an Bettina) Vorderhand will er überallhin abwinken. «Das Buch ist da, fertig, die Leute sollen damit zufrieden sein; ich werde doch diese abgestreifte Schlangenhaut nicht noch monatelang hinter mir herschleifen, und ich will nicht nachklenken wie eine Glocke, die schon geläutet hat. Später, wenn Du neben mir auftreten kannst und auch etwas davon hast, werden wir uns solche und ähnliche Späße leisten. Je weniger ich mich heute

der Neugier aussetze, desto besser sind unsere künftigen Aussichten. – ... Oh Freiheit! Die Flucht nach Paris ist fällig.[1] Wann heiraten wir?» Das wird Bettina in ihrer Ehe geradezu meisterlich verstehen: Ihren Gatten vor Störungen zu schützen. Bei guten Freunden soll sie durch ihre Konsequenz sogar zuerst Anstoß erregt haben. Die Monate vor der Hochzeit gestalten sich besonders hektisch. Im Haus herrscht Lärm nach dem Tod der Tante. Verwandte sind da. «Der rücksichtsvoll gedämpfte Lärm... macht mich morgens beim Planen im Bett und abends am Schreibtisch nervös...» (10. 2. 39 an Bettina) Offenbar legt er sich am Morgen im Bett den Fortgang der Arbeit zurecht. Er pflegt ja immer erst um 10 Uhr aufzustehen. Der Vortrag beim «Lesezirkel Hottingen», zu dem er sich schließlich doch entschlossen hat, macht ihm zu schaffen. «Ich käue und widerkäue mit entschiedenem Widerwillen den Stoff zu dem Lesezirkel-Vortrag.» Inglin empfindet immer eine unglaubliche Hemmnis beim Schreiben außerhalb seiner eigentlichen dichterischen Tätigkeit. Das Auslandschweizer-Sekretariat will ihn zudem für eine Vortrags-Tournee in Deutschland gewinnen. Da lehnt er sofort ab. «Ich brauche vorläufig nur Ruhe und Sammlung, und zwar endlich ohne Aufschub. Den Betrieb überlasse ich denen, die es nötig haben. Später werden wir ja auch wieder auftreten.»

Die Hochzeit, eine Feier im ganz kleinen Kreis, findet im März 1939 in Risch statt. Nur wenige Photos sind erhalten, darunter eins, welches das Paar mit grotesk abwehrenden Gesten vor dem Eingang der Kirche zeigt. Die Abwehr soll nicht mißverstanden sein. Bettina war immer religiös. Nur waren beide eigenständig genug, institutionellen Druck abzuwehren. – Die folgende Seite im Photoalbum V[2] zeigt das Ehepaar im «Grund», inmitten von Hochzeitsbuketts und den alten schönen Kommoden, Buffets und Porträts der Tante Abegg. Bettina – sie ist dreiundvierzig Jahre alt – wirkt jugendlich, mit hellem, krausem, aufgestecktem Haar und rundlichen Wangen; Meinrad, der jetzt sechsundvierzig ist, ist noch immer hager und schmal im Gesicht. Seine Statur wird erst im Aktivdienst fülliger werden. In diesen Räumen wohnen sie nun bis zum Lebensende, ohne daß sich Inglins Lebensweise wesentlich ändert. Nur sein Arbeitszimmer, das zur Zeit des «Schweizerspiegels» im Giebel gleich unter der «Pestkammer» lag, wird er später nach unten verlegen. Mit Bettina, der selbständigen, berufstätigen Frau, die er seit achtzehn Jahren kennt und liebt, hat Inglin die Chance, das Leben im Abseits zu führen, das – wie er immer gesagt hat – seiner Schriftstellerei allein zuträglich ist. Er erhofft sich vermehrt Frieden und Sammlung. Wie er kurz vor seinem Tod dem Freund Hans von Matt gestand, hat er dies erst in der Ehe wirklich gefunden. Die Zeit bis dahin sei doch zu sehr von Spannungen belastet gewesen, die sich zwischen dem Paar aus der ungeklärten Beziehung ergeben hätten. Bettina teilt seine Berg- und Natursehnsucht und gibt ihr sogar viel öfter nach als er. Wann immer sie kann, verreist sie – oft auch allein – mit dem Rucksack oder den Skiern; gelegentlich fährt sie ohne ihren reiseunlustigen Mann ins Ausland.

Für Bettina bedeutet die Ehe eine Umstellung. Zweimal in der Woche fährt sie nach Zürich, um an der «Musikakademie» Violinstunden zu erteilen. Der Haushalt ist eine Mehrbelastung, an die sie sich erst nach und nach gewöhnt. Sie klagt, wenig Zeit zum Lesen und Üben zu haben. Wenn sie von Zürich nach Hause kommt, muß sie aufräumen, und bevor sie wieder geht, kocht sie vor für die Tage, da sie weg ist. Meinrad besorgt den Garten; in den Briefen berichtet er ausgiebig über die Blumen, Stöcke und Bäume. Die gelegentlichen Klagen Bettinas sind mehr Störempfindungen am Rand; sonst überwiegt, wie man aus den Briefen schließen kann, ruhige Zufriedenheit. Sie lebt sich im herrlich gelegenen Haus im «Grund» mit dem ummauerten Garten und dem Blick über weite Wiesen, bis zum See nach Brunnen und in die Urnerberge, sehr rasch ein, so daß sie über «die cheibe Stadt» wettert, wenn sie nach Zürich fahren muß, und davon spricht, daß sie «alle Mauern zusammenschlagen möchte». Da sie in Zürich jeweils übernachtet, geht der Briefwechsel (wenigstens von ihrer Seite) fast unvermindert weiter. Bettina soll sich (laut Bericht von Frl. Helen Weber) in Schwyz um Kontakt bemüht und diesen auch leicht gefunden haben. Sie habe gelegentlich Gäste eingeladen, auch Damen zum Tee. Meinrad sei in solchen Fällen meistens oben im Arbeitszimmer geblieben. Nach seinen Worten ist sie bei den Brüdern Schoeck in Brunnen immer besonders willkommen gewesen. Das schon lange bestehende Inglin–Schoecksche Streichquartett, in dem Bettina die erste Geige spielte, konnte jetzt häufiger zusammenkommen als früher. Mit der Zeit unterrichtete sie, jeweils am Montag, auch in Schwyz. Wie Fräulein Helen Weber, eine besonders treue Freundin des Ehepaars Inglin, mitteilt, muß Bettina, als sie nach Schwyz gezogen war, etwas Strahlendes an sich gehabt haben; es habe ausgesehen, als wäre sie immerfort in ihren Mann verliebt. Ganz ähnlich sprechen ihre Schwestern von der unverwandten Heiterkeit und von der steten Bewunderung Bettinas für ihren Mann. Wenn man ihr mitgeteilt habe, daß man eines seiner Bücher lese, soll sie stets geantwortet haben: «Häsch rächt, chasch nüt Bessers läse.» In ihrer Familie ist Meinrad schon seit längerer Zeit gut aufgenommen, besonders nach dem Tod von Vater Zweifel (1931), dem Prokuristen an der «Eidgenössischen Bank» in Zürich, der oft Bedenken geäußert hatte wegen des unsicheren Broterwerbs seines künftigen Schwiegersohns. Mit besonderer Wertschätzung ist Inglin seiner Schwiegermutter begegnet, die er, wie erwähnt, in der resoluten, aber mütterlichen Frau Barbara porträtiert hat. Ihr war vor allem zu verdanken, daß die drei Mädchen studieren konnten. 1941 ist sie gestorben.

Der zweite Aktivdienst. Blockierungen

In den ersten Ehemonaten findet Inglin endlich eine gewisse Ruhe. Er hätte sie produktiv umsetzen können, wenn nicht schon bald eine neue Mobilmachung ihn von der Arbeit weggeholt hätte. Wahrscheinlich hatte er mit der Erzählung «Güldramont» angefangen, die dominiert wird von den Themen der Flucht aus der Bürgerzivilisation und der jugendlichen Abwehr des Erwachsenendaseins. Es scheint, als habe er nach der Beendigung des «Schweizerspiegels» eine Erholung vom Gegenwartsernst gesucht.

Schon im Mai 1939 leistet er drei Wochen Militärdienst und klagt vor allem darüber, daß man da nie allein sei, abends sei immer «Kameradschaft» befohlen. Die alte Irritation über die gesellschaftliche Umwelt ist wieder da, und im Mai plant er sogar einen Ausland-Aufenthalt für den kommenden Herbst und Winter – ein für ihn erstaunlicher Plan. (Absage an Casino-Gesellschaft Burgdorf, die ihn zu einer Lesung einlädt, 16. 5. 39.) Der Ausbruch des Krieges hat diese richtige, sonst immer selbstgesteuerte Entwicklung heftig und mit dauernden Wirkungen gestört. So notiert er zur Zeit der Mobilmachung (in einem Tagebuch auf losen Seiten, von denen er, wie er schreibt, die meisten jeweils verliert. Das wenige, das er noch findet, stellt er nach Kriegsende zusammen.): «Natürlich werde ich auch diese unerwarteten neuen Dienste so wenig ohne Gewinn absolvieren wie die von 1914–18, aber ich habe nicht mehr so viel Zeit zu vergeuden wie damals und fürchte, mehr zu verlieren als zu gewinnen. Ich habe einen Zuwachs an so robusten Erlebnissen gar nicht nötig.»

Nach wie vor scheint Inglin sein Leben danach zu beurteilen, wieviel es abwirft für die Kunst. Aus solchen Sätzen ermißt man die Besessenheit, mit der er bei aller scheinbaren Nüchternheit am Werk war. Der Lyriker Werner Zemp nannte sie mit Bezug auf Inglin eine «heilige Nüchternheit».[3] Die langen Dienstmonate kosten ihn unerhörte moralische Anstrengung. An einer anderen Stelle des Tagebuchs schreibt er: «Wenn ich im Dienst am Leben der andern schon einmal teilnehme, tue ich es ganz und verzichte auf die innere Distanzierung, die das Erleben hell bewußt, aber damit auch fragwürdig machen könnte. Dies ist der Grund, warum ich so vieles lieber gleich in mich hineinpresse, statt es zu notieren. Trotzdem wird mir in jedem Dienst von einem gewissen Zeitpunkt an bewußt, daß ich nur die Wahl habe, zu meiner Arbeit zurückzukehren und im Geistigen weiterzuleben, oder zugrundezugehen, und zwar buchstäblich, im Laufe weniger Jahre. Die Unerbittlichkeit dieser Alternative läßt sich freilich nicht beweisen und würde mir wohl auch nur von wenigen wirklich geglaubt werden. –»

Außer einigen Plänen (auf die wir zurückkommen) und den wenigen, allerdings vorzüglichen Geschichten um Militärkollegen und Militärereignisse («Die Lawine» zum Beispiel oder «Ein einfacher kleiner Schritt», der von einem Kollegen in Zivil handelt) hat der zweite Aktivdienst thematisch wenig abgeworfen. Allerdings entstehen in dieser Zeit außerhalb der Gegenwartsthematik so vollendete Novellen wie «Die Furggel» und «Die entzauberte Insel».

Als eigentliche «Werke» aber betrachtet Inglin offenbar nur die Romane, wie könnte er sonst bei Kriegsende notieren (Tagebuch «Unerledigte Notizen»): «Seit 1939 habe ich elfmal je 5 Wochen im Durchschnitt als Oblt. und Zugführer Aktivdienst geleistet. Ein paar Tage vor jedem Dienst verlor ich die innere Sammlung und konnte kaum mehr arbeiten; und nach dem Dienst brauchte ich jeweilen wieder ein paar Tage, um mich zur Arbeit zu sammeln, aber die Aussicht auf den bevorstehenden nächsten Dienst wirkte so einschränkend, daß ich nur noch kurze Geschichten planen und ausführen konnte.»

Er berichtet 1945, wie er die übriggebliebenen Notizen und Papierfetzen sammelt und teilweise abschreibt (Tagebuch «Unerledigte Notizen»): «Manchmal versuchte ich während des Dienstes, dies und jenes skizzenhaft oder in Stichworten zu notieren, aber es kam wenig dabei heraus. Von diesen Notizen habe ich einige weggeworfen, andere verloren: hier folgen ein paar zufällige, die mir noch zur Hand sind: 1939 in der Kaserne Bern. Etwa 50 Ter.-Offiziere im Mannschaftsraum, auf Pritschen, wie Rekruten. Die anfängliche Entrüstung darüber. Wie dann aber diese 40-50jährigen Männer, Juristen, Kaufleute, Beamte, Direktoren, ein Regierungsrat etc. kameradschaftlich auftauen, sich erstaunlich jung gebärden, tolle Abende veranstalten und einander Streiche spielen, als ob sie 20jährige Aspi-

ranten wären – dies wird jedem unvergeßlich bleiben. Wir fragen uns, ob die Landsturmoffiziere von 1914 dazu fähig gewesen wären – und bezweifeln es.–»
Gerade diese Beobachtung während des ersten Kadervorkurses deutet eine gewisse Veränderung in Inglins Beurteilung der Gesellschaft an. Zwar ist er lange schon kein Revolutionär mehr, und eine tolerante Skepsis gehört auch weiterhin zu seiner Weltanschauung. Mehr und mehr aber akzeptiert er nun die Vertreter eines etablierten schweizerischen Bürgertums und fühlt sich zugehörig. Verschiedene Gründe dürften diese vorsichtige Integration bewirkt haben. Er hat das – weithin anstoßerregende – langjährige Verhältnis zu Bettina legalisiert. Mit den beiden letzten Romanen, «Die graue March» und vor allem «Schweizerspiegel», hat er sich endlich den Ruhm erworben, der in den Augen der Öffentlichkeit auch sein Schriftstellerdasein legitimiert.
Dazu kommt, daß er jetzt als Oberleutnant auf Offizierskollegen stößt, die ein hochgeachtetes ziviles Leben führen und ihm freundschaftlich entgegenkommen. Der für Inglins späteres Leben wichtigste Mann ist der um zwei Jahre ältere Winterthurer Jurist Dr. Gottfried Stiefel. Er ist zuerst Oberleutnant wie Inglin. Eigentliche Freunde werden sie im Frühlings-Wiederholungskurs 1939 (Schwyz und Arth). Stiefel ist ein energischer Mann, bleibt aber bei aller entschieden patriotischen und militärischen Einstellung ein offener, freier Geist. Nicht wenige der imponierenden, großbürgerlich gesetzten Herren in Inglins späterem Werk dürften einige seiner Züge tragen. Er sagt von ihm in den Notizen, daß ihn gelegentlich nur noch sein «Hauptmann und Freund Stiefel mit diesem Dienst versöhnt».
Inglin will nicht zuletzt seinetwegen bei dieser Truppe bleiben und den Posten eines Pressechefs (Stab Ter Kdo 99), der ihm Ende Juli 1939 angeboten wird, nur dann annehmen, wenn sich sonst wirklich niemand dazu bereitfindet. Auf den 1. Januar 1940 wird Stiefel Kommandant der Ter Füs Kp II/146. Er berichtet, Inglin sei ihm, dem Vorgesetzten, immer «mit absolutem Takt» und «absolut vornehmer Haltung» begegnet. Nie habe er die Freundschaft zur eigenen Protektion ausgenützt. Auch die übrigen besonders geschätzten Dienstkameraden waren alle Juristen, unter ihnen Dr. Fridolin Holdener von Luzern und Dr. W. Keller-Staub von Zürich (letzterer ist das Vorbild für «Ein einfacher, kleiner Schritt»).
Im Mai 1940 rückt die Truppe wieder für zwei Monate ein. Inglin notiert vor allem Beobachtungen in der Natur: «Mai/Juni 1940. Dienst auf der Furka. Der Wechsel von Schneestürmen und strahlenden Tagen. Die Größe der Landschaft. Das brütende Schneehuhn. Der Hase auf dem Furkahorn. Mein Ausflug zur Albert-Heim-Hütte.» Auf der Furka-Paßhöhe, im Vorsommer 1940, hat sich, wie Dr. Stiefel berichtet, die Geschichte vom «Fiebertraum eines Leutnants» zugetragen. Inglin hat sie anschließend an diesen Dienst im Sommer geschrieben, auf Wunsch von Stiefel aber noch nicht veröffentlicht, da im dargestellten pedantischen Major ihr gemeinsamer Bataillonskommandant Hess genau porträtiert war. Erst 1961 wird sie erstmals in den «Schweizer Monatshefte» herauskommen.
Gestaltet ist darin die Auseinandersetzung zwischen einem sturen Vorgesetzten, dem Major, und einem auch im Dienst menschlich, freiheitlich und vernünftig denkenden Untergebenen, dem Zugführer. Unschwer erkennt man das Selbstporträt. Dieser «war kein geborener Kämpfer, er besaß mehr Geist und Phantasie als Muskelkraft und Rauflust, aber er zwang sich zu jeder geforderten Leistung, hatte sei-

nen Zug in der Hand und war ein ausgezeichneter Schütze». (EZ II, 201) Die Rüge muß er aber einstecken, und nur im Fiebertraum wird ihm herrliche Gerechtigkeit zuteil. Die Geschichte ist in der sachlich kargen Sprache des «Schweizerspiegels» verfaßt, aus der dann die Träume des Fiebernden aufbrechen und einen rhythmisch bewegten Raum der befreienden Genugtuung und der öffentlichen Anerkennung des durch repressive Anmaßung geschändeten Individuums schaffen. Die Gestalt des Leutnants, der vernünftig und gemeinschaftlich denkt, unterscheidet sich von einer berühmt gewordenen gegenteiligen Figur, die Inglin nur wenig später geschaffen hat, vom «Schwarzen Tanner». Dieser pocht uneinsichtig auf seine allerpersönlichsten bäuerlichen Rechte und muß in einem langen inneren Prozeß erst zum Verständnis der Gemeinschaft, des Staates gebracht werden.

Die Lungenentzündung des «Leutnants» hat damals auch der Zugführer Inglin durchgestanden; es ist eine Krankheit, die ihn nicht selten heimsucht und auffälligerweise oft dann, wenn er der äußeren Situation sich nicht mehr gewachsen fühlt. (Das zeigt sich besonders deutlich im folgenden Jahr, auf seiner Vortragsmission in Deutschland.) Ihm, der auf die giftigen Invektiven dieses Vorgesetzten nur mit «Haltung» reagieren kann, bleibt bloß Flucht in die Krankheit. Sonst, im zivilen Leben, ist es ihm wohl gegeben, unannehmbare Zumutungen mit rasch auffahrendem Zorn zurückzuweisen.

Auch die übrige Charakterisierung des Leutnants stimmt mit dem Autor überein. «Er hatte seinen Zug in der Hand»: Dr. Stiefel betont, die Soldaten hätten Inglin gern gehabt. Obwohl sehr gewissenhaft, sei er kein Drillmeister gewesen, eher etwas zu large in dieser Hinsicht. Seine Stärke lag im Felddienst, in der Gefechtsausbildung. Eine ausgesprochen taktische Begabung, eine überaus präzise Beurteilung der Geländelage hätte sich bei ihm immer wieder gezeigt. Auf den langen Gebirgsmärschen, die er allem anderen vorzog, hielt er stets nach Wildspuren Ausschau. «Herr Oberlütnant, e Losig», habe man oft aus der Mannschaft rufen hören.

Daß Inglin Humor hatte und Wohlwollen spüren ließ, habe ihn besonders beliebt gemacht. Auf einem langen Marsch (über den Ricken nach Henau) habe er den ermüdeten Tambour ersetzt und bis zum Schluß selber getrommelt (wie früh er trommeln lernte, erzählt er im «Werner Amberg»).

Auf einem anderen Marsch ließ er sich bei einem Halt vor einem Haus einen Stuhl geben, setzte sich und begann zu lesen. Alle hätten gelacht. Solches habe er sich leisten können ohne jegliche Einbuße an Respekt. Autorität aber habe er gebraucht, weil er Stiefel als Kommandant ablösen mußte, wenn dieser in seiner Funktion als Militärrichter weg war.

Auch war er selber, wie jener «Leutnant», ein ausgezeichneter Schütze. Er hat nach dem Krieg auf eine Anfrage hin darüber Auskunft gegeben. (Ich möchte diese gerne zitieren, da er sie mir eigenhändig übergeben hat, aus der berechtigten Angst, daß ich wenig Sinn und Verständnis dafür haben möchte. Ganz ähnlich hat er 1971 Dr. Stiefel noch gebeten, mir doch ja eingehenden Bescheid zu geben über das Militär, da dieses sonst in der Lebensbeschreibung zu kurz käme.)

«Es fällt Ihnen auf, daß in meinem erzählenden Werke da und dort geschossen wird, und Sie vermuten richtig, daß auch der Verfasser mit Schußwaffen umzugehen wußte. Ich habe gern geschossen, häufig Schützenfeste besucht und viele Lorbeerkränze oder Kranzabzeichen errungen. Meine schönsten Erfolge sind in meinem dienstlichen Schießbüchlein verzeichnet. In der Rekrutenschule, 1913, wurde ich Zweiter von 99 schießenden Rekruten und erwarb mir die Berechtigung zum Tragen des Schützenabzeichens, in der Unteroffiziersschule wurde ich Erster von 64 schießenden Unteroffiziersschülern. Später, als Offizier, suchte ich mit Vergnügen die Schießtüchtigkeit meiner Leute zu fördern und brachte bei Wettkämpfen im Bataillonsverband auf 300 m meinen Zug wiederholt in die vordersten Ränge. Im jährlich wiederkehrenden obligatorischen Bundesprogramm und im Feldschießen erhielt ich nach der ersten silbernen Medaille und 16 Ehrenmeldungen als höchste Auszeichnung des Schweizerischen Schützenvereins die vergoldete Feldmeisterschaftsmedaille. Im freiwilligen Schießwesen stand ich beim innerschwyzerischen Schützenbundschießen unter mehreren hundert Schützen einmal im ersten, beim Mythenbundschießen zweimal im ersten Rang. Trotz diesen und anderen Erfolgen aber habe ich mich an keinem Schützenfest um die kantonale oder die eidgenössische Meisterschaft bemüht, da hing mir der Kranz denn doch zu hoch, und so kann ich nicht als Meisterschütze gelten.»

(Erbetene Auskunft. Abschrift 1953)

Zur Schilderung des weiteren Verlaufes des Aktivdienstes sei vorerst das Tagebuch herbeigezogen: «1940, als Deutschland im Begriffe schien, uns zu überfallen», war Inglin bereit, «den Zivilisten in sich zu überwinden, um den Tod nicht fürchten zu müssen... Wir wurden auf höheren Befehl durch den Feldprediger bearbeitet (Generalabsolution)». Aber auch hier – wie im Ersten Weltkrieg und im «Schweizerspiegel» – kommt es zur beklemmenden Entspannung des «vorzeitigen Gefechtsabbruchs». Und es wartet seiner jetzt in der Aufgabe, Interniertenlager zu bewachen, ein «äußerst widriger Dienst». (Winter 1940/41) «Ich bin Chef des Franzosenlagers in Seon und des ihm angegliederten ehemaligen Straflagers Niederhallwil. Für mich und alle übrigen Ortschefs äußerst widriger Dienst. Wir haben diese und andere Lager von einem Urner Bataillon übernommen, dessen Offiziere völlig entmutigt waren. Es ist eine französische Kompagnie mit dem vollen Kader, mit allen Kennzeichen einer geschlagenen Truppe. Als düsterer Hintergrund die Niederlage einer ganzen, ehemals großen Nation. Die Disziplin ist nur mit Mühe notdürftig aufrechtzuerhalten. Die französischen Offiziere haben keine wirkliche Autorität mehr. Der befohlene tägliche Ausflug, und wie die Leute sich weigern, die besseren Schuhe verstecken etc. Der schandbar besudelte Abtritt im Schulhaus wird geschlossen und dafür im Freien eine Latrine gebaut. Folge davon: starke Zunahme nächtlicher Ausflüge. Schwierigkeit der Kontrolle: Wenn ich Zimmerverlesen mache, ertönt bei jedem Namen ein ‹présent›, aber wenn ich nachzähle, fehlen regelmäßig einige, die von Kameraden als anwesend gemeldet wurden. Ich gehe von Mann zu Mann, lasse den ersten Falschmelder, den ich erwische, drei Tage einsperren und erlebe einen allgemeinen Protest dagegen.

Die Lebensgier dieser Leute; wie sie verbotenerweise den Mädchen nachlaufen, von denen viele dafür zu haben sind. Verhöre aufgegriffener Paare im Wachtlokal. (Er kann nicht deutsch, sie nicht französisch, aber sie haben sich doch gefunden.) Damenhosen als Fetische im Stroh. Die Theatergruppe meines Lagers, die auf Gastspielreisen vor allem den Weibern nachstellt und verboten werden muß. Der unterdrückte Zorn unserer Wachtmannschaft, bei allem Verständnis. Mein Gefreiter K., der nachts um drei Uhr einen hübschen jungen Burschen aus dem Bett

eines 15jährigen Mädchens holt. Die drei angeheiterten Senegalesen eines Nachbarlagers, die mit Messern aufeinander losgehen. Mein Arrestlokal ist immer besetzt und genügt oft nicht mehr. Ein französischer Unteroffizier mit Kolonialerfahrung meint zu meinen erfolglosen Bemühungen: ‹Entweder müssen Sie mit eiserner Faust auftreten oder der Sache ihren Lauf lassen; mit einer andern Methode erreichen Sie bei diesen Leuten nichts.› Ich darf weder das eine noch das andere tun und muß auf höheren Befehl auch weiterhin einen taktvollen Mittelweg einschlagen. Es sind hauptsächlich Südfranzosen, viele aus Marseille, und es gibt auch brave Burschen darunter, gesunde anspruchslose Bauern und Landarbeiter, die sich vorteilhaft von den Städtern abheben, aber gerade deshalb weniger auffallen, während die städtischen ‹gaillards› mir beständig zu schaffen machen. Das Schlimme und Unordentliche ist immer und überall lauter, aktiver und auffälliger als sein Gegenteil. Es fehlt aber auch an der allgemeinen Haltung. Das französische KP-Büro (neben meinem Büro) mit seinem Ordonnanzenbetrieb, seinen kläffenden Hunden, seiner Sauordnung – ein sehr menschliches Büro, aber keines, von dem aus man eine solche Kompagnie im Zaun halten oder in den Krieg führen könnte... Ich weiß manchmal nicht, soll ich weinen oder lachen. –
Etwas später bin ich Chef eines Polenlagers in Gebenstorf. Die Polen sind bedeutend disziplinierter als die Franzosen, dabei stumpfer, aber ebenso scharf auf Weiber. Der sture Schweizerfourier, den Oberleutnant St. nachher einsperren läßt... Der starke und betonte soziale Unterschied zwischen polnischen Mannschaften und Offizieren.
(Meine Erfahrungen in den Franzosen- und Polenlagern eventuell später im Stil der ‹Mißglückten Reise›.)»
Um diese Interniertenlager hat Inglin einen ganzen Zyklus von Geschichten geplant, die aber nicht ausgeführt wurden.
Die erste wäre die «Leni»-Erzählung geworden. Leni steht zwischen einem Polen, einem Russen und einem Schweizer, erhört alle drei, bekommt ein Kind und weiß nicht, von welchem. Alle wollen sie heiraten, und jetzt muß sie selber entscheiden, in einer jener krisenhaft zugespitzten Entschluß-Situationen, die für die Novellistik dieses Autors charakteristisch sind. Inglin bemerkt dazu, daß sich die einfachen jungen Leute verschiedener Nationen viel stärker glichen als man gewöhnlich annehme. Die unterscheidenden Züge zeigen sich nicht beim Einzelnen, sondern in der Art des Zusammenlebens, in den gesellschaftlichen Konventionen also. Das wollte er hier unter anderem zeigen – eine zur Zeit der geistigen Landesverteidigung nicht eben gängige Ansicht!
Eine andere «Internierten»-Geschichte hätte sich um einen Simulanten gedreht, der im Lager durchschaut wird und unter falscher Behandlung sehr zu leiden hat, sobald er einmal wirklich erkrankt. Sein Vorgesetzter entschuldigt sich bei ihm.
Eine dritte hat den «verschiedentlich dekorierten französischen Offizier» zum Helden, der seine Orden aber nicht mehr trägt: «Er erzählt mir seine Geschichte:
Ich: ‹Warum erzählen Sie mir das?›
Er: ‹Es kommt im neuen, künftigen Frankreich, auf das wir hoffen, vor allem darauf an, daß wir wahr, ehrlich, aufrichtig sind, den Sinn für das Wirkliche haben usw. Ich will bei mir selber damit anfangen, ich verzichte auf meine Dekorationen, die ich nicht verdient habe.›

Ich: ‹Ich habe immer gehofft, daß Frankreich wieder auferstehen wird, jetzt will ich daran glauben.› »

Man erkennt Inglins Bedürfnis, die schweizerische Armee als Stoff auszuwerten. Sie gleicht aber in Atmosphäre und den täglichen Problemen zu sehr jener des Ersten Weltkriegs. Die Internierten böten wertvolles, gleichsam europäisches Material. Doch wagt er sich nicht an den Stoff heran und schiebt den Plan vor sich her.

So drängen sich denn wieder heimische, auch mehr unpolitische Stoffe vor: «Güldramont», «Die Furggel», «Die entzauberte Insel», etwas später «Die Lawine» – halbwegs ein Rückzug.

Daß Inglin mit den Internierten-Geschichten einen Zyklus plant, steht nicht einzig da bei ihm in dieser bedrängten Epoche: Er dachte noch an einen anderen Zyklus, den er «Waldbruder-Geschichten» nannte, näher aber nie beschrieben hat. Die Form des Zyklus sollte wohl Ersatz bieten für einen großangelegten Roman.

Die Internierten-Geschichten hätten berichtartig erzählt werden sollen, wie die ausgeführte «Mißglückte Reise nach Deutschland»[4] (1941 entstanden, aber erst 1963 gedruckt in den «Schweizer Monatsheften»), die bis ins letzte Detail auf realen Erlebnissen des Autors beruht. Auch in diesem scheinbar trockenen Reiserapport wird das Dokumentarische unversehens hinübergeleitet in eine Poesie, die nicht weniger präzise dasteht, aber in einen Rhythmus sich aufschwingt, der noch andere Wirklichkeiten erfaßt als die äußerlich gegebenen und konventionell verbürgten. Darin liegt einer der Hauptreize von Inglins Prosa überhaupt.

Wie kam es zu dieser Reise? Anders als aus selbstauferlegtem helvetischem Pflichtgefühl kann man den Entschluß nicht erklären, im Februar 1940 im Auftrag des Auslandschweizer-Werks der Neuen Helvetischen Gesellschaft nach Deutschland zu fahren und in Schweizer Kolonien verschiedener Städte Lesungen abzuhalten. Schon 1939 hätte er da als Bundesfeierredner auftreten sollen. Damals konnte er noch mit besserem Gewissen ablehnen. Jetzt nach Kriegsausbruch erhält er vom Leiter der Gesellschaft, Dr. Werner Imhoof, dem nachmaligen bekannten Korrespondenten der «Neuen Zürcher Zeitung», einen beschwörenden Appell, und er sagt zu. Das Auslandschweizer-Werk fürchtet, daß die Deutschland-Schweizer ihrer Heimat unter der Nazi-Herrschaft verlorengehen. «Wir laufen sonst Gefahr, tausende von Schweizern gesinnungsmäßig zu verlieren, einfach, weil die Schweiz sich bei ihnen von einer Wirklichkeit immer mehr zu einem Propaganda-Nebel verflüchtigt.» Inglin soll einen Film mit Schweizer Bergszenerie vorführen und aus eigenen Werken («Schweizerspiegel» und «Jugend eines Volkes») vortragen. Wieder, wie schon oft bei ähnlichen Anfragen, gibt er zu bedenken, daß er persönlich nur «in sehr bescheidenem Maße Durchschlagskraft» besitze. (Brief an Dr. Imhoof vom 8. 1. 40) Im täglichen Umgang mißtraute er merkwürdigerweise der Wirkung seines konzentrierten Geistes und seiner integren Sachlichkeit, obwohl sie bei jedem Gespräch nachhaltig spürbar wurden.

Wie sich die Reise abgespielt hat, berichtet Inglin selber (an Dr. Imhoof, wahrscheinlich spätes Frühjahr 1940):

«Mein Mißgeschick hat sich folgendermaßen abgespielt: Auf der Nachtfahrt nach Berlin begann ich gegen Morgen im nur noch schlecht geheizten Wagen halbschlafend zu frösteln, ohne sehr darauf zu achten. In Berlin wurde mir auf der Schweizer Gesandtschaft von Herrn Legationsrat Kappeler die Aufenthaltsbewilligung für die im Paßbegleitschein nicht angeführten Städte telefonisch bei der zuständigen Amtsstelle erwirkt; um diese Bewilligung aber auch wirklich in die Hände, d. h. auf den Paßbegleitschein zu bekommen, mußte ich den ganzen Nachmittag herumlaufen, herumfahren und herumstehen, bei naßkaltem Wetter in ungeheizten Wagen und Lokalen. Abends im Hotel hatte der abgehärtete Schweizer Hirtenknabe 38,7 Fieber. Am nächsten Morgen waren es nur noch ca. 37,5. Da reiste ich dann nach Leipzig, pflegte mich dort ein wenig und ließ am 20. Febr. vor etwa 50–60 Schweizern mit allem Erfolg meinen Vortrag los. Nachher legte ich mich für zwei Tage und Nächte ins Bett, leider ohne meine Erkältung und ein beständiges leichtes Fieber richtig zu überwinden. Ich mochte dieser Geschichte aber nicht allzuviel Gewicht beimessen, da ich dergleichen auch schon ein paar Tage lang mitgeschleppt hatte. Jedenfalls war mir mein Auftrag wichtiger, und es schien mir ganz unmöglich, ein so lang und mühevoll vorbereitetes patriotisches Unternehmen um eines Fröstelns willen einfach abzublasen. So fuhr ich denn nach Hamburg. Dort wurde mir abwechselnd heiß und kalt, und ein paar Stunden vor dem Vortrag hatte ich 39,5. Herr Generalkonsul Zehnder, der vom ersten Augenblick an wie ein Vater für mich gesorgt hat, schickte mich ins Bett. Die Abend-Veranstaltung fand ohne mich statt, nur mit dem Film. Ich entschloß mich noch, unter allen Umständen rechtzeitig nach Frankfurt weiterzufahren. Der Generalkonsul ließ mich indessen durch seinen Arzt untersuchen und blies daraufhin meine ganze übrige Vortragstournée ab. Dies unerwartete Mißlingen des schönen Plans war für mich deprimierend und ärgert mich noch heute, übrigens nicht meinetwegen, da es ja in keiner Weise um meine Person ging.

An die ersten 6 oder 7 Tage im Hamburger Hotel erinnere ich mich nur noch ungenau. Ich phantasierte ein wenig, schwitzte viel und hatte hohes Fieber bis 40,7. Der Arzt, Prof. Dr. Happel, stellte Lungenentzündung fest, der Generalkonsul telegraphierte meiner Frau, die dann rasch in Hamburg eintraf, und fand nach langem vergeblichem Suchen einen Spitalplatz für mich.

Ich war schneller wiederhergestellt, als man anzunehmen wagte, und erwog dann, ob ich nicht meine Vortragsreise nun doch noch zu Ende führen könnte. Dies erwies sich als unmöglich, und der Arzt riet dringend ab. Tatsächlich spüre ich die Folgen der Krankheit auch heute noch deutlich genug, ich habe einen rauhen Hals und bin so schwach auf den Beinen, daß ich keine halbe Stunde herumgehen kann, ohne müde zu werden. (Für mich als Berggänger und Jäger ein höchst befremdender Zustand.)

Soviel über mein Mißgeschick. Im Folgenden noch ein paar Bemerkungen anderer Art. –

Die Auslandschweizer in Deutschland schicken sich offenbar gefaßt und ruhig in die dort herrschende Lage. Man hört aus ihren Kreisen wohl gelegentlich Klagen über ungenügende Ernährung, und das Verbot der Lebensmittelpakete aus der Schweiz ist für viele von ihnen eine große Enttäuschung; im allgemeinen finden sie es nicht angebracht, inmitten des deutschen Volkes, das alles sozusagen schweigend erträgt, sich als Ausländer unliebsam bemerkbar zu machen.

Gesinnungsmäßig kommen unter ihnen alle Schattierungen vor, vom hundertprozentigen Schweizer bis zum völlig Gleichgültigen oder gar Abtrünnigen. Um diese Verschiedenheit der Gesinnung auch nur annähernd in Prozenten auszudrücken,

dazu bin ich zu wenig informiert. Die Konsulate und Spitzen der Kolonien in Leipzig und Hamburg lassen nichts zu wünschen übrig, und die Besucher meiner Leipziger Vorlesung gehören, wie die Besucher der jeweiligen Schweizer Abende überhaupt, eben nicht zu den Lauen oder Zweifelhaften, die es besonders nötig hätten. Auf unserer Gesandtschaft in Berlin schien mir, unter uns gesagt, bei aller persönlichen Zuvorkommenheit der Herren, das Interesse an der ganzen Veranstaltung am geringsten. Dagegen war es sehr rege, ja freudig, bei den Vereinsvorständen und Konsulaten, so weit ich eben sehen konnte. In Leipzig wurde ich telefonisch gebeten, doch unbedingt auch nach Dresden zu kommen; in der dortigen Kolonie habe man Ihren Vorschlag von Anfang an begrüßt, doch habe dann in der Vereinbarung leider dies und jenes nicht geklappt. (Die Dresdener Zusage scheint bei Ihnen nicht eingetroffen zu sein.) In Hamburg erschien etwa zehn Stunden nach meinem Gefechtsabbruch in meinem Hotelkrankenzimmer ein Schweizer aus Frankfurt, der wenigstens den Film haben wollte; er bekam ihn und reiste damit sofort nach Frankfurt zurück...»
Und so ganz ihm gemäß hat Inglin den Vortrag eingeleitet, mit dem er immerhin in einigen Städten aufgetreten ist: «Liebe Landsleute! Das Auslandschweizer-Sekretariat der Neuen Helvetischen Gesellschaft schickt mich zu Ihnen. Ich habe diesen Auftrag nicht gesucht und vor meiner Zusage zu bedenken gegeben, daß ich kein routinierter Vortragsredner sei, sondern höchstens dies und jenes aus eigenen Büchern vorlesen könne. Das Sekretariat wollte dies verantworten, und so müssen Sie nun wohl oder übel mit mir vorlieb nehmen. Schriftsteller- oder Dichtervorlesungen sind ja nicht immer erfreulich. Es gibt ein Publikum, das sich wenig um die Vorlesung kümmert, sondern nur neugierig feststellen möchte, ob der Autor irgendeines viel gelesenen Buches wirklich so ein Wundertier sei oder auch nur ein Mensch. Das ist für den Vortragenden peinlich. Was nun diesen heutigen Abend betrifft, so wollen wir uns jedenfalls dahin verständigen, daß ich Ihnen nicht mich vorführe, sondern daß ich zu Ihnen sprechen darf als ein Sendbote unseres Heimatlandes, das auf Ihre staatsbürgerliche und geistige Zugehörigkeit eifersüchtig bedacht ist. In diesem Sinne bin ich gerne zu Ihnen gekommen, und in diesem Sinne darf ich Sie von unserem Vaterland herzlich grüßen.»
In «Mißglückte Reise nach Deutschland» werden die geschilderten unauffälligen Tatsachen der Vortragsfahrt dann so beleuchtet, daß sie zeitgeschichtlichen Aussagewert erhalten. Er stellt sich darin über alle eindeutigen Meinungen, auch über ein einseitiges Schweizertum; der vorsichtig abwägende, verstehende, ideologiefeindliche Geist des älteren Inglin tut sich kund, auch in der Beurteilung Deutschlands. – Die Diktatur hätte ihn damals aber doch unauffällig beinahe umgebracht. Diese Deutung der Krankheit legt er nahe. Ausgeliefert einem undurchsichtigen Machtapparat in Berlin, wo er in den endlosen, verdunkelten Hades-Gängen der Verwaltungsgebäude seinen Visa nachjagt[5], ist er der Selbstentfremdung nicht gewachsen und entzieht sich mit Fiebern der Bemächtigung. Er reist nach Leipzig, liest vor, und die wie immer zuvorkommende Betreuung durch die Leiter seines Verlags läßt ihn fast genesen. In Hamburg aber, vor der nächsten Lesung, legt er sich endgültig ins Bett. «Mir schien, ich sei in eine durchsichtige, glühende rote Kugel eingeschlossen, die alles Unwesentliche, Störende von mir abhielt, ich fühlte mich darin tief geborgen und war bereit, ohne Widerstreben nun so zu verlöschen.» (NJ 198)

Dieses erlösende Erlöschen bedeutet eine Verlockung, die Inglins Helden in ihren schmerzhaften Konfrontationen mit der Außenwelt immer wieder streift oder der sie ganz erliegen: so Albin Pfister im «Schweizerspiegel», dem die Grippe ein willkommener Anlaß ist, sich still von seinen komplexen Problemen zu entfernen, oder den alten Hotelier Jakob Leuenberger in Inglins letzter Erzählung «Wanderer auf dem Heimweg», der glaubt, lange genug ausgeharrt zu haben, und in verschneiten Höhen den Tod sucht. Anderen – etwa dem heranwachsenden Werner Amberg und den Knaben der «Entzauberten Insel» – gestattet der Autor in der Identifikation mit der Natur ein ähnliches, wenn auch befristetes Aufgeben ihrer selbst.
Ein bemerkenswerter Beweis von Inglins Menschlichkeit, die einen aus allen Dokumenten so sehr anspricht, sind die schonenden Briefe, welche er von der deutschen Vortragsreise an seine Frau schickt. Aus Berlin, wo ihn friert und schaudert, berichtet er von «einigen Springereien», aus Leipzig von der Vorlesung, «die mit allem Erfolg glücklich vorbei sei» und wie er jetzt «wohlgenährt nach Hamburg fahre». (20./21. 2. 1940) Von dort teilt er, der 40 Grad Fieber hat, nur mit, daß er «mit einer kleinen Erkältung» sitzengeblieben sei.
Der Arzt findet allerdings, man müsse sofort seine Frau herbeirufen. «Am Abend meines dritten Spitaltages wurde mir mitgeteilt, meine Frau sei hier eingetroffen. Ein paar Minuten später stand sie auf der Schwelle, in den kummervoll fragenden Augen noch die Qual einer langen Reise und noch längeren Ungewißheit über den Zustand ihres Mannes, aber bei meinem Anblick erlöst aufatmend, oder vielmehr zu diesem Aufatmen ansetzend, da sie keine alltägliche Last abzuwälzen hatte und trotz meiner Zuversicht nur allmählich wieder lachen lernte. Von nun an hatte ich mich über nichts mehr zu beklagen.» (NJ 200) Dieser Passus in «Mißglückte Reise» sei die schönste Huldigung, die Inglin seiner Frau dargebracht habe, und diese habe sie auch als das empfunden (so Bettinas Schwester, Ida Zweifel).[6]
Der Aktivdienst bringt eine neue Intensivierung des Briefwechsels zwischen dem oft wieder wochenlang getrennten Paar. Inglin kann seitenlang über Blumenfunde berichten, oder er schildert, eher bitterer als in «Die Welt in Ingoldau», ein Fronleichnamsfest: «Fast die gesamte Mannschaft mit der Bataillonsmusik zieht in Viererkolonne vor der Monstranz durch das Kaff...» (22. 5. 40) Immer wieder spricht er von seinem «starken Bedürfnis nach geistigen Erfrischungen», er werde «mißgelaunt, weil es nicht zu befriedigen ist, aber da man im Dienstbetrieb nie recht zum Denken und Fühlen kommt und selten allein ist, überwindet man diese eigenartigen Anwandlungen doch rasch wieder». Oder: «Wir, wir, wir – Ich kann man im Dienst nur ausnahmsweise sein, wenn man es wieder einmal ist, dann hat man Widerstände zu überwinden, um sich in eine straffe Kollektivität zurückzugliedern.» (1940, weiter nicht datiert) – Hie und da nimmt er von fern auch Einfluß auf das neue Leben seiner Frau: «...Die Frau, die Dich zum Tee eingeladen hat, ist harmlos, unbedeutend und Dir nicht angemessen. Ihr Mann ist mir unsympathisch. Ich rate ab, es lohnt sich nicht.» – Bettina beschreibt immer wieder das Haus im «Grund», die reine Luft, den Garten, aber auch die Kälte im Winter. «Es ist sehr still im Haus. Auch die Mäuse sind verfroren. Wenn Du von mir nichts mehr hörst, bin ich's auch.» (Das Haus wird bis zum Tod Inglins mit dem gleichen Mangel an Komfort – ohne Zentralheizung, ohne Badezimmer – bleiben.) Die Briefe Bettinas klingen von Jahr zu Jahr heiterer. Es ist, als ob ihr erst allmählich bewußt würde,

wie stark der gesellschaftliche Druck vorher auf ihr gelastet hat. Gelegentliche Erinnerungen an die vielen Jahre vor ihrer Ehe weisen darauf hin: «...das war zu einer Zeit, da sprödere Menschen uns nicht zusammen einluden.» (15. 1. 45) Der folgende Brief schließt so: «Hat je eine Frau ihren Mann so lieb gehabt, wie ich Dich?» und sie legt noch einen Zettel bei: «Ein strahlender Tag, lichtblauer Himmel, Sonne über verschneiter Welt, leuchtende Berge, Vögel am Futtertischchen und eine liebende Frau grüßen Dich.» (2. 2. 45) Am 30. Januar 1944 berichtet sie, sie habe Hasenspuren gesehen, und sagt ironisch «für Dich ja das Wichtigste des ganzen Briefes». Und wirklich, vor seiner Jagdleidenschaft wird alles andere, in den Kriegsjahren noch vermehrt, unerheblich. Er kommt etwa im Herbst vom Militärdienst und plant, trotz Schlafmanko und langer Abwesenheit, gleichentags in die Berge zu verschwinden: «Montag, Dienstag und Donnerstag geht's noch einmal in die Wälder. Diese drei letzten Jagdtage wirst Du mir doch noch gönnen? Arme Frau! Aber warte nur!» (Oktober 1939) Der 1. August 1941 hat sich in Inglins Gedächtnis besonders eingeprägt. Auf höheren Befehl mußte er auf dem Benkener-Büchel bei Uznach aus «Jugend eines Volkes» vorlesen (aus dem Kapitel «Die Schlacht»). Verschiedene Photos zeigen die Truppe, konzentriert zuhörend, hingelagert auf der Wiese. Inglin steht lesend in einem freien Halbrund. Er selber konnte den Auftritt nie erwähnen, ohne darauf hinzuweisen, daß verschiedene Zuhörer sich offenbar gelangweilt hätten (eine Überprüfung der Photos ergibt, daß auf einem einzigen ein Soldat im Vordergrund den Kopf in die Hand stützt und zu schlafen scheint). So verletzlich ist Meinrad Inglin, ein immerwährender Werner Amberg, im Grunde stets geblieben.
Erfreuliches hört er vom Verlag, der in den ersten Kriegsjahren berichtet, daß der «Schweizerspiegel» in zweiter Auflage verkauft sei, daß eine neue vorbereitet werde, sich aber aus Zeitumständen verzögere. Der Roman hat sich, trotz des Krieges, gerade in Deutschland, wie der Verlag meldet, sehr gut verkauft.
Die Urlaubsmonate von 1940 bis April 1941 verwendet Inglin «zähneknirschend» für die Umarbeitung seines ersten Romans «Die Welt in Ingoldau». Der Staackmann-Verlag legt Wert darauf, das ganze Inglinsche Werk zu betreuen. Er bittet bei Kriegsanfang um die Erlaubnis zum Neudruck dieses Romans; Inglin liest das Buch wieder, ist bestürzt über das Zuviel an Material, die «Fülle», und beginnt zu feilen und zu streichen. Das ist der Anfang der vielen Umarbeitungen, die er ungern leistet, da er lieber Neues schreiben möchte. Andererseits wird er durch das Militär an jedem großen Projekt (eben auch am erwähnten Interniertenlager-Zyklus) gehindert, was wohl der Grund gewesen ist, daß er sich auf das Neufassen überhaupt eingelassen hat. Von April bis Juni 1941 ist er mit dem Tippen des veränderten Manuskripts beschäftigt, was er wie immer selber besorgt. Ende Juni muß er unerwartet für sechs Wochen einrücken. Er schickt mit folgendem Brief das neue, gegenüber dem Original viel magerere Manuskript ab: «Über den Unterschied der alten und der neuen Fassung wollte ich Ihnen zu Ihrer Orientierung etwas ausführlicher berichten als mir jetzt noch möglich ist. Die Änderungen betreffen vor allem Gehalt und Stil des Romans, also weniger die Form im ganzen, als im einzelnen. Auf Ihr Urteil bin ich selbstverständlich sehr gespannt und nehme gern auch allfällige Änderungsvorschläge entgegen. Weitere Streichungen und Vereinfachungen würden mir aber schwer fallen, da jetzt sozusagen jeder Faden in dem dichten, frei-

lich nicht auf den ersten Blick erkennbaren Gewebe wichtig ist. Zum Beispiel sind gewisse, scheinbar geringfügige Kindheitserlebnisse im ersten Teil insofern wichtig, als sie die genau bedachten Ansätze einer psychologisch begründeten, bis zum Schluß streng durchgeführten Entwicklung bilden.» (20. 6. 41)
Der Verlag bittet den Autor nach Leipzig, damit die vielen stilistischen und andern Fragen gemeinsam geklärt werden können. Den vom Krieg heimgesuchten Deutschen kommen die Probleme der hier geschilderten Jugend offenbar plötzlich veraltet und vorkriegsmäßig vor. «Ich glaube, es liegt in der Natur der Sache selbst, im Wesen der hier im Mittelpunkt stehenden Jugend, daß man mit einem solchen Stoff niemals zu einem unwiderruflichen und endgültigen Abschluß kommen kann. Sie haben in dieser Neufassung mit jener erstaunlichen Unerbittlichkeit und sprachlichen Zucht und Reife, die Ihnen seit dem ‹Schweizerspiegel›[7] eigen sind, allen Überschwang, alles Zufällige und Breite des ersten Entwurfs entfernt, und doch habe ich nicht den Eindruck, daß schon eine ganz endgültige Form erreicht ist. Es ist nicht mehr das Alte, und doch noch nicht das Neue.» (15. September 1941. Diese letzte Bemerkung Dr. Martin Greiners mag den Anstoß gegeben haben, daß Inglin «Die Welt in Ingoldau» 1964 noch ein drittes Mal vornimmt.) Inglins Antwort vom 5. Oktober 1941 lautet:

«Lieber Herr Dr. Greiner,
ich setze mich ziemlich ratlos an die Schreibmaschine, um Ihnen doch endlich auf Ihren Brief zu antworten und für die Anteilnahme zu danken, mit der Sie sich auch um die ‹Welt in Ingoldau› wieder bemühen. Meine erste Reaktion war ungefähr so: Was, ich soll noch einmal ändern, nachdem ich an diesem Roman schon dutzendmal geändert habe, noch einmal Wochen oder Monate dafür hergeben und stärker lockende Dinge zurückstellen, nachdem ich dies zähneknirschend ein Jahr lang getan habe? Meine damals rasch entworfene, nicht abgeschickte Antwort begann: ‹Ich bin von meiner Vorlage nicht losgekommen und wollte es auch nicht, ich wollte kein neues Werk schreiben, sondern das alte verbessern, und ich weiß, daß heute, in diesem mächtig dröhnenden Heute, das ganz andere Dinge zur Diskussion stellt als persönliche innere Entwicklungen, ein Hauch des Vergangenen darüber liegt. Sind Sie sicher, daß dies auch morgen noch so sein wird?›
Aber vielleicht wird es wirklich auch künftig so sein, und Sie hätten recht, mir Änderungen vorzuschlagen. Wollen wir also die Geschichte liegenlassen oder wenigstens die Herausgabe verschieben? Zur Zeit fehlt mir die innere Bereitschaft, über Änderungen zu diskutieren, und vorläufig komme ich nicht nach Leipzig. Ich werde das Manuskript aber in diesem Jahre noch einmal durchlesen, und ich würde es sehr begrüßen, wenn Sie mir schriftlich wenigstens kurz und andeutungsweise die Stellen nennen könnten, die vielleicht einer anderen Lösung bedürften. Sie brauchten nichts zu begründen, sondern, wie gesagt, nur kurz anzudeuten, ich würde begreifen, wie's gemeint ist.»

Greiner schickt seine Notizen, Inglin liest den Roman erneut durch und schreibt dann die folgende Antwort: «Bei einer abermaligen Prüfung des Romans, die ich auf Ihren Brief hin unternahm, kam ich jedoch wieder zur Einsicht, daß mir zu einer neuen, gründlichen Umarbeitung vermutlich noch auf Jahre hinaus alle Voraussetzungen fehlen. Es müßte mir in meinem übrigen Pflanzland schon kein Stengel mehr wachsen, bevor ich jenen alten Acker noch einmal umpflügte. Ich glaube aber doch, daß die Herausgabe zu verantworten ist, sonst würde ich verzichten.»

In seinem Pflanzland wachsen in dieser Zeit so subtil konzentrierte Geschichten wie «Die Furggel» und «Die entzauberte Insel», was den entschlossenen, etwas unmutigen Ton erklärt. Am 26. August 1942 kündet Inglin die Ernte dem Verlag an: «Drei oder vier Erzählungen», die im Band «Güldramont» versammelt herauskommen werden. Am 21. Oktober 1942 berichtet er weiter darüber: «Die ersten drei Erzählungen schicke ich heute an Sie ab. Sie haben eine gewisse Verwandtschaft mit ‹Über den Wassern›, vor allem stofflich, darum möchte ich sie gern mit dieser Erzählung zusammen veröffentlichen, die noch gekämmt, gefeilt und stellenweise leicht abgeändert wird.» Die Verleger sind diesmal wieder vorbehaltlos einverstanden.

«Güldramont» erscheint als Vorabdruck 1943 in der «Frankfurter Zeitung» und im Juli als Buch auf Inglins 50. Geburtstag hin.

Er warnt den Verlag davor, dieses Jubiläum aufzubauschen. Ein 50. Geburtstag werfe hierzulande noch keine Wellen. Dann aber berichtet er doch: «Der Geburtstag, von dem ich heimgesucht wurde, ist nach dem Urteil meiner Frau recht erfreulich verlaufen. Ein Teil der Presse scheint zwar den wohl von Ihnen veranlaßten Trompetenstoß in der Schweizerischen Bücherzeitung überhört zu haben, doch hat es so viel Geschenke, Telegramme und Briefe geregnet, daß ich mit der Beantwortung immer noch genug zu tun habe. Als ein Beispiel, das auch Sie interessieren wird, melde ich nur, daß der neue Ordinarius für deutsche Literatur an der Zürcher Universität, Professor Dr. Emil Staiger, Nachfolger des hochverdienten, ehrwürdig langweiligen Professor Ermatinger, mir ‹in tiefster Verehrung und Dankbarkeit› sein Buch ‹Meisterwerke deutscher Sprache› überreicht hat. Ich habe schleunigst mit einem der ‹Güldramont›-Exemplare geantwortet, die zu meiner ganz besonderen Freude eben noch rechtzeitig eintrafen.» (15. 8. 43)

Dies ist der Beginn der langjährigen Förderung, welche Inglin durch Emil Staiger zuteil wird.

Die «Güldramont»-Novellen

Zum ersten Mal wieder seit seinen schriftstellerischen Anfängen (Ausnahme: «Über den Wassern») hat Inglin Erzählungen geschrieben. Sie bringen ihm neuen, fast unerwartet großen Ruhm. «Die Furggel», die ergreifende Novelle um den Tod des Vaters, wird zu seinem bekanntesten Werk überhaupt. Die novellistische Form scheint ihm auf Anhieb zu gelingen; sein Stil ist jahrelang geschult in reduzierender Präzision. Die Form kommt auch seiner Ästhetik, die in diesen Jahren immer mehr zum Klassisch-Geschlossenen tendiert, entgegen. Das hat sich schon im «Schweizerspiegel» insofern abgezeichnet, als er bei allen Bemühungen um die Geschichte nicht so sehr eine historische Chronik, sondern einen gültigen Spiegel vom dauernden Wesen der Schweiz herstellen wollte. Darum kann er den «Schweizerspiegel» jetzt auch in keiner Weise fortsetzen, obwohl es ihm vielfach nahegelegt wird. Der Zug zum überzeitlichen Symbol scheint in dieser Zeit in der Literatur allgemein durch den Überdruck des politischen Geschehens gefördert worden zu sein. Er mag

Zweiter Aktivdienst, Uznach 1941 und Zürich (Muggenbühl) 1942
1. August 1941, Oblt. Inglin liest das Kapitel «Die Schlacht» auf dem Benkener Büchel

Meinrad Inglin (mit Brille) und Albert Gemsch als «Fecker» an der Schwyzer Fasnacht (1949)

sowohl Flucht vor dem fürchterlichen, unsicheren Alltag bedeutet haben, wie auch die Suche nach alten und dauernden Orientierungslinien.

Dieses Zeitlose ist in der «Furggel» die immer gleiche und immer schmerzhafte Abfolge der Generationen. Durch den scheinbaren Zufall im Tod des Vaters tritt die Situation nur verschärft ans Licht. Die Geschichte lebt eindringlich von allenthalben angedeuteten, kaum ausgesprochenen Ambivalenzen. Der Vater gebärdet sich auf dem Berggang mit seinem Sohn zuerst so selbstsicher wie in seinem ureigensten Reich, ein unverwundbarer, herrlicher Schutzgott, dem sich der Zwölfjährige nur beflissen und freudig unterziehen kann. So wie der Vater, mächtig und unerreichbar, daherschreitet, bleibt der Sohn ein unbedeutendes Nichts. In den allerinnersten Kern seines Reichs, ins abschüssige Hochgebirge, nimmt der Vater ihn dann auch gar nicht mit. Er muß gleichsam draußen warten, nimmt aber, alleingelassen, von der väterlichen Welt Besitz: «Der Knabe stand indessen auf dem Furggelgrat und schaute bald die nahe, bald die fernere Umwelt an, hochgestimmt wie ein junger Erbprinz, der das väterliche Reich übernommen hat und vom einsamen Throne aus davon Besitz ergreift.» (GÜ 14)

Er weiß noch lange nicht, daß der große Mann ihn schon verlassen hat – fahrlässig und gleichgültig nur seiner Jagdleidenschaft, also sich selber, hingegeben. Das ist die unausgesprochene Kehrseite zum herrlichen Vater-Monument, das Inglin aufstellt: der Vorwurf souveräner Gleichgültigkeit dem Kind gegenüber. Erst durch diesen Weggang aber wird der Bub erwachsen und kehrt verwandelt zur Mutter zurück: «Er sah weder rechts noch links, er wanderte eilig talaus, das weh und trotzig gespannte Gesicht erhoben, den tränenfeuchten Blick in die Ferne gerichtet; er wanderte in das nächste größere Dorf geradenwegs zur Mutter, die ihn erwartete, und sein leidenschaftlicher Schmerz stürzte in ihre tiefe Erschütterung wie nach einem Ungewitter der wild schäumende Bergbach in den trüb und mächtig strömenden Fluß, der ihn einem größeren Ziel entgegenführt.» (GÜ 22)

Der Knabe trauert einerseits um den geliebten Vater, andrerseits muß er unwissentlich über den allzu Mächtigen triumphieren. Der entscheidende und hier verschärfte Prozeß der Entmachtung des Vaters und der Inthronisation des Sohnes vollzieht sich in einem Raum von grauenhafter Leere: «...dies andauernd gleichgültige und gespensterhaft ergebnislose Huschen und Verwehen rührte dem einsam Wartenden mit kalten Schauern an die Seele. Als aber nach einer weiteren unbestimmten Frist die Nebel unter einem geheimen Druck wieder talwärts wichen, begann ihn auch die klare Gebirgsnacht selber zu ängstigen. Das bleiche Schimmern der Karrenwüste, das geisterhaft in der Dämmerung schwebende Weiß der Schneeberge, die dunkel gähnende Taltiefe und das nahe, starke Glitzern der doch so trostlos fernen Sterne, dies alles erschien ihm immer unheimlicher, je länger es dauerte...» (GÜ 17f.)

Mehr und mehr antizipiert Inglin während des Zweiten Weltkriegs die schmerzhafte existentialistische Philosophie der ersten Nachkriegszeit, ein Grundgefühl, das auch noch den «Werner Amberg» durchzieht. Der Zweite Weltkrieg ist, wiewohl verdeckt, eine der düstersten Lebensepochen Inglins. Er lebt im ständigen Gefühl, seine Zeit zu vertun und innerlich nicht mehr zu einem großen Projekt durchzustoßen. Ein solches kann er aus Selbstschutz gar nicht in sich entstehen lassen, denn sonst müßte er sogleich bis zur Gewalttätigkeit darum kämpfen.

Wie vorher und nachher nie mehr, spricht er in dieser Zeit in seinen Tagebuch-Notizen von «krepieren» und «zugrundegehen im wörtlichen Sinn» (s. Tagebuch), falls die Möglichkeit zur geistigen Beschäftigung (Schreiben) völlig schwinden sollte.

Alle drei neuen Novellen – auch die unvergleichliche «Entzauberte Insel» und die etwas weniger dichte und einheitliche Erzählung «Güldramont»[8] – behandeln peinvolle oder abenteuerliche Adoleszenz-Erfahrungen. Bedeutet dies aber nicht trotz subtilster Kunst doch einen gewissen Rückzug, nicht nur ins Allgemeinmenschliche, sondern auch auf eine schon einmal erreichte Stufe? Bisher hat Inglin immer neue Territorien in Besitz genommen: Schwyz («Welt in Ingoldau»), Berlin und Schwyz («Wendel von Euw»), die Alp («Über den Wassern»), das Hotel («Grand Hotel Excelsior»), die Geschichte der Urschweiz («Jugend eines Volkes»), das Land, das er als Jäger sein eigen nennt («Die graue March»), die Schweiz und die Stadt Zürich im besonderen («Schweizerspiegel»). Im Winter 1939 wollte er einige Wochen oder Monate im Ausland verbringen. Er suchte die dringend notwendige Ausweitung seines dichterischen Geländes. Der Krieg verwehrte diese neue Landnahme, ihm blieb nur der Rückzug. Mit der Bewachung der Interniertenlager hatte sich – wie erwähnt – eine neue Möglichkeit eröffnet, warum hat er sie trotz vieler Planung nicht wahrgenommen? Aus Angst, den Stoff (die Polen, Russen und Franzosen) doch zu wenig zu kennen, oder einfach aus Zeitmangel? Die kurze Erörterung der Lager in «Wanderer auf dem Heimweg» («Erzählungen I», S. 285 f.) wird man nicht als ein thematisches Bewältigen dieses Stoffes bezeichnen wollen.

Einen gewissen Trost in der latenten Verzweiflung muß die überaus günstige Aufnahme des Bandes «Güldramont» bedeutet haben. Inglin bekommt zwar bereits wieder fast keine deutschen Stimmen zu Gehör, nachdem er mit der «Grauen March» und dem «Schweizerspiegel» dort eben erst angekommen ist. Deutsche Leser, die er persönlich kennt, reagieren aber gerade auf diesen Band besonders ergriffen (wie etwa der sonst sehr kritische Dr. Greiner vom Staackmann-Verlag). Es scheint, als hätte der Druck der Ereignisse ein besonders waches Verständnis hergestellt für die scheiternden Fluchtversuche in ein reines Dasein, von denen die Geschichten handeln. (Es sei noch angemerkt, daß der Autor für diese Neuauflage der Erzählung «Über den Wassern» nur wenige, unauffällige Streichungen vorgenommen hat.)

Die Schweizer Zeitungen rühmen den Band begeistert. Korrodi bespricht ihn endlich wieder selber, was dem Autor viel bedeutet. «Güldramont» ist ja politisch nicht so brisant wie der «Schweizerspiegel». Korrodi zitiert zwar, wie immer, sehr lange Passagen, aber man merkt doch deutlich, daß diese Art von Klassizität sein Gefallen findet: «Kein falscher, kein vorwitziger Ton und kein Überschuß der Worte kränkt unser Ohr.» Er preist, daß hier nicht die Jugend von gestern oder heute auftrete, sondern «Jugend in ihrer permanenten Wiederkehr». (NZZ 5. 9. 43, Nr. 1378) – Auch die übrige Schweizer Kritik ist in diesen Jahren ganz auf das ewig Gültige ausgerichtet, was viele Rezensionen beweisen. «Der Bund» betont, «Güldramont» bedeute «keine neue Steigerung im Schaffen des Schwyzers», führe aber «Inglins Höhenlinie entschieden fort». (31. 10. 43 «Der kleine Bund», literarische Beilage des «Bund», Jg. 24, Nr. 44) Der Rezensent weist zu Recht darauf

hin, «Die Furggel» sei symptomatisch für Inglins Schaffen; er liebe es, Zäsuren zu zeigen (es ist das, was Max Wehrli meint, wenn er sagt, daß in Inglins Werken stets «Krisen» gestaltet seien). – Charly Clerc, der sich schon länger besonders für Inglin eingesetzt hat (in der «Gazette de Lausanne»), findet einen «Inglin nouveau; écrivain plus subtile, plus distingué que celui d'hier». (24. 10. 43, Nr. 295) In den «Schweizer Monatsheften» ist es Mary Lavater-Sloman, welche bewundernd über ihn schreibt.
Dr. Hermann Stieger, Jurist in Brunnen und bekannter Innerschweizer Chronist am Radio, dem Inglin seit geraumer Zeit besonders freundschaftlich verbunden ist, berichtet mit dem Dank für «Güldramont», daß er als Mitglied des Kantonsrats die Schwyzer Regierung ersucht habe, einen «Preis der Urschweiz für Kunst und Wissenschaft» anzuregen. (Der «Innerschweizer Kulturpreis» wird erst zehn Jahre später ins Leben gerufen werden, und zwar, wie der alte Inglin – immer etwas hinterhältig triumphierend – zu erzählen liebte, auf seine Anstiftung.)
«Als fruchtbare Zwischenlösung für Urlaubszeiten», die «vielleicht zum intensiven Neuschaffen nicht die Zeit und Sammlung» lassen, schlägt der Verlag eine Neubearbeitung von «Wendel von Euw» und «Grand Hotel Excelsior» vor. Inglin reagiert sehr schnell und lehnt eine Wiederauflage von «Wendel von Euw» ab, «Grand Hotel Excelsior» will er etwas länger prüfen.
Im frühen Winter 1943 (am 5. 12.) trifft Inglin mit der Zerstörung von Leipzig und damit auch seines Verlags ein sehr harter Schlag. Eine Teilauflage der neuen «Welt in Ingoldau» – erst vor Tagen angekommen – wird vernichtet (2000 Exemplare); daneben laut einer von ihm aufgestellten Liste: 1207 «Güldramont», 1487 «Jugend eines Volkes», 763 «Die graue March», 870 «Schweizerspiegel», 1600 «Über den Wassern»: im ganzen fast 8000 Bände. Das Bewußtsein, daß von seinem Gesamtwerk kaum mehr etwas erhältlich bleibt, nachdem es erst seit acht Jahren, endlich, vorzüglich verlegt und betreut worden ist, muß schlimm gewesen sein. Die Sorge, daß seine Bücher auf dem schweizerischen Weihnachtsmarkt neben den Bestsellern, dem eben erschienenen 4. Band von Thomas Manns «Josephs-Roman» und Hermann Hesses «Glasperlenspiel», nicht oder wenig verkauft würden, wird vom Kummer über diesen fast totalen Verlust überdeckt. Der Brief an Direktor Baessler führt indessen keine Klage über sein persönliches schriftstellerisches Schicksal. (7. 1. 44)

Die Komödie

Er erwähnt im gleichen Schreiben ein Stück in Schwyzer Mundart, das aber – trotz unbestreitbarer Qualität – vorläufig ungedruckt und ungespielt bleibt: «Chlaus Lymbacher». Der Titel meint den Wirt des «Ochsen» in einer Kleinstadt, der mit 45 Jahren aus der Fremde heimgekehrt ist. Er hat eine solide, pedantische Frau. Selber gilt er als Schwadroneur; als einer, der «lieber Gschichte erzellä als schaffä» will. Er ist in imponierender und anstößiger Art «nicht vom üblichen Zuschnitt». Das «Wendel von Euw»-Motiv klingt wieder an. Er kandidiert für den Großen Rat

und unterliegt, da das seriöse Nest seinen geheimen Wert nicht erkennt. Inglin legt ihm, dem Phantasten und Lügner, die üppigsten Geschichten in den Mund, Geschichten, die den Poeten in Lymbacher verraten, die auch Inglin gerne erzählen würde, deren er sich aber als «bürgerlicher Schriftsteller» immer etwas schämt. So berichtet Chlaus seinen Gästen, er habe sich irgendwo in Kanada in ein Seehundfell einnähen lassen und dann den Jägern der Konkurrenz Angst eingejagt. (Diese Geschichte ergab den Titel der Uraufführung: «Der Robbenkönig».) Ein andermal brüstet er sich, daß er aus einem brennenden türkischen Palast Haremsdamen gerettet habe, die sich alle in die von ihm aufgespannten Sprungtücher stürzten. Im Krämernest Schiltenau (so heißt Ingoldau diesmal) hat es keinen Platz für einen so freien, heiteren und originellen Geist, er muß gehen, seine Frau läßt sich von ihm scheiden. Er geht, zusammen mit der verschupften Serviertochter Vroni und einem anderen Armen, zu kurz Gekommenen: «Lueg, da unde hockid's zämepfärched und gseend nid emal, daß d'Sunne uufgaad... Lüt, wo kei Gspaß verlydid und nüüd druf hend, wän eine scho vorem Fyraabig faad afe lache... Si hockid da und löfflid ds Läben uus wen en ugsalzni Suppe. De gömmer halt und lönds la hocke. Uuf und furt!» (Seite 60 im Manuskript)
Der Schluß mündet, wieder dem «Wendel von Euw» entsprechend, aus in eine großartige Utopie: Man weiß zwar, daß Chlaus im Zürcher Niederdorf ein billiges Wirtschäftlein übernehmen wird, er aber spricht von einem Hotel-Neubau «us luuter Glas. Da cha d'Sunne dureschyne, es gid dinne zäntumen es Liecht und e Wärmi wie i keim andere Huus, men isch we verusse und isch doch dinne... und nid nur die Ryche, au die eifachere Lüt chönntid drii wone, es wär billig, wills wenig Personal bruchti und schier alles automatisch gieng...»
Der ursprüngliche Stücktitel lautet «Thumes Lymgrueber». Die Korrespondenz darüber ist aufschlußreich; so viel politische Hemmungen würde man in einer freien Demokratie nicht für möglich halten. Inglin schickt das Stück an Dr. Walter Lesch, den bekannten Textautor und Förderer des Schweizer Cabarets. Dieser rühmt die prächtigen Figuren und die dramatische Entwicklung. (13. 12. 43) Der Volksverlag Elgg (Kanton Zürich), der «Bühnenstücke heimischen Ursprungs für die Berufs- und Volksbühne» verlegt, will es drucken. Man ersucht aber noch «maßgebende Spielvereine» um ihre Meinung. Diese fürchten sich tatsächlich vor dem politischen Thema, wie Inglin in einem Brief an Lesch sagt. Und das Manuskript bleibt liegen. Am 3. September 1946 schickt Inglin den «Chlaus Lymbacher» dem Schauspieler Heinrich Gretler: «Wenn nicht Sie den ‹Lymbacher› mit einem guten Ensemble auf einer ordentlichen Bühne spielen können, liegt mir wenig an einer Aufführung. Für Dilettanten- und Dorfbühnen ist er nicht geschrieben.» – Gleichzeitig interessiert sich der Redaktor der «Neuen Zürcher Nachrichten», Wilhelm Zimmermann-Schweizer, für das Manuskript, als «langjähriger Leiter der Freien Bühne Zürich» und «alter Freund der Volksbühne». Inglin schreibt ihm (20. 11. 46): «Heinrich Gretler hat das Stück gelesen und mir darüber geschrieben, es habe ihm Eindruck gemacht, und er sei erstaunt, daß sich noch niemand ernstlich darauf eingelassen habe. Ich selber bin nicht so erstaunt darüber, ich habe das Ding wieder in die Schublade geworfen und mich entschlossen, nicht länger damit zu hausieren und von der Mundart künftig die Hände zu lassen, da sie über die Dilettantenbühne hinaus offenbar keinen Boden gewinnen kann. An einer Aufführung

mit unzulänglichen Mitteln liegt mir nichts.» – Walter Lesch wollte allerdings noch nicht aufgeben. Am 22. Juli 1949 berichtet die «Neue Zürcher Zeitung» über «Saisonprojekte des ‹Theaters am Neumarkt›» (Nr. 1504), welches zur Heimat des Cabarets Cornichon geworden ist. Neben dem Cabaret will man das Kammertheater fördern und prominenten Kleinkunstbühnen Gastrecht gewähren. Für «die erste Mundartkomödie des Erzählers Meinrad Inglin» aber möchte man laut der Zeitungsmeldung «ein geeignetes Ensemble» zusammenstellen. «Mit Einwilligung des Autors findet die Uraufführung im ‹Theater am Neumarkt› statt.» Das Vorhaben zerschlägt sich auch diesmal. – Auf eine spätere Anfrage des Dramaturgen Dr. Reinhard Trachsler vom Zürcher Schauspielhaus (1953) gibt Inglin zunächst eine ablehnende Antwort. Dann aber muß er das Manuskript doch nochmals eingereicht haben; denn am 18. Oktober 1954 schickt es Trachsler an den Verfasser zurück mit der Begründung, es lasse sich vermutlich nicht befriedigend realisieren. – Außer Jakob Bührers «Volk der Hirten», Paul Hallers «Marie und Robert» und Albert J. Weltis «Steibruch» gibt es in der ersten Hälfte des 20. Jahrhunderts kein deutschschweizerisches Dialektstück von Rang. Mit dem «Chlaus Lymbacher» hätte sich ein weiteres dazugesellt. Die wenigen auffindbaren Daten zeigen, wie eine vorzügliche, aufführbereite Spielvorlage in die Versenkung geraten und dann über zwanzig Jahre verschollen bleiben kann. – Das «Theater für den Kanton Zürich» unter der Leitung von Dr. Reinhard Spörri hat das Stück unter dem Titel «Der Robbenkönig» am 8. April 1976 mit großem, in diesem Ausmaß nicht erwarteten Erfolg in Hinwil uraufgeführt.[9]

Inglin scheint sich überhaupt in dieser Zeit – wie um 1915–17 – wieder mehr um das Drama zu bemühen. Er skizziert ein Stück «Anni», das wahrscheinlich die Qualität von «Chlaus Lymbacher» kaum erreicht hätte. Ein «Dr. A. (Rechtsanwalt, Junggeselle, ca. 40jährig, Typus Stiefel) abends in seinem Wohnzimmer mit Freund Dr. B. (Typ Keller)» sprechen über Anni, die Haushälterin von A., die dieser liebt. B. rät, er solle sie doch einfach nehmen. A. will nicht, weil er sich eine Heirat nicht denken kann. Unterdessen wird Anni von einem Heiratsschwindler verführt und geht schwanger ins Wasser. A. soll den Schwindler verteidigen, kann nicht, tötet ihn und stellt sich der Polizei. Eine Variante wäre die Ermordung des Schwindlers durch Annis Vater.

Als Novelle hätte Inglin diesen gefährlichen Stoff wohl bezwungen, in einem dramatischen Versuch aber mußte er daran scheitern. Die Gattung erträgt solche allgemein psychologisierende naturalistische Stories um die Mitte des 20. Jahrhunderts nicht mehr. «Chlaus Lymbacher» setzt sich angriffig mit der Gesellschaft auseinander und hat deshalb dramatische Brisanz. «Anni» aber wird nur durch eine zufällige Begegnung mit einem windigen Kerl in Gang gebracht. Das Scheitern dieses Plans und die Mühe, den «Chlaus Lymbacher» irgendwo anzubringen, mögen Inglin veranlaßt haben, vom Drama wieder Abstand zu nehmen.

Der Groll gegen die Bürgerlichkeit ist also bei aller Anpassung (besonders als Offizier im Dienst) noch immer wach. Ein sehr bezeichnender Brief an Dr. Martin Greiner, der ihm die Patenschaft für seine neugeborene Tochter übertragen wollte, stützt die Vermutung. Inglin gibt zu bedenken, daß er an Leichenbegängnissen zu Hause bleibe, bei Taufen fehle, Patenpflichten versäume, neue Patenschaften daher lieber nicht eingehe, Geburtstage verpasse, Glückwunschtelegramme zwar plane, aber selten abschicke. «Dieser noch immer nicht überwundene Komplex ist eine Folge meiner langjährigen Abwehrstellung gegen meine verwandtschaftliche und bürgerliche Umwelt, die mich mit einem gewissen Recht nur mißtrauisch in ihren Mauern duldete und ihre Anerkennung davon abhängig machte, ob ich durch Nekrologe, Hochzeitscarmina, Reklametexte, Gratulationen, Kondolationen, Besuche, Vereinsvorstandsmitgliedschaften u. dgl. meine Vollwertigkeit beweisen werde. Ich habe mich darauf versteift, diesen Beweis nicht zu leisten und ein schlechter Bürger zu bleiben. Daraus hat sich diese Empfindlichkeit gegen alle möglichen Ansprüche entwickelt, die mich noch immer in peinliche Situationen bringt; sie ist zwar der Preis, den ich nicht aus Bequemlichkeit oder Eigensucht, sondern um meiner Arbeit willen für meine Unabhängigkeit bezahle; sie wirft aber natürlich ein schlechtes Licht auf mich, da sie sich oft gegen jede bessere Einsicht ganz spontan auswirkt. So wollte ich auf Ihre Bitte mich sofort hinsetzen und Ihnen ungefähr folgendes schreiben: ‹Lieber Herr Dr. Greiner, ich versichere Sie und Ihre Familie meiner ewigen Freundschaft, aber tun Sie Ihrem Kinde nicht das Unrecht an, ihm einen so liederlichen Paten zu bestellen und es dadurch um einen besseren zu bringen!› Meine Frau hat mich daraufhin ausgelacht (in aller Liebe), und ich selber brachte es nicht über mich, Ihnen eine so herzlich vorgetragene Bitte abzuschlagen. Dafür habe ich nun wochenlang um einen Entschluß gerungen, die Antwort hinausgeschoben und mich erst auf Ihren letzten Brief hin, unmittelbar vor meinem Einrücken in einen längeren Militärdienst, dazu aufgerafft, Ihnen wenigstens diese blödsinnige Situation darzulegen. Ich frage Sie, ob ein solcher Mensch es noch verdient, Pate zu sein?»

Die «Lawine»-Novellen. Zum Atlantis Verlag

Der Krieg geht zu Ende, und auf den 31. Dezember 1945 wird Inglin aus dem Ter Bat 146 entlassen und ins Bew Hp 2 SZ versetzt. Der Bataillonskommandant, Major Heß, von dem er sich stets leicht verkannt glaubte (vgl. «Fiebertraum eines Leutnants»), schickt ihm einen Abschiedsbrief, der ihn kaum weniger zu freuen scheint als literarische Ehrungen (er hat mich mehrmals auf diesen Brief hingewiesen; er müsse unbedingt beachtet werden). Heß bedauert, «die geistige und künstlerische Größe» Inglins, seine «geistige Überlegenheit» und den Einfluß seiner Persönlichkeit künftig vermissen zu müssen. «Gerne erinnere ich mich an den Abend in Schmerikon und an die Feierstunde auf dem Benkener-Büchel, als wir der Vorlesung aus Ihren Werken zuhörten und die Kraft Ihres Wortes spürten, die irgendwie unsern Soldatengeist und unsere sittliche Kraft stärkte.» (2. 1. 46) Das ist die direkte politische und sittliche Wirkung kompromißloser Kunst, welche Inglin vor allem im «Schweizerspiegel» und dann in «Ehrenhafter Untergang» angestrebt hat. Schon ein Jahr vor Kriegsschluß hat er sich vom Drama weg erneut der Novelle zugewandt, den Geschichten, welche 1947 im Band «Die Lawine» versammelt werden. Nach dem Zusammenbruch Deutschlands hört er lange Zeit nichts vom Verlag. Ende 1945 ist «Die Lawine» fertig, und er bietet sie dem noch nicht lizenzierten Staackmann-Verlag an, der teilweise in Leipzig und zum andern Teil in

Bamberg weitergeführt wird. Er ist auf das Urteil der Herren Baessler und Greiner sehr gespannt und betont, daß die Geschichten ganz anders seien als jene von «Güldramont». Die Ernüchterung durch den Zweiten Weltkrieg zeigt sich. Vom «Magischen Realismus» ist gleichsam die Magie abgefallen. Er hofft immer noch auf diesen Verlag: «Ich weiß, daß Sie politisch unbelastet sind und unter der Naziherrschaft eine Gesinnung bewahrt haben, die Ihnen jetzt doch freie Bahn schaffen müßte.» Erst am 26. April 1946 kann Direktor Baessler antworten; der Postverkehr ins Ausland war bis jetzt unterbrochen. Daß Inglin ihm den Novellenband anbietet, ermutigt den Verleger beim «schier hoffnungslos erscheinenden Neubeginn». Der Brief braucht über einen Monat, bis er in Schwyz anlangt. Inglin gerät immer mehr in eine Zwangslage. Er möchte dem deutschen Verlag die Treue halten, hat jedoch von verschiedenen schweizerischen Verlegern die besten Angebote. Sein Brief vom 29. Mai kommt am 15. Juli in Bamberg an. Es dauert fast ein Jahr, bis eine Stellungnahme zum Manuskript bei ihm eintrifft.
Baessler und die Lektoren rühmen alle Geschichten der «Lawine» außer der Erzählung «Ausflucht in den Geist». (Unter dem Titel «Rettender Ausweg» wird sie 1953 in der von Traugott Vogel betreuten Bogenheft-Reihe erscheinen, Tschudy-Verlag St. Gallen.) Dieses deutsche Urteil mag mit ein Grund gewesen sein, daß Inglin die geplanten Internierten-Geschichten nicht auszuführen wagte. Ihm wird in der deutschen Stellungnahme insinuiert, daß ihm nur spezifisch schweizerische Themen liegen:
«Es ist merkwürdig, daß die einzige Novelle, die nicht die Schweiz zum Schauplatz hat, sich für unser Gefühl dem Band nicht so organisch einfügt. Ich meine ‹Ausflucht in den Geist›. Die Situation ist für mein Gefühl durchaus richtig gesehen und Ihre Schilderung des Bombenangriffes ist von erstaunlicher Eindruckskraft und Realität, aber für den, der eine solche Katastrophe überstand, war nicht der Angriff selbst mit seiner erschütternden, aber auch aufrichtenden und allen Widerstand weckenden Gewalt das Wesentliche: Viel schwerer war es, die Nachwirkungen zu überwinden, den dann einsetzenden trostlosen Alltag, das kümmerliche Vegetieren in den Ruinen, die tägliche Mühsal des Lebens in Notquartieren. All dies kommt, da Sie nur das Elementarereignis in seiner Wirkung auf den Menschen darstellen, nicht zum Ausdruck. Der deutsche Leser wird dies naturgemäß sehr stark empfinden und Ihnen deshalb nicht so vorbehaltlos zustimmen wie bei den anderen Arbeiten. Wir haben in unserem gegenwärtigen Dasein vielleicht noch nicht den richtigen Abstand zu diesen Dingen; wir sind nicht etwa empfindlich, sondern – leider – eher abgestumpft gegen Elementarereignisse, und deshalb erscheint es mir – auch um der Geschlossenheit des Bandes willen – richtiger, diese Erzählung zunächst auszulassen.» (1. 4. 47)
Am 20. Mai 1947 meldet Inglin den Vertragsabschluß mit einem schweizerischen Verlag; dem Zürcher Atlantis Verlag unter seinem Leiter Dr. Martin Hürlimann. Dieses Unternehmen bietet den vollgültigen Ersatz für den verlorenen deutschen Verlag. Verleger und Autor werden einander die Treue halten. Inglin schreibt an Baessler: «Ich meinerseits habe auf die Lizenzierung und das Erscheinen meines Novellenbandes in diesem Jahre fest gehofft und bisher alle schweizerischen Angebote abgelehnt, obwohl ich mir hier von meinen Freunden sagen lassen mußte, daß ich wie ein alter Kater darbend das abgebrannte Haus umlungere, statt auf mein

Ansehen und Auskommen bedacht zu sein. Nun, ich hatte meine ehrenhaften Gründe dafür. Jetzt habe ich mich aber doch aufgerafft und gestern mit dem Atlantis Verlag einen Vertrag abgeschlossen über die Herausgabe meines Novellenbandes ‹Die Lawine›. Ich melde Ihnen das nicht ohne eine gewisse Beschämung, aber da nach Ihren eigenen Worten noch nicht abzusehen ist, wann ein materieller Austausch zwischen der Schweiz und Deutschland möglich sein wird, glaube ich, ein noch längeres Abwarten aus triftigen Gründen nicht verantworten zu können.» (20. 5. 47) Auf den Winter 1947 kann «Die Lawine» noch just erscheinen; sie gehört, wie Inglin bemerkt, zu den erfolgreichsten Büchern auf dem Weihnachtsmarkt. Er schreibt im Rückblick: «Diese Lawine hat eine Lawine von Ehrungen für mich ausgelöst, während ich vorher zwei drei Jahre lang in einer Wolke des Vergessens wie verschwunden schien. Als Schriftsteller muß man sich offenbar selber in Erinnerung bringen, sonst traut einem niemand mehr etwas zu, auch wenn man die schönsten vergriffenen Bücher hinter sich hat...» (an Carl Baessler, 30. 3. 48)

Aus den «Lawine»-Geschichten spricht zum ersten Mal der noch skeptischer gewordene, im Zweiten Weltkrieg ernüchterte ältere Inglin. Am augenfälligsten zeigt das die Behandlung der Natur. Inglin enthält sich hier jeder Mythisierung, im Gegensatz zu dem zwei bis drei Jahre früher entstandenen «Güldramont». Nur einmal noch, aber dann in der Brechung des Zurückblickenden, wird er der Natur den einstigen erlösenden Charakter zurückgeben: im «Werner Amberg» (1949).

Hier in der «Lawine» reduziert er sie auf ihre bloße, oft gefährliche Faktizität. Daß der Mensch «nur eine Weile noch im Lichte wandelt» und des «dunklen Untergrundes eingedenk bleiben soll» (LA 164): dieses versteckte Memento mori gehört zum Grundton des Buches. Es ist mitbestimmt von der großen Resignation in Europa am Ende des Zweiten Weltkriegs. Eine karge, betont zurückgebundene Leidenschaftlichkeit macht den hauptsächlichen Reiz der neuen Geschichten aus: man denke an das ältere Ehepaar in «Das Gespenst», welches sich wieder findet und «die Fahnen noch einmal gemeinsam flattern läßt», oder an die Liebesbegegnung zwischen dem glückhaften Soldaten Schelbert und der jungen Bäuerin in der «Lawine»:

«Sie berieten eine Weile, erwogen diese und jene Möglichkeit, küßten sich dann zum Abschied und standen in der anbrechenden Dämmerung noch lange fest umschlungen da, während der Schneesturm sie lose wie mit einem weißen Bettlaken umhüllte, nicht fester als die flüchtige Gelegenheit es versprach, die sie im Kopfe hatten.» (LA 13)

Dokumentation (eigenes Erleben, Zeitungsberichte etc.) und dichterische Fiktion halten sich in diesem Buch die Waage. Das eine scheint vom anderen überprüft, korrigiert und im Aussagewert gesteigert zu werden. Auch auf kursierende Schwyzer Geschichten greift Inglin zurück, so soll sich das Begebnis mit dem «Gespenst», dem Ehemann in der alten Rüstung, wirklich im Reding-Haus zugetragen haben; es sei einer Tante Karoline passiert (nach Angaben von Herrn und Frau Holdener-von Reding).

Im Gestänge der Amsteger Eisenbahnbrücke (Kärstetenbachbrücke), über welche die mächtige Staublawine (Geißberglawine) hinwegfegt, ist Inglin selber im Wintermilitärdienst Januar/Februar 1944 herumgeklettert. Er hat es im Tagebuch no-

tiert (Februar 1944): «Dislokation nach Amsteg. Bewachungsdienst. Brückenwachen, gefährliche Patrouillen durch Tunnels, Lawinen. Ich hatte vorher alles zu rekognoszieren; im Gestänge der Eisenbahnbrücke, bei den Minenschlössern, gesteht mir der mich begleitende Oberleutnant, daß sich keiner seiner Kameraden da hinab getraue. Bei uns getraut sich jeder.» – In der Zeitung las man vom Wachtposten, der eine solche lawinengefährdete Brücke verlassen hatte und dadurch wohl seinem Tode, aber nicht der Strafe wegen Dienstverletzung entging.
Inglin entgilt die Pflichtvergessenheit sogar mit einer schicksalsnotwendigen Liebe, deren Gesetz und Ordnung auflösende Sinnlichkeit er in genialer Trockenheit erfaßt.
«Der schwarze Tanner» steht stellvertretend für die nicht wenigen Bergbauern, welche sich im Zweiten Weltkrieg gegen die schweizerischen kriegswirtschaftlichen Verordnungen stellten und über ihren eigenen Grund und Boden wie seit Jahrhunderten selber befinden wollten. Inglin hat auch dafür einen Gerichtsbericht verwendet. Wie in «Jugend eines Volkes» ist die Spannung zwischen an- und eingeborener Eigenrichtigkeit und der Kraft zur Unterordnung gestaltet. Der Staatsgedanke darf in dieser außerordentlichen Zeit siegen, nicht zuletzt vielleicht darum, weil sich Tanner durch Schwarzhandel wirklich verfehlt. Aber Inglins unverrückbare Achtung vor dem bäuerlichen Selbstbestimmungsrecht, gerade in der Innerschweiz, bleibt spürbar. (Wiewohl er um dessen Tendenz zur Sturheit weiß.) Es ist ja dasselbe Recht, das er auf seinem Feld in Anspruch nimmt, und nur in Notzeiten, wie eben im Aktivdienst, unter Schmerzen veräußert. Auch das trotzige und deshalb gefährliche Auf-sich-selbst-Beharren kennt man an ihm. Aber es ist schon so, daß Inglin (auch im Vergleich mit «Jugend eines Volkes») den «anarchischen Ingrimm» (R. J. Humm, 18. 11. 47, Brief an Inglin) gedämpft hat und «alles durch das Licht der Ratio in der Helligkeit hält, wie überhaupt der ganze Band als Hauptsiegel eine bewundernswerte menschliche Vernunft ausstrahlt».
Der Beauftragte für das Anbauwerk in Bern wendet sich im übrigen an die «Zentralstelle für Kriegswirtschaft» in Schwyz und lobt, daß man Inglin für den Stoff begeistern konnte. Offenbar war die Anregung und die Dokumentation direkt von dieser kriegswirtschaftlichen Stelle in Schwyz ausgegangen. Der Berner Chef rügt dann nur, daß – im Vergleich zur Realität – in der Novelle zuviel Brachialgewalt angewendet werde. (7. 3. 45) Auch hätte sich jener Beamte noch etwas mehr Tendenz gewünscht: Irgendwann sollte einer die Einsicht haben, daß Ackerbau auch für den Bergbauern eine «Freude und eine Bereicherung des Berufes» bedeuten könne. Daß er sich also nicht nur für das Volksganze opfert, wenn er den Befehlen nachgibt.
Wenn man stilgeschichtlich vorgehen wollte, ließe sich bis in Einzelheiten feststellen, daß Inglin vom «Magischen Realismus» weg zu einem berichtartigen Sprachverhalten – in auktorialer, «objektiver» Erzählhaltung – tendiert. Dem entspricht auch, daß er wieder vermehrt, wie damals in «Die Welt in Ingoldau» und auch im «Schweizerspiegel«, so schildert, als führe er eine Filmkamera. Da steht beispielsweise zuerst in Großaufnahme der riesige Tanner da, worauf dann das bezeichnende Detailbild folgt: «... im Blick von ungefähr den entblößten Unterarm des Bauern, einen behaarten, tiefbraunen Arm, an dem wie an einem einzigen zähen Sehnenstrang der hochgefüllte Milchkessel hing.» (LA 77)

Die Reaktion Dr. Stiefels[10] auf «Die Lawine» zeigt deutlich, wieso die Freundschaft zwischen ihm und dem Autor so dauerhaft war: «Ich hatte ja den Vorzug, die ‹Lawine›, den ‹Einfachen kleinen Schritt› und ‹Das Gespenst› schon zu kennen. [Entgegen seiner sonstigen Gewohnheit hatte Inglin seinen Kollegen im Militärdienst aus den fertigen Manuskripten vorgelesen.] Ich las aber alles mit größter Freude und bewunderte überall Deine Sprachkunst, Deine dichterische Erfindung und Kraft der Gestaltung der Menschen. Mit dem sich auflehnenden ‹Schwarzen Tanner› habe ich lange, trotz besserer Einsicht, sympathisiert; vielleicht spielte unbewußt ein wenig noch sein Name mit, da ich von meiner Mutter her auch ein Tanner bin.» (23. 12. 47, Brief an Inglin) Das etwas trotzige Selbstbewußtsein Stiefels und sein eigenständiges Denken müssen Inglin stets besonders gefallen haben.
In keiner dieser Geschichten wird die selbständige humane Vernunft als oberstes Entscheidungsprinzip höher bewertet als in «Drei Männer im Schneesturm».[11] Wenn es zum Äußersten kommt, ist sie Herrin über Leben und Tod, und Inglin scheut nicht davor zurück, sie in solchen Fällen analog zu setzen zur Entscheidungsgewalt im Jüngsten Gericht. Werner Weber (es ist die erste Wb-Kritik über Inglin in der NZZ, «Literatur und Kunst», 22. 11. 47, Nr. 2300/50) unterstreicht in dieser Geschichte den «Kunstgriff des Dokumentarischen»: der Bergsteiger, der von zweien nur einen retten konnte und sich für den besseren entschieden hatte, erzählt selber. – In einem kleinen Detail ist die Geschichte sogar autobiographisch, wird die Dokumentation also noch weiter getrieben: Der Held, ein Photograph, erzählt von einem früher erlebten, sommerlichen Schneesturm, jenem am 28. Juli 1926, den Inglin selber mitgemacht und beschrieben hat. Im Jahre 1940 hatte er überdies die Truppe durch einen ähnlichen Schneesturm zu führen. (Vergleiche Tagebuch 1939–1945) Die Idee der Erzählung mag ihm damals gekommen sein. Zur Geschichte «Ein einfacher kleiner Schritt» hat ihn wohl die Erinnerung an einen Brief seiner Frau angeregt (Sommer 1929). Sie, die sonst so Zuverlässige, beschreibt, wie sie ohne weitere Nachricht zu hinterlassen, unmittelbar vor Beginn der Geigenstunden aus der Stadt ausgerissen, ins Land hinter dem Ütliberg verschwunden und erst am Abend wiedergekommen sei. In der Figur des Juristen Vollenweider aber erkannten die Dienstkollegen den übermäßig beanspruchten Zürcher Advokaten Dr. W. Keller-Staub, der allerdings psychisch zu diesem Schritt eben nicht imstande gewesen wäre und dem die Geschichte gewissermaßen ein Gegenbild vor Augen stellt. Seit seinen schriftstellerischen Anfängen hat Inglin Attakken geritten gegen die bürgerliche Berufsfron, die er als menschenunwürdig empfand. (Das Schreiben hat er lange Zeit nicht als Beruf empfunden, sondern als unausweichliche Passion, als Berufung, wie er sich früher ausdrückte.) Die Geschichte wird – wie Emil Staiger schreibt – in Zürich lebhaft diskutiert; man frage sich, ob eine solche Flucht aus der Arbeit überhaupt möglich sei und ob der Schriftsteller nicht das Scheitern des Flüchtlings zeigen müßte. Inglin schreibt zurück:

Schwyz, 15. 9. 47

Lieber Herr Prof. Staiger,
Mit meinem «einfachen kleinen Schritt» wollte ich kein Rezept liefern, sondern einen Einzelfall zeigen, der mir möglich schien und vorstellbar war. Damit habe ich bei städtischen Lesern nun aber offenbar eine empfindliche Stelle berührt; sie wol-

len oder können aus Gründen, die ich übrigens achte, dem geplagten Vollenweider nicht erlauben, sich so zu befreien und erwarten, daß er irgendwie wieder eingefangen werde. Ich habe aber doch stark betont, daß er sich in seiner besonderen Praxis nicht mehr genügend verpflichtet fühlte, ich mußte ihn laufen lassen, meine Geschichte hat nur dieses Motiv. Damit wollte ich allerdings nicht verblüffen, und ich bin über den Effekt, den es gemacht hat, nun selber ziemlich verblüfft und auch betrübt, aber der Schritt ist getan und wird im Novellenband mithinken, den der Atlantis Verlag vorbereitet. Gern nähme ich dafür Ihre Entschuldigung in Anspruch, dass meine Jugend diesmal über die Kritik des Mannes triumphiert habe, aber ich fürchte, man würde mir mit meinen 54 Jahren das nicht mehr glauben.

Im Auftrag von Lazar Wechsler und der Praesens Film AG verfaßt Inglin im Oktober 1946 ein Drehbuch, bei dem früher gedrehtes Filmmaterial über die Schweiz, ihre Landschaften und Industrien, berücksichtigt werden mußte. Er erfindet eine wenig tragfähige Geschichte, die von einem sehr zeitbedingten, für diesen Autor merkwürdig unreflektierten patriotischen Geist erfüllt ist. Im zerbombten Berlin träumt eine ausgewanderte Emmentalerin, Frau Moser-Leuenberger, von ihrer Heimat: sie möchte dorthin zurückkehren. Ihre Söhne – immer noch Schweizer Bürger – folgen ihr nur widerwillig, da für sie Deutschland zur Heimat geworden ist. Der Vater, der schweizerisch-deutscher Doppelbürger war, ist im Krieg gefallen. Die Familie kämpft sich gegen Süden durch und wird am Schluß im heimatlichen Paradies gezeigt. Ansätze zur Diskussion werden – Inglin gar nicht gemäß – sofort wieder fallengelassen, so der Einwurf eines der Söhne, er wolle nicht in einem Schlaraffenland leben, sondern irgendwo, wo er kämpfen und sich durchsetzen müsse. Die Mutter antwortet, daß zur Bewährung eben die Berge da seien. An freien Tagen könne man sich mit guten Freunden treffen und diese bezwingen. Zu so vereinfachten Erklärungen kann Inglin gelegentlich – wenn auch selten – gelangen. – Wechsler lehnt den Plan denn auch ab.

Ehrungen und Freundschaften

Die Anerkennung, die ihm in den Zürcher Literatenkreisen jetzt immer mehr zuteil wird, beglückt Inglin sehr und gilt ihm als Entschädigung für das verlorene Deutschland.[12 13] Die wärmste und auch förderlichste Anteilnahme erfährt er von Professor Emil Staiger, dem Ordinarius für Deutsche Literatur an der Universität. Staiger hatte schon «Güldramont» hoch gepriesen als «schweizerische Kunst des Erzählens, die europäische Bedeutung gewinnt». (Brief an Inglin 14. 7. 44) Daß Inglin hier einen neuen Gipfel erreicht habe, darin seien sich auch seine Freunde einig. Staiger suchte den Autor damals in Schwyz auf und betonte danach: «Es bedeutet mir viel, die Verehrung Ihrer Werke mit der aufrichtigsten Verehrung Ihrer Persönlichkeit vereinigen zu dürfen.» Inglin wird von Staigers Schwiegervater zur Revierjagd ins thurgauische Müllheim eingeladen; er nimmt auch gelegentlich teil am Freitagabend-Zirkel in Zürich, wo er außer Staiger so bedeutende Literaten wie Max Rychner, Erwin Jaeckle, Walther Meier und Werner Weber trifft.[14]

Die Unterstützung, die ihm so von Zürich aus zuteil wird, ist unschätzbar für den «einsamen Wolf hinter den Bergen» (wie er sich R. J. Humm gegenüber einmal nennt). «Die Lawine» stößt auf ein bewunderndes Verständnis, wie überhaupt die bis ins Letzte gestaltete Form der Novelle Staigers Vorliebe entgegenkommt. Dieser begründet sein Urteil in einem ausführlichen Brief, lobt vor allem den «Schwarzen Tanner» als «die novellistische Gestaltung einer echten zeitgenössischen Tragödie» und weist auf das «Antikische in der Zeichnung der Gebärden» hin.[15] Er rühmt die «sprachliche Stilisierung der Gespräche ... sie modeln alles in ein ganz mustergültiges Deutsch, und trotzdem, das ist das Wunder, geht nichts von der bäurischen Schwere und Ursprünglichkeit verloren». So findet Inglin nach dem Krieg, nach den Jahren künstlerischer Einsamkeit und der Zeit, da er «bedrängt mit zusammengebissenen Zähnen» «Die Lawine» schrieb (Brief an Hans von Matt, 4. 2. 48), eine so kräftige Anerkennung, daß er neuen Antrieb findet zu einem größeren Projekt. Ein Plan drängt sich ihm auf, den er schon 1916 im Tagebuch notiert hatte: die Geschichte seiner Jugend. 1949 wird sie unter dem Titel «Werner Amberg» fertig vorliegen.

Zur gleichen Zeit «bürstet, streicht, flickt und feilt» er an der «Jugend eines Volkes» herum, welche 1948, anläßlich der Feier zum hundertjährigen Bundesstaat, neu herauskommen soll. «Letzte Gelegenheit für mich, nachher kann ich mich bis zu meinem Tode ärgern, wenn etwas Schlechtes oder Fragwürdiges stehengeblieben ist. Bei dieser Umarbeit hilft mir keine einzige der vielen Besprechungen des Buches auch nur im geringsten. Ich bin immer viel gelobt und gelegentlich auch angesudelt, aber nie zutreffend kritisiert worden», schreibt Inglin an Hans von Matt. Eine für ihn wichtige Bestätigung gerade fürs Umarbeiten findet Inglin bei Traugott Vogel, der damals noch zu seinen besten Freunden zählt. «Soll man Jugendwerke umarbeiten oder nicht? Dein Brief hat mir bestätigt, daß ich es in meinem Fall tun muß und mit Recht getan habe. Sei gelobt und gepriesen dafür: ... Ich war ziemlich sicher, daß die neue Fassung besser ist, aber ich lege Wert darauf, daß Du meine Meinung teilst und so genaue Gründe dafür anführen kannst. Jetzt habe ich ermutigt auch die ‹Jugend eines Volkes› umgearbeitet. Die Mängel meiner früheren Bücher (und vielleicht auch meiner späteren, hol's der Teufel, ich weiß es noch nicht) kommen vermutlich von meinem Fleiß, von meiner Gewohnheit, täglich zu arbeiten. Bei dieser Methode erlebt man doch viele gnadenlose Tage und stiert sein Pensum dennoch durch. Wenn ich, wie Du, nur eine beschränkte Freizeit hätte, wär ich aber wohl noch schlimmer dran.»

Durch den Einsatz Staigers bessert sich der entmutigende Zustand, unzulänglich rezensiert zu werden. Staiger beschäftigt sich mit Inglins Werken eingehend, und oft, gerade in den Briefen, bringt er kritische Einwände, die der Autor ernsthaft prüft und beantwortet.

Auch der Stanser Bildhauer Hans von Matt, mit dem ihn ja seit den frühen vierziger Jahren eine wachsende Freundschaft, die Freundschaft zwischen Männern in ähnlicher sozialer Situation, verbindet, setzt sich öffentlich für ihn ein. Er bespricht 1945 die Neufassung von «Die Welt in Ingoldau» und analysiert die gemeinsame Lage in der Provinz: ihre einstige Rebellion gegen die Spießer, die sie mit Geistern wie Robert Durrer geteilt hätten, und dann ihre Anerkennung der Bürger im Begriff «Volk». «Das ist die logische Entwicklung aller stark verwurzelten, aber eigenwil-

ligen Naturen. In jungen Jahren sehen sie nur den Menschen, ja nur den Mangel am Menschen und unter den Menschen nur die mangelhaften. Erst später weitet sich der Blick in die Berge und auf den föhngepeitschten See. Dann aber treten Natur und Volk als Einheit hervor.»[16] (Hans von Matt, Rezension der neuen «Welt in Ingoldau», NZZ Nr. 1243, Juli 1945) Ganz ähnlich wird sich Inglin selber zur Situation des Künstlers in der Innerschweiz äußern im Vorwort zur Monographie, die 1949 zum 50. Geburtstag von Hans von Matt erscheint. Der Maler Heinrich Danioth wird da mitgezählt werden, welcher in Altdorf tätig ist – getragen und zerrissen von verwandten Gefühlen: Zustimmung zum Ganzen und Vorbehalt im einzelnen. Auch zu Danioth tritt Inglin erst in den vierziger Jahren in näheren, vor allem schriftlichen Kontakt. Danioth äußert sich begeistert zu Inglins Werken, und es gibt unter seinen Bildern viele, die wie freie Illustrationen dazu wirken. Danioths liebstes Buch bleibt «Die graue March», und er sucht auch in späteren Werken stets, wie er sagt, dessen «mystische Atmosphäre». (Brief vom 31. 12. 47) Mit dem gleichen Brief schickt er Inglin ein Blatt, das «Balmergrätli», und bemerkt dazu: «Es ist mir persönlich das Tor zu jenen Bezirken, wo ich mir Ihre ‹graue March› vorstelle.»[17 18]
Es scheint, als habe Inglin in diesen Jahren das Bedürfnis gehabt, die Welt seiner Freundschaften auszuweiten; so hat er auch erst jetzt Hermann Hesse in Montagnola persönlich aufgesucht (1945), sich mit ihm gut verstanden, ohne aber die Klagereden des erschöpften Dichters billigen zu können.

Schwyz, den 18. Februar 1946

Lieber Herr Hesse,
Die Niedergeschlagenheit, die aus Ihren Zeilen spricht, beschäftigt mich sehr. Mir ist ganz klar, daß Sie unter Schlägen und Enttäuschungen tiefer zu leiden haben, als eine ahnungslose, nach dem äußeren Schein urteilende Welt begreifen kann oder wahrhaben will. Ihre Bemerkung im «Brief an Adele» [NZZ Nr. 229, 10. 2. 1946], daß Sie nicht zu den fröhlichen Leckerlifressern gehören, ist jedenfalls angebracht. Dennoch kann ich mich nicht recht damit abfinden, daß Sie nicht mehr imstande sein sollten, sich zu erholen: Ihre Bücher stehen neben mir im Schrank, ich schaue sie oft an, greife danach und empfinde sie als eines der großen trostreichen Zeugnisse, daß das Wesentliche, Lebenswerte auch aus den verfluchtesten Zeiten emporblüht. Sie haben eine gewaltige und schöne Leistung hinter sich, ein Lebenswerk, das ja keineswegs vernichtet ist, sondern glorreich weiterleben wird, gleichgültig, wieviele Bände vorübergehend noch in Schutt und Asche liegen und wieviele schon wieder zu haben sind. Eine große Leserschaft, die heute Lücken haben mag und morgen wieder geschlossen ist, denkt mit Verehrung und Liebe an Sie. Dabei haben Sie nicht nur gesungen, Sie haben gekämpft und auf scheinbar verlorenen Posten noch tapfer gefochten, und Sie haben schließlich vor dem Höllenspuk dieser Jahre mit Ihrem «Glasperlenspiel» eine Gegenwelt heraufbeschworen, die noch dastehen wird, wenn die trüben Wasser dieser Zeit sich längst verlaufen haben. Nach einem solchen Werk und Leben hat man das Recht zu einem heiteren Alter. Die Weisheit dazu haben Sie jedenfalls. Es scheint, daß Sie aus lauter Gewissenhaftigkeit sich selber dieses Recht nicht zugestehen wollen. Sie sollten es tun!

Ich nehme mir heraus, Ihnen das zu sagen, weil ich in meinem weniger wichtigen Fall auch nicht zu den Bevorzugten gehöre. Sechs Jahre lang bin ich durch den Militärdienst zu meiner Qual immer wieder aus meiner inneren und äußeren Bahn geworfen worden. Ich habe mir vom Zeitverlauf auch sonst nichts erspart und lese jetzt mit Grauen die Nürnberger Berichte. In Leipzig sind rund 8000 Bände von mir verbrannt, darunter Restauflagen von Büchern, die, wer weiß es, vielleicht gar nicht mehr auferstehen werden. Mein Verlag scheint nicht mehr zu existieren, die verantwortlichen Leiter, zum Glück keine Nazi, sind wie verschwunden, und die Honorare, die mein einziges, nicht leicht zu entbehrendes Einkommen waren, sind längst versiegt. Nun sitze ich da und schreibe weiter und lache, wenn ich will – und frage mich, wenn ich an Sie denke, ob ich eigentlich nur so ein ruchloser Optimist bin, der nichts zu verantworten hat.
Lieber Herr Hesse, es fällt mir nicht ein, mich mit Ihnen zu vergleichen, auch wenn ich mir vorstelle, was Sie in meinem Alter waren, aber Sie sollen doch sehen, wie Ihre Resignation auf einen Jüngern wirkt, der Sie hoch verehrt und beunruhigt ist, daß Sie nicht so glücklich sind, wie Sie sein müssten und dürften.
Herzliche Grüße, auch an Ihre Frau!

Ihr Meinrad Inglin

Hesse dankt mit einem mehrstrophigen (vierzeiligen) Gedicht, in dem er sagt, daß er am liebsten zur Welt hinausliefe.[19 20]
Wenn Inglin seine Beziehungen jetzt weiter spannt, so weisen allerdings die Schwyzer Bekannten darauf hin, dass er sich am Wohnort gegenüber den zwanziger und dreißiger Jahren stärker zurückgezogen habe. Viele glauben sogar, der wachsende Ruhm, der Dr. h.c. und der Große Schillerpreis von 1948 hätten ihm nicht gut getan; er sei «stolz» geworden. Aber nicht ein einziger Satz in seiner umfangreichen Korrespondenz könnte diese Vermutung bestärken.
Es mag indessen sein, daß Inglin, aus dem Aktivdienst zurückgekehrt, sich in seiner Heimat wieder neu und wieder definitiver einrichtet und dabei seinem ambivalenten Grundcharakter gemäß, hier eine neue Fremde und Distanz um sich aufbauen muß, um die freie Möglichkeit zur Gestaltung nicht zu verlieren. (Daß er in seinen letzten Jahren den Winter über in Schwyz ein Hotelzimmer beziehen wird, nimmt sich aus wie eine abgekürzte Chiffre für diesen seelischen Sachverhalt.)
Es kommt hinzu, daß er nun über dem «Werner Amberg» sitzt und sich dabei innerlich fast ausschließlich mit einem Schwyz konfrontiert sieht, welches mehr Angst und Einschränkung als Geborgenheit vermittelt. Das vergangene, das gefährliche Schwyz muß für ihn lebendiger und wirklicher werden als das gegenwärtige, bekannte und freundliche.
Am 30. Dezember 1947 wird ihm von Robert Faesi und Carl Helbling der «Große Schillerpreis der Schweizerischen Schillerstiftung» (Fr. 5000.–) angekündigt, die bedeutendste Ehrung, die ein Schweizer Schriftsteller erhalten kann. «Der Blick der Schweiz soll am Neujahrstag auf ihren hervorragenden Erzähler gelenkt werden.»[21] Inglins ergriffene Antwort zeigt, was ihm dieser Preis wert ist. (1. 1. 48)
Die Feier soll unter Zuzug von Behörden und Öffentlichkeit in Schwyz stattfinden, aber Inglin lehnt ab. Der Präsident der Stiftung, Professor Carl Helbling, macht darauf einen neuen Vorschlag: Kleine Feier in einer Zürcher Zunftstube. Am 25.

Februar nimmt Inglin den Preis in der «Meise» entgegen. Seine vortreffliche Rede (abgedruckt in NJ 158) schildert zuerst die schriftstellerischen Anfangsnöte und schränkt dann die in der Laudatio hervorgehobene «ursprunghaft schweizerische Prägung» dahin ein, daß diese mehr Schicksal als Verdienst sei. «Natürlich aber war es viel schwieriger, ein anerkannter, guter Erzähler zu werden, als ein guter Schweizer zu sein.» Den folgenden Schlußpassus läßt Inglin weg, wird ihn aber, modifiziert, 1953 in Schwyz bei der Verleihung des Innerschweizer Kulturpreises wieder aufgreifen: «Irgendein Spötter unter meinen Bekannten wird mir nun zwar sagen: ‹Bis jetzt warst Du ein freier Schriftsteller, Du durftest in Deinen Büchern darstellen und sagen, was Du wolltest; jetzt bist Du abgestempelt und verkauft, dieser Preis ist eine offizielle Anerkennung, die Obrigkeit selber sitzt Dir ja vor der Nase.› Das wäre in der Tat auch für mich ein Grund zum Unbehagen, wenn diese Befürchtung zuträfe. Sie trifft nicht zu, bei uns zum Glück noch nicht. Der Preisträger bleibt in der Schweiz ein unabhängiger Mann, er wird ohne Rücksicht auf seine Auszeichnung auch künftig denken, sagen und schreiben, was er für gut findet und vor seinem Gewissen verantworten kann. Das ist eine Freiheit, auf die man hinweisen darf, weil sie heute in Europa ein kostbares Vorrecht zu werden scheint...» (Manuskript 1948)

Landammann und Regierungsrat des Kantons Schwyz haben zum Schillerpreis offiziell gratuliert und als «Angebinde» Fr. 1000.– geschickt. Inglins Antwort klingt erfreut, und doch ist ein Unterton darin nicht zu überhören, ein Unterton, der aus der bitteren Erfahrung seines jahrelangen Verkanntwerdens aufsteigt: «Wohl besitzen meine wichtigsten Bücher in der übrigen Schweiz und im weiteren deutschen Sprachgebiet eine literarische Geltung, die mich sehr befriedigen muß, und an ehrenvollen Auszeichnungen hat es mir nicht gefehlt, aber die zustimmende Teilnahme der engeren Heimat hätte ich auf die Dauer doch nicht leicht entbehrt. Wem etwas Ungewohntes gelingt, dem ist es meistens eine Herzenssache, wenn auch eine verschwiegene, daß die Familie daheim sich über seinen Erfolg freut.» (An den Regierungsrat des Kantons Schwyz, 24. Februar 1948)

Einer der besten Freunde, der Dichter Paul Schoeck, der nicht eben viel von Preisen hält, schreibt: «Was gilt's, mit dem Preise steigt die Achtung (um mit Busch zu reden). Die Welt von Ingoldau wird ihren Hut mindestens um einen Schuh tiefer senken. (Eine unwesentliche Nebenerscheinung, die auch ihr Gutes hat).»

Unter dem Berg von Gratulationsschreiben, den Inglin, schon gepackt von einer wochenlang dauernden Lungenentzündung, im Januar 1948 noch abzutragen sucht, liegt auch eines vom Vorsteher des Eidgenössischen Departements des Innern, Bundesrat Etter. Hermann Hesse gratuliert, Alexander Schaichet, der Violinist, Ernst Howald, der Zürcher Altphilologe, wie überhaupt verschiedene Vertreter von Universitäten und sogar das Schwyzer Kollegium «Maria Hilf». (Wobei es der Rektor nicht unterlassen kann, ein schützendes Madonnenbild beizulegen.) Inglin steht endlich, durch den Großen Schillerpreis, «im vollen Licht».

Im gleichen Jahr, am 4. Juli 1948, wird ihm anläßlich der Feier zum hundertjährigen Jubiläum der Bundesverfassung auf Verwendung von Emil Staiger von der Universität Zürich der Ehrendoktor verliehen. Im Zürcher Großen Tonhallesaal findet die besonders festliche Feier am Sonntagvormittag statt, wobei «die Spitzen der politischen, richterlichen und kirchlichen Behörden und die Vertreter des

geistigen und wirtschaftlichen Lebens» (NZZ, 5. 7. 48, Nr. 1427) der Schweiz vertreten sind. «Meinrad Inglin, dem Dichter und meisterlichen Darsteller ursprünglichen und heutigen Schweizertums» lautet die Laudatio, die der Dekan der Philosophischen Fakultät I, der Anglist Heinrich Straumann, verliest. Inglin antwortet: «Ich habe mich sehr früh darauf versteift, Schriftsteller zu werden und jahrelang sehnsüchtig gewünscht, zu diesem Zweck an der Universität Zürich studieren zu können. Nach einem wilden Abgang vom Gymnasium Schwyz erwies sich die Immatrikulation in Zürich leider als unmöglich, worauf ich den Weg des geringeren Widerstandes wählte und mich als stud. phil. in Genf, dann in Bern immatrikulieren ließ. Dieses Studium ist mir auch ohne Abschluß zur wertvollen Grundlage einer Bildung geworden, die meine Arbeit entscheidend gefördert hat. Ein akademischer Grad erscheint daher wenigstens meinem ernsten Bestreben nicht völlig unangemessen, auch wenn ich keinen Anspruch darauf erheben konnte. Daß ich ihn nun von der Philosophischen Fakultät der Universität Zürich empfangen durfte, gewährt mir eine ganz besondere Genugtuung.» Im Album der «Lebensläufe von Ehrendoktoren der Universität Zürich» schreibt er: «Nach fast ununterbrochenen, mehr oder weniger erfolglosen schriftstellerischen Bemühungen erschien 1922 mein erstes Buch. Von diesem Jahre an blieb ich mit wechselnden äußeren Erfolgen, immer ohne genügendes Einkommen, unter manchen Entbehrungen, aber mit gutem Gewissen ausschließlich bei der Arbeit, die ich als die mir aufgetragene empfand.»
Die hochgemute Aussage des Studenten Inglin, daß er den Doktortitel nicht auf dem üblichen Weg erwerben müsse, sondern daß ihm dieser einst geschenkt werde, hat sich bewahrheitet.
In Schwyz, wo, mehr noch als anderswo, die Titel gesellschaftlich eine wichtige Rolle spielten, diente er den Inglins, die bis jetzt als «Herr und Frau Oberleutnant» angesprochen wurden, zur meistanerkannten Legitimation. Von daher ist auch eine gewisse Überbetonung des Titels, welche nicht selten kritisiert wurde, zu verstehen.

«Die Geschichte seiner Jugend» («Werner Amberg»)

Nur wenigen verrät er die Arbeit der ersten Nachkriegsjahre. Bettina hat auf Anfragen zu antworten, daß jetzt lange nichts erscheinen werde. Inglin muß sich allein vergraben, sonst kann er nicht arbeiten. Als einer der wenigen wird Gottfried Stiefel in einem aufschlußreichen Brief in den «Werner Amberg»-Plan eingeweiht.

Lieber Gottfried,
...Seit das Vaterland mich in Ruhe läßt, habe ich mich in eine Arbeit hineingebohrt, in einen Roman, von dem ich noch nicht einmal sicher weiß, wie lang er wird, der mich nun aber Tag für Tag so hartnäckig beschäftigt, wie eine fixe Idee den armen Spinnbruder in der Irrenanstalt. Wenn Du einen Berg vor Dir siehst und den verrückten Einfall hast, ganz allein einen Tunnel hindurchzubohren, und Du fängst also an und treibst den Stollen im Schneckentempo Zentimeter um Zenti-

Inglin (Frühe vierziger Jahre)

Inglin mit seiner Frau Bettina und Dr. Gottfried Stiefel im Gamburo Bissone (1955)
Meinrad Inglin und Emil Staiger im Bisistal (1958)
Albert Gemsch mit seinen Hunden – Inglin und Hans von Matt beim Botanisieren

meter vor, Du hast kaum eine Ahnung, wie lang er werden wird, Du weißt nur, daß Du eines Tages damit fertig sein und irgendwo ans Licht kommen mußt, und Du versteifst Dich darauf, jede einzelne Stelle nach einem geheimen Gesetze kunstvoll auszumeißeln, Du gehst zurück, wenn hinter Dir etwas einstürzt, räumst den gemeißelten Schutt schweren Herzens hinaus, stützest die Wölbung, pflasterst die Löcher und vertuschest den Bruch, dann bohrst Du weiter, geduldig Zentimeter um Zentimeter, manchmal freudig, manchmal zweifelnd und gequält, aber immer wie ein Besessener, der gar keine andere Wahl hat – wenn Du Dir das also vorstellst, dann hast Du einen Vergleich für meine Arbeit. Auf meinem täglichen Weg in den Tunnel winken manchmal Versuchungen von allen Seiten. Zur Zeit machen Verwandte von uns in Schwyz Ferien. Sie logieren im Rößli, aber sie telefonieren mir, laden mich zum Essen ein, fahren mit ihrem Wagen bei uns vor, wollen mich zu einer Ausfahrt verführen, und ich kann nur bedauernd den Kopf schütteln. Der Mann versteht mich, aber die Frau hält mich für einen traurigen Verwandten. Erst abends von neun oder zehn Uhr an komme ich wieder an die Oberfläche, und gegen elf Uhr tobt sich meine zurückgestaute Lebenslust vor einem Dreier oder zwei Zweiern beim Zeitungslesen oder Jassen bis Mitternacht aus, nachher lese ich noch daheim ein wenig, gehe so um zwei herum ungern schlafen, erwache zum Entsetzen aller darüber informierten wohlanständigen Bürger zwischen Morgen und Mittag und bin in Gedanken planend bereits wieder im Tunnel, in den ich nachmittags unweigerlich einfahren werde. Wieviel Anpassungsfähigkeit, Verständnis und Geduld eine Frau entwickeln muß, die einem solchen Grubenarbeiter zum Opfer gefallen ist, kannst Du Dir und kann vor allem Deine Frau sich ungefähr vorstellen. Ein Wunder daß wir dabei heiter und im schönsten Einklang bleiben!...

Dein Meinrad Inglin

So arbeitet der Dreiundfünfzigjährige erstaunlicherweise genau nach dem Muster, das er, als er einundzwanzig war, ins Auge faßte. (Tagebuch, 7. 3. 14) «Es drängt mich außerordentlich, meine reiche Jugend künstlerisch zu gestalten. Nur bin ich mir noch nicht klar, ob ich einfach naiv gestalten und erzählen oder ob ich die Geschichte meiner Jugend einer bestimmten Grundidee dienstbar machen soll. Dies letztere scheint mir das künstlerisch bedeutendere zu sein. Ich denke es mir ungefähr so: Ich hebe zuerst hervor, wie ich als Kind naiv und unbewußt und ohne Ich-Bewußtsein mit der Gesellschaft lebe. Dann wie sich der Begriff des Individuums allmählich in mir entwickelt und wie die Eigenart meiner Individualität bedingt, daß ich mich langsam von der mich umgebenden Gesellschaft löse, bis ich endlich ganz einsam dastehe; zuletzt wie ich, da ich mich nun selber gefunden, endlich den mir bestimmten Platz in der Gesellschaft einnehme.» Das ist, sieht man genau hin, der Bogen, nach dem der «Werner Amberg» verläuft: von der Gefangenschaft in Dorf- und Familienautoritäten über Isolation und Selbstbefreiung bis hin zum definitiven Entschluß, ein «bürgerlicher Schriftsteller» zu werden und sich – unter Vorbehalten und mit Distanz – neu zu integrieren.

Inglin wählt hier insofern ein für ihn neues stilistisches Prinzip, als er die Entwicklungsstufen genau markiert und in ausgeklügelten, symptomatischen Ereignissen verdichtet, «Episoden herausmeißelt», wie er im Brief an Stiefel sagt. So gibt es hier kein gemächliches Erzählen, sondern nur den konzentriertesten Schritt von einer symbolisch gesteigerten Begebenheit zur andern. Es sind Inseln, die aus der Vergangenheit herausragen. Sie erinnern in der Art ihrer Anlage an zwei für Inglin bedeutende Vorbilder: Tolstois frühe Erzählung «Aus meinen Kindertagen» und Prousts «A la recherche du temps perdu». Mit ihnen teilt das Buch ein überwaches Wahrheitsbedürfnis und viele entsprechende Themen: Schmerzen und Unsicherheiten, frühe erotische Erfahrung, Auseinandersetzung mit überdimensionierten Erwachsenen.

Von Proust hat Inglin gesagt, daß er sich gegen dessen allzu starken Einfluß habe wehren und die Lektüre abbrechen müssen. Inglin kennt, wie Proust, das verschärfte Erinnerungsvermögen und die Erkenntnis, daß jede Wahrheit zu konkreter Sichtbarkeit gebracht werden muß. (Vgl. Marcel Proust «Auf der Suche nach der verlorenen Zeit», Werkausgabe edition suhrkamp, 1. Band, Seite 244) Das geht bei Proust soweit, daß das intensive Wiedererkennen von Details der früheren Umgebung, der Kirchtürme von Martinville etwa, identisch werde mit der Satzgestalt an sich, daß Form sich bei ihm erst über so Erinnertes überhaupt bilden könne. Inglin mit seiner eidetischen Erinnerungskraft stimmt da sofort zu. So sind auch beide erst über Träume und deren Aufzeichnung zum Wunsch gelangt, Schriftsteller zu werden. (Vgl. «Auf der Suche nach der verlorenen Zeit», a.a.O., 1. Band, Seite 230 und WA 1, 163 f.) Beide Ich, jenes der «Recherche» und das des «Werner Amberg», sind übersensible, an ihre Eindrücke ausgelieferte Kinder.

«Werner Amberg» folgt den Fährnissen eines Menschen, der im Dunklen schwimmt und schwimmt, ab und zu einen kleinen, ins Heitere ragenden Felsen zum Ausruhen, ja sogar zum Feiern erklimmt, dann aber wieder grausam fortgespült wird, bis er Uferzonen erreicht, die ihm endlich Wohnstatt oder doch «ruhige Rastplätze» verheißen. Von da aus, dem endlich errungenen Ort der Ruhe, hält der Erzähler Rückschau auf die frühen Zeiten des Umgetriebenseins, erkennt er das Dunkle, Schwere in seinem Wesen wie in seinem Schicksal, wobei, wie ihm scheint, eines das andere bedingt hat. Die Erinnerungen reichen zum ersten Lebensjahr zurück und sind bis hin zum achtzehnten aufgezeichnet.

Ursprünglich wollte Inglin auch die Jahre 1912 bis 1919, bis zur endgültigen Rückkehr nach Schwyz also, einbeziehen. In Stößen legte er gerade für diese Zeit Material bereit: Testathefte der Universitäten Neuenburg, Genf und Bern, Vorlesungen, Liebesbriefe, eigene Zeitungsartikel. Warum er dann so früh abbrach, hatte verschiedene Gründe. Einmal hätte er auch den Militärdienst im Ersten Weltkrieg einbeziehen müssen, und dieser war eingehend genug im «Schweizerspiegel» gestaltet. Dann ging es ihm im Lauf des Schreibens immer weniger um ein bloßes Erzählen, als um die Analyse des eigenrichtigen Wegs zur schließlichen Selbstbehauptung. Sobald das Ziel (Schriftsteller) feststand, brauchte er dem Buch nichts mehr hinzuzufügen. Rücksichten auf seine Frau, der er den Roman ja gewidmet hat, hätten ihn, so sagte Inglin wie erwähnt, zudem abgehalten, seine früheren «Weibergeschichten» zu veröffentlichen.

Das Sichten der Quellen bis zur völligen Transparenz bewirkt Distanz. Die Gefahr herkömmlicher Jugendgeschichten, das bloße Nach- und Wiederfühlen, ist von vornherein ausgeschaltet. Es geht um die prägenden Ereignisse. Die Gesetze einer «eigenrichtigen» Existenz werden sowohl in scheinbaren Belanglosigkeiten wie in jähen Schicksalswenden gesucht und erhellt.

Man versteht diesen Roman nicht, wenn man ihn als exemplarischen Werdegang liest, als einen Spiegel jener Stufenfolge, die jedes Leben zu begehen und zu bestehen hat. Das Einzigartige dieses Buches liegt vielmehr darin, daß hier einer konstant um die nackte Existenz kämpft, und zwar gerade weil er *nicht* exemplarisch, weil er anders ist als alle andern. Das kann – begreiflicherweise – die Umwelt nicht verstehen. Der Held dieses Romans ist einer, der nur als Schreibender wird physisch überleben können, der dies aber selber so wenig weiß wie die grauen Autoritäten und Instanzen, von denen er umstellt ist. Der «Freiheitskampf», den der Roman nach den Worten des Autors wiedergibt, ist dadurch charakterisiert, daß der, der ihn zu kämpfen hat, fast bis zuletzt nicht weiß, worin seine Freiheit, seine einzige Lebensmöglichkeit besteht. Das durchaus nicht «allgemeinmenschliche», sondern sehr individuelle, fast ausgefallene Lebensgesetz und die eigene Blindheit diesem gegenüber sind dann die Voraussetzungen, unter denen die Polarität von wehrlos-lebendigem Ich und mächtigen, aber erstarrten Autoritätssystemen – nun allerdings durchaus exemplarisch – analysiert und vorgeführt wird.
Inglin hat für den «Amberg» die Quellen so sorgfältig notiert, als gelte es, ein Geschichtsbuch zu verfassen: Briefe, Tagebücher, Photoalben. Außer ganz spärlichen zeitlichen Raffungen stimmt jedes Datum auf den Tag genau. Keine Figur, die nicht historisch richtig wäre: Die überlebenden Verwandten verdanken das Buch denn auch öfters belustigt unter dem Namen, den sie als ihre Tarnung erkannt haben. So ist die Stofftreue unvergleichlich genauer als etwa im «Grünen Heinrich». Gottfried Keller benutzte den Stoff seines Lebens «nicht weil es mein Stoff ist, sondern obwohl es mein Stoff ist». Und Keller zeigt seelische Möglichkeiten Heinrichs in Bereichen, die für ihn selber nie Wirklichkeit geworden sind; so in der Liebe zu Judith.[22]
Für Inglin liegt die letzte Beweiskraft in der Realität, alles bloß Erfundene oder nur Herbeigesehnte ist ihm verdächtig. Von daher ist auch sein in allen Phasen wacher Hang zum Dokumentarischen zu erklären. Er will im «Werner Amberg» nicht etwa das Leben in seinen besseren, nicht verwirklichten Möglichkeiten preisen. Angst und Verzweiflung ist die Grundstimmung, Werner ist der ganz auf sich selber verwiesene, isolierte Einzelmensch. Insofern läßt sich das Buch zur zeitgenössischen existentialistischen Literatur der späten vierziger und frühen fünfziger Jahre zählen.
Aus der Angst und der Verzweiflung, aus der Negation der herrschenden Umstände wird dann zwar der Dichter geboren, und insofern tragen die traurigen Kindheitserlebnisse einen immanenten Zielcharakter und gehen über die existentialistische Einschränkung hinaus. Daß die Ausführung des Plans, Schriftsteller zu werden, dann aber nicht scheitert, ist doch nur einigen Zufällen zu verdanken, so etwa dem rettenden Brief Aburys, der ebensogut einen Tag zu spät hätte eintreffen können. Und Werner alias Meinrad wäre fort gewesen auf einem abenteuerlichen Weg nach Amerika wie einst der lange verschollene Onkel.[23]
Roy Pascal bemerkt (mit Beziehung auf Herbert George Wells vor allem), daß Autobiographien nicht selten in Zeiten der Ermattung, der Ruhelosigkeit und des Verdrusses geschrieben werden zur Objektivierung und damit zur Vergewisserung des Ichs.
Die Vermutung drängt sich auf, daß dem «Werner Amberg» in Inglins Leben, nach

den verbissenen Jahren des Zweiten Weltkriegs und den turbulenten Zeiten der großen Ehrungen, eine ähnliche Funktion zukam.
So sagt denn die mit fiktiven Namen behutsam gefilterte Autobiographie ebensoviel aus über die Gegenwart wie über die Vergangenheit. An verschiedenen Merkmalen läßt sich ersehen, wie sehr hier bereits der moralistische und etwas ängstliche innere Zensor des älteren Inglin das Werk überwacht. Dazu gehört die starke Betonung des solid Handwerklichen an seiner Kunst, die er doch früher – wie Hofmannsthal, George und auch Thomas Mann – als das exklusiv Unbürgerliche verstanden hat. (Daß die schweizerische Kritik, auch Staiger, ihn hier so sehr beim Wort genommen hat, mag dazu beigetragen haben, daß Inglin in der Literatur einseitig als der ehrenhafte, wenn nicht gar etwas langweilige Biedermann dasteht.) Kennzeichnend auch für den erwähnten Zensor ist etwa, daß Inglin genau dann abbricht, als er, abgesehen von den erotischen Erlebnissen, seine damalige aristokratische politische Einstellung gestehen müßte, seine Verachtung des Bürgertums und der Demokratie. Wie leicht allerdings hätte dies alles in diesen Jahren noch mißverstanden werden können!
Daß in den «Amberg» trotz der betont objektivistischen Phase Inglins wieder mehr persönliches Pathos eingeflossen ist, liegt daran, daß er die übliche nüchterne Erzählhaltung in das Ich verlegt und die Distanz zwischen Erzähler und Erzähltem dadurch verringert.[24]
Indem der Zeitabstand zwischen den beiden Ich, dem arrivierten und dem suchenden, immer mitgestaltet ist, wird allerdings auch hier die stimmungshafte Identifikation mit dem Gegenstand zugunsten bewußt geformter Fiktion aufgegeben.
Die schon peinlich genug kontrollierte erste Fassung wird 1969 bei der Überarbeitung noch strenger angegangen. Der Autor drängt auf Verknappung und Ökonomie. Stoffhaft Angereichertes, wie die an sich hübsche Schilderung einiger Bubenstreiche, fällt weg. Gestrichen werden Wiederholungen wie die dritte Feuersbrunst auf der Reise ins Welschland. Dialogstellen und saloppe Bemerkungen, die mehr um des Kolorits willen dastanden, werden gerafft, Perspektivenwechsel ausgemerzt. Da und dort verwandelt sich ein hypotaktisches Gebilde in härtere Hauptsätze.[25]
Die erste Fassung findet – unterstützt von vielen positiven Kritiken – schon in den ersten Monaten einen schönen Absatz.[26] Dr. Martin Hürlimann vom Atlantis Verlag meldet die Auslieferung von 2500 Exemplaren: «Dies ist für ein seriöses Schweizer Buch wohl als ausgesprochener Erfolg zu werten.» (6. 2. 50 Hürlimann an Meinrad Inglin)[27]
Inglin hat auf diese Meldung hin eine ungefähre Rechnung über sein Einkommen gemacht: er verdient 1950 wenige tausend Franken. Ohne Bettinas Lehrstelle an der Zürcher Musikakademie (knapp Fr. 500.– im Monat), ein Haus, in dem er beinahe zinslos wohnt und ein kleines Erbkapital wäre das Ehepaar übel dran. Die beiden leben sehr einfach, müssen aber in diesen Jahren immer wieder auf das Vermögen zurückgreifen, was sie im Hinblick auf das Alter bekümmert. Für die in Deutschland verlegten Bücher erhält Inglin kein Honorar. (Vgl. Brief vom 14. 1. 52 an M. Hürlimann) «Ich habe in Verlagsdingen keinen Finger mehr gerührt und mich, statt zu schwimmen, im Zustand einer allgemeinen Wurschtigkeit sozusagen mit hängenden Flossen auf den Rücken gelegt. Von Staackmann in Leipzig und

Baessler in Bamberg, die ‹Güldramont› und ‹Die graue March› neu auflegten, habe ich seit 1948 nichts mehr erfahren und auch keine Abrechnung erhalten. Im Verlagsprospekt 1952 führt Staackmann, der offenbar die Lizenz wieder hat, nur noch ‹Die Welt in Ingoldau› auf. Dagegen teilt mir nun allerdings die ‹Deutsche Notenbank› aus Leipzig mit, daß Staackmann 3231.– DM Honorar auf mein Konto einbezahlt habe. Die Schweizerische Verrechnungsstelle macht mir keine Hoffnung, daß ich diese Summe auch wirklich erhalten werde.»

Geschichte als Modell: «Ehrenhafter Untergang»

Was Inglins Arbeit anlangt, hat man zum ersten Mal das Gefühl, daß sie durch die finanzielle Notlage beeinträchtigt werde.
1951 fragt die Stiftung Pro Helvetia bei Inglin an, ob er in ihrem Auftrag ein Buch schreiben und dafür einen Vorschlag machen möchte. Er schlägt eine Erzählung über den Widerstand der Schwyzer gegen die Franzosen im Jahre 1798 vor, einen Stoff, den er schon gründlich erarbeitet, aber schon mehrmals «entmutigt beiseite gelegt» hat. «Diese Entmutigung hängt nicht nur mit der Arbeit selber zusammen. Was soll man zu einem Mann sagen, der als anerkannter Schriftsteller, Träger des Großen Schillerpreises der Schweizerischen Schillerstiftung, Ehrendoktor der Universität Zürich, im Jahre 1950 aus dem inländischen Absatz seiner Bücher Fr. 497.– verdient, vom Jahre 1951 noch weniger zu erwarten und seit Jahren aus Deutschland kein Honorar mehr bezogen hat, der dafür sein bescheidenes Kapital aufbraucht, immer mehr mit den Einnahmen seiner Frau aus Violinstunden rechnen muß und sich trotz alledem weiterhin auf das Bücherschreiben versteift? Über diesen achtundfünfzigjährigen Mann hat man kürzlich auf dem Schwyzer Steueramt, wo er sich wegen dieser merkwürdigen Sachlage und Fahrlässigkeit zu verantworten hatte, nur noch den Kopf geschüttelt.» (27. 2. 51)[28]
Inglin stellt diesem bedenkenswerten Passus eine vorzügliche Darstellung des Stoffs von «Ehrenhafter Untergang» voran: «Mich beschäftigt eine Erzählung, die den Kampf der Urschweizer und ihrer Verbündeten unter Aloys Reding im Frühjahr 1798 gegen die Franzosen darstellen soll. Sie wird folgenden Verlauf haben: die Schwyzer Landsgemeinde beschließt den Krieg. Opposition der regierenden Herren. Streit um den General: Reding oder Paravicini? Das Haus Reding. Kriegsvorbereitungen. Die helvetische Regierung droht mit dem Einmarsch. Auszug nach Obwalden, Zug und Luzern. Einnahme der Stadt Luzern. Statthalter Rüttimann. Die Plünderung des Zeughauses. Rückzug aus Luzern. Reding und die Regierung. Panik in Schwyz. Angriff der Franzosen bei Wollerau. Der Kriegsrat in Arth. Die Kämpfe bei Küßnacht. Pater Paul Styger und der Kriegsrat. Pater Marian Herzog. Kämpfen oder kapitulieren? Die Kämpfe bei Schindellegi, auf dem Morgarten und bei Rothenthurm. Verhandlungen mit General Schauenburg. Stürmische letzte Landsgemeinde und ehrenvolle Kapitulation. – Die aktuelle Seite der Erzählung: soll ein kleines Volk vor einer fremden Übermacht wehrlos kapitulieren oder nicht? – Die Erzählung hält sich an den historischen Verlauf der Ereignisse und beruht auf einem gründlichen Quellenstudium. Dieses Studium allein hat mich schon viel

mehr Zeit gekostet, als sich im Hinblick auf den vermutlich bescheidenen Absatz eines solchen Buches lohnen könnte und als ich normalerweise für die Vorbereitung einer Arbeit aufwenden kann. Dabei will ich die stoffliche Fülle nicht in Romanform ausbreiten, sondern derart gestalten und verdichten, daß ungefähr 20 gedrängte Kapitel auf 150 Buchseiten dafür genügen müssen. Auch darauf habe ich schon viel Zeit verwendet, ohne fertig zu werden, und die Arbeit mehrmals entmutigt beiseite gelegt.» (An Dr. Karl Naef, Generalsekretär der Stiftung Pro Helvetia, 27. 12. 51)

Dr. Naef stimmt dem Plan zu und offeriert Fr. 5000.–; Inglin schreibt, daß er nicht sagen könne, wie dankbar er sei. Durch ein großes Loch im Gewölk sehe er wieder blauen Himmel. Die Lähmung, die ihn wegen der andauernden Finanzknappheit befallen hatte, ist verschwunden. In fünf Monaten schon wird er das Manuskript dem Atlantis Verlag vorlegen können.

Ein Jahr lang – unmittelbar nach Erscheinen des «Werner Amberg» – hat er sich «beim vorbereitenden Studium seufzend im Irrgarten der zeitgenössischen Quellen und ihrer lokalhistorischen Ableitungen» herumgeschlagen. (8. 1. 53 an den Biographen Aloys von Redings, Aymon de Mestral)

Den «Werner Amberg» hatte Inglin des persönlichen Stoffes wegen, wie er einmal gestand (Brief an den damaligen Lektor Dr. F. Hindermann vom Atlantis Verlag), mit gemischten, halbwegs peinlichen Gefühlen veröffentlicht. Daß er unmittelbar danach auf ein möglichst objektives Material greift, zeigt von neuem den dialektischen Grundzug des Werks auch in seiner zeitlichen Abfolge. Was Inglin hier anstrebt, ist ein künstlerisch gestaltetes Geschichtswerk – entschiedener historisch als der «Schweizerspiegel», den er immer vorwiegend als Roman und Kunstwerk gesehen hat. Nun will sich Inglin vor allem um die eigenen historischen Forschungen und deren – nicht unwichtige – Ergebnisse kümmern. «Ich hatte mir in den Kopf gesetzt, den modernden Stoff zum Leben zu erwecken, die Wahrheit an den Tag zu bringen und darüber so wenig wie möglich zu fabulieren, dann begann ich mich durch die bisherigen unbefriedigenden Darstellungen zu den Quellen durchzufressen, um zu erkennen, daß die ebenso unbefriedigend sind und daß ich alles Entscheidende selber leisten müsse... Ich weiß jetzt auch, daß man sich nicht auf so etwas einlassen sollte, wenn man nicht so frei und eigenwillig zu erzählen wagt wie Walser die Schlacht bei Sempach.» (An Traugott Vogel, 28. 8. 51)[29]

Die wichtigsten Ergebnisse seiner Forschungen faßt Inglin 1953 zusammen in der quellenkritischen «Notiz über Pater Paul Styger und Thomas Fassbind» («Jahrbuch des Historischen Vereins des Kantons Schwyz» 1953), die er unter dem Titel «Quellen zur Erzählung ‹Ehrenhafter Untergang›» in den Nachlaßband «Notizen des Jägers» aufnimmt. Es geht darin um den leichtgläubigen und vorschnellen Chronisten Fassbind, auf den der Erforscher dieser Zeit angewiesen ist und um dessen mündliche Quellen, die Inglin scharfsinnig zum Teil erstmals eruiert. So zeigt er, wo Fassbind beispielsweise auf den Fanatiker und Phantasten Pater Paul Styger gehört haben muß, den «geschmähten und bewunderten Helden des Volkes», der denn auch in der Erzählung in ein zwiespältigeres Licht gerät als sonst in historischen Darstellungen.[30] Auch rein taktisch denkt Inglin den Krieg durch und kommt auf evidente, bisher unklare Verläufe. «Alles Geschehene bis zum Grunde durchdenken», das war die fruchtbringende Devise der Vorstudien. Für

das Luzerner Kapitel korrespondiert er mit seinem Freund Kuno Müller, dem Luzerner Lokalhistoriker und Juristen. Entscheidend habe ihm Müllers Schrift über den Luzerner Staatsmann Vinzenz Rüttimann geholfen. Er verwendet zudem Müllers «Luzern in Bildern der Vergangenheit», namentlich, um mehr Luzerner Lokalkolorit zu erreichen.
Über die einheimischen Quellen hinaus erarbeitet Inglin Literatur über die Gegner, beispielsweise die französische Infanterietaktik nach der Revolution. (Korrespondenz vom Juli 1951 mit Dr. F. de Quervain von der Eidgenössischen Militärbibliothek)
Selbstgezeichnete Karten der politischen Großlage und einzelner Details während des Kampfes an der Gottschalkenberg-Etzel-Linie, Zeittabellen und viele Porträtskizzen einzelner Krieger häufen sich – mehr als sonst, wenn Inglin vorbereitet. Er versteht es meisterhaft, die verwirrliche Fülle zu klären und zu raffen. Die vorzügliche künstlerische Komposition macht den Stoff – wohl zum ersten Mal – auch historisch transparent. Die «tour de force», die nach Adorno jedes Kunstwerk leistet («Ästhetische Theorie», a.a.O. 162), die Verwirklichung von Unmöglichem, die es anstrebt, sie besteht in «Ehrenhafter Untergang» darin, den chaotischen Stoff detailliert, anschaulich wiederzugeben, das an sich nur halb sinnvolle Geschehen als solches zu zeigen und doch übersichtlich zu machen.
Inglin liebt es, einzelne historische Kräfte und Strömungen in Figuren zu verdichten: So die kapitulationsbereite Schwyzer Regierung im alten Carl Reding. Die Herren mit ihrer Weltkenntnis und ihrem ängstlich verwalteten Reichtum vermögen die naive Tatkraft des Volks nicht aufzubringen. In der Figur des Paters Paul Styger macht er das von den Geistlichen verhetzte Volk begreiflich und anschaulich. Im mutigen, aber auch aufschneiderischen Wesen des Kapuziners spiegelt sich ein gewisses bäuerliches Protzentum, das dem später lokalpatriotisch verherrlichten Freiheitskampf der Schwyzer (und Nidwaldner) eben auch anhaftet. Damit übt Inglin auch hier bei aller spürbaren Sympathie Kritik an der Heimat und an deren Mythologemen.
Zwischen den Lagern der Bauern und Herren steht als entscheidende und überragende Gestalt der 33jährige Heerführer Aloys von Reding. Der elementare Abwehrwille und eigenrichtige Freiheitsdrang leben auch in ihm, aber nicht blind; er fordert mehr Ordnung, mehr soldatische Zuverlässigkeit, ein stärkeres Kader. An ihm und deutlicher noch an Hauptmann Büeler inkarniert Inglin sein im «Schweizerspiegel» mühsam errungenes politisches Credo des vernünftigen Kompromisses. (Büeler etwa deutet Styger als bornierten Bauernschädel, der die eigene Zeit nicht erkenne und besessen sei von der eidgenössischen Vergangenheit. Dabei gehe es darum, den Sturm mit Anstand zu ertragen, so, daß Land und Volk nicht ganz zugrunde gingen.)
Wie im «Schweizerspiegel» nehmen auch hier die strategischen Pläne einen großen Raum ein, und auch hier gibt es ähnliche psychische Reaktionen bei den Kampfbereiten: Marschieren, Hoffen auf Krieg, auf Befreiung vom Warten, von der Last des Überlegens. Wie genau die taktischen Züge dargestellt sind, hat Werner Weber in seiner vorzüglichen Kritik (NZZ Nr. 2674, 29. 11. 52) und in einem Brief an Inglin nachgewiesen.
Ein hervorragendes Porträt löst in diesem Buch das andere ab. Man denke nur an

den Landammann Weber, der aufgestört durch sein Haus geht und die Schätze zusammenrafft, oder an die Zeichnung der so verschiedenen Militärs.
Das ganze Buch ist hart konturiert und mit unglaublicher Kunst verknappt. Die vom fanatisierten Volk verkannte Wirklichkeit mit ihren Ecken, Grenzen und ihren grauen Notwendigkeiten wird in einem kantigen Stil fast greifbar. Um so leuchtender dann kann Visionäres für eine knappe halbe Seite aufsteigen, etwa da, wo angesichts von Verwundeten und Toten eine für einmal nicht gebändigte Empfindungswelt in Reding mächtig wird. Die eigene Gefährdung steigert noch seine Sensibilität, Kugeln zischen, er sieht Blust vor dem Himmel, «zahllose Sonnenwirbel, welche goldgelb eine grünleuchtende Wiese durchleuchten», die roten Aufschläge an der Uniform des gefallenen Soldaten, «zwischen schneeweißen Blütenpyramiden die Seebläue». (EU, 142)
Sonst aber muß kühle und sachliche Überlegung regieren. Nur so, unter der Ägide einer ethisch ausgerichteten Ratio, kann die Nation überleben; und auch hier – wie am Schluß des «Schweizerspiegels», nur verdeckter – wird einer kompromißbereiten Neutralität das Wort geredet. Mit seiner Vernunft begrüßt Inglin hier die ehrenvolle Kapitulation. Erst so, mit dem Opfer der alten Freiheit, wird wohl die Gründung von 1848 möglich. Der Staat sei etwas, das wachsen müsse, unter der Devise eines draufgängerischen isolierten Heroismus aber hätte er nicht mehr gedeihen können.
Wenn Martin Esslin mit Bezug auf Frisch und Dürrenmatt von der «Neurose der Neutralen» spricht, so ist bei Inglin das Seelenleben der neutralen Schweiz vielleicht gerade deshalb noch intakt, weil der um eine Generation Ältere sich diese Gesinnung nach dem Ersten Weltkrieg erst mühsam anerziehen mußte. Jüngere Schriftsteller, die in dieser Zeit der Überbewertung und Glorifizierung der Neutralität erst aktiv geworden sind, betrachten das schweizerische Axiom etwas skeptischer, auch können sie die multinationalen Abhängigkeiten besser durchschauen, als es Inglin damals in den fünfziger Jahren möglich war.
Dem abgekürzten, energischen Stil des Buches ist anzumerken, daß es nach der langen Vorbereitungszeit zügig und gespannt niedergeschrieben worden ist.[31] Freilich nimmt sich Inglin immer wieder Zeit für behutsame Schilderungen und Analysen der Situation, die stockende Handlung wird dann aber unvermutet rasch vorangetrieben und erst wieder angehalten in den kurzen Passagen, welche in komprimierter Bildhaftigkeit Übersicht vermitteln. Gelegentlich wird die Sprache in diesem Buch fast kleistisch, so etwa in der Stelle über den Rückzug nach der Schlacht. (EU, 167) Auch greift Inglin wie im «Schweizerspiegel» zur Klärung oft zum Mittel des kommentierenden Gesprächs, wobei die Meinung des Autors deutlich durchscheint. (Vgl. EU 172)
Besonders eindrücklich sind die Dialoge immer dann, wenn das Schweizerdeutsch nachgeahmt wird, sei es,daß – wie Inglin zum Roman «Urwang» einmal ausführt – der ursprüngliche Klang «durch eine äußerst bedachte Wahl der Worte und Wendungen spürbar» gemacht wird oder daß er, sparsam wie immer, Dialektausdrücke einsetzt.
«Ehrenhafter Untergang» ist ein Werk, daß von bedeutenden Schweizer Kritikern ganz besonders geschätzt wurde[32], so von Prof. Karl Schmid, der 1953 seine ETH-Vorlesung über neue Literatur mit einer rühmenden Stunde über dieses Buch

schließt. (Nach einem Bericht von Resli Birchler, der Gattin von Linus Birchler) Werner Weber preist die Gestaltung der «geistigen Mitte», dessen, «was möglich war». (29.11.52, NZZ, Nr. 2674) In einem Brief an Inglin (29. 11. 52) nennt Weber das Buch «ein großartiges Brevier der Taktik für die Gottschalkenberg-Etzel-Linie»; er kenne sie vom Aktivdienst her genau und habe dort 150 Jahre nach Reding die gleichen Schlachten exerziert.
Hans von Matt, ein anderer aufgeklärter Kopf in der Innerschweiz, begrüßt das Werk besonders deshalb, weil er in der kühleren Einschätzung des glorifizierten Freiheitskampfes mit Inglin einig geht. (Brief, 29. 12. 52)[33]

Im Frühjahr 1952 gelingt es den Schwestern Bettina und Ida, den Reiseunlustigen zu einer Fahrt nach Neapel, Rom und Florenz zu bewegen. Er leidet allerdings mehr, als daß er genießt. Er äußert sich in Briefen an Freunde angewidert über die Massenabfertigungen in den Museen und über das Touristenwesen überhaupt. Nur einmal scheint er wirklich glücklich zu sein, als er vom Strand in Ostia weit ins Meer hinaus schwimmt. Zu kurzen Freuden verhilft ihm auch der «goldgelbe» und, wie er betont, billige Frascati. Stichwortartig notiert er jeden Tag einige Beobachtungen, so in Rom: «Auto- und Motorradverkehr betäubend, erstickt alle Bereitschaft für Altertum und Renaissance.» Immer wieder finden sich Notizen wie: «viele Eidechsen» oder in Neapel: «Zwei Jäger mit Vorstehhund, der eine eine Taube, der andere einen Wiedehopf geschossen.» In Florenz bemerkt er zu den Mediceergräbern, wie immer unter dem Aspekt der Wahrscheinlichkeit, die sitzenden Figuren seien durch die Nische beengt, «die liegenden könnten in Wirklichkeit nicht so großartig auf ihrer schrägen Unterlage ruhen, ohne zu rutschen. Die ‹Abenddämmerung› aber wunderbar entspannte Haltung.»
Einen ausführlichen Bericht erhält Traugott Vogel.[34]

Schwyz, den 2. Mai 1952

Lieber Traugott Vogel!

Was Du über die Erinnerung an Deine Pariser Reise bemerkst, erfahre ich soeben selber, nur krasser. Ich komme aus Italien zurück. Meine Frau, die Rom kennt, und eine Schwägerin, die an der Zürcher höheren Töchterschule Italienisch und Kunstgeschichte lehrt, haben mich ins Schlepptau genommen und mir in drei Wochen fast alles Wichtigste gezeigt, was in Florenz, Rom, Neapel und den nächsten Umgebungen zu sehen ist. Das Ergebnis kommt mir noch problematisch vor. Mich beherrscht die Erinnerung an lange Fahrten in unerträglich vollgestopften Drittklaßwagen (von Rom nach Neapel stehend und eingequetscht), an das Gestürm auf Tram und Autobus der Städte, an den mir ungewohnten, durch ungezählte Motorräder höllisch gesteigerten Straßenlärm, der in Rom auch nachts nicht aussetzt, und an den fortwährenden Besucherstrom, der mich auf den vielen, andächtig begonnenen und müde beendeten Gängen durch Museen, Kirchen, Paläste, Ruinen um die nötige Sammlung brachte. Natürlich ist man mit seiner beschränkten Aufnahmefähigkeit der Überfülle des Sehenswerten besonders in den Museen ohnehin nicht gewachsen, aber wenn man dazu von schwatzenden, gaffenden, drängenden Mitmenschen umgeben ist, kann man da von einem Michelangelo, einem Raffael oder Tizian, dort von einer Aphrodite nur noch traurigen Herzens Abschied nehmen. Möglichkeiten einer anderen Besichtigung scheint es nicht mehr zu geben. Die großen Werke der Malerei und Bildhauerei sind, ebenso wie die antiken Baureste, Objekte des Fremdenverkehrs geworden.

Ähnlich steht es mit dem, was in der Nähe von Verkehrsadern zu Ausflügen verlockt. Capri erreichten wir auch als Einzelreisende nur zusammen mit vielen hundert Neugierigen, die programmgemäß durch die Blaue Grotte geschleust wurden. Den Vesuv ersparten wir uns, er raucht nicht mehr und soll, wie man uns ins Ohr flüsterte, zum Ärger der Neapolitaner Fremdenindustrie endgültig erloschen sein. Statt dessen besuchten wir die rauchende, durch die «Bocca grande» heraufsiedende Solfatara eines alten Kraters bei Pozzuoli und empfingen einen starken Eindruck. Ungestört und großartig war, nachdem wir die belebten Wege verlassen und einen aufdringlichen Fremdenführer abgeschüttelt hatten, der Ausblick vom einsam ragenden Kap Miseno am Westzipfel des Golfes. Pompeji glich dagegen wieder einem Jahrmarkt, auch Tivoli bei Rom. Mehr Glück hatten wir mit einem Ausflug in die Albanerberge, zu dem uns eine Landschaftsschilderung von Bachofen angeregt hatte; auf dem Monte Cavo erinnert zwar wenig mehr an den einstigen Jupitertempel, der Gipfel wird durch eine Wirtschaft und eine allerneueste elektrische Versuchsstation entweiht, aber der Abstieg auf der altrömischen, meistens noch mit den ursprünglichen Steinplatten gepflästerten, stellenweise verfallenden Via triumphalis durch eine einsame waldige Gegend hinunter nach Nemi am Nemisee entschädigte uns dafür. Am wohlsten und heitersten war mir zumute, als ich von einer abgelegenen Stelle des noch unbevölkerten Strandes bei Ostia hinausschwamm und endlich nichts mehr vor mir hatte als den flimmernden Horizont des tyrrhenischen Meeres.

Haften geblieben sind mir auch Bettler, feilschende Weiber auf einem Fischmarkt, freche Straßenjungen, eine fromme Alte im Lateran, die betend mit ausgebreiteten Armen auf den Knien mühsam die Scala Santa erklomm, usw. Häufig sind wir zum Abendessen in eine billige Osteria eingekehrt, da wir nur an Bett und Frühstück gebunden waren, und lernten da aus Küche und Keller noch einiges kennen, wobei ich jeweilen, bekreuzige Dich, den vorzüglichen einheimischen Wein ausgiebig und dankbar genoß. Was ich sonst an Anschauungen gewonnen habe, besonders in den Museen, werde ich wohl nur allmählich merken, wenn sich die Erinnerungen klären.

Die «Geschichten aus der Kriegszeit». Jury-Arbeit

Unmittelbar nach der Reise macht sich Inglin an einen Beitrag für die Bogenheft-Reihe Traugott Vogels, ein Buchunternehmen, das bescheiden und bibliophil zugleich aufgezogen ist und Inglin daher sehr anspricht. – Die beiden Schriftsteller verstehen sich seit langem gut. 1931 lebte Vogel im Haus zum «Grund» als Pensionär der Tante. Er hatte in jenen Monaten in Schwyz das Jugendbuch «Spiegelknöpfler. Die Geschichte eines Jugendclubs» geschrieben. Da traf er auch mit Paul Schoeck, Linus Birchler und Oscar Eberle zusammen, bedeutenden Freunden Ing-

lins, die damals noch in Schwyz und Umgebung lebten. Profunde und detaillierte gegenseitige Analysen folgen lange Zeit den Buchveröffentlichungen beider. Der Briefwechsel ist so umfangreich wie, außer der Korrespondenz mit Bettina, keiner in Inglins Nachlaß. Inglin betont immer, wie stark Vogel «von innen heraus» oder «aus dem Grund der Seele» schreibe, während er von außen baue und füge. Mit Sehnsucht denkt Vogel öfters an Inglins «wattige Heimat», die er so gern mit Albin Zollinger einmal aufsuchen möchte (19. 1. 32), oder später im Jahr an «die ganze grüne und heuselige Bergundtalwelt». (30. 5. 32)
Auf den 60. Geburtstag Inglins bringt Vogel dessen Heft mit «Anekdoten und Geschichten aus der Kriegszeit», «Rettender Ausweg», heraus. Das zuerst vorgesehene Märchen «Hohrugg und die Zwerge» findet erst 1958 in der Geschichtensammlung «Verhexte Welt» seinen Platz. Der Gesamttitel «Rettender Ausweg» ist zugleich die Überschrift der umfangreichsten Erzählung. Sie handelt von einem Mann, der im Krieg alles individuelle Leiden, den individuellen Tod und sogar die Frage nach dem Überleben einzelner Staaten vor sich entwerten und stoisch an das sittliche Menschenwesen glauben kann.
Es ist eine Geistesrichtung, die Inglin naheliegt. Man achte nur einmal genau auf die Meinungen Junods im «Schweizerspiegel». Wohl liebt dieser die Schweiz, die welsche und die deutschsprachige, aber mehr noch als Schweizer ist er Humanist, der dies auch bliebe, wenn sein Land unterginge.
Inglin hatte «Rettender Ausweg» nach dem Krieg zusammen mit den «Lawine»-Geschichten an den Staackmann-Verlag geschickt. Im Gegensatz zu den übrigen Erzählungen, die sie sehr lobten, hatten die selber betroffenen Deutschen wie gesagt diese Reaktion auf Bomben und Elend als unwirklich empfunden, und Inglin zog die Erzählung damals zurück, auch für die Ausgabe im Atlantis Verlag.
Die übrigen Geschichten im Bogenheft sind fast alle dichtgedrängt und verknappt, in spürbarer Anlehnung an Kleist. Ein Musterbeispiel für die rigorose Reduktion, die Inglin hier geleistet hat, ist die im Druck knapp einseitige Anekdote «Sonderbares Gottvertrauen», welche in einem ersten Typoskript (unter dem Titel «Absurdes Gottvertrauen») noch acht Seiten beansprucht hat. Da es Inglin aber nur um die Kernidee geht, um die mißbräuchliche Verwendung der Religion als egozentrischen Aberglauben, streicht er Schilderungen und Gespräche als bloße Zutaten weg. Aus Frau Mieshuber wird dementsprechend «eine Frau». So gestochen und geglückt die Geschichte jetzt dasteht, so sehr weist ihr Entstehungsprozeß doch auch auf eine künstlerische Gefahr hin: die Versuchung, über der Idee das lebendige Detail oder über der «Form» die «Fülle» zu vernachlässigen.
Vogel hat die Ausgabe sehr sorgfältig betreut und ein verständnisvolles, wohlformuliertes Nachwort beigefügt. Das kleine, wenn auch gediegene Heft bleibt somit das einzige gedruckte Zeugnis der immensen Arbeit, die Inglin auf die Kriegszeit der Schweiz als literarisches Thema gewendet hat. Mappen und Couverts voller Stoff zum «Interniertenlager», große Konvolute mit zusammengestelltem Material zeugen davon: «Zeitgeschichtliche Dokumente zum zweiten Weltkrieg» und «Die Schweiz im zweiten Weltkrieg». Steht er dieser Zeit als Fünfzigjähriger schon zu fremd gegenüber, als daß er sie gestalten könnte? Schreckt ihn eine ähnliche Anstrengung wie jene jahrelange für den «Schweizerspiegel»? Bis ins hohe Alter jedenfalls scheinen ihm diese Jahre zwischen 1931 und 1938 als Trauma von Fron

und Mühe vor Augen zu stehen. Mit dem «Werner Amberg» tritt Inglin gleichsam den Rückzug an, nicht formal, aber thematisch. «Urwang» ist zwar aktuell, handelt aber von der Gefährdung seines innersten und eigensten Bereichs.
Es ist schade, daß die ergiebige Freundschaft mit Vogel drei Jahre später, nach Vogels Rezension der überarbeiteten «Grauen March» in der «Neuen Zürcher Zeitung» (26. 10. 56, Nr. 3005), in Brüche gegangen ist. Zwar zieht Vogel die neue Fassung vor und hat auch Inglin im Umarbeiten stets bestärkt. Aber er zitiert vor aller Öffentlichkeit einen privaten Brief Inglins, in dem dieser zugibt, daß ihm am Anfang die Jäger «aus lauter Absicht zu blaß geraten» und daß die «topographischen Verhältnisse» undeutlich seien. Bedenkt man die Skrupelhaftigkeit des älteren Inglin, mit der er jedes Wort abwägt, das er über sich preisgibt, versteht man seinen Ärger über Vogels Indiskretion. Daß Inglin aber nie mehr einlenkt, zeigt seine Hartnäckigkeit auch in menschlichen Dingen – sowohl in der Treue, wie in der einmal vollzogenen Ablehnung.
Im Mai des folgenden Jahres (1953) gelingt Prof. Karl Schmid das Außerordentliche, daß er Inglin für ein «Amt» gewinnen kann: Er wird Mitglied der Jury des «Charles Veillon-Preises für den deutschsprachigen Roman».
Inglins Scheu, eine öffentliche Aufgabe zu übernehmen, war in der Innerschweiz fast sprichwörtlich. Wohl hatte er früher an ähnlichen Gremien teilgenommen. Zusammen mit Theophil Spoerri und Otto Wirz wirkte er in einer von Eduard Korrodi gebildeten Jury bei einem Preisausschreiben der «Neuen Zürcher Zeitung» mit (1929). Er war Mitglied der Werkbeleihungskasse des Schweizerischen Schriftstellerverbands (ab 1939). 1934 und 1935 gehörte er mit Wirz und Jakob Bührer zu den Juroren, welche beim «Wettbewerb zur Förderung des schweizerischen Arbeiterromans» eingegangene Arbeiten prüften. Organisatoren waren damals die sozialdemokratischen Zeitungen und der Schweizerische Schriftstellerverband. Später aber sagte er fast immer ab.
Auch Schmid hatte schon negativen Bescheid bekommen, war aber der Meinung, «die vorläufige Absage sei Ihnen doch auch nicht ganz leichtgefallen», und wirbt nochmals, jetzt mit Erfolg. «Die ‹Session› eines so auserwählten Kreises, die herabgesetzte Arbeitsleistung, das dennoch gleichbleibende Honorar und die freundliche Zähigkeit, mit der Sie meine Mitwirkung wünschen, nehmen mich nun doch ein.» (21. 5. 53) Außer Inglin sind Werner Bergengruen, C. J. Burckhardt, Albrecht Goes, Wilhelm Hausenstein, K. H. Waggerl, Werner Weber und Karl Schmid vertreten. Neben Weber und Schmid mag Inglin besonders C. J. Burckhardt, der einstige Freund Hofmannsthals, angezogen haben. Die beiden kennen sich seit den frühen vierziger Jahren, waren als Gäste auf der Jagd im Zürcher Unterland und haben oft Briefe gewechselt. Von C. J. Burckhardt gibt es seitenlange, detaillierte und teilweise vorzügliche Lektüre-Berichte zur «Grauen March», auch zu «Urwang» und anderen Werken. Burckhardt rühmt selten pauschal, sondern hebt konkrete Einzelheiten hervor, was Inglin bei seinen Interpreten immer besonders geschätzt hat. Zudem lebten beide in der Überzeugung, daß ihnen, den noch im 19. Jahrhundert geborenen, «ein Maß verliehen» sei, «das den späteren fehle». (C. J. Burckhardt an Inglin 30. 7. 63)
Inglins kurze vorzüglich geschriebenen Veillon-Rezensionen zeigen erneut seine eminente kritische Begabung, wie sie sich schon 1915 im «Berner Intelligenzblatt»

und einige Jahre später in der «Zürcher Volkszeitung», der «Neuen Zürcher Zeitung» und anderen Blättern belegen läßt. Selten findet er ein Buch eindeutig gut oder schlecht, sorgfältig und gerecht wägt er ab.[35]
Bis 1956 arbeitet Inglin bei der Jury mit. Von allen soll er sich am zuverlässigsten für die Sitzung vorbereitet haben, und in seiner merkwürdigen Scheu vor dem spontanen Sprechen brachte er jedes Votum schriftlich formuliert mit. (Auskunft von Prof. Werner Weber) Diese Angst, ein Amt nicht bis ins letzte zuverlässig auszuführen, mag Inglin in den vielen anderen Fällen dazu bewogen haben, abzusagen. Im Frühjahr 1956 bittet er auch hier um Entlassung. Im Herbst wiederholt er das Gesuch: «Ich habe eine Anzahl wichtiger Werke der Weltliteratur noch nicht oder nicht zur rechten Zeit gelesen und möchte das nachholen; da ich zugleich meine Augen schonen sollte, bleibt mir kaum etwas anderes übrig, als auf jede nicht notwendige Lektüre zu verzichten.» (26. 9. 56 an Karl Schmid) Von jetzt an stellt Inglin alle nicht weltliterarischen Autoren in seine Estrichgestelle.

Der Roman vom ertränkten Tal («Urwang»)

Wo sich Inglin zunächst keinesfalls zurückziehen mag und wo er sich mit letzter Überzeugung einsetzt, das ist die Unterschriftensammlung gegen den geplanten Kraftwerkbau, zur Erhaltung des Rheinfalls und der Rheinaulandschaft. Dr. Hermann Stieger ist ihm bei der Sammlung behilflich. Die ausgefüllten Bogen schickt er an seinen Freund Stiefel in Winterthur, einen der Vorkämpfer für den Schutz der Rheinau. Der Kampf trifft Inglin im Kern. Schon früher hat sich gezeigt, welche mütterliche Funktion der Natur in Inglins Seelenleben zugewachsen ist. Das technische Benützen von Naturkräften empfindet er als Schändung. Ähnlich hatte er schon gelegentlich reagiert. Zwischen 1914 und 1920 publizierte er in verschiedenen Zeitungen Artikel gegen das Wägitalerwerk; er wehrte sich öffentlich gegen die Pragelstraße und gegen die Verbreiterung der Muotathalerstraße. Etwas später kämpft er gegen den Bau einer Seilschwebebahn von Schwyz hinauf zum Gründel. Auch jetzt schreibt er, zum Teil ungezeichnete, Artikel und Inserate für den Rheinaubund. Von 1955 an nimmt er auch teil am Kampf gegen das von den Höfen und vom Elektrizitätswerk Zürich geplante Kraftwerk bei Schindellegi-Hütten. Persönliche öffentliche Auftritte lehnt er jedoch ab: so schreibt er an Prof. Emil Egli, der ihn dazu aufgefordert hat: «Sie werden mich im Kampfe gegen die verhängnisvolle Rücksichtslosigkeit der Technik immer auf Ihrer Seite finden, und ich will immer gern mit meinem Namen dafür einstehen; als persönlich Auftretender aber bin ich keine überzeugende Figur, ich höre nicht mehr gut genug, kann nicht schlagfertig antworten und weiß aus Erfahrung, daß ich auf diese Art einer Sache nicht richtig diene. Die Herzenssache, um die es uns geht, ist aber das Thema meines nächsten Buches, an dem ich Tag für Tag arbeite und mit dem ich eine seit langem gefühlte Verpflichtung zu erfüllen hoffe.» (28. 10. 53) Es ist die Arbeit an «Urwang», welche er vor einer auflösenden Unruhe schützen muß. Der Plan zu diesem Werk scheint wirklich aus dem Anliegen des Tages entstanden zu sein. Im Herbst 1952 sammelt er in Schwyz Unterschriften, und im darauffolgenden Januar teilt er Stiefel mit der Bitte um Verschwiegenheit das Projekt mit: «Meine nächste größere Erzählung wird zeigen, wie die Technik in ein noch unberührtes Bergtal einbricht und es schließlich in einem Stausee ertränkt. (Bitte nicht weitersagen!) Du weißt, wie spielend leicht ich technische Probleme bewältige, und kannst Dir vorstellen, was ich mir aufbürde. Im Frühling will ich ins Göschenertal, das nun auch dran glauben muß, um mit eigenen Augen und Ohren zu sehen und zu hören, wie so etwas vorbereitet wird. Chusch au? Wenn Dir zufällig Material über damit zusammenhängende Probleme der Expropriation und Neuansiedlung in die Hände kommt, so notiere bitte für mich, wo es zu finden ist. Am meisten plagt mich zur Zeit die Frage, ob die steigende Energieerzeugung für uns wirklich lebensnotwendig und nicht nur eine wirtschaftliche Spekulation ist. Ich habe das Gefühl, daß die fortschreitende Industrialisierung am nationalen Kapital zehrt und unsere Substanz antastet.» (9. 1. 53)[36] Die Arbeit wird ihn noch über ein Jahr beanspruchen. Dr. Stiefel gegenüber spricht er vom Zweifel, ob ein Buch über ein so aktuelles Problem überhaupt zu seinen Aufgaben gehöre. Stiefels Reaktion ist ihm ein Ansporn: «Die Übereinstimmung mit Dir, Deine vorauszusehende Sympathie für dieses Tal und Deine leidenschaftliche Anteilnahme an seinem Schicksal, aber auch Dein mir wichtiges Verständnis für die Art der Gestaltung, das ich von Dir erwarten durfte.» (17. 3. 55)

Meinrad Inglin wird während der Arbeit an «Urwang» sechzig Jahre alt. Die Schwyzer Regierung will den Jubilar offiziell im Rathaus feiern. Er wehrt sich zunächst, gibt dann aber nach. Seinen Landsleuten genügt aber nicht, wie er an Emil Staiger schreibt (21. 6. 53), irgendein wohlwollender Referent, sondern nur der «repräsentative Literarhistoriker der Universität Zürich». Staiger also wird die Festansprache halten vor einem vorwiegend lokalen Publikum, welches Inglin selber eingeladen hat. Die Leute seien ihm mehr oder weniger freundschaftlich verbunden. Sie «wissen, wie ich mich räuspere und spucke»; sie hätten auch Bücher von ihm gelesen und ihn rühmen gehört, aber hegten möglicherweise doch ihre heimlichen Zweifel, ob er als Schriftsteller an den so viel erfolgreicheren Ernst Zahn selig heranreiche. (Inglin an Staiger, Juni 1953) Inglin liebt seine Landsleute, bringt aber ein gewisses Mißtrauen nicht los – obwohl sie in einer Doppelfeier nicht nur seinen Geburtstag begehen, sondern ihm zudem den «Kulturpreis der Innerschweiz» verleihen. Auf diese zweite Ehrung reagiert Inglin in seiner Rede erfreut, aber doch auch vorsichtig und zwiespältig: «Ganz unerfahren stehe ich in dieser Beziehung nicht vor Ihnen, mir ist, wie Sie wissen, schon ähnliches begegnet; diesmal aber geht es mir nun doch besonders nahe, weil ich nie damit gerechnet habe, daß mir daheim so etwas bevorstehen könnte...» Inglins beste Schwyzer Bekannte haben erzählt (Fräulein Johanna Gemsch u. a.), daß man ihm nach dem Ingoldauer-Skandal jahrelang auf der Straße nicht «guet Tag» gesagt habe. Da fällt eine vorbehaltlose Aussöhnung schwer; daß sie aber damals beim 60. Geburtstag, wenn auch mit einer gewissen reservatio mentalis, wirklich stattfand, wird keiner bestreiten.[37] [38] [39]
Spätestens um Mitternacht wolle er wieder ins Glied zurücktreten und unauffällig hier weiterarbeiten, bemerkte er in seiner Rede. So geschieht es denn auch, und gleich anderntags soll er die Arbeit an «Urwang» wiederaufgenommen haben. Er forciert sie, um mit seinen Mitteln für die Rheinau zu kämpfen. Deshalb arbeitet er (siehe Brief an G. Stiefel 17. 5. 54) gegen seine sonstige Gewohnheit «oft mit

Überstunden bis gegen Mitternacht», obwohl er, seit er etwas älter ist, «bei geringstem Föhndruck viel häufiger Grindweh als früher» hat.
«Übrigens erschien mir die Natur durch alle Gefühle, die sie in mir weckte, den maschinellen Erzeugnissen der Menschen durchaus entgegengesetzt» («Auf der Suche nach der verlorenen Zeit», a.a.O. Bd. 2, S. 508): So wie Proust empfindet es auch grundsätzlich Inglin. Und so wie jener sich die Fischer von Balbec mit ihrem ewiggleichen Gewerbe vorstellt, sucht er mit seinen Gedanken das Dasein der Bauern, welche «mit ihrer Arbeit, ihren alten Sorgen und bescheidenen Hoffnungen beschäftigt», hin und her gehen, «zwischen Haus und Gaden... wie seit Urväterzeiten». (UR 1, 87) So hat er schon das kärgliche Leben der Bergbauern ohne jede Sentimentalität in der «Grauen March» gezeigt. Er war sich damals, als er dem «Schweizerspiegel» auswich und die «Graue March» schrieb, eines gewissen regressiven Zugs in diesem Werk mit fast schlechtem Gewissen bewußt. «Urwang» zeigt, nach zwanzig Jahren, daß auch eine noch so ärmliche Idylle nicht mehr möglich ist. An die Stelle des Großen, einer umglänzten Erlöserfigur, ist in «Urwang» der nur mehr realistische Major getreten. Auch er ist eine der spezifisch Inglinschen Herrengestalten mit einem späten Zug von ländlichem Feudalismus, im Bewußtseinsgrad den von ihm so geschätzten und geachteten Bauern weit überlegen. Von den Kräften des Großen aber sind bei ihm nur Bedauern und Mitleid geblieben, im übrigen ist er ein Opfer wie jene. Ein Opfer nicht von faßbaren, bösen Umweltzerstörern – auch alle Techniker tragen hier menschliche Züge – ein Opfer aber der gefährlichen anonymen Macht, welche Lebenswerte wie Menschlichkeit, Heimat, Natur mißachtet zugunsten eines einzigen, des Profits. In diesem Roman ist Inglin (mehr noch als am Schluß des «Schweizerspiegel») direkt engagiert. Angesichts der Überflutung von Bergtälern, Lebensraum seit Jahrhunderten, und der rücksichtslosen Aufopferung von historisch und landschaftlich bedeutenden Gegenden wie jener der Rheinau, erscheint Inglin nur noch der parabelhaft aufrüttelnde Roman möglich. Seinem Kunstbegriff widerspricht allerdings dieses Engagement, und oft genug hat er in Briefen Bedenken geäußert und sich gefragt, ob ein solch unverstelltes Wirkenwollen wohl seine schriftstellerische Aufgabe sei.[40 41]
Auch andere deutschsprachige Schriftsteller – wie etwa Günter Eich – setzen sich zur gleichen Zeit für eine «aktivere Haltung» (Eich) ein und brechen mit der lange hochgehaltenen Auffassung von der Nichtengagiertheit der Kunst. (Vgl. z.B. Günter Eichs «Rede vor den Kriegsblinden» von 1953, wo er von der Mechanisierung des Lebens spricht, vom «Zug zum Totalitären, der vom Osten wie vom Westen gleichermaßen auf uns eindringt», von dem damit verbundenen «Automatismus» und der «Entleerung der Werte».)[43] Ganz ähnliche Worte finden sich in Inglins Reden dieser Zeit, so etwa in jener anläßlich des 60. Geburtstags und bei der Überreichung des «Kulturpreises der Innerschweiz». Auch Emil Staiger betont in seinem Radiovortrag zu «Urwang» neben der poetischen Kraft die harte Nüchternheit des Werks, welche diese Epoche der Zerstörung fordere. Er vergleicht «Urwang» mit Jakob Bossharts thematisch ähnlicher Erzählung «Heimat» in der Sammlung «Erdschollen» (vor 1914 geschrieben) und ermißt am Fehlen der wohlig lyrischen Wehmut bei Inglin, um wieviel dringlicher der Aufruf geworden ist. «Nur die strengste Sachlichkeit wird dem Verhängnis gerecht...» (Veröffentlicht in der Zeitschrift «Atlantis», Dezember 1954)[44]

Der Sachlichkeit entspricht die Akribie bei der Vorbereitung: die bereits in Stauseen ertränkten Schweizer Täler erfaßt er statistisch nach verschiedenen Gesichtspunkten, er studiert Expropriationsverfahren und die Arbeit der Ingenieure, er erstellt genaueste, wenn auch fiktive Karten, wo er jedes der im Roman erwähnten Heimwesen – kleine, spannungsreich gegeneinander gesetzte Welten für sich – einträgt. Wenn es Inglin schon bei seinen eigenen Bergwanderungen nicht ertrug, ohne fortwährende Überprüfung auf der Karte zu gehen oder auszuruhen, wieviel weniger dann beim Schreiben, wo er alles auf das alte Gesetz der Wahrscheinlichkeit hin anlegte.

Daß Inglin über die Tendenz hinaus und durch die Sachlichkeit hindurch soviel unmeßbare seelische Schwingungen und soviel bis ins letzte stimmige Poesie zu evozieren vermag, gehört auch hier, wie schon in den scheinbar spröden «Lawine»-Geschichten und der historischen Erzählung «Ehrenhafter Untergang», zu den großen Merkmalen seiner Kunst. Man denke nur an die großartige nächtliche Föhnschilderung (UR 1, 223 ff.), das Gespräch des Liebespaars, des Bauern Lieni und seiner eben heimgekehrten, durch den bevorstehenden neuen Verlust der Heimat erschütterten Franziska, an die unausgesprochene Zuneigung zwischen Major und Marieli – eine Beziehung, welche ergreifend sinnbildlich wird.

Dr. Martin Hürlimann, der jedes neue Inglin-Werk genau liest und vorzüglich kommentiert, rühmt das neue Manuskript, das er im Mai 1954 erhält, über die Maßen; er bewundert die «Kunst des Aussparens» und rügt nur «eine gewisse Übermarchung bei dem Plädoyer des Majors zugunsten der vergewaltigten Natur». (Brief vom 17. 5. 54) Inglin gibt das zu und reduziert, vor allem im 24. Kapitel, die Stellen, wo, wie er sagt, der Naturschützer mit dem Künstler durchgebrannt sei. (An Hürlimann 19. 5. 54)

Bettina Hürlimann, die Gattin und Mitarbeiterin des Verlegers, äußert bei aller sonstigen Zustimmung Bedenken wegen der zahlreichen Dialektausdrücke. Inglin verteidigt sein Vorgehen zuungunsten der Grammatik und zugunsten der Echtheit des Ausdrucks in einem Brief, den man in «Notizen des Jägers» nachlesen kann (NJ 66); jeder Schweizer Schriftsteller wird hier sein eigenes Problem wieder erkennen.

«Urwang» ist ein Erfolg und wird in allen Schweizer Zeitungen sehr lobend rezensiert. Prof. K. Schmid erwähnt, mutig genug, das eben erschienene Buch in seiner Rektoratsrede vom 13. November 1954. Vor Studenten und Professoren der ETH rühmt er den «erschütternden Ernst», der sich gegen einen «technischen Messianismus» wende. («Eidgenössische Technische Hochschule, Kultur- und Staatswissenschaftliche Schriften 89, S. 18, Zürich 1954, Titel «Zur Armut gehört die Klugheit») Schmid wies in derselben Rede aber auch auf den gleichzeitig erschienenen «Stiller» hin, Max Frischs eigentliches Werk des Durchbruchs. In vielen Briefen, welche Inglin auf «Urwang» hin erhält, wird er gegen den aufsehenerregenden Frisch-Roman ausgespielt. Man will ihm schmeicheln, zeigt aber oft nur Intoleranz, Dogmatismus und die Unfähigkeit, Vertreter zweier verschiedener Schriftstellergenerationen in ihrer Andersartigkeit zu akzeptieren. Dadurch hat man Inglin zum Traditionalisten gestempelt, mehr als ihm lieb sein konnte. Interessanterweise ist Inglins eigene «Stiller»-Kritik zuhanden der Veillon-Jury im Entwurf erhalten. Er findet den Roman eines Preises würdig, «von bedeutenden literari-

Meinrad Inglin 1954 (Photo Martin Hürlimann)

Meinrad und Bettina Inglin 1963
Meinrad und Bettina Inglin 1968

schen Qualitäten». Dies und das Faktum, daß Frisch selber Inglin immer sehr geschätzt hat, mag als Beispiel dafür dienen, daß unter den Produzierenden mehr Anerkennung möglich zu sein scheint als unter deren Anhängern.
Inglin liegt begreiflicherweise alles an einer Neuausgabe seiner wichtigsten Werke. Seit Jahren sind weder der «Schweizerspiegel» noch «Die graue March» in den Buchhandlungen zu finden. Hürlimann erklärt sich zu Neudrucken bereit, und Inglin meldet: «Ich habe mich darauf nach Abschluß des ‹Urwang›-Manuskripts sofort auf den ‹Schweizerspiegel› gestürzt, arbeite seitdem mit Hochdruck am neuen Text und werde Mitte Januar die Hälfte bewältigt haben... Das Buch wird in seinem Gehalt, bei der Anlage und stofflichen Fülle keine wichtigen Änderungen erfahren, wohl aber in einigen formalen inneren Verhältnissen und in sehr vielen Einzelheiten, die entweder knapper oder besser gefaßt oder, wo sie sich allzu weit auf Nebengeleise verlaufen, abgehängt werden müssen. Es dürfte, um ungefähr 200 Seiten kürzer, einen flüssigeren Verlauf, an gewissen entscheidenden Stellen eine reinere, stärkere Wirkung und, wie ich hoffe, im Ganzen die unanfechtbare Gestalt gewinnen, in der es über den Tag hinaus dauern kann.» (29. 12. 54 an Hürlimann)[45] 1955 kann der neue «Schweizerspiegel» erscheinen, nach einem fast rigorosen Formideal purgiert, um einige Randfiguren, aber auch um etliche Episoden ärmer. Ich persönlich kann die Straffung nur bedauern. Anderseits muß man die Situation sehen: das frühere Werk ist praktisch verschollen; der Autor hat die Möglichkeit, unbefangen nach seinen neuen ästhetischen Kriterien, an die er unbedingt glaubt, zu redigieren und alle bloße «Fülle» der «Form» zu opfern. (Vgl. «Vom Umarbeiten», Atlantis Almanach 1949) Da er als Künstler an die gegenwärtige Kreativität glauben muß und sein Werk nicht historisierend in die eigenen Entwicklungsphasen plazieren kann, darf er im Grunde gar nicht anders verfahren. Dasselbe, Straffung und Reduktion auf das Wesentliche, geschieht 1956 mit der «Grauen March». Das Kriterium einer «reineren, nachhaltigeren Wirkung» bezieht Inglin in diesen Jahren nicht zuletzt von Emil Staiger. Dessen Vorbehalte gerade dem «Schweizerspiegel» gegenüber hätten ihn immer gewurmt, und er erkenne erst jetzt, beim Überarbeiten, «wie sehr sie gerechtfertigt waren». (Inglin an Staiger 15. 12. 54) Erst jetzt habe er gesehen, durch wieviele «unzulängliche Einzelheiten und teilweise schlechte Verhältnisse» der Roman gefährdet sei. Auch die Kritiker, auf die Inglin am meisten achtet, bestärken ihn nach dem Erscheinen der «Neuen Fassung». Werner Weber schreibt: «Es ist derselbe Spiegel; aber er ist jetzt von größter Reinheit, nichts mehr erscheint in ihm gelängt oder verkürzt, nichts mehr wolkig überhaucht.» (NZZ, 28. 7. 56, Nr. 2121)
Inglin klagt viel über das Umarbeiten. Am 25. Juli 1956 schreibt er an Traugott Vogel: «Das teilweise Umarbeiten des ‹Schweizerspiegels› und der im Herbst neu erscheinenden ‹Grauen March› hat mich ermüdet. Ich hatte auch vielmehr Kopfweh als früher und mußte das Rauchen aufgeben, dem ich als einer täglich stimulierenden Wohltat seit etwa 45 Jahren wenn nicht verfallen, so doch sehr zugetan war.»

Das «Geschichtenbuch» («Verhexte Welt»)

In den kurzen Urlaubswochen des Zweiten Weltkriegs hat Inglin begonnen, kleinere Geschichten zu schreiben. Die umfangreicheren, mehr novellenartigen und streng gebauten, sind in «Glüdramont» und «Die Lawine» herausgekommen. Daneben aber plant er schon damals ein eigentliches «Geschichtenbuch». Nach Abschluß des «Werner Amberg», kurz bevor er sich an die Recherchen zu «Ehrenhafter Untergang» macht, will er die Arbeit daran weiterführen. Unter dem Titel «Rettender Ausweg» sind ja einige kleine Geschichten, die den Krieg betreffen, schon herausgekommen. Inglin schreibt zum neuen Vorhaben an Dr. Franz Beidler, den damaligen Sekretär des Schweizerischen Schriftstellerverbands: «Was mir vorschwebt, ist eine bunte, in einen Rahmen gefaßte Folge kurzer Geschichten, wobei von der Anekdote bis zum Märchen alle möglichen erzählerischen Elemente, realistische, abenteuerliche, legendenhafte, fantastische, lustige und ernste, abwechseln und einander auch durchdringen werden. Damit bewege ich mich, bei allem Bewußtsein meiner Grenzen, ungefähr in einer Richtung, in der, unerreichbar, Hebels Schatzkästlein, Tolstois Volkserzählungen und noch größere Sammlungen liegen. Ein solches Unternehmen führt man kaum in einem Zuge durch. Ich kann unmöglich voraussagen, wie lang der Brunnen fließen und ob er überhaupt das Becken füllen wird, das den bald stärkeren, bald schwächeren Zufluß auffängt.» (26. 1. 50) Mit «größeren Sammlungen» dürfte er nicht zuletzt auf die Geschichten von «Tausendundeine Nacht» anspielen, die er ja schon als ungefähr Zwölfjähriger kennenlernte.

Das Unternehmen braucht Zeit; nach dem Erscheinen der neuen «Grauen March» erst beginnt er die Geschichten auszusondern, um eine Ausgabe unter dem Titel «heitere, ernste, märchenhafte, volkstümliche und andere Geschichten» (so sollte ursprünglich der Untertitel heißen) herzustellen. 1958 werden sie auf Verlangen des Verlags als «Verhexte Welt» herauskommen. Als andere, vielleicht bessere, weniger gängige Titel hat er in Erwägung gezogen: «Das verhexte Paradies», «Der verzauberte Berg», «Gute und böse Geister», «Die mißverstandene Schöpfung». Gerade dieser letzte Titel bezeugt etwas von Inglins Glauben. Nur die Menschen behandeln die Schöpfung und sich selber, als deren Teile, falsch. Daraus entstehen alle Verknorztheiten und Leiden. Da Inglin gerade in dieser Sammlung die Menschen nicht allzu ernst nehmen will, kann er lachen und läßt die geschädigte Welt sich selber regenerieren. Zuweilen ist es aber auch so, daß sich die Menschen ihrer Befugnis bewußt werden und die Krise selber heilen, so etwa in der unvergleichlichen, halb sagenhaften, halb modernen Erzählung «Unverhofftes Tauwetter», wo das alternde Riesenweib, das die frühere Sorge um ihre Kinder schon längst auf ihren liederlichen Mann, eine leicht domestizierte Form des «Wilden Mannes», verschoben hat, diesem zur Rettung wird.[46]

Die einen Geschichten finden einen thematischen Anklang bei den alpinen Sagen, die Inglin zeitlebens geliebt hat. (Vergeblich hat er eine Sammlung auf Schwyzer Gebiet durch Fritz Ineichen zu fördern gesucht.) Andere – das Antiquierte bewußt umspielend – greifen auf die Form der Fabel («Zwei hochmütige Seeforellen», «Unbedachter Wunsch einer Häsin», «Eine auserwählte Henne») zurück, die Form der Parabel («Hohrugg und die Zwerge», «Die Königin mit dem Staubwedel») und der Legende («Meister Sebastian»). Als seltene Ausnahme und mit schlechtem Gewissen gestattet er sich sogar die Veröffentlichung eines Traumes: «Morgentraum eines heiteren Mannes». Träume, von denen er früher mit Vorliebe immer wieder schrieb, erwähnt er sonst – außer als Werner Amberg im Rückblick – nur noch in privaten Briefen. Als literarischer Gegenstand widersprechen sie dem strengen Kunstverständnis seiner späteren Jahre, wonach Dichtung bis ins letzte nachprüfbar und real sein soll. So hat er denn auch diesen «Morgentraum» in die letzte Ausgabe der «Erzählungen II» nicht mehr aufgenommen. Die Geschichte hat die fast anarchische, unbegründete Lebenslust zum Thema, die der Schwere seiner Seele genau entspricht. Beides ergreift von Inglin, dem scheinbar Ausgeglichenen, immer wieder Besitz. Wie seinerzeit als «Wendel» macht er sich im «Morgentraum» tanzend lustig über Staats- und Kirchenordnung und behauptet das Recht des völlig eigengesetzlichen und vom Leben berauschten einzelnen. An der Fasnacht oder eben am Morgen, halb wachend, halb schlafend, produktiv träumend im Bett, kann er sich diesem seinem anderen Selbst ergeben.[47] Im Halbschlaf kommt ihm auch die Vision einer Buchhülle für die «Verhexte Welt», wie er in einem Brief an Bettina Hürlimann gesteht: «Vier dämonische Gesichter (oder Masken) umgeben den Abgrund... ein lachendes, ein weinendes, ein wütendes und ein gelassen heiteres...» (Ostern 1958)

Ganz ähnlich wird in «Die goldenen Ringe» das schwerelose Hinausfliegen in unermeßliche Fernen als heimliche Gegenkomponente gesetzt zum willentlichen Sicheinrichten auf der Erde. Die Vorstellung, im Innersten des Universums zu sitzen, wird da wach und eine Art Schöpfertraum geträumt.

Vielleicht löst sich von hier – von der Basis des Traums, des vitalen Unbewußten – auch das Rätsel, auf das Staiger in seiner Rezension der «Verhexten Welt» anspielt: «Denn selbst die Nüchternheit wird hier musisch, deshalb, weil sie, wie jeder Satz und jedes Motiv bei diesem Erzähler, mit großem Ernst errungen ist, weil er sie offenbar einer andern, schwer zu benennenden Zone abringt, elementarer Vitalität und jener Phantastik, der wir im schweizerischen Sprachbereich immer wieder begegnen...» (NZZ, 8. 10. 58)

In diesem Band aber, scheint mir, haben jene merkwürdigen Geschichten das stärkste künstlerische Gewicht, welche an spezifisch innerschweizerische Sagenstoffe und Anekdoten antönen und diese halbwegs in der Gegenwart ansiedeln: «Unverhofftes Tauwetter», «Der Züslibutz», «Begräbnis eines Schirmflickers», «Näzel und Wifeli», «Mißbrauch eines schlafenden Sängers», etwas weniger vielleicht «Der Schatz in den Bergen», dem eine Sage aus dem alten Lande Schwyz zugrundeliegt. So ist im «Unverhofften Tauwetter» etwa ein archaisches Bauernpaar gestaltet, welches das Land seines kleinen Heimwesens für eine Straße hergeben muß und nun auf dieser Welt, in dieser Zeit nichts mehr zu tun hat. Nur so etwas wie Gnade oder Liebe oder Zutrauen (wie bei Anna in der «Grauen March») löst zuletzt die Krise. Zugunsten des körperlichen und seelischen Überlebens des einzelnen redet der humane Inglin nicht nur dem Kampf und dem inneren Vorbehalt, sondern auch einem verantwortbaren Sich-Arrangieren, einem vernünftigen Kompromiß, das Wort. (Vergleiche auch «Ehrenhafter Untergang»)

Meistens wird das unvergleichlich gewitzte Kunstwerk «Begräbnis eines Schirmflickers» aufgenommen, wenn Inglin in einer Anthologie zu Wort kommt. Der

prägnanten und sicheren Zeichnung der Strolche spürt man, obwohl sie ganz hiesig anmuten, die intime Kenntnis des von Inglin geliebten Mark Twain und seines «Huckleberry Finn» an.
Das Märchen «Hohrugg und die Zwerge» kommt aus der genauen Mitte des spezifisch Inglinschen Antagonismus zwischen Chaos und Ordnung, der sich hier in einer Parabel vom Staat abspielt. Da artet die Ordnung in totale Organisation aus, die Unordnung, die sie ersetzt, war im Vergleich dazu menschenwürdig und fruchtbar.[48]
Das umfangreichste und auch merkwürdigste Stück der Sammlung wird Inglin später in die «Erzählungen» nicht mehr aufnehmen: «Der verzauberte Berg». Die Namen (Schuhui etc.) erinnern an seine eingehende «Tausendundeine Nacht»-Lektüre, nur wird die Symbolik hier viel bewußter eingesetzt als in den arabischen Märchen. Ein halbwegs feierliches «Zauberflöten»-Ritual und eine mystische Umgebung werden reizvoll abgelöst und verfremdet durch betont schweizerisch sachliches Vokabular. Die Zauberlandschaft läßt zudem eindeutig die Voralpen als Substrat erahnen, wie Spittelers «Prometheus» den Jura. Im übrigen nimmt hier Inglin ein Thema wieder auf, das ihn vor allem vor der «Welt in Ingoldau» beschäftigt hat: die Unterscheidung zwischen echtem Künstlertum und Scharlatanerie. (Vgl. NZZ-Artikel von 1918, «Brief an einen Literaten»)
Einen anderen, weit gediehenen Geschichtenentwurf aus den späten vierziger Jahren, «Der Tänzer», hat er nicht ausgeführt. Auch hier hätte die Künstlerthematik dominiert. Der Tänzer tue das Märchenhafte wirklich und sei deshalb ein Ärgernis – eine Inglinsche Urerfahrung! Die Inquisition, Staat und Kirche verfolgen ihn, und seine Kunst wird als Teufelei und Hexerei verdächtigt. Inglin aber legt nahe, daß dieser ein wahrer Mensch sei und die übrigen nur Halbmenschen ohne seelische Kräfte. Das erste Kapitel liegt fertig vor, das zweite ist angefangen; einige weitere sind skizziert.
Den Kontrapunkt sollte ein Märchen von einem unmusischen Kraftmenschen abgeben. Er darf den Schleier einer Fee tragen und ist dazu nicht imstande.
Eines der psychologisch realistischen, knappen Lebensbilder hätte «Der letzte Wunsch» oder «Laß mich sterben» geheißen. Die verschwiegene Todesbereitschaft eines Mannes, «sein gesammeltes Hindämmern», wird durch die Aktivität der Frau, «welche ihn nicht ziehen lassen will», immer neu gestört. Hier klingt eines der tiefsten Themen Inglins an. (Im Plan zu dieser Erzählung verweist er auf Tolstoi, und zwar auf «die verschiedenen Sterbeszenen».)
Wie erwähnt sollte ursprünglich noch (um 1949) ein Geschichtenzyklus mit vielerlei Eulenspiegeleien dazukommen: Die «Waldbrudergeschichten». Der Waldbruder ist der Erzähler, die Zuhörer sind Lügner, welche als «gespiegelte Helden» die eigene Lächerlichkeit hören müssen. Die Episoden sind aber nur auf wenigen Zetteln kurz umrissen. Einer etwa gießt Tinte in die Weihwasserschalen der Kirchen und sieht zu, wie die Leute bekleckst aus der Frühmesse kommen. Oder: X kommt von einem nächtlichen Besuch bei einer berüchtigten Witwe; unterdessen hat es geschneit, und X zieht die Spur «zum Hause des ehrenwerten, frommen Philisters A»... «von dort geht er rückwärts... in seinen eigenen Spuren zum Haus eines Freundes und erst von hier voran nach Hause».
Nachtbubenstreiche und jede Art von Anekdoten und Klatsch aus der Schwyzer

Umgebung hat Inglin ja stets begierig aufgenommen und oft notiert. Als «Anekdotenlieferant» (P. Kamer) hat Inglins bester dortiger Freund Albert Gemsch gewirkt. Bei den Notizen finden sich auch «Armenseelengeschichten», wie sie in der Innerschweiz in den fünfziger Jahren noch stark verbreitet sind, aber auch Beschreibungen von Liebeshändeln im Dorf etc. Schon als Siebzehnjähriger hat er die Spukgeschichte vom «Franzosen als Gespenst» aufgeschrieben, die er von Vater Abegg hörte. Seit der französischen Besetzung soll an der Muotathaler Straße in der winzigen Kapelle, welche zu Inglins eigenem Haus gehört, ein erschlagener Feind rumort haben, weswegen die Tür der Kapelle immer verschlossen bleiben mußte. Ausgeführte, aber nicht gedruckte Geschichten sind «Konjunktur», «Werkzeug des Teufels» (zwei mit Recht verworfene Anekdoten aus dem Zweiten Weltkrieg), «Anschauliche Belehrung», «Schwere Todesstunde», «Tagebuchblatt der Frau von A.», «Ein ehrlicher Mann», «Der Blindgänger», «Zwischen Leben und Tod», «Aufstrebende Ortschaft» und «Legende vom heiligen Meinrad». Diese letzte, überaus knapp und konzis geschriebene Geschichte mochte als wirkliche Heiligenlegende nicht in den Band passen (den zum Beispiel Traugott Vogel trotz der rationalen Diktion, die er wohl feststellte, als «chthonisch» empfand). «Aufstrebende Ortschaft» erinnert in der pädagogischen Tendenz an «Der Lebhag». Das Thema sind Kinder, die nicht mehr lachen als Rache dafür, daß man ihnen aus kommerziellen Gründen den Pausenplatz weggenommen hat. Halb mystische, halb surreale Züge weist «Zwischen Leben und Tod» auf, ähnlich wie etwa das Märchen «Die goldenen Ringe».

«Der Blindgänger» handelt von einer Bergbäuerin, die eine nicht geplatzte Granate im Ofen zu wärmen und als Bettflasche zu benützen pflegt. Sie wird von Soldaten über die fürchterliche Gefahr aufgeklärt und geneckt: Wäre sie jünger gewesen, das Geschoß hätte sich unter ihrer Decke nicht so harmlos verhalten. Diese Geschichte mag Inglin aus einer gewissen Prüderie, die ihn in den späteren Jahren gelegentlich anwandeln kann, nicht aufgenommen haben. So pflegte er auch beim Umarbeiten erotisch brisante Stellen zu dämpfen.

Auch «Schwere Todesstunde» variiert ein frühes Inglin-Thema, den Kampf gegen den Machtanspruch der katholischen Kirche: Ein Sohn hat seiner sterbenden Mutter versprochen, wieder Katholik zu werden, was er dann einfach nicht durchführen kann.[49]

Sorgsam aufbewahrte Zeitungsausschnitte aus den zwanziger Jahren (Gerichtsberichte, z. B. über eine Schnapsfälscheraffäre, Anekdoten, Schilderungen von Naturkatastrophen) bezeugen, daß er schon sehr früh an eine Geschichtensammlung dachte, wie sie dann mit «Verhexte Welt» entstanden ist. Eine Anekdote aus der «Neuen Zürcher Zeitung» (Nr. 1876, 30. 11. 29) etwa ist ganz nach Inglins Sinn und in der Art von «Der Lebhag» in «Verhexte Welt». Unter dem Titel «Wohin rollst Du, Äpfelchen?» ist da zu lesen, wie zwischen Hegibach- und Kreuzplatz in Zürich ein Lastwagen kippt, Äpfel auf die Straße rollen, Arbeiter und Kinder kommen und sie auflesen, die Trams und Autos aber «mit Unverständnis die köstlichen Früchte zu einer üblen Masse» zermalmen.

Anfang 1958 gehen die streng aussortierten Geschichten der «Verhexten Welt» ab nach Zürich; der Verleger und seine Frau sind begeistert und betrachten es als «lohnende Aufgabe für den Verlag, diesem Buch die Aufnahme zu verschaffen, die

es verdient». Am 16. September 1958 trifft das erste Exemplar in Schwyz ein und wird so gebührend bewundert wie ein neugeborenes Kind: «Ich bin froh, daß diese lang geplante, immer wieder geprüfte, ergänzte und gesiebte Sammlung dank der bewährten Geburtshilfe im Atlantis-Verlag nun glücklich das Licht der Welt erblickt, und danke Ihnen und Ihrer Frau herzlich dafür.» (16. 9. 58)
Ein Brief Inglins nach Erscheinen des Buches (an Dr. Hürlimann) enthält viele aufschlußreiche Erklärungen. (14. 12. 58) Es zeigt sich, wie heikel er ist in bezug auf die richtige Benennung seiner Werke. Daß «Unverhofftes Tauwetter» irgendwo als «Kurzgeschichte» bezeichnet wird, ärgert ihn sehr. (Noch schlimmer ist, daß ein Bücherkatalog vom «Werner Amberg» als von «autobiographischen Jugenderinnerungen» spricht: «‹Werner Amberg› ist ein Roman, verdammt nochmal, und Erinnerungen sind etwas ganz anderes.» Und daß «Die graue March» «Erzählungen aus dem Muotathal» enthalte, will er mit Recht ebensowenig wahrhaben.) Im übrigen finde die «Verhexte Welt» Anklang[50]. Er erwähnt das «Luzerner Tagblatt», welches das Buch sehr rühme, und bemerkt dann: «Aber die Katzenstrecker werden es doch nicht kaufen, da es nur aus den ‹Ländern› kommt und für sie daher nicht vornehm genug ist.» Diese Bemerkung ist sehr bezeichnend für das Verhältnis, welches viele Künstler und Intellektuelle aus Uri, Schwyz und Unterwalden der Stadt Luzern gegenüber haben (und umgekehrt). Sie fühlen sich oft genug in Zürich mehr anerkannt. Zwei Luzerner Kritiker konnte Inglin allerdings mit seinem Verdacht nicht meinen: Eugen Felber («Luzerner Neueste Nachrichten») und Dr. Roland Petermann («Luzerner Tagblatt»), welche sich für jedes einzelne Werk mit langen, eingehenden und sehr differenzierten Besprechungen eingesetzt haben.
Inglins finanzielle Lage wird in dieser Zeit nicht selten durch unerwartete Zuschüsse ein wenig erleichtert. Die «Schillerstiftung» verspricht 1959 Fr. 1400.– für die «Verhexte Welt». Der Schweizerische Schriftstellerverband schickt Fr. 1000.– als Ehrengabe; aus dem Kredit zur Förderung des schweizerischen Kulturschaffens erhält er vom Eidgenössischen Departement des Innern Fr. 5000.– (1956). Auch die Stiftung «Pro Arte» steuert gelegentlich etwas bei. Jeden Monat bezieht er jetzt Fr. 219.– als Ehepaar-Altersrente der AHV. Der Ertrag seiner Werke im Atlantis Verlag liegt in den späteren fünfziger Jahren jährlich im Durchschnitt nicht höher als bei Fr. 2500.– Es bleibt also trotzdem bei einem Einkommen, «mit dem sich heute nicht einmal der bescheidenste Handlanger begnügen würde». (M.I., 5. 9. 63) Immer wieder wird er gebeten, auch von staatlichen Stellen, auf seine Autorenrechte zu verzichten, und er fragt zum Beispiel eine kantonale Lehrmittelkommission «doch endlich verblüfft, ob dieser Staat es denn wirklich nötig habe, einen derart benachteiligten Idealisten anzubetteln... Dies sind grundsätzliche Erwägungen, die ich... auch im Interesse meiner Kollegen anstellen muß... Auch wir paar freien Schriftsteller ohne fixe Besoldung und Pensionsanspruch gehören nicht zu den geldgierigen Leuten, sonst wären wir Esel, wenn wir uns nicht nach anderen Krippen umsähen; wir sind besonders weit entfernt davon, auf Kosten der lieben Jugend Geschäfte machen zu wollen, aber wir müssen unsere Rechte wahren...» Dies nur als Streiflicht zum Thema Schweiz und Schriftsteller. Dabei hat Inglin, wenn er sich nicht betrogen fühlte, seitenlange Gutachten ohne jegliches Salär abgegeben. Dafür diene hier als Beispiel jenes über das 1955 geplante schweizerische Soldatenbuch, an dessen Konzeption ihn vieles gestört hat: Der Reglement-Cha-

rakter, auch im verlangten Aussehen und Tenue («Jeder Lump kann einen guten Eindruck machen»); dann die Forderung nach «unerschütterlichem Gottvertrauen» («Unter den Soldaten aller modernen Armeen, vor allem der europäischen, sind Menschen von unerschütterlichem Gottvertrauen in der Minderheit; wenn man sich nicht auf die ungezählten anderen verlassen könnte, die vielleicht ebenso tapfer sind, wäre man verloren»). Dann zur «Bewahrung des ungetrübten starken Bürgertums»: «Wie wird der politisch links stehende junge Proletarier, den das Buch auch als Leser gewinnen muß, darauf reagieren?» Man «müßte Staatsbürger sagen, um den gefährlichen falschen Anschein zu vermeiden, daß unter Bürger nicht auch der Arbeiter gemeint sei». Dann verlangt er weniger Schulmeisterei, keine Illusionen über Dienstfreuden und Opferbereitschaft, sowie einen Aufsatz über das Beschwerderecht unter dem Titel «Beschwere Dich!» Alles sollte ungefähr im Stil von «Das Beste aus Reader's Digest» geschrieben werden, damit es überhaupt gelesen werde. Das alles legt Inglin anstandslos ohne Honoraranspruch dar, obwohl er schon 1953 aus der Wehrpflicht entlassen worden war.

Die Stimmung der alten Jahre. «Besuch aus dem Jenseits»

Am 7. Juni 1960 verliert er den Freund, dem er neben Gottfried Stiefel am meisten zugetan war: Albert Gemsch. Dieser war ein Mann nach Inglins Maß und Vorstellungen. Er hatte zwar an der ETH Agronomie studiert, ließ sich dann aber nirgends durch einen bürgerlichen Brotkorb fesseln. Nur lokale politische Ämter nahm er, als Liberaler im besten Sinn des Wortes, an. Daß einer in dieser Gesellschaft einen Beruf haben *müsse,* gehört ja zu Inglins frühen Traumata. Gemsch lebte im «Maihof», einem «prachtvollen Barockpalais» mit der Familie, «die es herrschaftlich und gastfreundlich bewohnte». (M.I. in NZZ Nr. 1992, 10. 6. 60) Gemsch war wie Inglin ein außergewöhnlicher Leser; die meisten Autoren, auch die lateinischen, las er in der Originalsprache.
Seine Bildung aber hinderte ihn nicht, an Dorffesten teilzunehmen und etwa am Schwyzer Fasnachtsspiel der Japanesen als «He-Nu-So-De» das Szepter zu führen. Wiederholt arbeiten die Freunde hier zusammen, so etwa 1936, da Inglin Spielleiter ist und Gemsch als der erwähnte Kaiser auftritt, oder 1952, als Inglin selber halb im Dialekt, halb hochdeutsch, in vierfüßigen Jamben das Japanesenspiel schreibt: «Der Volksfriedenskongreß in Jeddo–Schwyz». Inglin liefert den Grundtext, und Gemsch muß diesen mit den verlangten aktuellen Schwyzer Einschiebseln versehen. (Als Kunstwerk ist das «grausliche Fasnachtsspiel» wohl nicht weiter von Belang; es hatte ja auch nur der einmaligen Aufführung zu genügen.) – Gemsch war auch Militär: Kavallerist und Oberstleutnant. – Als Jäger zog er selber Jagdhunde, mit ihm zusammen ging Inglin in der immer gleichen Gruppe auf die Patentjagd, vierzig Jahre lang. So sehr hat ihn der Verlust getroffen, daß er seit dem Tode Gemschs die Flinte nicht mehr anrührte. Was Inglin indessen weiterbetrieb, waren Geologie und Botanik, Gebiete, welche in den späteren Jahren von den beiden immer ausschließlicher erörtert wurden. Inglin hatte – genau beschriftet und in Schublädchen geordnet – eine ansehnliche Sammlung einheimischer Steine. Über

Geologie finden sich im Nachlaß exakte Exzerpte aus wissenschaftlichen Darstellungen. Etwas weniger systematisch pflegte er die Botanik, die vor allem in der Freundschaft mit Hans von Matt eine immer größere Rolle spielte.
Gemsch und die übrigen Jagdkameraden kannten fast alle Bauern, die in der «Grauen March» auftreten, persönlich; er war es, der Inglin das Material zu verschiedenen Episoden in diesem Werk, auch zu anderen, etwa in der «Verhexten Welt», lieferte. Als einer der ganz wenigen hat Gemsch jedes Werk Inglins beim Entstehen mitverfolgt. Er betonte gelegentlich, wie lange und skrupelhaft der «Meired» arbeite. Neben einem anderen im selben Jahr (Dezember 1960) verstorbenen Schwyzer Freund, Josef von Hettlingen, soll Albert Gemsch ein Vorbild gewesen sein für den Major in «Urwang». Gemsch verkörperte bei allen bürgerlichen Zügen auch das frühe aristokratische Ideal Inglins, das er nie ganz aufgegeben hat. Einer der Freunde hat jenen den letzten Landedelmann genannt.
Mit Gemsch mochte Inglin auch eine gewisse ähnliche Lebensstimmung verbinden, die «keineswegs optimistisch» (M. I. über Gemsch in der NZZ) [51], und doch noch von liberal humanistischem Glauben gestützt war, so wie ihn der alte Arzt im 1958 schon verfaßten Dialog von «Besuch aus dem Jenseits» ausdrückt.
Diese Lebensstimmung freilich hat bei Inglin von den ersten sechziger Jahren an die Tendenz, immer düsterer zu werden, nicht in den persönlichen Umständen, sondern in der Beurteilung der Schweiz und der kapitalistischen Wachstumswut. Er mag aber nicht mehr «als Kritiker und Mahner» auftreten wie in «Urwang». Er müßte dazu auch «über eine viel genauere Kenntnis der heutigen wirtschaftlichen Zustände und Vorgänge» verfügen. «Ich kann es nicht recht beurteilen. Manchmal habe ich den Eindruck, die allgemeine Entwicklung entziehe sich jeder Lenkung und nehme einen noch ganz unabsehbaren Verlauf, so daß jedes Wort dagegen in den Wind gesprochen scheint.« (Absage vom 10. 1. 64 an die «Schweizer Monatshefte», die ihn um einen Leitartikel zum 1. August bitten.) Die Fortschrittswut erfährt er eben wieder am eigenen Leib. Er hatte sich geweigert, von seinem Garten Land zur Verbreiterung der Muotathaler Straße abzugeben. Die Expropriationskommission tritt auf, und er wird dazu gezwungen. Seinem Freund Stiefel beschreibt er, wie die Mauer niedergerissen wird und der Trax die alten Rosenbeete umlegt. Das passiert ihm, der im Garten sogar die Geschichte eines jeden Strauchs und die fast magische Bedeutung kennt und achtet, die frühere Besitzer den Eiben, Haseln und Thuja zugelegt hatten. (Brief an den Sagenforscher Fritz Ineichen)
Inglin fühlt sich zu Hause und im größeren Anblick der Schweiz immer trüber bedrängt. Schon 1956 hatte er sich gegen einen Abdruck aus «Lob der Heimat» in der Zeitschrift «Du» mit der Begründung gewehrt, daß er *diese* Heimat nicht mehr preisen möge. (Oktober 1956) Leider hat er nicht mehr erlebt, wie man 1973 sein «Urwang» nicht nur als Kunstwerk, sondern auch als prophetisches «Warnbuch» bezeichnet hat.
Wie sehr die Enttäuschung über die Heimat aus seiner Liebe zu ihr entspringt, bezeugt die Begeisterung, mit der er als Gast am Zürcher Sechseläuten (Zunft zur Schmiden) von 1961 teilnimmt. Dieses Fest bedeutet in seinem Leben ein eigentliches Ereignis, das er sorgfältig vorbereitet samt Rede, Gästebuchspruch und Kofferinhalt («Zäpfli, roti Böhndeli, Zandpulver, Rasierzeug, graue Weste, 2 Kragen,

2 Hemden, 2 Krawatten»). Hier dabei zu sein, ist eine der ganz wenigen Ehrungen, die er voll anerkennen kann, die er nicht als bloße Fiktion verdächtigt. Im Gästebuch will er auch ganz anders als sonst von einem «unvergeßlichen Erlebnis» schreiben und dämpft erst nachträglich, indem er das Epitheton streicht. In der Dialektrede weist er darauf hin, daß er heimlich schon seit fünfundvierzig Jahren gern der Gast einer Zunft gewesen wäre. Von 1939 an, seit dem Erscheinen des «Schweizerspiegels», habe er fest auf eine «Sechseläuten»-Einladung gehofft: «Aber bis vor churzem isch das neime niemerem igfalle. Das söll e kei Vorwurf si, es söll nur erkläre, warums mi jetz e so freut, daß i doch nu z'Ehre zoge worde bi...» Zürich ist die Stadt, die Inglin liebt; mit dem Stadtbataillon 68 hat er Dienst gemacht, hier hat er nach dem Ingoldauer Skandal Zuflucht gefunden, von hier kommt seine Frau, hier wurde er seit je literarisch am meisten anerkannt. Inglin nennt dann in seiner Rede noch einen besonderen Grund der Freude über das Fest: «Duezmal, im Erste Wältchrieg, bin i as junge Lütenant im Zürcher Stadtbataillon 68 zuteilt gsi und mit dem Bataillon nach e me lange Gränzdienst im Regimentsverband us em Jura uf Züri marschiert. Vor dr Stadt heds gheiße: jetz nänd üch nu emal zäme, es wird stramm imarschiert! D'Lüt hend aber die voll Packig treid, dezue di scharf Munition, 120 Patronen, und si sind nach zwee oder dri stränge Marschtäge nümme frisch gsi, me hed s ene agseh. Und jetz isch das Wunderbar passiert: Uf einischt stimmt es Bataillonsspiel unerwartet de Sächsilüte Marsch a. Das isch i di ganz Marschkolonne inegfahre, wi ne frische Wind. Es hed Lüt gä, wo vo Freude glärmet und gjuzet händ. Jetz hends de Kopf nümme la hange, si sind nümme müed gsi und sind stramm imarschiert. Ich bi under dene Stadtzürchere nur e Schwyzer gsi, aber ich ha gspürt, was für ne Zürcher alls i dem Sächsilüte Marsch inne lid, und es hed au mich eso packt, daß is niemee vergässe ha. –» Nicht weniger wichtig aber ist ihm, daß hier in diesen «alten städtischen Körperschaften» Tradition gepflegt wird, und er sieht hier eine der wenigen Chancen der Stadt, die gegen alle Welt Türen und Fenster öffne, das eigene Gesicht zu erhalten. Immer mißtrauischer betrachtet er ja die Entwurzelung und die Gleichschaltung der Menschen, so mißtrauisch, daß er gelegentlich in seinen letzten Lebensjahren trotz seiner liberalen Grundhaltung in die Nähe eines schroffen Konservatismus geraten kann.

Eine gewisse Verhärtung mag sich da und dort auch im Stil zeigen, in einer gar zu prononcierten Lehrhaftigkeit, in der symbolischen Überbelastung einzelner Motive[52]. «Vorspiel auf dem Berg» und «Der Ehrenplatz» im Erzählband «Besuch aus dem Jenseits», der 1961, drei Jahre nach «Verhexte Welt», erscheint, sind Beispiele dafür. Sonst aber macht der neue Band mit den fünf Erzählungen wieder die breite Streuung von Motiven und Erzählformen deutlich, über die dieser Autor verfügt. Über die Grenzen der einzelnen Stücke hinweg soll kurz das Spektrum der Motive aufgefaltet und zugleich auf deren Rückhalt im übrigen Werk geachtet werden. Ein Vergleich der erzählerischen Bauformen erweist deren Vielfalt, Inglins unverminderte künstlerische Ratio, seine Kunst der Konstruktion, seine Phantasie.

Jagd und Natur bestimmen die umfangreiche Geschichte «Das Riedauer Paradies». Es ist, wie immer jetzt bei Inglin, nur mehr eine Wunschlandschaft. Wie in fast jeder Geschichte Inglins aus den fünfziger und sechziger Jahren rast mittendurch oder irgendwo daneben auf einer Straße der motorisierte Verkehr[53], «aber hier merkte man nichts davon und hatte als verführerische letzte Zuflucht noch die Wälder im Rücken». Wenn es regnet, ist es eine stille, nasse Welt, in der man «ganz aufgeht». Die Natur ist also deutlich als Idyll gepriesen, als festtägliche Rückzugsmöglichkeit – daher die für Inglin seltene, fast impressionistisch wiedergegebene Farbigkeit in der Schilderung. Diese Natur bestimmt das eigentliche Leben der auftretenden Revierjäger, der «stattlichen, wohlhabenden und angesehenen Männer» in grünen Lodenmänteln nicht mehr. Ihre Arbeit und Gesellschaftswelt liegt in der Stadt, einem, wie es ihnen hier vorkommt, geheimnislosen Alltagsbezirk. Das Reservat aber schenkt ihnen für die ernsthafte Wirklichkeit mehr, als ihnen bewußt ist: sie kommen zur Ruhe oder doch zur Sammlung, die sie ihre Beziehungen zu andern überdenken läßt. Schicksale werden hier abseits entschieden. Jene Herren, welche mit dem Sinn für das Wesentliche begabt sind und ihn hier wieder zu schärfen vermögen, werden zum mindesten ein Mal vor das Visier des Erzählers gerückt und sprechen dann ihren inneren Monolog. Ohne den unmittelbaren Anreiz der Jagd erführen die großbürgerlichen Städter allerdings kaum mehr viel von der Erlösungskraft von Wiesen, Wäldern und freier Luft. Die Jagd ist ihnen gleichsam gesteigerte Natur, und sie finden durch sie zu einer ursprünglichen Erlebniskraft zurück. Es bewegt sie das «Halali über den erlegten Rehen und Füchsen, Wehmut über ihr Ende, Lust des Daseins, Einverständnis mit Leben und Tod» und, wie dieser am Schluß refrainartig wieder aufgenommene Passus variiert und ergänzt wird: «Lob und Preis der Schöpfung».

Und da liegt vielleicht überhaupt das Geheimnis auch von Inglins eigener Jagdleidenschaft, die er ja nicht selten zu rechtfertigen suchte: in diesem direkten, archaisch kreatürlichen Erfahren von Leben und Tod inmitten eines Daseins, das sonst durch gesellschaftliche Zwänge, Tabus und Fiktionen von seiner innersten Wahrheit entfremdet ist. Ganz ähnlich hat C. J. Burckhardt bei der Jagd gefühlt (vgl. dessen Briefe an Inglin, z. B. jenen vom 20. 9. 43 über einen geschossenen Rehbock: «Schön und traurig war sein Abschied von meiner und seiner Welt»), was die beiden vielleicht vor allen literarischen und weltanschaulichen Dingen verbunden hat. Auf der Jagd sucht Inglin auch die bergende Kollektiverfahrung mit allen andern Naturwesen; das schmerzhaft isolierende Gefühl der Individualität fällt von ihm ab. (Vgl. NJ, 133)

Die Erzählung spiegelt die Atmosphäre der Winterthurer Jagdgesellschaft Flaach (vom 1974 verstorbenen Willi Dünner organisiert), wo Inglin jährlich eingeladen war. Vor jeglicher Naturschwärmerei bewahrt den Autor auch hier, abgesehen vom klaren Duktus seiner Sprache, sein Wissen um die Lebensfeindlichkeit, die aller Natur ebenfalls eigen ist. Man denke an ihre eigengesetzliche und außermenschliche Bedrohlichkeit in den Voralpen der «Grauen March», der «Drei Männer im Schneesturm» und des «Wanderers auf dem Heimweg».

Als Schutz sogar gegen solch grausame Übermächtigkeit der Natur sind die fragilen und ihrerseits erlösenden menschlichen Beziehungen eingefügt, die Gesellschaft, die in ihren verschiedenartigsten Ausprägungen gestaltet ist. In diesem Bereich kann die Wirklichkeit insofern sogar dem Naturgesetz widersprechen, als sie durch Vernunft und sittliche Leistung erst erschaffen wird – wie beispielsweise in der durch Erfindung und Form gleich hervorragenden Novelle «Der Herr von Birkenau». Ein alter Herr aus verarmtem Adelsgeschlecht fühlt in sich den wahnhaften

Auftrag, er müsse die alten Ländereien seiner Familie, der Bucher von Birkenau, verwalten. In Wirklichkeit sind diese verloren und längst in anderen Händen[54]. Der Sohn hilft dem Vater, die Fiktion aufrechtzuerhalten, indem er die Bauern der Umgebung dazu überredet, diesen zum Schein als Gutsherrn anzuerkennen. Der Sohn und dessen Frau leben selber nur für diese Idee und opfern eine Laufbahn, die ihnen lieber gewesen wäre. Der Junge sagt von seinem Vater: «Er lebt in diesem Rahmen jetzt so vernünftig wie viele angeblich gesunde Menschen, die auch nur von Fiktionen leben.» Und als Fiktionen erkennt Inglin im Grunde alle gesetzten Konventionen der menschlichen Sozietät: Titel, Ansehen, die Hierarchien im politischen und wirtschaftlichen Leben, gesellschaftliche Anlässe, sogar das Ritual auf der Revierjagd. Die bewußten Vorspiegelungen im «Herrn von Birkenau» stellt er aber letztlich wiederum als naturnotwendig dar, als Trick der Natur, die durch solchen Wahn einem Menschen erst das Leben ermöglicht.

Sogar Freiheit und Selbstbestimmung, ein weiteres Thema, das Inglin immer wieder überdenkt, sind ambivalent. Sie werden meistens insofern zum Problem, als in einer Krise ein als Zwang empfundener Zustand aufgebrochen und radikale Befreiung angestrebt wird. Die Synthese ereignet sich dann oft in der Gestalt des Heimkehrers, der alte Bindungen als Gewandelter wieder auf sich zu nehmen bereit ist.

Die Thematik der Heiterkeit – bei diesem Dichter auf ganz unmoderne Weise auffällig – hängt eng mit der Freiheit zusammen. Der beschwingte Zustand ist stets erkauft mit der Angst und der Schwermut des Werner Amberg. Diethelm, die Hauptfigur der «Welt in Ingoldau», erringt ihn durch quälende Glaubenserschütterungen und einsame Entschlüsse. Heiterkeit ist bei Inglin das Signum eines Menschen, der sein Wesen und seine Umwelt geklärt und sich innerlich befreit hat. Daher gleicht sie einem ethischen Gebot. Von hier aus wird etwa die Enttäuschung Inglins über Hesse verständlich, der sich von den Düsternissen des Zweiten Weltkriegs überschwemmen ließ. Der religiös-weltanschauliche Dialog in «Besuch aus dem Jenseits», dem Titelstück, klingt aus in zuversichtlichem Gleichmut und Vertrauen auf den inneren Fortschritt der Menschheit. Das Einverständnis mit dem Schöpfer und seinem Werk ringt sich ein müder und enttäuschter Intellektueller nach entscheidenden Begegnungen mit einer mephistophelischen Verkörperung des Prinzips der Verneinung ab.[55]

So berührt das reich variierte Motiv der Heiterkeit stets jenen Grund von Menschlichkeit, der bewirkt, daß dem Leser Inglins Welt so leicht zur Wohnstatt wird. Außer dem Fanatiker wird jede seelische Gattung und Verhaltensweise geduldet. Sogar vom Bluffer Viktor Graf im «Riedauer Paradies» heißt es, daß man ihm vielleicht den Dienst der Bewunderung entgegenbringen sollte, da er diesen nötig habe. Im Alter gemahnt Inglins Einstellung immer mehr an die ausgewogene Humanität eines Montaigne.

Ein nicht minder ungewöhnliches Vermögen bezeugen die Erzählungen unter formalem Aspekt. «Das Riedauer Paradies» fächert ein großangelegtes Stimmungsbild auf. Es gibt keine Hauptstory, keinen Helden, keinen Höhepunkt, nur ab und zu Keimstellen für novellistische Handlungen, die aber mit Absicht nicht zur Entwicklung gebracht werden. Was Inglin da reizt, ist nicht die außergewöhnliche Begebenheit, sondern die Beschreibung der vielfältigen Wirklichkeit, wie sie sich in der geschlossenen Sphäre der Revierjagd manifestiert. Es sind, äußerlich gesehen, unscheinbare Tage und Geschehnisse, und Inglin geht hier insofern einig mit Vertretern einer jüngeren Generation, als er Darstellungswertes nicht im Außergewöhnlichen, sondern im Alltäglichen sucht. Ausführlichkeit und Akribie in der Schilderung der Ankunft der einzelnen Jäger auf dem Sammelplatz unter den Roßkastanien vor dem «Ochsen» in Riedau gleichen stilistischen Praktiken des «nouveau roman». Rein formal weist «Das Riedauer Paradies» auf Werke wie «Die Welt in Ingoldau» und «Die graue March» zurück, nur daß dort Menschen und Ereignisse romanhafter, in ausgewählteren Lebenslagen erfaßt sind. «Der Herr von Birkenau» hingegen stellt viel eher eine straff erzählte Novelle dar. Ein Mensch, der außerhalb des Normalen lebt, wird hier um seiner Außerordentlichkeit willen als Objekt gewählt und mit dem Erzähler, als dem Vertreter eben dieser Normalität, konfrontiert. «Besuch aus dem Jenseits» besteht aus einem beinahe szenisch gefaßten Gespräch, bei dem die Orte der Handlung jeweils knapp umschrieben sind und die Entwicklung der Geschichte rein dialogisch weitergeführt wird. Ein ähnliches Aufbauprinzip, das an die Technik des epischen Theaters erinnert, verfolgt Inglin dann in seinem letzten Roman «Erlenbüel». «Besuch aus dem Jenseits» sollte ursprünglich zur «Verhexten Welt» gehören. (Inglins Brief an Staiger vom Mai 1960)[56] Der Teufel, der als puritanischer Ordnungsfanatiker auftritt und der großartigen Phantastik in der Schöpfung Gottes abhold ist, hätte gut zu den drei total-organisierenden kleinen Zwergen in «Hohrugg» gepaßt. Staiger schätzt (Brief an Inglin, 8. 5. 60) an ihm übrigens, daß der Patron bloß grau und nicht schwarz und dazu «xenophontisch nüchtern» ist wie in Chamissos «Peter Schlemihl». Die Gespräche mit dem an Faustus erinnernden alten Arzt hat Inglin, wie man aus vielerlei Vorbereitungen und datierten Zeitungsartikeln über Nehru, den Papst, Albert Schweitzer schließen kann, nachträglich noch ausgebaut. Gerade mit dieser letzten Geschichte erhält der neue Band motivisch und formal die beachtliche Breite.

Wo nun ist die stilistische Konstanz zu suchen bei so stark divergierenden Stoffen und Formen? In der Sprache. So unzulänglich die Wirklichkeit, und besonders die heutige, diesem Realisten erscheinen mag, so schwierig deren Erkennbarkeit werden kann, vor der Sprache und deren Erweckungskraft kennt er keine Skepsis. Zu ihr und ihrer Möglichkeit, Wahrheit einzufangen, hat der Dichter ein fast naives Vertrauen, ein Vertrauen, das den Jüngeren längst abhanden gekommen ist. Inglin glaubt an die Bedeutungskraft des einzelnen Wortes. Deshalb häuft oder reiht er nie Worte auf. Findet man das richtige Wort, so sagt es für den Sachverhalt genug aus. Sprache ist ihm zu mitteilungsstark, als daß er mit ihr spielen oder selbstgefällig manieriert umgehen würde. Die Sätze stehen nüchtern, klar und in unverrückbarer Gespanntheit da. Gerade dieses Bemühen, die eigene Sache richtig zu sehen und zu sagen, bewirkt den unverwechselbaren Ton – sogar dort, wo er spröd oder trocken wird, wie gelegentlich in der langen Diskussion zwischen Doktor und Teufel. Das nicht mehr weiter bezweifelte Verhältnis zur Sprache und zur gefügten Form mochte aber auch bewirken, daß er nach dem Zweiten Weltkrieg gewissermaßen in ein viel bewundertes Abseits geriet. Und hier gründet ein gewisses leidvolles Wissen, am Rand zu stehen, das Inglin in diesen späten Jahren nie verläßt. Dazu kommt ein didaktischer Hang, der ihm selber gelegentlich suspekt war.

Wenn er in der «Verhexten Welt» Parabel- und Fabelformen bewußt, fast ironisch einsetzt und leicht antikisierend umspielt, so wird hier in der ersten Erzählung, «Vorspiel auf dem Berg», die Lehrhaftigkeit penetrant. Diese Erzählung krankt, wie der harmlosere «Ehrenplatz» übrigens auch, an der mangelhaften Bändigung dessen, was Adorno die «Zudringlichkeit der eigenen Intention» nennt («Ästhetische Theorie», a.a.O. S. 226) – ein Befund, den auch das noch nicht überarbeitete erste «Urwang»-Manuskript ergab und der das überdehnte Gespräch zwischen Leuenberger und dem Enkel in «Wanderer auf dem Heimweg» erneut zeigen wird. Es gibt eine Art stofflichen Überhangs, den Inglin formal nicht mehr in den Griff bekommt, und zwar nicht etwa wie früher aus übergroßer epischer Fülle, sondern aus einer gewissen ideologischen Verhärtung, die sich bis in Kleinigkeiten nachweisen läßt. Eine flotte Frau zum Beispiel geht auf Waldspaziergängen nicht in bunten Kleidern, damit das Wild nicht verscheucht wird. (Eine Maxime, die mir von einer Bekannten Inglins mitgeteilt wurde.) Im «Vorspiel auf dem Berg» trägt, was eine rechte Geliebte sein will, hohe Schuhe und nicht modisches leichtes Zeug. Sonst wird sie nach des Autors Ansicht mit Recht verstoßen. In solchen Dingen liegt aber wohl nicht der einzige Grund, der Inglin in dieser Erzählung scheitern ließ; der andere liegt darin, daß er eine Zeit wieder aufleben lassen will, die ihm selber jetzt ferner liegt als etwa die eigene Jugend in Schwyz: jenes halbwegs schicke Intellektuellenleben in Zürich um 1918 und später, wo er bei Walter Mertens aus und ein ging, Parties mitmachte und um Bettina freite. Diese jugendlich urbane Atmosphäre trifft er nicht mehr. Hätte er seinen Stoff so behandelt, wie er ihm von Albert Gemsch und wohl auch andern kolportiert worden war, die Geschichte hätte überaus reizvoll werden können. Es ist eine bekannte Schwyzer Anekdote; sie handelt von einem Dorforiginal namens Felchlin, einem Junggesellen, der einmal verlobt war und seine Verlobte auf eine Glattalptour mitnahm. Wie sie oben ankamen, ging die Sonne auf, und Felchlin fragte die Braut, ob sie etwas dazu zu sagen habe. Diese soll geantwortet haben, nein, sie wisse nichts. Da machte Felchlin rechtsumkehrt und ließ sie stehen. Mit einer, die den Sonnenaufgang nicht sehe, könne er nicht leben. In dieser skurril-tragikomischen Gestalt und in der konkreten schwyzerischen Umgebung hätte die Geschichte den symbolischen Kern freigeben können, den Inglin in seinen Vorstudien zu «Bewährungsprobe am Berg», wie der erste Titel hieß, so hartnäckig sucht: «Die ganze Geschichte symbolisch, aber nur angedeutet, ganz unaufdringlich, der Leser muß selber drauf kommen.»
Dieser Erzählung wegen wird sich eine schwere Störung des Verhältnisses zwischen Inglin und seinem Förderer und Interpreten Prof. Emil Staiger ergeben, die nie mehr ganz behoben wird.[57] Staiger lobt in seiner Rezension des Buches (12. 6. 61, NZZ Nr. 2218) das «Riedauer Paradies» und vor allem «Der Herr von Birkenau»: «ein Meisterwerk, das sich wohl ebenso unter die gültigen Novellen deutscher Sprache einreihen wird wie die ‹Furggel›, die ‹Lawine› und ‹Drei Männer im Schneesturm›.» Das «Vorspiel auf dem Berg» aber betrachtet er als «vollkommen mißraten». Inglin verstehe, wie schon im «Schweizerspiegel», die städtische Gesellschaft nicht zu schildern, ihm fehle überdies «die Kunst der Andeutung, die großen Vorzüge ... des englischen Romans». Ebensowenig liege ihm «das große Kapitel ‹Liebe›». Staiger kritisiert bei gleichzeitig immer neu wiederholter Betonung, daß er hier einen «Meister» rüge, einen «heute ... einzigartigen» Schriftsteller.

Inglin ist über die Maßen verletzt und hat, wie er sagt «Betroffenheit, Zorn und Trauer» kaum verwinden können[58]. Er war sich bis dahin der Anerkennung und der Anteilnahme Staigers stets «als einer glücklichen Fügung in tiefer Dankbarkeit bewußt». (Brief vom 15. 12. 54 an Staiger) Daß es gerade dieser Kritiker ist, der ihn, und sei es nur an einem Werk, abschätzig beurteilt, trifft und erschüttert ihn im Kern. Er reagiert mit jener übergroßen Empfindlichkeit, wie er sie im «Werner Amberg» an sich als Kind erfaßt hat. Einst, in den zehner Jahren, konnte er laut Tagebuch eine abschlägige Antwort um die andere von Verlegern ohne große Worte entgegennehmen und trotzdem glücklich weiterschreiben. Der alternde Dichter aber sieht sich hier angegriffen von einem, an dessen Zustimmung ihm wie an keiner gelegen ist. Wer sorgfältig liest, stellt zwar schon in Staigers Besprechung der «Verhexten Welt» gewisse Vorbehalte fest: ungleiche Stücke fänden sich beisammen, und eine gewisse handwerkliche Redlichkeit könne auf Kosten des Musischen gehen. Inglin merkte das genau, und schrieb: «Eine gewisse Leserschaft wird Dein Lob eines so nüchternen, redlichen, aufrichtigen, disziplinierten Erzählers zwar kaum als Empfehlung gelten lassen und hinter dem so Gelobten einen mehr oder weniger hausbackenen, etwas langweiligen, wenn auch zuverlässigen Geschichtenschreiber vom Lande vermuten...» Dieser Eindruck werde jedoch anschließend korrigiert, und er, Inglin, sei glücklich darüber.[59][60]
Verletzt also ist er erst jetzt. Staiger hatte den inkriminierten Passus wohl auch etwas schärfer formuliert, weil man ihm gelegentlich nahegelegt hatte, er solle Inglin nicht zu sehr überschätzen. Solches war offenbar auf den weitausgreifenden Essay vom April 1961 in der «Neuen Zürcher Zeitung» geschehen, in dem er Inglin als den Schweizer Romancier schlechthin bezeichnete. Der Bildhauer Hermann Hubacher hatte Inglin damals in der gleichen Nummer öffentlich eine Zeichnung gewidmet, was diesen sehr bewegte. Er mußte sich im tonangebenden Zürich in einem Mittelpunkt wähnen. So traf ihn das, was Inglin als völligen Umschlag in der Beurteilung empfand, wenige Monate später allzu unvermittelt. Verletzt war er auch, weil Staiger die städtisch zürcherischen Passagen des «Schweizerspiegels» in Frage stellte. Da mußte er sich in seiner alten Angst bestätigt fühlen, als Bauern- oder Heimatdichter verkannt zu werden (ein Vorwurf, der übrigens Staiger nicht treffen kann). Diese spezielle Geschichte als mißraten zu bezeichnen, war Staigers gutes Recht und vielleicht auch seine Pflicht als Kritiker. Er formulierte aber doch – im Vergleich zu früheren Urteilen – irritierend pauschal, wenn er die Dialogführung an sich angriff: «Eine zweite Klippe sind, gleichfalls von je her, die Dialoge gewesen. Sie werden leicht zu trocken und spröde.»[61] Inglin rechtfertigt sich mit «eigenen Stilgesetzen»; er kenne die entsprechenden Vorzüge des englischen Romans als Leser schon, als Schreiber aber habe er nicht kopieren wollen. Am empfindlichsten aber ist er verletzt von der Behauptung, daß «das große Kapitel ‹Liebe›» überhaupt nicht seine Stärke sei. Er antwortet: «Dieses große Kapitel kommt in den verschiedensten Variationen überall in meinem Werke vor, aber ich sehe den Grund nicht ein, es an besonderen großen Beispielen zu messen... ich weiß nicht, wieso es stärker oder auch nur anders sein sollte.» «Vorspiel auf dem Berg» ist allerdings gerade in Hinsicht auf die Frauen und die Liebe merkwürdig stumpf geraten. Aber sonst darf man die großartige Gestaltung oft kaum ausgesprochener erotischer Beziehungen im Werk Inglins nie vergessen. Die Liebe etwa zwischen

Werner und dem fremden Mädchen Antoinette, Werner und dem achtzehnjährigen Bauernmädchen; die Liebe zwischen dem Major und Marieli; das Verhalten der so liebenswerten und gescheiten Therese in der «Welt in Ingoldau», oder des schwangeren Mädchens Anna in der «Grauen March», einer Figur, die C. J. Burckhardt neben «die größten Frauen Gotthelfs» stellt. (Brief an Inglin vom 24. 1. 57) In welche Angst Inglin ein mögliches abschätziges Staiger-Urteil versetzte, wie wenig er sich in seiner Kunst von der Gegenwart und der Allgemeinheit getragen fühlte, mag man daraus ermessen, daß er Staiger vor der Rezension vorschlug, er solle doch «von der ersten Novelle schweigen und dafür den Birkenau weniger loben». (Vgl. Brief von Staiger an Inglin, 5. 5. 61) Einem Gespräch beim Dies Academicus hatte Inglin entnommen, daß Staiger die betreffende Geschichte nicht mochte. Staiger muß sich durch den Vorschlag («Kuhhandel», wie er sagt) erst recht herausgefordert gefühlt haben und unterstreicht mit dem Hinweis auf die Hoheitsrechte des Kritikers, daß auch er seine Überzeugung aussprechen müsse, und daß auch er nicht aus seiner Haut herauskönne. (5. 5. 61)
Etwas später (im November 1962) lud der Verleger Dr. M. Hürlimann die beiden mit ihren Frauen zu einem Nachtessen ins Zürcher Restaurant «Kronenhalle» ein, unter Beizug von neutralen Freunden. Ganz aber heilte der Bruch nicht; die Beziehung blieb von da an eher förmlich.[62] Bei aller langjährigen scheinbaren Übereinstimmung deckt die Auseinandersetzung doch auch grundsätzlich divergierende Ansichten beider über das Dichterische auf. Sie scheinen sich im Hochhalten des dauerhaft Gültigen, der unverrückbaren Form, gegenseitig bestätigt zu haben. Mehr und mehr erwartet Staiger aber eine Klassizität, die Inglin denn doch nicht geben will. Staigers Zweifel am «Schweizerspiegel» zeigen das, auch seine Vorbehalte gegenüber einer Erzählung wie «Unverhofftes Tauwetter», die in dem widerborstig Zärtlichen, in ihrer heimlichen Verbindung zu alten, rauhen Geschichten, soviel von Inglins Eigenstem, Unverwechselbarem enthält.

Am siebzigsten Geburtstag, dem 28. Juli 1963, nimmt sich Inglin wieder einmal öffentlich die Freiheit, zu handeln wie ihm beliebt. Am Vorabend flieht er, um allen «Besuchen, telefonischen Anrufen und wohlgemeinten Veranstaltungen» (an Karl Schmid, 12. 8. 63) zu entgehen, mit seiner Frau «uf und devo» (eine seiner Lieblingsvokabeln) nach Oberiberg. Er gelangt beinahe aus dem Regen unter die Traufe. Die kleine Post dort oben ist überlastet mit Telegrammen, und die Oberiberger Blasmusik will es sich nicht nehmen lassen, vor dem Hotel ein Ständchen zu bringen. «Leider besaß ich in diesem Augenblick den Humor nicht, alles über mich ergehen zu lassen, und verzog mich in meiner Täubi in den nächsten Bergwald.» Seine Frau aber harrt im Hotel aus und stenografiert den gewichtigen Geburtstagsvortrag, den Karl Schmid am Radio hält. «Wir stehen alle tief in Ihrer Schuld», hatte ihm Schmid schon in einem persönlichen Gratulationsbrief gesagt. (26. 7. 63) Auch im Vortrag ruft er die Nation auf, endlich zu sehen, «wen sie da besitzt und leider viel zu wenig kennt». Er rühmt den «Dichter des Bergtales» und den «Dichter der Nation», und er hat Angst, daß der Einsame in Gefahr kommen könnte, «die Nation so zu verlassen, wie der Major sein Urwang aufgibt». Schmid fürchtet, daß die Schweiz, wenn sie solcher Dichter nicht bedürfe, «vor die Hunde der Wohlfahrt» gehe, und das wäre «kein ehrenhafter Untergang». (Nachgedruckt in «Bestand und Versuch»: «Meinrad Inglin», S. 647ff.; Artemis-Verlag, Zürich, 1964) Hat die Nation den Aufruf gehört? Wohl kaum.

Der zwei Jahre ältere Literat und Historiker C. J. Burckhardt deutet in seinem Brief, der für Inglin «ein wahres Labsal war und ist», in eine ähnliche Richtung: «Mir scheint immer, uns letzten Zeugen des Jahrhunderts, in dem noch Goethe gelebt hat, sei ein Maß verliehen, das den Späteren fehle, nicht daß es besser wäre als das ihrige, aber es ist anders. Dieses andere Maß finde ich in all Ihren Schriften, die eine ganz seltene – und für mein Empfinden – großartige Einheit bilden.» Das Maß umschreibt er auch mit: «dieses völlig sichere Element». Inglin fühlt sich verstanden von einem, den er selber ganz anerkennt: «Ich hätte mir kein schöneres Geburtstagsgeschenk wünschen können.» C. J. Burckhardt scheint tatsächlich etwas von Inglins Geheimnis zu treffen: den unumstößlichen Glauben an das Vollbringen einer sittlichen Tat beim Gestalten des wahren oder bis ins letzte wahrscheinlichen Sachverhalts, die nie angefochtene Überzeugung vom Wert des künstlerischen Schaffens und seines Mediums der Sprache. Inglin sieht zwar, wie wenig er bewirkt; für die Jungen sei er von vorgestern, gesteht er im Dankesbrief an Burckhardt. An seinem Vertrauen aber ändert das nichts; und dieses Sich-eingeweiht-Fühlen, Sich-geborgen-Fühlen beim Schreiben nach seinen Prinzipien gibt ihm und allem Dargestellten die ebenso bezwingende wie unaufdringliche Authentizität.

Ähnlich sieht es der Chef des Eidgenössischen Departements des Innern, Bundesrat H. P. Tschudy, der offiziell gratuliert und eine Gabe von Fr. 5000.– schickt: «Inmitten einer von ...Lebensangst bedrängten Welt haben Sie am unzerstörbaren Sinn menschlichen Schicksals festgehalten...» (25. 7. 63) Auch die Innerschweiz gratuliert: Alt-Bundesrat Etter, Bundesrat von Moos, Landammann und Regierungsrat des Kantons Schwyz, Präsident und Gemeinderat von Schwyz, alle wünschen Glück, und der alternde Dichter mag sich da doch bestätigt gefühlt haben.

Ergreifend ist die Anteilnahme der Freunde. Der Arzt Hugo Remund etwa, der Mahner und Vermittler René Junod im «Schweizerspiegel», warnt den fünf Jahre Jüngeren auch jetzt wieder: «Aber denke daran, daß nach 70 unser Leben weniger robust ist als früher...» Nicolo Giamara, neben dem Dichter Hermann Hiltbrunner einer der wenigen Kommilitonen von Bern, mit denen Inglin noch in Verbindung steht, ärgert sich, daß dem Schriftsteller «von Staats wegen» nicht wenigstens jetzt eine Lebensrente zugesprochen werde.[63] Inglin antwortet, daß ihm, einem freien Schriftsteller, die Ehrengabe von Fr. 5000.– mehr sei als eine staatliche Unterstützung. Übrigens ist der Sekundarlehrer Giamara aus Lenzburg einer der wenigen, mit denen Inglin (wenn auch selten) spontan und unverstellt korrespondiert. Giamara, der sich oft über Gesellschaft und Schicksal bittere Gedanken macht, beides in langen Detailschilderungen anprangert und im Großen Rat des Kantons Aargau oft als Oppositioneller auftritt, entspricht Inglins Bild vom Eigenrichtigen, vom heimlich Unangepaßten, vom versteckten Rebellen. Klatsch, Verleumdung, Titelsucht, Prüderie und Vornehmtun sind Auswüchse, die Giamara nicht drastisch genug verdammen kann, ein anderer alter Wendel von Euw, wie er in dem Buch, an dem Inglin jetzt schreibt, in «Erlenbüel», als Silvester Vonbüel wieder aufersteht. Die Erinnerung an den gemeinsamen verehrten Lehrer Paul Häberlin in Bern hält die ehemaligen Kommilitonen (auch Inglin und Hiltbrunner) bis ins

Meinrad Inglin 1962
Inglin als Preisträger in Innsbruck 1967 (Photo Friedl Murauer)
Inglin im Winter 1970/71 (Photo Helen Weber)

Der kranke Inglin im Spital (Herbst 1971)

Alter zusammen. Kaum ein Brief, in dem er nicht genannt würde. Alle drei waren sich einig darin, daß sie damals, 1916 und 1917, Paul Häberlin die Klärung ihrer wirren Gedanken und Seelen verdankten. 1958 hatten sie es unter dem Titel «Erinnerungen ehemaliger Schüler» in der Festschrift «Paul Häberlin zum 80. Geburtstag» (Franke-Verlag, Bern) bezeugt.
Nach Hiltbrunners Tod schreibt dessen Frau an Inglin, daß er der einzige Schweizer Schriftsteller sei, den «Hilti» als Dichter anerkannt habe. (3. 6. 61) Sporadisch haben sich die beiden gegenseitig zu ihren Neuerscheinungen geäußert. Hiltbrunner, der Hamsun-Verehrer, preist den «wahrhaft hamsunschen Schluß – ein Weltschluß!» von «Urwang» (9. 4. 59), und Inglin schreibt in einem selten offenen Ton über das, was ihm als Dichter und als Mensch am nächsten liegt: «Ich finde zu meiner Freude bestätigt, daß wir viel gemeinsam haben. Wie Du ein Sternbild betrachtest, auf Käuzchenrufe hörst, den erhofften Wetterumschlag witterst, Dein Mitschwingen mit den Naturvorgängen überhaupt, ist mir sehr vertraut. Auch Deine Sorgen um die bare bürgerliche Existenz kenne ich aus Erfahrung bis in die Einzelheiten. Und Deine weihnächtliche Verlegenheit erlebe ich seit Jahren regelmäßig; sie steht mir unmittelbar bevor. Ergrimmt und resigniert von der aus dem Ausland herangeleiteten Bücherschwemme, die unser Lesepublikum ratlos macht, und angewidert vom Reklamegeschrei der Weihnachtsgeschäftemacher krame ich ein paar Geschenke zusammen, um nur meine geliebte Frau, die zu beschenken für mich kein äußerer Anlaß notwendig wäre, nicht zu enttäuschen. Aus demselben Grund feiere ich mit ihr den Heiligen Abend und begleite sie tags darauf zu meiner Schwägerin nach Zürich, wo noch einmal gefüttert und gefeiert wird. Die Schwestern, beide über sechzig, verraten das reinste Kindergemüt, wenn am Bäumchen die Kerzen flimmern und wären tief verletzt, wenn ich fehlte; so bin ich denn also dabei, friedlich und dumm wie der Esel hinter der Krippe. Alles das unter uns gesagt: Ich weiß nicht, wem ich es sonst noch gestehen möchte.» (Brief undatiert)
Auf die konziseste Weise hat Inglin als Beiträger zur «Gratulationspost» bei Hiltbrunners 60. Geburtstag (Oktober 1953) ihrer beider Verhältnis zusammengefaßt:

«Lieber Hermann Hiltbrunner
Wir haben 1915 bei Paul Häberlin in Bern Psychologie studiert. Du wurdest dort für eine treffliche Arbeit im Seminar von unserem verehrten Lehrer gelobt, und wir andern hielten Dich für einen besonders begabten und fleißigen Schüler. Eines Tages aber kamst Du aufgeregt von einer großen Entdeckung her, die Dich zum Glühen brachte und nichts mehr mit Psychologie zu tun hatte, von Stefan George. Angesteckt hörte ich zu und verriet Dir wohl auch meine eigenen Richtsterne, die damals Balzac und Flaubert hießen. Jedenfalls aber gaben wir uns zu verstehen, daß wir beide nicht nach dem nächsten sicheren Brotkorb trachteten, sondern vom Horstrand aus gespannt in die Ferne spähten und schon heftig mit den unerprobten Flügeln schlugen. Wenige Jahre später, nachdem wir nichts mehr voneinander gehört hatten, schicktest Du mir Deinen ersten Gedichtband. Du warst ausgeflogen, während ich noch sprang und flatterte, und ich blickte Dir mit brennender Neugier nach. Seither habe ich Dich auf Deinem ausdauernden hohen Fluge nicht mehr aus den Augen verloren, und ich freue mich jedesmal, Dir auch persönlich wieder zu begegnen.» (Schwyz, im Oktober 1953)

Andere Beiträger der Gratulationspost sind Hermann Hesse und Ernst Morgenthaler. Im übrigen fühlte sich Hiltbrunner, besonders in seiner seelischen Widerstandskraft, als der Unterlegene. So als ein Starker, Sicherer hat Inglin auf viele seiner Kollegen gewirkt, auch auf Hermann Hesse oder auf Albin Zollinger und Traugott Vogel. «Ich habe immer gesagt, unsere Gegenstände seien ebenso weltfähig wie die von Oklahoma, man müsse sie nur richtig zu erzählen verstehen. Du hast es erreicht. – Ich habe nicht viel erreicht. Ich sollte Dir ein Quantum Überlegenheit ablisten können.» (Hiltbrunner an Inglin, 26. 11. 58)
Was für andere nach Überlegenheit oder besonderer seelischer Kraft aussah, pflegte Inglin selber aus seinem einigermaßen bereinigten, oft fast sarkastisch umschriebenen Verhältnis zu Alter und Tod zu erklären. Des Todes als einer jederzeitigen Möglichkeit eingedenk zu sein, ist schon eines der Hauptthemen von «Werner Amberg». Seit 1937 kennt er den Platz seines Grabes auf dem Schwyzer Friedhof. In den fünfziger Jahren spricht er in Briefen von der «schrecklich schwindenden Zeit» (so an Georg Thürer, 9. 11. 55) und lehnt alles Unnötige ab. Er verschanzt sich dabei nicht ungern hinter der Schwerhörigkeit auf dem linken Ohr, die ihm seit 1945 ärztlich attestiert ist. Im «Kampf um die Freiheit meiner Galgenfrist» (11. 2. 57 an Hermann Stieger) und im Kampf um das fürs Schreiben notwendige Gleichgewicht hat er sich schon länger aus den wenigen Vereinigungen zurückgezogen, für die er sich überhaupt hatte gewinnen lassen, so aus der Kantonalen Natur- und Heimatschutzkommission, «die ich durch meine Mitgliedschaft leider viel weniger gefördert habe als meinem Verantwortungsgefühl und dem erlebten Ärger entsprechen müßte». (An Stieger, 11. 2. 57) «In der kurzen Frist, die mir bis zur Verkalkung oder endgültigen Abreise zur Verfügung steht...»: Solche Formulierungen braucht er immer häufiger. Die Sorge gilt dabei ausschließlich dem gefährdeten Prozeß des Schreibens: «Ich wandle zehn Meter über dem Erdboden auf dem hohen oder mittelhohen Seil und werde abstürzen, wenn ich mich daneben noch um andere Dinge kümmern muß», hat er in einem Brief im Vorfeld der «Verhexten Welt» gesagt.
«Ich bin ein ziemlich umständlicher älterer Mann, wehre mich zwar gegen die anrückenden Gebresten... aber das Ende naht, und ich bin bereit zur Seelenwanderung, zur Himmel- oder Höllenfahrt oder zur ewigen Ruhe, wie's kommt.» (1. 3. 58 an Nicolo Giamara) Der Satz gibt den gefaßten Ingrimm wieder, der heimlich auch hinter seinem Sich-Verweigern beim siebzigsten Geburtstag steht: ein Einverständnis mit dem ungewissen Schicksal des einzelnen nach dem Tod und ein trotzig-souveräner Rückzug aus dem Leben.
Dieses reißt ihn allerdings immer wieder in Kalamitäten, in Ärger und Wut. Ganze Passagen werden da und dort aus seinen Büchern nachgedruckt, ohne daß bei ihm die Rechte eingeholt würden. So unter anderem von der spk, welche zur Erinnerung an die Mobilmachung von 1914 zwei Abschnitte aus dem «Schweizerspiegel» ohne Quellenangabe an Zeitungen verschickt. Den schlimmsten Zorn entfacht der St. Galler Verleger Tschudy, der ohne Inglins Wissen das «Lob der Heimat» herausbringt. «Ich bin unter die Räuber gefallen», ist sein erster Wutschrei (12. 11. 63 an Dr. F. Beidler vom Schweizerischen Schriftstellerverband, den er um Beistand anruft). Ausführlich legt er später die Gründe seines Zorns dar: «Mein Plan bestand und besteht noch immer darin, diese Schrift dem Atlantis-Verlag anzubieten,

der sie mit anderen, verstreut erschienenen kleinen Schriften als Hauptstück eines schmalen Bandes im Rahmen meiner übrigen Bücher entweder noch zu meinen Lebzeiten oder als Nachlaß herausbringen könnte. Im Hinblick darauf unternahm ich den Versuch, eine gewisse darin zum Ausdruck kommende, mir heute fernliegende Überheblichkeit gegenüber anderen schriftstellerischen Bemühungen um die Heimat zu mäßigen und das eine und andere ihrer Ergebnisse kritisch zu überprüfen. Dieser Versuch ist mir mißlungen, die Schrift widersteht, wie ich erkennen mußte, jedem bloß verstandesmäßigen Eingriff und soll nicht mehr angetastet werden. Dagegen müßte man bei einem Neudruck im genannten Rahmen selbstverständlich die Zeit ihrer Entstehung nennen und in einem kurzen Kommentar vielleicht auf ihre geistesgeschichtlichen Voraussetzungen hinweisen, die vor 35 Jahren noch wirksam waren und nicht nur mich beeinflußten. Ich durfte hoffen, daß dieser Plan die Zustimmung meines Verlegers finden werde und wollte bis dahin mein ‹Lob der Heimat› hüten wie ein Vater sein Sorgenkind.» (An die Stiftung «Pro Helvetia», die sich für den Neudruck einsetzt und daher den Tschudy-Verlag verteidigt, 27. 12. 63)

Inglin meint mit «geschichtlichen Voraussetzungen» eine gewisse Faszination vor Blut- und Bodengedanken, die er damals, 1929, ja bald mit dem immensen Unterfangen des «Schweizerspiegels» revidiert hat. Sein Zorn ist verständlich, und Tschudy wird alle Exemplare zurückziehen und einstampfen lassen müssen. (1973 wird die Schrift im Nachlaßband «Notizen des Jägers» mit deutlichen Hinweisen auf Entstehungsjahr und Zeitumstände neu erscheinen.)

Eine gewisse Entschädigung für solchen Ärger bieten ihm die, nochmals revidierten, Neuauflagen der «Welt in Ingoldau» (1964) und des «Schweizerspiegels» (1965) und die harmonische Zusammenarbeit mit Dr. Daniel Bodmer, der beim Atlantis Verlag jetzt unter anderem auch das literarische Ressort betreut.[64]

Die Unerträglichkeit der Hochanständigen: «Erlenbüel», der letzte Roman

In diesen Jahren sitzt Inglin über einem Roman, den er später als «Fingerübung» zu bezeichnen liebte: über «Erlenbüel». Das legere Spiel mit der Form habe ihn bei diesem Unternehmen gereizt, nicht ein bekenntnishafter Stoff, wie etwa damals bei der «Welt in Ingoldau», mit der dieses letzte größere Werk oft verglichen worden ist. «Erlenbüel» erinnert viel mehr an den «Wendel von Euw». Grundproblematik und Motive verraten, wie stark es ihn heimlich zum verstoßenen Frühwerk zurückgetrieben hat. «Erlenbüel» läßt sich jedoch nicht als dessen Bearbeitung betrachten, denn die Akzente sind neu gesetzt, die Personen ganz andere. Der Schauplatz ist verkleinert, die philosophische und naturmythische Komponente weggefallen, die Sprache auf einen anderen, viel gedämpfteren und zugleich härteren Ton gestimmt. Das «Ich» wurde zum «Er» umgewandelt und damit auch die Umwelt des Helden objektiviert. Statt Wendel von Euw heißt dieser jetzt Silvester Vonbüel. Geblieben ist das Motiv des Heimkehrers, der zur bürgerlichen Ordnung seiner

Kindheit zurückfinden will und an diesem Unternehmen scheitert. Geblieben sind, in ihrer Gegensätzlichkeit wenigstens, die beiden Frauen: die in ihrer erstarrten Umgebung und Weltanschauung verhaftete und jene, welche eben diese Welt flieht. Welch weiten inneren Weg Inglin gegangen ist, beweist das völlig verschiedene Herkommen der zweiten, der freien Frauenfigur in «Erlenbüel». Aus Wendels edler Dirne, die das Dämonische in sich überwindet, sich in einem langwierigen Opfer läutert und zur reinen Liebe gelangt, ist hier ein junges Mädchen geworden, das von seiner Mutter in der Freiheit unterdrückt wird und die Kraft aufbringt, sich aus der beengenden Geborgenheit zu lösen und mit Silvester auf und davon zu gehen. Die Gestalt wird scheinbar verharmlost, in ein realistisches Konzept gebracht, wie überhaupt das ganze, teilweise in die Luft gehängte Geschehen des Jugendwerks jetzt auf der Erde angesiedelt ist, im engen Raum einer schweizerischen Kleinstadt.[65] Dementsprechend erhält die Gesellschaft, die nur selten aus der subjektiven Sicht des Helden gezeigt wird, eine viel kräftigere, wenn auch um so beklemmendere Selbständigkeit.
Den Forderungen dieser Gesellschaft, so bitter deren Bild zuweilen ausfällt, so kleinlich sich viele ihrer Mitglieder verhalten, wird gegenüber dem freiheitssüchtigen Silvester ein tüchtiges Maß an Recht zugebilligt. Einer der weisesten Vertreter der «hochanständigen kleinen Stadt», die sich über die Flucht der Liebenden entrüstet, spricht die letzten Sätze: «... Gegen Tyrannei, Unterdrückung und ihre frühen oder späten Folgen halfen schon immer nur Mut, Lebenskraft, Lust und Wille zur Freiheit... Laßt sie mir grüßen und weist sie nicht ab, wenn sie wieder einmal auftauchen sollten. Sie werden draußen ja nur die Freiheit finden, die sie selber mitbringen und miteinander teilen müssen. Eines Tages werden sie genug davon haben und zurückkehren, hierher nach ‹Erlenbüel› oder sonst in eine erträgliche Menschengemeinschaft.»
Weil die Gemeinschaft auf ihre Bewohnbarkeit hin geprüft wird, sind die einzelnen Menschen in ihr so viel plastischer geformt als im «Wendel», wo der Held das alleinige Recht besitzt. Wieder werden in äußerst sparsamen, aber prägnanten Worten Leute hingestellt, die einerseits in ihrer Individualität, andererseits in ihrer repräsentativen Zugehörigkeit zu einer der Schichten der kleinstädtischen Sozietät erfaßt sind.
Ein ausgedehntes Netz von Namen wird in dem knappen Roman geflochten; es steht symbolisch für die vielen anderen Netze, die Erlenbüel über die empfindsame Seele Silvesters wirft, so daß er sie irgendwo zerreißen muß, entsprechenden Anstoß erregt und für eine Weile verschwindet, ins Mittelland oder in die Berge, immer in die freie, nicht von Häusern, Meinungen und Forderungen verstellte Natur. Wer ihm am schwersten zu schaffen macht, ist Adelheid, die im oberen Stock seines alten prächtigen Hauses wohnt, eine gescheite, aber in vielem allzu eng und bürgerlich denkende Frau. Seinen Heiratsantrag hat sie einst aus verständlichen, aber doch kleinlichen Gründen abgewiesen. Wahrscheinlich ist er um ihretwillen zurückgekehrt. Sie liebt ihn noch immer auf ihre spröde und autoritative Art, von der Silvester immer deutlicher spürt, daß er sie kaum je wird lockern können. So verschließt er sich mehr und mehr vor ihr. Heiratete er sie, ihre stolze Wohlerzogenheit und Pedanterie würden ihn sanft ersticken. Unvergeßlich jedoch bleiben die spärlichen Augenblicke einer Annäherung zwischen den beiden – Momente,

deren Gewinn sie alsbald wieder vertun. Sie sind mit unnachahmlicher Feinheit und subtilster Ironie eingefangen.

Die Art der knappen Schilderung kennzeichnet den ganzen Roman, der ein Muster von bedeutungsvoller Verschwiegenheit darstellt.[66] Was sich psychologisch weit ausgestalten und analysieren ließe, kondensiert Inglin zu einigen Sätzen, unauffällig und nur dem sorgsamen Leser bemerkbar, wie etwa Silvesters Hinweise auf seine durch den überstrengen Vater zerstörte Kindheit, die seinen Charakter wesentlich mitbestimmt. Die eigentlichen Geschehnisse drängt Inglin zusammen zu kleinen Szenen mit kurzen Dialogen. Er läßt die Menschen in eng umzirkten Räumen auftreten, auf dem Hauptplatz des alten Städtchens (so beim vorzüglichen Anfang), im mauerumzogenen Garten, im Wirtshaus, im Wohnraum einer modernen Villa oder im Salon der Frau Oberst bei dem mit beinahe komödiantischer Lust geschilderten Klatschtee der Damen aus besserer Gesellschaft.[67] Er läßt sie ihre meist wenig gewichtigen, für ihr Denken und Sein aber charakteristischen Worte äußern und verläßt sie oft, bevor sie ausgeredet haben, um in einem harten Schnitt auf eine andere Szene überzublenden. Das Romanhaft-Epische konzentriert Inglin seit den vierziger Jahren nicht selten auf das Novellistisch-Dramatische hin, ist in dieser Tendenz aber nie soweit gegangen, wie hier in diesem Roman, der fast mehr das Gerüst eines solchen darstellt. Liest man dieses Alterswerk richtig, so, wie es gewollt und gedacht ist, wird man ihm den eigenartig spröden Reiz nicht absprechen. Und man erkennt darin ganz den alten Inglin: Drohende Menschenverachtung und Resignation werden immer wieder besiegt durch den Glauben an die Kreatur, die Liebe zu einer Natur, die nicht mehr wie früher pantheistisch überhöht erscheint, sondern ganz als das, was sie ist: Vogel, Blume, Fluß, Gebirge. Silvester begegnet diesem Leben mit einer selbstverständlichen Humanität, einem Respekt beinahe, weil es von bewußter Bosheit frei ist. So bleibt die zarte Stelle im Gedächtnis haften, in der er im Ried einen Vogel aufstört: «Hundert Schritte vor ihm stand im Ried der sonderbarste Vogel, den er je gesehen hatte, ein Vogel mit einem auffallend langen, abwärtsgebogenen Schnepfenschnabel, der große Brachvogel. Er hob den Feldstecher an die Augen, aber schon war der Vogel in der Luft und flog, statt zu flüchten, in einem weiten Bogen um ihn herum, wobei er mit melodischen Rufen halb klagend, halb drohend oder warnend, seine Sorge um das am Boden brütende Weibchen verriet und den Menschen dringend aufforderte, weiterzugehen. Der Mensch verstand ihn und ging.» Höchst selten noch gestattet sich Inglin bei Naturbeschreibungen symbolische Verweise, etwa in der Bemerkung über das von Silvester gefundene, fast schmerzlich in sich verkrümmte Wurzelstück, von dem es heißt, es lebe etwas Unheimliches, ja «Verteufeltes» darin, das erlöst sein wolle.

Trotz des Realismus, der Behutsamkeit und Verschwiegenheit ist der Roman ein modernes Buch, das nichts verharmlost. Es zeigt die Problematik des Individuums, das innerhalb einer Gemeinschaft frei leben möchte und an diesem Bestreben scheitert. Silvesters Ansprüche sind wohl zu hoch, andererseits versagt auch die Gesellschaft dieser Kleinstadt, indem sie – wie in Ingoldau oder im «Werner Amberg» – die Freiheit nicht gewährt.[68] Man hat die Hauptfigur einen innerschweizerischen «Stiller» genannt, aber er ist der «Stiller» eines Altersromans: einer, der keine konkreten Forderungen mehr stellt außer der einen, in Ruhe gelassen zu werden. Viel mehr glich «Wendel von Euw» dem Helden Max Frischs. Wie dieser kämpfte er noch, wehrte sich dagegen, auf seinem Namen behaftet zu werden, ja glaubte sogar eine Weile an die Utopie einer «schönen Gesellschaft», die er zu verwirklichen dachte. Was solchen Glauben betrifft, geht jenes frühe Werk allerdings sowohl über Frisch wie über seinen eigenen Nachkommen, den Roman «Erlenbüel», hinaus.[69]

Wichtig war für Inglin – gerade als Alternative zu «Lob der Heimat» – die Botschaft des Romans: Heimat ist nicht an einen bestimmten Ort oder Boden gebunden, Heimat ist dort, wo einer eine «erträgliche Menschengemeinschaft» findet. (Gespräch mit Inglin vom 19. 11. 69) Die erträglichste aber gewähre die Liebe, das sei das eine wichtige Thema des Romans, das andere sei die notwendige Auflehnung gegen jede Art von Unterdrückung. In den meisten Rezensionen seien diese seine beiden Hauptanliegen in dem Roman kaum beachtet worden. Fast alle Kritiker hätten behauptet, daß er die Milieuschilderung einer Kleinstadt habe geben wollen. Das stimme nicht.[70]

In diesen späten Jahren, da er sich mehr und mehr nur von einigen wenigen, wenn auch, wie er immer betont, guten Lesern getragen fühlt, wird eine Ehrung wie der «Gottfried Keller-Preis der Martin Bodmer-Stiftung» zur unschätzbaren Bestätigung von außen. Am 10. Oktober 1965 wird ihm der Preis von dessen Stifter, Dr. Martin Bodmer in Cologny, angekündigt. Der Preis ehre nur solche, die sich lange bewährt hätten. Deshalb sei er nicht schon nach dem «Schweizerspiegel» verliehen worden, obwohl dieser Roman (gemäß einer Aussage von Hermann Pongs) «den besten Querschnitt durch das Schweizervolk seit dem ‹Salander›» darstelle und den großen Stil des «Witiko» fortführe. Jetzt sei es so, daß Inglin diesen Segen nicht mehr nötig habe, sondern viel mehr hätten wir Inglin nötig. (Abgedruckt in NZZ, Beilage «Literatur und Kunst», Nr. 4456/114, 24. 10. 65) Inglin ist sehr erfreut und dankt «dem Gründer und spiritus rector der ‹Corona›, ...dem Kenner und Sammler der Weltliteratur...» (26. 10. 65)

Auf den Tod hin

Mit dem folgenden Jahr bricht die schwere Zeit von Bettinas Krankheit an. Er zeichnet deren Beginn auf in der Art seiner späten Tagesnotizen, in denen er bis dahin fast nur Wanderungen, Blumenfunde und Tiere beachtet hat. Der Krankheitsverlauf wird jetzt fast täglich vermerkt. Am Donnerstag, dem 22. Dezember 1966, schreibt er: «Bettina klopft morgens um 3 Uhr ungewohnterweise und klagt, sie könne nicht schlafen und habe eine furchtbare Angst. Vormittags fährt sie ins Dorf zu Dr. Zweifel und kehrt tief bedrückt mit dem Ergebnis der Untersuchung zurück: Brustkrebs. Sie entschließt sich zur Operation und geht um 16.00 Uhr mit mir ins Krankenhaus Schwyz.» Die Operation verläuft gut, aber die Patientin hat Mühe, einzusehen, warum sie im Spital bleiben muß. Am Weihnachtstag schreibt Inglin: «Bettina ist mitten in der Nacht aufgestanden, hat sich notdürftig angezogen, das Köfferchen gepackt und den Heimweg angetreten, wurde aber noch rechtzeitig von der Nachtschwester entdeckt und ins Bett zurückbefördert. Sie war schon draußen auf der Terrasse; ob sie bis in die tief verschneite Wiese hinab kam, war nicht mehr recht festzustellen. Dr. Baerlocher sagte ihr beim Morgenbesuch freundlich, es gefalle ihr scheints nicht in diesem Hotel. Ich hatte Mühe, ihr begreiflich zu machen, daß sie sich fügen müsse.» Fortan lebt Inglin fast ausschließlich für seine Frau, bis zu ihrem Tod 1969. Er pflegt sie, begleitet sie auf allen Fahrten zu Bestrahlungen ins Kantonsspital Luzern, reist mit ihr wochenlang in die Erholungsferien, vor allem ins Tessin.

Nur mit großen Bedenken ihretwegen fährt er im Juni 1967 nach Innsbruck, um den «Mozart-Preis der Johann-Wolfgang-von-Goethe-Stiftung» entgegenzunehmen. Dr. Daniel Bodmer und Prof. Georg Thürer begleiten ihn, der vorher lange gezögert hatte, den Preis überhaupt anzunehmen. Grund: Er kenne die Stiftung und allfällige, mit ihr verbundene Verpflichtungen zu wenig. So sehr fürchtet er sich, seine Freiheit zu verkaufen. Der Preis stellt sich als unverfänglich heraus, und was Inglin besonders einnimmt, ist die Tatsache, daß er aus dem Ausland kommt.[71] Prof. Eugen Thurnheer setzt sich in seiner Laudatio mit seinem Werk auf eine Weise auseinander, die Inglin verständnisvoll und richtig nennt. Thurnheer erkennt die Hauptspannung zwischen einer subjektiven «Welt in Ingoldau» und einem objektiven «Schweizerspiegel». «Seine Dichtung setzt ein mit einer sehr persönlichen Auseinandersetzung mit dem Schweizer Leben in der Zeit nach dem Ersten Weltkrieg, kommt aber über die subjektive Wertung der zeitgebundenen und selbsterfahrenen Verhältnisse immer mehr zu einer Anerkennung der objektiven Werte, die er in Natur und Staat erkennt», heißt es in der Preisurkunde vom 3. Juni 1967.

Zusammen mit dem Verleger Daniel Bodmer bereitet Inglin nun eine abgewogene Neuausgabe der «Erzählungen» vor. Auf den 75. Geburtstag, den 28. Juli 1968, erscheint der erste Band.[72] Für den Kenner Inglins bildet die neueste, hier erstmals veröffentlichte Erzählung «Wanderer auf dem Heimweg» den Schwerpunkt. Sie wird sein letztes Opus sein.

«Wanderer auf dem Heimweg» variiert frühere Themen, bereichert sie durch eine einprägsame Gestalt und eindrückliche Geschehnisse. Im gleichen aber erreicht das jüngste Werk eine Synthese zwischen Früherem und Späterem nicht nur in den Motiven, sondern vor allem auch in der Sprache. Daß Inglin dazu die Kraft gefunden hat, bezeugt seine künstlerische Ungebrochenheit und eine innere Freiheit, wie sie der Hauptfigur der Erzählung selber zuteil wird. Die Sätze klingen wieder voll, gesättigt von Gefühl, das nicht mehr unter die Oberfläche verbannt wird wie in den letzten Werken, die Sprache kann sich auslassen zu begeisterter Breite, zu hymnisch Festlichem sich aufschwingen oder Dämonisches erfassen, ohne doch die Genauigkeit der großer Romane zu verlieren. So reicht beispielsweise die Schilderung der Alpauffahrt, die sich ausnimmt «wie ein festlicher Tumult», beinahe ins Mythische, eine Dimension, die hier immer wieder für Augenblicke aufgeht. Der uralte Gang der Herden vom Tal zur Alp wiederholt sich wie eh und je, kleine spezifische Details nur, wie Begegnungen unter den mitwandernden Menschen, stellen ihn in Bezug zu Gegenwärtigem, zu bestimmten einmaligen Schicksalen.

Keiner hat je das Innerschweizer Voralpengebiet so nüchtern präzis und visionär zugleich in künstlerische Wirklichkeit umgesetzt wie Meinrad Inglin. Die Landschaften kommen greifbar nahe und sind doch in den Einzelheiten nicht überanstrengt. Es bleibt meist die große Ansicht gewahrt: Täler, Steigungen, Wälder, Felsblöcke, die von Efeu, Moos und Bärlapp überwachsen sind, Flüßchen, Erlengebüsch, krautige Wiesen, kühler Hauch in der Nähe des Wassers, treibende und verhüllende Nebel...

Er setzt auch hier, wie stets, die unauffällig-richtigen Orts- und Personennamen, und man ist immer wieder versucht, diese im Tonfall des Dialekts zu lesen. Inglin gestattet sich denn auch gelegentlich Helvetismen, oder er schreibt eine direkte Rede in der Mundart, so den Betruf des verstockten Älplers Urs, der erst Christus und drei Heilige anruft und dann einen den Bauern verhaßten Mann – einen hohen Politiker wohl – verwünscht: «Er söll verlumpe oder dr Tüfel söll e hole! Das walte Gott!» («Erzählungen I», S. 321) Und was der Held der Geschichte, der ältere Herr aus der Stadt, Jakob Leuenberger, zu idealisieren geneigt ist, wird immer wieder kritisch ins rechte Licht gerückt.

Der fluchende Hirt, der die Arme beschwörend gegen «die bewölkte hintergründige Wildnis» bewegt, wird aber auch gezeigt, wie er in seinen einsamen Sommermonaten auf Oberstaffel die Kehrseite der großen sonnigen Tage erfährt, den von seltsamen Geräuschen erfüllten Nächten, Nebeln, Gewittern und Stürmen als einzelner ausgesetzt ist und die Natur in ihrer Dämonie erleidet.

Eine Synthese erreicht Inglin aber nicht nur in der Sprache, die Nüchternes oder Hymnisches und Abgründiges zu evozieren wagt, sondern auch in der Thematik, welche städtisches und ländliches Dasein erfaßt. Diese Bereiche hatte er früher gern getrennt; auch hier werden sie in scharfen Gegensatz gestellt, in Leuenbergers später Erkenntnis aber doch versöhnt zusammen betrachtet. Die Erzählung handelt von den letzten Monaten eines Hoteliers von internationalem Ruf, «eines menschenfreundlichen heiteren Mannes, der seine harten Wegstrecken und trüben Anwandlungen ohne Schaden überstanden und schöne Tage genug erlebt hatte». Leuenberger steht zu Beginn in einer Krise, wie die meisten Helden Inglins. Das entnimmt man der meisterlichen Exposition, wo die Figur selber lange nicht auftritt, deren Persönlichkeit sich aber in ihrer Umwelt spiegelt.

Früher ein Weltenfahrer, hat er mehr als zwanzig Jahre im alten Parkhotel mit Hermine, seiner jungen zweiten Frau, zusammengearbeitet. Das Hotel – ehemals am Rand der Stadt – wird vom wachsenden Vorstadtquartier eingekreist. Die vorrückende Stadt und die vielen Mißhelligkeiten im Betrieb, die lästigen Kleinigkeiten des Alltags und die Familiensorgen engen ihn ein. Seine Frau ist noch aktiv genug, um sich mit ihrem um einige Jahre älteren Stiefsohn über die Kompetenzen in der Leitung zu streiten. Auch verträgt sie sich schlecht mit dessen Frau, der schönen, aber untüchtigen Minna. Die menschliche Gesellschaft erscheint dem alternden Leuenberger aus nächster Sicht verworren, rätselhaft und ermüdend. Er spürt den inneren Drang, sich zurückzuziehen, und da seine Frau noch keine Zeit hat für Besinnlichkeit, tut er es allein. In wenigen Hinweisen werden große menschliche Probleme erfaßt wie die Ehe eines Mannes mit einer Frau, die seine Tochter sein könnte. Andere werden nur gestreift, aber so eindrücklich, daß sie haften bleiben: die Auseinandersetzung des Sohnes Marcel mit dessen eigenem Sohn Ruedi, der in allem nur aus Widerspruch zum Vater handelt und erst durch das Verständnis des Großvaters sich selber finden lernt.

Es fällt auf, daß alle Wortwechsel wieder beinahe szenisch gestaltet, mit engen Wänden umzogen und dem Leser unmittelbar nahegerückt sind, ähnlich wie im Roman «Erlenbüel». Leuenbergers erste Flucht auf die Dachterrasse nimmt schon seinen Rückzug in die Berge vorweg, wie überhaupt die wichtigsten Ereignisse mit höchster künstlerischer Intelligenz in kleinerem Rahmen vorgestaltet sind; man verfolge nur das Motiv des Todes, welches die ganze Erzählung durchzieht.

Jakob steigt also, statt sich in das Getriebe der unteren Geschosse zu mischen, aufs Dach und denkt: «Man darf zufrieden sein, die Stadt blüht, obwohl sie zum Himmel stinkt, einen Höllenlärm macht und nicht schön anzuschauen ist. Man hat sich mit Geld und Gut und Haut und Haar da hinein verwickelt, jetzt steckt man drin und gehört dazu. Aber wie kommt man wieder heraus?» («Erzählungen I», S. 264)

Der Tod eines entfernten bäuerlichen Verwandten, der seinen eigenen Namen getragen hat, erinnert ihn an Seewilen in den Voralpen, einen Weiler an einem kleinen See, der ihm in der Jugend einst als Paradies erschienen ist und ihn in den Ferien von den Leiden des Studiums geheilt hat. An der Todesanzeige fasziniert ihn die Formulierung, der verstorbene Jakob Leuenberger sei in die ewige Ruhe eingegangen, unerwartet stark, und in ihm erwacht doppelt jene Unrast, die ihn solche Ruhe zu suchen treibt. Seewilen – schon ein wenig industrialisiert – enttäuscht ihn etwas, vollkommene erfüllte Wochen aber verbringt er auf der Alp, zuerst auf Unter-, dann auf Oberstaffel. Er folgt inneren Antrieben und nennt sie Launen, er hat kein Ziel, «keine Absicht mehr», wie es heißt, und diese heitere Indifferenz führt ihn der «ewigen Ruhe» näher. Er geht den Heimweg zu seinem innersten Wesen, das sich nach außen immer weniger manifestiert. An «großen Tagen» bringt ihm das Vorgefühl des Todes ein von Schwere gelöstes Einssein mit der Natur, in den Nächten kann er die Bangigkeit nicht loswerden: «Das Heu knisterte unter ihnen, wenn sie sich drehten, und sonderbare Geräusche umgaben die Hütte, das Schnaufen großer Tiere oder schweifende Winde, dumpfes Muhen, halb drohend, halb klagend, träumerisches Glockengetön und manchmal, wenn sich ein Rind am Türpfosten den Hals rieb, ein jähes Geschell, als ob ein nächtlicher Besucher Einlaß fordernd zornig an der Hausglocke zöge. Große Vögel schienen im Flug das Dach zu streifen, immer mehr, ganze Züge von Vögeln, aber das konnte nur mehr der Wind sein, der sich in Schwüngen auf die Hütte warf, und plötzlich erfüllte ein Donner die Nacht.» («Erzählungen I», S. 309)

Daß ihn auf dem letzten Weg ein alter Freund, der frühere Lehrer von Seewilen, Jost Achermann, begleitet, ist bezeichnend für sein offenes, umgängliches und vom Bewußtsein menschlicher Werte geprägtes Wesen. Während es ihn, den humanistisch fühlenden Weltmann, immer wieder zur Geschichte der Menschheit drängt, sieht Jost, der Liebhaber von Geologie, Botanik und Zoologie, gern darüber hinweg und tut so, als wäre jene nur ein Abschnitt in der Entwicklung.

Mit überwältigender Kraft ist Jakobs letzter, ganz einsamer Gang, die Besteigung der Staffelberge, geschildert, sein seliger Aufstieg, der jähe Schlechtwettereinbruch, das einsetzende Schneetreiben. Der Berg läßt ihn nicht mehr frei, zweimal gerät er an dasselbe schroffe Felsgehänge, er sieht Gespenstisches um sich wachsen, und in dieser äußersten Verlassenheit fühlt er dennoch den Unsinn, die Welt als ein Nichts zu deuten, bekennt er sich wie noch nie zuvor zum Menschen und dessen großen Möglichkeiten. Die Erde erfährt er trotz der Angst als Schöpfung, die nur

Widerhall findet in Geist und Seele des Menschen. In der Morgendämmerung steigt er ab, und findet in der verlassenen Alphütte seinen ruhigen Tod.[73]
Das alles ist ergreifend wahr, einfach und sprachmächtig zugleich. Ein überaus sensibles ästhetisches Sensorium lenkt und formt den Gang der Geschichte. Er arbeitet nicht nach erzähltechnischen Regeln: er bricht die Perspektive, wann es ihm paßt; er denkt, was ihn gut zu denken dünkt; und gerade dieses Außer- oder Übermodische kennzeichnet ihn, nimmt ihn zwar aus dem literarischen Aktualitätengespräch, bewirkt aber auch die Achtung und das Gefühl von Treue, welches seine Leser ihm gegenüber empfinden. Man kann die Geschichte in mehrfacher Hinsicht als Inglins literarisches Vermächtnis bezeichnen.[74]
Am fünfundsiebzigsten Geburtstag versteckt sich Inglin wieder in den Bergen. Eine subtile, zutreffende Würdigung erfährt er am Radio durch Dr. Paul Kamer, damals noch Deutschlehrer am Kollegium «Maria Hilf». [75] Wieder treffen die Glückwünsche ein, darunter so beachtliche, wie etwa jener von Alt-Bundesrat Wahlen, welcher klagt: «So klein unser Ländli ist, so selten sind die Begegnungen zwischen Menschen, die an verschiedenen Tüchern weben.» (28. 7. 68)
Kamer weist bereits auf die neue, besonders glückhafte Ehrung hin, die Inglin am 5. Oktober dieses Jahres zuteil wird. Die Gemeinde Schwyz errichtet einen Meinrad-Inglin-Brunnen auf der unteren Hofmatt «beim alten Korn- und Zeughaus, unter einem lichten Nußbaum».[76] Inglin bittet, man möge bei der Gestaltung des Beckens «an den Durst der kleinen Hunde denken». Die Bildhauerin Marie Louise Wiget wird mit der Ausführung betraut. Zwei granitene Kuben liegen übereinander, belebt von einem einfachen Wasserspiel, am größeren ist Inglins Name eingemeißelt.
An der morgendlichen Feier singen die Schulkinder, junge Greifler umschreiten mit Peitschen und Tricheln den Brunnen, und Prof. Paul Kamer segnet ihn ein: eine Inglin entsprechende etwas ironische Mischung von heidnisch kultischen und christlichen Einweihungsriten. Der Atlantis Verlag stiftet für jeden teilnehmenden Schüler ein Exemplar von «Jugend eines Volkes». Behördevertreter und Freunde treffen sich dann zu einem Essen im Restaurant «Hofmatt», wo Altgemeindepräsident Walter Lacher, Dr. Gottfried Stiefel und Inglin selber das Wort ergreifen.
Im Juni 1969 verschlimmert sich Bettinas Zustand. Ihre Schwestern treffen ein, und die eine, Dr. Margrit Zweifel aus St. Gallen, bleibt hier zur Pflege. Inglin verzeichnet in dieser Zeit auch ein Nachtessen mit dem Aufsichtsrat der Schweizerischen Schiller-Stiftung im Hotel «Wysses Rößli». Er sitzt zwischen Paul Kamer und Werner Weber, der auf ihn eine Lobrede hält, und notiert anschließend, daß er zuviel Merlot getrunken habe. Den Schriftsteller Jörg Steiner soll er hier mit gütigen und freundschaftlichen Worten ermuntert haben, wie er sich überhaupt zu jüngeren Schriftstellerkollegen immer loyal verhielt, so selten er sie auch traf.[77]
Sonst aber handelt das Tagebuch fast ausschließlich von Bettina, welche am 18. Juni wieder ins Spital, unweit des Hauses im «Grund» eingeliefert werden muß. Die Metastasen sind weiter fortgeschritten, am 20. Juni erklärt der Arzt jede Therapie für aussichtslos, und am Nachmittag des 23. Juni tritt der Tod ein. Jede Phase ihres Sterbens hat Inglin genau aufgezeichnet, fast ohne Hinweis auf sein persönliches Empfinden, nur einmal sagt er, es sei schrecklich, zuzusehen und nicht helfen zu können. «14.30 Uhr wird der Atem schwächer und setzt manchmal aus. Schwe-

ster Materna betet laut. 14.50 Uhr setzt der Atem aus, das Gesicht wird fahl. Die Schwester kondoliert uns. Bettina ist gestorben.»

Er schreibt einen knappen Nachruf, der die musikalische Begabung und das literarische Verständnis der Verstorbenen rühmt. Er erwähnt die drei Töchter des Glarner Ehepaares Karl und Mathilde Zweifel-Dieth und fährt dann fort: «Bettina, die Jüngste, folgte ihrem Hang zur Musik und erwarb sich, nachdem sie die eidgenössische Maturitätsprüfung bestanden hatte, am Konservatorium in Zürich als Geigerin bei de Boer das Lehrerdiplom. Nach ihrer weiteren Ausbildung bei Schaichet wurde sie schon bald an die Musikakademie Zürich berufen und erteilte unter Dir. Lavater Violinunterricht, später auch Musikpädagogik. Sie war dort eine sehr geschätzte Kollegin und gesuchte Lehrkraft. Im März 1939 heiratete sie den Schriftsteller Meinrad Inglin und erlebte mit ihm in Schwyz eine ungetrübte, glückliche Ehe. Mit ihm zusammen durchwanderte sie fast das ganze Land und bestieg die meisten Innerschweizer Berge, nachdem sie sich schon vorher als tüchtige Berggängerin bewährt und Hochtouren unternommen hatte, so auf den Glärnisch, die Jungfrau, den Mont Blanc. An seiner Seite wirkte sie auch häufig als erste Geigerin oder Bratschistin in Streichquartetten mit, erteilte außerdem Privatstunden und war besonders bei den Brüdern Schoeck in Brunnen immer sehr willkommen. Sie war in der klassischen und modernen Literatur bewandert, las gelegentlich noch lateinische Texte im Original und schlug auch immer wieder die Bibel auf. Mit starker Anteilnahme folgte sie dem Schaffen ihres Mannes, und wenn ein neues Buch von ihm vorbereitet wurde, machte sie sich in den Korrekturbogen gern auf die Jagd nach Druckfehlern. Im Werk ihres Mannes, der ihr seinen Roman ‹Werner Amberg› widmete, erlebte sie die reinsten Lesefreuden. Sie war eine lebensfrohe Natur und als Mensch von völliger Lauterkeit.»

Inglin lebt weiter wie zuvor. Aber er scheint nichts mehr zu erwarten. Die Trauer um Bettina sitzt so tief, daß sie nach außen kaum in Erscheinung tritt. Er begrüßt mein Vorhaben, eine Biographie zu schreiben, von dem ihm im Herbst 1969 sein Verleger Daniel Bodmer berichtet – das ihm lästige Aufräumen zu Hause bekommt so einen Sinn. An zahlreichen ausgedehnten Zusammenkünften in Schwyz und Zürich gibt er mir bereitwillig Auskunft. Er zeigt mir sein Vaterhaus im Dorf, sein Haus im «Grund», sein künftiges Grab. Wie schon seit einigen Jahren wohnt er als Halbpensionär vom Herbst bis zum Frühling im «Wyßen Rößli»; er ist dort beinahe zu Hause, er hat seine eigene Kaffee-Ecke, eine Nische am Fenster zwischen zwei Sälen; sein Zimmer mit Blick auf den Hauptplatz. Nur im letzten Winter seines Lebens 1970/71, wie er schon krank ist, mag er nicht mehr angesichts der Kirche und, wie er sagt, der frühmorgendlichen Beerdigungen wohnen. Er habe ein Zimmer hinten hinaus gewählt. Bis zu seinem Tode ist er umgeben von den hiesigen Freunden, dem Ehepaar Emil Holdener-von Reding etwa, Frau Marie-Louise Bodmer und Johanna Gemsch. Dr. Georg Schoeck kommt von Zürich übers Wochenende heim nach Brunnen; er halte ihn über das literarische Geschehen immer vortrefflich auf dem laufenden. Liebevoll betreut wird er von Helen Weber, einer langjährigen Freundin des Ehepaars Inglin. Schon lange hat er den Umgang mit dieser gütigen und vernünftigen, ruhigen Frau geschätzt.

Er liest nur mehr «Werke der Weltliteratur»: Tolstoi, die Märchen von «Tausendundeiner Nacht», die Bibel, – hier das Alte Testament zuerst und dann vor allem

das Matthäus-Evangelium, das er den andern, sogar dem «großartigeren Johannes», vorzieht. Er lese die Bibel als literarischen Text, aber auch als «Buch der Bücher» mit religiösem Interesse. Er habe sich im übrigen nie als Atheist verstanden, sondern immer als Christ, aber ohne die repressiven Einschränkungen einer bestimmten Konfession. Das merke man doch sicher auch im Werk.
Thomas Manns «Josephs-Romane» kommen ihm jetzt plötzlich zu langatmig vor, und er will sich, vor allem dann im Krankenhaus, davon erholen, indem er Kiplings «Dschungelbuch» wieder vornimmt. Überhaupt hat er weniger Geduld beim Lesen als früher. Während er mit Gestalten wie Natascha und Ljewin oft beinahe zusammenlebt, klagt er über Stendhals «La Chartreuse de Parme», ein anderes früheres Lieblingswerk. Es sei doch zu lang. Auch ein Versuch mit Ernst Jünger, einem Schriftsteller, der ihn seit je beschäftigt hat, scheitert.[79 80]
Im Lauf der Jahre entstandene, sehr eigenständige Lesenotizen zu vielen Autoren hat er für einen Nachlaßband vorgesehen, zusammen mit verstreuten, nicht mehr faßbaren Aufsätzen. Das Manuskript dazu hinterlegt er 1969 beim Atlantis Verlag. Es wird 1973, zwei Jahre nach seinem Tod, herauskommen.
Sobald der Erzähler Inglin an der Arbeit ist, zeigt auch dieser letzte Band Zentrales, in den vorzüglichen Jagdnotizen etwa oder in der reportageähnlichen Geschichte «Mißglückte Reise durch Deutschland». Da bleibt er ganz bei den Gegenständen und Geschehnissen, die doch durch die Art, wie sie aus einem Kontext isoliert und scharf betrachtet werden, unversehens weit über sich hinausweisen. So etwa in den wenigen hervorragenden Sätzen über die sanfte, zu Tode verwundete Drossel, die der Jäger nicht töten kann und die sich, ohne eine Reaktion zu zeigen, in einen Sumpf stellen läßt, wo sie weiter steht und auf die Sonne zu warten scheint. Oder in der Episode um die Laufhündin Babette und ihre Welpen, an der die ganze unvermeidliche Abnützung sichtbar wird, die jedes Geschöpf durch das Leben erleidet.
Als «Bei- und Außenwerk» (Thomas Mann in der von Inglin hochgeschätzten Aufsatzsammlung «Rede und Antwort») aber wird man gewisse enge ästhetische Urteile sowie einige zeitbedingte Ansichten zur Kenntnis nehmen. Sobald Inglin theoretisiert, kann ihn eine Trockenheit befallen, die seine großartig-unauffällige Kreativität völlig aufsaugt. Der Prozeß gleicht jener ihm schmerzlich bewußten, barschen Sprödigkeit, welche ihn, den sonst liebenswürdigen, vertrauensbereiten und geistreichen Mann im Gespräch lähmte, sobald er sich nicht zu Hause fühlte. Zu einer gewissen Enge im Theoretischen gehören ein unablässiges Pochen auf Richtigkeit, Wahrscheinlichkeit und Plastizität, die rigorose Verachtung von bloßer Phantasie, von «Fülle» statt «Form», die Vorbehalte Autoren wie Musil, Joyce und Proust, sogar dem «Grünen Heinrich» gegenüber.
Solange Inglin im «Grund» wohnt, spaziert er täglich ins Dorf, wie seit je.[81] Er nimmt Einblick ins Dorfleben, aber er kommt von außen und setzt sich wieder ab. So verfuhr er auch im persönlichen Gespräch, er war ganz dabei, konnte aber plötzlich den Arm ins Ungewisse heben und das Gesagte gleichsam als belanglos wegwischen. Dieselbe Geste erkennt man wieder in jenen Kapitelschlüssen, welche sehr oft die angenommene Perspektive auflösen und vor einem immensen Hintergrund als unerheblich hinstellen.
Anfang September 1970 versendet er ein Rundschreiben an den Freund Stiefel, den Verleger Bodmer und an mich: «Liebe Freunde, ich war krank, hatte beträchtliches

Fieber und wollte sterben, aber mein Arzt war damit nicht einverstanden und versuchte mit allen Mitteln, mir wieder auf die Beine zu helfen. Das ist ihm ordentlich gelungen, ich stehe wieder da, noch etwas wackelig, und habe kein Fieber mehr, aber er ist noch nicht recht zufrieden mit mir. Ich bekomme Streptomycin-Spritzen (oder wie sie heißen) und soll noch einmal, zum dritten oder vierten Mal, zum Röntgen antreten. Dabei tut mir nichts weh, ich lese viel, spaziere im Garten herum und werde höchstens müde.»[82]
Wenig später ruft er an, Bodmer und ich möchten doch nach Schwyz kommen, er müsse uns noch einiges übergeben. Da erzählt er vom Ausbruch seiner Krankheit: Ende August sei er endlich wieder einmal in die Höhe gestiegen, habe geschwitzt, um einen Katarrh loszuwerden und dann in der Wirtschaft «Oberberg» ein kaltes Bier getrunken. Folge: eine Lungenentzündung. Starke Todesangst hätte ihn unruhig gemacht, der Schwyzer Arzt Dr. Zweifel aber habe versichert, das sei der Föhn. – Inglin verrät nicht, daß der Arzt Lungenkrebs diagnostiziert hat. Es ist ihm zwar nicht offiziell mitgeteilt worden, nach Aussage von Helen Weber aber ist der Arzt überzeugt, daß Inglin den Befund gekannt hat. Gegen jedermann gibt er nun vor, er habe einen chronischen Bronchialkatarrh und wenig Abwehrkräfte.
So bereitet er sich auf einen heimlichen Tod vor, ein wenig wie sein «Wanderer auf dem Heimweg». Die Version, hinter der er sich versteckt und die ihm so gefällt, daß er sie offenbar auch immer wieder selber glaubt, ist einfach. In den Bergen holt er sich einen Bronchialkatarrh und stirbt daran. Nur Bodmer gegenüber spricht er einmal vom «sogenannten Bronchialkatarrh»; mir versichert er, daß er trotz des Katarrhs geistig ganz aufnahmefähig sei. Das gehört zu seiner liberalen Vornehmheit: Er erklärt zwar, er werde nun sterben, nennt aber seine tödliche Krankheit nicht, sondern spricht von einem Leiden, bei dem die Leute sagen können, da komme er doch davon.
Von jetzt an wünscht er nur noch wenig Kontakt; am liebsten mit Frauen, die ihn ein Nachtessen lang umsorgen. An der Fasnacht 1971 treffe ich ihn, wie er erregt dem Preisnüßlet der Kinder zuschaut. Er erzählt, früher habe er im Garten, allen unsichtbar, getrommelt, die ersten Fasnächtler hätten darauf auf dem Hauptplatz zu tanzen begonnen, er aber, der unerkannte Trommler, sei ins Haus verschwunden. Dazwischen klagt er, er könne kaum mehr gehen, so schmerzten die Knie. Man glaube gar nicht, daß ein Bronchialkatarrh sich so auf die Beine auswirken könne, aber das sei so. Wir ziehen uns in seine Nische im «Wyssen Rössli» zurück, wo er lebhaft von früher erzählt, im Gespräch aber plötzlich innehält und – aus dem Fenster blickend – sagt: da sei nun etwas anderes, «e Lichewage». Es beruhigt ihn nur halb, daß ich beteure, es sei ein Fasnachtskarren. Man hat das Gefühl, er lebe seelisch nur notdürftig geschützt. Die Angst und Unsicherheit des Werner Amberg ist wieder da oder ist, wenn sie verborgen immer da war, deutlicher wieder zu spüren. Im Frühjahr, nach einem Abend mit Freunden bei Helen Weber bricht er vor dem «Wyssen Rössli» zusammen und kommt ins Krankenhaus. Hier aber wirkt er seelisch unversehens wieder viel kräftiger. Enttäuscht scheint er nur, daß der Tod auf sich warten läßt. Er sagt, er habe gehofft, hieher («dahindere») zu kommen und gleich zu sterben; dabei spannt er die langen Arme weit aus. Es sei jetzt alles unter Dach und geordnet, auch das Testament: Die Bücher und den literarischen Nachlaß vermache er der Kantonsbibliothek Schwyz, und das Vermö-

gen gehe in vier Teile: einen Teil erhalte sein Bruder Josef, einen weiteren seine beiden Schwägerinnen Zweifel, einen dritten der Schwyzer Naturschutzbund und der Rheinaubund und einen vierten der Atlantis Verlag zur Pflege seines Werks (dieser wird die Erbschaft in eine «Meinrad-Inglin-Stiftung» umwandeln). Das wichtigste über sein Leben habe er mir nun auch gesagt. Und mit dem Sterben sei es so. Er veranstalte (sic!) ein ökumenisches Begräbnis, der protestantische und der katholische Pfarrer seien informiert, Dr. Kamer sage dann vielleicht ein paar Worte. Die Todesanzeige sei aufgesetzt, man müsse nur noch das Datum einsetzen. Der Krankenpater habe ihm übrigens die Letzte Ölung geben wollen, aber nichts sei, er wolle sterben, wie er gelebt habe. Er möge nicht, daß es heiße, er sei am Schluß noch zu Kreuze gekrochen. Später sei der Priester wieder gekommen und habe ihm eine heimliche Krankenölung vorgeschlagen. Aber auch damit sei nichts, überhaupt habe er noch nie etwas von dieser heimlichen Einrichtung gehört. Ach, wohin solle er denn noch; zu Hause sei es kalt, und die Hotelkost sei ihm verleidet. Am liebsten wolle er jetzt sterben.[83]

Inglin wird im Lauf dieser Monate immer schwächer, die Handschrift zittert, aber nie, bis zuletzt, verläßt ihn die geistige Präsenz. Er schläft und träumt viel und erzählt die Träume gern seinen nächsten Freunden. Während der drei letzten Wochen nährt er sich nur mehr von Kaffee, Wein und Mineralwasser. Am 4. Dezember 1971, einem Samstagmorgen, stirbt er nach einer Morphiumspritze, ohne daß er je starke Schmerzen gehabt hätte.

Der tote Meinrad Inglin lag aufgebahrt in der Kerchel-Kapelle hinter der Kirche. Er war abgemagert, und das schmale Gesicht, welches ganz frühe Photos zeigen, war wieder da: der sensible aufgeworfene Mund, eine große, weite Stirn und eine schmale, lange Nase. Kränze umgaben den Sarg: von den Jagdfreunden, den Schützen, der Offiziersgesellschaft, dem Regierungsrat Schwyz, dem Atlantis Verlag...

Die Beerdigung am 7. Dezember verläuft genau so, wie er es sich gewünscht hat: Es ist früher Nachmittag. Der von einem Pferd gezogene Leichenwagen führt einen langen Zug von der Kirche zum Friedhof an. Beim Überqueren der Straße hält der Verkehr, der Polizist zieht die Mütze. Die wenigen Verwandten sind da: Bruder Josef mit Frau und Tochter, die beiden Schwestern Bettinas... Viele Schwyzer Freunde folgen dem Sarg, Angehörige der Behörden, wiewohl nicht offiziell.[84] Emil Staiger, Werner Weber, Bettina und Martin Hürlimann, die Freunde Gottfried Stiefel und Hans von Matt. Der Sarg wird vor dem Friedhofeingang vom Wagen gehoben. Jagdhörner ertönen, wie er hereingetragen wird. Der Sarg wird über dem Grab abgestellt. Der protestantische Pfarrer Schönenberger und der katholische Pfarrer Dr. Baumgartner sprechen Gedenken und Gebete, Dr. Paul Kamer würdigt angemessen und ergriffen Inglins Werk.

Seitlich vor dem Monument des Vaters, das noch immer das Familiengrab dominiert, wird einige Monate später eine einfache kleine Platte gelegt mit der Inschrift: Meinrad Inglin, Schriftsteller, Dr. phil. h. c., 1893–1971.

IV. TEIL

Anhang

Zeittafel

1893 M. I. am 28. Juli in Schwyz geboren als Sohn des Uhrmachers und Goldschmieds Meinrad Inglin und der Josephine geb. Eberle
1898 Geburt des Bruders Josef
1900-1906 Primarschule
1906 Tod des Vaters in den Bergen
1906-1909 Besuch der Mittelschule am Kollegium «Maria Hilf» in Schwyz, Realschule (technische Abteilung)
1909 Uhrmacherlehre in Luzern nach drei Wochen abgebrochen
Erste Texte in Lokalzeitungen
1909-1910 Kollegium, Industrieschule (merkantile Abteilung)
1910 Tod der Mutter
1910-1911 Kellner in Luzern und Caux
1911-1913 Kollegium in Schwyz (Gymnasialabteilung)
1913 Université de Neuchâtel (Faculté des Lettres), Erzählung «Der Wille zum Leben» angefangen. Nietzsche-Lektüre
1914 Université de Genève (Faculté des Lettres), Nietzsche-, Rousseau- und Flaubert-Lektüre
1914-1919 Universität Bern
1915 Offiziersschule in Zürich. Redaktionsvolontär am «Berner Intelligenzblatt», Kritiken und Erzählungen im Feuilleton
1916 «Herr Leutnant Rudolf von Markwald» (Erzählung und Romanfragment), »Phantasus» (Roman). Politische Artikel im «Berner Intelligenzblatt»
Vorlesungen bei Paul Häberlin
1917 «Der Abtrünnige» (Tragödie)
1918 Essay «Über das dichterische Schaffen»
Begegnung mit Bettina Zweifel (geb. 1896) in Zürich
Beginn der Arbeit an «Die Welt in Ingoldau»
1919 Redaktionsvolontär an der «Zürcher Volkszeitung» (Rezensionen)
Oktober: Rückkehr nach Schwyz («Grund», Haus der Tante Margrit Abegg). Freier Schriftsteller
1922 Berlin (Verlagssuche und Beginn der Arbeit an «Wendel von Euw»)
1922 «Die Welt in Ingoldau» erscheint. Skandal in Schwyz
1925 «Wendel von Euw» und «Über den Wassern» erscheinen. Beginn der Arbeit an «Grand Hotel Excelsior»
1928 «Grand Hotel Excelsior» erscheint. Aufsatz «Lob der Heimat». Beginn der Arbeit an «Jugend eines Volkes»
1930 Abschluß von «Jugend eines Volkes». Beginn der Arbeit an «Die graue March»

1931 Abschluß von «Die graue March». Beginn der Arbeit am «Schweizerspiegel»

1933 «Jugend eines Volkes» erscheint

1935 Zum Staackmann-Verlag, Leipzig. «Die graue March» erscheint

1938 «Schweizerspiegel» erscheint wenige Monate nach Vollendung

1939 Heirat mit Bettina Zweifel

1939-1945 Wiederholter Aktivdienst als Oberleutnant. Erzählungen und kleine Prosa

1940 Reise nach Deutschland
Erste Umarbeitung: «Die Welt in Ingoldau»

1943 «Güldramont» erscheint. – Bombardement von Leipzig. Fast vollständige Vernichtung des gedruckten Werks

1944 Komödie «Chlaus Lymbacher» abgeschlossen

1945 Beginn der Arbeit an «Werner Amberg»

1947 Zum Atlantis Verlag Zürich (Dr. Martin Hürlimann). «Die Lawine» erscheint (seit Kriegsende abgeschlossen)

1948 Großer Schillerpreis der Schweizerischen Schillerstiftung. Ehrendoktor der Universität Zürich

1949 «Werner Amberg» erscheint
Beginn der Arbeit an «Ehrenhafter Untergang»

1951 Wahl in die «Deutsche Akademie für Sprache und Dichtung», Darmstadt

1952 «Ehrenhafter Untergang» erscheint
Beginn der Arbeit an «Urwang»

1953 «Rettender Ausweg» erscheint. – Juror des «Charles-Veillon-Preises für den deutschsprachigen Raum» (bis 1956) «Kulturpreis der Innerschweiz»

1954 «Urwang» erscheint

1958 «Verhexte Welt» erscheint

1961 «Besuch aus dem Jenseits» erscheint. Beginn der Arbeit an «Erlenbüel»

1965 «Erlenbüel» erscheint. – Nachlaßband mit Aufsätzen, Notizen und kleiner Prosa zusammengestellt. – «Gottfried Keller-Preis der Martin Bodmer-Stiftung»

1967 «Mozart-Preis der Johann-Wolfgang-von-Goethe-Stiftung» in Innsbruck

1968 In «Erzählungen I» erscheint «Wanderer auf dem Heimweg» (letztes Werk)

1969 Tod Bettinas nach dreijähriger Krankheit

1970 «Erzählungen II» erscheinen

1971 4. Dezember Tod in Schwyz nach anderthalbjähriger Krankheit

1973 Nachlaßband «Notizen des Jägers» erscheint

Anmerkungen

I. TEIL

1 Nach der Photographie stimmt die Beschreibung genau.
2 In «Der Stand Schwyz im hundertjährigen Bundesstaat 1848–1948» a.a.O. S. 81
3 Im ersten Tagebuch seiner Tochter Marguerite steckt ein Photo, aufgenommen im Park von Axenstein. In der Mitte prangt auf hohem Sockel die Büste von Ambros Eberles Frau. Als Text steht auf dem Monument «Margaritha Eberle geb. Ruhstaller, Mitbegründerin von Axenstein, geb. Oct. 1833 gest. 1877». Links und rechts sind symmetrisch die acht Enkelkinder gruppiert, unter ihnen auch die spätere Mutter Inglins, Josephine («Fināli»).
4 Das bestätigte auch M. Is. Bruder Josef.
5 Vgl. eine Variation dieser Episode in der Erzählung von 1915 «Onkel Melk und der glückhafte Fischfang», publiziert im «Berner Intelligenzblatt», Beilage «Alpenrosen», 45. Jg., Nrn. 41–43, Okt. 15. und in den «Schweizer Monatsheften» April 1975, Heft 1.
6 Am 2. Juni 1902 wurde dann der Neubau des Hotels festlich eröffnet.
7 Die Lektüre des Tagebuchs der Tante Margrit («Tante Christine» im WA) ist peinvoll. Meinrad, Franz und viele andere Kinder hätten im Flur Theater gespielt, Franz aber habe sich nur halb beteiligt, und erst heute, nach zwei Tagen, gehe es wieder besser. «Meinradli und Sepheli leisten ihm gegenwärtig Gesellschaft». Ein Rückfall aber bringt den Tod dieses ihres einzigen Kindes.
8 Nach Angaben von Emil Holdener und Josef Inglin hat Meinrad als Schulbub auch häufig im Freien mit den anderen gespielt. Auf den ersten 100 Seiten des WA werden verschiedene dieser ortsüblichen Spiele beschrieben. «Die betreffenden Stellen handeln von wirklich Erlebtem und beruhen nirgends auf bloß Erfundenem», schreibt Inglin in einem Brief (am 24. 8. 61 an Dr. Kleiber, der ihn daraufhin angesprochen hatte). Demnach ging der Schüler Meinrad mit der elastischen Schleuder um, stellte zur Fastenzeit «Chlefeli» her, schnitzte Maienpfeifen und trat im Garten bei Zirkusveranstaltungen auf. Im erwähnten Brief erörtert Inglin eingehend zwei Spiele, die er häufig gespielt, aber im Buche nicht beschrieben habe. «1. Chugele (die Zürcher sagen Chlüre). Dazu dienten haselnußgroße Kugeln aus Stein und größere Kugeln aus Marmor oder buntem Glas. Die größeren Kugeln ‹setzte› man je nach dem Wert, den man ihnen gab, in verschiedener Entfernung und ließ einen Spieler ‹z' gültige oder z' ungültige› mit den kleinen Steinkugeln ‹druf ine tröle›. Ich besaß eine walnußgroße Glaskugel, in der ein silberner Bär eingeschlossen war, und setzte sie je nach dem Gelände zwanzig bis dreißig Schritte weit, mit der Bedingung, daß ich, im Fall der andere sie traf und gewann, auch selber wieder ‹druf ine tröle› dürfe. Ich verlor und gewann sie wiederholt, wozu es bei einigem Glück nur wenige, häufig aber recht viele Chugeli brauchte, ja oft mehr, als der darauf bankrotte Tröler besaß. Ein kleines Chugeli setzte man einen Schritt, zwei Chugeli nebeneinander zwei Schritte weit. – Für die kleinen Kugeln allein gab es ein Spiel, bei dem man nicht trölte, sondern spickte. Man nahm ein Chugeli zwischen den gekrümmten Daumen und die Zeigefingerspitze, spickte es, hockend oder kniend, auf ein Chugeli des Gegners und gewann es, wenn man es traf, worauf der Gegner mit Spicken an die Reihe kam. Das spielte sich zwischen zwei oder mehreren Spielern in einem gewissen Rahmen ab, den man auf den Boden kritzte oder mit Kreide zog; an die Figur dieses Rahmens und an genauere Regeln erinnere ich mich nicht mehr.
2. Balle schlah. Zwei gleichstarke Parteien (nur Buben) stellten sich auf ca. 50 Schritte Entfernung einander gegenüber. Nennen wir sie die Roten und die Blauen. Ein Roter schlug nun einen etwa faustgroßen, sehr soliden Gummiball mit einem Stock oder Knebel (meistens Hasel, 3–4 cm dick, 60–70 cm lang) in die Richtung gegen die Blauen; gleichzeitig rannten alle übrigen Roten auf die durch einen Strich markierte blaue Seite. Wurde der Ball von einem Blauen erwischt und einem Roten angeworfen, bevor dieser die blaue Seite erreicht hatte, so mußte dieser Rote, wenn er getroffen wurde, zur blauen Partei hinüberwechseln. Darauf schlug ein Blauer den Ball, und die Blauen suchten ohne Verlust die rote Seite zu erreichen. Das Spiel konnte so lange fortgesetzt werden, bis eine Partei aufgerieben war, wurde aber bei wechselndem Glück meistens schon früher abgebrochen. Ein guter Schläger schlug den Ball oft weit über 50 Schritte hinaus, ein schlechter traf ihn

nach wiederholten Schlägen in die Luft vielleicht überhaupt nicht und war beim Gegner denn auch nicht sehr begehrt.

Ich selber hatte eine entschiedene Vorliebe für das Schießen (mit Luftgewehr, Armbrust, Flobert), Jagen (auf Vögel), und Fischen mit der Angelrute (auf Barsch und Hecht), aber das alles ging schon mehr oder weniger leidenschaftlich über das Kinderspiel und damit wohl auch über Ihr Thema hinaus.» (24. 8. 61, an Dr. Kleiber, der ein Buch über Kinderspiele plant) Wie wenig die Mutter seine Jagd- und Fischereipassion schätzte, hat Inglin etwa in seiner frühen Erzählung «Onkel Melk und der glückhafte Fischfang. Eine Bubengeschichte» beschrieben. (Publiziert in «Alpenrosen», Beilage zum «Berner Intelligenzblatt» 45. Jahrgang, Nummern 41, 42, 43, 8. 10. 1915–22. 10. 1915)

In der Schule stört er den Unterricht mit surrenden Fliegenkäfigen, welche seine sprachenkundige Tante Klara «pavillon des mouches» nannte. Diese im WA Tante Klara genannte gebildete Frau war Inglins eigenen Amberg-Materialien gemäß die Musiklehrerin Frl. Marie Schönbächler, eine entfernte Verwandte, welche Inglin immer besonders geschätzt hat. (So fand er später bei ihr Zuflucht, als er nach der Publikation seines ersten Romans WI in Schwyz verfolgt und gefährdet war.)

9 Der Schüler Meinrad rückt gegen das Ende der Primarschulzeit im Jahre 1906. Seit einigen Monaten hatte sich die Familie eines Angestellten wegen geängstigt, der mit dem Vater Differenzen hatte und gegen ihn Morddrohungen ausstieß. Er wurde dann entlassen und ermordete anstelle Inglins einen anderen Vorgesetzten. Er hieß wahrscheinlich Seellos, über den Inglin notiert: «Den Kerl noch zeigen!» So hat er denn im WA die Episode geschildert, fast als Vorahnung kommenden Unheils.

Im März stirbt das eineinhalbjährige Cousinchen Olgali von Reding, das Kind einer Tante. Ein Knabe aus seinem Freundeskreis begeht Selbstmord. Solche Erlebnisse mögen auf die Darstellung der Kindertodesfälle in der WI gewirkt haben. Die ganze Verwandtschaft tröstet, wie dem Tagebuch von Tante Margrit zu entnehmen ist.

10 So etwa auch der Verkehrsverein Schwyz, der schreibt: «Gleich anfangs müssen wir auf den großen Verlust hinweisen, der uns durch den leider so frühen und tragischen Hinscheid unseres tüchtigen Aktuars und Leiters des Verkehrsbureau, Herrn Meinrad Inglin, erwachsen ist. Die Vereinstätigkeit hat darunter im vergangenen Geschäftsjahr auch gelitten, indem unser Verkehrsbureau schon frühzeitig in der Saison verwaist war und es schwer hielt, einen passenden Ersatz für ein Lokal und dessen Vorsteher zu finden.» (VI. Jahresbericht des Verkehrsvereins Schwyz für das Jahr 1906/1907)

11 Aus dieser Beständigkeit sind keineswegs minderwertige Werke entstanden; nur erwartete man, nach 1950 etwa, von diesem Autor – weder formal noch aussagemäßig – mehr eine eigentliche Deutung der unmittelbaren Gegenwart.

12 Ihre Schwester Margrit vom «Grund» zieht für zwei Monate zu Inglins ins Dorf, um zu trösten und zu helfen. Dort erkrankt sie an Lungenentzündung und schwebt während einer Woche in Lebensgefahr. In ihrem Tagebuch schreibt sie nach ihrer Genesung: «Ich danke Gott, daß er mir die frühere Gesundheit wieder geschenkt und ich somit meinen Lieben in allen Stürmen dieses Lebens beistehen kann.» Sie wird in wenigen Jahren beide Inglin-Buben zu sich nehmen.

13 Vgl. dazu M. L. Kohn «Social class and parent-child-relationships» in «American Journal of Sociology» 68. Jg. 1963, S. 207, zitiert bei Peter Fürstenau «Soziologie der Kindheit» in «Pädagogische Forschungen», Veröffentlichungen des Comenius-Instituts, Reihe «Erziehungswissenschaftliche Studien», Band 40, Heidelberg 1967, S. 123.

14 Vgl. dazu E. Jaensch «Grundformen menschlichen Seins», Berlin 1929, Norbert Groeben «Literaturpsychologie» Stuttgart–Berlin–Köln–Mainz 1972 S. 55 und O. Kroh «Eidetiker unter deutschen Dichtern», Z. Psychologie Bd. LXXXV, Leipzig 1920.

15 Eine Analogie dazu ließe sich in Carl Spittelers Drang feststellen, sich mit dem Gedächtnis in frühkindliche Bereiche zurückzutasten: vgl. Werner Stauffacher «Carl Spitteler» (Zürich 1973) S. 17: «Ein phänomenales Gedächtnis bezeichnet Joseph Viktor Widmann als Voraussetzung von Spittelers Dichtertum. Es ist wohl möglich, daß diese Erinnerungsfähigkeit bei ihm in Gründen des kindlichen Lebens wurzelte, die dem normalen Menschen verschlossen sind.»

16 M. I. erklärt überdies in seinem Aufsatz «Das Jahr des Volkes», was der Narrentanz ist: «Vor den Wirtschaften führt die Rott in einem dichten Zuschauerkreis einen uralten Tanz auf. Was dazu getrommelt wird, ist eine geregelte Folge immer wiederkehrender Takte, die sich dennoch kaum einer der bekannten Taktarten genau fügen will, eine merkwürdige, von Wirbeln durchsetzte, aufreizende Tanzrhythmik. So verhält es sich auch mit dem Tanze selber, der aus knappen, sprungartigen, doch keineswegs willkürlichen Bewegungen besteht und zur richtigen Ausführung bedeutende Kraft, Gelenkigkeit und Ausdauer erfordert. Er gleicht den kultischen Tänzen wilder Völker, sein Ursprung ist wohl im germanischen Heidentum zu suchen.» (NJ 30). – Das Thema des Narrentanzes durchzieht den WA beinahe leitmotivartig.

17 I. erzählte, wie er aus innerem Antrieb auf die Jagd habe gehen müssen, und wie ihn die Kollegen seines Vaters zuerst gar nicht gerne mitnehmen wollten.

18 Hier wie in späteren, nicht gedruckten Entwürfen ist der Hinweis eingeschlossen, wie schwer es dem jungen Schriftsteller fällt, seinen Sonderanspruch durch Ruhm und große Werke vor den Bürgern zu legitimieren. Rudolf von Markwald geht daran zugrunde, daß er das bürgerliche Leistungsprinzip seiner Umwelt sich selber beim Schreiben aufzwingt.

19 *Aphorismen*

Meiner lieben Tante gewidmet von Meinrad Inglin

«Fürwahr schon früh zerriß das schöne Band,
Das süß Dich mit holdem Glück verkettet.
Zu hüten anderer Glück mit lieber Hand
Warst Du bestimmt. Doch Dir erblüht ein anderes
Ein stilles, rein'res Glück in weiter Ferne.»

«Ein dornig Rosenstämmchen ist die Welt
Doch leuchtend blüht darauf die Rose.
Und wer nach dieser Himmelsrose strebt
Der muß den Dornenstamm erklimmen.»

«Ein Herze, das im herben Leid erfahren
Vermag kein großer Schmerz zu beugen.
Ein Herz das nur im sonngen Glück geschwelgt
Zerrissen wird's vom ersten großen Leid.»

«Ein wahres Glück vermag nur der zu schätzen
Der mit dem Unglück schon gerungen.
Wem immer nur das holde Glück gelächelt
Wird's unbedeutend nur erscheinen.»

20 Das bestätigt auch eine Bemerkung des älteren I.: «Richtiger als ‹Kellnerberuf› wäre ‹Hotelierberuf›» (an E. Wilhelm, 13. 1. 56). I. versteht sich als Herr.

21 Max Gschwend und Linus Birchler «Schwyzer Bauernhäuser», Verlag Haupt Bern, Reihe «Schweizer Heimatbücher», Innerschweizerische Reihe, 6. Band, S. 7.

22 Heine gehörte schon gegen Ende des 19. Jahrhunderts zur Lieblingslektüre angehender Literaten, vgl. dazu Thomas Manns «Lebensabriß», wo er sagt: «... Ich habe der Bildungserlebnisse meiner Kindheit und ersten Jugend nicht gedacht... noch auch der Vergötterung Heines um die Zeit, da ich meine ersten Gedichte schrieb...» (ca. 1890; s. S. 228 im Band «Autobiographisches», «Das essayistische Werk» in acht Bänden, Frankf. a. M. 1968)

23 Die Möglichkeit besteht allerdings, daß Melchior doch weiterschreibt. Nachdem er, «sich stark und unbeirrt fühlend», alle seine Manuskripte angezündet und das Feuer «das Glück», die Qual, den Zweifel, «die Hoffnung seiner ganzen Jugend in wenigen Sekunden» verzehrt hatte, packt er vor seiner Abreise ein leeres Heft ein. Es soll sein Tagebuch werden. «Am selben Abend noch schrieb er zur Einleitung auf die erste Seite des Tagebuches – ein Gedicht über seinen Willen zum Leben», so lautet der Schluß.

24 Als alter Mann erzählt er davon (am 12. 6. 70) seinem Freund Hans von Matt, der folgendes notiert: «Als er in Genf war, habe er... geliebt. Das sei ein ganz großes Erlebnis gewesen. Sie haben miteinander die ganze Landschaft durchstreift, diese sei voll Erinnerungen. In jenem Sommer sei ihm der Liebesgenuß als fördernde Macht aufgegangen. Er habe sich zum ersten Mal voll als Mann gefühlt. Dann sei der Krieg gekommen und der Militärdienst, und so sei das Erlebnis fortgewischt worden.»

25 Eines dieser sittenstrengen Mädchen hieß – laut Is. Bekenntnis Hans von Matt gegenüber – Maria Flüeler. Sie hätten sich durch Morsezeichen verständigt, da man von ihrem Fenster das Giebelfenster im «Grund» gesehen habe. So hätten sie mit Lichtzeichen Abmachungen getroffen.

26 Über die «Tragik des ‹neutralen Heeres›» handelt auch das besonders aufschlußreiche Kapitel in der Dissertation von Theodor Ernst Wepfer «Das bildende Leben in M. Is. Werk» (welche sich vor allem mit dem SP beschäftigt): «Das Heer ohne Taten», wo die innere seelische Entwicklung des zur Tatenlosigkeit verurteilten Heeres subtil nachgezeichnet ist. (a.a.O. S. 74ff.) Wepfer zieht zum Vergleich andere schweizerische Romane zum selben Thema heran: Felix Moeschlin «Wachtmeister Vögeli», Hans Zurlinden «Symphonie des Krieges» und Robert Faesi «Füsilier Wipf».

27 Während des Zweiten Weltkriegs wird er in Hamburg und Berlin (siehe «Mißglückte Reise durch Deutschland») Ernst Jüngers kühl emphatischen Kriegsbericht «In Stahlgewittern» lesen und fasziniert einen entdecken, der diese Lust völlig frei von moralischer Bewertung preist.

28 M. I. fragt u. a. auch seinen Landsmann Meinrad Lienert, den er persönlich damals noch nicht ken-

nengelernt hat, um Mitarbeit an. Dieser schickt ihm am 30. Oktober 1916 ein Gedicht, das später berühmte «Lied der jungen Schweizer» (Zürcher Kadettenlied). M. I. scheint diesen Schwyzer sehr zu lieben und zu achten und betont, daß man hier nicht «mit dem gewöhnlichen ästhetischen Rüstzeug kritisch an diesen Dichter herantreten» könne. Er halte es mit Carl Spitteler, der gesagt habe: «Mir läuft vor dieser Lyrik einfach mein bißchen Kritik davon.» (S. «Alpenrosen», Beil. zum «Berner Intelligenzblatt», «Meinrad Lienert», Nr. 25 45. Jg., 18. 7. 15)

29 Vgl. dazu Max Wildi (a.a.O. S. 14ff.): «Der Erste Weltkrieg war für die schweizerische Dichtung eine Zeit tiefen Umbruchs... Eine ganze Generation von schweizerischen Schriftstellern, mit Carl Spitteler an der Spitze, wurde durch den Krieg zu Entscheidungen und Wandlungen gedrängt, welche für alle späteren bahnbrechend wurden. Damals wurde der schweizerische Standpunkt gegenüber der Politik der Macht, des Pangermanismus und des Herrentums vor aller Welt und vor den Unsicheren im eigenen Land in aller Deutlichkeit verkündet.»

30 Von hier aus gesehen, versteht man vielleicht die Empörung des älteren I. über die Tatsache, daß man gerade ihn da und dort als «Heimatdichter» apostrophiert hat.

31 Die Antinomie von Künstler und Gesellschaft (zugunsten des Künstlers und zuungunsten der Bourgeoisie) geht bei I. direkt auf die Nietzsche-Lektüre zurück. Anders etwa als bei Thomas Mann, der sich – früher als von Nietzsche – von Paul Bourgets Schriften, besonders von «Psychologie contemporaine», beeinflussen ließ. Das Künstlertum ist hier viel problematischer gesehen, und es ist das achtbare Bürgertum, welches «wahre Arbeit verrichtet». (Vgl. Klaus Schröter «Thomas Mann», rowohlt monographie, Reinbek bei Hamburg 1964, S. 42/3)

32 Walter H. Sokel a.a.O. S. 34 unterstreicht eine ähnliche Unentschiedenheit zwischen den Stilen bei verschiedenen deutschen Expressionisten, besonders bei jenen, die er letztlich auf Schiller zurückführt: «Er [der so beschaffene Expressionist] muß gegen die greifbare Frische des Realismus sündigen; doch gleichzeitig vergeht er sich auch an der strengen Konsequenz der «abstrakten» oder «absoluten» Kunst.

33 Daß sich I. um eine expressionistische Prosa bemüht, versteht sich auf dem Hintergrund der dominierenden literarischen Erwartung der Kritiker sehr wohl; vgl. A. Arnold «Prosa des Expressionismus» (a.a.O. S. 17): «In Sachen Drama und Lyrik hatte man kein Inferioritätsgefühl, kein Nachholbedürfnis... Um 1900 besaß Deutschland keinen Schriftsteller, den man mit Dickens, Balzac, Flaubert, Tolstoi oder Dostojewski hätte vergleichen können. Der Expressionismus sollte ihn nachliefern: den deutschen Roman... Um 1915 hielten die meisten Kritiker ihre Fühler in Richtung Expressionismus ausgestreckt.»

34 Viele Geister dieser Zeit sind besessen vom Gefühl eines unwiderruflichen Zwiespalts zwischen Kunst und Leben. Sowohl Hofmannsthal wie Thomas Mann, aber auch ein damaliger Expressionist wie Kurt Pinthus, wenn er schreibt (zitiert bei P. Pörtner, Bd. I, a.a.O. S. 292): «Weder wir noch andere haben Zeit zu verlieren. Wenn wir zu viel und zu lang schreiben oder lesen, rinnt draußen zu viel von dem süßen, wehen Leben vorbei, das wir fressen müssen, um weiter leben zu können.» (Publ. in «März», Jg. VII, 1913, Heft 19, S. 213ff.) Pörtner, der Herausgeber der Texte aus jener Zeit (meistens aus Zeitschriften, Flugblättern etc.), war sich jener Problematik bewußt, wenn er den ersten Abschnitt des ersten Bandes thematisch um die Erneuerung der Ästhetik gruppiert und dazu in der Einleitung schreibt: «Am Künstler zeigt sich leibhaftig die Not und Notwendigkeit der Kunst, die im Werkschaffen nicht vollständig objektiviert werden kann, sondern als Lebensfrage, d. h. als Frage nach der Einheit von Kunst und Leben aufbricht und in vielen Fällen die Existenz des Künstlers zerreißt. Der Wahnsinn und der Selbstmord umwittern die Aufbrüche einer neuen Literatur... (a.a.O. S. 19)

35 In seiner Abwendung vom Expressionismus war I. allerdings auch von der allgemeinen Stilentwicklung seiner Zeit gestützt: vgl. dazu Karl Brinkmann «Impressionismus und Expressionismus in deutscher Literatur» (a.a.O. S. 88): «Die Hochstimmung konnte nicht anhalten. Die Dichter, soweit sie ihre expressionistischen Anfänge überlebten... wandten sich anderen Formen, Problemen und Ideen zu.»

36 Zeitlebens hat I. ein auffälliges Desinteresse an der bildenden Kunst überhaupt gezeigt (vgl. sein Verhältnis zu Leuppi, Danioth etc.). «Mich interessiert höchstens der Schöpfer eines Bildes.» Entsprechend wird er in seinem Vorwort zur Monographie über den Bildhauer Hans von Matt vieles über den Künstler und seine Situation in der Innerschweiz, wenig aber über seine Werke sagen.

37 Paul Ilgs Militärroman «Der starke Mann» (1916) geißelt einen rücksichtslosen Erfolgsmenschen und ein gefährliches Ausarten des schweizerischen Militarismus in gewissen Offizierskreisen und brandmarkt so indirekt auch Inglins Säbelrasseln zu dieser Zeit. Eine ebenfalls antimilitaristische Tendenz verrät Felix Moeschlins Drama «Revolution des Herzens», sowie dessen Roman «Die Königschmieds».

38 Ein gewisses feudalistisches Landjunker-Ideal und den Gedanken vom wesentlichen hervorragenden Menschen (vgl. «Drei Männer im Schneesturm») hat I. nie ganz aufgegeben. Im Anschluß an

Ausführungen über die Jagd stellt Egon Wilhelm eine Überlegung an, die M. I. und seiner heimlichen Überzeugung vom verschieden hohen Wert einzelner Menschen sehr entspricht: «Das Schicksal trifft in der Folge seine Ausschlüsse, damit der wesentliche Mensch hervortrete. Das Leben ist ein großer Jagdraum, in welchem nach dem Spruch der Schickung der Tod das wesentliche Leben bestimmt.» (a.a.O. S. 52)

39 Es fällt auf, daß I. einen gleichen Titel wählt wie Arno Holz, der ein Werk mit der Überschrift «Phantasus» herausbringt, «ein gewaltiges Buch, beinah einen halben Meter hoch und entsprechend breit» ... «Chaos» und doch auch «eine gelungene Schöpfung» (Oskar Loerke in «Die Neue Rundschau», zitiert bei P. Pörtner a.a.O. S. 248 ff.) – Arno Holz' «Phantasus» wird neu und erstmals in endgültiger Fassung herausgegeben von Wilhelm Emrich und Anita Holz, Bd. I, Darmstadt 1974.

40 Ähnliche Motive gibt es u. a. bei Leonhard Frank: vgl. W. H. Sokel (a.a.O. S. 86): «In der gleichen Ansprache, in der Franks Fremder das Martyrium des ausgestoßenen Künstlers mit dem Christi vergleicht, spricht er auch von den Höhen, auf denen er steht und von denen er auf das übelriechende Bahrtuch der Stadt tief unter ihm hinabschaut. ‹Und ich bin allein›, setzt er stolz hinzu. Sowohl die Szenerie als auch die Idee sind auffallend zarathustrisch. Die für Nietzsche bezeichnende Reaktion auf die bürgerliche Welt prägt auch Frank (und andere Expressionisten) und erzeugt bei ihnen eine fast gleiche metaphorische Landschaft.»

41 Die Argumente im «Phantasus» erinnern an seither oft Gelesenes, so etwa an jene von Paul Nizon in «Diskurs in der Enge». Mit ähnlichen Gedanken wird sich Jakob Schaffner von der Schweiz abwenden.

42 Auch Inglins Hinneigen zum Expressionismus entspricht ganz den innersten Impulsen der Zeit, nicht nur einer Modetendenz und wird, wenn man den Begriff so weit faßt, wie dies Fritz Martini (a.a.O. S. 27) tut, auch einen Einfluß haben auf sein späteres Werk. «Der Expressionismus ist die gewaltsame, in aufgewühlten Jahren erregt geballte Verdichtung von Tendenzen, die sich zunächst noch ohne so radikale und aktualistische Herausforderung, seit langem im Ringen gegen eine immer mehr der Perfektion der Technik und der Macht ergebene Zeit herausgebildet hatten. Des reifen Nietzsche Geist und Pathos, sein Wissen um die europäische Krise und seine Kritik an der Zeit stehen hinter ihm, wie A. Mombert, R. Sorge und G. Heym in sehr verschiedenartiger Weise erkennen lassen. Stefan Georges unerbittliches Richtertum wurde für die Jüngeren so bedeutend wie R. M. Rilkes religiöse Lyrik... Die Wirkung der großen Russen, Dostojewskis und Tolstois, ist unverkennbar und bedeutend...»

43 Alfred Mombert, der wenn auch begrenzt Dichter als «vates» war und der die symphonische Musik Beethovens zu seinem Formprinzip erhob, wird von Bernhard Rang zusammen mit Theodor Däubler und Otto zur Linde als «Vorläufer und Wegbereiter des Expressionismus» bezeichnet. (In «Expressionismus. Gestalten einer literarischen Bewegung», hrg. von Hermann Friedmann u. Otto Mann, Heidelberg 1956, S. 27)

44 Wolf hat keinen realpolitischen Sinn, darum endet er tragisch. Alfred Döblin (und mit ihm verschiedene expressionistische Dichter, wie etwa Werfel, nur weniger optimistisch) haben in jenen Jahren schon zurückgesteckt und betont, daß sich jeder täusche, der als Denker oder Künstler die äußeren Umstände rasch und unmittelbar verändern wolle. Der geistige Mensch dürfe nicht vergessen, daß er «langsam wirkt und durch die Dinge und Zustände durchsickert wie eine Farbe oder verwitternd wie die Luft. Sie entgehen ihm nicht. Er hat es nur zu eilig gehabt.» («Landauer», in «Der neue Merkur», H. 3, 1919, zitiert bei C. Eykman «Denk- und Stilformen des Expressionismus», a.a.O. S. 216)

45 Auch Wolf versteht unter Politik nicht Tagespolitik, sondern jene Politik, welche Kurt Pinthus in seiner «Rede an junge Dichter» (1917) in Karl Otten «Ahnung und Aufbruch», Expressionistische Prosa, Darmstadt 1957, S. 42, zitiert bei C. Eykmann a.a.O. S. 18: «Mehr als durch alles andere aber wird Ihre Gesellschaft bezeugt durch Ihre... entschiedene Hinwendung zum Politischen. Sie erkannten, daß das wirklich Politische nicht die Realpolitik des Tages, nicht Lösung von Territorialproblemen oder Erfindung diplomatischer Methoden ist, sondern eine edlere, wirksamere Politik, die sich direkt an den Menschen wendet.»

46 vgl. Christoph Eykman (a.a. S. 19). Döblin postuliert eine ähnliche Durchdringung der Politik mit Geist. Döblin, «der wie kaum ein anderer das Verhältnis von Geist und Macht durchdacht hat... für ihn ist der Schriftsteller, der Vertreter des Geistes, von allem Anfang an als Geistiger politisch, oder er ist nicht... Das heißt, daß der Geist auch den Staat zu erfüllen habe, ja daß er die ureigenste Substanz des Staates ist.» (Vgl. auch A. Döblin «Aufsätze zur Literatur», hrg. von Walter Muschg, Olten und Freiburg i. Br. 1963, S. 50)

47 Auch Hans Calonder, der Held des mit expressionistischen Zügen versehenen Romans «Die Gewalten eines Toren» von Otto Wirz (Stuttgart 1923), erleidet wie «Phantasus»/Wolf den «Opfertod des Erlösers seiner selbst, erlitten durch die Hand der beleidigten Menschheit» (vgl. E. Finke

in O. Wirz «Das magische Ich», a.a.O. S. 62). Calonder aber will das Leben mit dem absoluten Geist verknüpfen, während Wolf – schon 1917 Inglin gemäß – eine politische Lösung sucht.

48 Wolfs Märtyrertum gehört thematisch in die Literatur des Expressionismus: vgl. W. H. Sokel (a.a.O. S. 84): «Unzufriedenheit mit der bürgerlichen Umgebung, begleitet von dem Wunsch, Aufmerksamkeit zu erregen, den Feind herauszufordern und von ihm gekreuzigt zu werden, paßt gut zu den Analogien in der expressionistischen Literatur zwischen mißverstandenen Künstlern und Christus.»

49 M. I. kommt um 1916 herum nahe an die «Lebens-», «Schicksals-» und «Bewegungsmythen» heran, die Karl Schmid (in «Das Unbehagen im Kleinstaat») im schweizerischen Unbehagen eines C. F. Meyer und eines Jakob Schaffner aufgewiesen hat.

50 Er reitet nackt über die Alpen, wie der junge I. im Gebirge gelegentlich die Kleider ablegt, um Natur und Kunst zu feiern. (Vgl. eine Briefstelle, an Bettina Zweifel, 24. 6. 24)

51 Nach Walter H. Sokel (a.a.O. S. 7) ist die ganze Literatur des zwanzigsten Jahrhunderts bis heute geprägt von expressionistischen Gründzügen – über die zeitlichen [1910–1925] und nationalen [Deutschlands] Grenzen hinaus – von O'Neill etwa bis Thornton Wilder, Samuel Beckett, Friedrich Dürrenmatt.

52 Moeschlin war damals Redaktor am «Schweizerland», Literarischer Teil, Umschau und Kunst, Monatsheft für Schweizer Art und Arbeit, Arosa.

53 Anders als Spitteler in seiner Rede von 1914, «Unser Schweizer Standpunkt», oder Gonzague de Reynold (in «Cités et Pays Suisses», 1. Bd., Lausanne 1915 und später in «La Suisse Une et Diverse», Fribourg 1923) begreift Inglin die Schweiz noch nicht als ideelle Einheit, wie später in der Schlußbotschaft des SP.

54 Bald darauf möchte er den dramatischen Kampf zwischen Geist und Sinnlichkeit in einem Werk ausfechten und dafür Zacharias Werners Tagebücher lesen.

55 In seinem Beitrag «Dankbare Erinnerung an Paul Häberlin», zu dessen achtzigstem Geburtstag, nachgedruckt im Nachlaßband NJ, S. 171.

56 Vgl. etwa Paul Häberlin «Wege und Irrwege der Erziehung. Grundzüge einer allgemeinen Erziehungslehre» (Basel 1918, S. 203).

57 Vgl. dazu Karl Schmid.

58 Die vielen Absagen waren wohl auch kriegsbedingt. Viele Manuskripte dieser Zeit wurden gar nie gedruckt. Aus diesem Grund u. a. hatte es z. B. die Prosa des Expressionismus sehr schwer, sich zu entfalten, vgl. A. Arnold «Prosa des Expressionismus» (a.a.O. S. 6): «Die Romanciers des Expressionismus litten unter mehreren Handikaps. Sie schreiben ihre Bücher zu einer äußerst ungünstigen Zeit – nämlich größtenteils nach 1912. Manche Manuskripte wurden – wegen des Krieges – überhaupt nicht veröffentlicht.»

59 Inglins Absage an modisch wechselnde Stilrichtungen zugunsten eines immerwährenden hohen Ideals entspricht dem Begriff der «jungen Klassizität» (s. «Atlantisbuch der Musik», a.a.O. S. 345), welchen Ferruccio Busoni um 1920 (7. 2. 20 in «Frankfurter Zeitung») aufstellt.

60 Das Gratulationsschreiben, das Walter Mertens-Leuthold (welcher I. vom Aktivdienst her kennt) auf diesen Artikel hin schreibt, legt das Fundament für eine lange und folgenreiche Freundschaft (I. wird bei ihm Bettina Zweifel kennenlernen): «Es drängt mich, Ihnen zu sagen, wie sehr Ihr gestriger vorzüglicher Aufsatz ‹Über das dichterische Schaffen› mich gefreut hat. Auch Dank bin ich Ihnen schuldig für die Beruhigung, die Sie mir damit geschenkt haben, daß nicht die Virtuosität der Satzkonstruktion und die Kompliziertheit des Aufbaus maßgebend sind für den Wert eines Kunstwerkes...» (Brief vom 2. 10. 18)

II. TEIL

1 An der Isolation als Lebensprogramm halten auch die bedeutendsten Schweizer Schriftsteller von Is. Generation (man denke an Robert Walser) und schon des 19. Jahrhunderts fest (E. Korrodi beklagt sich oft über diesen Mangel an Kontaktfähigkeit). Der Biograph von Jakob Bosshart, Max Konzelmann, schreibt: «Er stand immer abseits ... Er nahm weder am gesellschaftlichen noch am literarischen Betrieb wirklich teil» (a.a.O. S. 7). Das habe «dann und wann sein Weh, immer aber auch seine Stärke und Größe ausgemacht».
Gemäß Franz Roh und Wieland Schmied kennzeichnet der Rückzug in die Einsamkeit aber vor allem die nachexpressionistische Künstlergeneration in den zwanziger Jahren.

2 I. äußerst sich von da an selten mehr öffentlich über Schriftsteller (außer postum in NJ) und wenn, fast nur, wenn er glaubt, daß einem von ihnen Unrecht geschehen sei, so am 5. 6. 37, wie ein Kritiker in der NZZ (Nr. 1011) – nach seiner Meinung – Max Mell unterschätzt: «...eb. weiß offenbar nicht, daß Max Mell heute einer der reinsten Dichter in deutscher Sprache und ‹Das Apostelspiel›

eines seiner gelungenen Stücke ist, eine Dichtung von seltener Innigkeit und keineswegs nur eine ‹gutgemeinte Moralität›... Die Dichtung ist ja ein Waisenkind, das heute gar nicht genug Fürsprecher finden kann...» (An E. Korrodi, Brief vom 5. 6. 37)

Als Kritiker wird er sich in der Presse nicht mehr vernehmen lassen. Wohl aber verfertigt er gelegentlich Ratsberichte und andere kleine Schwyzer Reportagen (mit Vorliebe für die NZZ), die er nicht selten unter dem Titel «Schwyzer Brief» publiziert.

3 Wie wichtig Korrodis «Schweizerische Literaturbriefe» von 1918 waren, bestätigt auch Lengborn. Er führt die neue Kritik- und Debattierfreudigkeit und das Zurücktreten des affirmativen Heimatromans in der schweizerischen Literatur der zwanziger Jahre u. a. auch auf Korrodi zurück. «Korrodis Literaturbriefe wurden als epochemachend bezeichnet (Nadler) und sie erhielten zweifellos große Bedeutung für die weitere Entwicklung der deutschschweizerischen Prosadichtung.» (a.a.O. S. 41)

4 Laut Brief (31. 7. 36 an I.) besucht Korrodi M. I. in Schwyz und will in dessen Haus einen Bericht abfassen («in Ihrem Studio, oder unten im Garten»). Die beiden scheinen also erst später auseinandergekommen zu sein (vielleicht über der «Schweizerspiegel»-Rezension, welche von Korrodi auffälligerweise an einen Mitarbeiter delegiert wurde: an Dr. Carl Helbling).

5 Martha Farner berichtet ferner, daß I. einige Jahre später (etwa 1934) auf ihre Anregung hin das «Schwyzerlied» gedichtet und komponiert habe. In einer leicht abgeänderten Melodie kann man es seither in Schwyz hören.

6 Kurz nach Erscheinen des Romans beglückwünscht Paul Häberlin den Autor und schreibt: «Natürlich bin ich im Inhalt auf Dinge gestoßen, die mir bekannt vorkamen. Aber ich müßte ein übler Banause sein, wenn ich mir deshalb irgendwie einbilden sollte, ich hätte Anteil oder Verdienst daran. Die paar psychologischen und vielleicht auch philosophischen Einsichten, zu deren Klärung Ihnen die Vorlesungen wohl verholfen haben, machen nicht das Erleben und ebensowenig die künstlerische Form, die dem Buch seinen Wert verleihen. Aber ich freue mich, daß Sie immerhin verstanden haben, was ich meinte und daß Sie für sich persönlich etwas damit anfangen konnten.» (Basel, 18. 2. 23)

7 Vgl. dazu den nicht gezeichneten NZZ-Artikel, der zum Teil von I. selber stammt und auf einer älteren ungedruckten Interpretation Martin Greiners basiert: «Auf die Frage eines deutschen Interviewers, wovon das Buch handle, antwortete er einmal, als er solchen Fragen noch zugänglicher war als heute: ‹Der Roman spielt zwar in einem schweizerischen Dorfe, aber er ist nicht das, was man einen Dorfroman nennt. Er handelt von Liebe in den verschiedensten Erscheinungsformen, mit ihren Voraussetzungen, ihren Folgen, den Folgen ihres Mangels, ihren Verirrungen, von Liebe zwischen Jüngling und Mädchen, Mann und Frau, Mutter und Kind, Bruder und Schwester.›» (NZZ, Nr. 5287, 18. 12. 63)

8 Eine ostdeutsche Darstellung sieht hier «freisinnige Menschlichkeit» und bezeichnet den Roman als das «interessanteste Dokument der liberalen Anschauung» in der damaligen Schweizer Literatur. (Im Kapitel «Literatur der deutschen Schweiz im 20. Jahrhundert» von Günther Hartung in «Deutschsprachige Literatur im Überblick», Reclam Verlag, Leipzig 1971, S. 340)

9 In den zwanziger Jahren ist die Kunst des 19. Jahrhunderts eben erst übersehbar geworden. Daß sie sie zitiert und variiert hat, «dieser bewußte Historismus», gehört zu den Errungenschaften der «Neuen Sachlichkeit» (s. Katalog des Kunstvereins Stuttgart «realismus zwischen Revolution und Machtergreifung 1919–1933»).

10 Den Anfang des Stils, den er «Neue Sachlichkeit» nennt, erkennt Franz Roh «noch im Ersten Weltkrieg». Da «entfaltete sich eine Gegenbewegung, eine jener Retardierungen, wie sie die Geschichte als Atempause einzulegen pflegt, wenn sich allzuviel Neues ereignet hat. Man entdeckte noch einmal den Reiz der Gegenstandsbetonung». («Geschichte der deutschen Kunst von 1900 bis zur Gegenwart», München 1958, Bd. VI von «Deutsche Kunstgeschichte», S. 112)

11 Wieland Schmied nennt fünf programmatische Punkte (a.a.O. S. 26) für die Malerei dieser Zeit, welche eine gewisse Verwandtschaft mit dem Stil Inglins aufweist. Sie sollen zitiert sein trotz des Bewußtseins, daß man ästhetische Prinzipien nicht unbesehen von der bildenden Kunst auf die Dichtung verschieben soll.

1. Nüchternheit und Schärfe des Blickes, unsentimentale, von Emotionen weitgehend freie Sehweise.
2. Richtung des Blicks auf das Alltägliche, Banale, auf unbedeutende und anspruchslose Sujets.
3. Statisch festgefügter Bildaufbau, der oft einen geradezu luftleeren gläsernen Raum suggeriert, die allgemeine Bevorzugung des Statischen vor dem Dynamischen.
4. Austilgung der Spuren des Malprozesses, die Freihaltung von aller Gestik der Handschrift.
5. Neue geistige Auseinandersetzung mit der Dingwelt.

12 Vgl. A. Arnold (a.a.O. S. 37): «Flaubert war neben d'Annunzio... zu dieser Zeit wohl der einflußreichste Prosaautor... Als der Kurt Wolff-Verlag 1917 den Almanach ‹Der neue Roman› heraus-

gab, stellte er ihm als Einleitung einen Aufsatz von Heinrich Mann voraus: ‹Flaubert und die Herkunft des deutschen Romans›.»

13 Zitiert von Wieland Schmied in «Neue Sachlichkeit und magischer Realismus», Hannover 1969, S. 26 [1])

14 Einen interessanten Vergleich mit Niklaus Stöcklin stellt K. Zeller im «Schweiz. Evangelischen Schulblatt» (Nr. 9, 5. 9. 50) an. Er stützt meine Ausführungen, wonach I. stilistisch zur «Neuen Sachlichkeit» tendiert: «Bei jenem Maler wie bei diesem Schriftsteller wird die Wirklichkeit haarscharf wiedergegeben, man könnte sagen, mit photographischer Treue, wenn es nicht eine Treue wäre, welche treuer ist als die der echten Photographie. Der Schriftsteller hat vielmehr einen großartigen Abstraktionsprozeß vorgenommen...» – Von der «Weltwoche» (28. 7. 50) wird I. sogar etwas rational Überhelltes vorgeworfen, zuviel «klinisches Interesse... in der Darstellung der Unterwelt von Schuldgefühlen und düsteren Erfahrungen...»

15 In «Männliche Literatur». Das Tage-Buch 10, 1929, S. 903ff., zitiert bei Horst Denkler, «Die Theorie der neuen Sachlichkeit und ihre Auswirkungen auf Kunst und Dichtung», S. 176, «Wirkendes Wort», 18. Jg. 1968.

16 Dieses Stilprinzip, die Dinge zu isolieren, geht an sich auf den Expressionismus zurück. Karlheinz Deschner spricht in seinem Aufsatz über Oskar Loerke von dem «für die expressionistische Aussageweise oft so charakteristischen Isolieren der Dinge, das, wie Fritz Martini in seinem Buch ‹Das Wagnis der Sprache› gezeigt hat, dem weltanschaulichen Erlebnis der Einsamkeit entspricht.» (In «Expressionismus», hrg. von Hermann Friedmann und Otto Mann, Heidelberg 1956, S. 163) Nur ist es in der Neuen Sachlichkeit dann so, daß die isolierten Dinge wieder stärker als im Expressionismus in einen realistischen Zusammenhang rücken.

17 Werner Weber nennt M. I. in der N 22-Beilage «Literatur und Kunst» (welche am 2. April 1961 – an Ostern – ohne äußeren Anlaß M. I. gewidmet ist, (Nr. 1196) einen «Meister im Bauhaus der deutschen Sprache» und deutet damit indirekt auf Is. stilistisches Herkommen.

18 Vgl. Alfred Döblin in «Das literarische Echo», 26, 1923/24 S. 5.

19 Die glückliche, weil umfassende Bezeichnung «Realismus der zwanziger Jahre» wurde erst 1968 anläßlich einer kunsthistorischen Ausstellung in Stuttgart verwendet.

20 Vorzüglich beschreibt Dominik Jost diesen Stil, den er «Spätrealismus» nennt in einer Besprechung der letzten Fassung von WI: «...der Ablauf der realen Zeit bestimmt das Weiterschreiten der Handlung; die Schilderung der Geschehnisse, die Gespräche in direkter Rede, die Berichte über Gedanken und innere Vorgänge folgen einander ohne ausgeklügeltes Raffinement; alles ist in einer Sprache vorgetragen, deren kühle Klarheit und echolose Härte den Stoff wie in Glasfluß eingelassen sichtbar machen.» («St. Galler Tagblatt», 26. 7. 64)

21 Nur kurz sei vermerkt, daß einer der besten Freunde Is., sein ehemaliger Berner Studienkollege Nicolo Giamara, in Edi das unverkennbare Abbild des Autors selber erkennt.

22 Daß die Schwyzer Reaktion nicht etwa epochenspezifisch oder gar typisch innerschweizerisch ist, beweisen Mißtrauen und Empörung von Militärinstanzen und lokalen Lesern auf E. Y. Meyers «In Trubschachen» (Frankf. a. M. 1973), – ein für diesen Autor völlig unerwarteter Tatbestand, den er seiner Erzählung «Die Erhebung der Romanfiguren: Von Felsöloci Andràs» thematisch zugrundelegt (Frankf. a. M. 1975).

23 Werner Weber blickt 1953, im Geburtstagsartikel zu Is. sechzigstem Jahr, deutlich auf den Anfang zurück und markiert dann genau den Übergang: «... Sein dichterischer Anfang war eine Aufregung. Im Jahr 1922 erschien der fast sechshundert Seiten zählende Roman ‹Die Welt in Ingoldau›. Der junge Dichter war kühn: er schrieb über das Leben des Dorfes, von dem er selber ein Sproß war. Er schrieb mit Charakter, ganz aus der Wahrheit seines seelischen und geistigen Zustandes. Dieser Zustand war: Aufruhr. Was das neunzehnte Jahrhundert an Vorbereitungen zur Kritik an Kirche, Staat und Familie hergegeben hatte, das saß in der Generation der damals Mündigen fest, wuchs und ballte sich bei den Besten zur Kritik, die nichts anderes erstrebte als einen Zustand von größerer sittlicher und geistiger Redlichkeit. Die Sicherungen der Gemeinschaft in den Formen des Glaubens und der weltlichen Konventionen wurden von unabhängig vordringendem Leben auf ihre Haltfestigkeit geprüft. Es war eine heftige Zuspitzung der Krise, wenn I. den Aufbruch eines freieren Lebensgefühls an der Gestalt eines Geistlichen zur Anschauung brachte... Das war, im Individuellen eingebettet, die Zeitstimme der zwanziger Jahre, geweckt im Ereignis des Ersten Weltkriegs. Die jungen Menschen, die I. in seinem Erstling, dann aber besonders im Rahmenteil seiner Erzählung ‹Über den Wassern› (1925) vorstellt, könnten überall im damaligen deutschen Sprachbereich sitzen. Ihre Bedrängnis ist nicht ingoldauischer Art; sie ist allgemein. Was in der Zeit lag, gehört ihnen: die Empfindung eines dauernden Bebens im Boden, das Gefühl des Wirbels auf eine neue Welt hin, in den Schluchzen und Schrei leichter fielen als eine gefaßte Stimme. Aber I. erhob sich aus der fieberhaft gestimmten Generation und ging einen Weg, von dem er nur verlangte, daß er neue Gewißheiten ins Dasein bringen sollte. Er machte sich auf, um zu wissen, was da ist: an Landschaft, Tieren,

Menschen, Sachen. Er suchte die Landschaft in ihrer Jugend. Der Urwald ‹Güldramont› offenbart sie.» (NZZ, Nr. 1716, 25. 7. 53)

24 Am 23. Nov. 1923 erscheint in der NZZ (Nr. 1622) ein «Schwyzer Brief», gezeichnet von «A. R. (ein Ingoldauer)», eine vorzüglich geschriebene persönliche und künstlerische Verteidigung des Autors der WI.

25 Noch in «Entstehung des Doktor Faustus» schreibt Thomas Mann: «Auf geistige, steigernde Art nach der Natur zu arbeiten, ist das Allervergnüglichste...» (a.a.O. S. 816)

26 Von Meinrad Lienert, den I. kurz vor Erscheinen des Romans in Zürich aufgesucht und so kennengelernt hat, erhält er das folgende ermutigende Schreiben: «Zürich, d. 28. Jan. 1923. Lieber Herr Inglin! Ihrem Schreiben entnehme ich, daß Ihnen das Erscheinen Ihres ersten, mit so großem künstlerischem Ernst geschaffenen Buches, keine ungetrübte Freude wurde. Nun, das ließ sich ja wohl denken, daß ‹Ingoldau› Ihren ungewohnten Geist, der sich im Roman furchtlos offenbarte, und auch die scharfgezeichneten Bilder aus dem Leben, für die Sie keine Kulissen meinten anerkennen zu müssen, nicht gleichmütig betrachten werde. – Aber, lieber Herr Inglin, Sie sollen sich dadurch nicht entmutigen lassen. Sondern Sie, der Sie ja das Volk kennen, werden es auch zu verstehen vermögen, begreifen, daß ihm Ihr Buch Außerordentliches, Ungewohntes bringt, das mit seiner Art, die geistigen und leiblichen Dinge zu sehen od. dargestellt zu sehen, arg in Widerspruch kommt. Und dann wird man sich da u. dort für sehr lebendig gezeichnet halten u. vielleicht wird sich gar dieser oder jener betroffen fühlen, an den Sie gar nicht dachten. Wie übel man darin anstoßen kann, wüßte Ihnen der von Ihnen so hochverehrte Gotthelf zu erzählen. Er würde Ihnen sagen, daß Sie nicht der Erste sind, der sich im Lande nicht mehr recht sicher dünkte. Die Aufregung, die durch Besprechungen, wie die Ihrem Briefe beiliegende, natürlich noch gesteigert wurde, wird sich aber gewiß legen, früher als Sie wohl denken. Sie werden aber aus diesen Tagen, so glaube ich, mehr Gewinn als Nachteil ziehen. Sie werden gestählter, aber auch bedachtsamer aus dieser Erfahrung hervorgehen. Gestählter, als einer der sich seinen Weg nicht leicht gemacht hat u. der ums Ziel ringen muß u. will. Bedachtsamer als einer, der noch zu lernen vermag...»

27 Eine analoge, wenn auch je verschiedene Abkehr von Nietzsche und einem pointierten Expressionismus beschreibt W.H. Sokel (a.a.O. S. 193) bei Reinhard Sorge und Heinrich Mann: «Sorges Konversion bildet eine mystisch-religiöse Parallele zu Heinrich Manns Umkehr vom neuromantischen Ästhetizismus zur Sozialdemokratie. Ebenso wie Manns Aktivismus eine geistig-ethische Grundlage besitzt, so weist Sorges Christentum aktivistische Aspekte auf. Für Mann soll die Kunst nach seiner Bekehrung Propaganda für die Sozialdemokratie sein, für Sorge nach seiner Konversion propaganda fidei... Doch nicht nur die missionarische Auffassung von der Literatur ist Mann und Sorge nach ihrer Wandlung gemeinsam; auch der Feind, gegen den sie revoltieren, ist der gleiche – die deutsche Tradition, die in der Lehre vom Übermenschen gipfelt.»

28 Zum dritten Mal hat Inglin WI überarbeitet. Er schreibt dazu an Egon Wilhelm: «In meiner ruhig fortschreitenden Arbeit werde ich neuestens von literarischen Stürmen heimgesucht und gestört. Der Atlantis Verlag bereitet die Übernahme und Neuausgabe der ‹Welt in Ingoldau› vor, an die ich für diesen Zweck zum vierten- oder fünftenmal die letzte Hand angelegt hatte. Kurz vor dem Vertragsabschluß stellte sich heraus, daß ich infolge eines bei Staackmann liegengebliebenen Restbestandes noch nicht über alle Rechte an dem Roman verfügen kann. Gleichzeitig bewarb sich die NZZ um den Vorabdruck im Feuilleton, der, wie Sie bemerkt haben dürften, inzwischen begonnen hat. Die Einführung dazu stammt noch zum Teil vom verstorbenen Lektor des Staackmann Verlages und ist hier nach meinen Angaben ergänzt worden. [Von Martin Greiner, der 1961 bei einem Autounfall ums Leben gekommen war.] Unterdessen gab der Tschudy Verlag, St. Gallen, mein ‹Lob der Heimat›, das Ihnen so wohl bekannt ist, neu heraus, ohne mich zu fragen und meine Erlaubnis einzuholen. Sie werden sich vorstellen können, daß ich mir diesen vorsorglich vergrabenen guten Knochen nicht unter der Nase wegschnappen lasse, ohne zu knurren und zu beißen. Wenn Sie Lust haben, gelegentlich den darüber entbrannten Briefwechsel einzusehen, steht er Ihnen zur Verfügung.» (27. 12. 63)

29 Gemäß A. Arnold (a.a.O. S. 12) wird erst 1925 «als sogenanntes ‹Todesjahr› des Expressionismus» bezeichnet. Die expressionistischen Elemente im «Wendel von Euw» können also noch als durchaus zeitgemäß betrachtet werden. 1923 erst ist der Roman «Die Gewalten eines Toren» von Otto Wirz erschienen – gemäß Emil Staigers Vorwort zur Neuausgabe von 1969 eines der wenigen Beispiele eines schweizerischen Expressionismus. Dieser erste Roman von Wirz teilt mit dem fast gleichzeitig erschienenen «Wendel von Euw» eine merkwürdige Mischung von realistisch erzählenden und schildernden Passagen mit expressionistisch abgekürzten und konzentrierten und oft anklägerischen Stellen.

Diese Mischung von Realismus (in den Anfangskapiteln) und immer deutlicher sich manifestierendem Expressionismus stellt auch Fritz Schaub fest in seiner Studie über Hans Calonder und «Die Gewalten eines Toren» in «Otto Wirz. Aufbruch und Zerfall des neuen Menschen» (a.a.O. S. 87ff.)

30 Vgl. Karl Barth, zitiert bei Horst Denkler in «Die tollen zwanziger Jahre» in «magnum» 1961, Nr. 35, S. 38.

31 Vgl. Horst Denkler in «Sache und Stil. Die Theorie der ‹Neuen Sachlichkeit› und ihre Auswirkungen auf Kunst und Dichtung», «Wirkendes Wort», 18. Jg., 1968, S. 187.

32 Gemäß Adornos «Ästhetischer Theorie», S. 91 sind die konstruktivistischen Richtungen zu den expressionistischen ursprünglich in Antithese gestanden.

33 Ganz ähnlich sieht sich Hans Calonder in den Anfangskapiteln von «Die Gewalten eines Toren» mit dem bürgerlichen Mädchen Elisabeth und der edlen Außenseiterin Anna konfrontiert.

34 In «Jahrbuch des Freien Deutschen Hochstifts», Frankfurt a.M. 1930 «Vom Wesen der Neuen Sachlichkeit».

35 Eine gewissermaßen analoge zwiefache Erfahrung des Weiblichen stellt E. Wilhelm noch im späteren WA fest und vergleicht sie mit jener des «Grünen Heinrich»: «Schon in der oberflächlichen Schulliebe stehen Agethli und Dorli für eine faßbare vertraute Welt; das zugezogene Mädchen Antoinette vom Hauche der Fremdheit schon im Namen umgeben, der die Sehnsucht wach ruft, ist Lockruf der traumhaften Ferne... Auf höherer Ebene und deutlicher wiederholt sich die Scheidung in Fini, dem bergfrischen, gesunden Mädchen... und in Hildegard, die fromm und für den ‹Schuldigen› unnahbar in ihrem Liebreize himmlischen Mächten zugewandt ist... Fini versteht es, die Gefährdung mit befreiendem Lachen zu brechen... Dunkler lockt Hildegard... ‹Heilige Hoffnungslosigkeit› läßt den Gebannten die Prozession verfolgen, in der das Mädchen mitschreitet. In lähmender Unsicherheit folgt er der Lichtkette auf dem Waldpfad... Wie Amberg früh zwischen Fini und Hildegard entscheidet, so hat der grüne Heinrich lange zwischen Anna und Judith geschwankt... Beiden, Judith und Anna, dient Heinrichs Wort, ehe sich der Dichter ganz dem festen und lebenskräftigen Grunde der späteren Judith anvertraut.» (a.a.O. S. 58ff.)

36 Auffallend ist, daß es auch in der neuen realistischen Malerei der zwanziger Jahre auffällig viele Selbstbildnisse gibt. (Vgl. «Realismus zwischen Revolution und Machtergreifung 1919–1933, a.a.O. S. 21)

37 I. hat mit seinen Dienstkollegen wohl die eigentliche Zürcher Galerie Dada besucht, welche in den ersten Jahren des Krieges (1916) bestand. 1916 auch, am 14. 7., fand in der Zürcher «Waag» die erste Dada–Soirée statt, bei der Hugo Ball ein Manifest herausgab und betonte, «daß bisher niemand etwas davon [von Dada] wußte und morgen ganz Zürich davon reden wird». (Paul Pörtner, Bd. II, a.a.O. S. 477)

38 Eine andere Bestätigung scheint I. bei Emil Strauss und dessen von ihm gelobten Roman «Der nackte Mann» (1912) geholt zu haben, wo er seinen Hang zur symbolisch-mythisierenden Verdichtung in einer außergesellschaftlichen Einzelfigur legitimiert finden mochte.

39 Naturschönes als Ausweg: diese Lösung ist in keiner Weise anachronistisch für die Generation Is. (etwa im «Wendel von Euw», «Über den Wassern» oder «Grand Hotel Excelsior»), vgl. dazu Adorno («Ästhetische Theorie», a.a.O. S. 100): Die Substantialität des Naturschönen «reicht tief in die Moderne hinein, bei Proust, dessen Recherche Kunstwerk ist und Kunstmetaphysik, zählt die Erfahrung einer Weißdornhecke zu den Urphänomenen ästhetischen Verhaltens.» – Auch sind die Naturschilderungen bei I. bewußt gesetzt, alles andere als «naturwüchsig», vgl. Adorno, a.a.O. S. 120: «Je strenger die Kunstwerke der Naturwüchsigkeit und der Abbildung von Natur sich enthalten, desto mehr nähern die gelungenen sich der Natur.»

40 Felix Moeschlin, der auf die ersten Anfänge Is. in den zehner Jahren beratend eingewirkt hat, mag auch sprachlich nicht ohne Einfluß gewesen sein: vgl. z. B. das Erzählungsbändchen «Brigitte Rössler». (Reihe «Die stille Stunde», hrg. von Jakob Bührer, Bd. 1, Zürich)

41 Vgl. dazu den Brief von Bettina Zweifel vom 11. 6. 26 «... Ich weiß, Dich stößt das Unästhetische von Krankheit, Krücken, Armut etc. ab. Aber ist eine starke Seele, durch all die vielen Nöte und Kämpfe schön gewordene Seele, nicht viel tausendmal mehr wert, als ein schön gebildeter Körper ohne heiligen Inhalt?»

42 Eine analoge Verschiebung von der anklägerischen Neuen Sachlichkeit hin zu einem überzeitlicheren «magischen Realismus» stellen auch Kunsthistoriker wie Franz Roh und in seinem Gefolge Wieland Schmied in den Bildern der Epoche fest. In diesen Zusammenhang gehört hier eine gewisse Hinwendung zur Renaissance, Vorrenaissance oder, wie in «Über den Wassern», zu einer als zeitlos gepriesenen bukolischen Antike.

43 Ein erschütterndes Dokument aus diesen Jahren voll Spannung ist der zweite Teil von Bettina Zweifels Tagebuch 1917-1927, in dem sie allerdings bemerkt, daß sie kaum je ihre Freuden, sondern meistens nur ihren Kummer aufschreibe. – Eines der Hauptthemen ist die Qual über die Kinderlosigkeit. Schon 1919, wie sie I. noch nicht kennt, bemerkt sie: «Wenn man nur auch Kinder bekäme ohne Mann! Einen Mann könnte ich wohl verschmerzen, sehr gut sogar, aber Kinderchen. So 4, 5, 6!...» In späten Jahren versieht sie eine Sascha-Morgenthaler-Puppe mit verschiedenen selbstgeschneiderten Kleidchen. Nach ihrem Tod schenkt M. I. die Puppe und deren Garderobe – als Zei-

chen seiner Wertschätzung und Anhänglichkeit – Dr. Daniel Bodmer für dessen Kinder. 1923 spricht sie von ihrem bösen Auge, mit dem sie ihren Geliebten *auch* sehen müsse: «so gesehen ist er ein Trotzkopf, ein Zwängkegel und ein Dorfprinz, der nicht über den Horizont seines Dörfchens (es könnte Glarus sein!) hinausgeguckt hat, in diesem Dörfchen eine gewichtige Persönlichkeit (Prinz!) spielte und nun diese Rolle über den Horizont hinausverlegt, wohin sie aber gar nicht mehr paßt...». Sie betont, daß diese «Depressionszustände mit dem bösen Auge» bei ihr kämen, seit er ihr erklärt habe, daß er höchstens für zwei Jahre eine Stelle annehmen könne und nachher, um schreiben zu können, «lieber Wurzeln essen und in Lumpen gehen» wolle.
Ihr Violinlehrer Schaichet wittert das finanzielle Problem und bietet ihr seine Stunden gratis an. «Hat er [M.I.] denn eigentlich gar kein Schamgefühl? Vor mir, vor seiner Tante, die ihn doch gleichsam immer noch ‹nährt›» – er bezahlt ihr soviel wie ein «Armenhüsler» – «vor den Mägden und vor allem,... vor sich selbst!!» Und sie betont, wie sie darunter leide, daß «einige Bekannte» ihn als Menschen nicht «achten».
Das Tagebuch ist ein bewegendes Zeugnis dafür, was es heißt, außerhalb der Konvention leben zu müssen, für jemand, der bewußt wenigstens dieses Außerhalb gar nicht sucht.

44 Vgl. etwa, was Hans Mayer (in «Der Repräsentant und der Märtyrer» a.a.O. S. 124) über Robert Musil sagt: «Man wurde nämlich den Verdacht nicht los, daß alles Leben, jeder einzelne Moment des jungen wie des alten Mannes... immer nur die Bedeutung von Arbeitsmaterial für den Schriftsteller Musil gehabt hatte.» Analog dazu interessiert sich I. für die angeschaute Faktizität, für gelebte und so gestaltbare Wirklichkeit.

45 Auch seine Freunde müssen sich bis in Is. höheres Alter Schützenfestterminen beugen. So schreibt er beispielsweise am 27.6.49 an Hans von Matt: «Die einzige Einschränkung, die ich noch machen muß, betrifft das bis 11. Juli dauernde Churer Schützenfest; sobald ich das für mich günstige Schießwetter wittere, breche ich mit dem Karabiner für zwei Tage zum Kampf auf.»

46 M.I. war stets ein passionierter Schütze und gelangte am 23./24. August 1924 beim Innerschweizer Schützenbundschießen in Steinen beispielsweise auf den ersten Rang. Ähnliche Erfolge erringt er an lokalen Wettkämpfen noch öfters, so etwa im September 1948 beim Mythenverband-Schießen.

47 Im Entscheid des Kantonsgerichts des Kantons Schwyz vom 27. Mai 36 zur Eröffnung des Hotelpfandnachlaßverfahrens steht zu lesen, daß das Hotel «Axenstein» nach einer Baisse in den spätern zwanziger Jahren «mit beträchtlichen Gewinnen gearbeitet» habe, «die für die Modernisierung des Hotels aufgewendet wurden». Die Einnahmen sanken dann wieder stark gegen 1935.

48 Vgl. Bruno E. Weber «Literatur und Theater in den zwanziger Jahren» in «Die Zeit ohne Eigenschaften», Stuttgart 1961.

49 Gemäß Lengborn ist der antizivilisatorische Geist symptomatisch für die zweite Hälfte der zwanziger Jahre. Er löse die Kritik an der Schweiz und am Bürgertum ab. «...die Menschheit und damit der Schweizer Mensch wird vom technisch-zivilisatorischen Zeitgeist bedroht, ein Motiv, das in M. Is. Roman GH (1928) im Vordergrund steht... In Is. Werk wird die Natur und das bäuerliche Leben einer übertriebenen Zivilisation gegenübergestellt. Diese Tendenzen kommen auch in Bosshardts Roman ‹Ein Rufer in der Wüste› zum Ausdruck: die Rettung liegt in der Rückkehr zum einfachen Leben, zur Erde, dem mütterlichen Grund. (a.a.O. S. 46)

50 Vgl. die spätere Erzählung «Hohrugg und die Zwerge».

51 Das Schreiben Is. – insofern es eine existentielle Notwendigkeit ist – ließe sich gerade in diesen Jahren, da er sich angewidert von aller Konvention zurückgezogen hat, mit jenem Robert Walsers vergleichen. S. dazu Urs Herzog a.a.O. S. 60ff.: «Daß Walser nur mit ästhetischem Verhalten der Entfremdung standhielt, ist die Wahrheit... Die Unterstellung, Walser habe ohne ‹Teilnahme am eigentlichen Leben gewissermaßen nur um der Kunst willen› gelebt... verdreht die Tatsachen ins Gegenteil, daß Kunst ihm die höchste und einzige Beteiligung an einem der Uneigentlichkeit nicht preisgegebenen Leben war.»

52 Ganz zustimmend ist diesmal Meinrad Lienerts Urteil, der nach WI noch zurückhaltender gesprochen hatte: «Einsiedeln, d. 27. Okt. 1928. Lieber Herr Inglin! Ihr neuestes Buch ‹Grand Hotel Excelsior› war mir ein Erlebnis. Es hat übrigens nur meine Erwartung, es werde etwas Bedeutendes von Ihnen kommen, erfüllt. Ja, ein Buch, das etwas bedeutet, das uns flugs in das Suchen, das Ringen der Seelen nach einem Bord, nach einem glückhaften Ausgang aus Trostlosem, aus Haltlosigkeit, Zerfahrenheit mitnimmt. Es wird uns mit einer ins Leben hineinzündenden Fackel, ja sogar mit einer Brandfackel, vorangegangen. Und wenn mir auch das Ziel im Ungewissen bleibt, der Weg wird taghell beleuchtet u. offenbar gemacht und der Weckruf an Geist und Herz deutlich vernommen. Ein merkwürdiges, ein eigentümliches, ein eigenstes Buch. Übrigens dürfte wenigstens eines auch der gesamten Leserschaft wieder bewußt werden: die große Kunst der Darstellung, die Meisterschaft der Sprache, die Gabe, alles so unglaublich nahscheinig, deutlich zu machen, auch das Verborgenste hervorzutun. Wie ist da alles Menschliche erschaut, durchschaut! Wie fühlt man das heiße Blut, das aus so tief- ja abgründigen Quellen alles überströmt, lebendig macht, das keine

Schatten duldet. Es ist anzunehmen, daß ‹Grand Hotel Excelsior› ein starker Erfolg beschieden sein wird. Seien Sie, verehrter Herr Inglin, herzlich bedankt und gegrüßt Ihr Meinrad Lienert.»

53 Wie Gottfried Keller wehrt er sich, daß man seine Werke zähle «zu den Berner Oberländer Holzschnitzereien, Rigistöcken mit Gemshörnern usw.» und auch er ist Kellers Ansicht, die dieser in einem Brief an Ida von Freiligrath formuliert (Dez. 1880): «Wenn für den Schweizer literarisch etwas herausschauen solle, so habe sich jeder an das große Sprachgebiet zu halten, dem er angehört...» (zitiert bei Fritz Ernst «Gibt es eine schweizerische Nationalliteratur», a.a.O. S. 10)

54 Analog dazu flieht Flaubert aus Ekel vor der Prosa des bourgeoisen Lebens in die exotische Historie der «Salammbô»: vgl. dazu dessen Brief (zitiert bei Lukács «Der historische Roman», a.a.O. S. 196): «Mich ekeln die häßlichen Dinge und die banalen Milieus an. Die Bovary hat mir für lange Zeit die bürgerlichen Sitten verekelt. Ich werde vielleicht einige Jahre mit einem glanzvollen Sujet leben, weit weg von der modernen Welt, die mir aus den Ellenbogen herauswächst.» Oder analog dazu eine andere Briefstelle: «Wenige Leute werden erraten, wie traurig man sein mußte, um die Neuerweckung Karthagos zu unternehmen! Das ist eine Flucht in die Wüste von Thebais, wohin mich der Ekel vor dem modernen Leben gejagt hat.»
Die Motivation für JV lautet ähnlich. Ins rein Exotische ausweichen wäre aber gegen die neusachliche Stilauffassung. Soweit geht I. nur in der Lektüre: von «Tausendundeine Nacht».

55 Gemäß den für I. einst wichtigen «Schweizerischen Literaturbriefen» von Eduard Korrodi hat I. auch erst mit dem SP eine Tellentat vollbracht; denn Korrodis Forderung lautete, der Dichter müsse Tell werden und den Mann erfinden, «der ein großes Wort unter die Kuppel des Bundeshauses trägt... Tell ist der gegenwärtige oder zukünftige Dichter einer schweizerischen Staats-Dichtung.» (a.a.O. S. 54ff.)

56 Die eher balladeske als breit epische Form widerspricht gemäß Lukács dem Epischen nicht: «Zur Epik gehören wesentlich auch höchst dramatische Situationen, nicht einfach nur Extensivität.» («Der historische Roman», a.a.O. S. 34)

57 Vgl. G. Lukács «Der historische Roman» (a.a.O. S. 18), der die Klassenkämpfe hervorhebt, «die das ganze ‹idyllische Mittelalter› hindurch getobt haben.» I. ist sich dessen sehr bewußt, indem er die Schlacht am Morgarten z. B. als klassenkämpferische Auseinandersetzung zeigt.

58 Auf dem Buchrücken sind als Verfasser denn auch «Inglin et de Vallière» genannt, was den Autor, wie aus den Briefen zu ersehen ist, sehr empört hat.

59 Eduard Korrodi betont, daß I. in der überarbeiteten Fassung erzählt, «als ob keine Mythen, sondern Begebnisse» darzustellen seien. (NZZ, 11. 11. 48)

60 Die «Civitas» (Sept. 1949) betont mit Recht, daß, je weiter das Buch in der Geschichte fortschreite, desto lebendiger werde es. Die Mythisierung von Swit und Swen mögen dem modernen Geschmack weniger entgegenkommen. – I. selber zeigte mir deren heroische Konterfeis am Schwyzer Rathaus und sagte, dort stünden sie und so habe er sie von Kind auf gesehen.

61 Was die Sprache betrifft, ist der folgende Passus beachtenswert, den M. I. Egon Wilhelm vorschlägt (als Ergänzung zu einem Artikel). Er betont, wie ihm jegliche exotische oder positivistische Wörtersuche zuwider sei: «Zu ‹Sasse›... ‹Lager des Hasen› sollte genügen. Dazu wäre folgende Bemerkung angebracht: ‹I. hält sich mit Absicht nicht so streng an die deutsche Weidmannssprache wie ein Jagdschriftsteller, er entnimmt ihr nur Ausdrücke, die dank ihrer sprachlichen Herkunft oder Anschaulichkeit die gebräuchlichen übertreffen.›»

62 Was Max Rychner noch 1961 den Schweizern vorwirft, daß sie «seit der Revolution des bürgerlichen Menschen» den «Bauernstand als die Quelle aller gesunden Kräfte» («Nachbar Schweiz» in «Bedachte und bezeugte Welt», a.a.O. S. 238) betrachteten, trifft für GM schon nicht mehr zu. Wenn I. im «Lob der Heimat» noch die ursprüngliche bäuerliche Herkunft preist, so entreißt er sie hier dem utopisch idyllischen Bereich und zeichnet ihren grauen harten Tag.

63 Traugott Vogel spricht in einem Brief über GM als von einem «visionären Bild, wie Sie es hintuschen... die ‹Überschienenheit Altorfers› würde Zollinger sagen...» (2. 3. 35) Der Vergleich wird den betont kargen Naturbildern nicht gerecht, zeigt aber schon jetzt – vor der berühmten «Schweizerspiegel»-Rezension Zollingers – das große Interesse dieser Zürcher Schriftsteller für Is. Werk.

64 I. gibt selber eine vorzügliche knappe Interpretation des Buches (an E. Wilhelm, 13. 11. 56): «...angebracht wäre dagegen eine Kennzeichnung der besonderen Art dieses Buches, die häufiger mißverstanden als kapiert wird. In seiner Besprechung (NZZ vom 26. Okt.) übersieht auch der mir befreundete T. V. [Traugott Vogel], daß Menschliches und Naturhaft-Kreatürliches in diesem Buche zusammengeschweißt und in ihrer Verwandtschaft dargestellt sind, daß das ‹Werben, Zeugen und Verenden im Tierreiche› eben nicht nur ‹atmosphärisches Beiwerk› ist und daß der Mensch der ‹Grauen March› (und um keinen andern geht es hier!) Glanz und Elend, Schwung und Dreck des Daseins mit andern Geschöpfen teilt, auch wenn er selber natürlich das geheimnisvollste Geschöpf ist. (Der Untertitel ‹Von Jägern und Gejagten› ist nur auf dem Buchumschlag zu finden, für den der Verleger allein verantwortlich ist.)»

65 Unter dem Titel «E darcheu s'alvainta la tschiera» («Und wieder steigt der Nebel») wird Andri Peer 1952 eine rätoromanische Übersetzung vorlegen. Schon 1947 war sie fertiggestellt. «Bei unseren Romanen geht halt alles seinen gemächlichen Berglerschritt und nirgends nimmt man sich so viel Zeit wie bei der Literatur. Es ist, wie wenn man der Schublade eine reifende Wirkung zuschriebe», schreibt Peer an Inglin (26. 10. 52). Inglin betont ihm gegenüber – wie sonst keinem seiner Übersetzer – «Geduld und Vertrauen» und die Überzeugung, daß er «dem Original gerecht» werde.

66 Auffällig häufig beschwört I. den Teufel und unternimmt etwas in «Teufels Namen» (besonders in seinen Briefen, weniger in den Werken).

67 In der Art, wie I. den langwierigen und passiven Militärdienst zeichnet, lebt etwas nach von der Überzeugung Jacob Burckhardts, der sah, in welchem Maß die Geschichte «nicht nur aus Unternehmung, Tat, Aktion besteht», sondern in welch hohem Maße «sie auch Leidensgeschichte» ist (zitiert nach Max Rychner «Nachbar Schweiz», a.a.O. S. 243). Psychologisch überzeugend hat Karl Schmid diese Not erfaßt (in «Das Unbehagen im Kleinstaat», a.a.O. S. 196/7): «Den Menschen im Kleinstaat ficht nicht die romantische Größe des ‹Lebens› oder des ‹Reiches› an, sondern die Größe des Einsatzes, wie ihn die Entscheidung verlangt.»

68 Dem genauen Komponieren im Großen entsprechen die Befunde Egon Wilhelms über die Einzelsätze, an denen er das Normative betont (vgl. a.a.O. S. 92), das Zurücktreten der Parataxe zugunsten der hypotaktischen Fügung, sobald «der Mensch als ordnende Macht in das Geschehen eintritt». (a.a.O. S. 91)

69 I. verfährt nach einem im historischen oder zeitgeschichtlich politischen Roman bewährten Muster, welches Lukács so angibt und an Walter Scott beschreibt («Der historische Roman», a.a.O. S. 35): «Die historische Charakteristik des Ortes und der Zeit» wird gezeigt als das «durch eine historische Krise bedingte Zusammenfallen und Miteinander-Verflochtenwerden von Krisen in den persönlichen Schicksalen einer Reihe von Menschen».

70 Lengborn bezeichnet den SP als «Roman eines Kollektivs... da es in ihm keine bestimmte Hauptperson gibt, steht eine Familie, deren Mitglieder, Ansichten und Handlungen für das schweizerische Volk im großen und ganzen repräsentativ sind, weshalb das Werk in dieser Hinsicht eine symbolische Bedeutung erhält». (a.a.O. S. 51)

71 In seinen sprachlich stilistischen Mitteln ist I. wohl moderner als in seiner Auffassung dessen, was ein Roman sei. Da schwebt ihm deutlich die im 19. Jahrhundert – besonders seit Stendhal – verbreitete Auffassung vom Roman als Spiegel vor.

72 Wepfer weist auf die «verblüffenden Parallelen» der Figur Reinharts mit derjenigen Pauls hin. (a.a.O. S. 198)

73 In den beiden Figuren Paul und Albin spiegelt sich da und dort auch die Thematik, welche Is. späterer Freund Hermann Weilenmann in seinem Buch «Der Befreier» (Frauenfeld 1918) mit seinem Füsilier Sonderegger gezeigt hatte: die Auseinandersetzung des Individualisten mit dem militärischen Zwang.

74 Die Themen von Zivilistenmüdigkeit und -verweichlichung, von Selbstfindung im Militär und von der Rückwendung zur Scholle bestimmen schon den «Füsilier Wipf» (entstanden 1915) von Robert Faesi und dann das Drehbuch von Richard Schweizer (1938), von dem das später hinzugekommene Kapitel «Grenzkoller», eines der besten des Buches, im wesentlichen zu stammen scheint. Nur sind im «Füsilier Wipf» geistige Landesverteidigung und das stolze Gefühl von der Besserstellung der Schweiz unbesehene Axiome, während solche Hauptthemen im SP und – in anderen Zusammenhängen – schon in Bossharts «Ein Rufer in der Wüste» erlitten und reflektiert sind.

75 Albert Steffen hat schon sehr früh im Roman «Sibylla Mariana» (1917) die Vermittlung der Schweiz zwischen den Nationen als deren Hauptaufgabe dargestellt.

76 I. hat in den dreißiger Jahren soviel Glauben an die schweizerische Demokratie gewonnen, daß er sie hier noch «als Vorbild für eine europäische Föderation» (Formulierung von Denis de Rougemont) hinstellt.

77 Jakob Bührer hat diese helvetischen Divergenzen in seinen drei Dialektlustspielen «Das Volk der Hirten», Bern, 2. Aufl. 1918, mit großem Erfolg satirisch gestaltet.

78 Lengborn sieht, da er die ersten Anfänge Is. nicht kennen kann, dessen ganzes Werk allzu eindeutig auf der liberalen Seite Bossharts im SP, auf einem «Schweizer Standpunkt, ...dessen wichtigste Schlüsselworte Freiheit, Ordnung, Vernunft und Toleranz sind, ein Standpunkt mit starker vaterländischer Verankerung ohne allzu pathetische Gebärden». (a.a.O. S. 54) Dies stimmt allerdings von dem Inglin der mittleren und späteren Jahre, obwohl er auch dann lieber als Mahner und Pädagoge Künstler sein und als das begriffen werden wollte. Lengborn sieht allerdings auch genau Is. Kritik an einem «falschen Patriotismus». (Vgl. dazu a.a.O. S. 88)

79 Aber auch ohne eigentliches «Nachspiel» deutet der Schluß des SP auf den Völkerbund hin, der die Idee der Schweiz im großen aufnehmen wollte. Auch Albin Zollinger schreibt hierzu zur gleichen Zeit ähnliche Gedanken: «...wir sind im Kleinen ein verwirklichter Völkerbund, die Gewähr

dafür, daß es das gibt; wir sind in der Hochburg unseres Gebirges geradezu ein Refugium der ganzen zerborstenen und verschollenen Weltauffassung, die nach dem Weltkrieg Sehnsucht und Hoffnung der Völker geworden war.» (Zeitschrift «Die Zeit», 1936, Nr. 2)

80 In einer redaktionellen Anmerkung zu «Ein Schwyzer Brief» über WI in der NZZ (Nr. 1622) am 23. November 1923 wurde jenes erste Buch ein «Schwyzer Spiegel» genannt. Das mag I. zum ersten Mal zum späteren Titel «Schweizerspiegel» gebracht haben.

81 Carl Albert Bernoulli nannte 1922 einen seiner Romane – im Untertitel wenigstens – «Schweizerspiegel» (auch eines der Kapitel von Bossharts «Ein Rufer in der Wüste» ist mit «Schweizerspiegel» überschrieben): «Bürgerziel. Ein Schweizerspiegel aus der Bundesstadt», Frauenfeld 1922).

82 Vor Erscheinen des SP hat I. für sich eine «Aufklärung, warum mein Roman ‹Schweizerspiegel› in Deutschland erscheint» verfaßt, um sich gegen allfällige Vorwürfe sofort verteidigen zu können.

83 Da I. «wie ein einsamer Wolf hinter den Bergen» lebt, wird er auch von keinem seiner Schriftstellerkollegen je angegriffen, wenn er auch die wenigsten gut kennt. Immer wieder erhält er von den verschiedensten Seiten Lob (meistens in Briefen): von Felix Moeschlin, Meinrad Lienert, Robert Faesi, Kurt Guggenheim, Albert J. Welti, R. J. Humm, Hermann Hesse, Traugott Vogel, Albin Zollinger, Max Frisch... Der Lyriker Siegfried Lang etwa schreibt: «...Es bleibt mir noch, Ihnen zu sagen, daß ich persönlich den stärksten und nachhaltigsten Eindruck von Ihrem Schaffen dankbar empfangen habe...» (31. 1. 37)

84 Oft fällt der Wunsch nach einer Fortsetzung des Romans, auch bei Albin Zollinger; vgl. dazu eine Briefstelle von Karl Schmid: «Wie war der zweite Krieg anders! Wie wäre es wunderbar, wenn wir auch über diesen ein solches nationales Dokument besäßen, das wir unsern Kindern in die Hand geben könnten und sagen: ‹Da, lies; so war es!›». (8. 2. 56)

85 Am 3. 4. 61 dankt M. I. Werner Weber, dem damaligen Feuilletonchef der NZZ, dafür, daß er in seiner Besprechung den SP so schätze, «für den man nicht immer so entschlossen die Hand ins Feuer gelegt hätte». I. mag damit auf Eduard Korrodis, Fritz Ernsts und auch Emil Staigers Vorbehalte diesem Roman gegenüber anspielen. Weber nennt auch in einem Gespräch den SP Is. opus magnum. Gottfried Kellers «Martin Salander», Jakob Bossharts «Ein Rufer in der Wüste» und Is. SP seien drei markante Punkte in der neueren Geschichte schweizerischer Selbstdarstellung und Selbstkritik. (Gespräch vom 16. 3. 72)

86 Gemeint ist die vorzügliche Reportage, die am 15. Januar 1939 in der «Schweizer Radio Zeitung» erscheint (Nr. 2).

87 Schon früher trägt sich Inglin mit dem Gedanken (anhand von Notizen zum SP), «über die besondere Art des ausgesprochen realistischen Romans» einen «kleinen Aufsatz» zu schreiben und dabei auch «Krieg und Frieden» und «Buddenbrooks» miteinzubeziehen.

88 Nicht zuletzt auch darum, weil die Gegenwart der dreißiger Jahre so gültig gestaltet ist. Nach Lukács ist es in allen guten historischen Romanen so, daß «der gewählte Gegenstand in die Sitten und die Sprache der Zeit, worin wir leben, *übersetzt*» wird. («Der historische Roman», a.a.O. S. 59/60) So ist der SP aus der Unsicherheit der dreißiger Jahre entstanden. Die Wurzeln und das erste Aufkommen des Frontenwesens z. B. ist hier wohl anders und viel stärker hervorgehoben, als wenn der Roman früher geschrieben worden wäre. (Wie I. mir gegenüber betonte, wurde die Figur des Severin geschaffen, damit die Wurzeln dieser schweizerischen faschistischen Bewegung bloßgelegt würden.)

III. TEIL

1 Zu all den übrigen Aufregungen gesellt sich die Sorge um den Hund: «Rigo ist nach einem Tag und zwei Nächten wieder heimgekehrt, seelenruhig, mit der harmlosesten Miene, wie ein alter Engländer, der rasch in Paris gewesen ist». (an Bettina)

2 I. hatte die Gewohnheit, seine Photos in genauer chronologischer Folge in Alben einzukleben und diese zu numerieren.

3 Dieses Urteil war ihm erst am 17. 1. 61 durch Bernt von Heiseler mitgeteilt worden. I. hatte darauf geantwortet: «Hätte ich doch nur geahnt, wie W. Zemp über mich dachte! Ich würde ihn nicht mehr aus den Augen verloren haben. Wir Schweizer sind unglaublich spröde Burschen, und wenn wir gar noch dichten, werden wir einander erst recht verdächtig. Ich danke Ihnen für die Mitteilung aus Zemps Brief, sie ist mir wichtig und wertvoll.» (7. 2. 61)

4 «Mißglückte Reise...» war von M. I. zuerst für die Festschrift Linus Birchler (zu dessen 70. Geburtstag, 1963) versprochen worden. Da die übrigen Beiträge dann einen betont kunsthistorischen Charakter hatten, zog I. seinen Beitrag zurück. (Dazu war als «Vorbemerkung oder Fußnote» geplant: «Der vorliegende Bericht, von Freund Linus angeregt, dem ich meine Erlebnisse mündlich schilderte, wurde 1943 aufgrund von Reisenotizen verfaßt und später leicht überarbeitet...»)

5 Wie I. bemerkte, sollte er dem damaligen schweizerischen Gesandten in Berlin, Hans Froehlicher, ein «versiegeltes Riesenpaket» aus Bern überbringen. Den Minister selber habe er allerdings nicht getroffen. Auch wird Is. Name in dessen «Aufzeichnungen über meine Aufgabe in Berlin» (Privatdruck Bern 1962) nicht erwähnt. Freilich sind diese Aufzeichnungen auch erst 1942 begonnen worden. (Auskunft von Hans-Rudolf Hilty)

6 Im gleichen Bericht bemerkt M.I., wie er sich auf der Rückreise mit Ernst Jünger beschäftigt. Im Nachlaß findet sich eine sechsseitige Dokumentation zu dieser Lektüre: «Ernst Jünger, der Arbeiter, (Herrschaft und Gestalt). (Zitate und Notizen).» Hier seien Is. wichtigste Schlüsse zitiert:
«Die bürgerliche Welt treibt rasch einer allgemeinen Nivellierung zu, die einem neuen Zeitalter die Wege ebnet...» –
«Dieser denkerische Vorstoß ins Unbekannte geht von sehr realen Tatsachen aus und arbeitet mit Schlüssen, die innerhalb der Darstellung zwingend erscheinen. Solche Tatsachen, die zu den schwachen Stellen der bürgerlichen Position gehören und daher von Jünger auch mit Erfolg angegriffen werden, sind z. B. die weit fortgeschrittene Abstraktion und Substanzverminderung der meisten politischen Begriffe; die Fragwürdigkeit des ‹Fortschritts›, (der heute allerdings kein so beherrschendes Prinzip mehr ist wie früher); die Inhaltsarmut des bürgerlichen Radikalismus im besonderen; die Vorherrschaft des rein Wirtschaftlichen, beziehungsweise sein Ranganspruch; die Unfähigkeit, sich der Technik als eines angemessenen Mittels zu bedienen; die Feindschaft gegen alles Elementare.» –
«Nietzsche, Stefan George, Klages u. a. werden nicht zitiert, sind aber als Ausgangspunkte und Wegweiser der Jüngerschen Geistesrichtung anzunehmen.» –
«Die Weltanschauung des ‹Arbeiters› kennt wie der konsequente Katholizismus keine Toleranz, sondern nur den totalen Anspruch. Ihr entspräche keine Kapitulation, auch wenn sie noch so notwendig und vernünftig wäre, sondern der Widerstand bis zum letzten Mann. Ihre politische Verwirklichung könnte nicht auf Deutschland beschränkt bleiben, wenn Deutschland damit siegen sollte – und dann damit leben wollte.» –
«Um die Möglichkeit gewisser Gedankengänge Jüngers im ‹Arbeiter› ganz zu begreifen, muß man selber einen Hang dafür besessen haben.» –
Aufschlußreich ist auch Is. «früheste Notiz über E. Jünger» («bevor ich den ‹Arbeiter› gelesen hatte»), worin seine Irritation über diesen Schriftsteller *und* Kämpfer zum Ausdruck kommt, der dem ursprünglich an Nietzsche und dann an Thomas Mann orientierten Künstlerbegriff zu widersprechen scheint: «Hier stößt man auf eine Bejahung des Kampfes und Krieges, die in diesem Fall nicht von Nietzsche herzustammen scheint und auch nicht psychologisch als eine Hypertrophie des Gegengefühls zu erklären ist, sondern im Wesen dieses kriegserfahrenen, kampfbewährten Mannes begründet sein muß. Er hat im Weltkrieg eine fast legendär gewordene Tapferkeit besessen, ist vierzehnmal verwundet und schließlich mit dem Orden Pour le Mérite ausgezeichnet worden. Dies wäre an und für sich bei einem deutschen Offizier nichts durchaus Ungewöhnliches. Ungewöhnlich und verwunderlich, ja für alle in dieser Beziehung einseitig Begabten beunruhigend, ist erst, daß diese Kriegsbejahung, diese Verherrlichung des Kampfes als solchen mit Geist und allen Talenten eines guten Schriftstellers durchgeführt ist. Soll man fragen: Wie kommt dieser seltene Geist und ausgezeichnete Schriftsteller dazu, ein so auserlesener Kämpfer zu werden – oder: Wie kommt dieser Krieger dazu, eine so gute Prosa zu schreiben, so ursprünglich zu denken, so meisterhaft darzustellen? Er ist ein ganz besonderer Typ von mächtiger Wirkung. Eine Art Cäsar ohne Reich. Vergleichsmöglichkeiten auch mit T.E. Lawrence.»

7 Wie Martin Greiner zu dieser Zeit von Inglin erfährt, «bemüht man sich hier um eine französische Übersetzung des ‹Schweizerspiegels›, aber nicht großzügig genug, und für einen der westschweizerischen Verlage, die erfahrungsgemäß ihren Büchern in Frankreich keine Resonanz verschaffen können. Unter solchen Umständen bin ich zurückhaltend. Ich habe mit der ‹Jeunesse d'un peuple› schlechte Erfahrungen gemacht.»

8 Die unerkannten Welten mögen an das romantische Land «Orplid», den Traumbereich von Mörike, erinnern. Die «Landschaft seiner Träume» («Güldramont», a.a.O. S. 69) wird von I. aber realistisch distanziert beschrieben. Zur Distanz gehört auch, daß dieses Land vor allem Ausdruck wird für eine Entwicklungsphase in der Pubertät und einen Gegensatz darstellt zur «allzu geordneten Welt» der Erwachsenen, der Bürger (a.a.O. S. 76). Mit zur Realistik gehört, daß alle Geländeformen genau und lange beschrieben werden und so eine Art Phänomenologie der Voralpenlandschaft entsteht. (Vgl. z. B. a.a.O. S. 97)

9 In Übereinkunft mit Is. Verleger Daniel Bodmer übergab ich das Stück, das ich 1972 gefunden hatte, dem genossenschaftlich organisierten «Theater für den Kanton Zürich» zur Uraufführung. Die Satzungen dieser Bühne verlangen pro Saison eine Mundart-Inszenierung. Auch bot der Leiter und Regisseur des Theaters, Dr. Reinhart Spörri, Gewähr für klare und gute Arbeit. Die Uraufführung in der Zürcher Gemeinde Hinwil gestaltete sich zum großen Erfolg; bedeutende schweizerische

Theaterkritiker haben das Stück eingehend gewürdigt. – Am 19. Mai 1976 wurde die Inszenierung am Schweizerischen Fernsehen im Rahmen des «telearena»-Programms gezeigt, in einer für dieses Medium leicht abgeänderten Form. So wurde das Stück allenthalben bekannt.

10 Vogel schreibt immer sehr eingehende Analysen über Is. eben erschienene Bücher, so am 14. 9. 47 über den «Schwarzen Tanner», und er fügt das großzügige Lob bei: «... Ich danke Ihnen; ich bin ganz glücklich über Sie. Was wir da von Ihnen geschenkt bekommen, ist das Beste unserer schreibenden und bewußt lebenden Generation. Die Erzählung steht wie eine Blüte in der steinigen Runse dieser Kriegsjahre.» Und I. antwortet am 16. 9. 47, daß ihm ein solches Urteil wohl tue wie echter Bienenhonig, daß er aber bescheidener geworden sei, «... ich weiß heute, daß mir bei weitem nicht alles gelungen ist, was mir einmal das Kämmchen schwellte, und ich nehme denn doch an, daß in der ‹steinigen Runse› noch manche andere Blüte zu finden wäre.»

11 Emil Staiger, der die Erzählung sehr früh zu Gesicht bekommt, schreibt am 26. 10. 45: «Das einfachste Motiv auf ungesuchteste Weise vertieft – bis zu Gottes Entschlüssen im Jüngsten Gericht – die absolut richtige Komposition, wie etwa die Geschichte der beiden Betroffenen erst in dem Augenblick verlautet, da sie wesentlich wird ... das beglückt mich so nachhaltig, wie eben nur das Richtige, das zugleich das Schöne ist, beglücken kann ...»

12 I. ist sich der Wichtigkeit Deutschlands für die Rezeption seiner Werke bekümmert bewußt. «Nach meiner fatalistischen Meinung hängt alles davon ab, ob Deutschland noch zu unseren Lebzeiten Schweizer Bücher kaufen kann und will.» (Brief an Robert Faesi, 15. 8. 50)

13 Besonders erfreulich auch hatte sich schon lange die Beziehung zu Prof. Linus Birchler und dessen Frau Resli entwickelt. Birchler schreibt gelegentlich über Is. Bücher (auch in kleineren Blättern), obwohl er Kunsthistoriker ist, und I. dankt es ihm immer sehr. Gegen seine sonstige Gewohnheit beharrt I. oft darauf, daß man sich wieder treffen müsse. Am 23. 5. 54 schreibt er z. B.: «Unser letztes Treffen bei Euch war aber so erfreulich, daß man gar keinen besonderen Anlaß mehr suchen müßte, um es zu wiederholen ...» – Interessant ist auch, was er im selben Brief über zwei Freunde verlauten läßt: «Hermann Stieger, der sich immer mehr zum schweizerischen Plutarch entwickelt, sollte dabeisein, schon im Hinblick auf die Nekrologe, die er in absehbarer Zeit über uns schreiben muß. [Stieger wird als erster schon 1964 sterben.] Traugott Vogel würde dagegen in diesem Zirkel vermutlich als ein Vogel wirken, der nicht notwendig in diese Volière gehört ...»

14 Hier gilt es auch, die Kritik R. J. Humms zu erwähnen, der Inglins Kunst wie wenige verstanden hat. (S. «Weltwoche» 4. 12. 47, rjh. «Die Lawine») Humm schreibt: «Meinrad Inglin ist ein Meister der Nachtzeichnung. In seinen Geschichten ist die Nacht, das Schneedämmern, das Graue immer das Schönste. Wie auf dem Winterbild des alten Breughel liegt auf allen seinen Sachen eine Kühle, die behaglich wirkt, ein wärmender brauner Ton. Jagd- und Bauerngeschichten. Ich wüßte keinen, der in diese ländliche Sphäre so wie Inglin diesen kultivierten Farbton hineinbrächte, diese Klarheit eines sehr gediegenen Denkens und dazu einen Begriff der Novelle, der sich noch unmittelbar an jenen der Frührenaissance anschließt. Inglin kennt noch das echte, novellistische Motiv: schicksalshafte Verwechslung, schwierige Wahl, merkwürdiges Zusammentreffen. Nach diesem Prinzip sind einige der Erzählungen des Bandes ‹Die Lawine› gearbeitet. Die schönste ist jene vom Schwarzen Tanner, dem eigensinnigen Bauern, der gegen die Staatsgewalt rebelliert ... Er leistet passiven Widerstand; er tut es aber nicht, wie etwa bei Hamsun, als romantisch verklärter Held der Erde; als Schweizerbauer braucht er romantisch nicht zu sein, da er schließlich nur eine Verhaltensweise übt, die in seinem Vaterland populär ist: Er läßt sich von Bern nicht dreinreden. Doch das von Bern Angeordnete hat diesmal einen Sinn und liegt im Interesse aller ... Diese Gesundheit der Vernunft in Verbindung mit dem ganz eigenen Gefühl für das Landschaftlich-Nächtliche, das erscheint mir das typische Element der Inglinschen Erzählkunst zu sein.»

Auch Eugen Felber (in «Luzerner Neuste Nachrichten») bespricht Inglin immer einsichtsvoll. In der LA vermißt er zwar ein wenig den früheren «leuchtenden Goldton, jenen Schimmer der Jugend- und Naturseligkeit» von GÜ etwa; er sieht aber das Problem genau: «Innere Befreiung, das ist es! ... ›Der schwarze Tanner‹: ein ‹Michael Kohlhaas der Innerschweiz› ... Ruhig, klar und gemessen erzählt, befreien diese Geschichten die Menschlichkeit aus etwas verkrusteten und verhärteten Menschen und wirken auf diese Weise auch auf den Leser befreiend.»

15 Erwin Jaeckle hat in seinem Buch «Die Zürcher Freitagsrunde», Zürich 1975, die Gäste des Zirkels aufgezählt, u. a. auch M. I.: «Auch unsere Gäste wurden zur Tafel geführt: Carl J. Burckhardt, Edgar Schumacher, Rudolf Alexander Schröder, Peter Gan, Cyrus Atabay, Meinrad Inglin, der uns in schwyzerische Fastnachtsdämonien, die Weberei von Jägergarn einweihte, und viele noch.» (a.a.O. S. 45)

16 Aufschlußreich ist Is. Antwort auf die Rezension von Hans von Matt (NZZ, Nr. 1243, Juli 1945): «... Seitdem ich das vertraute Gesicht Deiner Unterwaldnerin in der Wohnung habe, ist mir immer wieder zum Bewußtsein gekommen, daß Du mit dem Zauberstab an dieselbe Wand schlägst wie ich. Wer aber nicht in seiner Jugend von Schicksals wegen in Ägypten gewesen ist und sein eigenes

Volk als Hudelvolk angesehen hat, dem würden vermutlich die Quellen nicht springen. Das ist eines der Geheimnisse künstlerischen Schaffens. Die Städter nennen uns achselzuckend Provinzler, um uns nicht beneiden zu müssen, aber sie werden zuletzt die Unterlegenen sein. Übrigens habe ich doch gelegentlich Augenblicke, wo ich lieber zwischen pharaonischen Tempeln unter kultivierten Spätlingen wandeln möchte als immerfort unter diesem Wüstenvolk. (Du merkst, was für eine Lektüre mir noch durch den Kopf spukt.) Von Danioth, dem es jetzt endlich gut gehen soll, hörte ich kürzlich, daß er ein lockeres Handgelenk bekommen habe und dieser ewigen Berge etwas überdrüssig geworden sei. Das kann ich gut verstehen. Man möchte doch manchmal neue Fenster in die Wände brechen, wenn man so endgültig in seinem Hause sitzt.» (Brief vom 16. 8. 45)

17 I. wird zwar in den Rezensionen am häufigsten mit Hodler verglichen, gelegentlich aber auch mit Danioth, besonders in der Innerschweiz – so etwa in «Der Familienfreund» (Luzern, 14. 3. 53), wo es heißt, daß sich beide unermüdlich «um die Geheimform der Urschweiz» bemühen.

18 Von vermehrten Kontakten (nach 1945) über Schwyz hinaus zeugt auch ein Brief an den Stanser Psychiater Prof. Jakob Wyrsch, den Autor der Monographie «Robert Durrer»: «...Schon was Sie über Ort und Herkommen zu sagen haben, regt mich zu Vergleichen mit Schwyz an. Die Gestalt selbst tritt immer plastischer hervor, und mein Bedauern, diesen Mann nicht persönlich gekannt zu haben, nimmt von Seite zu Seite zu...» (19. 4. 50)

19 Seitdem er «Buddenbrooks» kennt, fühlt sich I. aber vor allem mit Thomas Mann auch weltanschaulich verbunden. Das über Schopenhauer erkannte allgemeine, überpersönliche, berauschende ewige Leben, das Thomas Buddenbrook gegen das «unwahrscheinliche» und «kleinliche» Christentum stellt, entspricht Is. geistiger Erfahrung, welche immer wieder zum Ausdruck kommt (besonders in den zwanziger Jahren: In «Wendel von Euw», «Über den Wassern» und «Jugend eines Volkes» ist das Christliche als etwas bloß Aufgesetztes gesehen.)

20 Trotzdem I. auf seinen SP keine persönliche Antwort erhält, schreibt er am 3. 3. 50 über Thomas Mann (an Hans von Matt): «Diesem Mann, dem ich viel zu verdanken habe, werde ich die Treue halten, auch wenn ihm jetzt Alter und Umstände das Konzept verderben...»

21 Hugo Leber weist auf die Problematik dieser Ehrungen Is. hin: «Seine Prosa wurde ein Thema akademischer Erörterung in der Schweiz, bevor er sich mit seinem Schaffen durchzusetzen vermochte.» («Die Weltwoche», 26. 7. 68, Nr. 1811)

22 Roy Pascal in «Die Autobiographie» bemerkt dazu, daß die Dichtung hier «in einem gewissen Sinne wahrer als das Leben selbst» sei.

23 Das ist ja eben das Unklassische und Unbürgerliche an diesem Buch, daß es nicht einen exemplarischen Entwicklungsroman darstellt mit erreichtem Ziel und dortigem Verweilen. I. baut nicht die Fiktion einer am Schluß befriedigenden Kurve auf, sondern zeigt das Stehenbleiben inmitten der Unsicherheit. Dies zeigt seine noch immer unbürgerliche Denkweise. Die Jugend ist für ihn nicht einfach die Vorstufe für eine spätere Leistung, sondern ein Stück Leben, das dieses vielleicht reiner zeigt, weil derjenige, der es lebt, schutzloser ist und kein Mittel hat, sich abzuschirmen.

24 Gemäß Franz K. Stanzels Typologie in «Typische Formen des Romans» (Göttingen 1964) ließe sich sagen, daß der bei I. sonst übliche auktoriale Erzähler im Ich versteckt beibehalten wurde.

25 Nicht selten wird I. in der Presse mit Ramuz verglichen und die Wertung oft zugunsten Is. vorgenommen, der gültiger schreibe, weniger überhitzt, und der den Naturmythos auch mehr als etwas Utopistisches betrachte, daß bei ihm Blut- und Bodenideologie nicht Fuß fassen könne.

26 Eine deutsche Stimme betont, WA sei «kein unehrliches Wunschbild einer friedlich-idyllischen Schweiz». («Zeitwende», München 1. 4. 52) Ein solches aufzustellen, wird I. sonst nicht selten im Nachkriegsdeutschland vorgeworfen.

27 Dieter Fringeli weist anläßlich der Neuausgabe des WA («Basler Nachrichten», 16./17. 8. 69) und dann auch im Buch «Dichter im Abseits» auf die größte Gefahr hin bei der Rezeption von Is. Werk: die Abstempelung zum «Lesebuchheiligen», zur «währschaften helvetischen Kost», während ein Amberg, die Geschichte des «rebellischen Versagers... Robert Musils ‹Verwirrungen des Zöglings Törless› an die Seite gestellt werden darf.»

28 Oft betont er es als großen Vorteil, im eigenen Haus leben zu können. Dessen Unbequemlichkeit aber beschreibt er ebenfalls nicht selten, vgl. Brief vom 10. 3. 56 an Resli und Linus Birchler: «Der Hung, ein nicht notwendiges und auch nicht erwartetes Gegengeschenk, kam gerade zur rechten Zeit, als wir uns wie zwei halb erfrorene Schiffbrüchige hustend aus dem Packeis des arktischen Februars herausarbeiteten. (Infolge eines Wasserhahndefekts war während der größten Kälte nachts eine Flutwelle vom unbewohnten obersten Stock durch zwei Böden hindurch bis in die Küche hinabgedrungen und in einem mittleren Zimmer zur geschlossenen Eisdecke erstarrt.) Leider hat Bettina ihren Husten behalten und wartet jetzt im Bette fiebernd ab, ob sie eine Lungenentzündung oder nur eine Bronchitis hat, was der Arzt heute noch nicht entscheiden konnte. Ich heize, koche und pflege, so gut ich kann, und führe gehorsam alle Befehle aus, die mir vom liegenden Kommandoposten aus erteilt werden.»

29 Allerdings trägt – wie schon beim SP betont wurde – jeder historische Roman Is. auch die unverkennbaren Züge seiner Entstehungszeit: So auch EU, der in einer Epoche des betonten Antiheldentums entstanden ist. Es ist das, was Lukács an Walter Scotts Romanen den «notwendigen Anachronismus» nennt.

30 Die katholische Zeitschrift «Bethlehem» (Dez. 53) wird sich denn auch gegen eine «Verunglimpfung» von P. Paul Styger wehren.

31 Bei EU sind von der Kritik oft die szenisch straffen Elemente hervorgehoben worden: z. B. von W. A. Brüschweiler im «Domino», Nov. 53: «I. wäre, das Buch zeugt dafür, im Stande, ein Schauspiel zu schreiben; er trägt, nach Hofmannsthals Wort, ‹eine Bühne in sich›.»

32 R. J. Humm gehört zu den Schriftstellerkollegen und Kritikern, welche M.I. ganz so nehmen und hochschätzen, wie er ist, die ihn weder moderner, noch alter- oder heimattümlicher haben wollen als er ist. Im Artikel zu Is. 60. Geburtstag in seiner Zeitschrift «Echo» (Nov. 53) sagt er: «....gehört er doch nicht nur zu den persönlich sympathischsten Menschen, die ich kenne, sondern auch zu den bedeutendsten heute noch lebenden Schweizer Erzählern...» Besonders angetan hat es ihm EU: «.... mit diesem Buch vollbrachte I. zwei Taten, eine vaterländische und eine literarische. Sie bedingen sich wechselseitig und verschmelzen in eine: wäre nämlich die literarische Leistung nicht so bedeutend, so würde das patriotische Anliegen den Leser nicht so überzeugen; und umgekehrt, weil der Stoff so rein und edel war, gelang diese geschlossene Form, gelang dieses Meisterwerk... Das Buch schildert den Krieg der Schwyzer gegen die Franzosen, vom Jahre 1798, und tut dies in der Form des Romans, aber nach den Gesetzen des Dramas. Nach einer allerknappsten Einleitung, die an Stendhals Art, einen Roman zu beginnen, erinnert, geht I. sofort an die Darstellung des zornigen Widerstandswillens des kleinen Volkes... Der Gegenspieler ist ebenfalls auf der ersten Seite schon gegeben; es ist die Vernunft, die sich der hitzigen Leidenschaft, die das Land in ein unabsehbares Abenteuer zu stürzen droht, entgegenstellt, und die nach der Lage der Dinge keine nörgelnde, kleinmütige Vernunft ist, sondern eine durchaus plausible, um das Wohl des Vaterlandes ernsthaft besorgte. Die beiden Gegenspieler, Vernunft und Leidenschaft, sind also einander ebenbürtig, und das macht das hohe Interesse des Buches aus... Es wird nicht auf die Antithese ‹fortschrittlich-reaktionär› abgestellt, wiewohl der Verfasser diese Unterscheidung vielfach berührt, sondern auf den Willen des Volkes, als auf die einzige ehrfurchtgebietende, geschichtsbildende Macht. Insofern könnte man die These des Buches existentialistisch nennen: Man ist, was man wählt. Doch führt das Buch zu einer höheren Einsicht als jene der Existentialisten, weil es anhand der Geschichte auch zeigt, daß man nicht wahllos wählen kann, sondern im Grunde immer nur das wählt, was man schon war, sofern man das in einer geprägten Form war...»

33 Die deutsche Kritik reagiert in diesen ersten Nachkriegsjahren nicht selten überheblich auf in der Schweiz Geschriebenes besonders wenn dieses an der eben vergangenen Geschichte vorbeigeht. Als Beispiel sei aus einer knappen Kritik über EU zitiert: «...die Erzählung...ist im Grunde ein abgebremster Roman, der nicht in Fahrt kommt, weil er in ermüdenden Details, die wohl regionales, doch nicht unser Interesse wecken, stecken bleibt. Naheliegende Parallelen zur jüngsten Vergangenheit bleiben ungenutzt, und man vermerkt mit Bedauern, wie die Schweiz zuweilen nur am Rande des allgemeinen Geschehens steht...» («Süddeutsche Zeitung», 16. 8. 53) (In den Schweizer Rezensionen dagegen wurde nicht selten die Parallele zur Gegenwart betont, die «innere Situation zur Zeit unseres letzten Aktivdienstes» sei hier gezeichnet. [«Basler Nachrichten», 14. 12. 52]) Freilich gab es andere deutsche Urteile, z. B. jenes von Radio Bremen über VW: «Aus neuen Büchern» (30. 3. 59): «Zu den bedeutendsten Schriftstellern, die die Schweiz heute hat, gehört Meinrad Inglin... er ist modern, das heißt, ‹heutig› im besten Sinne – aber der Unterton dieser Werke ist durch und durch schweizerisch... in seiner etwas schweren gewichtigen Festigkeit, in der breit angelegten sicheren Formation der Rede, die über solide aufgebautem Gedankengut kommt... Was ist nicht alles ‹verhext›, angefangen von den Tücken des Alltags, die wir alle kennen, bis ins Untergründige hinein, in dem sich die eigentlich wichtigen Dinge begeben... Dinge, von denen wir in Blindheit und Sorglosigkeit glauben, daß sie eben Zufall oder Glück oder Pech sind, – in Wahrheit sind sie die nach außen wirksam werdende Gestalt unseres Wesens, Denkens und Tuns.»
Oder Curt Hohoff schreibt über «Erzählungen I» («Deutsches Allgemeines Sonntagsblatt», 24. 11. 68): «...Berge letzte unberührte Natur Europas, nicht als Kulisse, bestimmen den tragischen Lauf der Schicksale. Wie I. das Alpenland sieht und darstellt, das ist seit A. Stifter nie wieder so gelungen...»

34 Die beiden Schriftsteller kennen sich schon seit Jahrzehnten. Ein Brief vom 27. 8. 31 ist zu entnehmen, daß T.V. hier im «Grund» eines seiner berühmtesten Bücher schrieb: «Spiegelknöpfler. Die Geschichte eines Jugendclubs». Er war dort eine Zeitlang Pensionär der Frau Margrit Abegg.

35 Er bezeugt einen sicheren Sinn für ästhetische Qualität: im Jahr 1953 etwa empfiehlt er den Roman «Ruhm des Daseins» von Wilhelm Lehmann, preisgekrönt wird dann aber ein Werk von Hertha Trappe.

36 R. J. Humm bedauert in der Zeitung, daß I. nicht den nidwaldnischen Streit um das Bannalpwerk zur Arbeitsgrundlage gemacht habe. An diesen Stoff hätte er «die dramatischen Gaben... wenden können, die sich in seinem herrlichen ‹Ehrenhafter Untergang› so schön bewährt haben.» («Weltwoche» 26. 11. 54)

37 Paul Kamer beschreibt das Verhältnis zutreffend in einem Geburtstagsartikel: «...Vorab wer aus der Reihe des Üblichen tritt, hat sich zu bewähren, und wenn auch ein unliterarisches Talvolk in keiner Weise zu Urteil und Kritik gebildet ist, so ist es doch zur Stelle, wenn Ehre einen Gereiften trifft, und freut sich in einem trockenen Stolz, als hätte *es* ihm das erst erreichbar gemacht. Ein leiser Irrtum, aber keiner von den schlimmsten.» («Zürichsee-Zeitung» Nr. 171, 25. 7. 53)

38 Emil Birrer weist in seinem Geburtstagsartikel («Neue Schweizer Rundschau», Aug. 53) auf die in dieser Zeit eigentümliche Tatsache hin, daß I. ein fast «einsam Überlebender» sei nach Zollingers Tod und Robert Walsers Verstummen. Frisch und Dürrenmatt stehen erst einige Jahre später im Zentrum des literarischen Bewußtseins.

39 Nach Werner Weber ist Schwyz für I. der Lebensgrund schlechthin. Nie sei er so frohgemut und innerlich frei erschienen wie in Schwyz. Sobald man ihm in Zürich begegnet sei, hätte er etwas Gehemmtes, gelegentlich fast Grämliches an sich gehabt. (Gespräch mit Dr. Werner Weber vom 16. März 1972)

40 Was Adorno («Aesthetische Theorie», a.a.O. S. 141) bemerkt, ließe sich sogar als Andeutung einer Lösung dieses Konflikts anführen: «Kunst möchte gerade durch ihre fortschreitende Vergeistigung (lies: Konstruktion, Durchformung), durch Trennung von Natur, diese Trennung, an der sie leidet und die sie inspiriert, revozieren.»

41 In dieser Zeit auch hat sich I. von der Polizei einen Ausweis verschafft, «um Pflanzenräuber stellen zu dürfen. Einmal hätte er einige Burschen erwischt, die den Rucksack voller Edelweiß gehabt hätten. Es habe sich herausgestellt, daß es Nidwaldner gewesen seien. Sie hätten gesagt, in Nidwalden habe es ja doch keine mehr. Er regt sich auf über einen Teller voll Enziane.» (Aus den Notizen von Hans von Matt).

43 Zitiert bei Livia Z. Wittmann, «Günter Eichs literatur- und sprachtheoretische Äußerungen», in «Deutsche Vierteljahresschrift für Literaturwissenschaft und Geistesgeschichte» 48. Jg. Heft 3, Sept. 1974.

44 Es fällt auf, daß die Schrift von Lucius Burckhardt, Max Frisch und Markus Kutter «achtung: die Schweiz» (Basel 1955) in die gleiche Zeit fällt wie UR. Von verschiedenen Standorten her (von der Stadt einerseits und der Landschaft andererseits) stellen beide Bücher eine Zerstörung der Schweiz fest, eine Zerstörung, die Paul Nizon als Degeneration zur «Oede» bezeichnet hat, die die polaren Lebenswerte «Natur»/«Stadt» in einem Zersetzungsprozeß neutralisiert. (S. «Diskurs in der Enge», Bern 1972)

45 In subtiler und ergebnisreicher Detailuntersuchung hat Ilse Leisi die erste und zweite Fassung des Romans verglichen: «Die beiden Fassungen von Is. ‹Schweizerspiegel›» (NZZ, Nr. 565-49, 3. 12. 72)

46 Erst so wird das «Es» entmachtet, das Verhängnis, das Fatum, von welchem der Mann sagt: «Es hed mi ganz la hocke.» (Vgl. Eduard Renners Analyse in «Goldener Ring über Uri», Zürich 1941; dessen Darlegung des Grauens des Berglers vor dem «Es» ist hier direkt, wenn auch etwas variiert, in die Geschichte eingegangen. Renner und I. haben sich persönlich gekannt und geschätzt.)

47 Hier erfindet er sogar Scherzgedichte wie z. B. jenes, das er unter dem Pseudonym Meginrath im «Nebelspalter» veröffentlichte: «Die Sprache ist wie Wachs». (Heft «Unerledigte Notizen»)

48 Eine ähnliche Angst vor totalitärer Bemächtigung formuliert zur gleichen Zeit witzig pointiert, aber deutlich eine Einsendung Is. an den «Nebelspalter» unter dem Pseudonym Megin: «Bienen in Rußland» («Nebelspalter», Nr. 21, 84. Jg., 21. 5. 58). Da I. Bö (Carl Böckli) kannte und schätzte, lag ihm ein Beitrag für diese Zeitschrift nahe.

49 Auf die übrigen Geschichten sei nur knapp hingewiesen: In «Das Tagebuchblatt der Frau von A.» zieht eine Dame an einem Anlaß nur einen durchsichtigen Schleier über ihren nackten Körper und notiert darauf die Wirkung, die sie gemacht hat. In «Ein ehrlicher Mann» schießt sich ein Kunstmaler, der aus Ehrlichkeit auf den Hund gekommen ist, auf dem Friedhof vor dem Grab eines Landstreichers eine Kugel durch den Kopf. «Anschauliche Belehrung» handelt von einem Bildhauer, dem eine billige Dirne mit scheußlichem Gesicht, aber schönem Körper als Modell sitzt. Am Schluß verwirft der Künstler alle Aktskizzen, obwohl sie scheinbar schön sind. – Diese Kurzgeschichten, aber auch «Die Sprache ist wie Wachs» («Nebelspalter») weisen deutlich Is. Grenzen auf, die in den geglückten Werken seine Stärke ausmachen. In dieser Skizze tut sich auch eine gewisse Unduldsamkeit in der literarischen Beurteilung kund, wie in den «Notizen eines Jägers» in den Aussagen über Joyce, Musil und Broch. Thamos Mirta («erzbürgerlich» sonst Thomas Marti geheißen) spielt rein formalistisch mit den Lauten der Sprache, ohne sich um den Gehalt zu kümmern. Dies erreicht Mirta mit einem Trick: indem er Vokale mechanistisch umstellt. Eine avantgardistische Jugend

spendet begeistert Beifall. Der Mann, der nur um der Effekte willen schreibt, «ein Fünfziger von nachlässiger Eleganz mit einem Stich ins Extravagante», «dem rötlichen, unfrischen, aber gepflegten Gesicht mit den feuchten, hellblauen Augen unter dem schrägen Strich der blonden Haare» setzt deutlich den Typus des Literaten fort, den I. in seinem NZZ-Artikel vom 1918 attackiert hatte. – In der gleichen Schachtel, wo die oben als nicht druckreif bezeichneten Geschichten liegen, findet sich denn auch ein Gedichtfragment über einen wirklichen Dichter, der, nachdem «der gestrige Lärm verhallt ist», endlich anerkannt wird.

50 In dieser Zeit entsteht als erste auch eine der wichtigsten Dissertationen über M.Is. literarisches Werk, jene von Egon Wilhelm bei Prof. E. Staiger. In den Briefen Is. an Wilhelm sind einige offene Bekenntnisse zur Arbeitsweise und zu einzelnen Werken enthalten, wie sie sonst bei diesem übervorsichtigen Dichter nicht üblich sind, z. B.: «Was Sie über meine Sprache sagen, will ich gelten lassen, aber immerhin noch darauf hinweisen, daß nach dem Urteil sensibler Leser meine bessere Prosa bei aller Knappheit oder Kargheit im Grunde von einem Rhythmus getragen wird, der tiefer gründet als der bloße Wille zum guten Stil, was besonders in «Güldramont», der «Jugend eines Volkes» und der «Grauen March» spürbar sein soll.» (13. 5. 55)

Er spricht im gleichen Brief auch von seinen literarischen Lehrmeistern: «Tolstois erzählende Meisterwerke haben auf mich wie auf andere (z. B. auf den Thomas Mann der ‹Buddenbrooks›) vor allem durch ihr unmittelbar Lebendiges, ihre erstaunliche Wirklichkeitsnähe, ihre Plastik, ihre tiefe Richtigkeit gewirkt. Tolstoi ist aber nur einer der Lehrmeister, die man erlebt haben muß, um einigermaßen legitim und gültig erzählen zu können. In meinen Anfängen habe ich mit einem Ohr auch auf Flaubert, mit dem andern auf Gotthelf gehört, später wieder mehr auf Gottfried Keller. Es dürfte aber nicht leicht sein, solche Einflüsse nachzuweisen. Von Ramuz bin ich gar nicht beeinflußt, ich habe nur wenig von ihm gelesen, aber ich halte es für wahrscheinlich, daß wir einiges gemeinsam haben.»

Aufschlußreich sind die Bemerkungen über die Jagd: «...Dank für ‹die frohen Jagdtage›, die Sie mir wünschen, aber richtig froh werden sie kaum werden, dazu bin ich nicht mehr naiv genug. ‹Die graue March› lockt mich fast unwiderstehlich, doch halte ich es heimlich sowohl mit dem Feckermädchen Berta, wie mit dem großen Jäger. Versteh das wer es kann!» (21. 9. 55.)

51 M. Is. Nachruf in der NZZ sei teilweise zitiert: «Wer in seinem ‹Maihof› verkehrte, empfand keinen Augenblick die geringste Unstimmigkeit zwischen diesem prachtvollen Barockpalais und der Familie, Mann, Frau und Sohn, die es herrschaftlich und gastfreundlich bewohnte. Im geräumigen Hofe wurde man wohl jeweilen von Jagdhunden empfangen, und im Vestibül stieß man auf kapitale Trophäen; aber mit dem Hausherrn konnte man unversehens vor einem Bücherregal landen und sich über die Werke auserlesener Autoren unterhalten, ob es nun Herodot oder ein Zeitgenosse war. Lateinische Texte las er gelegentlich noch im Original, obwohl er nie ein Musterschüler gewesen sein soll. Das letzte Buch, das er auf dem Totenbett aus der Hand legte, war eine französische Ausgabe der Fabeln von La Fontaine. Die Ämter, die er bekleidete, und die Funktionen, die er ausübte, wollen wir hier nicht aufzählen, aber immerhin nachrühmen, daß er als Vermittler mit seiner Einsicht in die Relativität strittiger Meinungen und mit seinem ruhig mahnenden oder barsch dreinfahrenden Wort auch verbissene Kampfhähne nachdenklich machen konnte. Sein beträchtliches Ansehen beruhte vor allem auf seinen persönlichen Eigenschaften, die sich auf dem Grunde einer keineswegs optimistischen Lebensstimmung in jeder erträglichen Situation und jedem wohlgesinnten Mitmenschen gegenüber einfach, offen und gewinnend auswirkten. Man wird ihn nie vergessen und ihn weitherum vermissen...» (10. 6. 60 Nr. 1992)

52 Sehr richtig – scheint mir – betont Elsbeth Pulver in Kindlers «Literaturgeschichte der Gegenwart. Die zeitgenössischen Literaturen der Schweiz» (a.a.O. S. 386), daß M.I. seine wichtigsten Romane «vor dem zweiten Weltkrieg geschrieben» habe, daß allerdings «seine Ausstrahlung in der Nachkriegszeit noch so stark gewesen sei», daß es sich rechtfertige, ihn ausführlich zu behandeln.

53 M. I. schreibt in dieser Zeit sarkastisch an E. Wilhelm, der in einem Artikel des «Schweizer Feuilleton-Dienstes» sein «Lob der Heimat» zitiert hatte: «Das Zitat am Schluß dürfte wegfallen. Wer kann das heute noch verstehen? Ausgeruhte und Gesammelte gibt es nur noch in den Klöstern, die Zukunft gehört den Tätigen.» (22. 11. 60)

54 Einen interessanten Hinweis gibt das «Luzerner Tagblatt», welches in der Erzählung «Der Herr von Birkenau» eine zentrale Fragestellung des späten I. sieht: «die Problematik des Konservatismus». (17. 6. 61)

55 Freilich finden sich auch entgegengesetzte Aussagen, etwa Klagen über Altersbeschwerden (oder über die überhandnehmende Zerstörung der Umwelt). So schreibt er am 18. Juni 1958 an Robert Faesi: «Hier schicke ich Ihnen die 1. Hälfte Ihres Romans zurück [I. amtet für Faesi oft in aufopfernder Weise als Korrektor]. Ich habe sie aufmerksam gelesen, nur leider nicht immer mit einem zuverlässig klaren Kopf, sondern von anderen unaufschiebbaren Arbeiten und wiederholtem Kopfweh bedrängt. Anders geht's bei mir aber nicht mehr zu, ich muß mich damit abfinden...»

56 Inglin bemerkt zu dieser Erzählung (Brief an Emil Staiger vom 6. 5. 60): «Diese Erzählung hieß im Entwurf ‹Der Teufel als Beichtvater› und sollte als vorletztes Stück in der ‹Verhexten Welt› stehen. Sie wollte mir nicht nach Wunsch geraten, ich ließ sie liegen. Der Teufel... meldete sich auf andere Art, in anderen Zusammenhängen, ich gab nach, und da kannst Du nun sehen, was daraus entstanden ist...»

57 Dem Streit ging das beste Einvernehmen unmittelbar voraus. Am 7. 4. 61 spricht Staiger von seiner Vorlesung über Schweizer Schriftsteller des zwanzigsten Jahrhunderts und wie Inglin den Mittelpunkt bilden werde mit fünf von sechzehn Stunden. Am 3. 4. 61 hatte Inglin an Staiger geschrieben: «Manchmal stelle ich mir vor, wie es wäre, wenn ich Dein Verständnis und Deine offene Anerkennung nicht besäße. Übel, übel wäre das für mich! Ich könnte zwar selber nicht daran zweifeln, daß ich (nach meinem immer näher heranrückenden Abschied von dieser ((unbesonnenen)) verworrenen Zeit) [die in Klammer gesetzten Worte hat Inglin im Briefentwurf, der mir zur Verfügung steht, gestrichen] etwas mehr hinterlassen werde als Talmigold und Flitter, aber ich würde bei aller öffentlichen Anerkennung die alte bittere Einsicht zu verdauen haben, daß man bei Lebzeiten wohl gelobt, aber im wesentlichen nicht erkannt wird...»

58 Auch mit anderen Kritikern setzt sich I. gelegentlich (wenn auch selten) auseinander, so etwa mit Carl Seeligs Artikel in der «National-Zeitung» (nr. 57, 4. 2. 62),«Meinrad Inglin», worin Seelig behauptet, I. habe kein Genie: «Die Begriffe Genie und Talent sind so schwierig gegeneinander abzugrenzen, daß man nicht vorsichtig genug damit umgehen kann. Sie wissen, mit welcher Ironie Thomas Mann bei der Erörterung dieser Streitfrage sich damit abgefunden hat, ein Talent und kein Genie zu sein. Ein Erzähler, von dem gesagt und angenommen wird, er sei kein Genie, fällt in den Augen der Öffentlichkeit auf das Niveau Ernst Zahns und noch weiter ab. Ich halte aus diesen Gründen den Satz der Zeile elf nicht für notwendig... Völlig unrichtig ist, was man Ihnen von meinem Tagewerk erzählte. Ich arbeite auch am Morgen und habe weder Zeit noch Lust zu Gasthausbesuchen, zu einem Dauerjass schon gar nicht. In meiner freien Zeit bin ich als Naturfreund, Tiere beobachtend, botanisierend, mit meiner Frau auf langen Wanderungen unterwegs.» (Briefentwurf)

59 Daß er auch von anderen Kritikern gelegentlich zu ausschließlich in seiner handwerklichen Solidität gepriesen wurde, daran war er teilweise, durch die späte und den wahren Anfängen nicht angemessene Deutung im WA, selber schuld. Geht man die schweizerischen Kritiken nach dem WA durch, so ist der meistzitierte Satz jener von der Einsicht, «daß das Schöne, das dauern soll, nicht durch Zauberkunst und Flunkerei entsteht, sondern durch die unermüdliche Arbeit eines geschickten Mannes, dessen Beruf es ist.» (WA 1, 17)

60 Freilich sei zugegeben, daß der I. der späteren Jahre vorsichtig, gewissenhaft und langsam arbeitet. Dazu paßt ja auch sein Verdikt über «Wendel von Euw», dem er eine vorschnelle Entstehung vorwirft. Solange man sein Arbeiten nicht auf pures Handwerk reduziert, stimmt wohl auch E. Wilhelms Beschreibung vom Is. Künstlertum: «Was M. I. erschaut, wird lange geprüft. Ihm eignet nicht die Art des jungen Goethe, der in der Nacht aufsteht und in einem Zuge vollendete Verse auf das Papier hinwirft, auch nicht diejenige Kellers, der nach einem Sommer des Wartens im Herbste die reife Frucht ganz und ausgewachsen pflückt. Vielmehr ersteht das Schöne bei I. in geduldiger Arbeit, im Prüfen und Feilen, ehe es des Meisters Hand verlassen darf.» (a.a.O. S. 93)

61 Auch anderen Schweizer Autoren machte Staiger den Vorwurf, sie könnten keine Dialoge schreiben: vgl. die Einführung zu Otto Wirz: «Die Gewalten eines Toren» (a.a.O. S. 10): «....Kein Wunder, daß die Gespräche in diesem sonst so genialen Buch dilettantisch oder verkünstelt sind. Man weiß, Gespräche sind von jeher die Schwäche schweizerischer Autoren.»

62 Staigers Dankschreiben für die «Erzählungen I» vom 17. 9. 68 bildet gleichsam den Abschluß der Auseinandersetzung von 1961: «Ich habe mir an den Titeln der mir bekannten Stücke Deinen ganzen Wert und einzigartigen Rang vergegenwärtigen können und freue mich darauf, die ‹Gratwanderung› zu lesen, in der nun, nach Deinen Mitteilungen, alles in bester Ordnung sein dürfte...» – «Vorspiel auf dem Berg» heißt nun «Gratwanderung». Die Seiten 19ff. der Originalfassung (BJ), die Gespräche also, in denen die Freunde ihre Damen nach Körpergröße und Gangart taxierten (an denen Staiger zu Recht die Viehschau-Kriterien getadelt hatte), sind nun stark gekürzt. (Vgl. S. 68ff. in «Erzählungen I»).

63 I. hat sich im Alter gelegentlich bedauernd dahin geäußert, daß ihm in seiner Studienzeit zu wenig Zeit geblieben sei für die Freunde.

64 Ab 1. 1. 67 übernimmt Dr. Max Mittler die Leitung des Atlantis Verlages. Dr. Daniel Bodmer betreut weiterhin das literarische Ressort.

65 Erlenbüel gehört zu den von Karl Schmid zusammengestellten «hermetischen Modellen des unschöpferischen Pharisäertums»: Seldwyla – Mythikon (C. F. Meyer) – Oederland – Andorra – Güllen. (S. «Unbehagen im Kleinstaat», a.a.O. S. 172)

66 Schon 1957 weist Egon Wilhelm (a.a.O. S. 99) auf die zunehmende Neigung des Autors zur Reduktion und zum Dramatischen hin: «Das Verschweigen hat er mit zunehmendem Alter immer mehr

geübt, mehr und mehr auch vermag die Gebärde Sprache zu ersetzen... Das Verschweigen, die Gebärde decken Is. Neigung zum Dramatischen hin auf...»

67 Eine der boshaftesten Frauenfiguren in seinem ganzen Werk hat I. mit dem Fräulein ab Erlen geschaffen. Sie sei – wie I. Hans von Matt gegenüber mündlich gestand – «nach dem Modell eines Fräulein A. v. S. gezeichnet». Diese sei so giftig gewesen, daß der gemeinsame Freund, Dr. h. c. Kuno Müller in Luzern, einmal bemerkt habe, sie würde sich vergiften, wenn sie in die eigene Zunge bisse. Das habe ihn angeregt zu jener Figur.

68 Anton Krättli zieht eine hochinteressante Parallele zwischen Erlenbüel und Güllen, zwischen dem Besuch der reichen alten Dame und jenem des reichen jungen Herrn. («Thurgauer Zeitung», 19. 11. 65) Ob Erlenbüel positiver beurteilt ist als Güllen, bleibt fraglich.

69 Sowohl der «Tages-Anzeiger» (12. 10. 65) wie das «Volksrecht» (15. 12. 65) stoßen sich (wohl zu Recht) daran, daß Silvester nicht arbeiten müsse und deshalb kein moderner Mensch sei. Andere Kritiker – wie etwa Carl Holenstein – aber erkennen die dem Werk eigene Modernität genau: «...Die Handlung des Romans tritt mehr und mehr hinter diesem Ungenügen der Erlenbüeler zurück, es ist beinahe gleichgültig, was geschieht. Die Entfremdung des Menschen von seiner Gemeinschaft erfährt eine unheimliche Steigerung durch die Isolierung in der von diesem Zugriff noch ausgesparten Literatur...» («Basler Volksblatt», 4. 12. 65)

70 Es fällt auf, daß «Erlenbüel» gerade in kleinen, schnell hingesetzten Presseberichten als «harmlos» abgetan wird. Sobald sich ein Rezensent mehr auf das Buch einläßt, gibt es ihm auch mehr her: vgl. Otto Basler in der NZZ (24. 10. 65): «Gäbe es von M. I. nicht den ‹Schweizerspiegel›, so wäre man versucht zu sagen, ‹Erlenbüel› sei sein reifster, besinnlichster Roman. Sein heiterster jedenfalls ist er. Er hat den Verlauf des Märchens und meistert mit Eleganz den vorgelebten Stoff einer Schildbürgeriade... unmittelbar aus unserer Zeit...»
Auch diesmal – wie seit jeher – wird I. auch von den Westschweizer Zeitungen sehr aufmerksam zur Kenntnis genommen. (Vgl. z. B. «Journal de Genève», 21./22. 5. 66)

71 I. hat zudem vernommen, daß in den vierziger Jahren Nazis mit diesem Preis geehrt worden seien. Karl Schmid beruhigt ihn: «Die Namen aus den vierziger Jahren gehören der Vergangenheit an. Wenn das Curatorium auf Sie kommt, so belegt es damit einen andern Geist.» (30. 8. 67)

72 M. I. versieht das Exemplar, das er seinem Verleger schenkt, mit der folgenden Widmung: «Meinem lieben unentbehrlichen Daniel Bodmer dankbar und herzlich zugeeignet – Meinrad Inglin.»

73 Hugo Leber sieht im Ende Leuenbergers nicht endlich erreichte Heimat, sondern er stellt – wohl mit nicht minderem Recht – fest: «Im Frieden wegzugehen versuchen: das ist eine Resignation der ehrlichen Generation, die beinahe mit dem Mut zur Verzweiflung ihre eigene Erfahrung mitteilen möchte – und sicher auch mitteilen muß, weil eine jüngere Generation daran ihre veränderte Zeit erfährt.» («Die Weltwoche», Nr. 1811, 26. 7. 68).

74 Die Zahl der im Erscheinungsjahr der «Erzählungen I», 1968, abgesetzten Bücher wirft ein Licht auf den sehr bescheidenen Erfolg des alten M. I. in Deutschland:

Werk	Schweiz	Deutschland
Erzählungen I	1442	86
JV	312	—
SP	275	2
WI	96	2
WA	87	2
GM	84	—
EU	65	—
Erlenbüel	58	1
UR	56	—
LA	55	—
BJ	52	—
VW	47	—
Absatz	2629	93

75 «Welche Kraft der Empfindung verraten diese sparsamen Schriftzüge! ...Nichts von künstlicher Urchigkeit und nichts von patriotischem Pathos in der Wahl des sicher treffenden Ausdrucks, nur da und dort eine Spur des alemannischen Tonfalls, in einem ernsten, suggestiv beruhigenden und nur selten leidenschaftlich geballten Takt der Sätze», führt Kamer aus in der Einleitung zu seinem Vortrag. (In der Zeitschrift «Radio und Fernsehen», Ausg. 1, Nr. 30, 1968, 28. 7. - 3. 8.)

76 Offenbar folgen die Schwyzer dem Einsiedler Beispiel: im Juli 1936 wurde in Einsiedeln der Meinrad-Lienert-Brunnen eingeweiht.

77 Wie gerade die besten dieser jüngeren Schriftsteller ihn sehr hoch schätzten, bezeugt eine andere Anekdote. An einer Jahresversammlung der Buchhändler und Verleger in Brunnen soll Otto F. Walter dem Dichter gesagt haben: «Ich verehre Sie.» Der schwerhörige I. habe Walter nicht verstanden, worauf dieser ihm ins Ohr schrie: «Ich verehre Sie.»

78 Nicht mehr wie früher schätzt I. das Wintergrau. Im November pflegt er sich jetzt schon auf den Frühling zu freuen: «Nach den drei Wintervorstößen mit ihren trostlos weißen Folgen ist es rund um unser dezentral geheiztes kühles Haus doch noch einmal grün geworden. Eine Gelegenheit scheint uns gewährt bis zur Jahreszeit, in der man nur mehr zwischen Erinnerung und Hoffnung lebt. Was helfen uns Preise und Lobreden ohne Blumen, Sonnenschein und Himmelsbläue!» (14. 12. 65 an Hans von Matt)

79 Lesen hat ihm bis jetzt außer der Natur immer den intensivsten Lebensgenuß bereitet. Mit einem Buch konnte er sich umgeben wie mit einer bergenden Schutzhülle. Zu einem seiner Schwyzer Bekannten, dem Historiker Dr. Gasser, soll er bemerkt haben, er dürfe froh sein über sein jugendliches Alter, da stünden ihm noch viele Lektürestunden bevor.

80 Zwei Bücher, die er von Daniel Bodmer bestellt hatte («Weiße Nächte» und «Frühling in der Schweiz» von Ricarda Huch), hat er nicht einmal mehr ausgepackt.

81 Gemäß Hans von Matt hat I. eben (Feb. 70) die folgenden Bücher erstanden: A. Andersch «Efraim», Günter Grass «Die Blechtrommel», Martin Walser «Das Einhorn», Thornton Wilder «Der achte Schöpfungstag».

82 In den beiden letzten Lebensjahren Is. hat sein langjähriger Freund (seit 1928), der Bildhauer Hans von Matt, mir regelmäßig Kurzberichte über die einzelnen Begegnungen zukommen lassen. Einzelnes sei dankbar zitiert. Die beiden treffen sich am ehesten an Samstagen in Luzern, um – wie I. es wünscht – einen Kulturfilm zu besuchen. (Am 22. 11. 66, als Bettina noch lebte, hat I. an Hans von Matt geschrieben: «An Samstagen läuft in den Luzerner Kinos Rex und Capitol um 17.30 Uhr jeweilen ein sogenannter Kulturfilm, der mit Kultur meistens nur wenig zu tun hat, den wir aber doch gelegentlich ansehen. Bei der Ankunft in Luzern, gewöhnlich um 15.07 Uhr, fragen wir jedesmal: warum ist eigentlich Hans von Matt nicht auch da, flaniert mit uns herum, besucht eine Ausstellung, den Film, ißt vorher mit uns Käsekuchen oder nachher znacht? Um 19.07 oder 21.07 Uhr fahren wir dann alig mit der SBB wieder heim.»)

Hans von Matt notiert:

«21. März 1970. Treffen in Luzern. Kulturfilm. Bei schönstem Wetter. Ich wäre lieber spazierengegangen an der endlich scheinenden Sonne. I. aber ist stets programmtreu...»

«Die Bibelausgabe, die M. I. gelesen hat, stammt von Jörg Zink. Er findet das Matthäus-Evangelium hervorragend. Lukas und Markus viel schwächer. Johannes allerdings dann wieder sehr gut, aber diesen habe er noch nicht gelesen... Sein Grund zur Lektüre. Die Bibel sei ein Grundwerk der Weltliteratur mit kolossalen kulturellen Folgen. Er habe nun nicht mehr viel Zeit zum Lesen. Deshalb habe er sich vorgenommen, nur noch ganz wichtige Literatur zu lesen. So habe er die Odyssee und die Ilias gelesen. Und nun sollte er sich noch an die divina commedia wagen, aber er schrecke etwas davor zurück. – Ein zweiter, mehr zufälliger Grund. Beim Ordnen des Nachlasses seiner Frau sei ihm diese Bibelausgabe in die Hände gekommen, zum Teil mit angestrichenen Stellen, die er dann versuchsweise gelesen habe, und das habe ihn dazu geführt, vorerst die Geschichten um Jakob zu lesen (wegen Thomas Mann), und schließlich habe er gründlich das Ganze in Angriff genommen...»

«Wohnt als Pensionär im Hotel «Wysses Rössli» (den Winter über). Beklagt sich über die zu üppige Kost. Er hat tatsächlich sichtlich zugenommen. In seinem Alter gefährlich. Bei einer befreundeten Familie zu essen, komme aus zwei Gründen nicht in Frage. 1. Weil er sich auf keinen Fall an normale Essenszeiten halten wolle. ... Wenn er abends lange lese und Wein trinke, dann sitze er erst um zehn Uhr beim Morgenessen und habe folglich um zwölf Uhr noch keinen Appetit. 2. sei er im Winter ja doch ans Hotel gebunden. Das Haus sei nicht heizbar. Früher, als man jung war, habe man das nicht so gespürt. Ein Kachelofen in der Stube und einige elektrische Heizer genügten. In den Gängen aber und auf der Toilette (die wie bei andern Bauernhäusern in der Laube eingebaut ist) sei es bitter kalt. Früher habe man kein Geld für eine Zentralheizung besessen, und heute lohne es sich nicht mehr.

Wie er früher gelebt habe, als seine Frau drei Tage in der Woche abwesend war. Da habe er selber gekocht. Das heißt, von dem gelebt, was seine Frau vorbereitet hatte. Also aus dem Kühlschrank. Am Abend meistens Bündnerfleisch und Wein. Am Morgen einen großen Krug Milchkaffee, den er nach dem Essen in seine Schreib- und Lesestube mitnehme und einige Stunden daran ‹lödele›.»

83 Über seinen vorletzten Besuch bei M. I. im Spital berichtet Hans von Matt u. a. folgendes: «Ich treffe ihn abgemagert, aber lebhaft. Er sitzt im Bett und stützt sich nur auf den rechten Arm, und zwar während der ganzen Stunde, die ich bei ihm verbrachte. Ich hätte das nie ausgehalten. Kein einziges Mal sank er in die Kissen zurück. Er saß zwar mit Mühe und hatte Schmerzen in den Beinen,

auf die er hie und da schlug, wie um sie zu strafen. Aber er machte von seinem Zustand kein Aufhebens. Man müsse sich eben abfinden damit. Diesmal sagt er nicht einmal, er möchte am liebsten sterben. Seine Haltung scheint mir sehr männlich... sofort begann er von Literatur zu sprechen... Wir redeten ziemlich lange über Thomas Mann...» (22. 9. 71)

Am 16. Oktober sieht ihn von Matt zum letzten Mal und berichtet: «Ich traf ihn noch mehr abgemagert und müde. Aber er erholte sich bald durch das Gespräch, das ohne jede Stockung verlief. Er hatte die ‹Strahlungen› von Ernst Jünger schon fast zur Hälfte gelesen, was auch für einen Gesunden eine Leistung bedeutet. Es sei ein wichtiges Buch. Es rege ihn zum Denken an. – Er erzählte mir einen Traum: Er sei in Brunnen gewesen. Die Dorfkapelle sei – in der Nacht – hell beleuchtet gewesen. Er sei eingetreten, aber niemand war da. Er habe einen erbeuteten Fisch getragen und suchte nun die Küche, um ihn zu kochen. Als er sie nicht fand, entschloß er sich zum Fortgehen, aber die Türe war geschlossen. Später befand er sich – in der Kapelle – im Bett und rief um Hilfe, man solle ihn doch retten. Er wollte fliehen und stieg aus dem Bett, brach aber zusammen und lag nun am Boden – immer in der Kapelle. Vom Sturz blutete er stark am Arm und an der Stirne. Nach einer Stunde kamen zwei Schwestern, die er anflehte, man solle ihn doch aus dieser Kapelle hinauslassen. Erst nach langem hätten ihm die Schwestern beibringen können, er befinde sich im Spital. Er war aber tatsächlich aus dem Bett gestürzt. Er sprach auch wieder von Knut Hamsun: ‹Segen der Erde›. Er sei von dem Buch erneut sehr beeindruckt – spätere Gesinnung des Autors hin oder her...»

Am 28. Nov. 71 schreibt Is. Freundin Helen Weber an Hans von Matt: «Am Samstag gab mir Meinrad Ihr Buch zum Heimnehmen. [E. Jüngers «Strahlungen»] Er möge nicht mehr lesen – und wirklich – er rührt auch keine Zeitung mehr an, schläft sozusagen auch am Tag. Als ich ihn gestern fragte wegen Schmerzen, verneinte er. Er ist einfach sehr elend geworden – aber wenn er spricht, ist alles ganz klar – wenn auch die Aussprache nicht immer sehr deutlich ist...»

84 Werner Weber bemerkt dazu («Geleit für M. I.», Schwyzer Hefte, Band 2, S. 46): «Würde ein Fremder, der diesen Zug sähe, auch merken, daß da ein bedeutender Mensch zum Grabe geleitet wird? Er würde es nicht merken; kein Anflug von Gepränge – und vielleicht ist sogar weniger getan worden, als man hätte tun dürfen.»

Dann folgt eine Beschreibung des Begräbnisses: «Am Eingang zum Friedhof hält der Zug. Männer, mit denen Meinrad Inglin so oft zur Jagd gegangen, heben den Sarg vom Wagen und tragen ihn zum Grab, das am oberen Rande des Gräberfeldes, angrenzend an die Mauer, geöffnet worden ist. Dann treten wir hinzu. Die Birken in der Nähe und die Buchen haben fast alles Laub fallen gelassen. Es ist kalt. Die Nebeldecke ist seit dem Vormittag nicht gestiegen; sie scheint eher zu sinken. Es ist still. Etwas abseits stehn einige Männer, Jagdhörner im Arm; und nun heben sie an und blasen eine ruhige Weise über das offene Grab hin, den kurzen Ruf ‹Jagd vorbei›...» (a.a.O. S. 47)

Bibliographie

I. Das Werk Meinrad Inglins

1. Jugendwerk (bis 1922)

1.1. Erzählungen und Essays, Romane und Dramen

Getäuschte Hoffnung, Erzählung («Schwyzer Zeitung», 44. Jg., Nr. 92, 13.11.09)
Ein Weihnachtsabend, Erzählung («Schwyzer Zeitung», 44. Jg., Nr. 104)
Das Glück. Eine Skizze, Erzählung («Bote der Urschweiz», 52. Jg., Nr. 36ff., 7.5.10, 11.5.10, 14.5.10)
In stiller Nacht, Gedicht, «Vaterland», Oktober 1910
An meinen Vater, Gedicht, «Vaterland», August 1911
Das geistige Leben Genfs vor hundert Jahren, Essay, «Neue Zürcher Zeitung», 2.7.14
Trud, Erzählung, «Berner Intelligenzblatt», Beilage «Alpenrosen», 45. Jg., Nr. 22ff., 28.5.15
Die junge Gret, Erzählung, «Berner Intelligenzblatt», Beilage «Alpenrosen», 45. Jg., Nr. 27ff., 2.7.15
Nachtgefecht, Erzählung, «Berner Intelligenzblatt», Beilage «Alpenrosen», 45. Jg., Nr. 30, 23.7.15
Onkel Melk und der glückhafte Fischfang, Erzählung, «Berner Intelligenzblatt», Beilage «Alpenrosen», 45. Jg., Nr. 41ff., Oktober 1915. Neudruck in «Schweizer Monatshefte», 55. Jahr, Heft 1, April 1975
Melchior Lob, Erzählung, «Berner Intelligenzblatt», Beilage «Alpenrosen», 45. Jg., Nr. 49ff., 3.–17.12.15
Der Vater, Erzählung, ungedruckt, 1915
Der Wille zum Leben, Erzählung, ungedruckt, 1913–1917
Herr Leutnant Rudolf von Markwald, zwei Fassungen: Novelle und Romanfragment, ungedruckt, 1916/17
Schmuggel, Erzählung, «Zürcher Morgen-Zeitung«, 13.7.16, Nr. 185
Phantasus, Roman, ungedruckt, 1917
Der Abtrünnige, Tragödie in fünf Aufzügen, ungedruckt, vollendet am 29.11.17
Dada, Essay, «Der Bund», Nr. 334, 8.8.18
Über das dichterische Schaffen. Brief an einen Literaten, Essay, «Neue Zürcher Zeitung», Nr. 1290, 1.10.18
St. Ingobald, Urfassung von *Die Welt in Ingoldau*, Manuskript teilweise erhalten, 1918–1922

1.2. Jugendgedichte
(1965 von M. I. selber geordnet. Ungedruckt)

Aus einer alten Truhe, Dichter und Mädchen, Mädchen (1 u. 2), *Dichter, Nach dem Tod der Geliebten* (I–III), *Föhn*

1.3. Rezensionen
(Theater, Film, Konzert, Bücher)

«Berner Intelligenzblatt», April–Juli 1915, sign. M. I. und «Zürcher Volkszeitung», März–August 1919, sign. M. I.

1.4. Politische Artikel

«Berner Intelligenzblatt», 1916, sign. -i.

Die Welt in Ingoldau, Roman, Deutsche Verlagsanstalt, Stuttgart, Berlin und Leipzig 1922
Neue Fassung L. Staackmann Verlag, Leipzig 1943
Vom Verfaser bearbeitete neue Auflage, Atlantis Verlag, Zürich 1964
Wendel von Euw, Roman, Deutsche Verlagsanstalt, Stuttgart, Berlin und Leipzig 1925
Über den Wassern, Erzählung und Aufzeichnungen, Verlag Grethlein & Co, Zürich und Leipzig 1925
Mit einigen Änderungen neu vorgelegt in «Güldramont» 1943
Grand Hotel Excelsior, Roman, Orell Füssli Verlag, Zürich und Leipzig 1928
Lob der Heimat, Verlag der Münster-Presse, Horgen-Zürich und Leipzig 1928
Neue Fassung in *Notizen des Jägers* 1973
Jugend eines Volkes, Fünf Erzählungen, Montana Verlag, Horw und Leipzig 1933
Neuauflage L. Staackmann Verlag, Leipzig 1939
Neue Fassung *Jugend eines Volkes, Erzählungen vom Ursprung der Eidgenossenschaft,* Atlantis Verlag, 1948
Übersetzungen:
Jeunesse d'un peuple, Version française par Paul de Vallière, Préface de Charly Clerc, Editions Spes, Lausanne 1936
Giovinezza di un popolo, Racconti storici tradotti da Piero Bianconi, Istituto editoriale ticinese, Bellinzona 1938
Die graue March, Roman, L. Staackmann Verlag, Leipzig 1935
Neue Fassung: Roman, Atlantis Verlag, Zürich 1956
Übersetzung ins Rätoromanische: *E darcheu s'alvainta la tschiera,* Versium in rumantsch: Andri Peer, Chasa paterna, Lavin 1952
Schweizerspiegel, Roman, L. Staackmann Verlag, Leipzig 1938
Neue Fassung: Atlantis Verlag, Zürich 1955
Durchgesehene Neuauflage: Atlantis Verlag, Zürich 1965, 1972
Güldramont, Erzählungen (Die Furggel, Die entzauberte Insel, Güldramont,
Neue Fassung: Über den Wassern), L. Staackmann Verlag, Leipzig 1943
Neuauflage: C. Baessler, Bamberg 1948
Neuauflage *Die Furggel* und *Die entzauberte Insel* in *Erzählungen I,* Atlantis Verlag, Zürich 1968
Die Lawine und andere Erzählungen (Die Lawine, Drei Männer im Schneesturm, Der schwarze Tanner, Ein einfacher kleiner Schritt, Das Unerträgliche, Das Gespenst), Atlantis Verlag, Zürich 1947
Teilweise Neuauflage: *Das Gespenst,* Erzählungen, Gute Schriften, Bern 1949
Neuauflage mit Korrekturen des Verfassers in *Erzählungen I,* Atlantis Verlag, Zürich 1968, und in *Erzählungen II,* Atlantis Verlag, Zürich 1970
Werner Amberg, Die Geschichte seiner Jugend, Atlantis Verlag, Zürich 1949
Vom Verfasser bearbeitete zweite Auflage, Atlantis Verlag, Zürich 1969
Ehrenhafter Untergang, Erzählung, Atlantis Verlag, 1952
Rettender Ausweg, Anekdoten und Geschichten aus der Kriegszeit (Sonderbares Gottvertrauen, Unglück im Glück, Liebe und Pflicht, Ein Flüchtling, Rettender Ausweg), Reihe «Der Bogen», Heft 31, Tschudy Verlag, St. Gallen 1953
Teilweise Neuauflage mit Korrekturen des Verfassers in «Erzählungen I», Zürich 1968
Urwang, Roman, Atlantis Verlag, Zürich 1954
Zweite, vom Verfasser durchgesehene Auflage, Atlantis Verlag, Zürich 1973
Verhexte Welt, Geschichten und Märchen (Unverhofftes Tauwetter, Begräbnis eines Schirmflickers, Ein Jäger erzählt, Morgentraum eines heiteren Mannes, Mißbrauch eines schlafenden Sängers, Von einem Vater, der keine Zeit hatte, Der Lebhag, Rappenspalter, Der Züslibutz, Näzl und Wifeli, Die goldenen Ringe, Der verzauberte Berg, Die verkehrte Welt, Zwei hochmütige Seeforellen, Unbedachter Wunsch einer Häsin, Eine auserwählte Henne, Drei Geschenke, Hohrugg und die Zwerge, Die Königin mit dem Staubwedel, Der Schatz in den Bergen, Der fleißige Viktor und der faule Gottlieb, Meister Sebastian, Die schwer verständliche Schöpfung), Atlantis Verlag, Zürich 1958
Teilweise Neuauflage mit Korrekturen des Verfassers in «Erzählungen II», Zürich 1970
Übersetzung: *Un Monde ensorcelé.* Contes et récits. Traduit et présenté par Eugène Badoux. Editions Le Livre du Mois, Lausanne 1971
Besuch aus dem Jenseits und andere Erzählungen (Vorspiel auf dem Berg, Das Riedauer Paradies, Der Ehrenplatz, Der Herr von Birkenau, Besuch aus dem Jenseits), Atlantis Verlag, Zürich 1961
Teilweise Neuauflage mit Korrekturen des Verfassers in *Erzählungen I,* Atlantis Verlag, Zürich 1968 und in *Erzählungen II,* Atlantis Verlag, Zürich 1970
Erlenbüel, Roman. Atlantis Verlag, Zürich 1965

Erzählungen I (Die Furggel, Die entzauberte Insel, Gratwanderung, Drei Männer im Schneesturm, Der schwarze Tanner, Die Lawine, Fiebertraum eines Leutnants, Ein Flüchtling, Rettender Ausweg, Das Unerträgliche, Wanderer auf dem Heimweg), Atlantis Verlag, 1968

Erzählungen II (Das Riedauer Paradies, Der Herr von Birkenau, Der Ehrenplatz, Ein Jäger erzählt, Das Gespenst, Unverhofftes Tauwetter, Begräbnis eines Schirmflickers, Der Lebhag, Der Züslibutz, Der fleißige Viktor und der faule Gottlieb, Die Königin mit dem Staubwedel, Rappenspalter, Der Schatz in den Bergen, Die verkehrte Welt, Unbedachter Wunsch einer Häsin, Eine auserwählte Henne, Drei Geschenke, Hohrugg und die Zwerge, Meister Sebastian, Besuch aus dem Jenseits), Atlantis Verlag, Zürich 1970

Notizen des Jägers. Aufsätze und Aufzeichnungen (Vorwort des Verfassers, Lob der Heimat, Aus dem Jahr des Volkes, Vom Eigenleben des Kantons, Zur Arbeit am *Schweizerspiegel,* Vom Umarbeiten, Quellen zur Erzählung *Ehrenhafter Untergang,* Über den Roman *Urwang,* Notizen I, II, III, Notizen des Jägers, Ansprache bei der Verleihung des Großen Schillerpreises, Ansprache am sechzigsten Geburtstag, Dank für den Mozart-Preis der Goethe-Stiftung, Vorwort zu einer Monographie über Hans von Matt, Dankbare Erinnerung an Paul Häberlin, Nachts bei den Brüdern Schoeck [Fragment], Zur «Saffa», Mißglückte Reise durch Deutschland, Schneesturm im Hochsommer), Atlantis Verlag, Zürich 1973

3. Nur im Manuskript vorhanden (ab 1922)

3.1. Prosa

Der Tänzer, Erzählung, Fragment (zwischen 1939 und 1948)
Konjunktur, Anekdote (vierziger Jahre)
Werkzeug des Teufels, Anekdote (vierziger Jahre)
Anschauliche Belehrung, Erzählung (vierziger Jahre)
Schwere Todesstunde, Erzählung (vierziger Jahre)
Tagebuchblatt der Frau von A., Kurzgeschichte (vierziger Jahre)
Ein ehrlicher Mann, Erzählung (vierziger Jahre)
Absurdes Gottvertrauen (ursprünglicher Titel *Eine Kapuzinerpredigt und ihr Anlaß*), Erzählung (stark gekürzt als *Sonderbares Gottvertrauen,* in *Rettender Ausweg,* St. Gallen 1953) (vierziger Jahre)
Der Blindgänger, Erzählung (vierziger Jahre)
Aufstrebende Ortschaft, Erzählung (vierziger Jahre)
Legende vom heiligen Meinrad, Legende (wahrscheinlich vierziger Jahre)
Der Franzose als Gespenst, Sage (1910 gehört, 1957 in «annehmbare Fassung gebracht» und an den Sagensammler Fritz Ineichen, Luzern, gesandt)

3.2. Dramen

Chlaus Lymbacher, Komödie in fünf Akten (urspr. Titel *Thumes Lymgrueber*), 1944 vollendet
Anni, Dramenfragment, frühe vierziger Jahre
Die Heimkehr (oder *Heimkehr in die Freiheit* oder *Heimkehr in den Frieden*), Drehbuch für die Praesens-Film AG (L. Wechsler), 1946
Volksfriedenskongreß in Jeddo-Schwyz (Ein kurzgefaßtes, grausliches Fasnachtsspiel, dargeboten von den Japanesen... 21. Horner 1952)

3.3. Lyrik

Schwyzerlied, ca. 1934
Gedichte (von M. I. 1965 geordnet), ungedruckt: *Neuer Morgen, Frühlingsgewitter, Amazone, Don Juan, Der Asket, Michelangelo, Auf zwei Zeitgenossen* I. u. II, *Greiflersprüche am Dreikönigstag* I–IV, *Bedächtige Liebe, Mißverständnis, Zu einem Adagio von Mozart (Aus dem Trio KV 254), Morgenkuß, Ein junges Mädchen beichtet, Erwachendes Mädchen, Sinnende Magd am Fenster*

4. Aufsätze und kleine Erstdrucke

Schneesturm im Hochsommer, NZZ (unter «Saison–Reise–Verkehr»), 1.10.26, Nr. 1573
Neue Fassung in «Der Bund», 26.7.63, Nr. 314
Rilke, NZZ, 1. 1. 28, Nr. 3

Lob der Heimat (1. Teil), «Kalender der Waldstätte», 4. Jahrgang, Engelberg/Basel 1928
Sigwarts Tod (Vorabdruck aus *Grand Hotel Excelsior*), NZZ, 12.2.28, Nr. 253
Zwischen Leben und Tod, Novelle, «National-Zeitung» (Beilage «Der Basilisk»), 28.7.29, Nr. 30
Die Schlacht (Vorabdruck aus *Jugend eines Volkes*), NZZ, 20.7.30, Nr. 1428
Willkür der Vögte (Vorabdruck aus *Jugend eines Volkes*), «Kalender der Waldstätte», 7. Jg., Engelberg, Basel 1931
Aus dem Jahr des Schwyzer Volkes in «Schweizer Volksleben», hg. von H. Brockmann-Jerosch, 2. Bd., Erlenbach-Zürich 1931
Martina (Vorabdruck aus *Güldramont*), NZZ, 28. Juli 7. 43, 1171 und 1175
Der Lebhag, Erzählung, Schweizerisches Jahrbuch «Die Ernte» 1946
Vom Eigenleben des Kantons in «Der Stand Schwyz im hundertjährigen Bundesstaat 1848–1948», Einsiedeln 1948
Vom Umarbeiten in «Atlantis-Almanach» 1949, Zürich 1948
Vorwort zu «Der Bildhauer Hans von Matt», Eine Monographie, Text von Jakob Wyrsch, Zürich 1949
Meister Sebastian, Erzählung, in «Atlantis», 22. Jg. Heft 12 (Dezember), Zürich 1950
Der Herr von Birkenau, Erzählung in «Neue Schweizer Rundschau», Neue Folge, 21. Jg., Heft 10 (Februar), Zürich 1952
Notiz über Thomas Fassbind und P. Paul Styger in «Mitteilungen des Historischen Vereins des Kantons Schwyz», Heft 50, Einsiedeln 1953
Morgentraum eines heiteren Mannes in «Atlantis», 26. Jg., Heft 8 (August), Zürich 1954
Darf ein Schweizer Dichter Dialektausdrücke verwenden? (Brief an Frau B. Hürlimann) in «Atlantis», 26. Jg., Heft 12 (Dezember), Zürich 1954
Die Sprache ist wie Wachs, «Nebelspalter» (Pseudonym Megin) 1957
Dankbare Erinnerung an Paul Häberlin, in «Paul Häberlin zum achtzigsten Geburtstag», Francke Verlag, Bern 1958
Besuch aus dem Jenseits, Erzählung, 87. Publikation der Vereinigung Oltener Bücherfreunde, 1960
Der Ehrenplatz, Novelle, NZZ, 2.4.61, Nr. 1196
Legende vom Heiligen Meinrad, in «St. Meinrad's Raben» (Kollegium Einsiedeln), Einsiedeln, Januar 1961
Fiebertraum eines Leutnants, «Schweizer Monatshefte», 41. Jahr, Heft 5, August 1961 (Zürich)
Die Japanesenspiele in Schwyz, NZZ, 18. 1. 63, Nr. 0203
Mißglückte Reise durch Deutschland, in «Schweizer Monatshefte», 43. Jahr, Heft 3, Zürich, Juni 1963
Zur Arbeit am «Schweizerspiegel», NZZ, 26.7.64, Nr. 3166
Ruf zu den Waffen 1914. Durch Sturmgeläute, Tambouren und Ausrufer wurde das Land aufgerüttelt, spk, «Bündner Zeitung», 5.7.64
Dr. Hermann Stieger, Brunnen, in «Hermann Stieger» (Nachrufe auf den 1964 Verstorbenen)

II. Sekundärliteratur

1. Aufsätze und Rezensionen (Auswahl)

Hans Bänziger: *Besuch aus dem Jenseits,* «St. Galler Tagblatt», 27.8.61
Otto Basler: *M. I. zum 75. Geburtstag am 28. Juli 1968,* «Die Tat», Beilage «Die literarische Tat», 27.7.68
Joseph Bättig: *Besuch aus dem Jenseits.* Ein neuer Erzählband von M. I., «Tages-Anzeiger», 8.7.61
– «M. I., 28. Juli 1893 – 4. Dezember 1971», «Vaterland» Nr. 284, 6.12.71 (Nachdruck in «Schwyzer Hefte», Band 2, Schwyz 1973, S. 5ff.)
Emil Birrer: *M. I.,* «Neue Schweizer Rundschau», August 1953
Linus Birchler: *M. Is. Neufassung des «Schweizerspiegel»,* «Zürichsee-Zeitung», 29.3.56
– «Der siebzigjährige M. I. in Schwyz», «Neue Zürcher Nachrichten», in drei Folgen ab 27.7.63
Marie-Louise Bodmer: *Schwyz,* in Reihe «So lebt die Schweiz», «Annabelle», Jg. 16, Dezember 1953
Martin Bodmer: *Verleihung des Gottfried Keller-Preises an M. I.,* «Neue Zürcher Zeitung», Nr. 4456, 24.10.65
E. Max Bräm: *Ein Eigenwilliger in der Schweizer Kleinstadt,* «National-Zeitung», Basel, 20.12.65
Elisabeth Brock-Sulzer: *Inglin bezwingt das Theater. Zur Uraufführung des «Robbenkönig»,* «Die Tat», 11.4.76

CHARLY CLERC: *Die Lawine,* «Gazette de Lausanne», 13.12.47
– *Le Roman du Réduit («Ehrenhafter Untergang»),* «Gazette de Lausanne», 11./12.4.53
ERICH A. DWORAK: *Heimkehr und Aufbruch,* «Neues Österreich», Wien, 25.6.66
ROBERT FAESI: *M. I.,* «Basler Nachrichten», 24.7.53
EUGEN FELBER: *Werner Amberg,* «Luzerner Neueste Nachrichten», 12.11.49
JACOB FISCHER: *Neues aus Ingoldau?,* «Weltwoche», 10.12.65
DIETER FRINGELI: *Die Geschichte eines «ungeselligen Igels»,* «Basler Nachrichten», 16./17.8.69
CARL GÜNTHER: *M. I.,* «Schweizer Annalen», Heft 9/10, 1944
WERNER GÜNTHER: *M. Is. letzte Novelle,* «Schweizer Monatshefte», 55. Jahr, Heft 1, April 1975
ALBERT HAUSER: *M. I. – ein großer Schweizer Dichter,* «Aargauer Volksblatt», Nr. 100, 3 Folgen ab 30. April 1955
– *M. Is. Novellen,* «Der Bund», Nr. 577, 9. Dezember 55
– *Begrenzung und Erfüllung. M. I. zu seinem 75. Geburtstag,* «Schweizer Monatshefte», 48. Jahr, Heft 5, August 1968
CARL HELBLING: *«Der Schweizerspiegel» von M. I.,* NZZ, Nr. 2174, Dezember 1938
A. E. H. *Ehrenhafter Untergang,* «Tages-Anzeiger», 10.1.53
HESSISCHER RUNDFUNK: über *Urwang,* Frankfurt a. M., 17.1.55
CURT HOHOFF: über *Erzählungen I,* «Deutsches Allgemeines Sonntagsblatt», 24.11.68
CARL HOLENSTEIN: *Eine erträgliche Menschengesellschaft. Zum Standort des Romans «Erlenbüel» von M. I.,* «Basler Volksblatt», 4.12.65
– *M. I.,* «Neue Zürcher Nachrichten», 6.12.71
RUDOLF JAKOB HUMM: *Die Lawine,* «Die Weltwoche», 4.12.47
– *Ehrenhafter Untergang,* «St. Galler Tagblatt», 20.12.52
– über *Urwang,* «Die Weltwoche», 26.11.54
– *Zu M. Is. 60. Geburtstag,* «Echo», November 1953
DOMINIK JOST: *Aus dem Standort Schweiz,* «St. Galler Tagblatt», 26.7.64
PAUL KAMER: über *Werner Amberg,* «Grüße von Maria-Hilf», Schwyz, Februar 1950
– *M. I.,* «Zürichsee-Zeitung», 25. Juli 1953
– *M. I.-Feier in Schwyz,* «Schwyzer Nachrichten», 27.7.53
– *Urwang,* «Zürichsee-Zeitung», 15.12.54
– *Abdankung für M. I. auf dem Friedhof in Schwyz, 7. Dezember 1971,* in «Schwyzer Hefte» 2, Einsiedeln 1973
– *M. I. ad acta?,* «Civitas», Januar 1972
EDUARD KORRODI: *Schweizer Erzähler* (über «Wendel von Euw»), «Neue Zürcher Zeitung», 1924, Nr. 1835 (November/Dezember)
– *Über den Wassern,* NZZ, 1925, Nr. 1926 (November/Dezember)
– *Lob der Heimat,* NZZ, 1928, Nr. 334 (Januar)
– *M. I. «Grand Hotel Excelsior»,* NZZ, 1928, Nr. 2140 (November)
– *Jugend eines Volkes,* NZZ, 1933, Nr. 1080 (Juni)
– *M. I. «Die graue March»,* NZZ, 1935, Nr. 307 (Februar)
– *M. I. «Güldramont»,* NZZ, 1943, Nr. 1378 (September)
– *Jugend eines Volkes* (Neuausgabe), NZZ, 1948, Nr. 2364 (November)
MARTIN KRAFT: *Die Welt in Schiltenau. Zu M. Is. Mundartstück «Chlaus Lymbacher»,* NZZ, 25.3.76, Nr. 71
ANTON KRÄTTLI: *In erträglicher Menschengemeinschaft. Zu neuen Werken deutschschweizerischer Erzähler* (über *Erlenbüel*), «Schweizer Monatshefte», 45. Jg., Heft II, Zürich, Februar 1966
PAUL KRETZ: *«Poetisches Politstück»* «tv radio zeitung» 20, 1976
HUGO LEBER: *M. I., Künder schweizerischer Eigenart,* «Tat», Beilage «Kultur», 27.7.63
– *M. I.,* «Die Weltwoche», Nr. 1811, 26.7.68
– *M. I.,* «Gazette de Lausanne», 1.9.68
– *Ein fortwährendes Besinnen auf den Ursprung. Zum Tode des Schweizer Schriftstellers M. I.,* «Tages-Anzeiger», 7.12.71
ILSE LEISI: *Die beiden Fassungen von Is. «Schweizerspiegel»,* NZZ, 1972, Nr. 565–49, 3.12.72
KONRAD RUDOLF LIENERT: *In Schiltenau ist kein Platz für Phantasten. Zur Uraufführung des Mundartstücks «Der Robbenkönig»,* «Tages-Anzeiger», 10.4.76
HEINZ PETER LINDER: *Ein Dichter aus der Innerschweiz,* «Frankfurter Allgemeine Zeitung», 30.10.61
– *M. I. Ein Mahner in unserer Zeit. Zum 70. Geburtstag des Dichters am 28. Juli,* «Der Bund», Nr. 314, 114. Jg., Bern, 26.7.63
HUGO MARTI: *Die Welt in Ingoldau,* «Der Bund», Bern, 21.1.23
BEATRICE VON MATT-ALBRECHT: *Hohe Schule der Erzählkunst. Zu M. Is. jüngstem Roman,* «Vaterland», Beilage «Kunst, Kirche, Kultur», 30.6.67

BEATRICE VON MATT-ALBRECHT: *«Wanderer auf dem Heimweg». Eine neue Erzählung von M. I.,* «Vaterland», Beilage «Kunst, Kirche, Kultur», 20.7.68
– *Der eigenrichtige Weg. Zur Neuauflage von M. Is. «Werner Amberg»,* «Vaterland», Beilage «Kunst, Kirche, Kultur», 14.6.69
– *Motive und Erzählformen bei M. I.,* «Schweizer Rundschau», 69. Jg., Heft 3, Juni 1970
– *Der Schriftsteller M. I. gestorben,* «Zürichsee-Zeitung», 6.12.71
– *Zum Tode von M. I.,* «Basler Nachrichten», 6.12.71
– *In seiner Bedeutung zu wenig anerkannt,* «Zürichsee-Zeitung», 8.12.71
– *Ehrlichkeit der Sprache,* «Die Woche», Nr. 50, 15.12.71
– *M. I. 1893–1971,* «Schweizer Rundschau», 71. Jg., Heft 1, Januar/Februar 1972 (nachgedruckt in «Schwyzer Hefte», Band 2, Einsiedeln 1973)
– *Aufsätze und Aufzeichnungen von M. I.,* NZZ, Nr. 66–35, 9.2.74
– *Onkel Melk und der glückhafte Fischfang. Eine unbekannte frühe Erzählung* (Edition und Vorbemerkung), «Schweizer Monatshefte», 55. Jahr, Heft 1, April 1975
– *M. I. und das Theater,* «Vaterland», Beilage, 3.4.76
– *Großer Erfolg von Inglins «Robbenkönig»,* «Vaterland», 12.4.76
HANS VON MATT: *Die Welt in Ingoldau,* NZZ, 1945, Nr. 1243 (Juli)
WALTHER MEIER: *Jugend eines Volkes,* «Neue Schweizer Rundschau», NF, 1. Jg., H 10, Zürich 1934
ALFONS MÜLLER-MARZOHL: *Kunst von europäischem Rang. Zum 70. Geburtstag von M. I., 28. Juli,* «Vaterland», 26.7.63
FRITZ MÜLLER: *M. I. – ein Dichter der Naturkräfte, Landbote,* Winterthur, 17.1.48
WALTER MUSCHG: *Die Welt in Ingoldau,* NZZ, 1923, Nr. 125 (Januar)
KARL OECHSLIN: *M. I., ein großer Schweizer Dichter,* «Vaterland», Beilage «Kunst, Kirche, Kultur», 19.1.68
ARMIN PETER: *Lob der Heimat. Ein Interview mit dem Verfasser des erfolgreichsten Schweizerbuches der letzten Jahre, des «Schweizerspiegels». Besuch bei M. I.,* «Schweizer Feuilleton-Dienst», 3.12.40
ROLAND PETERMANN: *Wiederbegegnung mit der «Welt in Ingoldau»,* «Luzerner Tagblatt», 23.5.64
– *M. I. gestorben,* «Luzerner Tagblatt», 6.12.71
A. R.: *Ein Schwyzer Brief,* NZZ, 1923, Nr. 1622 (23.11.23)
RADIO BREMEN: *Aus neuen Büchern* (über *Verhexte Welt*), 30.3.59
HANS REUTIMANN: *M. I. 28. Juli 1893 bis 4. Dezember 1971,* «Der Landbote», Nr. 289, 11.12.71
MAX RYCHNER: *Über den Wassern,* «Neue Schweizer Rundschau», XIX. Jg. von «Wissen und Leben», Februar 1926
GEORGES SCHLOCKER: *Ein Tal ertrinkt,* «Schweizer Monatshefte», Heft 12, März 1957
KARL SCHMID: *M. I.,* Radioansprache, gehalten zum 70. Geburtstag des Dichters am 28.7.63, publiziert in «Bestand und Versuch», Zürich 1964, S. 647ff.
CARL SEELIG: *Besuch aus dem Jenseits,* «National-Zeitung», Basel, 23.9.61
– *M. I. Zum Gesamtbild eines schweizerischen Erzählers,* «National-Zeitung», 4.2.62
EMIL STAIGER: *Ein neues Buch von M. I. («Die Lawine»),* in «Atlantis», 19. Jg., Heft 12, Dez. 47
– *Zum neuen Werk von M. I. («Werner Amberg»),* in «Atlantis», 21. Jg., Heft 11, November 1949
– *M. I., Ansprache zum 60. Geburtstag des Dichters,* in «Atlantis», 25. Jg., Heft 10, Oktober 1953
– *M. Is. neuer Roman («Urwang»),* in «Atlantis», 26. Jg., Heft 12, Dezember 1954
– *Verhexte Welt,* NZZ, Nr. 2880, 8.10.58
– *M. I. und die sogenannte Krise des Romans,* NZZ, Nr. 1196, 2.4.61
– *Besuch aus dem Jenseits,* NZZ, Nr. 2218, 12.6.61
HERMANN STIEGER: *M. I. Zum 60. Geburtstag des schwyzerischen Dichters,* «Luzerner Neueste Nachrichten», 25.7.53
REINHARDT STUMM: *«Die Phantasie an die Macht», Die Uraufführung des M.I.-Stücks «Der Robbenkönig»,* «Die Weltwoche», 14.4.76
ELISABETH SULZER: *Über den Wassern.* «Schweiz. Monatshefte», 6. Jg., Mai 1926
EUGEN THURNHER: *M. I. Laudatio zur Verleihung des Mozart-Preises 1967.* In: Gedenkschrift zur Verleihung des Wolfgang-Amadeus-Mozart-Preises 1967 der Johann-Wolfgang von Goethe-Stiftung durch die Universität Innsbruck
«THE TIMES»: *Erzählungen I,* London, 5.12.69
TRAUGOTT VOGEL: *Die graue March* (2. Fassung), NZZ, 1956, Nr. 3005 (26.10.56)
WERNER WEBER: *M. I., «Die Lawine»,* NZZ, Dezember 1947, Nr. 2300 (Dezember)
– *M. I., «Werner Amberg»,* NZZ, 18.11.49, Nr. 2382 (18.11.49)
– *Ehrenhafter Untergang,* NZZ, 29.11.52, Nr. 2674
– *M. I. Zum 60. Geburtstag,* NZZ, 25.7.53, Nr. 1716
– *Zum 70. Geburtstag,* NZZ, 27.7.63, Nr. 3029
– *Unser neues Romanfeuilleton* (nicht gezeichn., über *Die Welt in Ingoldau*), NZZ, 18.12.63, Nr. 5287

WERNER WEBER: *M. I. gestorben,* NZZ, 6.12.71, Nr. 568–31 (s. auch «Schwyzer Hefte», Bd. 2, Einsiedeln 1973)
– *Geleite für M. I. – Nähe und Abstand. Worte zum Tode Is. von Rudolf Jakob Humm – Kurt Guggenheim – Hans Schumacher – Paul Kamer – Hans Boesch – Herbert Meier – Hugo Loetscher – Adolf Muschg,* NZZ, 12.12.71, Nr. 579–49 (s. auch «Schwyzer Hefte», Bd. 2, Einsiedeln 1973)
– *Gedenkblatt für M. I. Zum Todestag des Dichters,* NZZ, 3.12.72, Nr. 564–49
MAX WEHRLI: *Die Geschichte im Roman,* «Neue Schweizer Rundschau», Heft 4, September 1940
EGON WILHELM: *Dasein in der Entscheidung. Zu M. Is. neuem Buch «Besuch aus dem Jenseits»,* «Domino», Juni 1961
– *Die entzauberte Insel,* NZZ, 26.7.63, Nr. 3026
– *Mitte und Maß. Das dichterische Werk M. Is.,* NZZ, 24.10.65, Nr. 4456
– *Erzählungen I,* «Neue Bündner Zeitung», 3.8.68
OTTO ZINNIKER: *Der Epiker,* «Der Bund», Bern, 26.7.63
ALBIN ZOLLINGER: *M. Is. «Schweizerspiegel»,* «Neue Schweizer Rundschau», Neue Folge, 6. Jg., Heft 10 (Februar), Zürich 1939

2. DARSTELLUNGEN INNERHALB GRÖSSERER WERKE

BEATRICE ALBRECHT: *Die Lyrik Albin Zollingers,* S. 26ff., «Zürcher Beiträge zur deutschen Literatur- und Geistesgeschichte», hg. von Emil Staiger, Atlantis-Verlag, Zürich 1964
LINUS BIRCHLER: *Vielfalt der Urschweiz,* Walter Verlag, Olten 1969
DIETER FFRINGELI: *Ein Lesebuchheiliger. Bemerkungen zu M. Is. Prosa,* in «Dichter im Abseits», Artemis Verlag, Zürich u. München 1974
«Von Spitteler zu Muschg. Literatur der deutschen Schweiz seit 1900», Basel 1975
GÜNTHER HARTUNG: *Literatur der deutschen Schweiz im 20. Jahrhundert,* in «Deutschsprachige Literatur im Überblick», Reclam Verlag, Leipzig 1971
THORBJÖRN LENGBORN: *Schriftsteller und Gesellschaft in der Schweiz,* bes. S. 50ff., Athenäum Verlag, Frankfurt a. M. 1972
HEINZ-PETER LINDER: *Die schweizerische Gegenwart im modernen Roman der deutschen Schweiz,* Diss., Bern 1957
HANS VON MATT: *Wanderungen mit M. I. Drei Kapitel aus einem unveröffentlichten Manuskript,* in «Innerschweizer Almanach 1976», Stans 1976
FRITZ MÜLLER-GUGGENBÜHL: *Die Gestalt Wilhelm Tells in der modernen schweizerischen Dichtung,* Diss., bes. S. 106ff., Zürich 1950
JOSEF NADLER: *Literaturgeschichte der deutschen Schweiz,* S. 470ff., Verlag Grethlein & Co., Leipzig 1932
ELSBETH PULVER: *Die deutschsprachige Literatur der Schweiz seit 1945,* bes. S. 200ff., in «Kindlers Literaturgeschichte der Gegenwart. Die zeitgenössischen Literaturen der Schweiz», hg. v. Manfred Gsteiger, Kindler-Verlag, München 1974
KARL SCHMID: *Meinrad Inglin* in «Bestand und Versuch. Schweizer Schrifttum der Gegenwart», S. 647ff., Artemis Verlag, Zürich 1964
SCHWYZER HEFTE: *Meinrad Inglin 1893–1971,* Band 2, hg. von der Kulturkommission des Kts. Schwyz, Einsiedeln 1973
MAX WEHRLI: *Gegenwartsdichtung der deutschen Schweiz,* S. 112, in «Deutsche Literatur in unserer Zeit», Kleine Vandenhoeck-Reihe 73/74, Göttingen 1959
THEODOR ERNST WEPFER: *Das bildende Leben in Meinrad Inglins Werk,* Diss., Juris Verlag, Zürich 1967
EGON WILHELM: *Meinrad Inglin. Weite und Begrenzung,* Atlantis Verlag, Zürich 1957
JAKOB WYRSCH: *Freunde aus der Urschweiz. Weggefährten und ihre Welt,* Stans 1971
PAUL ZÜRRER: *Grundzüge des Menschenbildes Meinrad Inglins,* Diss., Buchdruckerei F. Martin, Viernheim 1955

3. ANDERWEITIGE BENÜTZTE LITERATUR

THEODOR W. ADORNO: *Jene zwanziger Jahre,* in «Merkur», Jan. 1962
– *Ästhetische Theorie,* Ges. Schriften 7, Suhrkamp Verlag, Frankfurt a. M. 1970
CARL AMERY (Hg.): *Die Provinz. Kritik einer Lebensform,* München 1964
ARMIN ARNOLD: *Prosa des Expressionismus. Herkunft, Analyse, Inventar,* Stuttgart 1972
HANS BÄNZIGER: *Heimat und Fremde. Ein Kapitel tragische Literaturgeschichte in der Schweiz,* Bern 1958

ALBERT BETTEX: *Die Literatur der deutschen Schweiz von heute,* Olten 1949
PETER BICHSEL: *Des Schweizers Schweiz,* Zürich 1968
JOHANN CASPAR BLUNTSCHLI: *Die schweizerische Nationalität,* Zürich 1915
DANIEL BODMER: *Fritz Rieter,* «Zürcher Taschenbuch auf das Jahr 1972», Zürich 1971
RENATE BÖSCHENSTEIN-SCHÄFER: *Idylle,* darin *Die Idylle im 20. Jahrhundert,* Sammlung Metzler, M 63, Stuttgart 1967
EDGAR BONJOUR: *Geschichte der schweizerischen Neutralität,* Bd. II, Basel 1965, Bd. III, 1930–1939, 3. durchgesehene Auflage, Basel 1970, Bd. IV–VI, 1939–1945, Basel 1970
JAKOB BOSSHART: *Ein Rufer in der Wüste,* Roman, Leipzig u. Zürich 1921
– *Werke* (6 Bde.), Frauenfeld 1951
KARL BRINKMANN: *Impressionismus und Expressionismus in deutscher Literatur,* Reihe «Epochen deutscher Literatur», Sonderheft II, Hollfeld/Obfr.
RICHARD BRINKMANN: *Begriffsbestimmung des Literarischen Realismus,* «Wege d. Forschung» CCXII, Darmstadt 1969
JAKOB BÜHRER: *Das Volk der Hirten,* Drei lustige Spiele, Bern 1918
– *Kilian,* Roman, Leipzig u. Zürich 1922
LUCIUS BURCKHARDT, MAX FRISCH, MARKUS KUTTER: *Achtung: die Schweiz,* Basel 1955
HANS CORRODI: *Othmar Schoeck. Bild seines Schaffens,* Frauenfeld 1956
HORST DENKLER: *Sache und Stil. Die Theorie der Neuen Sachlichkeit* in *Wirkendes Wort,* Mai 1968
– *Die tollen zwanziger Jahre* in «magnum» Nr. 35, 1961
ALFRED DÖBLIN: *Briefe,* Olten 1970
PETER DÜRRENMATT: *Schweizer Geschichte,* Bern 1957
WILHELM DUWE: *Deutsche Dichtung des 20. Jahrhunderts vom Naturalismus zum Surrealismus,* Bd. II: «Epik vom Expressionismus zum Surrealismus, Dramatik vom Naturalismus zum Surrealismus», Zürich 1962
C. ENGLERT-FAYE: *Vom Mythus zur Idee der Schweiz. Lebensfragen eidgenössischer Existenz, geistesgeschichtlich dargestellt,* Zürich 1940
FRITZ ERNST: *Helvetia mediatrix,* Zürich 1939
– *Die Sendung des Kleinstaats. Ansprachen und Aussprachen,* Zürich 1944
– *Gibt es eine schweizerische Nationalliteratur?,* «Der Bogen», Heft 44, St. Gallen 1955
CHRISTOPH EYKMAN: *Denk- und Stilformen des Expressionismus,* München 1974
Expressionismus; Literatur und Kunst, 1910–1923. Eine Ausstellung d. Dt. Lit.archivs im Schiller-Nationalmuseum, Marbach a. N. vom 8.5.–31.10.60. Katalog, Stuttgart 1960
ROBERT FAESI: *Füsilier Wipf,* Frauenfeld 1917, erw. Fassung, Frauenfeld 1938
– *Gestalten und Wandlungen schweizerischer Dichtung,* darin *Die Dichtung der deutschen Schweiz und der Weltkrieg,* Wien 1922
– *Erlebnisse – Ergebnisse,* Erinnerungen, Zürich 1963
H. FRIEDMANN und O. MANN: *Deutsche Literatur im 20. Jahrhundert. Gestalten und Strukturen,* Heidelberg 1954. – *Expressionismus. Gestalten einer literarischen Bewegung,* Heidelberg 1956
O. F. FRITSCHI: *Geistige Landesverteidigung während des Zweiten Weltkriegs,* Diss., Winterthur 1971
PETER FÜRSTENAU: *Soziologie der Kindheit,* in «Pädagogische Forschungen», Bd. 40, Heidelberg 1967
WILLI GAUTSCHI: *Der Landesstreik 1918,* Zürich 1968
WILHELM GRENZMANN: *Deutsche Dichtung der Gegenwart,* Frankfurt 1953
NORBERT GROEBEN: *Literaturpsychologie,* Stuttgart, Berlin, Köln, Mainz 1972
HELMUT GRUBER: *Neue Sachlichkeit and the World War,* in «German Life and Letters XX», 2.1.67
MAX GSCHWEND und LINUS BIRCHLER: *Schwyzer Bauernhäuser,* Verlag Haupt, Bern, Reihe «Schweizer Heimatbücher», Innerschweizer Reihe, 6. Bd.
KURT GUGGENHEIM: *Riedland,* Zürich 1938
– *Alles in Allem,* Roman, 4 Bde., Zürich 1952–55
MARTIN GYR: *Schwyzer Volkstum. Nid Holz, näa; Läde, jaha,* Einsiedeln 1955
WERNER GÜNTHER: *Dichter der neueren Schweiz,* Bde. I und II, Bern 1963 und 1968
PAUL HÄBERLIN: *Wege und Irrwege der Erziehung. Grundzüge einer allgemeinen Erziehungslehre,* Basel 1918
– *Der Gegenstand der Psychologie. Eine Einführung in das Wesen der empirischen Wissenschaften,* Berlin 1921
– *Der Geist und die Triebe,* Basel 1924
FRED HAMEL und MARTIN HÜRLIMANN: *Das Atlantisbuch der Musik,* Zürich 1959
KNUT HAMSUN: *Segen der Erde,* Roman, München 1920
– *Pan,* Roman, in «Pan. Schwärmer. Die Nachbarstadt», München, Wien 1969
JOST HERMAND: *Literaturwissenschaft und Kunstwissenschaft. Methodische Wechselbeziehungen seit 1900,* Sammlung Metzler, 2., verbesserte Auflage, Stuttgart 1971

HERMANN HILTBRUNNER: *Der Mensch und das Jahr. 12 Monatsbetrachtungen,* Zürich 1939
– *Alles Gelingen ist Gnade. Tagebücher,* Artemis Verlag, 1958
– *Geburtstagspost für Hermann Hiltbrunner* (zu H. Hs. 60. Geburtstag), 1953
URS HERZOG: *Robert Walsers Poetik. Literatur und soziale Entfremdung,* Tübingen 1974
Historisch-Biographisches Lexikon der Schweiz, Neuenberg 1921–34. Hier: Bd. IV, S. 80
HUGO VON HOFMANNSTHAL: *Die prosaischen Schriften,* Berlin 1919
PAUL ILG: *Der starke Mann* (Eine schweizerische Offiziersgeschichte), Frauenfeld 1917
MAX IMBODEN: *Helvetisches Malaise,* 2. Aufl., Zürich 1964
ERWIN JAECKLE: *Die Zürcher Freitagsrunde,* Zürich 1975
E. JAENSCH: *Grundformen menschlichen Seins,* Berlin 1929
KARL JASPERS: *Die geistige Situation der Zeit* (1931), Berlin 1971
DOMINIK JOST: *Literarischer Jugendstil,* M 81, Stuttgart 1969
VOLKER KLOTZ: *Zur Poetik des Romans,* «Wege der Forschung XXXV», Darmstadt 1965
MAX KONZELMANN: *Jakob Bosshart. Eine Biographie,* Erlenbach, Zürich und Leipzig
M. L. KOHN: *Social class and parent-child-relationships,* in «American Journal of Sociology», 68. Jg., 1963
HANS W. KOPP (Hg.): *Unser Schweizer Standpunkt 1914, 1939, 1964,* Bern u. München 1964
EDUARD KORRODI: *Schweizerische Literaturbriefe,* Frauenfeld u. Leipzig 1918
– *Schweizer Dichtung der Gegenwart,* Leipzig 1924
– *Aufsätze zur Schweizer Literatur,* Bern 1962
GEORG KREIS: *Juli 1940. Die Aktion Trump.* Mit einem Nachwort von Herbert Lüthy, Basel 1973
E. KROH: *Eidetiker unter deutschen Dichtern,* Z. Psychologie, 1920, LXXXV, S. 118ff.
PAUL LANG: *Das Schweizer Drama 1914–1944,* Elgg 1944, XIV. Jahrbuch 1943/44 der Gesellschaft für schweizerische Theaterkultur
HUGO LEBER: *Zur Situation der Literatur in der Schweiz,* Zürich u. Winterthur 1966
FRANZ LENNARTZ: *Deutsche Dichter und Schriftsteller unserer Zeit,* Stuttgart 1957
– *Die Dichter unserer Zeit,* Stuttgart 1952
WOLF LEPENIES: *Melancholie und Gesellschaft,* Frankfurt a. M. 1969
NIKOLAI LJESSKOW: *Der verzauberte Wanderer,* Roman, Zürich 1945
LEO LÖWENTHAL: *Erzählkunst und Gesellschaft,* Sammlung Luchterhand, Neuwied u. Berlin 1971
CLEMENS LUGOWSKI: *Die Form der Individualität im Roman. Studien zur inneren Struktur der frühen deutschen Prosaerzählung,* Neue Forschung 14, Berlin 1932
GEORG LUKACS: *Die Theorie des Romans. Ein geschichtsphilosophischer Versuch über die Formen der großen Epik,* Berlin 1922
– *Der historische Roman,* 3. Bd., «Werke», Neuwied a. Rh. 1962 und Berlin-O. 1955
– *Deutsche Realisten des 19. Jahrhunderts,* Bern 1951
– *Der russische Realismus in der Weltliteratur,* Berlin 1952
– *Wider den mißverstandenen Realismus,* Hamburg 1958
HERBERT LÜTHY: *Die Schweiz als Antithese,* aus «Nach dem Untergang des Abendlandes», Edition Arche Nova, Zürich (Lizenzausgabe: Köln 1964)
THOMAS MANN: *Politische Schriften und Reden,* 1. Bd.: «Betrachtungen eines Unpolitischen», S. Fischer Verlag, Frankfurt a. M. 1968
– *Autobiographisches,* darin «Bilse und ich» (S. 13ff.), Frankfurt a. M. 1960
LUDWIG MARCUSE: *Mein zwanzigstes Jahrhundert. Auf dem Weg zu einer Autobiographie,* Fischer Bücherei 884, Frankfurt a. M. 1968
GUNTER MARTENS: *Vitalismus und Expressionismus; ein Beitrag zur Genese u. Deutung expressionistischer Stilstrukturen u. Motive* (Studien zur Poetik u. Geschichte d. Literatur 22), Stuttgart 1971
KURT MARTI: *Die Schweiz und ihre Schriftsteller – die Schriftsteller und ihre Schweiz,* Zürich 1966
FRITZ MARTINI: *Was war Expressionismus?,* Urach 1948
HANS VON MATT: *Heinrich Danioth. Leben und Werk,* Bd. I, Zürich 1973
PETER VON MATT: *Die deutschsprachige Literatur der Schweiz. Neuzeit,* in «Die Schweiz vom Bau der Alpen bis zur Frage nach der Zukunft», Ex Libris Verlags AG 1975
HANS MAYER: *Deutsche Literaturkritik im 20. Jahrhundert. Kaiserreich, Erster Weltkrieg u. erste Nachkriegszeit (1889–1933),* hg. von Hans Mayer, Stuttgart 1965
– *Der Repräsentant und der Märtyrer. Konstellationen der Literatur,* ed. Suhrkamp Bd. 463, Frankfurt a. M. 1971
ANGELIKA MECHTEL: *Alte Schriftsteller in der Bundesrepublik. Gespräche u. Dokumente,* München 1972
AYMON DE MESTRAL: *Aloys von Reding,* Zürich 1945
ALICE MEYER: *Anpassung oder Widerstand. Die Schweiz zur Zeit des deutschen Nationalsozialismus,* Frauenfeld 1965

Heinrich Meyer: *Die Kunst des Erzählens*, Francke Verlag, Bern 1972
Felix Moeschlin: *Brigitt Rössler*, Reihe «Die stille Stunde», hg. von Jak. Bührer, Bd. 1, Zürich
– *Die Königschmieds*, Roman, Berlin 1909
– *Der Amerika-Johann; ein Bauernroman aus Schweden*, Leipzig 1912
– *Revolution des Herzens. Ein Schweizer Drama*, Zürich 1918
– *Wachtmeister Vögeli*, Leipzig u. Zürich 1922
Hans Naumann: *Die deutsche Dichtung der Gegenwart; vom Naturalismus bis zum Expressionismus*, in «Epochen d. Dt. Lit.», Stuttgart 1927
Paul Nizon: *Diskurs in der Enge*, Bern 1970
Karl Otten: *Ahnung und Aufbruch; expressionistische Prosa*, hg. u. eingel. v. K. O., Darmstadt 1957
Roy Pascal: *Die Autobiographie*, Kohlhammer Verlag, Stuttgart, Berlin, Köln, Mainz 1965
Margarete Pfister-Burkhalter: *Eugen Püntener. Leben und Werk eines Bildhauers*, Basel 1967
Paul Pörtner: *Literatur-Revolution 1910–1925. Dokumente, Manifeste, Programme*, 2 Bde. (Die Mainzer Reihe 13), Neuwied a. Rh. 1960/61
Marcel Proust: *A la Recherche du temps perdu* («Du côté de chez Swann» I u. II), Gallimard 1954
– *Auf der Suche nach der verlorenen Zeit* (Bd. 1 u. 2), Frankfurt a. M. 1972 u. 1973
Leonhard Ragaz: *Die neue Schweiz. Ein Programm für Schweizer und solche, die es werden wollen.* Olten 1918
– *Die Erneuerung der Schweiz. Ein Wort zur Besinnung*, Zürich 1933
Ch. F. Ramuz: *Derborence*, «Œuvres compl.», vol. 14, Lausanne 1968
– *La grande peur dans la montagne*, vol. 11, Lausanne 1968
Eduard Renner: *Eherne Schalen. Über die animistischen Denk- und Erlebnisformen*, Bern 1967
– *Goldener Ring über Uri. Ein Buch vom Erleben und Denken unserer Bergler, von Magie und Geistern und von den ersten und letzten Dingen*, Zürich 1941
Realismus zwischen Revolution und Machtergreifung 1919–1933, Württembergischer Kunstverein (Katalog) 1971
Gonzague de Reynold: *Cités et Pays Suisses*, in Bd. Lausanne 1915
– *La Suisse Une et Diverse*, Fribourg 1923
Franz Roh: *Nach-Expressionismus. Magischer Realismus*, Leipzig 1925
– *Geschichte der deutschen Kunst von 1900 bis zur Gegenwart*, Bd. VI von «Deutsche Kunstgeschichte», München 1958
Denis de Rougemont: *Die Schweiz. Modell Europas. Der schweizerische Bund als Vorbild für eine europäische Föderation*, Wien u. München 1965
Max Rychner: *Nachbar Schweiz*, in «Bedachte und bezeugte Welt», Darmstadt 1962
J. R. von Salis: *Unser Land als Gegenstand der Literatur*, in «Die Weltwoche», 25.3.66
Jean-Paul Sartre: *Les mots*, Editions Gallimard 1964
Jakob Schaffner: *Die Schweiz im Weltkrieg*, Stuttgart 1915
– *Das Schweizerkreuz*, Novelle, Berlin 1916
Fritz Schaub: *Otto Wirz; Aufbruch und Zerfall des neuen Menschen*, Bern 1970
Paul Schoeck: *Tell*, Schauspiel in drei Akten in Schwyzer Mundart, 2. Auflage, Aarau 1923
Leo Schürmann: *Politiker und Schriftsteller – ein ungeklärtes Verhältnis*, in «welt im wort» no 1, 1974
Karl Schmid: *Vom Geist der neuern Schweizer Dichtung*. Ein Vortrag, Stuttgart 1949
– *Aufsätze und Reden*, Zürich 1957
– *Hochmut und Angst. Die bedrängte Seele des Europäers. Eine Standortbestimmung des europäischen Menschen*, Zürich 1958
– *Unbehagen im Kleinstaat*, Zürich 1963
– *Standortmeldungen; über schweizerische Fragen*, Zürich 1973
Wieland Schmied: *Neue Sachlichkeit und magischer Realismus*, Hannover 1969
Klaus Schröter: *Thomas Mann*, Reinbek bei Hamburg 1964
Walter H. Sokel: *Der literarische Expressionismus; der Expressionismus in der deutschen Literatur des zwanzigsten Jahrhunderts*, München 1970
Oswald Spengler: *Der Untergang des Abendlandes. Umriß einer Morphologie der Weltgeschichte*, 2. Bde. München 1919–23
Carl Spitteler: *Unser Schweizer Standpunkt*, in «Schriften für Schweizer Art u. Kunst», Bd. II, Zürich 1918
Eduard Spranger: *Psychologie des Jugendalters*, 8., erw. Aufl., Leipzig 1927
Franz K. Stanzel: *Typische Formen des Romans*, Göttingen 1964 (Kl. Vandenhoeck-Reihe 187)
Werner Stauffacher: *Carl Spitteler*, Zürich 1973
Albert Steffen: *Sibylla Mariana*, Roman, Berlin 1917
D. Steinauer: *Geschichte des Freistaates Schwyz*, 1861

H. STEINECKE: *Theorie und Technik des Romans im 20. Jahrhundert,* Tübingen 1972
HERMANN STIEGER: *Vom Geist der Urschweiz,* im Jahrbuch «Die Schweiz» 1947, hg. von der Neuen Helvetischen Gesellschaft
PAUL STIGER: *Leben und Thaten des – Kapuziners Pater Paul Stiger aus dem Kanton Schweiz,* 1799
EMIL STRAUSS: *Der nackte Mann,* Roman, 1912
– *Freund Hein,* Roman, 1902
MARTIN STYGER: *Geschichtliche Denkwürdigkeiten von 1798; zur 100jährigen Erinnerungsfeier an die Heldenkämpfe der Schwyzer gegen die Franzosen...,* Schwyz 1898
– *Wappenbuch des Kantons Schwyz,* hg. von Paul Styger, Genf 1936
EMIL UTITZ: *Überwindung des Expressionismus,* Stuttgart 1927
TRAUGOTT VOGEL: *Unsereiner,* Roman, Zürich 1924
– *Spiegelknöpfler. Die Geschichte eines Jugendclubs,* Aarau 1932
– *Leben im Grund oder Wehtage der Herzen,* Roman, Zürich 1938
– *Leben und Schreiben. Achtzig reiche magere Jahre,* Zürich 1975
BRUNO E. WEBER: *Literatur und Theater in den zwanziger Jahren,* in «Die Zeit ohne Eigenschaften», Stuttgart 1961
MAX WEHRLI: *Zur Literatur der deutschen Schweiz,* in «Gildenalmanach», Zürich 1946
– *Öffentliche Förderung des literarischen Schaffens,* in «Politische Rundschau», 35. Jg., 1956
– *Der Schweizer Humanismus und die Anfänge der Eidgenossenschaft,* in «Schweizer Monatshefte» Nr. 2, Zürich 1967
GEORGES WIELAND: *«Pfannenstiel» und «Bohnenblust»,* bes. S. 64ff., Arbon 1972 (Diss.)
MAX WILDI: *Lyrik und Erzählerkunst in der deutschen Schweiz,* Zürich 1956
OTTO WIRZ: *Das magische Ich,* Stuttgart 1929
– *Maß für Maß.* Aus einem unveröffentlichten Roman von O. W. mit einer einleitenden kritischen Würdigung des Dichters von Emil Staiger, Schriftenreihe d. Zürcher Schriftstellervereins II, Volksverlag Elgg 1943/44
– *Gewalten eines Toren.* Mit einer Einführung von Emil Staiger u. einem Nachwort von Wolf Wirz, Frauenfeld 1969
WALTER WOLF: *Faschismus in der Schweiz. Die Geschichte der Frontenbewegungen in der deutschen Schweiz 1930–1945,* Zürich 1969
ALFRED ZÄCH: *Die Dichtung der deutschen Schweiz,* Zürich 1951
ALBIN ZOLLINGER: *Sternfrühe.* Neue Gedichte. Klappentext: «Aus einem Urteil des Dichters Meinrad Inglin». Zürich und Leipzig 1936
– *Pfannenstiel. Bohnenblust,* Romane, Atlantis Verlag, Zürich 1962 (Ges. Werke Bd. 3)
HANS ZURLINDEN: *Die Symphonie des Krieges,* Zürich 1919

Verzeichnis der Abkürzungen

LA	=	«Die Lawine»	WE	=	«Wendel von Euw»
WA	=	«Werner Amberg»	GH	=	«Grand Hotel Excelsior»
EU	=	«Ehrenhafter Untergang»	JV	=	«Jugend eines Volkes»
UR	=	«Urwang»	GM	=	«Die graue March»
VW	=	«Verhexte Welt»	SP	=	«Schweizerspiegel»
BJ	=	«Besuch aus dem Jenseits»	GÜ	=	«Güldramont»
NJ	=	«Notizen des Jägers»	EZ I	=	«Erzählungen I»
WI	=	«Die Welt in Ingoldau»	EZ II	=	«Erzählungen II»

Zitiert: z. B. SP 1,250 – «Schweizerspiegel», 1. Fassung, S. 250

Mat.I.	=	«Die Welt in Ingoldau»-Materialien
Mat.S.	=	«Schweizerspiegel»-Materialien
Mat.A.	=	«Amberg»-Materialien

Ms RM	=	Manuskript «Rudolf von Markwald»
Ms Ph	=	Manuskript «Phantasus»

Die Briefe werden zitiert: an N. N. von N. N. mit Datum.
Sie liegen alle in der Kantonsbibliothek Schwyz.

Werkregister

(Arabische Ziffern verweisen auf Seitenzahlen;
römische und nachfolgende arabische Ziffern
auf Teil I, II oder III der Anmerkungen und deren Nummern)

Personenregister